北京文物与考古系列丛书

北京市考古研究院田野考古报告（第63号）

圆明园考古

杏花春馆、上下天光遗址 发掘报告

北京市考古研究院　编著

科学出版社

北京

内 容 简 介

杏花春馆和上下天光两处遗址均位于圆明园九洲景区西北部，皆属圆明园四十景。2002~2004年，北京市文物研究所（现北京市考古研究院）对这两处遗址进行了考古勘察和发掘，并将全部考古成果汇集成本书。书中详细叙述了杏花春馆春雨轩大殿和得树亭、屏岩城关，以及上下天光大殿和平安院基址等相关建筑群的布局、形制与结构特点，并对两处遗址的历史沿革作了概述。对出土的大量瓷器标本进行了分类和断代探讨。从而为全面了解和认识圆明园的历史，进一步做好这处大遗址的文物保护工作提供了一份具有科学价值的实物参考资料。

本书适合从事考古、古建筑、历史等专业的研究人员，以及相关专业的高等院校师生参考阅读。

图书在版编目（CIP）数据

杏花春馆、上下天光遗址发掘报告 / 北京市考古研究院编著. -- 北京：科学出版社，2024.10. --（北京文物与考古系列丛书）（北京市考古研究院田野考古报告）（圆明园考古）. -- ISBN 978-7-03-079793-3

Ⅰ. K878.34

中国国家版本馆CIP数据核字第2024WS7022号

责任编辑：王　蕾 / 责任校对：邹慧卿
责任印制：肖　兴 / 封面设计：张　放

科学出版社 出版

北京东黄城根北街 16 号
邮政编码：100717
http://www.sciencep.com
北京汇瑞嘉合文化发展有限公司印刷
科学出版社发行　各地新华书店经销
*
2024年10月第　一　版　开本：889×1194　1/16
2024年10月第一次印刷　印张：29　插页：99
字数：1 160 000
定价：498.00元
（如有印装质量问题，我社负责调换）

编 委 会

本书主编：靳枫毅

执笔：靳枫毅、王继红

前期资料整理：王继红

后期资料整理：靳枫毅

统稿、定稿与校对：靳枫毅

考古勘察摄影：郁金城

发掘遗迹摄影：靳枫毅

杏花春馆与上下天光遗址考古勘探平面图测绘：刘建国

瓷器问题指导：徐华烽

出土器物和瓷器照相：刘晓贺

瓷器部分手绘图：左　鹏

文字输录、电脑绘图：张莹莹、陈思雨

后勤协助：古艳兵、黄　星

目　　录

插图目录

插表目录

图版目录

第一章 绪 论

一、圆明园历史沿革①

圆明园遗址是中国最著名的清代皇家园林遗址。它位于北京西郊海淀区，西南与颐和园、南与北京大学、东南与清华大学相邻（图一）。

圆明园始建年代，经考证应在康熙四十六年（1707年）。据《清实录·圣祖仁皇帝实录》记载："康熙四十六年十一月……己未，皇四子多罗贝勒（胤禛）恭请上幸花园进宴。"此"花园"，指的就是圆明园。当时的圆明园花园是康熙帝给皇四子胤禛的赐园，规模并不大，占地不过三百亩。

康熙四十八年（1709年），康熙帝御赐"圆明园"匾额，胤禛恭悬于九洲清晏圆明园殿上（据于敏中等编纂《日下旧闻考》卷八十）。

康熙五十八年（1719年），胤禛赋诗《圆景十二咏》，包括后湖的牡丹台（即镂月开云）、竹子院（即天然图画）、梧桐院（即碧桐书院）、菜圃（即杏花春馆）、金鱼池（即坦坦荡荡），以及后湖西北的桃花坞（即武陵春色）、后湖正北的耕织轩、福海西岸的深柳读书堂（即廓然大公）等，皆被列为圆明园十二佳景之列（据清世宗宪皇帝《御制文集》卷二十六，雍邸集·诗·园景十二咏）。

康熙六十一年（1722年）三月二十五日，胤禛迎奉康熙帝驾临牡丹台赏花，并带弘历随侍。此事成为康熙、雍正、乾隆祖孙三代在圆明园相聚的一段难忘佳话（据《清实录》、乾隆御制《纪恩堂记》）。

雍正称帝后，雍正二年（1724年）正月，奏准启动圆明园扩建工程采办木料（据杨乃济辑《圆明园大事记》）。同年，设立圆明园八旗，管领3232人，专司旗卫圆明园之责（据崇贤《圆明园营志详考》）。

雍正三年（1725年）开始大规模扩建圆明园，南面新建大宫门宫廷区，构筑正大光明殿、

---

① 本节内容参考书目：（清）于敏中等编纂：《日下旧闻考》，北京古籍出版社，1983年；周维权：《中国古典园林史》（第二版），清华大学出版社，1999年；张恩荫：《圆明园变迁史探微》，北京体育学院出版社，1993年；赵兴华：《北京园林史话》（第2版），中国林业出版社，2000年。

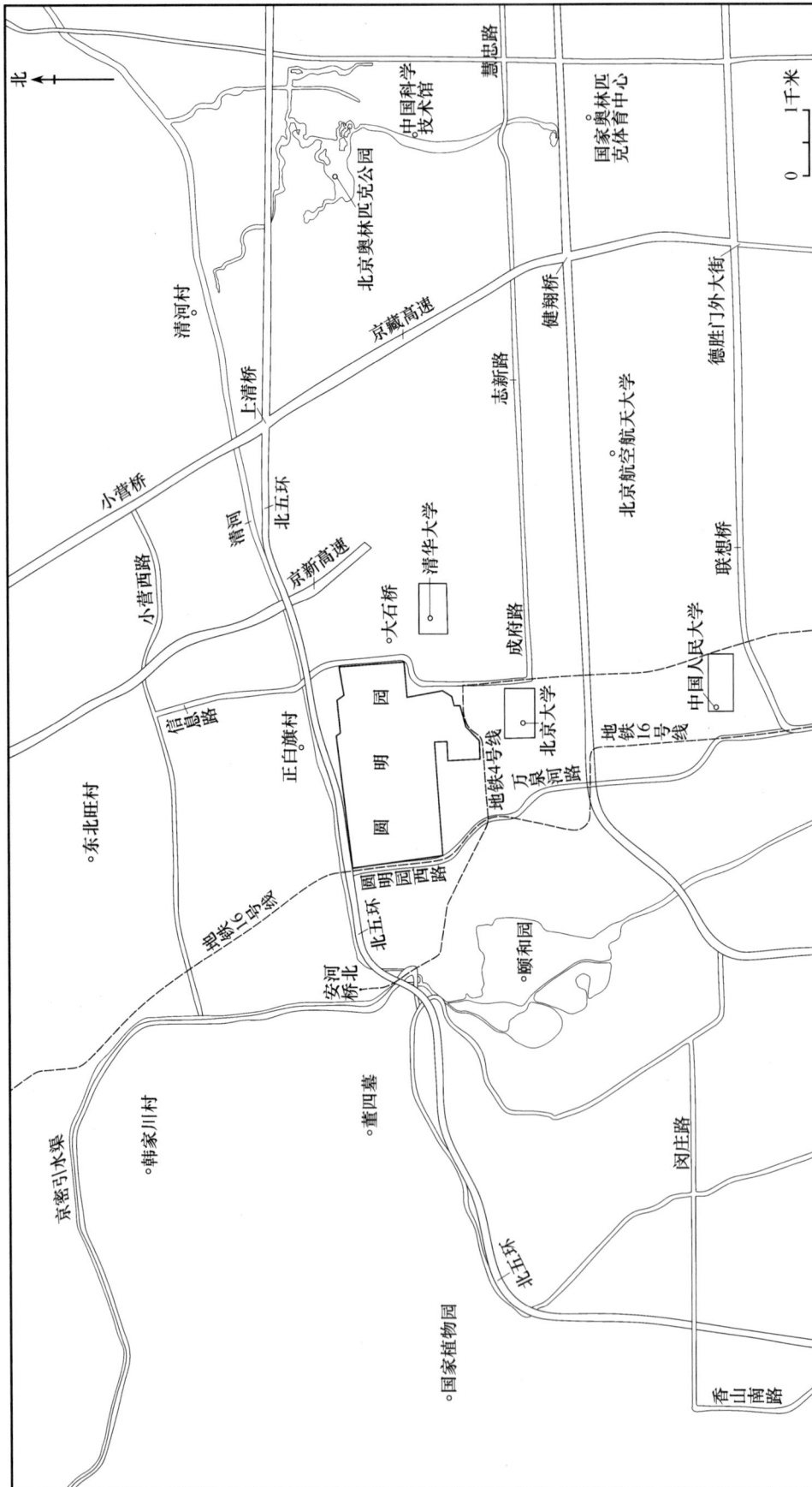

图一 圆明园遗址地理位置示意图

勤政亲贤殿、朝署值房等，御以听政。东面扩至福海，北面至北宫墙，西面抵西宫墙，面积达三千亩。当年八月二十七日至二十九日，雍正帝首次驻跸圆明园，颁谕"朕在圆明园与宫中无异，凡应办之事，照常办理"（据《清实录》）。从此，圆明园正式成为清朝皇帝园居理政的御园。同年，在圆明园又增设包衣三旗，管领131人，归圆明园八旗印房统领，亦负圆明园护卫之责（据崇贤《圆明园营志详考》）。雍正帝并于本年御制《圆明园记》，对建园的初衷和宗旨，以及"圆明"二字的含义都做了说明，《日下旧闻考》卷八十刚开头即全文予以实录，文曰："圆明园在畅春园之北，朕藩邸所居赐园也。在昔皇考圣祖仁皇帝听政余暇，游憩于丹陵沜之涘，饮泉水而甘。爰就明戚废墅，节缩其址，筑畅春园。熙春盛暑，时临幸焉。朕以扈跸，拜赐一区。林皋清淑，波淀渟泓，因高就深，傍山依水，相度地宜，构结亭榭，取天然之趣，省工役之烦。槛花堤树，不灌溉而滋荣；巢鸟池鱼，乐飞潜而自集。盖以其地形爽垲，土壤丰嘉，百汇易以蕃昌，宅居于兹安吉也。园既成，仰荷慈恩，锡以园额曰圆明。朕尝恭迓銮舆，欣承色笑。庆天伦之乐，申爱日之诚。花木林泉，咸曾荣宠。及朕继承大统，夙夜孜孜。斋居治事，虽炎景郁蒸不为避暑迎凉之计。时踰三载，佥谓大礼告成，百务具举，宜宁神受福，少屏烦喧。而风土清佳，惟园居为胜。始命所司酌量修葺，亭台丘壑，悉仍旧观。惟建设轩墀，分列朝署，俾侍值诸臣有视事之所。构殿于园之南，御以听政，晨曦初丽，夏晷方长，召对咨询，频移昼漏，与诸臣相接见之时为多。园之中或辟田庐，或营蔬圃，平原膴膴，嘉颖穰穰。偶一眺览，则遐思区夏，普祝有秋。至若凭栏观稼，临陌占云，望好雨之知时，冀良苗之应候。则农夫勤瘁，稼事艰难，其景象又恍然在苑囿间也。若乃林光晴霁，池影澄清，净练不波，遥峰入镜，朝晖夕月，映碧涵虚，道妙自生，天怀顿朗，乘几务之少暇。研经史以陶情，拈韵挥毫，用资典学。凡兹起居之有节，悉由圣范之昭垂。随地恪遵，罔敢越轶，其采橡栝柱素甓版扉，不斲不枅，不施丹膆，则法皇考之节俭也。昼接臣僚，宵披章奏，校文于墀，观射于圃，燕间斋肃，动作有恒，则法皇考之勤劳也。春秋佳日，景物芳鲜，禽奏和声，花凝湛露，偶召诸王大臣从容游赏，济以舟楫，饷以果蔬，一体宣情，抒写畅洽，仰观俯察，游泳适宜，万象毕呈，心神怡旷，此则法皇考之亲贤礼下对时育物也。至若嘉名之锡以圆明，意旨深远，殊未易窥。尝稽古籍之言，体认圆明之德。夫圆而入神，君子之时中也。明而普照，达人之睿智也。若举斯义以铭户牖，以朂身心，虔体天意；永怀圣海，含煦品彚，长养元和，不求自安而期万方之宁谧，不图自逸而冀百族之恬熙。庶几世跻春台。人游乐国，廓鸿基于孔固，绥福履于方来，以上答皇考垂祐之深恩。而朕之心至是或可以少慰也夫。爰宜示予怀而为之记。"

雍正时期，不但已建成后来乾隆帝命名的圆明园四十景中的二十七景（正大光明、勤政亲贤、九洲清晏、天然图画、碧桐书院、慈云普护、上下天光、杏花春馆、坦坦荡荡、茹古涵今、万方安和、武陵春色、汇芳书院、日天琳宇、澹泊宁静、映水兰香、水木明瑟、濂溪乐处、鱼跃鸢飞、西峰秀色、四宜书屋、平湖秋月、接秀山房、夹镜鸣琴、蓬岛瑶台、廓然大公、洞天深处，这些景区均为雍正亲笔御书扁额），还建成了雍正未有题署扁额的镂月开云和长春仙馆两处景区，以及四十景之外的紫碧山房、汇万总春之庙、同乐园和舍卫城这四个景区。圆明园成为雍正帝"避喧听政"的离宫寝居之所。

乾隆登基后，更加重视对圆明园的规划与扩建。于乾隆元年（1736年）四月即颁旨绘制圆明园全图。乾隆二年（1737年）二月即传旨放大、增改（据《活计档》）。

乾隆三年（1738年）正月十一日，乾隆帝首次驻跸圆明园，皇太后居长春仙馆（据《清实录》、乾隆《御制诗初集》）。同年五月十一日，圆明园全图绘成，是日，安置于九洲清晏之清晖阁北壁，图高八尺，长三丈二尺。由沈源、唐岱和郎世宁三人合作完成（据《活计档》）。自乾隆二年二月起，即做乾隆御笔"清净地"等各处匾额7面；乾隆三年，制乾隆御笔匾额51面，主要包括福海周边诸景点及澹泊宁静和勤政亲贤富春楼等（据《匾名表》、乾隆五十四年《题富春楼》诗）。

乾隆四年（1739年），制作并挂讫匾额16面，主要包括"濂溪乐处""坦坦荡荡""半亩园""多稼如云""芰荷香"等（据《匾名表》）。

乾隆五年（1740年）三月，挂讫"天宇空明""怡情邱壑""苏堤春晓"等匾额5面。十月，挂讫"方壶胜境"等各处匾额20面（据《活计档》）。

乾隆七年（1742年）九月，挂讫汇芳书院各处匾额9面（据《活计档》、乾隆九年《汇芳书院》诗）。同年，乾隆帝作《圆明园后记》，《日下旧闻考》卷八十亦全文予以刊布，文曰："昔我皇考因皇祖之赐园修而葺之，略具朝署之规，以乘时行令，布政亲贤。而轩墀亭榭、凸山凹池之纷列于后者，不尚其华尚其朴，不称其富称其幽。乐蕃植则有灌木丛花，怒生笑迎也；验农桑则有田庐蔬圃，量雨较晴也；松风水月。入襟怀而妙道自生也；细旃广厦，时接儒臣。研经史以淑情也。或怡悦于斯，或歌咏于斯，或愒息于斯，我皇考之先忧后乐，一皇祖之先忧后乐，周宇物而圆明。圆明之义，盖君子之时中也。皇祖以是名赐皇考，皇考敬受之而身心以勖，户牖以铭也。不求自安而期万方之宁谧，不图自逸而冀百族之恬熙，则又我皇考绥履垂裕于无穷也。予小子敬奉先帝宫室苑囿，常恐贻羞，敢有所增益？是以践阼后所司以建园请，却之。既释服，爱仍皇考之旧园而居焉。夫帝王临朝视政之暇，必有游观旷览之地，然得其宜适以养性而陶情，失其宜适以玩物而丧志。宫室服御奇技玩好之念切，则亲贤纳谏勤政爱民之念疏矣。其害可胜言哉！我皇考未就畅春园而居者，以有此圆明园也，而不斲不雕，一皇祖淳朴之心。然规模之宏敞，丘壑之幽深，风土草木之清佳，高楼邃室之具备，亦可称观止。实天宝地灵之区，帝王豫游之地，无以踰此。后世子孙必不舍此而重费民力，以创建苑囿，斯则深契朕法皇考勤俭之心以为心矣。籍曰祖考所居不忍居也，则宫禁又当何如？晋张老之善颂，甚可味也。若夫建园之始末，圣人对时育物，修文崇武，煦万汇保太和，期跻斯世于春台，游斯人于乐国之意，则已具皇考之前记，予小子何能赘一辞焉！"

乾隆八年（1743年）六至九月，挂讫"鸿慈永祜"各处匾额12面（据《活计档》）。

乾隆九年（1744年）六至十月，又制作匾额10面，包括长春仙馆的"藤影花丛""林虚桂静"，九洲清晏的"怡情书史""水木明瑟""武陵春色""壶中天"等（据《匾名表》）。至此，乾隆帝在圆明园不但完成了映水兰香、多稼如云、夹镜鸣琴、濂溪乐处、涵虚朗鉴等景区的建造，还增建了山高水长、月地云居、鸿慈永祜、北远山村、坐石临流、澡身浴德、方壶胜境、曲院风荷、别有洞天等景区，形成了"圆明园四十景"。圆明园大规模的土木扩建、增建工程基本告一段落。于本年六月，乾隆御制《圆明园四十景》诗完稿（据乾隆《御制诗初集》卷二十二）。九月，画师沈源、唐岱绘制的《圆明园四十景》图告竣，乾隆帝御题图咏。并奉旨将雍正御笔《圆明园记》、乾隆御笔《圆明园后记》裱于画前。

乾隆十二年（1747年）四月，奉旨将《圆明园四十景》图安设于圆明园奉三无私殿内（据《活计档》）。

乾隆十五年（1750年），又在汇万总春之庙、紫碧山房、天宇空明添建了部分建筑，新建了文源阁藏书楼，疏浚了大宫门前的河道，挖掘了扇面湖（即前湖）等，到乾隆四十年（1775年），圆明园基本建成。

与此同时，于乾隆十年（1745年）又启动了长春园新园的浩大工程，至乾隆五十一年（1786年）告竣，共建成二十四个景区，占地一千亩左右，挖掘湖池两座，长河四条，叠山五十余座。以水体为主，将二十四个景区有机组合、串联为一体。其中，含经堂景区为长春园的核心景区，此处为乾隆帝的寝宫区，里面的淳化轩和蕴真斋是长春园中最宏伟壮丽的一组建筑，其东侧还设有买卖长街。狮子林、如园、茜园、小有天园、鉴园，是长春园中的园中园。思永斋北面的海岳开襟耸立于湖心岛上，雕栏玉砌，四面环水，远望若海市蜃楼，近看如临仙界，是长春园中最为豪华的建筑。后湖北岸建有法慧寺、宝相寺、泽兰堂、转湘帆四景区，其中法慧寺内所建的多宝琉璃塔，是乾隆时期在北京和热河避暑山庄皇家园林所建造的五座琉璃塔中形制最为考究和秀美的一座。这四个景区之北，以假山为屏，又开辟了一个欧式建筑区——西洋楼景区。该景区东西长840、南北纵深最窄处为70米，占地面积百余亩。始建于乾隆十二年（1747年），竣工于乾隆四十六年（1781年）。由谐奇趣、万花阵、养雀笼、方外观、竹亭、海晏堂、远瀛观、大水法、观水法、线法山、线法墙等十余个建筑与庭园组成。是由法国传教士郎世宁、蒋友仁、王致诚设计指导，中国匠师具体实施建造出来的中西建筑元素融为一体的西洋式建筑景群。这是18世纪中国封建社会上层统治者实行有限的对外开放、尝试进行中西文化交流的一个范例。

乾隆三十四年（1769年），乾隆帝又将原大学士傅恒的赐园，与相邻的几个小园合并，改称绮春园，附属于圆明园（图二）。并于乾隆三十七年（1772年）设总领一人，管理绮春园。

嘉庆登基后，于嘉庆六年（1801年）在绮春园内添建敷春堂、展诗应律。嘉庆十四年（1809年），建成绮春园大宫门、烟雨楼、涵秋馆、茂悦精舍等建筑，在绮春园内形成了三十景。嘉庆年间，还先后修缮了舍卫城、同乐园、方壶胜境、接秀山房，并新建了观澜堂。

道光年间国力虽已不济，但仍继续重视对圆明园的修建工程，不遗余力。道光帝撤掉万寿山、香山、玉泉山的陈设，取消去避暑山庄消夏和秋季去木兰围场的"秋狝"活动，而将节省下来的银子都用在圆明园的修建项目上。

咸丰年间，虽然国库已经空虚，但咸丰皇帝仍坚持在圆明园九洲清晏东山添建了圆明园历史上的最后一座建筑——清晖堂。同时还整修了茹古涵今的静通斋及如园的含碧楼。此年已是咸丰九年（1859年），离圆明园被毁，只差一年了。

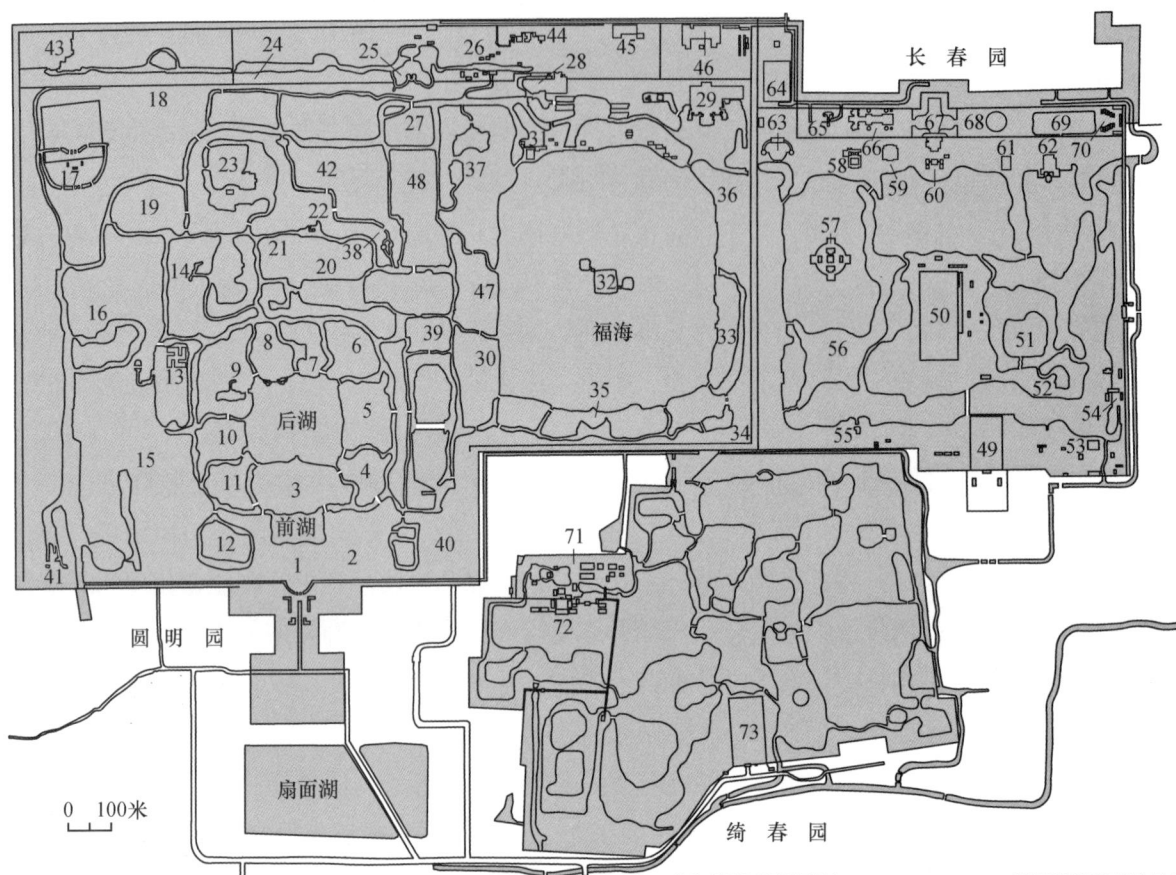

乾隆时期圆明园总图景点

1. 正大光明	8. 上下天光	15. 山高水长	22. 水木明瑟
2. 勤政亲贤	9. 杏花春馆	16. 月地云居	23. 濂溪乐处
3. 九洲清晏	10. 坦坦荡荡	17. 鸿慈永祜	24. 多稼如云
4. 镂月开云	11. 茹古涵今	18. 汇芳书院	25. 鱼跃鸢飞
5. 天然图画	12. 长春仙馆	19. 日天琳宇	26. 北远山村
6. 碧桐书院	13. 武陵春色	20. 澹泊宁静	27. 西峰秀色
7. 慈云普护	14. 武陵春色	21. 映水兰香	28. 四宜书屋

29. 方壶胜境	36. 涵虚朗鉴	43. 紫碧山房
30. 澡身浴德	37. 廓然大公	44. 若帆之阁
31. 平湖秋月	38. 坐石临流	45. 关帝庙
32. 蓬岛瑶台	39. 曲院风荷	46. 天宇空明
33. 接秀山房	40. 洞天深处	47. 同乐园
34. 别有洞天	41. 藻园	48. 舍卫城
35. 夹镜鸣琴	42. 文源阁	

乾隆时期长春园总图景点

49. 澹怀堂	56. 思永斋
50. 含经堂	57. 海岳开襟
51. 玉玲珑馆	58. 法慧寺
52. 映清斋	59. 宝相寺
53. 如园	60. 转湘帆
54. 泽兰堂	61. 转湘帆
55. 茜园	62. 狮子林

63. 鉴园
64. 线法山
65. 方外观
66. 海晏堂
67. 远瀛观
68. 线法山
69. 方河

乾隆时期绮春园部分景点

70. 线法墙
71. 西爽村
72. 含辉园
73. 正觉寺

图二　乾隆时期圆明园、长春园、绮春园三园总平面图

　　总之，圆明园历经雍正、乾隆、嘉庆、道光、咸丰五代帝王150余年的兴建、扩建和经营，在其被英法联军焚毁之前，已经是一座规模相当宏伟、内涵极为丰富、设计与工艺特别讲究、举世无双的圆明三园，即圆明园、长春园和绮春园，三园统称为圆明园。三园东西总长2620米，南北总宽1880米，周长11000米，总占地面积352.13公顷，其中陆地面积228.4公顷，水域面积123.73公顷，总建筑面积约16公顷，共有著名景区和景点123处，其中圆明园69处，长春园24处，绮春园30处。园内人工挖湖堆山造出的山系有250多条，长约35千米；建造各种形式的石木桥涵100余座，三园的外围宫墙全长10千米，设园门19座，设控水闸门5座，其规模之宏伟，整体布局之讲究与和谐，其山水、植物、宫殿、楼阁、亭榭、斋舍、院落、桥涵、码头等各种建筑、园林元素组合之严谨与自然，其所创造出来景观和意境之丰富，其建造技艺精湛，不仅为三山五园之冠，而且在我国园林史上也是绝无仅有的。圆明三园造园的特点，均以水面为主题设计各个不同景区和景点。圆明园内的水面，采取大、中、小水面相结合的方式进行组合和连接，将600米宽的大型水面福海与200米宽的中型水面后湖，和周围宽

度在百米或百米以下，或四五十米的小型水面，自然地串联在一起，组成一个完整的河湖水系网络，为水路行舟和乘船游览提供多方便利。岸上的湖堤、假山、宫殿、高榭、敞厅、斋舍与水系结合，形成山重水复、连绵不绝、变幻无穷的倒影和迷离空间，使圆明园真正变成了一处人间仙境。

因此可以说，圆明园是中国园林史上平地造园最伟大的杰作，是中国封建社会皇家园林最杰出的代表。圆明园不仅在中国园林史上占有突出的地位，而且在世界园林、建筑史上也享有极高的声誉。难怪它曾被欧洲文化界盛赞为"万园之园"和"一切造园艺术的典范"。

圆明园不仅是清朝帝后的寝宫和娱乐中心，而且是雍正、乾隆、嘉庆、道光、咸丰五代皇帝临朝理政的政治中心。帝后嫔妃一年约有三分之二的时间生活在这里，园内汇集了中国历代无数精粹文物、图书典籍和奇珍异宝，并收藏了大量外国人敬献给清朝皇帝的精美工艺品等，堪称中国古代皇家最大的博物馆。在长春园内，乾隆皇帝还特别建造了一区西洋建筑，称作西洋楼，并供养了一批外国艺术和技术大师，使圆明园成为当时中西文化交流的重要基地。

二、圆明园之毁[①]

清咸丰十年（1860年）十月十八日，圆明园——这颗东方艺术明珠，竟在第二次鸦片战争的枪炮声中，惨遭英法列强联军劫掠并纵火焚毁。从此，圆明园变为一片废墟。

圆明园的兴毁经过，正是中国封建社会由盛变衰，直至沦为半封建、半殖民地过程的写照，因此，圆明园在中国历史上占有特殊而重要的地位。

圆明园自1860年被毁之后，一百多年间又曾不间断地遭到自然和人为的破坏。

1873年，清同治帝曾颁旨重修圆明园，后因国库财力不支而中途夭折，可"重修"前期工程中却将圆明园内曾幸存的4座藏舟坞的所有大木料拆光。光绪朝虽小有整修，但1900年八国联军入侵北京，不仅将前朝修葺建筑全部毁掉，对圆明园又大肆劫掠，拆毁了园内仅存的一些建筑，并将其中大量有价值的建筑材料卖掉，使圆明园彻底荒废。

1912～1949年，不断有军阀、土豪劣绅来圆明园疯狂拆、盗残存的若干建筑材料，用军车和马车运走。

中华人民共和国成立后至1975年，由于对圆明园遗址的保护和管理没有采取主动有效的政策和措施，遂进入了很多拾荒者和"盲流"人员，在遗址内拆砖建房，挖土种地，养猪养羊，最后蔓延发展到六七百户，形成了二十多个生产队，在遗址内大搞农田建设，致使圆明园的地形、地貌和环境再度遭受很大程度的破坏。

---

① 本节内容主要参考穆景元、陈文、房汉禄等：《圆明园风云录》，辽宁大学出版社，1998年。

三、圆明园遗址的保护与管理

1976年11月，海淀区政府成立了圆明园管理处，标志着北京市政府开始对圆明园遗址正式实施管理。

1979年11月，"圆明园史展览馆"正式开馆，接待游人参观。

1980年10月18日，召开"圆明园被毁120周年纪念会"，会上通过了由宋应龄、沈雁冰、习仲勋等一百多位国家领导人和民主爱国人士共同提出的《保护、整修及利用圆明园遗址倡议书》，同时宣布成立中国圆明园学会。

1983年，经国务院批准、通过的《北京城市建设总体规划方案》中，把圆明园规划为遗址公园，划定了该遗址的保护范围。

1988年6月，圆明园遗址公园试开放。同年，圆明园遗址被国务院列为全国重点文物保护单位，被国家教委和北京市政府命名为"爱国主义教育基地"。

1994年，为配合圆明园微缩景观筹建工程，应圆明园管理处要求，北京市文物局责成北京市文物研究所在圆明园西部发掘了藻园遗址。这是北京市文物研究所在圆明园遗址进行的首次考古发掘[1]。

1999年，北京市政府制定了《圆明园遗址公园规划》。

2012年，国家文物局又将"圆明园遗址公园"提升为"国家考古遗址公园"，并列为全国第一批十二处大遗址保护名单的首位，足见圆明园遗址的历史价值之高和政治影响力之大。

圆明园的定位，从1980年关于《保护、整修及利用圆明园遗址倡议书》开始，首先将其定性为"遗址"；其后不久，1983年，国务院和北京市政府又将其定位为"遗址公园"；到2012年，国家文物局又进一步将其定位于"国家考古遗址公园"。这里始终突出强调的是其"遗址"的性质，表明它不是普通"公园"，其历史价值和功能也区别于其他皇家园林，如颐和园、天坛公园、北海公园、避暑山庄等。被升格为"国家考古遗址公园"，更在突出强调圆明国是一处具有重大历史价值的国家级重点大遗址，必须运用考古手段，对这处大遗址进行全面、系统地科学发掘、科学保护和有效利用。如此落实，其发挥的作用和产生的影响，不是一般皇家园林可相提并论或能够替代的。

因此，2000年9月，国家文物局批准实施《圆明园遗址公园规划》，指示："拟将三园内的建筑遗址运用考古手段全部进行清理、考证，凡有条件者可以不同方式展示给游人，不具备条件者先埋起来，以防进一步损坏。"同时，又对北京市文物局上报的《关于上报〈圆明园遗址公园规划〉方案的请示》作出批复，下发了文物保函〔2000〕660号文件，明确指示："山形水系和建筑遗址的修复，应建立在科学的考古发掘基础上，结合历史文献，采取各种科学手

---

[1]　王有泉：《圆明园之藻园遗址考古发掘报告》，《北京文博》1999年第1期。

段，充分发掘历史文化信息""考古发掘、山湖水系修复，古建筑复建等内容，应分别制订专项规划及其实施方案。"

为迎接北京2008年奥运会，北京市政府于2000年9月得到国家文物局的批复后，决定加大并加紧对圆明园遗址进行系统整治和保护的力度，以届时向社会全面开放。在这样的背景下，2000年10~12月，北京市文物局责成北京市文物研究所组建圆明园考古队，派研究员靳枫毅先生带队进驻圆明园，对圆明园遗址保存现状进行考古调查，并制定出《圆明园遗址第一期考古发掘计划》。

2001年3月，国家文物局批准《圆明园遗址第一期考古发掘计划》，同意在圆明园发掘2处遗址：①长春园宫门区遗址；②长春园含经堂遗址。目的是在发掘和保护两个方面进行一些探索，为今后进一步做好保护和利用创造可供借鉴的、具有探索意义的经验和条件。

四、考 古 发 掘

2001年4月~2004年11月，北京市文物局责成北京市文物研究所圆明园考古队有计划地发掘了长春园宫门区遗址和含经堂遗址。这两项发掘成果已正式出版考古发掘报告：《圆明园长春园含经堂遗址发掘报告》（文物出版社，2006年），《圆明园长春园宫门区遗址发掘报告》（科学出版社，2009年）。

在此期间，北京市文物研究所圆明园考古队在圆明园遗址还完成了另外四项考古工作任务：

第一，2002年上半年，完成了《圆明园遗址考古发掘与保护详规》的制订任务。2002年9月，经国家文物局专家组讨论，此项《圆明园遗址考古发掘与保护详规》被批准通过。

第二，2002年、2004年，完成了圆明园四十景中的三十景［①正大光明（含大宫门区）；②九洲清晏；③镂月开云；④天然图画；⑤碧桐书院；⑥慈云普护；⑦上下天光；⑧杏花春馆；⑨坦坦荡荡；⑩茹古涵今；⑪长春仙馆；⑫平湖秋月；⑬廓然大公；⑭西峰秀色；⑮鱼跃鸢飞；⑯北远山村；⑰四宜书屋（安澜园）；⑱方壶胜境；⑲鸿慈永祜；⑳月地云居；㉑日天琳宇；㉒汇芳书院；㉓武陵春色；㉔澹泊宁静；㉕映水兰香；㉖水木明瑟；㉗濂溪乐处；㉘坐石临流；㉙勤政亲贤；㉚万方安和］，以及长春园西洋楼遗址（东半部）这31处遗址的考古勘察任务。

第三，2003~2004年，完成了圆明园西部四处景区遗址——坦坦荡荡、杏花春馆、上下天光和方方安和遗址的考古发掘任务（图三）。

第四，2003年下半年至2004年上半年，为了配合圆明园西部遗址的环境整治工程，还完成了九洲景区和万方安和遗址周边32座桥涵遗址的考古勘察和发掘任务。其中包括石桥遗址10座（①鸣玉溪桥；②碧澜桥；③渔家乐桥；④苏堤春晓桥；⑤如意桥；⑥南大桥；⑦编号为10号的无名石桥；⑧编号为14号的无名石桥；⑨编号为28号的无名石桥；⑩绮春圆宫门内汉白玉石桥），木桥遗址22座（编号：2~5、7~9、11~13、15、17、19、20、23~27、29~31）。

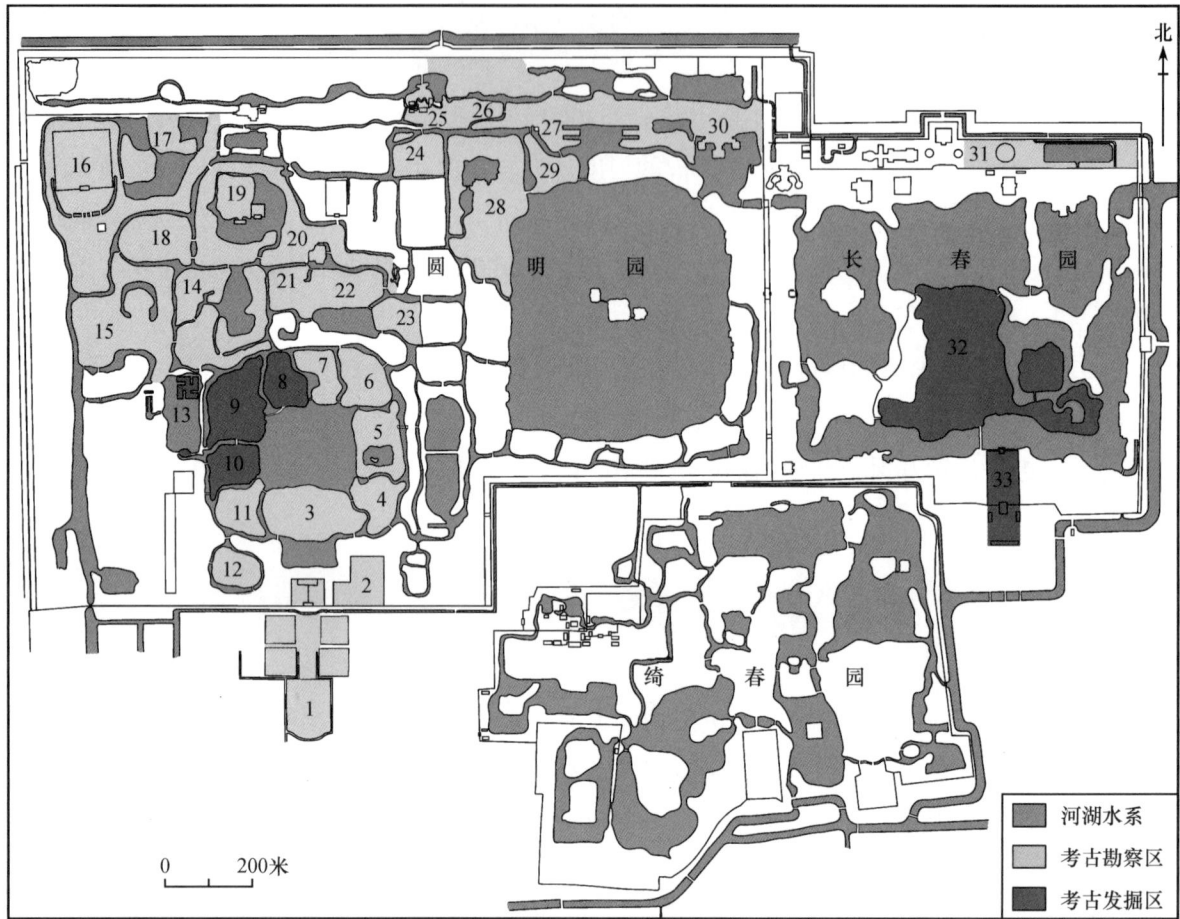

1. 大宫门·正大光明　2. 勤政亲贤　3. 九洲清晏　4. 镂月开云　5. 天然图画　6. 碧桐书院　7. 慈云普护　8. 上下天光
9. 杏花春馆　10. 坦坦荡荡　11. 茹古涵今　12. 长春仙馆　13. 万方安和　14. 武陵春色　15. 月地云居　16. 鸿慈永祜
17. 汇芳书院　18. 日天琳宇　19. 濂溪乐处　20. 水木明瑟　21. 映水兰香　22. 澹泊宁静　23. 坐石临流　24. 西峰秀色
25. 鱼跃鸢飞　26. 北远山村　27. 四宜书屋（安澜园）　28. 廓然大公　29. 平湖秋月　30. 方湖胜境　31. 西洋楼（东区）
32. 含经堂　33. 长春园宫门·澹怀堂

图三　圆明园遗址考古项目分布图

　　以上第二至四项考古勘察与发掘成果，十余年来一直因故被搁置，未得到资料整理和编写考古发掘报告的机会。直到2021年4月，北京文物研究所组建了新一届领导班子，才正式落实并启动本项资料整理与发掘报告的编写工作。本报告即是这项资料整理与考古研究的成果之一。

第二章　杏花春馆遗址

第一节　遗址历史概述

杏花春馆为圆明园四十景之一。是一处以山水、野田村落景观为特点的景区。位于九洲景区后湖西北角，为环湖九岛之一。南接坦坦荡荡，东连上下天光。景区南北长205、东西宽135米，总占地面积约2.2公顷，建筑面积1200平方米，是九洲景区中面积最大的景点。岛的四面被人工堆叠的土石假山围合，假山外围是环绕一周的河湖驳岸。北面的山体，以山石堆砌装点，高出地面十多米，是九洲景区的制高点。山顶建有城关，名曰"屏岩""渊镜"。山南山北各砌筑登山石阶。登关远眺，圆明园各处风光可尽收眼底（图四）。

此景点始建于康熙时期。其前身为康熙帝给胤禛的"赐园十二景"之一，初名为"菜圃"。雍正四年（1726年）改称"杏花春馆"，由雍正帝亲自御书匾额，标志此景于此年已建成。雍正帝曾作《菜圃》诗，回忆此景点在康熙年间所呈现的一片乡村景象："凿地新开圃，因川曲引泉。碧畦一雨过，青壤百蔬妍。洁爱沾晨露，鲜宜润晚烟。倚亭间伫宽，生意用忻然。"（清世宗宪皇帝《御制文集》卷二十六，雍邸集·诗·园景十二咏·菜圃）

乾隆九年（1744年），作圆明园四十景题咏，其中咏"杏花春馆"一景时云：

> 由山亭逶迤而入，矮屋疏篱，东西参错，环植文杏，春深花发，烂然如霞。前辟
> 小圃。杂莳蔬蓏，识野田村落景象。

> 霏香红雪韵空庭，肯让寒梅占胆瓶。
> 最爱花光传艺苑，每乘月令验农经。
> 为梁谩说仙人馆，载酒偏宜小隐亭。
> 夜半一犁春雨足，朝来吟屐树边停。

那时的杏花春馆景区内只有十来座矮小的房屋，参差分布在西北山脚下，中间为菜畦，种着时令蔬菜，菜畦北面凿有一井，井亭南修有水渠，以随时浇水灌溉。菜畦西南建了一座小土地庙。沿北往山上行，走到山腰处，建有一座六角亭，可以歇脚、乘凉。然后由此继续上行，

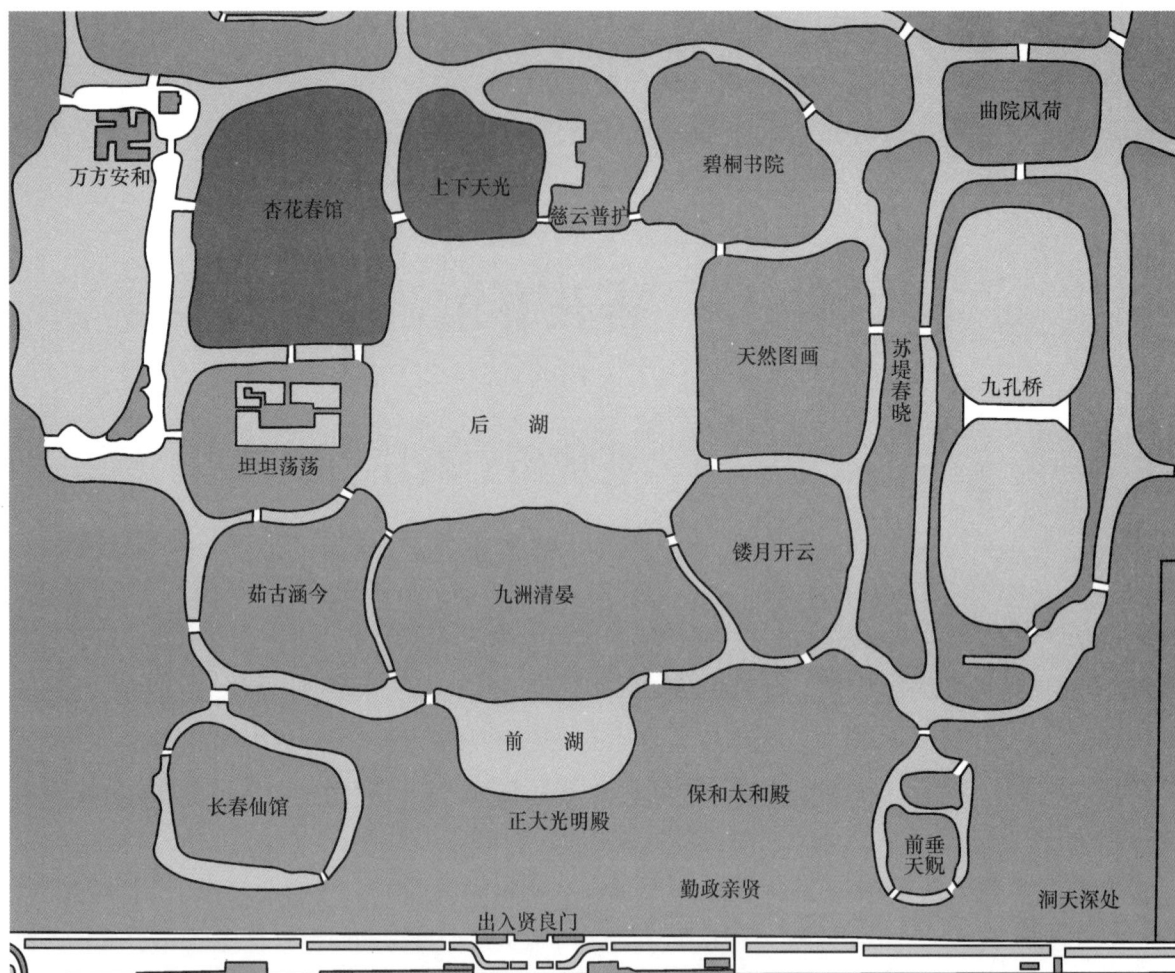

图四　杏花春馆遗址和上下天光遗址位置图

即可登临山顶城关（图五）。

　　到乾隆二十年（1755年），该景区中南部进行了较大规模的改建，添建了春雨轩、涧壑余清、得树亭、镜水斋、赏趣、翠微堂等建筑（据清乾隆二十年四月十九日木作记载，上述建筑匾额于乾隆二十年十月二十八日在杏花春馆挂讫。见《清代档案史料——圆明园》第1357页，《内务府造办处各作成做活计清档》第415款）。去除了菜畦、麦垄；在东南山口处开渠，与后湖连通，将湖水引进园内，形成曲折水面；将园中原来建有的"矮屋"拆掉，改建成一组精致的院落，东、南两面临水，南侧建一座五开间带回廊的殿阁涧壑余清，为该景区的入口；院子正北建有主殿春雨轩，这是五开间后出三间抱厦并带游廊的建筑，与涧壑余清相连。春雨轩北、东、西两侧各依地势高低点缀有四处小斋——镜水斋、抑斋、赏趣和翠微堂。将原来的井亭和值房等组成另一个小院，取名"杏花村"。只有西南隅的小土地庙保持原位没动（图六）。

　　乾隆三十五年（1770年），在春雨轩后侧又堆砌山石高峰（据《奏销折》）。至此，该景区已完全变为一处完整的具有"皇家范儿"的园林建筑了。其后，该景区的建筑格局就再未有什么改动，只有局部的修缮事例。

图五 四十景图之杏花春馆

　　成书于乾隆四十二年（1777年）或稍后的《日下旧闻考》，是这样记述杏花春馆一景的："上下天光之西折而南，度桥为杏花春馆，西北为春雨轩。轩西为杏花村。村南为涧壑余清。春雨轩后，东为镜水斋，西北室为抑斋，又西为翠微堂。（臣等谨按）杏花春馆，四十景之一也。额为世宗御书。馆旁峰石上刊御制杏花春馆诗。春雨轩内额曰：蕙气清阴。后厦联曰：生机对物观其妙；义府因心获所宁。与镜水斋、抑斋、翠微堂诸额皆御书。"[①]这一段记载所体现的杏花春馆的建筑布局，显然是乾隆二十年（1755年）经过改建和添建之后的杏花春馆的建筑格局。到于敏中等编纂《日下旧闻考》时，所见到的杏花春馆的景象已非早年的菜圃。原来的"疏篱""矮屋"，"环植文杏"的"野田村落"元素已不复存在，"牧童遥指杏花村"的意境，只能成为人们对雍正帝初创杏花春馆初衷的一种美好回忆了。此后很多年间，此景即改

① （清）于敏中等编纂：《日下旧闻考》卷八十一，北京古籍出版社，1983年，第1341页。

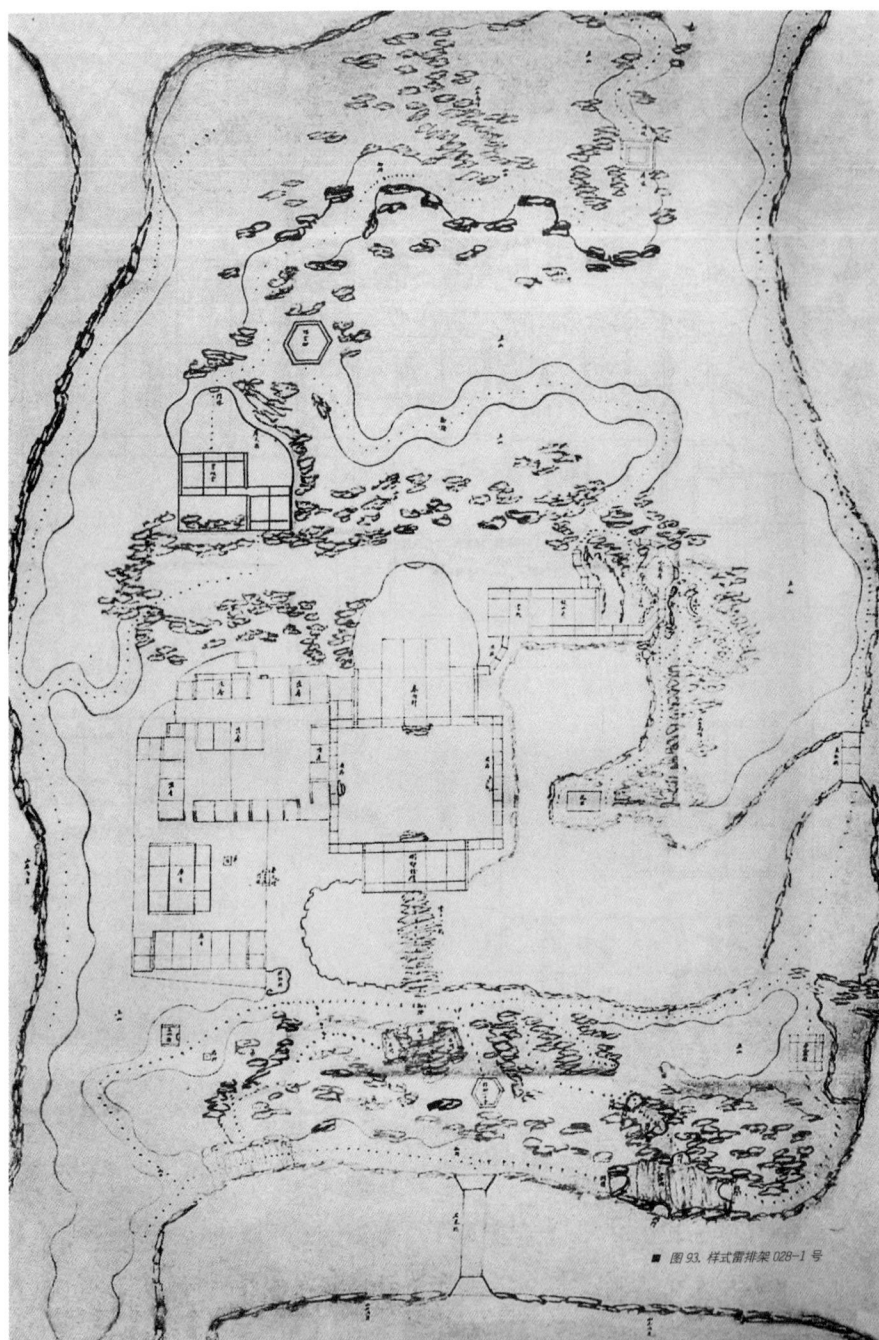

图六　样式雷杏花春馆总平面图

［中国国家图书馆善本部藏，样式雷排架028-1号，绘制年代为道光十一年至道光二十年（1831~1840）］

称"春雨轩"，而不再称"杏花春馆"了（图七）。

　　经乾隆二十年（1755年）改、扩建之后的杏花春馆景点，其建筑格局总体呈东北—西南走向，分两列布局，南边一列，从东北到西南分布有吟簌亭、镜水斋、赏趣、花台、春雨轩、涧壑余清、杏花村院及值房若干和土地庙；北边一列，分布有渊镜、屏岩、绿云酺、翠微堂、抑斋。东南边山间，又横向散落两座亭台，即杏花春馆及得树亭。

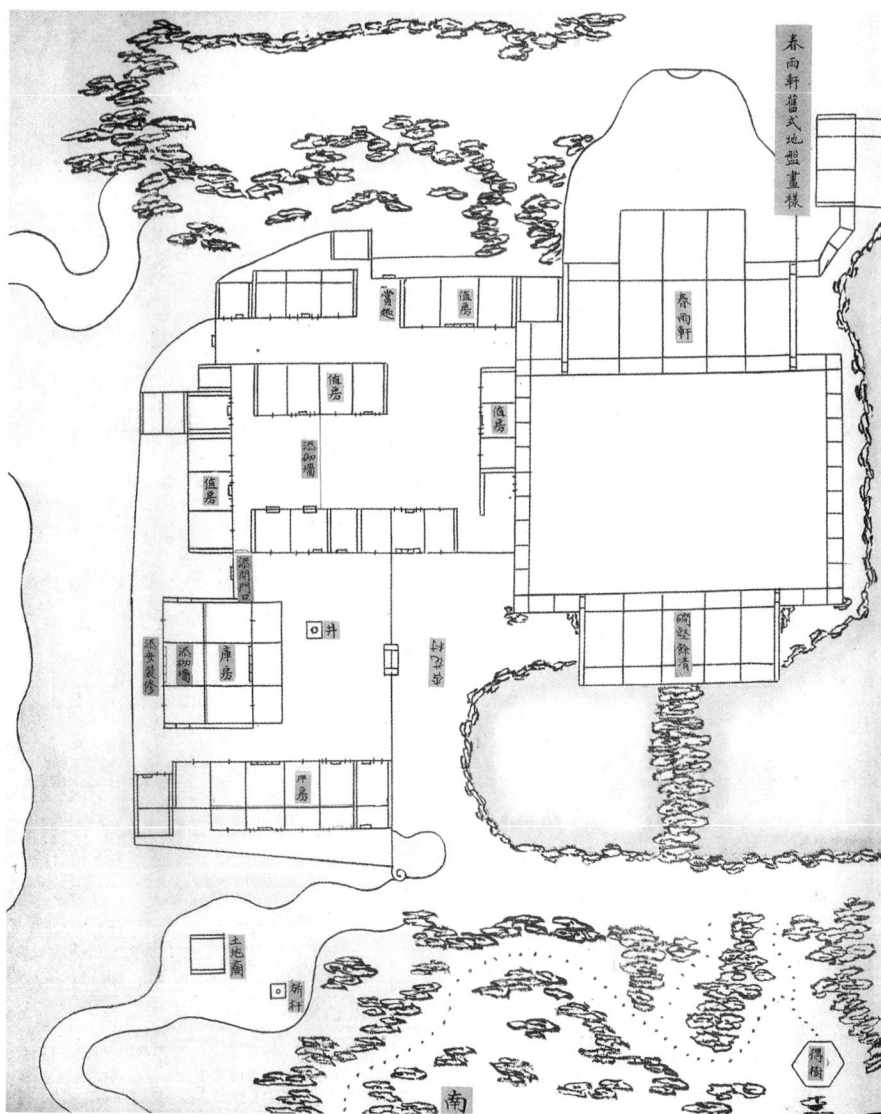

图七 样式雷《春雨轩旧式地盘画样》

（中国国家图书馆善本部藏，样式雷排架028-2号，绘制年代约与028-1号图同期）

杏花春馆，位于本景区东南山口外，重檐四方亭，东临后湖，外檐悬雍正御书"杏花春馆"匾额。

得树亭，位于南部山间，为重檐六角亭。

土地庙，位于本景区西南山口外，东西向，两侧带廊，面宽3.2、进深3.36、廊深1.12米。殿内供奉土地、土母神像。咸丰八年（1858年），封此地土地爷为"圆明园昭佑敷禧司土真君"，封土地母为"圆明园昭佑敷禧司土夫人"。

涧壑余清，是居中的春雨轩殿宫门，坐北朝南，五间带回廊，门前临溪，铺云步石，门楣悬"涧壑余清"匾额。

春雨轩，坐北朝南，四周回廊环五间正殿，北接抱厦三间，通面宽19.2、各间均面宽3.84、通进深14.72、明殿7.68、后厦深3.84、前后廊各深1.6米，殿前为回廊院。外檐悬乾隆御书匾额"春雨轩"，内檐悬"蕙气清阴"匾额。

花台，位于东山南拗，与春雨轩院隔水相望，是坐北朝南的长方亭。

镜水斋，位于春雨轩东北，坐北朝南，临池三间，前后有廊，东、南分别设廊，与吟籁亭、赏趣相连。外檐悬乾隆御书匾额"镜水斋"。

吟籁亭，位于镜水斋东山上，为单檐八角亭，南、北皆有游廊，外檐悬乾隆御书匾额"吟籁亭"。亭旁石洞额题"水月空明"。

赏趣，为镜水斋西邻，东西向两间，北侧接游廊与镜水斋相通。悬乾隆御书匾额"赏趣"。

杏花村，为春雨轩西侧南北纵向院落，是南北套院，南为库房院，内有三间库房和南北向七间库房，以及水井一口，院门东向，门额上悬有"杏花村"石匾额，为雍正帝御书。北为值房院，共有值房二十八间。

翠微堂，位于春雨轩西北，坐北朝南，回廊殿五间，西三间和东二间前后相错，西三间南和东二间西形成长方形院落，乾隆初年已建成，外檐悬乾隆御书匾额"翠微堂"。

绿云酣，位于翠微堂东北角，单檐后改重檐六角亭，额题"绿云酣"。

渊镜、屏岩，位于本景东北山巅城关，为重檐方亭，南、北两面石刻额分别题"屏岩""渊镜"。

此外，在春雨轩东边湖颈还建有南北横跨的木板桥一座，上建三间桥亭。

在1860年10月圆明园罹难中，杏花春馆侥幸未遭英法联军焚毁，尚存春雨轩殿、杏花村殿和土地庙。同治年间（1862～1874年），曾对幸存的"春雨轩"等建筑进行了整修[1]，但到1900年，则彻底毁于八国联军之手。

第二节　考古勘察与发掘

2000年10月，笔者到杏花春馆遗址调查，遗址已被现代生活垃圾和建筑垃圾覆盖，上面长满了很多杂树和荒草（图版一～图版三，1）。

2002年，北京市文物研究所圆明园考古队对杏花春馆遗址进行了考古勘察。2003～2004年，对该遗址进行了有计划的考古发掘。

本报告发表的是北京市文物研究所圆明园考古队于2003～2004年度在圆明园杏花春馆遗址进行科学发掘所获得的全部考古资料。

---

① 刘敦桢：《同治重修圆明园史料》，《刘敦桢文集》（一），中国建筑工业出版社，1982年。

一、地　面　调　查

2002年3月8~11日，我们对杏花春馆遗址进行了踏勘调查。杏花春馆景区经实测：南北长115、东西宽95米，面积为10925平方米。景区四面有人工堆叠的假山，山外有湖沟环绕，东边湖沟已被回填，西、北、南湖沟已干涸，但遗迹保存尚好。假山已被破坏，东北部大部分被挖掉。遗址现生长着各种树木和花草，有北京杨300余棵，直径在0.2~0.5米；松树80余棵，直径在0.15~0.3米；杂树120余棵，直径在0.1~0.6米。现代墓葬6座，分布在东山、南山、北山中。现遗址堆置生活及建筑垃圾约350立方米（集中在春雨轩、涧壑余清、杏花村和土地庙）。

二、考　古　勘　察

杏花春馆遗址的考古勘察工作前后进行了两次。随后，又对该遗址内尚存的土石假山进行了一次地面踏勘与测量。

（一）第一次考古勘探

2002年3月12~31日，先对该遗址中的杏花春馆、涧壑余清、春雨轩、西南值房、库房、镜水斋、翠微堂、抑斋、城关渊镜等遗迹布孔进行普探，然后对涧壑余清、春雨轩、西南值房F2~F5和F7，以及库房F9等建筑遗迹分布较为密集的中南部区域，以开掘探沟的方式，对8项相关建筑基址情况做了地层解剖和确认。共挖探沟12条，编号为TB1~TB12（图八）。

1. 杏花春馆

位于景区的东南角，东与后湖相连，西与南山相接。北与大路的现代水泥管桥相邻（原为木板桥），南北土路经过其中，杏花春馆的建筑及转角石现已显现（西北角、西南角）。探孔号分布为1#到13#。1#和13#为基角石，2#、4#、8#、9#、12#为无效孔，0~0.5米为夹褐色土，含砖较多，质干，0.7米遇三合土。杏花春馆的建筑面积为64平方米，发掘土方量为76立方米。

遗址保存状况较好。

2. 春雨轩

春雨轩之西和西南为值房。先布普探孔12个，探孔号为24#、25#、26#、27#、28#、29#、30#、31#、32#、33#、34#、35#。这12个探孔皆为有效孔，文化层下遇三合土。为寻找春雨轩

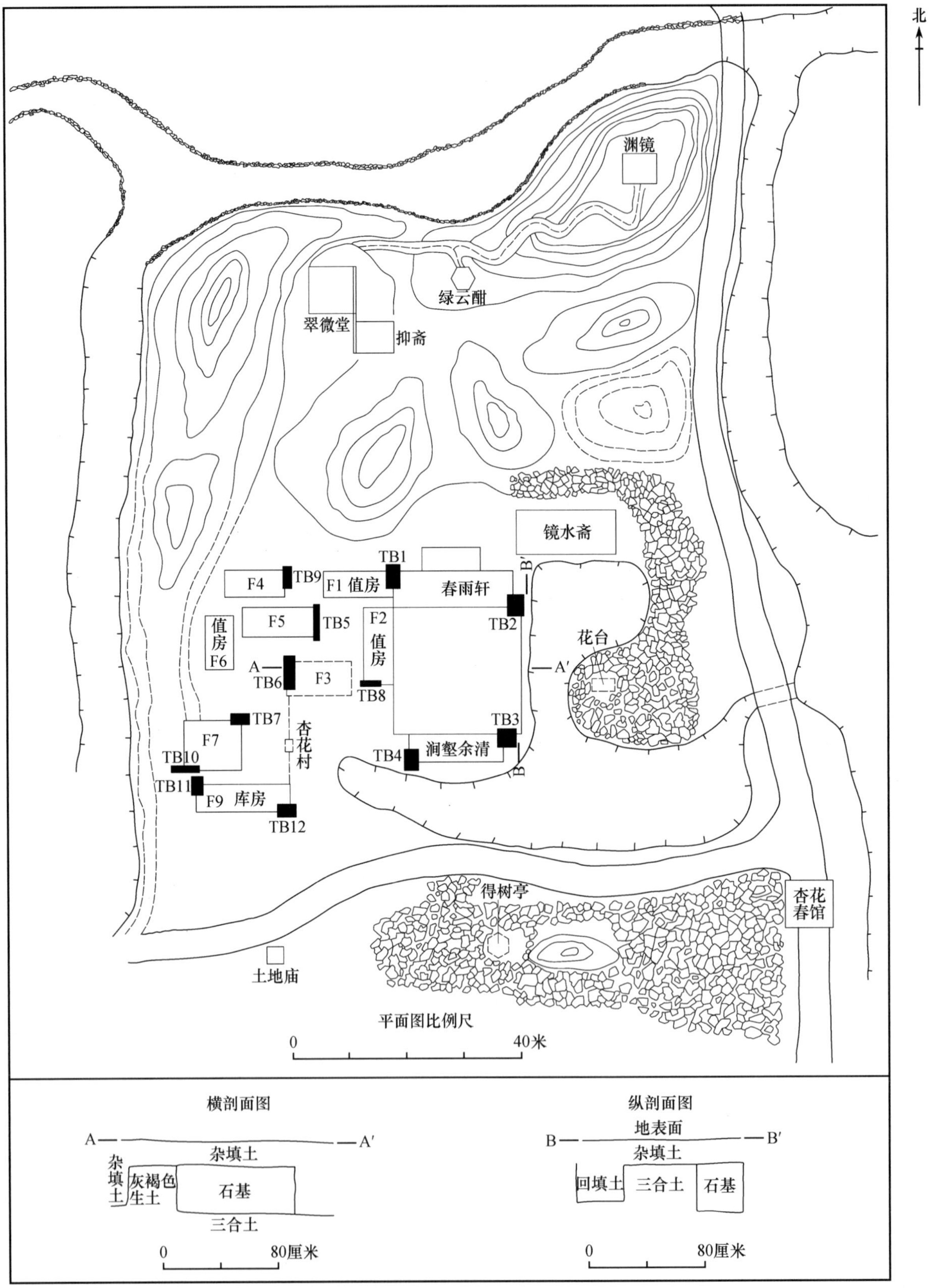

北

渊镜

绿云酣

翠微堂　抑斋

镜水斋

TB1
F4　TB9　F1 值房　　春雨轩　　B′
值房　　F5　TB5　F2　　　　　TB2　　花台
F6　　　　　值房
A　　　　　　　A′
TB6　　F3
TB8
TB7
杏花村
F7
TB10　　　　　　　　TB3
TB11　　　　　　TB4　涧壑余清
F9 库房
TB12

B

得树亭　　　　　　杏花春馆

土地庙

平面图比例尺

0　　　　　　　　40米

横剖面图　　　　　　　　　　纵剖面图

地表面
A ——　　　　　　—— A′　　　B ——　　杂填土　　—— B′
杂　　杂填土
填　灰褐色　石基　　回填土　三合土　石基
土　生土
三合土

0　　　　　80厘米　　　　　0　　　　　80厘米

图八　杏花春馆遗址2002年第一次考古勘探平、剖面图

基址的西北角，开探沟TB1（7.9米×2.2米×1.3米），结果按预判找到了西北三合土拐角（图版三，2），此拐角地基距地表深1.3米，含灰砖砖块、白灰及炉渣等。随后，又开探沟TB2（3.5米×2.8米×1.1米），寻找春雨轩基址的东南角，也如愿找到（图版四，1），此拐角三合土地基距地表深1.1米，含灰砖碎块、小石块、白灰等。本遗址的建筑面积为149平方米，土方量约90立方米。

遗址保存状况较好。

3. 涧壑余清

南有人造湖，北有春雨轩，西有南值房，东与假山隔湖相望。先布普探孔10个，探孔号为14#、15#、16#、17#、18#、19#、20#、21#、22#、23#。其中有4个无效孔（14#、18#、19#、23#），在无效孔内，0～1.1米为夹褐色土，含砖块较多；1.1米遇夹褐色生土，土质疏松。有效孔6个（15#、16#、17#、20#、21#、22#），均在1.2米遇三合土。为寻找涧壑余清基址东北角，开探方TB3（3.1米×3.1米×1.2米），结果按预判找到了此东北拐角（图版四，2），可惜这里曾被扰动过，转角石已被翻转，但三合土台面保存尚好。此三合土基础距地表深1.2米，含灰砖块、白灰等。然后开探沟TB4（3.2米×2.4米×1.2米），寻找涧壑余清基址的西南角，也按预判找到了转角基石和三合土拐角（图版四，3），此处三合土基础距地表深也是1.2米，含灰砖碎块和白灰等。经验证，本遗址的建筑面积为108平方米，土方量约136立方米。

遗址保存状况较差。

4. 西南值房

先布普探孔17个，探孔号为36#、37#、38#、39#、40#、41#、42#、43#、44#、45#、46#、49#、47#、48#、50#、51#、52#。其中有7个无效孔（36#、37#、39#、41#、45#、46#、49#），无效孔内0～1.4米为夹褐色土，含砖、白灰，质干；1.4米为夹褐色生土，质硬。有效孔10个（38#、40#、42#、43#、44#、47#、48#、50#、51#、52#），内有杂填土，深浅不一，含砖、白灰，土质较干，在0.9米和1.6米处遇三合土。

为了寻找值房F2南边和西南角，开探沟TB8（3.6米×1.1米×1.1米），结果落实了F2西南角的位置（图版四，4）。基础为三合土，拐角处距地表深1.3米，三合土地基内含碎灰砖块、炉渣、白灰等。

为了寻找值房F3西北角，在该遗址西边开探沟TB6（3.2米×0.9米×1米），结果找到了F3的西墙基和西北角（图版五，1）。基础为三合土，距地表深1.1米，三合土中含碎灰砖块、小石块和白灰等。

为了寻找值房F4东北角，在该房址东边开探沟TB9（3.9米×1.6米×1.2米），结果找到了房址灰墙基和东北角。基础为三合土，距地表深1米，三合土中含碎灰砖块、白灰等。

为了寻找值房F5的东北角和东南角。在该房址东边开探沟TB5（4.5米×1.1米×0.9米），结果按预判找到了F5的东北角和东南角（图版五，2）。基础为三合土台面，距地表深1米，三合土中含碎灰砖块、白灰等。

为了寻找杏花村值房F7东北角，开探沟TB7（3.3米×2米×1.1米），最终落实了F7东北角的位置。该房址三合土基础局部被破坏，距地表深1.3米，三合土中含碎灰砖块、白灰等。

为了寻找杏花村值房F7西南角，开探沟TB10（4.5米×1米×1.2米），结果按预判找到了F7西南角（图版六，1）。发现转角石、砖地平和三合土距地表深1.2米，三合土中含碎灰砖块、白灰等。

为了寻找库房F9西北角，开挖探沟TB11（1.7米×1.7米×1米），结果落实了F9西北角的位置。这里基石虽被破坏，但尚存三合土拐角遗迹，距地表深1米，三合土中含碎灰砖块、白灰等。

为了寻找库房F9东南角，又开探沟TB12（2.2米×2.1米×1米）。结果找到了F9东南角的基石和三合土拐角（图版六，2），距地表深1米，三合土中含有碎灰砖块、白灰等。

从勘探结果看，西南部值房遗迹总体保存状况较差。

5. 杏花村

此遗址因堆积垃圾太多无法钻探，故以打探沟的方式验证，遗址实际尺寸与1933年实测图相符。探孔54#与水井位于杏花村遗址内，井口现已露出，井室下陷，井壁用青砖砌成正方形。

此遗址保存状况较差。

库房位于杏花村南侧。探孔编号为58#、59#、60#、61#、62#、63#、64#。有效孔为59#、60#、61#、63#。文化层厚1.4米，含砖、白灰、煤渣，质干。其下为三合土。

库房遗址保存状况较差。

两个遗址的建筑面积为200平方米，土方量为310立方米。

6. 土地庙

土地庙及其周围堆置垃圾较多，无法仔细钻探。探孔编号为77#、78#，1.5米以上为建筑垃圾，1.5米以下遇三合土。遗址的建筑面积为8平方米，土方量约为12立方米。

遗址保存状况不好。

7. 得树亭

0~1.2米含白灰较多，1.2米以下遇三合土，地平面周围堆置着卵石。本遗址的建筑面积为9平方米，土方量为15立方米。

遗址保存状况较差。

8. 镜水斋

探孔编号为65#、66#、67#、68#、69#、70#、71#、72#、73#、74#。有效孔（65#、67#、69#、70#、71#、72#、73#）内0~1.3米见夹褐色土，质净、土质疏松，1.3米遇三合土。建筑面积为146平方米，土方量为170立方米。

遗址保存状况一般。

9. 吟籁亭

探孔编号为75#，探孔内0~0.9米为夹褐色土，含白灰较多，土质疏松，质干，0.9米遇三合土。吟籁亭的四周堆有乱石，建筑面积为12平方米，土方量为23立方米。

遗址保存状况不好。

10. 花台

探孔编号为76#。因堆置较多大块乱石无法钻探，只好暂时放弃。

保存状况不好。

11. 翠微堂

探孔编号为79#、80#、81#、82#、83#、84#、85#、86#、87#、88#。有效孔（79#、80#、82#、84#、86#、87#、88#）内0~1.1米为夹褐色土，含砖、白灰，土质较干、疏松，1.1米遇三合土。建筑面积为64平方米，土方量为76.8立方米。

遗址保存状况较差。

12. 抑斋

探孔编号为89#、90#、91#、92#、93#、94#、95#、96#、97#、98#。有效孔（90#、92#、94#、95#、97#、98#）内0~1.3米为夹褐色土，含杂质较少，质干，1.3米遇三合土。建筑面积为32.2平方米，土方量为55立方米。

遗址保存状况较差。

13. 渊镜

探孔编号为99#、100#、101#、102#。100#为遗址角石，已显现。有效孔（99#、101#、102#）位于渊镜的四个基角。探孔内0~0.9米为褐色土，含砖、石块、白灰，土质较干，0.9米遇基石、三合土。建筑面积为35平方米，土方量为40立方米。

遗址保存状况一般。

14. 绿云酽

0～0.8米为浅灰色土，含沙量较大，质干、疏松，0.8米遇三合土。建筑面积为16平方米，土方量为19立方米。

遗址保存状况较差。

本景区建筑遗址共20个，已经明晰了19个，花台因堆放石块较大且多，无法勘探。杏花春馆景区遗址总建筑面积为1086平方米，发掘土方量约1484立方米。堆积垃圾量约350立方米。

整个景区遗址的保存状况较差（表一）。

表一　杏花春馆遗址第一次考古勘探（打探沟项目）登记表

探沟编号	探沟（方）位置	探沟（方）规格 [长×宽×深（米）]	原因	目的	探沟内遗迹状况	地层包含物	土方量（立方米）
TB1	春雨轩西北角	7.9×2.2×1.3	验证钻探结果	寻找春雨轩西北角	基石，三合土拐角	0～1.3米，含灰砖块、炉渣、白灰	22.6
TB2	春雨轩东南角	3.5×2.8×1.1	验证钻探结果	寻找春雨轩东南角	基石拐角处	0～1.1米，含灰砖块、白灰、小石块	10.8
TB3	涧壑余清东北角	3.1×3.1×1.2	验证钻探结果	寻找涧壑余清东北角	基石移动，三合土台面	0～1.2米，含灰砖块、白灰等	11.5
TB4	涧壑余清西南角	3.2×2.4×1.2	验证钻探结果	寻找涧壑余清西南角	基石、三合土拐角	0～1.2米，含灰砖块、白灰、小石块等	9.2
TB5	值房F5东边	4.5×1.1×1	验证钻探结果	寻找F5东边、东北角和东南角	基石被破坏，见三合土台面	0～1米，含碎灰砖块、白灰等	5.4
TB6	值房F3西边	3.2×0.9×1.1	验证钻探结果	寻找F3西边及西北角	少量基石，三合土	0～1.1米，含碎灰砖块、小石块、白灰等	3.2
TB7	值房F7东北角	3.3×2×1.3	验证钻探结果	寻找F7东北角	三合土基础，局部被破坏	0～1.3米，含碎灰砖块、白灰等	8.6
TB8	值房F2西南角	3.6×1.1×1	验证钻探结果	寻找F2南边及西南角	基石、三合土	0～1.3米，含碎灰砖块、炉渣、白灰等	5.2
TB9	值房F4东边	3.9×1.6×1.3	验证钻探结果	寻找F4东边及东北角	基石、三合土	0～1米，含碎灰砖块、白灰等	8.1
TB10	值房F7西南角	4.5×1×1.2	验证钻探结果	寻找F7西南角	基石，砖地平，三合土	0～1.2米，三合土含碎灰砖块、白灰等	5.4
TB11	库房F9西北角	1.7×1.7×1	验证钻探结果	寻找F9西北角	基石被破坏，三合土拐角	0～1米，含碎灰砖块、白灰等	2.9
TB12	库房F9东南角	2.2×2.1×1	验证钻探结果	寻找F9东南角	基石，三合土拐角	0～1米，含碎灰砖块、白灰等	4.6
	合计						97.5

（二）第二次考古勘探

2004年2月17日至3月28日，为进一步了解杏花春馆遗址中几处重要建筑基址的保存状况、形制结构、规格及基础做法等特点，再次以开挖探沟的方式，进行了第二次重点勘探。共涉及建筑基址12项：①春雨轩；②杏花春馆回廊；③值房F1、F3、F6；④镜水斋；⑤抑斋；⑥翠微堂；⑦西南部1号甬路（发掘编号L1）；⑧杏花春馆方亭；⑨得树亭；⑩绿云酣；⑪屏岩亭；⑫吟籁亭。共挖探沟25条，编号为T13～T27、T29～T38（图九）。此次勘探项目和勘探结果，依次介绍如下。

1. 春雨轩

为了探寻春雨轩西南角和其东侧前殿与后殿交汇处及西北角，还有春雨轩大殿正前方的建筑基址保存情况，布置了4条探沟——T13～T16。

T13　位于杏花春馆遗址春雨轩大殿的西南角。探沟为东西向，平面呈长方形，东西长3.6、南北宽2、深2.7米。探沟内暴露的遗迹有：土衬石、陡板石、墙基、三合土和散水。

土衬石：位于探沟南侧，探沟内清理青石土衬石3块、春雨轩大殿南墙基2块，自西向东第一块长2.64、宽0.55米。第二块在探沟内部分暴露，暴露的部分长0.44、宽0.55米。西墙基土衬石长1.5、宽0.55米，土衬石外侧有金边，高0.02、宽0.1米，内侧放置陡板石，西墙基土衬石下面还保留有一块青石陡板石。

陡板石：现只残存西墙基一块，探沟内暴露的部分长1.3、宽0.25、高0.45米，从残留的陡板石的位置来看，应是南墙基上面的陡板石压在西墙基的土衬石上面。

墙基：现只残留南墙墙基，长2、宽0.5米，为红色砂岩和砖块用白灰黏合而成，西墙基被破坏，已暴露到底部灰土基础。

三合土：位于探沟的东北角，应为大殿的地面，探沟内暴露的部分长2、宽0.45米，三合土表面较粗糙。

散水：位于土衬石的南侧，表面与土衬石平行，散水东西贯通探沟，南北宽0.5米，用砖规格为45厘米×22.5厘米×11厘米。平砖砌法，两丁一顺。散水海拔43.859米。

经解剖，表土层厚0.1～0.4米，散水铺砖厚0.11米，底部为三合土，厚0.1米，土衬石宽0.55、厚0.15～0.18米。墙基宽0.5、残高0.55米。大殿地面的三合土厚0.3米，可分为两层，均厚0.15米。三合土下面为黄褐色夯土，厚0.2米。以上遗迹底部均坐落于灰土基础上面。灰土基础厚0.5米，可分为三层：第一层厚0.15米，第二层厚0.2米，第三层厚0.15米。灰土基础下面打有柏木桩基础，柏木桩最大直径0.1米，最小直径0.04米，深1.2～1.4米。一般是先将柏木桩打入生土，然后填充碎石块（亦做掏当山石），一般一至二层，最大的石块长0.2～0.3、宽0.1～0.2、厚0.05～0.1米，最小的石块长0.07～0.08、宽0.05～0.06、厚0.01～0.04米。掏当山石下面为黑色黏土层，厚0.5米。底部为黄褐色淤积砂层，至柏木桩底（图一〇）。

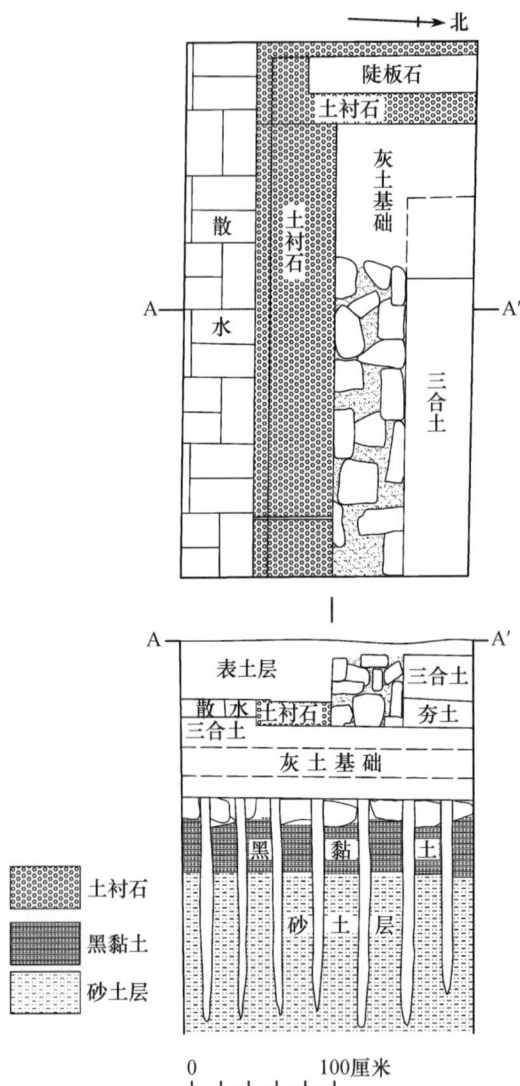

图一○　杏花春馆遗址春雨轩大殿西南角探沟T13平、剖面图

T14　位于杏花春馆遗址春雨轩殿址的东侧、前殿与后殿的交汇处。探沟为东西向，平面呈长方形，东西长2、南北宽1.8、深2.74米。探沟内暴露的遗迹有：柱础石、三合土和墙基。

柱础石：从三合土位置看，柱础石被移动过，其为青石质，正方形，边长70厘米，中间有一鼓镜，高2、直径45厘米，鼓镜中间有一圆形柱窝，直径12、深12厘米。柱础石厚30厘米，表面光滑。

三合土：探沟内暴露有两部分，其一位于探沟南侧，东西贯通，南北长1.1米，应为前殿地面。三合土保存较差，表面粗糙不平。其二位于探沟的西北角，暴露部分东西长0.5、南北宽0.2米。保存较差，表面粗糙不平，该三合土应为后殿地面。

墙基：位于三合土中间，为红色砂岩石与砖块用白灰黏合而成。探沟内暴露部分东西长0.5、南北宽0.5米。该墙基应与东侧墙基相连接，东侧被破坏。

经解剖，表土层厚0.5～0.6米，下面为遗迹层，墙基残高0.6米，南侧三合土厚0.4米，没有明显分层。下面为黄褐色土层，厚0.5米，可分为两层，均厚0.25米。墙基北侧三合土厚0.3米。底部为黄褐色夯土层，厚0.3米。墙基底部打有灰土基础，厚0.3米，没有明显分层。灰土基础底部打有柏木桩，柏木桩直径0.06～0.1米，间距0.15～0.25米，长1.2～1.4米。一般先将柏木桩打入生土，然后填充掏当山石并夯实，一般一至二层，厚0.15～0.25米。填充用的石块规格一般为（0.12～0.25）米×（0.07～0.08）米×（0.04～0.06）米。下面为黑色黏土层，厚0.15～0.3米。再下为黄色砂土，至柏木桩底（图一一）。

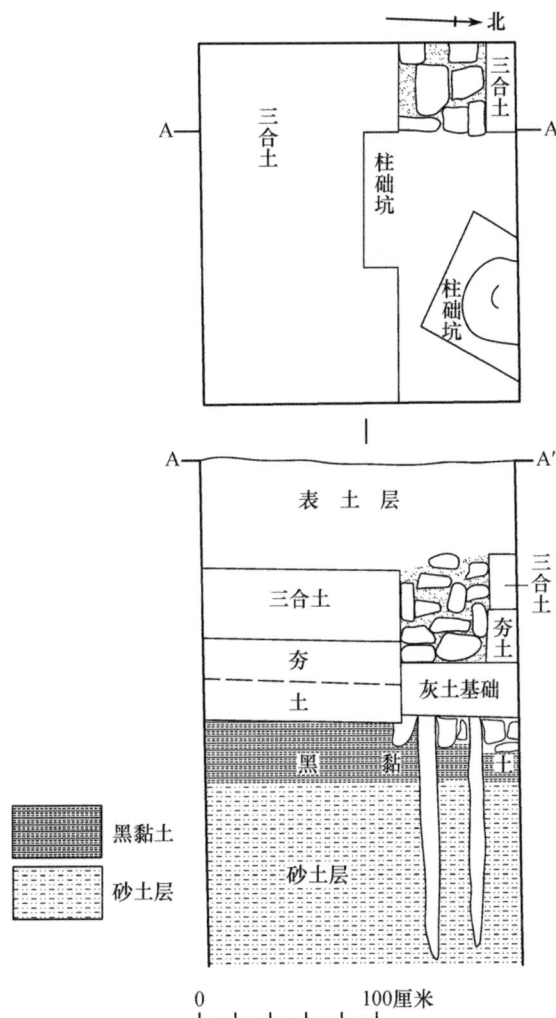

图一一　杏花春馆遗址春雨轩大殿东侧、前、后殿交汇处探沟T14平、剖面图

T15　位于杏花春馆遗址北部，春雨轩大殿的西北角。探沟为东西向，平面呈长方形，东西长1.4、南北宽1.2、深2.7米。探沟内暴露的遗迹有：柱础石、墙基、三合土和夯土。

柱础石：位于建筑的西北角，柱础石已被移动立起，为青石质，正方形，边长70、厚40厘米，中间有鼓台，高3、直径45厘米，鼓台中间有一圆形柱窝，直径12、深12厘米，柱础石表面光滑。

墙基：位于三合土北侧和西侧，为红色砂岩石夹杂部分砖块，用白灰黏合而成。北墙基在探沟内暴露部分长0.5、宽0.5米；西墙基探沟内暴露部分长0.5、宽0.5米，两墙壁的转角处为放置柱础石的位置。

三合土：位于探沟的东南角，距地表深0.1米，探沟暴露的遗迹长0.6、宽0.6米，三合土表面较平整，应为大殿的地面。

夯土：位于与北墙基和西墙基的外侧，应为散水的底部夯土基础。

经解剖，表土层厚0.4～0.45米，墙基外侧夯土厚0.5米。可分为两层，均厚0.25米，土色为黄褐色。墙基宽0.49、残高0.56米。三合土厚0.3米，可分为两层，第一层厚0.1米，第二层厚0.2米。底部为夯土，厚0.2米，土色为黄褐色。以上遗迹坐落于灰土基础上面，灰土基础厚0.35米，可分为两层，第一层厚0.15米，第二层厚0.2米。灰土基础下面打有柏木桩基础，最大直径0.1米，最小直径0.06米，柏木桩长1.2～1.4米，间距0.15～0.25米。一般是先将柏木桩打入生土，然后填充掏当山石，一般一至二层，最大的石块长0.2～0.3、宽0.1～0.2、厚0.05～0.1米，最小的规格为（0.07～0.09）米×（0.05～0.06）米×（0.01～0.04）米。掏当山石下面为黑色黏土层，厚0.3米。底部为黄褐色淤积砂土层（图一二）。

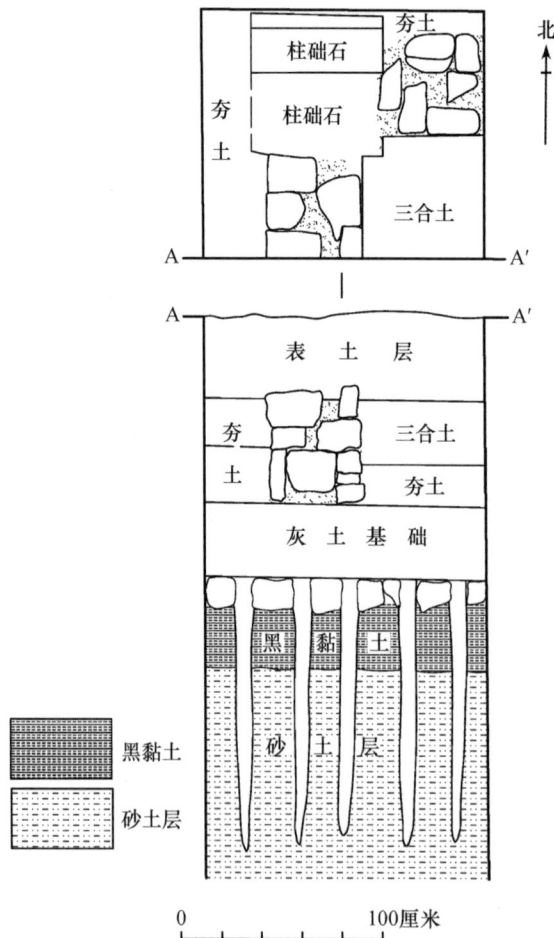

图一二　杏花春馆遗址春雨轩大殿西北角探沟T15平、剖面图

T16 位于杏花春馆遗址春雨轩大殿正前方，距大殿3米，为涧壑余清通往春雨轩的中心甬路。探沟为东西向，平面呈长方形，东西长2.5、南北宽1.4、深1.4米。探沟内暴露的遗迹为三合土甬道。

三合土甬道：位于探沟西侧，距东侧探沟壁0.3米，探沟内暴露部分东西长2.2米，南北贯通，三合土甬道表面粗糙。

经解剖，表土层厚0.4米。三合土甬道厚0.3米，没有明显的分层。夯土厚0.8米，可分为二至三层，中心甬道东侧夯土分为三层，上层厚0.3米；三合土甬道下面，夯土分为两层，均厚0.25米。底部为黑色黏土层（图一三）。

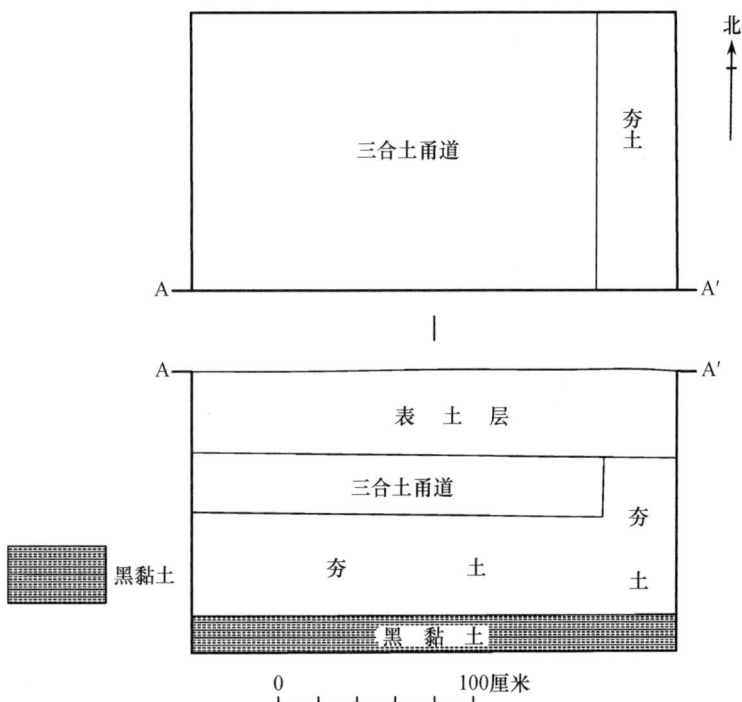

图一三 杏花春馆遗址春雨轩大殿正前方探沟T16平、剖面图

2. 涧壑余清

为了探寻涧壑余清与春雨轩之间的方形回廊的位置关系和方形回廊建筑基址的保存状况，又在方形回廊的东南角和西南角各布设探沟1条，编号分别为T17和T18。

T17 位于连接涧壑余清和春雨轩之间的方形回廊的东南角。探沟为东西向，平面呈长方形，东西长1.6、南北宽1.2、深2.2米。探沟内暴露的遗迹为灰土基础、夯土。

灰土基础：应为回廊的基础，保存较好，表面平整，探沟内暴露部分长1.4、宽1.05米，应为回廊的转角处。

夯土：位于灰土基础东侧和南侧，应为回廊外侧散水底部基础。

经解剖，表土层厚0.4米。灰土基础厚0.3米，未见分层。夯土厚0.45米，可分为两层，第一层厚0.15米，第二层厚0.3米，土色为黄褐色。灰土基础下面打有柏木桩，木桩最大直径为0.1

米，最小直径为0.05米，间距0.15～0.25米，长1.2～1.4米。一般是先将柏木桩打入生土，然后填充掏当山石并夯实，一般一至二层，厚0.15～0.25米，最大的石块长0.2～0.3、宽0.1～0.2、厚0.05～0.1米，最小的石块规格多在（0.07～0.08）米×（0.05～0.06）米×（0.02～0.04）米。掏当山石下面为黑色黏土层，厚0.25米。再下为黄褐色淤积砂土层，直至柏木桩底（图一四）。

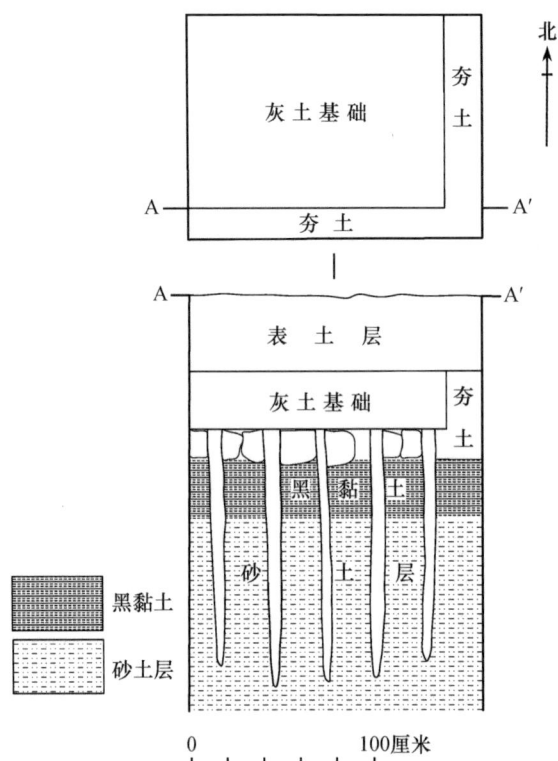

图一四　杏花春馆遗址涧壑余清和春雨轩之间的方形回廊东南角探沟T17平、剖面图

T18　位于连接涧壑余清和春雨轩之间的方形回廊西南角。探沟为东西向，平面呈长方形，东西长2、南北宽1.4、深2.5米。探沟内暴露的遗迹为墙基、夯土芯、灰土基础和磉墩。

墙基：为红色砂岩石和砖块用白灰黏合而成，暴露的遗迹为回廊的转角南侧墙基，探沟内暴露部分长0.85、宽0.5米，西侧墙基长0.4、宽0.5米，转角处还残留有部分磉墩砌砖，墙基距灰土基础边0.1米。从以上迹象看，应为回廊的外侧。

夯土芯：位于探沟的东北角，探沟内暴露面积较少，东西长0.9、南北宽0.4米，夯土芯填土为黄褐色。

灰土基础：在探沟内暴露的面积较小，只在回廊墙基外侧露出0.1米，保存较好。

磉墩：位于墙基转角处，呈正方形，边长0.5米，部分被破坏，只留有灰砖4块；用砖规格为25厘米×12.5厘米×6厘米。

经解剖，表土层厚0.25～0.3米。回廊灰土基础外侧夯土厚0.5米，可分为两层，均厚0.25米。墙基残高0.05米，宽0.5米。夯土芯厚0.4米，可分为两层，均厚0.2米。墙基及夯土芯底部为灰土基础，厚0.3米，未见明显分层。灰土基础底部打有柏木桩，最大直径0.1米，最小直径

0.06米，间距0.15～0.25米，长1.2～1.4米。一般是先将柏木桩打入生土，然后填充掏当山石并夯实，一般为一至二层，厚0.15～0.25米，最大的石块长0.2～0.3、宽0.1～0.15、厚0.05～0.1米，最小的石块规格为（0.07～0.08）米×（0.05～0.06）米×（0.02～0.04）米。碎石底部为黑色黏土层，厚0.3米。黑色黏土层下面为黄褐色砂土层，直至柏木桩底（图一五）。

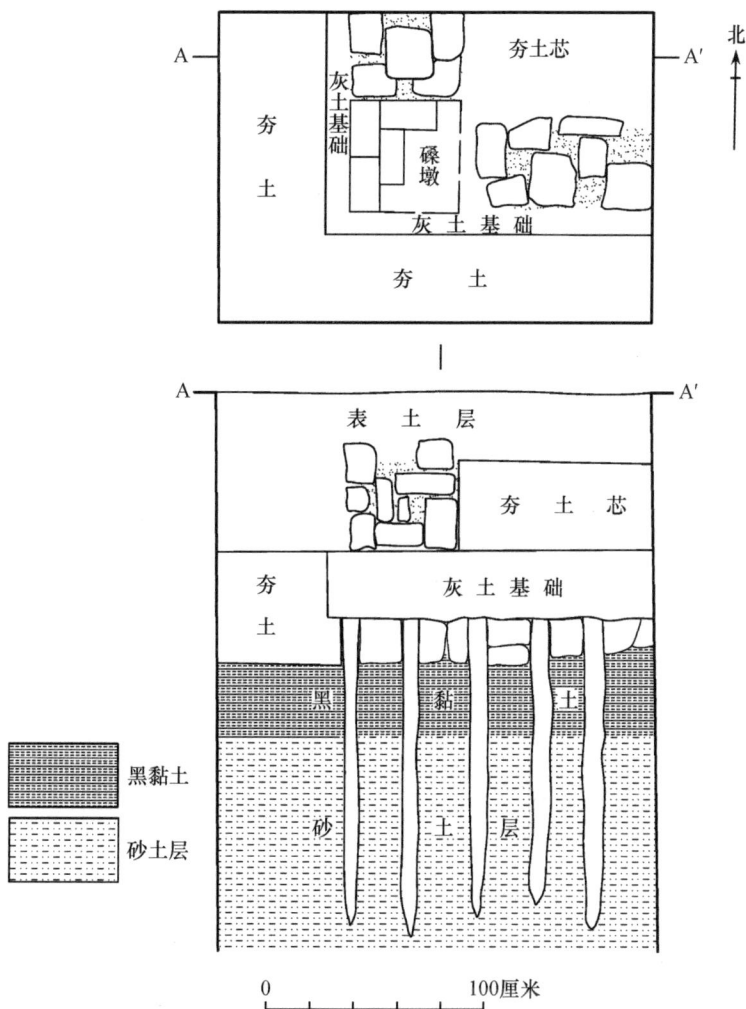

图一五　杏花春馆遗址涧壑余清和春雨轩之间的方形回廊西南角探沟T18平、剖面图

3. 值房F3

为了探寻杏花春馆遗址西侧值房F3基址的保存状况，又在值房F3南墙基与杏花村东墙基交汇处布设探沟1条，编号为T19。

T19　位于杏花春馆遗址的西侧，为值房F3南墙基与杏花村东墙基交汇处。探沟为东西向，平面呈长方形，东西长2、宽1.4、深1.3米。探沟内暴露的遗迹有：值房F3南墙基灰土基础，杏花村东墙基北端灰土基础与夯土。

值房F3灰土基础：探沟内暴露的遗迹东西向贯通整个探沟，南北宽0.65米，为值房F3南墙基灰土基础，上面还残留有砌砖，用砖规格为25厘米×12.5厘米×6厘米，灰土基础保存较平整，较杏花村墙基灰土基础低0.1米。

杏花村灰土基础：探沟内暴露部分长0.8、宽0.8米，应为杏花村东墙基北端灰土基础，该灰土基础叠压在值房灰土基础之上0.1米。

杏花村夯土：位于杏花村灰土基础两侧，东侧夯土探沟内暴露面积东西长0.8、南北宽0.75米，西侧夯土东西长0.4、南北宽0.75米，两侧夯土土色均为黄褐色，应为散水底部夯土基础。

经解剖，表土层厚0.3~0.4米。杏花村灰土基础厚0.1米，压在值房灰土基础上面，值房灰土基础厚0.1米；底部为夯土，厚0.5米，可分为两层，均厚0.25米，夯土为黄褐色土。其下为黑色黏土层（图一六）。

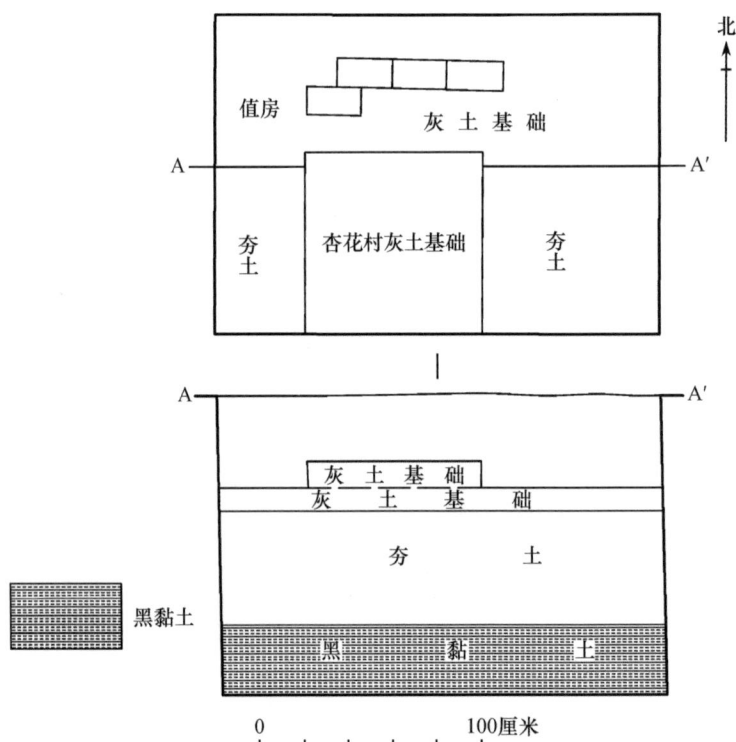

图一六　杏花春馆遗址值房F3南墙基与杏花村东墙基交汇处探沟T19平、剖面图

4. 值房F1

为了探寻春雨轩大殿西侧值房F1基址的保存状况，又在值房F1北墙基布设探沟1条，编号为T20。

T20　位于春雨轩大殿西侧值房F1北墙基。探沟为南北向，平面呈长方形，南北长1.6、东西宽1.4、深2.42米。探沟内暴露的遗迹为F1北墙基、散水、三合土和夯土。

墙基：位于探沟中间，墙基东西向贯通深沟，用红色砂岩、青砖加白灰黏合而成，墙基宽0.5米，墙基北侧为散水。

散水：为卵石铺成，东西贯通探沟，南北宽0.35米，外侧镶有立置牙砖，牙砖的规格为24厘米×12厘米×5厘米。散水内侧高外侧低。海拔为43.839米。

　　三合土：应为值房地面，表面较粗糙，后期破坏严重，探沟内东西向贯通探沟，南北长0.45米。夯土为黄褐色土，应与散水底部夯土同时夯成，从表面看夯层不明显。

　　经解剖，表土层厚0.2～0.35米。下面为遗迹部分，三合土厚0.2米。底部打有夯土基础，呈黄褐色，厚0.3米。墙基宽0.5米，残高0.55米。散水所铺卵石，直径为0.02～0.06米，外侧牙砖高12厘米。卵石及立砖下面打有三合土基础，厚0.15米。底部为夯土，厚0.45米，黄褐色，夯打较差，没有明显的分层。以上遗迹均位于灰土基础上面，灰土基础厚0.3米。底部打有柏木桩，最大直径0.08米，最小直径0.04米；间距0.15～0.25米，长1.2～1.4米。一般是先将柏木桩打入生土，然后填充掏当山石并夯实，碎石一般一至二层，厚0.1～0.25米，填充碎石最大的长0.2～0.25、宽0.1～0.15、厚0.05～0.1米，最小的石块规格为0.06米×0.04米×0.02米。碎石下面为黑色黏土层，厚0.25～0.35米。再下面为黄色淤积砂土层，直至柏木桩底（图一七）。

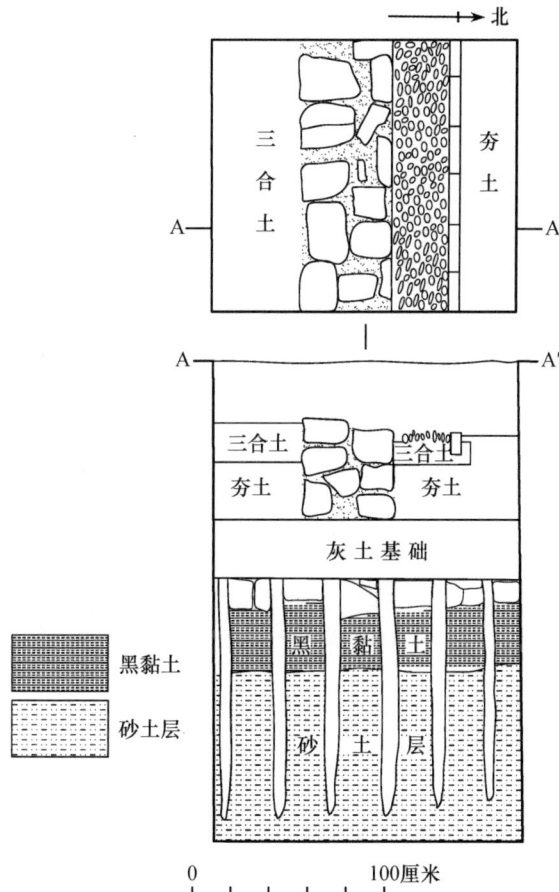

图一七　杏花春馆遗址值房F1北墙基探沟T20平、剖面图

5. 值房F6

为了探寻杏花春馆遗址西侧值房F6基址的保存状况，又在值房F6东北角布设探沟1条，编号为T21。

T21 位于杏花春馆遗址西侧，值房F6的东北角处。探沟为东西向，平面呈长方形，东西长1.8、南北宽1.2、深2.2米。探沟内暴露的遗迹为灰土基础。

灰土基础：位于探沟的西部，灰土基础上面砌有现代墙基，已被拆除，灰土基础保存较差，部分被破坏，表面粗糙，灰土基础南北向贯通探沟，东西宽0.6米。

经解剖，表土层厚0.4米，下面为遗迹部分。西侧填土为黄褐色，土较纯。灰土基础厚0.4米，可分为两层，均厚0.2米。下面打有柏木桩，木桩直径0.04~0.08米，间距0.15~0.25米，长1.3~1.4米。一般先将柏木桩打入生土，然后填充掏当山石，一般为一或二层，厚0.2~0.3米，填充石块最大的长0.2~0.3、宽0.1~0.2、厚0.05~0.1米，最小的石块规格为（0.06~0.08）米×0.05米×0.02米。下面为黑色黏土层，厚0.3米。底部为黄色淤积砂土层，直至柏木桩底（图一八）。

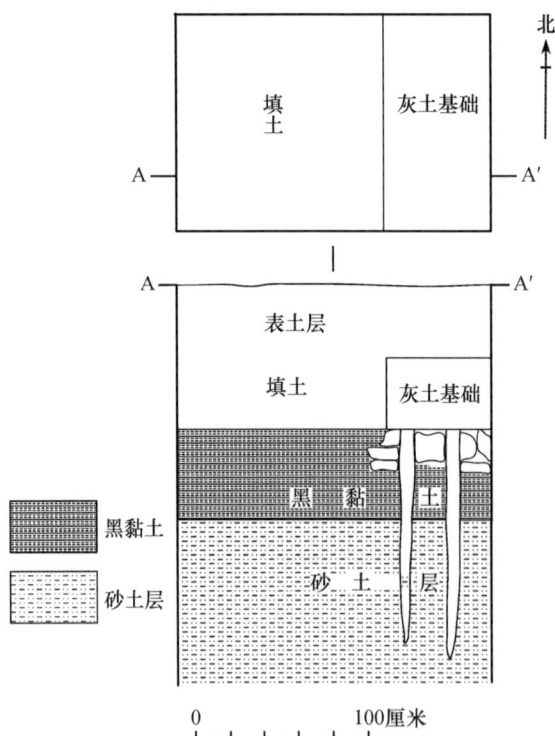

图一八 杏花春馆遗址值房F6东北角探沟T21平、剖面图

6. 镜水斋

为了探寻镜水斋基址的保存状况，又在镜水斋基址的东南角和西北角各布设探沟1条，编号分别为T22和T23。

T22　位于杏花春馆遗址东侧，镜水斋基址东南角。探沟为东西向，平面呈长方形，东西长2、南北宽1.2、深2.2米。探沟内暴露的遗迹为灰土基础。

灰土基础：探沟内暴露部分东西长1.4米，南北向贯通探沟，灰土基础保存较好，表面较平整，在灰土基础东侧还残留有砖砌的痕迹，灰土基础东侧为填土。

经解剖，表土层厚0.3米，下面为遗迹部分。灰土基础厚0.4米，可分为两层，均厚0.2米。底部打有柏木桩基础，柏木桩直径0.04～0.08米，间距0.15～0.25米，长1.2～1.4米。一般是先将柏木桩打入生土，然后填充掏当山石并夯实，一般一至二层，厚0.15～0.3米，石块最大长0.25～0.3、宽0.1～0.2、厚0.05～0.1米，最小的石块尺寸为（0.07～0.08）米×（0.05～0.06）米×（0.02～0.04）米。下面为黑色黏土层，厚0.25～0.35米。底部为黄色砂土层，直至柏木桩底（图一九）。

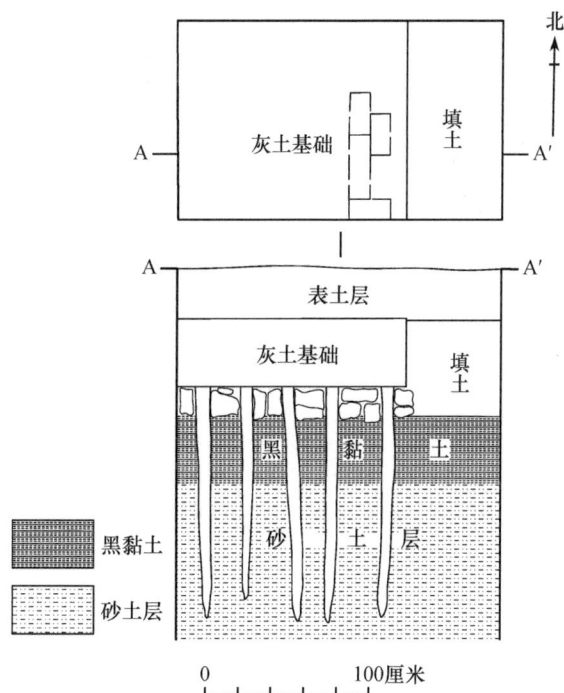

图一九　杏花春馆遗址镜水斋东南角探沟T22平、剖面图

T23　位于杏花春馆遗址的东侧，镜水斋基址西北角。探沟为东西向，平面呈长方形，东西长2、南北宽1.2、深2.4米，探沟内暴露的遗迹为灰土基础。

灰土基础：位于探沟东侧，探沟内暴露部分东西长1.2米，南北向贯通探沟，灰土基础保存较好，表面平整。基础西侧为填土，土色为黄褐色，土质较纯。

经解剖，表土层厚0.35～0.45米；下面为遗迹部分，灰土基础厚0.4米，可分为二层，每层均厚0.2米，底部打有柏木桩基础；柏木桩直径0.06～0.08米，间距0.15～0.25米，长1.2～1.4米。一般是先将柏木桩打入生土，然后填充掘当山石，一般一至二层，厚0.2～0.3米，石块最大的长0.2～0.3、宽0.1～0.2、厚0.05～0.1米，最小的石块规格为（0.06～0.07）米×（0.04～0.05）米×（0.02～0.03）米。下面为黑色黏土层，厚0.3～0.4米。底部为黄色淤积砂土层，直至柏木桩底（图二〇）。

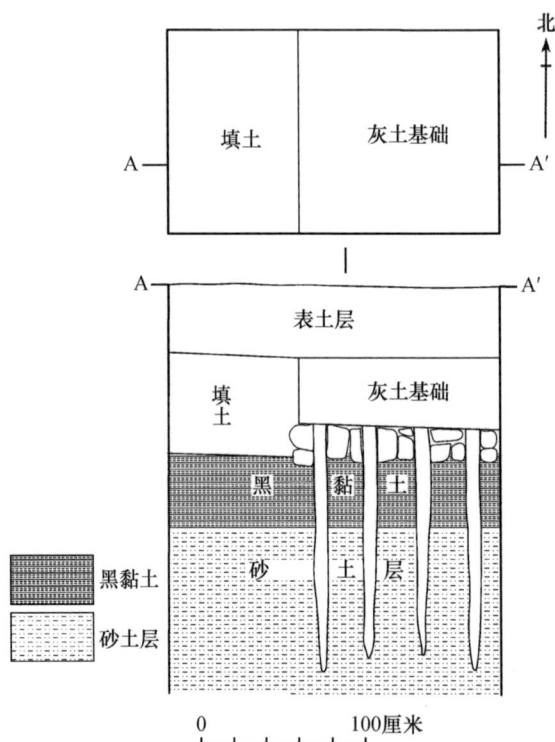

图二〇　杏花春馆遗址镜水斋西北角探沟T23平、剖面图

7. 抑斋

为了探寻抑斋基址的保存状况，又在抑斋基址的东北角和东南角，各布设探沟1条，编号分别为T24和T25。

T24　位于杏花春馆遗址的北侧假山上，抑斋东北角。探沟为东西向，平面呈长方形，东西长2、南北宽1.2、深2.2米。探沟内暴露的遗迹为灰土基础。

灰土基础：位于探沟的西南角，探沟内暴露部分东西长1.1、南北宽0.9米，保存较好，表面较平整，应为抑斋的东北侧与北侧转角处。灰土基础外侧为填土，土色为黄褐色，土质较纯。

经解剖，表土层厚0.3米。以下为遗迹部分，灰土基础厚0.4米，可分为两层，均厚0.2米。底部打有柏木桩基础，柏木桩直径0.06～0.1米，间距0.15～0.25米，长1.2～1.4米。一般是先将柏木桩打入生土，然后填充掘当山石并夯实，一般一至二层，厚0.15～0.25米，所用最大石块长0.2～0.3、宽0.1～0.2、厚0.05～0.1米，最小的石块尺寸为0.06米×0.05米×0.02米。下面为黑色黏土层，厚0.3～0.4米。黑色黏土层下为黄色淤积砂土层，直至柏木桩底（图二一）。

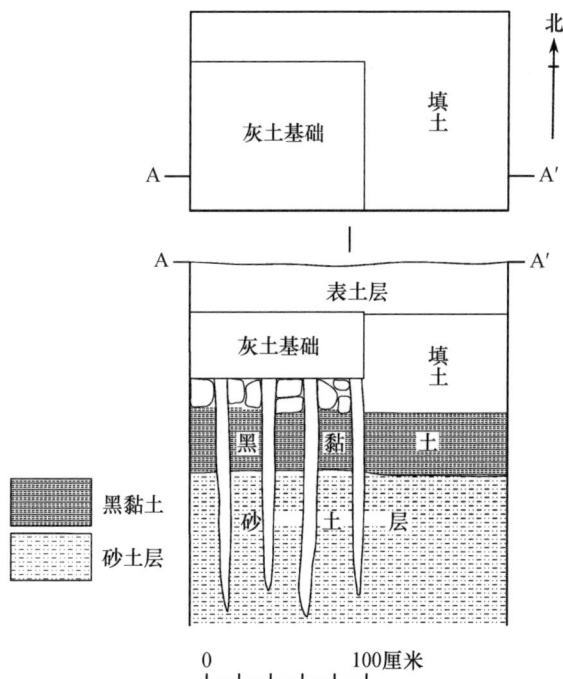

图二一　杏花春馆遗址抑斋东北角探沟T24平、剖面图

　　T25　位于杏花春馆遗址的北侧假山上，抑斋东南角。探沟为东西向，平面呈长方形，东西长2、南北宽1.2、深2.3米。探沟内暴露的遗迹为灰土基础。

　　灰土基础：位于探沟北侧，为抑斋的东侧与南侧转角处，灰土基础保存较好，探沟内暴露部分东西长1.7、南北宽0.8米。表面较平整，外侧为填土，土色呈黄褐色，土质较纯。

　　经解剖，表土层厚0.4米。以下为遗迹部分，灰土基础厚0.4米，可分为两层，均厚0.2米。灰土基础下面打有柏木桩基础，柏木桩直径0.04～0.08米，间距0.15～0.25米，长1.2～1.4米。一般是先将柏木桩打入生土，然后填充掘当山石并夯实，一般一至二层，厚0.15～0.25米，填充用的石块最大长0.2～0.3、宽0.1～0.2、厚0.05～0.1米，最小的石块尺寸为（0.07～0.08）米×（0.05～0.06）米×（0.02～0.04）米。下面为黑色黏土层，厚0.3～0.4米。再下为黄色淤积砂土层，直至柏木桩底（图二二）。

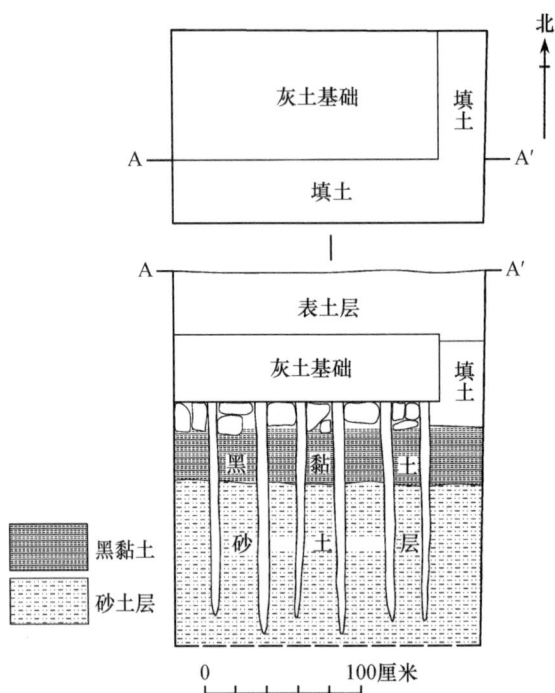

图二二　杏花春馆遗址抑斋东南角探沟T25平、剖面图

8. 翠微堂

　　为了探寻翠微堂基址的保存状况，又在翠微堂北侧中间略偏西处和西侧中间，各布设探沟1条，编号分别为T26和T27。

　　T26　位于杏花春馆遗址的北侧假山上，翠微堂北侧中间略偏西处。探沟为东西向，平面呈长方形，东西长2.17、南北宽1.38、深2.38米，面积约3平方米。探沟内暴露的遗迹为翠微堂北墙灰土基础和夯土。

　　灰土基础：在探沟内平面分布呈曲尺形，占据了探沟下部北侧大部和中间与南侧约一半的空间，经测算，灰土基础现存的曲尺形面积为1.88平方米，占T26探沟总发掘面积（3平方米）的62.7%。其余的1.12平方米为夯土遗存（分两块，一块在探沟东侧，平面呈长方形，面积0.54平方米；另一块在探沟西南角，呈正方形，面积为0.58平方米）。夯土遗存占T26探沟总发掘面积的37.3%。从地层关系看，灰土基础叠压于夯土之上。

　　夯土：应为建筑遗迹散水的底部基础，土色呈黄褐色。

　　经解剖，表土层厚0.6米。以下为遗迹部分，灰土基础厚0.4米，可分两层，均厚0.2米。外侧夯土厚0.55米，可分两层，上层厚0.25米，下层厚0.3米。夯土与灰土基础下面，打有柏木桩基础，柏木桩直接打入生土内，即先穿透厚0.15~0.3米的黑色黏土层，然后继续深入到下面的黄色淤积砂土层中。柏木桩打入生土层后，在柏木桩上端的空隙间，再用掏当山石填充并夯实。这会使地基更牢固，所用柏木桩长1.2~1.4米，直径0.04~0.08米，间距0.15~0.25米。用于填充的碎石块大者长0.2~0.3、宽0.1~0.2、厚0.05~0.1米，小者尺寸为（0.06~0.07）米×（0.04~0.05）米×（0.02~0.03）米（图二三）。

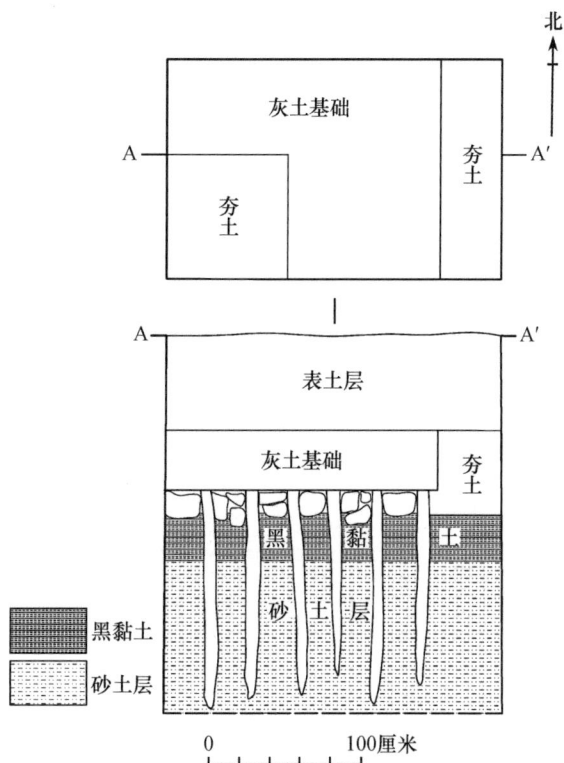

图二三　杏花春馆遗址翠微堂北侧探沟T26平、剖面图

T27　位于杏花春馆遗址的北侧假山上，翠微堂西侧中间。探沟为东西向，平面呈长方形，东西长2、南北宽1.4、深2.26米。探沟内暴露的遗迹为灰土基础。

灰土基础：位于探沟的南侧，探沟内暴露部分东西长1.5、南北宽1.1米，灰土基础保存较好，表面较平整，该灰土基础为翠微堂西侧墙基灰土基础，外侧填土呈黄褐色，土质较纯，较松软。

经解剖，表土层厚0.4米。底部为遗迹层，灰土基础厚0.4米，可分两层，均厚0.2米。填土层厚0.5米，底部接黑色黏土层，灰土下亦接黑色黏土层，并打有柏木桩基础，柏木桩直径0.06~0.1米，间距0.15~0.25米，长1.2~1.4米，一般先将柏木桩打入生土，然后填充掏当山石并夯实，厚0.1~0.2米，一般一至二层。石块最大长0.2~0.3、宽0.1~0.3、厚0.05~0.1米，最小石块尺寸为0.06米×0.05米×0.03米。底部为黑色黏土层，厚0.2~0.3米。黑色黏土层下为黄色淤积砂土层，直至柏木桩底（图二四）。

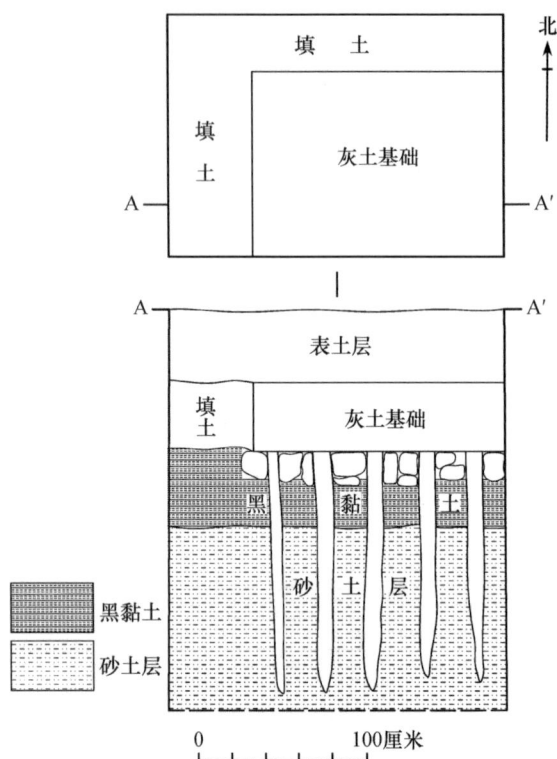

图二四　杏花春馆遗址翠微堂西侧探沟T27平、剖面图

9. 甬路L1

为了探寻甬路L1的保存状况，又在杏花春馆遗址西南部甬路L1中段偏西处布设探沟1条，编号为T29。

T29　位于杏花春馆遗址西南部甬路L1中段偏西处。探沟为东西向，平面呈长方形，东西长1.8、南北宽1.6、深1.6米。探沟内暴露的遗迹为甬路路面及填土。

甬路：为东西走向，这是值房区南侧向东、紧贴土地庙北侧的一条卵石甬路。发掘编号L1。甬路东西宽1.05米，中间部分宽0.39米，两侧为卵石铺成，侧边包括砖牙边在内宽0.33米。中间被破坏，露出底部灰土基础，牙砖规格为25厘米×12.5厘米×5厘米。甬路两侧填土为黄褐色，土质较松软。

经解剖，表土层厚0.7米。以下为遗迹层，两侧填土厚0.3米，甬路砖牙边用砖高12.5厘米，卵石高2~6厘米。底部为灰土基础，厚0.05~0.2米。灰土下面为夯土，厚0.3米，呈黄褐色。夯土下面为黑黏土层（图二五）。

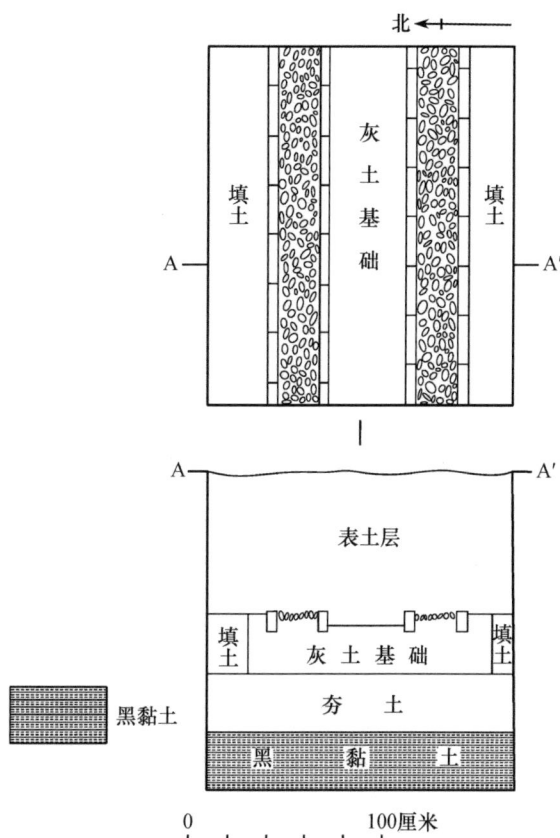

图二五 杏花春馆遗址西南部甬路L1探沟T29平、剖面图

10. 杏花春馆亭

为了探寻杏花春馆亭基址的保存状况，又在杏花春馆遗址东南部的杏花春馆亭东北角布设探沟1条，编号为T30。

T30 位于杏花春馆遗址的东南部，杏花春馆亭东北角。探沟为东西向，平面呈长方形，东西长1.8、南北宽1.2、深2.8米。探沟内暴露的遗迹为灰土基础。

灰土基础：在探沟内占大部分，灰土基础东西长1.5、南北宽0.8米，保存较好，表面平整，基础外侧为黄褐色填土。

杏花春馆亭为5米×5米的方亭，由于该方亭的西南角与西北角还保留有转角石，故只发掘一条探沟。

经解剖，表土层厚0.28～0.3米。下面为遗迹层，灰土基础厚1.1米，可分为四层，第一、二层均厚0.25米，第三、四层均厚0.3米。基础外侧为填土，厚1.1米，底部接黑黏土层。灰土基础下面打有柏木桩基础，柏木地钉长1.2～1.4米，直径0.04～0.08米，间距0.15～0.25米。一般先将柏木桩打入生土，然后填充掘当山石并夯实，厚0.15～0.25米，石块规格为0.1米×0.2米×0.05米。下面为黑色黏土层，厚0.2米。黑色黏土层下为黄色淤积砂土层，直至柏木桩底（图二六）。

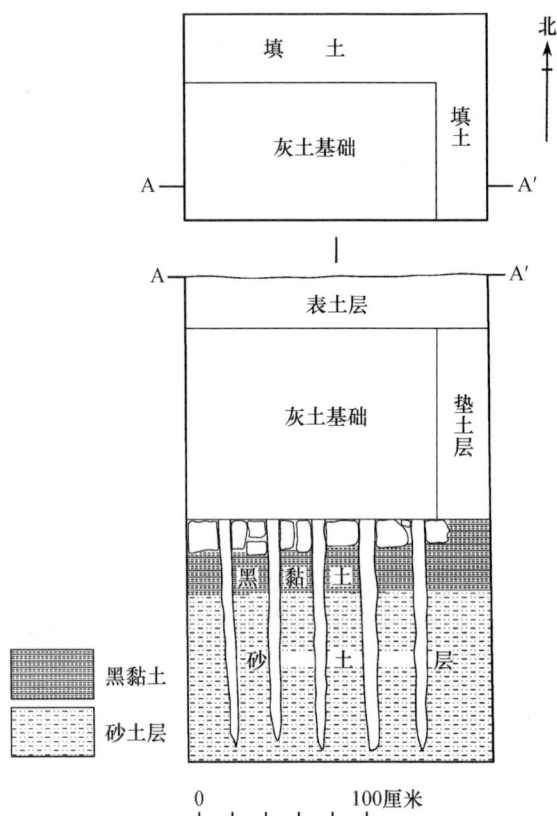

图二六　杏花春馆遗址杏花春馆亭东北角探沟T30平、剖面图

11. 得树亭

为了探寻得树亭基址的保存状况，又在得树亭南侧和北侧，各布设探沟1条，编号分别为T31和T32。

T31　位于杏花春馆遗址南侧的假山上，得树亭南侧。探沟为东西向，平面呈长方形，东西长3.5、南北宽0.8、深3.7米。探沟内暴露的遗迹有条石、踏步石、夯土和三合土。

条石：为梯形，东西向放置，应为亭子底部基础。探沟内出现三块，条石由青石加工而成，长2.3～2.8、宽0.4米，两侧条石探沟内暴露部分长0.1～0.5、宽0.4米，条石以120°排列。从条石的排列及角度判断，亭子应为六角形。

踏步石：位于亭子南侧，距亭子条石0.2米，踏步石为青石铺成，探沟内暴露的部分南北宽0.1、东西长2.8米。

夯土：位于踏步石与亭子条石中间及两侧，土色为黄褐色。

三合土：位于条石北侧，应为亭子的三合土地面，探沟内暴露部分南北宽0.1、东西长2.4米；暴露部分保存较差，表面粗糙。

经解剖，表土层厚0.8～0.9米。下面为遗迹层，踏步石高0.4米，夯土厚1.5米，可分为五层：第一层厚0.2米，第二层厚0.35米，第三层厚0.35米，第四、五层均厚0.3米，应部分位于黑黏土下面。条石高0.35米，三合土高0.3米。条石与三合土下面打有灰土基础，厚1.1米，可分为四层：第一、二层均厚0.25米，第三、四层均厚0.3米。底部为柏木桩基础，柏木桩直径0.06～0.08米，间距0.15～0.25米，长1.2～1.4米。一般先将柏木桩打入生土，然后填充掏当山石并夯实，厚0.15～0.25米，石块规格为（0.1～0.2）米×（0.5～0.7）米×（0.2～0.4）米。下面为黑色黏土层，至柏木桩底（图二七）。

T32　位于杏花春馆遗址南侧假山上，得树亭北侧。探沟为东西向，平面呈长方形，东西长2.6、南北宽0.8、深3米。探沟内暴露的遗迹为灰土基础。

灰土基础：探沟内只暴露出亭子的西侧填土，灰土基础东西长2～2.4米，保存较好，表面平整。

经解剖，表土层厚0.5米。下面为遗迹层，灰土基础厚1.1米，可分为四层：第一、二层均厚0.25米，第三、四层均厚0.3米。外侧填土呈黄褐色，厚1.25米，底部至黑色黏土层。灰土基础底部打有柏木桩，直径0.04～0.08米，间距0.2～0.3米，长1.2～1.4米。一般先将柏木桩打入生土，然后填充掏当山石并夯实，一般一至二层，厚0.15～0.25米，石块大者长宽为0.1～0.2米，厚0.05米；小者尺寸为（0.07～0.08）米×（0.05～0.06）米×（0.02～0.04）米。其下为黑色黏土层，直至柏木桩底（图二八）。

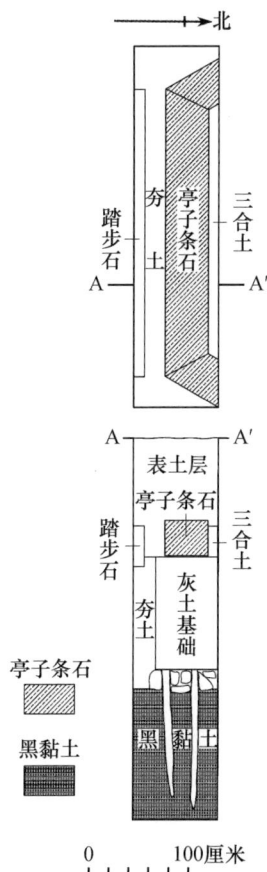

图二七　杏花春馆遗址得树亭南侧探沟T31
平、剖面图

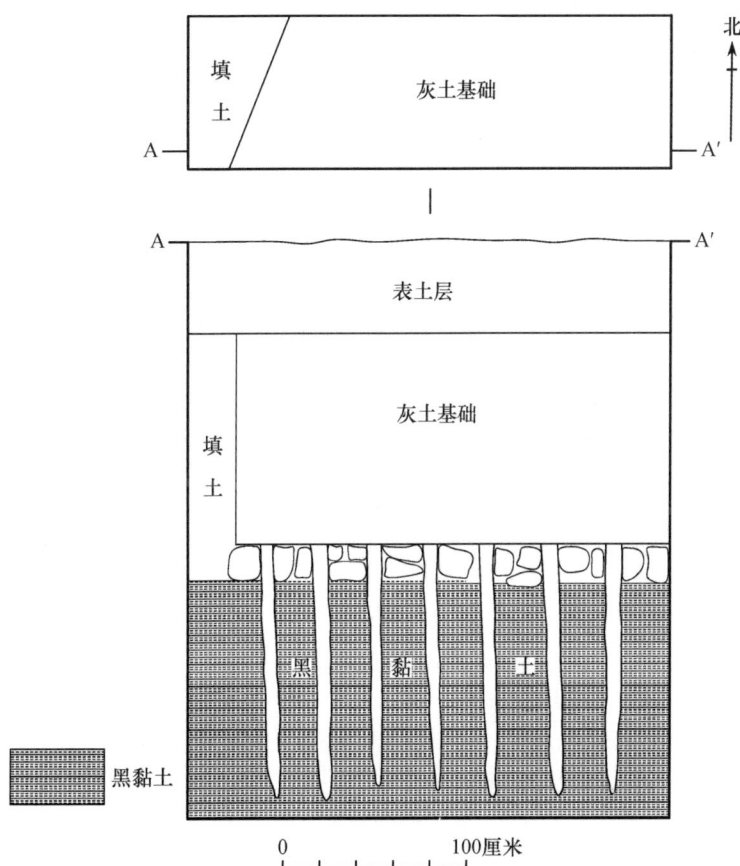

图二八　杏花春馆遗址得树亭北侧探沟T32平、剖面图

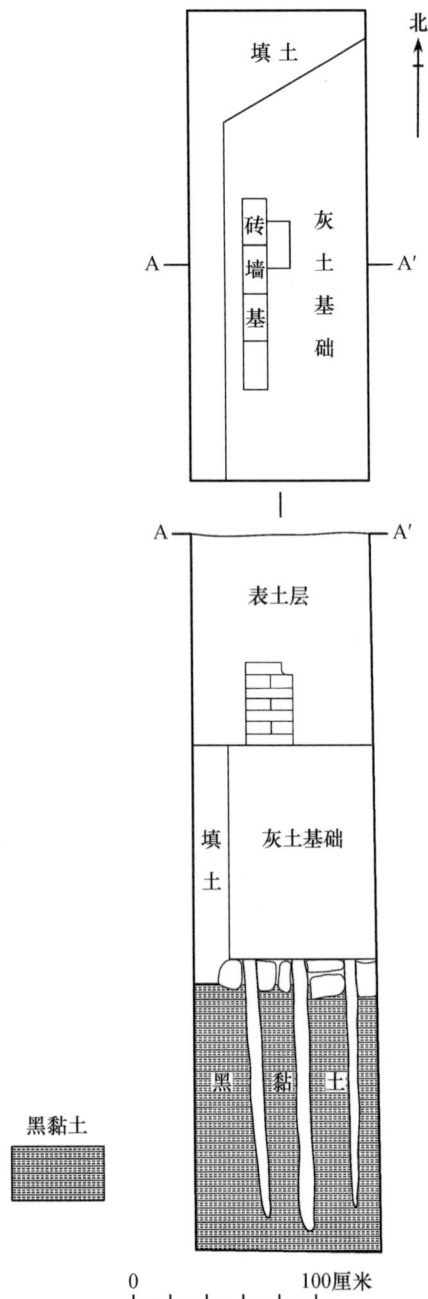

图二九　杏花春馆遗址绿云酣西北角探沟T33
平、剖面图

12. 绿云酣

为了探寻绿云酣亭基址的保存状况，又在绿云酣亭西北角、西南角和东侧布设探沟3条，编号分别为T33、T34和T35。

T33　位于杏花春馆遗址北侧假山上，绿云酣亭西北角。探沟为南北向，南北长2.5、东西宽1、深3.7米。探沟内暴露的遗迹为青砖墙基、灰土基础。

青砖墙基：位于探沟西侧，距灰土基础边0.1米，青砖墙基宽0.25、南北残长1米，用砖规格为25厘米×12.5厘米×6厘米。

灰土基础：保存较好，表面较平整，探沟内暴露部分南北长1.9～2.3、东西宽0.8米。该探沟位于一个转角，灰土基础转角为120°，外侧为填土，土色呈黄褐色，土质较松软。

经解剖，表土层厚0.7～1.1米。下面为遗迹层，砖墙基残高0.45、宽0.25米。底部为灰土基础，厚1.1米，可分为四层：第一、二层均厚0.25米；第三、四层均厚0.3米。外侧为黄褐色填土，厚1.25米。底部为黑黏土层。灰土基础下面为柏木桩基础，柏木桩直径0.04～0.08米，间距0.15～0.2米，长1.2～1.4米。一般先将柏木桩打入生土，然后填充掏当山石并夯实，一般一至二层，厚0.15～0.25米，石块大者0.1米×0.2米×0.05米，小者0.04米×0.06米×0.03米。下面为黑色黏土层，直至柏木桩底（图二九）。

T34　位于杏花春馆遗址北侧假山上，绿云酣亭的西南角。探沟为东西向，平面呈长方形，东西长2.5、南北宽1、深3.4米，探沟内暴露的遗迹为灰土基础。

灰土基础：位于探沟的北侧，距南侧探沟壁0.15米，灰土基础暴露部分东西长1.6～2、南北宽0.85米，灰土基础转角为120°，保存较好，表面平整。从以上遗迹判断，绿云酣亭平面形状应为六角形。

经解剖，表土层厚0.7米。以下为遗迹层，灰土基础厚1.1米，可分为四层：第一、二层均厚0.25米，第三、四层均厚0.3米。灰土基础外侧为黄褐色填土，厚1.25米。灰土下面为柏木桩基础，柏木桩直径0.04～0.08米，间距0.15～0.25米，长1.2～1.4米。一般先将柏木桩打入生土，然后填充掏当山石并夯实。碎石一般一至二层，厚0.1～0.2米，碎石规格一般为0.1米×0.2米×0.5米。碎石下面为黑色黏土层，直至柏木桩底（图三〇）。

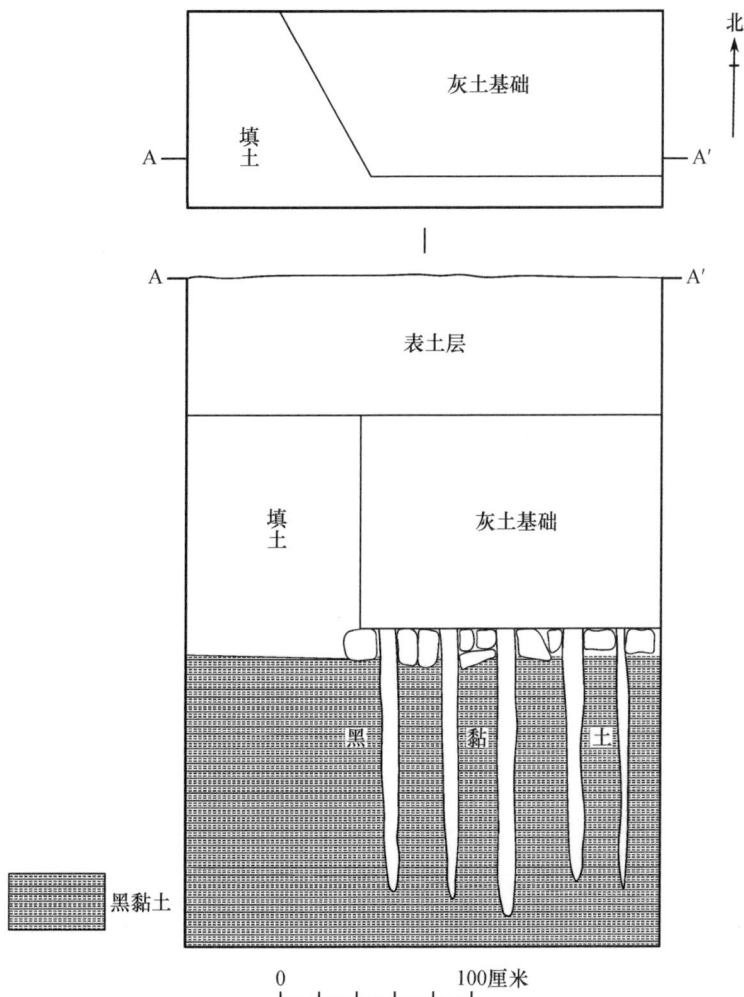

图三〇 杏花春馆遗址绿云酼西南角探沟T34平、剖面图

T35 位于杏花春馆遗址北侧假山上，绿云酼亭的东侧。探沟为东西向，平面为长方形，东西长2.5、南北宽0.8、深4米。探沟内暴露的遗迹为灰土基础。

灰土基础：探沟内暴露的灰土基础东西长2～2.5米，南北向贯通探沟，东侧为黄褐色填土，土质松软。

经解剖，表土层厚1.5米。下面为遗迹层，灰土基础厚1.1米，可分为四层。第一、二层均厚0.25米，第三、四层均厚0.3米。灰土基础外侧填土厚1.25米。底部为黑色黏土层。灰土基础下面为柏木桩基础，柏木桩直径0.04～0.08米，间距0.2～0.3米，长1.2～1.4米。一般先将柏木桩打入生土，然后填充掏当山石并夯实，一般一至二层，厚0.15～0.25米，石块规格一般为0.05米×0.2米×0.05米。下面为黑色黏土层，直至柏木桩底（图三一）。

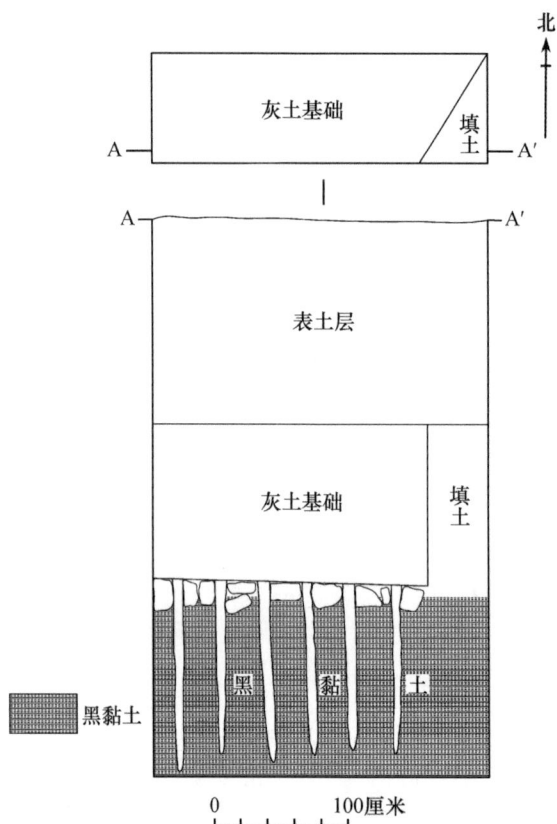

图三一　杏花春馆遗址绿云酣东侧探沟T35平、剖面图

13. 屏岩亭

为了探寻屏岩亭基址的保存状况，又在屏岩亭的东北角和西南角布设探沟2条，编号分别为T36和T37。

T36　位于杏花春馆遗址北侧假山上，屏岩亭的东北角。探沟为东西向，平面呈长方形，东西长3.4、南北宽1.8、深3.6米。探沟内暴露的遗迹为转角石、条石基础、踏步石和三合土。

转角石：该探沟只暴露一块，长0.75、宽0.45米，用青石制成，表面平整。

条石基础：该基础位于转角下面，为红色砂岩石加工而成。表面粗糙。最大的条石长1.55、宽0.75米，最小的规格为0.75米×0.55米。

踏步石：位于转角石东侧。最长0.8、宽0.65米，为红色砂岩石加工而成，表面较平整。

三合土：位于条石基础内侧，为亭子的地面，已被破坏，表面高低不平。探沟内暴露部分东西长1.53～2.3、南北宽0.75～0.85米。

条石基础外侧为黄褐色填土，土质较松软。

经解剖，表土层厚1.1米。下面为遗迹层，踏步石高0.4米；转角石位于条石基础上面，转角石高0.9米；条石基础高0.4米；条石外侧填土厚0.4米。这些遗迹下面打有灰土基础，厚0.7米，可分为三层：第一层厚0.2米，第二、三层均厚0.25米。灰土基础下面打有柏木桩基础，柏木桩长1.2~1.4米，直径0.06~0.09米，间距0.2~0.24米。在柏木桩之间的空隙处普遍填以掏当山石并夯实加固，一般一至二层，厚0.1~0.2米，石块规格一般为0.2米×0.15米×0.05米。下面为黑色黏土层，直至柏木桩底（图三二）。

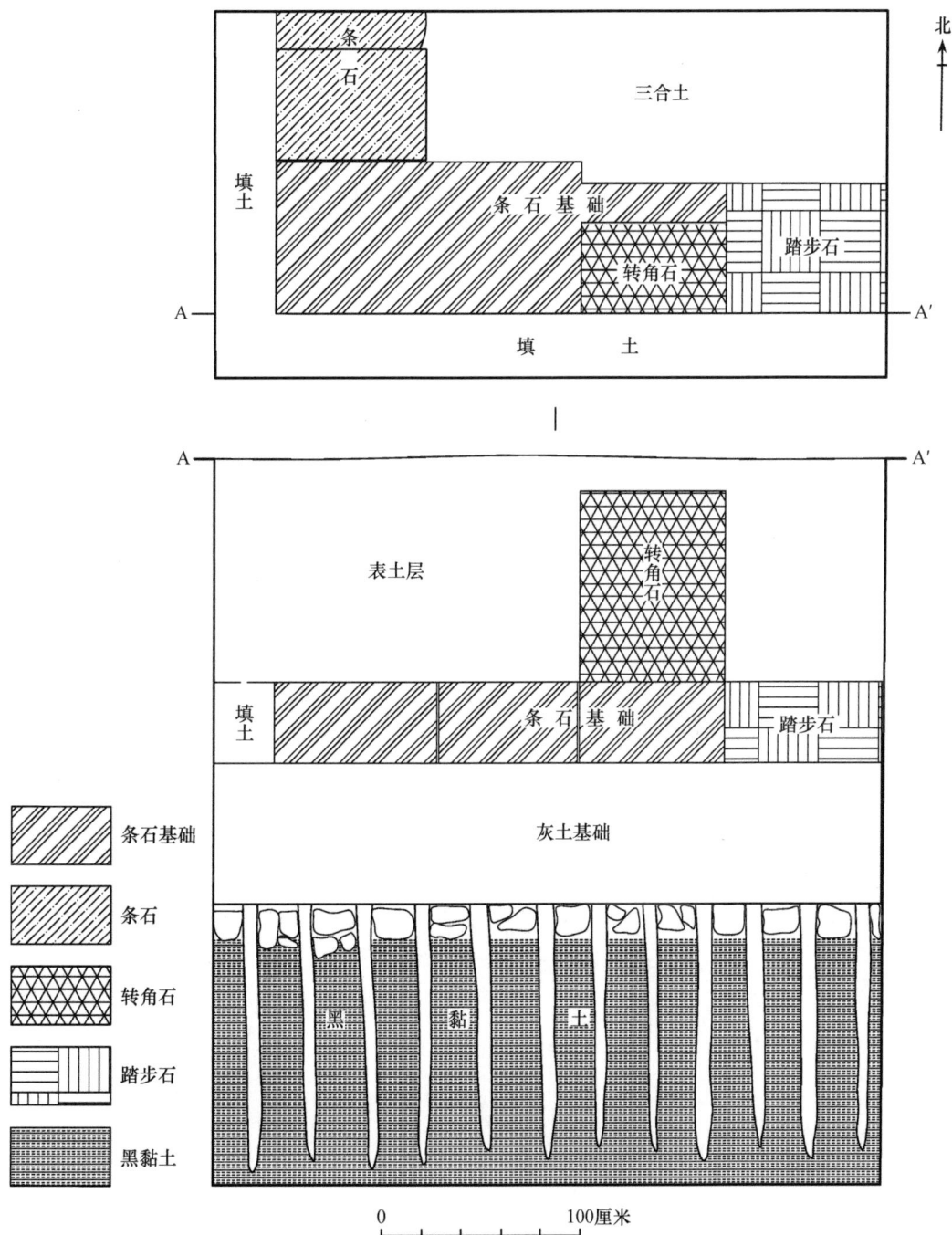

图三二　杏花春馆遗址屏岩亭西南角探沟T36平、剖面图

T37　位于杏花春馆遗址北侧假山上，屏岩亭西南角。探沟为东西向，平面呈长方形，东西长3.4、南北宽1.5、深3.7米。探沟内暴露的遗迹有踏步、转角石、条石、墙基和三合土。

踏步：位于探沟的西侧，底部为条石，上面铺砖。踏步石为红色砂岩加工而成，表面较平整。铺砖为错缝平铺，用砖规格为25厘米×12.5厘米×6厘米。

转角石：位于条石上面，用青石加工而成，表面较平。转角石长0.65、宽0.4米。

条石：青石质，被压在转角石下面，暴露部分长0.65、宽0.2米，表面加工粗糙。

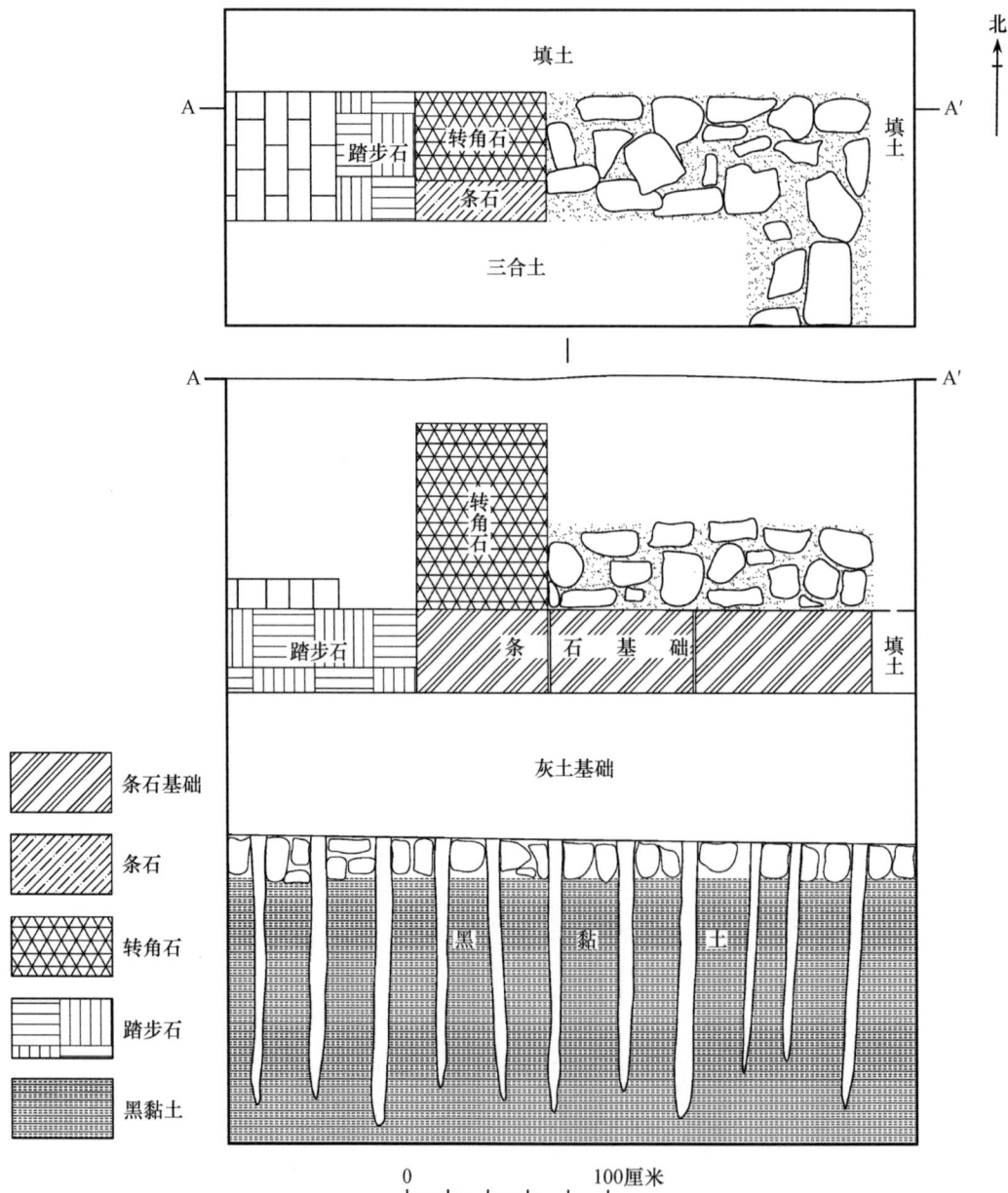

图三三　杏花春馆遗址屏岩亭东北角探沟T37平、剖面图

墙基：位于转角石东侧，为红色砂岩石、青砖加白灰黏合砌成。暴露部分为亭子北墙基和东墙基。北墙基东西长1.6、南北宽0.6米，东墙基南北长0.5、东西宽0.5米。

三合土：位于墙基内侧，应为亭子的地面，暴露部分东西长2.6、南北宽0.5米。保存较差，表面高低不平。

墙基外侧为黄褐色填土、土质较松软。

经解剖，表土层厚0.2～1.1米。下面为遗迹层，踏步石厚0.4米，上面铺砖厚12.5厘米；转角石高0.9米；墙基残高0.4～0.5米；底部铺条石高0.4米；墙基外侧填土厚0.4米。这些遗迹下面打有灰土基础，厚0.7米，可分为三层，第一层厚0.2米，第二、三层均厚0.25米。灰土基础下面打有柏木桩基础，柏木桩直径0.04～0.1米，间距0.1～0.25米，长1.2～1.4米。一般先将柏木桩打入生土，然后填充掏当山石并夯实，一般一至二层，厚0.15～0.25米，石块规格一般为0.05米×0.2米×0.05米。下面为黑色黏土层，直至柏木桩底（图三三）。

14. 吟籁亭

为了探寻吟籁亭基址的保存状况，又在吟籁亭的中间布设探沟1条，编号为T38。

T38　位于杏花春馆遗址东北侧假山上，吟籁亭的中间，由于两侧为假山石，只能发掘中间部分。探沟为南北向，平面呈长方形，南北长3.8、东西宽1.5、深3.9米。探沟内暴露的遗迹为散水、墙基和三合土。

散水：位于探沟的中间，散水呈105°，散水宽0.4米，用卵石铺成，镶有砖牙边，牙砖规格为25厘米×12.5厘米×5厘米。散水外侧为黄褐色填土，土质松软。

墙基：该墙基为红色砂岩石与砖用白灰黏合砌成，宽0.4米。

三合土：在探沟内占面积较大，三合土保存较差，表面破坏严重，三合土应为亭子的地面。

经解剖，表土层厚1.1～1.2米。往下为遗迹层，墙基残高0.6米；三合土厚0.25米；三合土上面为夯土层，厚0.25米；散水卵石直径2～4厘米，内高外低，牙砖立砖高12.5厘米。底部三合土厚0.2米。下面为夯土，厚0.4米，没有明显分层。以上遗迹位于同一平面。下面打有灰土基础，厚0.7米，可分为三层，第一层厚0.2米，第二、三层均厚0.25米。灰土基础下面打有柏木桩基础，直径0.04～0.1米，间距0.15～0.25米，长1.2～1.4米。一般先将柏木桩打入生土，然后填充掏当山石并夯实，一般一至二层，厚0.15～0.25米，石块规格一般为0.05米×0.25米×0.05米。下面为黑色黏土层，直至柏木桩底（图三四；表二）。

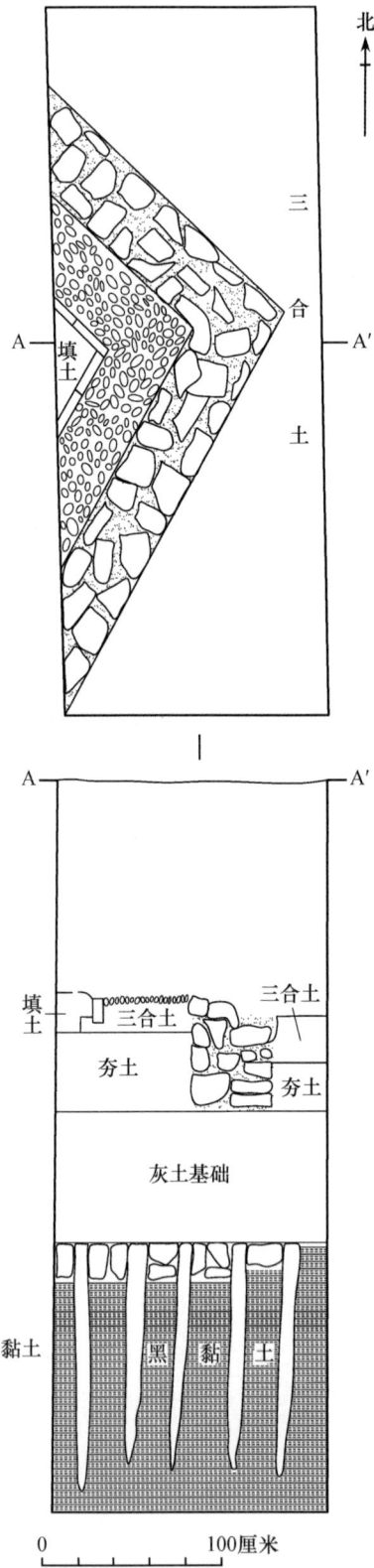

图三四　杏花春馆遗址吟籁亭中间探沟T38平、剖面图

表二　杏花春馆遗址第二次考古勘探（打探沟项目）登记表

探沟编号	探沟（方）位置	探沟（方）规格〔长×宽×深（米）〕	目的	探沟内遗迹状况	基础解剖结果	土方量（立方米）
T13	春雨轩大殿西南角	3.6×2×2.7	寻找春雨轩西南角	土衬石、陡板石、墙基、三合土、散水	墙基和散水下面为灰土基础；灰土基础下面为柏木桩基础	19.44
T14	春雨轩东侧、前殿与后殿交汇处	2×1.8×2.74	寻找春雨轩东侧前后殿交汇处基址保存状况	柱础石、三合土、墙基	墙基下面为灰土基础；灰土基础下面为柏木桩基础	9.86
T15	春雨轩大殿西北角	1.4×1.2×2.7	寻找春雨轩西北角	柱础石、墙基、三合土、夯土	墙基下面为灰土基础；灰土基础下面为柏木桩基础	4.54
T16	春雨轩大殿正前方	2.5×1.4×1.4	寻找春雨轩大殿前中心甬道遗迹	三合土甬道	三合土甬道下面为夯土层；夯土层下面为黑色黏土	4.5
T17	连接澄潆余清和春雨轩之间的方形回廊东南角	1.6×1.2×2.2	寻找回廊东南角基础	灰土基础、夯土	灰土基础和夯土下面为柏木桩基础	4.22
T18	连接澄潆余清和春雨轩之间的方形回廊西南角	2×1.4×2.5	寻找回廊西南角基础	墙基、夯土芯、灰土基础、磉墩	灰土基础和夯土下面为柏木桩基础	7
T19	值房F3南墙基与杏花村东墙基交汇处	2×1.4×1.3	寻找值房F3南墙基与杏花村东墙基衔接关系	值房F3南墙基灰土基础，杏花村东墙基灰土基础、夯土	杏花村东墙基灰土基础叠压在值房F3南墙基灰土基础之上	3.64
T20	值房F1北墙基	1.6×1.4×2.42	寻找值房F1北墙基	墙基、散水、三合土、夯土	墙基下面为灰土基础；灰土基础下面为柏木桩基础	5.42
T21	值房F6东北角	1.8×1.2×2.2	寻找值房F6东北角	灰土基础	灰土基础下面为柏木桩基础	4.75
T22	镜水斋东南角	2×1.2×2.2	寻找镜水斋东南角	灰土基础	灰土基础下面为柏木桩基础	5.28
T23	镜水斋西北角	2×1.2×2.4	寻找镜水斋西北角	灰土基础	灰土基础下面为柏木桩基础	5.76
T24	抑斋东北角	2×1.2×2.2	寻找抑斋东北角	灰土基础	灰土基础下面为柏木桩基础	5.28
T25	抑斋东南角	2×1.2×2.3	寻找抑斋东南角	灰土基础	灰土基础下面为柏木桩基础	5.52
T26	翠微堂北侧中间略偏西处	2.17×1.38×2.38	寻找翠微堂北墙基础	灰土基础、夯土	灰土基础下面为柏木桩基础	5.76
T27	翠微堂西侧中间	2×1.4×2.26	寻找翠微堂西墙基础	西侧墙基灰土基础	灰土基础下面为柏木桩基础	6.44

探沟编号	探沟（方）位置	探沟（方）规格[长×宽×深（米）]	目的	探沟内遗迹状况	基础解剖结果	土方量（立方米）
T29	甬路L1	1.8×1.6×1.6	寻找甬路L1路面及基础	甬路河卵石路面及填土	卵石路面下面为灰土基础；灰土基础下面为夯土；夯土下面为黑色黏土	4.6
T30	杏花春馆亭东北角	1.8×1.2×2.8	寻找杏花春馆亭东北角	灰土基础	灰土基础下面为柏木桩基础	6.05
T31	得树亭南侧	3.5×0.8×3.7	寻找得树亭南侧基础	条石、踏步石、夯土、三合土	灰土基础和夯土下面为柏木桩基础	10.36
T32	得树亭北侧	2.6×0.8×3	寻找得树亭北侧基础	灰土基础	灰土基础下面为柏木桩基础	6.24
T33	绿云酣亭西北角	2.5×1×3.7	寻找绿云酣亭西北角	青砖墙基、灰土基础，灰土基础转角为120°	墙基下面为灰土基础；灰土基础下面为柏木桩基础	9.25
T34	绿云酣亭西南角	2.5×1×3.4	寻找绿云酣亭西南角	灰土基础，灰土基础转角为120°	灰土基础下面为柏木桩基础	8.5
T35	绿云酣亭东侧	2.5×0.8×4	寻找绿云酣亭东侧基础	灰土基础	灰土基础下面为柏木桩基础	8
T36	屏岩亭东北角	3.4×1.8×3.6	寻找屏岩亭东北角基础	转角石、条石基础、踏步石、三合土	转角石下面为条石基础和踏步石；再下为灰土基础；灰土基础下面为柏木桩基础	22.03
T37	屏岩亭西南角	3.4×1.5×3.7	寻找屏岩亭西南角基础	踏步、转角石、条石、墙基、三合土	转角石下面为条石基础和踏步石；再下为灰土基础；灰土基础下面为柏木桩基础	18.87
T38	吟籁亭中间	3.8×1.5×3.9	寻找吟籁亭中间部分的建筑基础	散水、墙基、三合土	墙基下面为灰土基础；灰土基础下面为柏木桩基础	21.09
合计						212.4

（三）山形勘察

2004年3月30日至4月8日，为了了解和掌握杏花春馆遗址内尚存的几座土石假山的分布和保存状况，我们对该遗址内残存的8座假山遗迹进行了一次地面踏勘与测量。这8座假山的编号分布为：S1、S2、S3、S4、S5、S6、S7、S8。现将踏勘和测量结果记述如下。

S1　分布于杏花春馆遗址南部，总体平面呈东西向梯形，南宽北窄，东西（南侧）最长处73.68米，中间部分最长处63.8米，北侧最长处60.53米；南北宽，东侧为25米，西侧为24米。

此山外表和顶部均用大块自然青石堆叠垒筑而成。整个山体从平地高高隆起，呈平顶方锥体。山顶有得树亭，这里是S1的最高点，海拔为50.02米。其西侧23.68米处，高度降低，其海拔为49.12米。东侧山顶东北部最高点海拔49.71米；西北部最高点海拔45.71米；中部最高点海拔47.94米；偏南部最高点海拔48.62米。北侧山脚下有山洞景观一座，甬路L1自西向东直通至山洞。山洞北侧为一片人工湖，湖北岸为涧壑余清宫门，湖中有一条南北向的堤坝（基础），将涧壑余清宫门与S1山洞联系起来。

S2　分布于杏花春馆遗址西北部，总体平面呈东北—西南向长条水滴形，东北端尖窄，西南端宽圆，东北—西南总长97.37米，东北部宽8.55米，中部宽16.45米，西南部宽21.05米。此山中部高，两头低。中部海拔为51.84米，东北端海拔为47.28米，西南端海拔为44.26米。这是一座用土石堆叠起来的假山，其中主要成分是从附近河道里挖出来的黄褐色生土，经夯打后筑成。S2西南端东侧被翠微堂基址打破，还被S6西端山石和1号过山道叠压。这表明S2修筑的年代肯定早于翠微堂和S6，以及1号过山道修筑的年代。

S3　分布于杏花春馆遗址北部，与S1呈南北对称布局，总体平面形状呈长圆形，东北—西南向，东北端较大，西南端较小，中部高，两头低。这也是一座以生黄土为主要成分的土石假山。东北—西南总长57.9米，东北端宽24.34米，中部宽23.03米，西南端宽9.87米。东北部最高点海拔50.81米；中部最高点海拔55.57米；西南端最高点海拔48.37米。在此值得指出的一点是，S3中部最高点的海拔为55.57米的这一高程数据，不但在杏花春馆这8座假山中是海拔最高的数值，也是圆明园九洲景区九处遗址中所有现存假山中海拔最高的一处。S3西南端山坡上建有绿云醑六角亭一座，在S3西侧与S2东侧之间的山坡上有2号过山道，自东北山顶（屏岩北侧）一直向山下，通至翠微堂和抑斋。

S4　分布于杏花春馆遗址东北隅和东侧，南北向。总体平面形状北部宽，中间和南部窄，北高南低。此山也是一座以生黄土为主要成分的土石假山。南北总长131.58米，北部宽42.76米，中间宽14.47米，南端宽11.18米。北部山顶偏西侧有一个此山最高点，海拔为53.04米，此高程点东南侧即建有屏岩城关，并有2号过山道由南侧拐弯从屏岩城关地面穿过，转而向北（山背方向）延伸下去。经测量，屏岩城关地面和2号过山道在S4山顶这处汇合点的海拔为52.76米。自屏岩城关往南，S4山势开始逐渐降低。在距屏岩城关以南16.44米处的一个高程点，其海拔已降至51.02米；S4南端西侧建有吟籁亭。紧挨吟籁亭东侧的一个高程点，其海拔仅有48.54米。

S5　分布于杏花春馆遗址中北部，东西向，总体平面形状呈长圆形，东端宽，西端窄，中间高，东、西两头低。此山也是一座以生黄土为主要成分的土石假山。东西总长41.45米，东端宽13.82米，中间宽11.51米，西端宽5.26米。中部偏东一点为S5的最高点，海拔为53.15米；东端一点海拔为51.4米；西端一点海拔为51.26米。S5南侧与S7叠石假山北端向西延伸的余脉和L3甬路向东延伸的部分，以及春雨轩北侧的甬路相邻。

S6　分布于杏花春馆遗址中部西侧，东西向，总体平面形状呈东北—西南向的斜三角形。底边（东南—西北向）总长36.18米，长斜边（西南—东北向）长30.26米，短斜边（东南—西北向）长24.34米。此山是一座叠石假山，皆以大块自然青石垒砌而成。中部高，东、西两侧略低。中部最高点海拔为51.56米；其东侧（间距9.87米）处的一个高程点，为海拔51.16米；西侧（间距也是9.87米）处的一个高程点，为海拔49.32米。此山北侧西段，叠压在翠微堂基址上，东段则被抑斋基址打破。1号过山道从此山西半部中间穿过。这表明，S6修筑的年代当晚于翠微堂，但早于抑斋和1号过山道，也早于甬路L3。

S7　分布于杏花春馆遗址中部东侧，南北向，总体平面形状呈"乛"形，北侧和东侧较窄、长，南侧较宽、短。这是一座叠石假山，均采用大块自然青石垒砌、堆叠而成。南北总长47.37米，北侧东西长30.26米，南北宽，西端为7.24米，东端为9.21米；东侧南北长17.1米，北端宽5.92米，南端宽8.55米；南侧东西长23.03米，西端宽9.21米，东端宽12.5米。北侧测了两个高程点，一个位于北侧东端，海拔52.75米；另一个位于北侧西部，为海拔52.18米。东侧，在中腰处测了一个高程点，海拔49.12米。南侧测了两个高程点，一个位于南侧东端，海拔47.69米；另一个位于南侧西部，海拔46.72米。在S7西侧有春雨轩与之相邻；北侧则将镜水斋围在其中。

S8　分布于杏花春馆遗址西侧中南部，南北向，总体形状北端宽，中间和南端窄，北高南低。这是一座以生黄土为主要成分的土石假山。南北总长61.84米，北端宽9.21米，中间宽7.24米，南端宽3.95米。此山测了三个高程点，北侧的一个点海拔为47.47米；中间的一个点海拔为46.78米；南端的一个点海拔为46.89米。S8的东侧与杏花村的值房区和库房区相邻，是杏花村西面的一道安全屏障。

三、地层堆积

杏花春馆遗址的地层堆积比较简单。可以以位于该遗址东南部的杏花春馆亭东北角T30，位于该遗址中部的春雨轩西北角T15和位于该遗址北部假山上的屏岩亭东北角T36这三处地层剖面为例，作出说明。

（一）杏花春馆亭东北角T30

杏花春馆亭东北角T30探沟的地层剖面显示的地层堆积层次是：最上层为表土层，是现代建筑垃圾和生活垃圾堆积层，厚0.28～0.3米，清除这层垃圾堆积物之后，下面是灰褐色近代杂填土垫土层，厚1.1米。这层灰褐色近代杂填土垫土层的下面即是生土——黑色黏土层（厚0.3米）和砂土层（厚2～3米以上，往下未再作解剖）。清代建筑基础即开口于此灰褐色近代杂填土垫土层下，而打破下面的生土。T30探沟所揭示出来的清代灰土基础（厚1.1米）及下面的柏木桩基础，即是打破生土层而筑造起来的。所用的柏木桩直径0.04～0.08米，长度1.2～1.4米，间距0.15～0.25米，在柏木桩上端的空隙间，还填塞一层或二层掏当山石并加以夯实，以进一步加固地基，同时又能起到分解来自上面重力的作用。掏当山石厚0.15～0.25米，石块规格在0.1米×0.2米×0.05米左右。其顶面与柏木桩顶面保持水平，均被夯入黑色黏土层内，与黑色黏土层顶面平齐（图三五）。

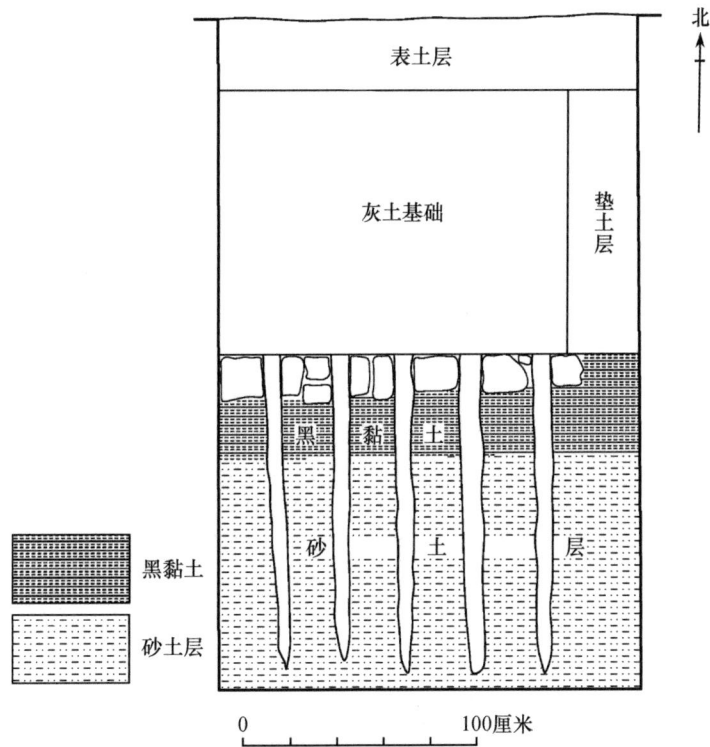

图三五　杏花春馆遗址杏花春馆亭东北角探沟T30剖面图

（二）春雨轩西北角T15

春雨轩西北角T15探沟的地层剖面显示的地层堆积层是：最上层为表土层，是现代建筑垃圾和生活垃圾堆积层，厚0.4～0.45米。清除此层堆积物后，下面为灰褐色近代杂填土垫土层，厚0.85米。此杂填土垫土层下面即是生土——黑色黏土层（厚0.48米）和黄褐色砂土层（厚2～3米以上，往下未再作解剖）。清代建筑基础即开口于此灰褐色近代杂填土垫土层下，而打破下面的生土。T15所揭示出来的石墙基、灰土基础及下面的柏木桩基础，即是打破生土而筑造完成的。所用柏木桩长度为1.2～1.4米，直径0.06～0.1米，间距0.15～0.22米。在柏木桩的空隙间填塞以掏当山石一层或二层并夯实，与柏木桩上端平齐，以进一步加固地基，同时也可以分解来自上部的重力。掏当山石层厚度一般在0.1～0.15米，石块规格多为0.2米×0.1米×0.05米（图三六）。

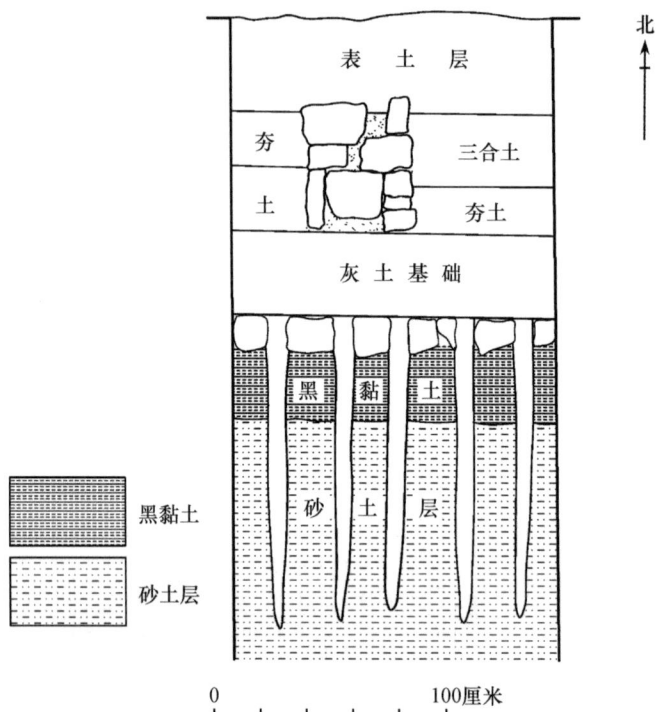

图三六　杏花春馆遗址春雨轩大殿西北角探沟T15剖面图

（三）屏岩亭东北角T36

屏岩亭东北角T36探沟的地层剖面显示的地层堆积层次是：最上层为表土层，为现代建筑垃圾、杂物堆积层，厚1.1米。清除此层堆积物后，下面为灰褐色近代杂填土垫土层，厚1.1米。此灰褐色近代杂填土垫土层下面，即是生土——黑色黏土层（厚1.4米以上，往下未再作解剖）。清代建筑基础即开口于此灰褐色近代杂填土垫土层下，而打破下面的生土。T36探沟所揭示出来的条石基础、灰土基础，以及下面的柏木桩基础，即是打破生土而筑造起来的。所用柏木桩长度在1.2～1.4米，直径0.06～0.09米，间距0.2～0.24米。在柏木桩空隙间，填塞以掏当山石一层或二层并将其夯实，上面与柏木桩顶端平齐，起到加固地基、分解上部重力的作用。掏当山石层厚度一般为0.1～0.2米，石块规格一般在0.2米×0.15米×0.05米（图三七）。

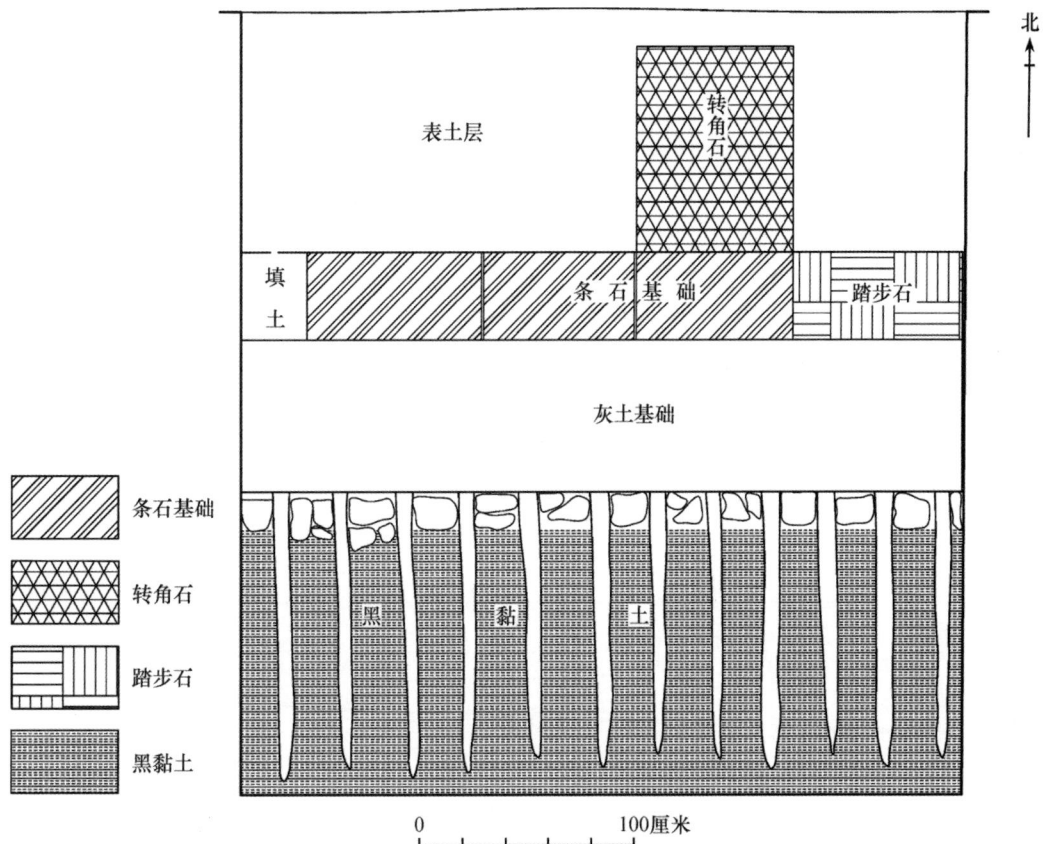

图三七　杏花春馆遗址屏岩东北角探沟T36剖面图

四、考古发掘

　　根据2002年3月和2004年2～3月，先后两次在杏花春馆遗址所开展的考古勘探结果，我们于2004年4月1日至12月20日，对杏花春馆遗址进行了有计划的考古发掘。

（一）布方

　　根据杏花春馆遗址的地理环境、地貌特点和建筑遗迹布局特点，首先在遗址西南角确定了坐标轴"〇"点的方位。然后以"〇"点为基准，分别向北、向东布10米×10米的探方47个（图版六，3）。探方编号按南北向顺序，从西侧起第一排为TA1、TA2、TA3、TA4、TA5、TA6、TA7、TA8；从西侧数第二排为TB1、TB2、TB3、TB4、TB5、TB6、TB7、TB8、TB9、TB10；从西侧数第三排为TC2、TC3、TC4、TC5、TC6、TC7、TC8、TC9、TC10；从西侧数第四排为TD2、TD3、TD4、TD5、TD6、TD7、TD8；从西侧数第五排为TE2、TE3、TE4、TE5、TE6、TE7、TE8；从西侧数第六排为TF4、TF5、TF6、TF7、TF8；从西数第七排只在东北角布一个方TG8（图三八）。探方区内实发掘面积为4600平方米（因TA1和TB1各发掘半个探方）。

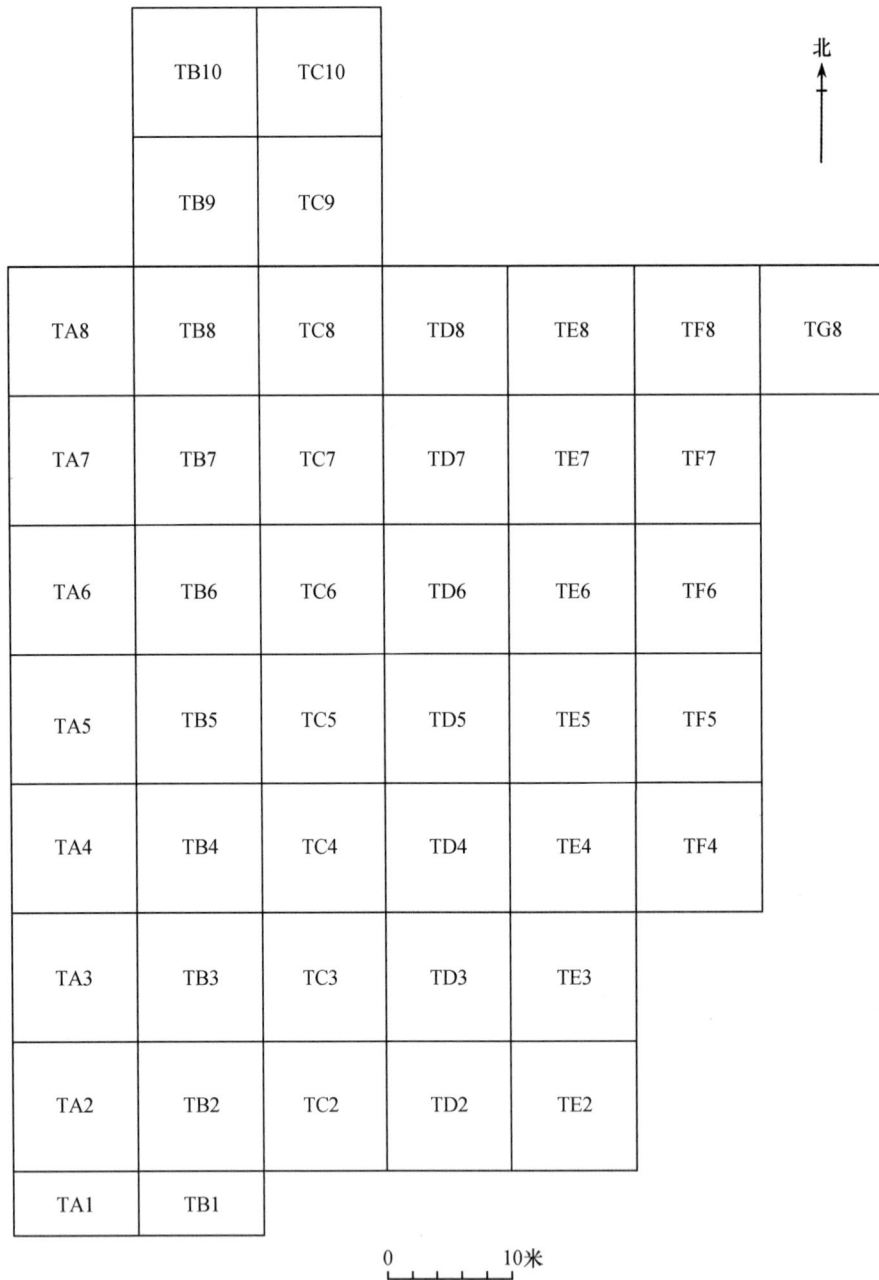

图三八　杏花春馆遗址探方分布图

（二）发掘

发掘过程由南而北依次分为四个阶段，逐步推进。

第一阶段，先发掘南部18个探方：TA1、TA2、TA3、TA4；TB1、TB2、TB3、TB4；TC2、TC3、TC4；TD2、TD3、TD4；TE2、TE3、TE4；TF4。

第二阶段，接续发掘中部12个探方：TA5、TA6；TB5、TB6；TC5、TC6；TD5、TD6、TE5、TE6；TF5、TF6。

第三阶段，接续发掘中北部13个探方：TA7、TA8；TB7、TB8；TC7、TC8；TD7、TD8；TE7、TE8；TF7、TF8；TG8。

第四阶段，最后发掘北部4个探方：TB9、TB10；TC9、TC10。

在以上47个探方区内，均揭示出杏花春馆景区迄今尚存的各类建筑基址遗迹。如在TD7、TD8、TE7、TE8、TF7、TF8内，揭示出春雨轩基址；在TG8内，揭示出镜水斋基址；在TF8内，揭示出赏趣基址；在TD5、TE5、TE6、TF5内，揭示出中心甬路基址；在TD2、TE2、TD4、TE3、TE4、TF4内，揭示出涧壑余清基址；在TB9、TB10、TC9、TC10内，揭示出抑斋和翠微堂基址；在TB4内，揭示出水井遗迹；在TB1内，揭示出土地庙基址；在TC7内，揭示出值房F1基址；在TC6内，揭示出值房F2基址；在TA7、TB7内，揭示出值房F4基址；在TC5内，揭示出值房F3基址；在TA6、TB6、TC6内，揭示出值房F5基址；在TA5、TA6内，揭示出值房F6和F8基址；在TB5内，揭示出值房F7基址；在TA4、TB4内，揭示出库房F9基址；在TA3、TB3、TC3内，揭示出库房F10基址；在TA1、TA2内，揭示出房址F11基址等（图三九）。

此外，在探方区之外，对于有建筑遗址的地方，也进行了有计划的发掘。先是发掘出杏花春馆景区内和景区连通外界的甬路3条；景区西北部的过山道2条；然后发掘出位于景区南侧假山上的得树亭基址；位于景区西北部假山西侧的绿云酣六角亭基址；最后，发掘出位于景区北侧山顶的城关屏岩——渊镜基址（图四〇）。

总之，我们此次对于杏花春馆遗址建筑遗迹，进行了较为全面、系统地发掘，凡能发掘的项目，都做了发掘和了解，共发掘单项建筑遗迹23处，总发掘面积约为4600平方米。

下面依次介绍这23项考古遗迹。

第三节　遗　　迹

一、春雨轩基址

1. 位置

位于杏花春馆遗址偏东，南侧与涧壑余清相对，东侧为回廊，西侧与F1相近，北侧距假山较近。坐北朝南，分布于探方TD7、TD8、TE7、TE8、TF7、TF8内（图四一）。

2. 形制规格

春雨轩通长21.5米（不包括散水），宽16.85米（包括前檐廊及散水）。该基址可分为两部分，为前殿与后殿，中间相连接。前殿五间，通面阔19.4、进深6.5米，明间面阔3.85、进深6.5米；东西两侧次间、稍间尺寸相同，面阔3.85、进深6.5米。后殿为三间，中间为明间，面阔3.85、进深4.8米；东侧次间的尺寸与西侧次间相同，面阔3.85、进深4.8米。

3. 保存状况

该基址保留的遗迹共四项：①大殿；②檐廊及回廊；③甬道；④围墙（图版七，1）。

（1）大殿

该大殿保存的遗迹有：墙基、陡板石、土衬石、柱础坑、灶坑、三合土地面、踏步石、散水。

墙基：为红色砂岩石与青砖用白灰黏合砌筑而成。墙基宽1.2米，可分为外墙与内墙。外墙宽0.7米，低于散水0.2米，距地面约0.7米，为放置土衬石用；内墙宽0.5、残高0.3~0.5米（以散水计算墙基高度），距地表0.1~0.2米。前殿与后殿之间有一道间隔墙基，墙基宽0.5米，大部分被三合土地面盖住。从柱础坑内剖面看，前殿东南角转角处的墙基部分被破坏，底部残留有灰土基础，距地表1.1米。

陡板石：位于前殿西墙基南侧，保存下来的仅剩两块，为青石加工而成，外侧表面较光滑，内侧较粗糙，南侧第一块长1.75、宽0.25、高0.55米；第二块位于第一块北侧，长1.4、宽0.25、高0.55米，两陡板石放置于土衬石金边内侧。

土衬石：位于前殿西南角转角处，该处共保存土衬石9块，该处保留土衬石最大的长2.4、宽0.5米；最小的长0.8、宽0.5米；前殿北墙基与后殿西墙基处，还保留5块土衬石，最大的长2.2、宽0.5米；最小的长0.6、宽0.5米。两处土衬石厚均为0.15米，土衬石为青石加工而成，外侧均有0.1米宽的金边，土衬石距地表0.7米。

磉墩：位于西回廊，保存较好的共有8个，编号为1～8号。

1号磉墩，位于回廊西墙基与北墙基的转角处，为正方形，边长0.35米，为青砖用白灰黏合砌成，磉墩用砖规格为0.23米×0.11米×0.05米，距地表0.3米。

2号磉墩，位于1号磉墩南侧，中心相距1.6米，为正方形，边长0.35米，为青砖用白灰黏合砌成，磉墩用砖规格为0.23米×0.11米×0.05米，距地表0.3米。

3号磉墩，位于2号磉墩南侧，中心相距2米，为正方形，边长0.35米，为青砖用白灰黏合砌成，磉墩用砖规格为0.23米×0.11米×0.05米，距地表0.35米。

4号磉墩，位于3号磉墩南侧，中心相距2米，为正方形，边长0.35米，为青砖用白灰黏合而成，磉墩用砖规格为0.23米×0.11米×0.05米，距地表0.35米。

5号磉墩，位于4号磉墩南侧，中心相距2米，为正方形，边长0.35米，为青砖用白灰黏合而成，磉墩用砖规格为0.23米×0.11米×0.05米，距地表0.35米。

6号磉墩，位于5号磉墩东侧，与之相对称，中心相距1.6米，为正方形，边长0.35米，用青砖与白灰黏合砌成，磉墩用砖规格为0.23米×0.11米×0.05米，距地表0.35米。

7号磉墩，位于5号磉墩南侧，中心相距4米，为正方形，边长0.35米，为青砖用白灰黏合砌成，磉墩用砖规格为0.23米×0.11米×0.05米，距地表0.5米。

8号磉墩，位于6号磉墩南侧，中心相距4米，7号磉墩东侧，中心相距1.6米，为正方形，边长0.35米，为青砖用白灰黏合而成，磉墩用砖规格为0.23米×0.11米×0.05米，距地表0.5米。

注：其他磉墩或柱础坑，由于破坏严重未找到图纸所表示的相应位置，大小根据现有磉墩的尺寸绘出。

踏步石：可分为两部分，南侧回廊踏步石与西侧回廊踏步石。

南侧回廊踏步石，位于南侧回廊北侧，与春雨轩大殿南侧踏步石相对称，该踏步石东西长3.6、南北宽2.3米，用7块大小不等的自然太湖石砌成，最大的长2.1、宽1.2米，最小的长0.7、宽0.3米，北侧与中心甬道相连接。踏步石南侧高北侧低，南侧距地平0.8、北侧距地平0.3米，踏步石距地表高0.3～0.7米。

西侧回廊踏步石，位于西侧回廊东西两侧。东侧踏步石，南北长3.5、东西宽2.5米，是用大小不等的7块自然太湖石排列而成，最大的太湖石长1.9、宽1.1米，最小的太湖石长0.9、宽0.4米，东侧与甬路相连接，该踏步西高东低，西侧距地平0.8米，东侧距地平0.3米，距地表0.3～0.7米。回廊西侧踏步石用大小不等的3块自然太湖石排列而成，最大的长1.5、宽0.9米，最小的长0.7、宽0.3米，东高西低，东侧距地表高0.5米，西侧距地表高0.4米。

注：从发掘现状看，西侧踏步石的设置使人可以经此由回廊进入值房区，该踏步石应与建筑房址有关。东回廊处未发现踏步石，有可能已被破坏。

（3）甬道

甬道可分为三部分，春雨轩通涧壑余清的甬路，东回廊通西回廊的甬路，春雨轩大殿北侧甬路。

春雨轩通往涧壑余清的甬路，位于春雨轩大殿南侧，通长16米（包括两侧太湖石踏步），该甬路仅保留底部三合土基础，三合土基础部分甬路长11、宽3.1米，中间与东回廊通西回廊甬路连接。呈"十"字形，三合土基础厚度未解剖，距地表1.05米。

东回廊通往西回廊的甬路，位于春雨轩大殿南侧，为东西向甬路，通长24.3米（包括西侧太湖石踏步），东侧未发现踏步石，该甬路仅保留有三合土基础，三合土甬路部分长22、宽2.4米。该甬路中间与春雨轩通往涧壑余清的南北向甬路相连接，呈"十"字形。三合土厚度未解剖，距地表高1.1米。

春雨轩大殿北侧甬路，该甬路为春雨轩通往围墙园门外的路。该甬路通长9.2米（包括踏步石）。甬路仅保留底部三合土基础，三合土基础甬路部分长7.2、宽2.2米。三合土厚度未解剖，距地表高0.8米。

（4）围墙

该围墙位于春雨轩大殿北侧，东侧与春雨轩前殿东墙基相连接，西侧与春雨轩前殿西墙基相连接。春雨轩后殿距围墙9.5米，该围墙用红色砂岩石、青砖、白灰黏合而成，围墙宽0.5、残高0.3～1.1米（以散水计算高度），西高东低。围墙北侧偏中与甬路相对处应有一门，现保留有底部条石，该条石为弧形，长1.15、宽0.5、厚0.2米，为青石加工而成，表面光滑。围墙北侧为青石踏步石，长1.3、宽0.45米，与3号甬路相连接。围墙两侧为卵石散水，宽0.35米，两侧散水宽度相同，镶有砖牙边，砖牙边为卧砖立砌，用砖规格为0.25米×0.125米×0.05米。北侧门外散水与3号甬路相连接，东侧散水保存较好，西门西侧散水被破坏，只保留底部三合土基础，厚度未解剖，散水距地表东侧高0.8、西侧高1.6米。

注：由于回廊围墙与大殿相连接，甬路位于回廊与围墙内，所以一并解剖。

经解剖，春雨轩大殿表土层厚0.1～0.4米；南侧散水底部三合土厚0.1米；南侧台基宽1.1、残高0.7米；内侧为三合土地面，厚0.6米，可分为两层，均厚0.3米；下面为0.3米厚的黄褐色夯土。北侧墙基宽1.1米，残高0.5米；散水三合土厚0.1米。以上遗迹下面均为灰土基础，厚0.5米。可分为两层，第一层厚0.2米，第二层厚0.3米。灰土下面打有柏木桩基础，最大的直径0.1米，最小的直径0.04米，间距为0.15～0.35米，长1.2～1.4米。做法是先将柏木桩打入生土，然后填充掏当山石，一般一至二层，最大的石块长0.3～0.4、宽0.15～0.35、厚0.1米，最小的规格为（0.07～0.08）米×（0.05～0.06）米×（0.02～0.04）米。碎石下面为黑色黏土层，至柏木桩底。

经解剖，回廊围墙表土层厚0.7米；填土芯厚0.4米；底部为灰土基础，厚0.5米，可分为两层，均厚0.25米。灰土底部打有柏木桩，柏木桩最大的直径0.1、最小的0.04米，间距0.15～0.3米，长1.2～1.4米。做法是先将柏木桩打入生土，然后填充掏当山石，填充用的碎石最大的石块长0.2～0.35、宽0.1～0.2、厚0.05～0.1米，最小的规格为（0.06～0.07）米×（0.04～0.05）米×（0.01～0.03）米。下面为黑色黏土层，厚0.35米。底部为黄褐色淤积砂土层，至柏木桩底。

经解剖，中心甬路表土层厚0.7米。三合土厚0.2米，没有明显分层。底部为灰褐色黏土层。

围墙经解剖，表土层厚0.6米，墙基残高0.7米。两侧散水宽0.35、厚0.15米，卵石镶嵌在三合土上。墙基底部为灰土基础，厚0.3米，未见明显分层。底部为灰褐色黏土层。

二、镜水斋基址

1. 位置

镜水斋位于杏花春馆遗址东侧偏北，赏趣东侧。坐北朝南，分布于TG8内（图四二）。

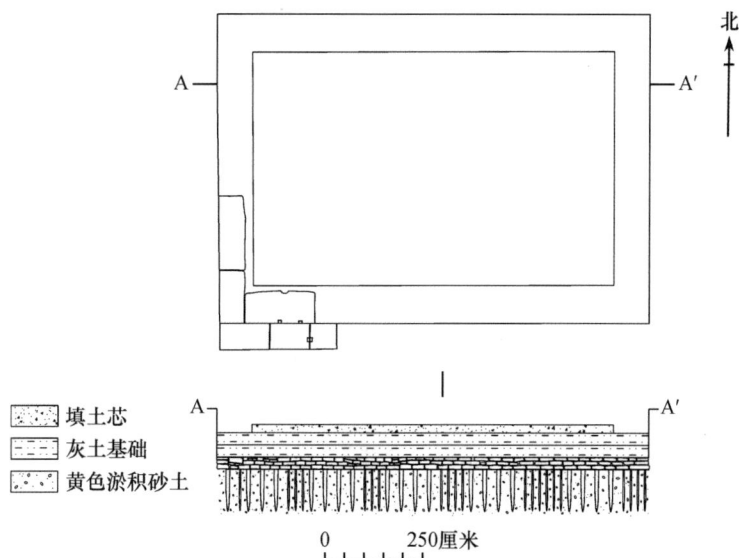

图四二　杏花春馆遗址镜水斋基址平、剖面图

2. 形制规格

镜水斋基址平面呈长方形，东西通长11、南北宽7.5米，该基址遭严重破坏，无法分出间数。

3. 保存状况

镜水斋保留的遗迹有：①基槽；②填土芯；③条石。共3项，分别叙述如下：

（1）基槽

位于填土芯周围，为墙破坏后的遗迹。基槽宽0.9、深0.2米（以填土芯距地平计算深度）。底部破坏至灰土基础，距地表0.6米。

（2）填土芯

位于基槽内侧，为灰褐色填土，土质较纯，经夯打而成，厚度未解剖，距地表0.4米。

（3）条石

位于南墙与西墙转角处，为红色砂岩加工而成，最大的条石长1.8、宽0.7、厚0.4米，最小的长0.6、宽0.3、厚0.4米。条石与条石之间有一梯形槽，大头宽0.1、小头宽0.07、深0.04米，用腰铁相连接，腰铁呈直边亚腰形，嵌于梯形槽内。尚遗有条石9块，距地表0.4米。

　　注：镜水斋与赏趣之间可能有一太湖石踏步，因部分太湖石被破坏，不能确定，基槽周围未发现散水。

　　经解剖，镜水斋填土芯厚0.2米，墙基槽宽0.9米。底部为灰土基础，厚0.4米，可分为两层，均厚0.2米。底部打有柏木桩基础，柏木桩直径0.04～0.1米，间距0.15～0.25米，长1.2～1.4米。做法是先将柏木桩打入生土，然后填充掏当山石，厚0.3米，填充用的石块最大的长0.2～0.3、宽0.1～0.2、厚0.05～0.1米，最小的规格为（0.06～0.07）米×（0.05～0.02）米，底部为黄色淤积砂土，至柏木桩底。

三、赏　趣　基　址

1. 位置

　　赏趣位于杏花春馆遗址东侧偏北，镜水斋西侧，春雨轩北侧偏东。坐西朝东，分布于TF8内（图四三）。

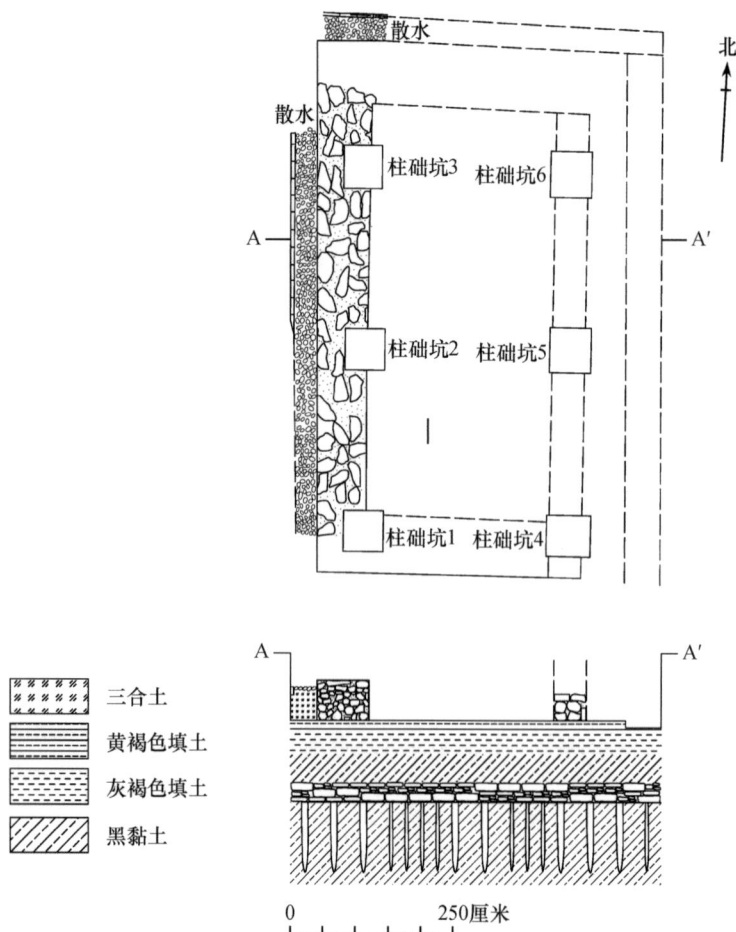

图四三　杏花春馆遗址赏趣基址平、剖面图

2. 形制规格

赏趣基址平面形状呈长方形，南北通长8.4、东西宽5.7（包括散水及前檐）、面阔6.5、进深3米。

3. 保存状况

赏趣保存的遗迹有：①房址；②前檐廊。

（1）房址

遗迹有：墙基、柱础坑、填土芯、散水。

墙基：未被破坏的墙基有西墙基与东墙基。西墙基宽0.8米，为红色砂岩石、青砖和白灰黏合砌成，残高0.1～0.4米（以散水计算高度），墙基距地表0.7～0.4米。东侧墙基表面未暴露，被填土芯盖住，从柱础坑剖面可看到，墙基宽0.5米，为红色砂岩石、青砖和白灰黏合而成。南墙基与北墙基被破坏，只保留基槽，宽0.8米，南侧深0.2米（以散水三合土基础计算深度），北侧基槽深0.95米（以散水计算深度）。

柱础坑：只发现柱础坑6个，编号为1～6号。

1号柱础坑，位于西墙基南侧与南墙基转角处，为正方形，边长0.65、深0.2米（以散水计算深度）。底部已破坏至灰土基础，距地表0.9米。

2号柱础坑，位于西墙基中间，1号柱础坑北侧，中心相距2.6米，为正方形，边长0.65、深0.9米（以填土芯计算深度）。底部破坏至灰土基础，距地表深1.1米。

3号柱础坑，位于西墙基北侧靠近北墙基处，2号柱础坑北侧，中心相距2.6米，为正方形，边长0.65、深0.9米（以填土芯地面计算深度）。底部破坏至灰土基础，距地表1.2米。

4号柱础坑，位于南墙基与东墙基转角处，与1号柱坑相对称，为正方形，边长0.65、深0.3米（以散水计算深度）。底部破坏至灰土基础，距地表1.2米。

5号柱础坑，位于东墙基中间，4号柱础坑北侧，中心相距2.6米，与2号柱础坑相对称，为正方形，边长0.65、深0.9米（以填土芯地面计算深度）。底部破坏至灰土基础，距地表1.2米。

6号柱础坑，位于东墙基北侧，靠近北墙基，5号柱础坑北侧，相距2.6米，西侧与3号柱础坑相对称，为正方形，边长0.65、深0.9米（以填土芯地面计算深度）。底部破坏至灰土基础，距地表1.2米。

填土芯：位于墙基内侧，为黄褐色填土，土质较纯，经夯打而成，与前檐廊填土芯相连接。厚度未解剖，距地表0.3米。

散水：位于墙基外侧，为卵石铺成，宽0.35米。镶有立砖牙边，宽0.05米，牙砖规格为0.25米×0.125米×0.05米。西墙基外侧散水，与春雨轩围墙东侧散水相连接。由于较近，没有砖牙边。南墙基外侧散水被破坏，只保留有三合土基础。东侧与檐廊散水相连接，未发现散水。北侧、西侧、南侧散水为北高南低。北侧散水距地表高0.5米，南侧距地表高0.7米。

（2）前檐廊

位于房址东侧，宽2米（包括墙基），檐廊西墙基与房址共用一墙基。东墙基被破坏，墙基宽0.55、深0.1米（以现地平计算深度）。底部为灰土基础，距地表1米，檐廊中间为黄褐色填土芯，宽0.9米，厚度未解剖。

注：檐廊东侧为太湖石，有可能为前檐廊通往镜水斋的踏步石，部分被移动过。

经解剖，赏趣西侧散水厚0.15米，为卵石铺成，卵石镶嵌于三合土上，宽0.35米。墙基宽0.8米。内侧为黄褐色填土芯，厚0.9米，可分为三层，第一层为黄褐色土芯，厚0.2米，经夯打而成；第二层为灰褐色填土芯，厚0.3米，经夯打而成；第三层为黑黏土填土芯，厚0.4米，夯打而成。东侧墙基宽0.5、残高0.4米。以上遗迹下面为灰土基础，厚0.5米，未发现明显分层。底部打有柏木桩基础，柏木桩直径0.04～0.1米，间距0.2～0.35米，长1.2～1.4米。是先将柏木桩打入生土，然后填充掏当山石，一般一至二层，厚0.3，填充用的石块最大的长0.25～0.35、宽0.15～0.25、厚0.05～0.1米，最小的规格为（0.07～0.08）米×（0.05～0.06）米×（0.02～0.04）米。底部为黑黏土，至柏木桩底。

四、涧壑余清基址

1. 位置

涧壑余清位于杏花春馆遗址南侧，位于1号假山北侧，北侧与春雨轩相对。坐北朝南，分布于TD4、TE4、TF4、TD3、TE3、TD2、TE2内（图四四）。

2. 形制规格

涧壑余清平面呈"凸"字形，东西通长18.5、南北通宽8.5米。凸出部分位于建筑中间，两侧相对称，凸出部分东西长4.65、南北宽3米。

3. 保存状况

涧壑余清保留遗迹有：①条石；②基槽；③填土芯。

（1）条石

位于内湖驳岸石外侧，用红色砂岩石加工而成。最大的条石长1.85、宽0.6米，最小的条石长0.4、宽0.55米，条石与条石之间有梯形槽，两块条石相对后为直边亚腰形，用同样形状的腰铁嵌入槽内加固。现残存的条石还有四层，均厚约0.4米，总残高1.5米。

（2）基槽

位于驳岸内侧。基槽宽0.6、深0.5米，北侧与回廊南墙基槽相连接。南侧与条石墙基相连接，东西两侧各一条基槽，距地表高0.8米。

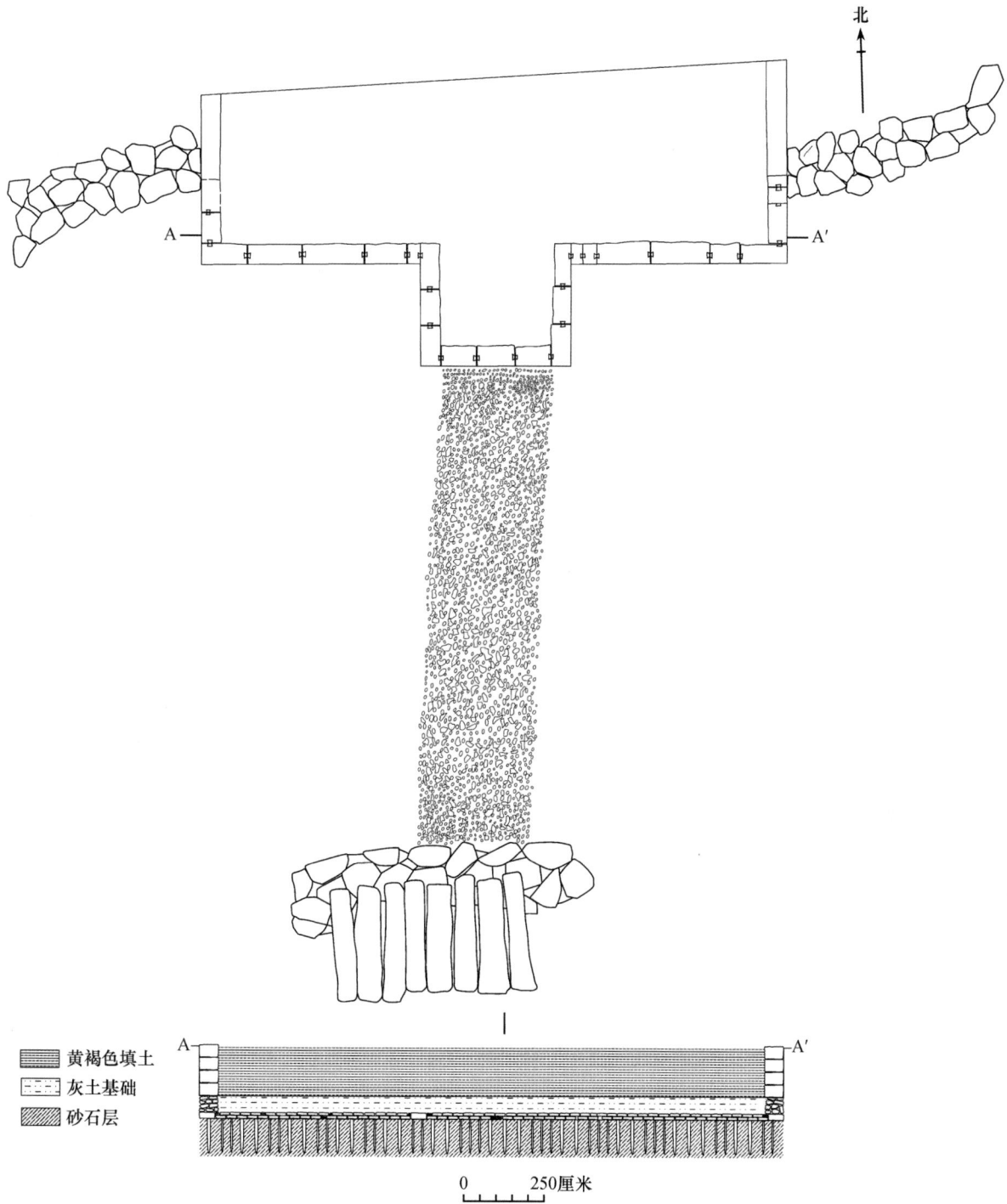

北

黄褐色填土
灰土基础
砂石层

0 　　　250厘米

图四四　杏花春馆遗址涧壑余清基址平、剖面图

（3）填土芯

位于条石基础及基槽内侧为黄褐色填土，土质较纯，经夯打而成。填土芯厚度未解剖，距地面0.5米。

注：涧壑余清凸出部分南侧湖内有一柏木桩堤坝基础，其南侧与驳岸相连，该堤坝基础与1号假山北侧山洞相对称，长14、宽3.5米，均以柏木桩打入生土层，柏木桩最大的直径0.1米，最小的直径0.05米，长1.2～1.3米，间距为0.2～0.4米。做法是先将柏木桩打入生土，然后填充掏当山石，一般一至二层，厚0.3～0.4米，石块规格最大的长0.4、宽0.2、厚0.1米，最小的为0.08米×0.04米×0.02米。

在位于条石建筑周围，出土部分小件木质构件，为建筑破坏后塌落的遗物。

经解剖，涧壑余清南侧墙基条石残高1.5米，用四层条石铺成，每层条石厚约0.4、宽0.6米。内侧为黄褐色填土芯，厚1.5米，底部为灰土基础，厚0.5米。条石下面为青绿色垫石，用白灰黏合，厚0.5米。底部打有柏木桩基础，柏木桩直径0.04～0.1米，间距0.25～0.35米，长1.2～1.4米。做法是先将柏木桩打入生土，然后填充掏当山石，填充用的石块最大的长0.3～0.4、宽0.2～0.3、厚0.1～0.2米，最小的为（0.06～0.07）米×（0.04～0.05）米×（0.02～0.03）米。下面为砂石层。

五、抑斋、翠微堂基址

1. 位置

抑斋、翠微堂，位于杏花春馆遗址西北角，北距绿云酬较近。分布在四个探方内，分别为TB9、TB10、TC9、TC10（图四五）。

2. 形制规格

抑斋、翠微堂，为连体建筑。抑斋的西檐廊与翠微堂前檐廊相通，抑斋和翠微堂均坐北朝南，东边、北边和西边三面有院墙，东边院墙与抑斋的东墙相接，西边院墙与翠微堂的西墙相接，抑斋东西长8.55（从东墙基外侧到西墙基外侧计算）、南北宽7米（以南墙基外侧到北墙基外侧计算）。翠微堂东西长10.7（从东墙基外侧到西墙基外侧计算）、南北宽7.55米（从南墙基外侧到北墙基外侧计算）。

3. 保存状况

抑斋保存的遗迹有：①墙基；②三合土地面。
翠微堂保存的遗迹有：①墙基；②三合土地面；③散水；④太湖石。

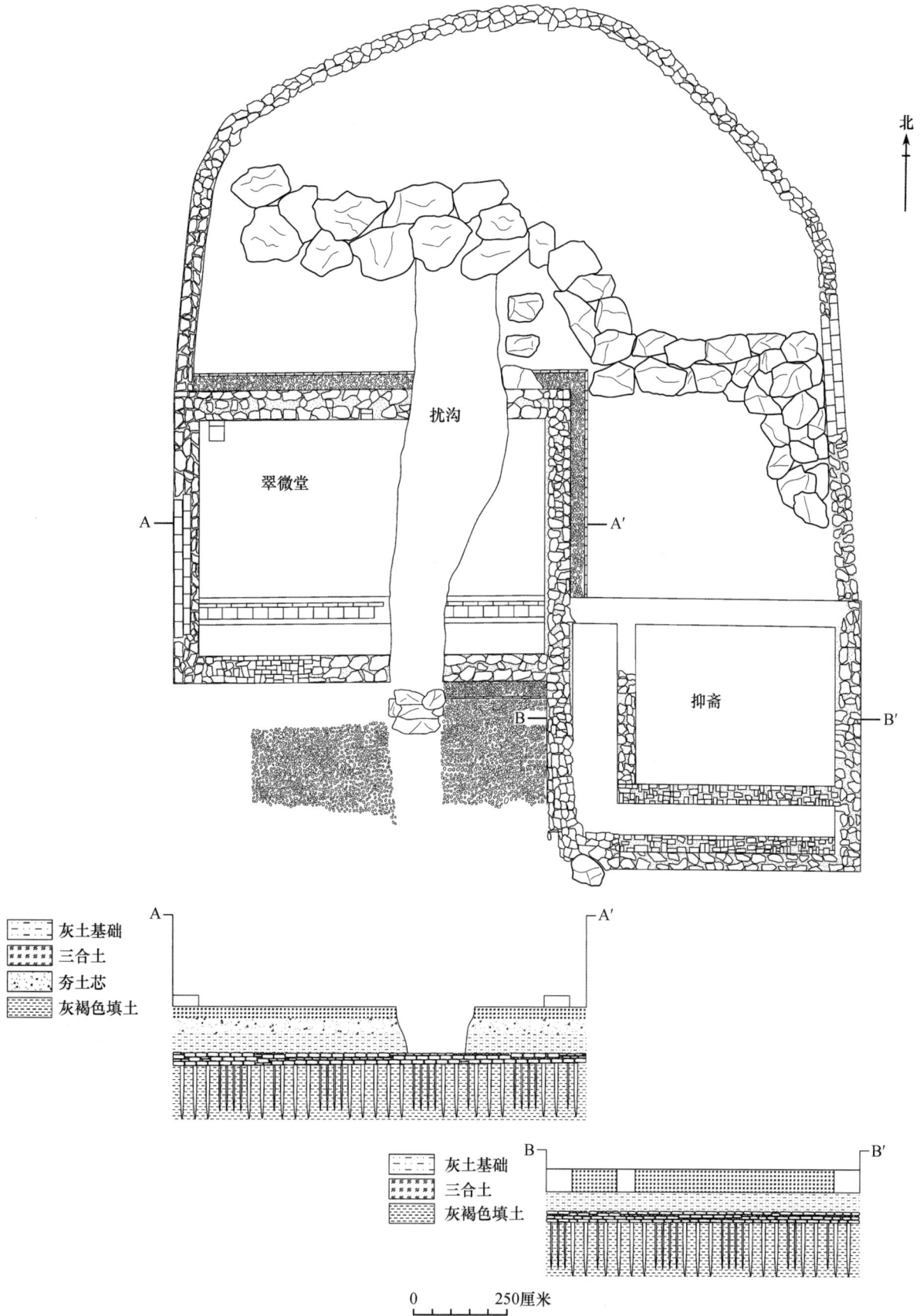

北

扰沟

翠微堂

抑斋

A　　　　　　　　　　　　　　　　　　　　A′

B　　　　　　　　　　　B′

灰土基础
三合土
夯土芯
灰褐色填土

A　　　　　　　　　　　　　　　　　　　　A′

灰土基础
三合土
灰褐色填土

B　　　　　　　　　　　　　　　　　B′

0　　　　　250厘米

图四五　杏花春馆遗址抑斋、翠微堂基址平、剖面图

（1）抑斋

位于翠微堂东侧，抑斋的北墙与翠微堂前檐廊后墙相接。由抑斋的西檐廊进入翠微堂的前檐廊。

墙基：宽0.7米，现存高度与房内三合土面相同，墙基用红色砂岩石，青砖和白灰黏合砌筑而成。檐廊内墙基宽0.5米，用料和外墙相同。

三合土地面：东西长5.45、南北宽4.1米。保存较好，距地表深0.5米，檐廊内的三合土地面也保存较好，宽0.8米。

（2）翠微堂

位于抑斋西侧，中间被一现代沟打破，南北贯穿整个房址，沟宽1～2.5米。

墙基：用红色砂岩石、青砖和白灰黏合砌筑而成，墙基宽0.7、残高0.3米（从散水以上计算）。墙基距地表0.9米。

三合土地面：保存一般，前檐廊三合土地面保存一般，宽0.8米。

散水：分布在翠微堂南北墙基的两侧，宽0.45米，用河卵石铺成，外侧镶小青砖，砖的规格为0.25米×0.125米×0.05米，散水的南侧用卵石铺成一片广场，东西宽8、南北长27米。

（3）太湖石假山

分布在卵石广场南侧，已被破坏，较为零乱。在抑斋和翠微堂的北部有院墙，建在山坡上，墙基保存较好，宽0.5米。抑斋和翠微堂北部与院墙之间有散置零乱的太湖石，可能是当时的假山遗存。

经解剖，抑斋墙基残高0.6米，中间为三合土地面，厚0.6米，可分为两层，均厚0.3米。北墙基残高0.5米。底部为灰土基础，厚0.5米，可分为两层，第一层厚0.2米，第二层厚0.3米。下面打有柏木桩，柏木桩直径0.04～0.1米，间距0.15～0.25米，长1.2～1.4米。做法是先将柏木桩打入生土内，然后在柏木桩空隙之间填充掏当山石，厚0.3米，一般为一至二层，石块的规格大者一般为（0.2～0.3）米×（0.1～0.15）米×0.8米，小者多为0.07米×0.05米×0.02米。底部为灰褐色生土，至柏木桩底。

经解剖，翠微堂南墙基残高0.7米，中间为三合土地面，厚0.3米。底部为夯土芯，厚0.4米，无明显分层。北墙基残高0.7米，底部为灰土基础，厚0.5米，可分为两层，第一层厚0.2米，第二层厚0.3米。灰土基础下面打有柏木桩，柏木桩直径0.04～0.1米，间距0.15～0.25米，长1.2～1.4米。做法是先将柏木桩打入生土，然后填充掏当山石，厚0.25～0.35米，石块规格大者为（0.2～0.3）米×0.1米×0.05米，小者多为（0.06～0.07）米×0.04米×0.02米。底部为灰褐色生土，至柏木桩底。

六、水井遗址

1. 位置

水井位于杏花春馆遗址西部，F9东侧，分布于TB4内（图四六）。

2. 形制规格

该水井平面呈长方形，南北长3.75（包括南侧散水）、东西宽3.25米（包括西侧散水）。

3. 保存状况

该水井现存的遗迹有：①条石；②散水。

（1）条石

位于井口四周，为青石质地，南侧条石长2.2、宽0.45、厚0.2米。表面较光滑，北侧条石较小，长0.75、宽0.4、厚0.2米。南侧条石与北侧条石之间相距0.5米。井口东西两侧为青砖砌成，四周条石也为青石，被砖盖住，仅露外侧斜面宽0.15米的部位，四周条石最大的长2.65、宽0.55米，最小的长0.65、宽0.35米，距地表0.5米。

（2）散水

位于井台南侧与西侧。南侧散水宽0.9米，是由两排45厘米×40厘米×5厘米的砖铺成，外侧镶有砖牙边，用砖规格为25厘米×12.5厘米×5厘米。西侧散水宽0.3米，是由25厘米×12.5厘米×5厘米的砖铺成，镶有砖牙边，用砖规格与铺地砖一致，散水距地表0.8米。

注：井口外保存较好，为长方形，东西长0.75、南北宽0.5米，井壁用砖砌成椭圆形，井内填满废弃后的建筑垃圾，未作清理。

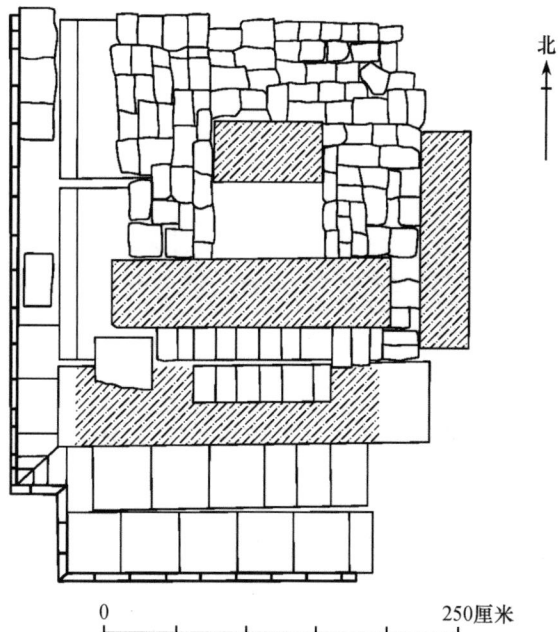

北

0　　　　　　　　　　　250厘米

图四六　杏花春馆遗址水井基址平面图

七、土地庙基址

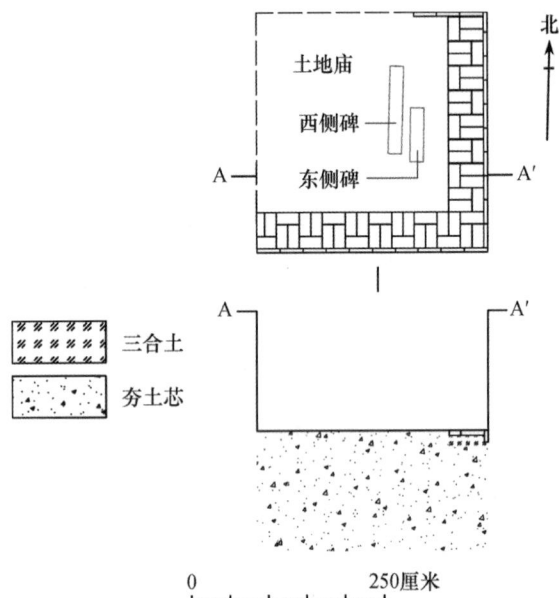

图四七　杏花春馆遗址土地庙基址平、剖面图

1. 位置

土地庙位于杏花春馆遗址南侧偏西，1号假山西侧，F11东南侧，与F11相距5米。坐南朝北，分布于TB1内（图四七）。

2. 形制规格

土地庙为正方形，边长3米（包括散水）。

3. 保存状况

土地庙现存遗迹有：①石碑；②散水。

（1）石碑

共两块，位于探沟中间偏东，分东侧与西侧，两块石碑均以青石加工而成。东侧石碑上部已被破坏，残高0.68、宽0.8、厚0.18米，东侧为正面，较光滑，刻有花纹，背面较粗糙，石碑中间有一方孔，边长0.08米。西侧石碑，西面较光滑，刻有花纹，东面较粗糙，中间也有一正方形孔。该石碑残高0.9～1.1、宽0.75、厚0.18米。两石碑背面相对，相距0.1米，西侧石碑被推至倾斜状。以散水计算高度。

（2）散水

位于土地庙四周，宽0.5米。用青砖铺成。用砖规格为30厘米×15厘米×7厘米，两侧用牙砖镶边，牙砖规格为30厘米×15厘米×5厘米。北侧与西侧散水已被破坏，距地表1.5米。

注：土地庙未发现墙基，内侧填土为建筑垃圾，内包含大量砖块、瓦片、灰土等。

经解剖，散水底部为三合土，厚0.15米。底部为夯土，未见明显分层。中间为填土，深1.5米。

八、房址F1

1. 位置

F1位于杏花春馆遗址中部偏北，西侧与F4相连，东侧与春雨轩大殿相连。坐北朝南，分布于TC7内（图四八）。

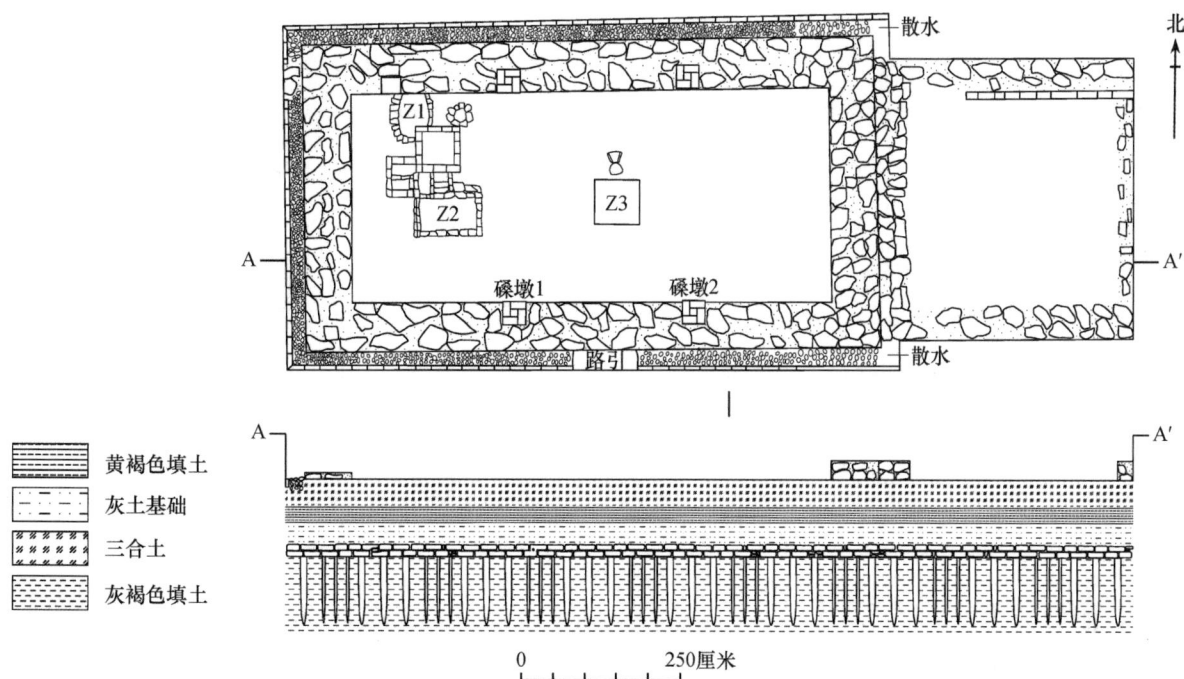

图四八　杏花春馆遗址F1基址平、剖面图

2. 形制规格

F1平面形状呈长方形，东西通长13.5（含散水，东侧无散水）、南北通宽5.3米（含散水）。F1通面阔8.3、进深3.7米（以柱础中心计算）。共分为三间，明间面阔2.9、进深3.7米，西次间面阔2.7、进深3.7米，东次间面阔2.7、进深3.7米。

3. 保存状况

F1保存的遗迹有：①墙基；②磉墩；③灶；④填土芯；⑤路引；⑥散水。共6项，分别叙述如下：

（1）墙基

为红色砂岩石用白灰黏合砌成，该墙基宽0.75、残高0.1~0.3（以散水计算高度）、距地表0.3~0.5米。

（2）磉墩

F1内共发现两个，编号为1、2号。

1号磉墩，位于F1的南墙基中间，距西墙基3.25米，为正方形，边长0.4米，是用青砖、白灰砌成，用砖规格为25厘米×12.5厘米×5厘米。

2号磉墩，位于1号磉墩的东侧中间，中心相距2.9米，为正方形，用青砖与白灰砌成，边长0.4米，用砖规格为25厘米×12.5厘米×5厘米。

（3）灶

F1内共发现灶3个，编号为1～3号。

1号灶，位于西次间内的北侧偏西，为南北向，操作坑被2号灶打破，只残留火膛，南北长1.05、东西宽0.7米，用青砖砌成。

2号灶，位于1号灶南侧，为南北向，操作坑在北，为正方形，边长0.7、深0.4米（以填土芯计算深度），火膛位于中间，长0.4、宽0.2米。火道位于南侧，长1.05、宽0.7米，灶通长1.3米，为青砖砌成，距地表0.5米。

3号灶，位于明间偏东，为南北向，操作坑在南，为正方形，边长0.7、深0.4米，表面抹有青灰，火膛位于中间，上口小，下面大，呈圆形，直径0.2米。火道位于北侧，长0.25、宽0.2米，距地表0.5米。

（4）填土芯

黄褐色填土，土质较纯，经夯打而成。未做解剖，距地表0.6米。

（5）路引

位于F1的明间正前方，宽1.2米，向南与2号甬路（L2）相连接，该路引破坏较严重，只残留底部夯土基础，距地表0.8米。

（6）散水

位于F1的南、西、北三侧，散水为卵石铺砌，宽0.3米，外侧镶有立砖砖牙边，牙砖规格为25厘米×12.5厘米×5厘米。散水内高外低，距地表0.7米。该散水海拔43.9米。

注：F1东侧有一建筑，其西墙基与F1东墙基相连，东墙基与春雨轩大殿相连接，该建筑长4.2、宽4.2米，保存较差，墙基宽0.5米，为红色砂岩石与青砖用白灰黏合砌成。房内地面比F1高出0.5米，距地表0.3米。

经解剖，散水厚0.15米，为卵石散水，卵石镶嵌在底部三合土上。两侧墙基残高0.6～0.7米，中间为三合土地面，厚0.4米。底部为黄褐色夯土芯，厚0.3米。夯土芯底部为灰土基础，厚0.3米。灰土基础底部为柏木桩基础，柏木桩直径0.04～0.1米，间距0.15～0.25米，长1.2～1.4米。做法是先将柏木桩打入生土内，然后填充掏当山石，填充所用石块最大长0.2～0.3、宽0.1～0.17、厚0.1米，最小的规格为0.1米×0.06米×0.02米。底部为灰褐色生土，至柏木桩底。

九、房址F2

1. 位置

F2位于F1东次间南侧，回廊西侧。坐东朝西，分布于TC6内（图四九）。

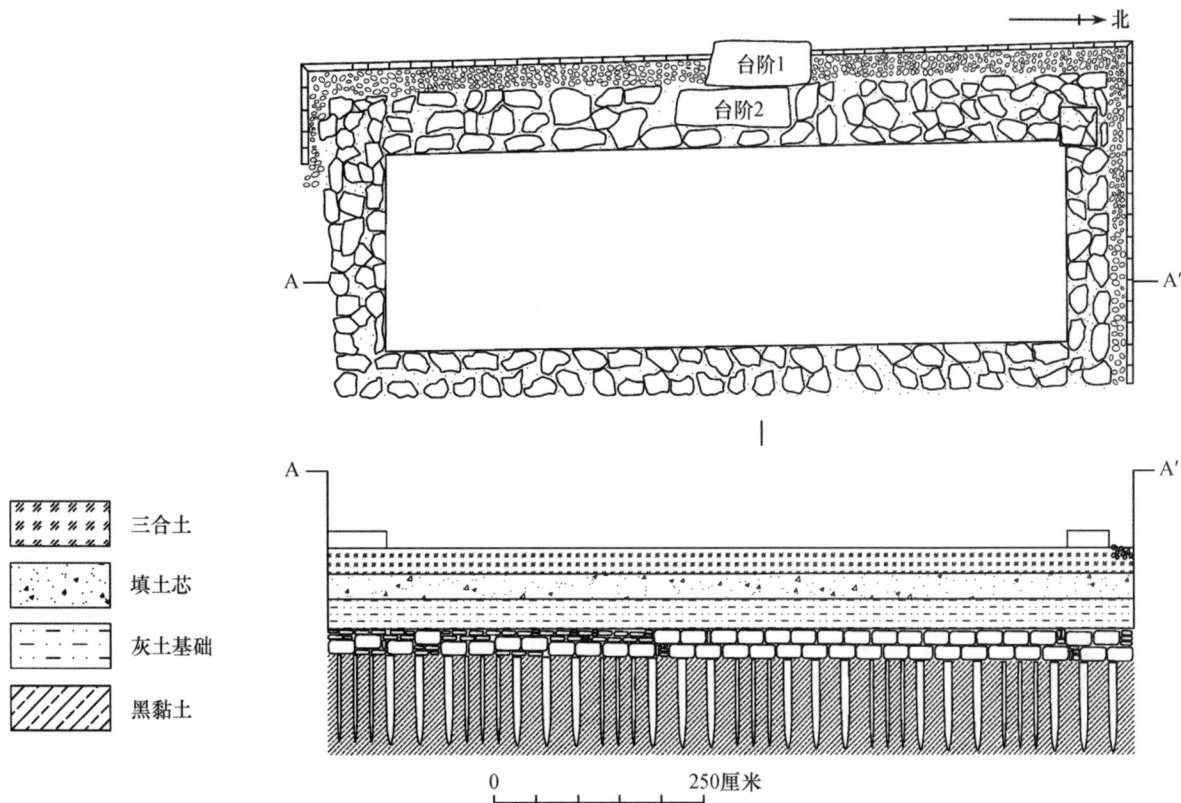

图四九　杏花春馆遗址F2基址平、剖面图

2. 形制规格

F2平面形状呈长方形，南北通长8.9、东西宽3.4米。通面阔8.2、进深2.7米，未发现明显分间。

3. 保存状况

F2保存的遗迹有：①墙基；②填土芯；③台阶路引；④散水。共4项，分别叙述如下：

（1）墙基

为红色砂岩石与青砖加白灰黏合砌成。墙基宽0.7、残高0.1～0.2米（以散水计算高度），距地表0.7米。

（2）填土芯

为三合土夯打而成，厚度未解剖，距地表0.9米。

（3）台阶路引

台阶位于F2西侧中间，用两块条石砌成，第一块条石位于西侧，青石质，南北长1.2、东西宽0.55、厚0.2米；第二块位于第一块东侧，紧靠第一块，放置于墙基上面，青石质，东西宽0.45、南北长1.35米。第二块条石比第一块高出0.15米。台阶前面为路引，已被破坏，只保留底部夯土基础，与甬路相连接。该路引宽1.1、东西长1.5米，距地表0.95米。

（4）散水

位于F2的北、南、西三侧。散水保存较好，宽0.3米，为卵石铺成，外侧镶有砖牙边，牙砖规格为25厘米×12.5厘米×5厘米。散水内高外低，距地表0.9米。

注：F2南侧建筑北侧与F2共用一墙基，东侧为回廊进入值房区的太湖石踏步，踏步位于该建筑内，墙基已被破坏，仅保留有基槽，宽0.5、深0.3米（以散水计算深度）。仅保留西侧少部分散水，北侧与F2南侧散水相连接，散水距地表0.9米。

经解剖，散水厚0.15米，为卵石散水，卵石镶嵌于三合土上。底部是夯土，未见明显分层。两侧墙基残高0.5～0.6米，中间为三合土地面，厚0.3米，未见明显分层。三合土下面为填土芯，厚0.3米，未见分层。以上遗迹下面为灰土基础，厚0.35米，未见分层。灰土基础下面为柏木桩，柏木桩直径0.04～0.1米，间距0.15～0.25米，长1.2～1.4米。做法是先将柏木桩打入生土，然后填充掘当山石，厚0.3～0.4米。填充用的石块最大的长0.2～0.3、宽0.05～0.25、厚0.05～0.15米，最小的规格为0.07米×0.05米×0.02米。底部为黑色黏土，至柏木桩底。

十、房址F3

1. 位置

F3位于杏花春馆遗址中间偏西。坐南朝北，分布于TC5内（图五〇）。

2. 形制规格

F3平面形状呈长方形，东西通长5.7（不包括散水）、南北通宽2.9米（不包括散水），F3通面阔5、进深2.2米。可分为东西两间，西开间面阔2.9、进深2.2米，东开间面阔2.1、进深2.2米。

3. 保有状况

F3保存的遗迹有：①墙基；②磉墩；③填土芯；④踏步石。共4项，分别叙述如下：

（1）墙基

为红色砂岩石、青砖加白灰黏合砌成，墙基宽0.7、残高0.2米（以现地平计算高度）。东西墙基已被破坏，仅保留有基槽，宽0.7、深0.35米。底部为灰土基础，距地表1.2米。

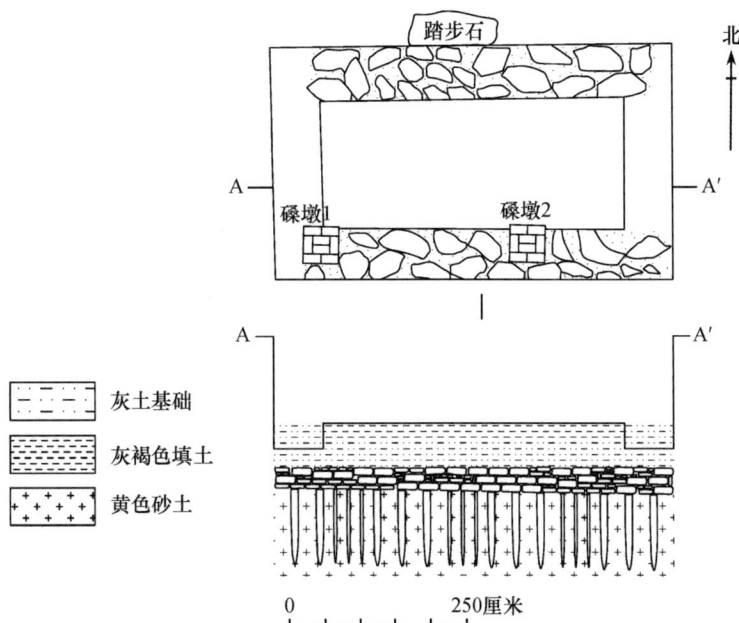

图五〇　杏花春馆遗址F3基址平、剖面图

（2）磉墩

F3共发现两个磉墩，编号为1、2号。

1号磉墩，位于南墙基与西墙基的转角处，为正方形，边长0.5米，用青砖与白灰黏合砌成，用砖规格为25厘米×12.5厘米×5厘米，距地表0.7米。

2号磉墩，位于1号磉墩东侧，相距2.9米，为正方形，边长0.5米，用青砖与白灰黏合砌成，用砖规格为25厘米×12.5厘米×5厘米，距地表0.7米。

（3）填土芯

位于墙基内侧，用黄褐色土填充，土质较纯，经夯打而成，距地表0.8米。

（4）踏步石

位于F3明间正前，为自然太湖石铺砌而成，踏步东西长1.3、南北宽0.5米，与2号甬路相连接，距地表0.8米。

注：F3西墙基向南还有一道墙基，中间被现代沟破坏，但与沟南侧TC4内的墙基相对称，有可能为杏花村东墙基，该墙基宽0.5米，为红色砂岩石与青砖用白灰黏合砌成，残高0.1～0.2米（以现地平计算高度），距地表0.8米。

经解剖，F3墙基残高0.4米，中间为灰褐色填土芯，厚0.2米，经夯打而成。底部为灰土基础，厚0.4米，可分为两层，第一层厚0.25米，第二层厚0.15米。底部打有柏木桩基础，柏木桩直径0.04～0.1米，间距0.15～0.25米，长1.2～1.4米。一般是先将柏木桩打入生土，然后填充掘当山石，厚0.3～0.4米，填充用的石块最大的长0.2～0.3、宽0.1～0.2、厚0.05～0.1米，最小的规格为0.06米×0.04米×0.02米。底部为是黄色砂土层，至柏木桩底。

十一、房址F4

1. 位置

F4位于杏花春馆北侧偏西，F1西侧，其南侧为F5。坐北朝南，分布于TA7、TB7内（图五一）。

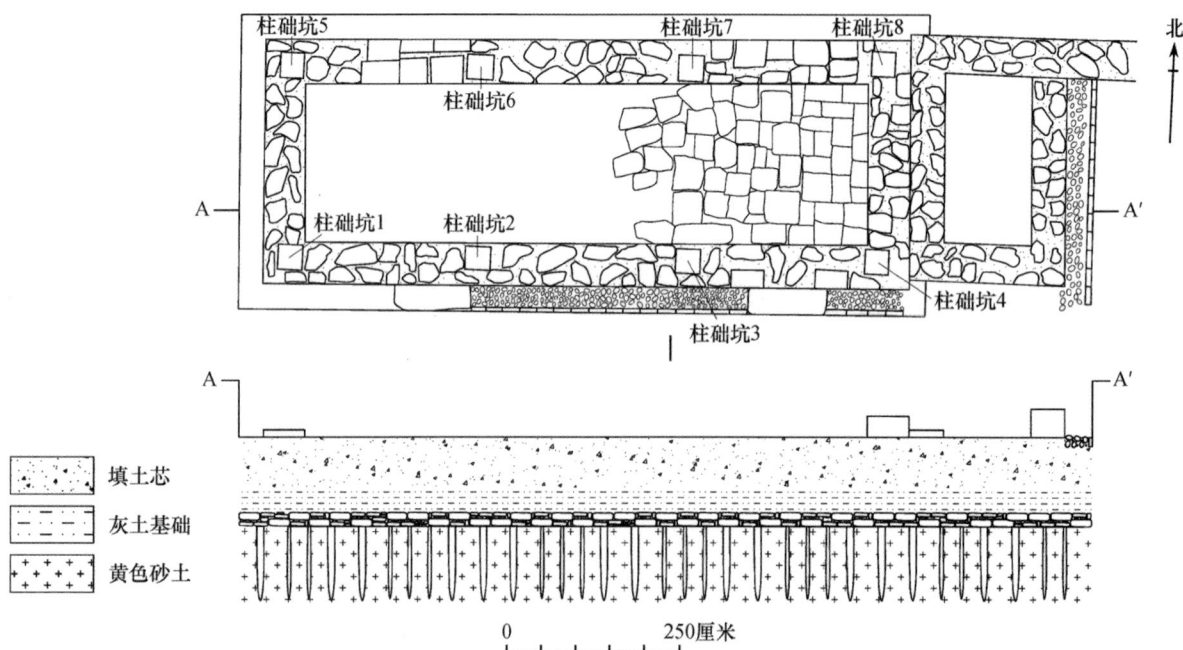

图五一　杏花春馆遗址F4基址平、剖面图

2. 形制规格

F4平面形状呈长方形，东西通长9.8米（包括两侧散水），南北宽4米（包括两侧散水）。F4通面阔为8.5、进深2.7米，可分为三间。明间面阔3、进深2.7米；西次间面阔2.75、进深2.7米；东次间面阔2.75、进深2.7米。

3. 保存状况

F4保存的遗迹有：①墙基；②柱础坑；③铺砖；④台阶路引；⑤散水。共5项，分别叙述如下：

（1）墙基

为红色砂岩石与青砖加白灰黏合砌成，宽0.6、残高0.1～0.3米（以散水计算高度）。墙基距地表0.4～0.6米。

（2）柱础坑

F4共发现柱础坑8个，编号为1～8。

1号柱础坑，位于南墙基与西墙基转角处，为正方形，边长0.35、深0.55米（以散水计算深度），距地表1.25米。

2号柱础坑，位于1号柱础坑东侧，相距2.75米，为正方形，边长0.35、深0.5米（以散水计算深度），距地表1.2米。

3号柱础坑，位于2号柱础坑东侧，相距3米，柱础坑为正方形，边长0.35、深0.5米（以散水计算深度），距地表1.2米。

4号柱础坑，位于南墙东侧与东墙南侧转角处，3号柱础坑东侧，相距2.75米，为正方形，边长0.35、深0.5米（以散水计算深度），距地表1.2米。

5号柱础坑，位于北墙西侧与西墙基转角处，南侧与1号柱础坑相对称，相距2.7米，为正方形，边长0.35、深0.5米（以散水计算深度），距地表1.2米。

6号柱础坑，位于5号柱础坑东侧，相距2.75米，南侧与2号柱础坑相对称，相距2.7米，为正方形，边长0.35、深0.5米（以散水计算深度），距地表1.2米。

7号柱础坑，位于6号柱础坑东侧，相距3米，南侧与3号柱础坑相对称，相距2.7米，为正方形，边长0.35、深0.5米（以散水计算深度），距地表1.2米。

8号柱础坑，位于北墙基东侧与东墙基的转角处，7号柱础坑东侧，相距2.75米，南侧与4号柱础坑相对称，相距2.7米，为正方形，边长0.35、深0.5米（以散水计算深度），距地表1.2米。

（3）铺砖

位于F4东次间内，地面铺砖无规则，所用砖的尺寸各不相同，有长方形和正方形，所用长方形铺砖大的为42厘米×21厘米×10厘米，小的为25厘米×12.5厘米×5厘米；正方形铺砖大的边长40厘米，小的边长20厘米，厚度均为5厘米。距地表0.7米。

明间与西次间地面铺砖均遭破坏。填土芯为灰褐色土，土质较纯，经夯打而成，距地表0.8米。

（4）台阶路引

位于F4的东、西二次间南侧。在东次间者，居东次间南侧中间；在西次间者，居西次间南侧东边，紧挨明间南侧西端。用一块加工过的条石铺成。条石为青石质，东西长1.15、南北宽0.35、厚0.2米，路引路面已被破坏，仅留底部夯土基础，路引宽1.05米，南侧与2号甬路（L2）相连接。

（5）散水

位于F4墙基周围，宽0.35米，为卵石铺成，外侧镶有砖牙边，宽5厘米，牙砖规格为25厘米×12.5厘米×5厘米，散水距地表0.8米。

注：F4东侧有一间建筑，由于该墙基比F4窄，并与F4的墙基错开，该房址东侧散水压在F1的散水上面，通长2.6（含散水）、通宽3.1米，为红色砂岩石与白灰砌筑而成，墙基宽0.5、

残高0.1～0.4米（以散水计算高度），墙基内侧为黄褐色填土芯，土质较纯，经夯打而成，距地表0.5米。散水位于房址东侧，压住F1散水，比F1散水高出0.1米，砖牙边已被破坏，散水残宽0.4米，距地表0.8米。

经解剖，散水厚0.15米，为卵石铺成，卵石嵌于三合土上。两侧墙基宽0.5、高0.8米，墙基内侧为夯土芯，厚0.7米，可分为两层，第一层厚0.3米，第二层厚0.4米。墙基底部为灰土基础，厚0.35米。灰土基础底部打有柏木桩基础，柏木桩直径0.04～0.1米，间距0.15～0.25米，长1.2～1.4米。做法是先将柏木桩打入生土，然后填充掏当山石一至二层，填充用的石块大者长0.2～0.3、宽0.1～0.2、厚0.05～0.1米，最小的规格为0.07米×0.04米×0.01米。底部为黄色砂土层，至柏木桩底。

十二、房址F5

1. 位置

F5位于杏花春馆遗址西侧，F4南侧，西侧与F6相连接。坐北朝南，分布于TA6、TB6、TC6内（图五二）。

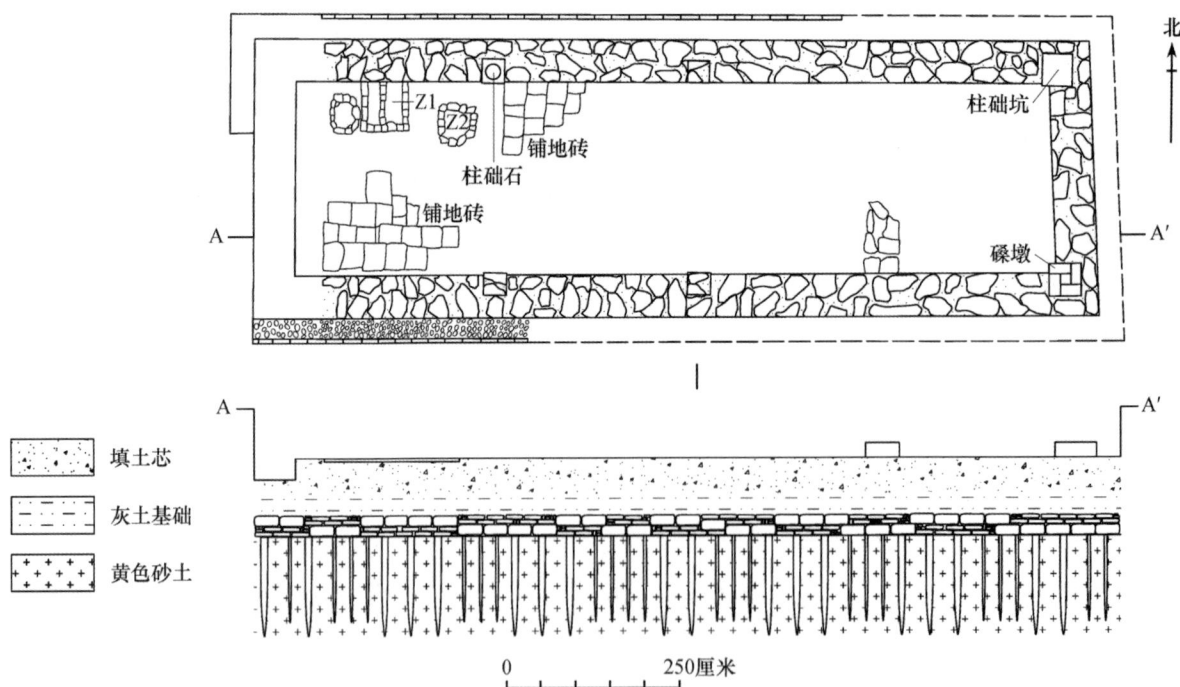

图五二　杏花春馆遗址F5基址平、剖面图

2. 形制规格

F5平面形状呈长方形，东西通长12.1（不包括散水）、南北通宽3.5米（不包括散水）。通面阔11.5、进深2.9米，可分为三间。中间、明间与次间未发现柱础坑，无法确定宽度，只有次间面阔3.25、进深2.9米。

3. 保存状况

F5保存的遗迹有：①墙基；②柱础石；③磉墩；④柱础坑；⑤灶；⑥铺地砖；⑦散水。共7项，分别叙述如下：

（1）墙基

为红色砂岩石与砖用白灰黏合砌成，宽0.6、残高0.1～0.2米（以散水计算高度），距地表0.5米。西墙基被破坏，仅保留基槽，宽0.6、深0.3米（以散水计算深度），距地表1米。

（2）柱础石

位于F5北墙基，距西墙基3.4米，青石质，保存较好，正方形，边长0.35米，放置于墙基内侧，表面有鼓镜，直径0.24、高0.02米。

（3）磉墩

位于F5南墙基与东墙基转角处，为正方形，边长0.45米，用砖与白灰砌成，用砖规格为25厘米×12.5厘米×5厘米。

（4）柱础坑

位于F5北墙基与东墙基转角处，为正方形，边长0.45、深0.45米（以散水计算深度），距地表1米。

（5）灶

位于西次间内，共发现两处，编号为1、2号。

1号灶，位于西次间的西北角，为东西向。火膛位于西侧，呈椭圆形，南北径长0.55、东西径宽0.4米。火道位于东侧，呈长方形，南北长0.75、东西宽0.72米，用青砖砌成，未发现操作坑。

2号灶，位于1号灶东侧，只保留有火膛，呈圆形，直径0.55米，用青砖砌成。

（6）铺地砖

仅在西次间南半部和明间的西北角各有局部残留。残存于西次间南半部的一片，东西长2、南北宽1.38米；残存于明间西北角的一片，东西长1.17、南北宽1.01米。皆用砖块铺砌，无规则。房址内其他地方已被破坏至填土芯，填土芯为灰褐色填土，土质较纯净，经夯打而成，厚度未解剖，距地表0.7米。

（7）散水

位于房基四周，散水宽0.35米，用卵石铺成，两侧镶有砖牙边，牙砖规格为25厘米×12.5

厘米×5厘米，此为南侧散水，内高外低，其他部分散水已被破坏，至夯土基础。

经解剖，两侧散水厚0.15米，为卵石铺成，卵石镶嵌在三合土内。两侧墙基残高0.6米，中间为填土芯，厚0.5米，可分为两层，第一层厚0.2米，第二层厚0.3米。墙基底部为灰土基础，厚0.3米，未发现明显分层。灰土基础底部为柏木桩基础，柏木桩直径0.04~0.1米，间距0.2~0.3米，长1.2~1.4米。做法是先将柏木桩打入生土，然后填充掏当山石，厚0.3米，填充用的石块最大的长0.25~0.35、宽0.15~0.25、厚0.05~0.15米，最小的规格为0.07米×0.05米×0.02米。底部为黄色砂土层，至柏木桩底。

十三、房址F6

1. 位置

F6位于杏花春馆遗址西部，东侧与F5连接，西侧为假山，南侧与F8相连接。坐西朝东，分布于TA5、TA6内（图五三）。

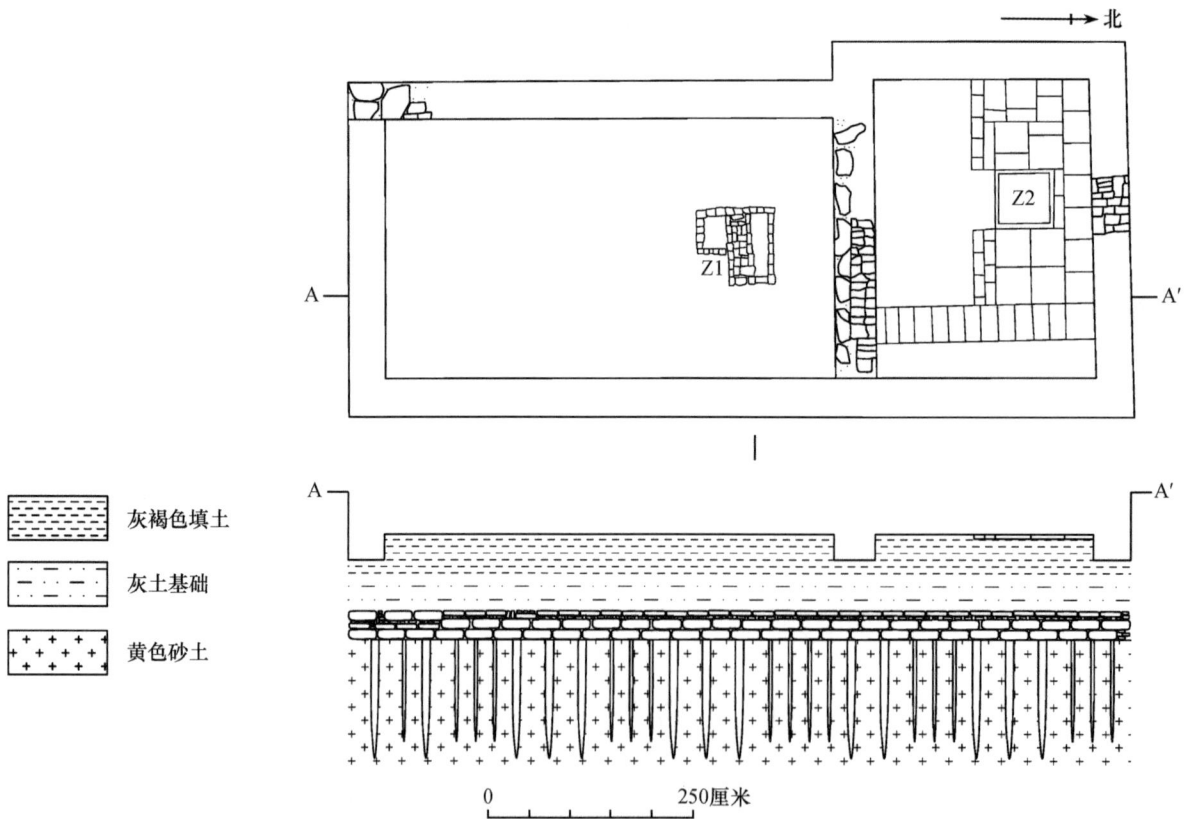

图五三　杏花春馆遗址F6基址平、剖面图

2. 形制规格

F6平面形状呈长方形，南北通长9.2、东西通宽4米（不包括散水）。面阔8.7、进深3.5米，可分为两间。南间面阔5.53、进深3.5米；北间面阔2.68、进深3.5米。

3. 保存状况

F6保存遗迹有：①墙基；②灶；③铺砖。共3项，分别叙述如下：

（1）墙基

F6南、北两间的四围墙基均遭破坏无存，仅剩下基槽。唯两间之间的隔墙东半部分尚残存一层墙基底部遗迹。四围墙基基槽宽0.5、深0.3米（以现地平计算深度），底部为灰土基础，距地表0.8米。隔墙墙基呈东西向，以红色砂岩石、青砖加白灰黏合砌成，墙宽0.45米。其内侧边距北间北墙基槽内侧边间距2.68米。

（2）灶

发现两处，编号为1、2号。

1号灶，位于南间偏北，该灶已被破坏，南北长0.9、东西宽0.6、深0.1米（以填土芯地面计算），距地表0.4米。

2号灶，位于北间内，只保留有操作坑，为青砖砌成。四周及底部抹有一层青灰，操作坑呈正方形，边长0.6、深0.9米（以北间地面计算深度），距地表1.3米。

（3）铺砖

位于北间内偏北部，已被破坏，保留部分用砖较乱，为碎砖块铺砌而成。南间铺砖已被破坏，仅保留填土芯，为灰褐色填土，经夯打而成，厚度未解剖，距地表0.5米。

经解剖，铺砖下面为灰褐色填土芯，厚0.5米，可分为两层，第一层厚0.2米，第二层厚0.3米。底部为灰土基础，厚0.4米，未见明显分层。灰土基础底部为柏木桩基础，柏木桩直径0.04～0.1米，间距0.2～0.3米，长1.2～1.4米。做法是先将柏木桩打入生土，然后填充掏当山石，厚0.35米，填充用的石块最大的长0.25～0.35、宽0.15～0.25、厚0.05～0.1米，最小的规格为0.06米×0.04米×0.02米。底部为黄色砂土层，至柏木桩底。

十四、房址F7

1. 位置

F7位于杏花春馆遗址西部，F8的东侧。坐北朝南，分布于TB5内（图五四）。

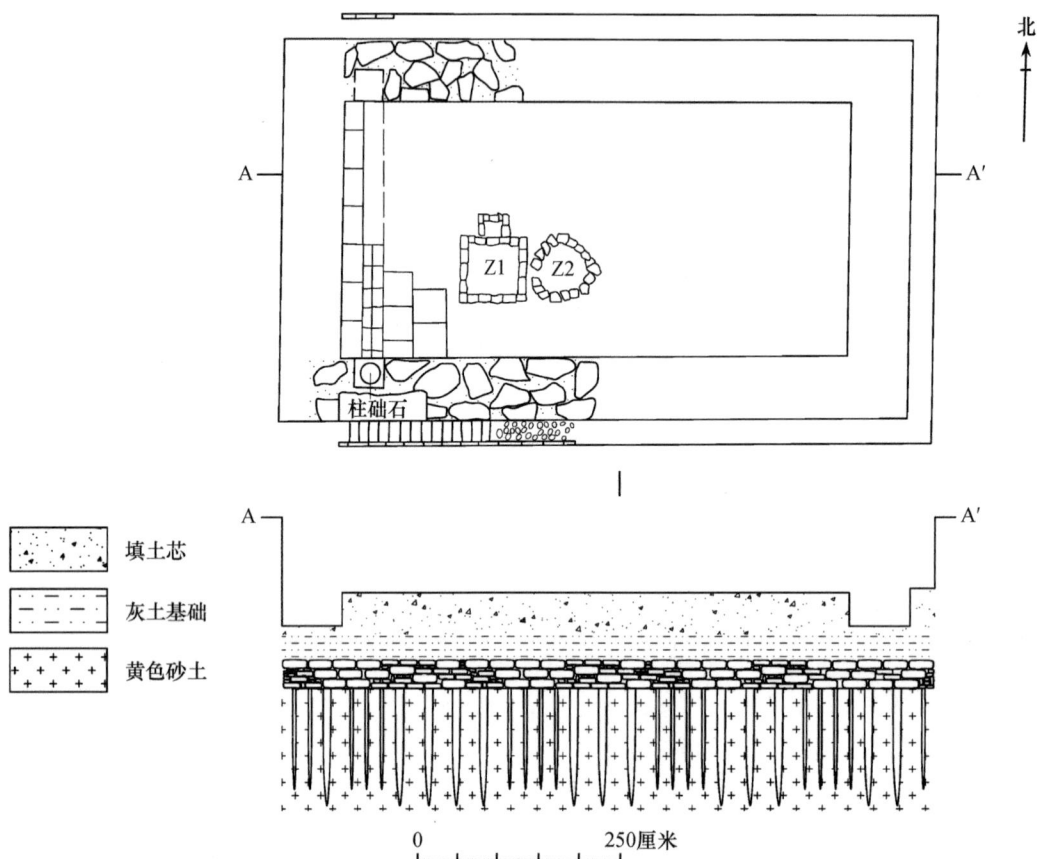

图五四　杏花春馆遗址F7基址平、剖面图

2. 形制规格

F7平面形状呈长方形，东西通长7、南北通宽4.25米（不包括散水），通面阔6.25、进深3.5米，未发现明显分间。

3. 保存状况

F7保存的遗迹有：①墙基；②柱础石；③灶；④填土芯；⑤散水。共5项，分别叙述如下：

（1）墙基

大部分被破坏，只保留少部分北墙与南墙。墙基用红色砂岩石、青砖加白灰黏合砌成。墙基宽0.75、残高0.05～0.15、距地表0.6～0.4米（以散水三合土基础计算高度），其他部分墙基仅保留有基槽，基槽宽0.75、深0.4米（以散水灰土基础计算深度），距地表0.9米。

（2）柱础石

位于南墙基与西墙基转角处，青石质，正方形，边长0.37米，中间鼓镜直径0.24、高0.02米，柱础石厚度不详。

（3）灶

F7内共发现两处，编为1、2号。

1号灶，位于F7西侧，为南北向，操作坑位于南侧，正方形，边长0.8、深0.4米（以F7地面计算深度），距地表0.9米。火膛位于北侧，长方形，东西长0.4、南北宽0.3米，为青砖砌成。

2号灶，位于1号灶东侧，相距较近。该灶只发现火膛，呈圆形，直径0.75米，用青砖砌成，多数为碎砖。

（4）填土芯

位于F7墙基内侧，为灰褐色填土，土质较纯，经夯打而成。厚度未解剖，距地表0.5米。

（5）散水

位于南墙基外侧，以砖平铺而成。外侧镶有砖牙边，宽5厘米，牙砖规格为25厘米×12.5厘米×5厘米。散水宽0.3米，其他墙基外侧散水均被破坏，只保留底部三合土基础，散水距地表0.85米。

注：F7南侧铺砖散水下面，还保留有卵石散水，从叠压关系来看，卵石散水早于砖铺散水，砖铺散水应为后期改建，造成将原来地面抬高，两散水落差为0.2米。

经解剖，散水厚0.15米，卵石底部嵌于三合土内。底部为夯土墙基，残高0.55米。中间为填土芯，厚0.5米，可分为两层，第一层厚0.2米，第二层厚0.3米。底部灰土基础厚0.3米，未见明显分层。灰土基础底部打有柏木桩，柏木桩直径0.04～0.1米，间距0.15～0.25米，长1.2～1.4米。做法是先将柏木桩打入生土，然后填充掏当山石，厚0.35米，填充用的最大的石块长0.2～0.3、宽0.1～0.2、厚0.05～0.1米，最小的规格为0.07米×0.05米×0.02米。底部为黄色砂土，至柏木桩底。

十五、房址F8

1. 位置

F8位于杏花春馆遗址西部，北侧为F6，南侧为F9，东侧为F7。坐北朝南，分布于TA5内（图五五）。

2. 形制规格

F8平面形状呈长方形，东西通长9、南北通宽3.25米（不包括散水），通面阔8.5、进深2.75米。可分为三间，明间面阔4、进深2.75米；西次间面阔2.25、进深2.75米；东次间面阔2.25、进深2.75米。

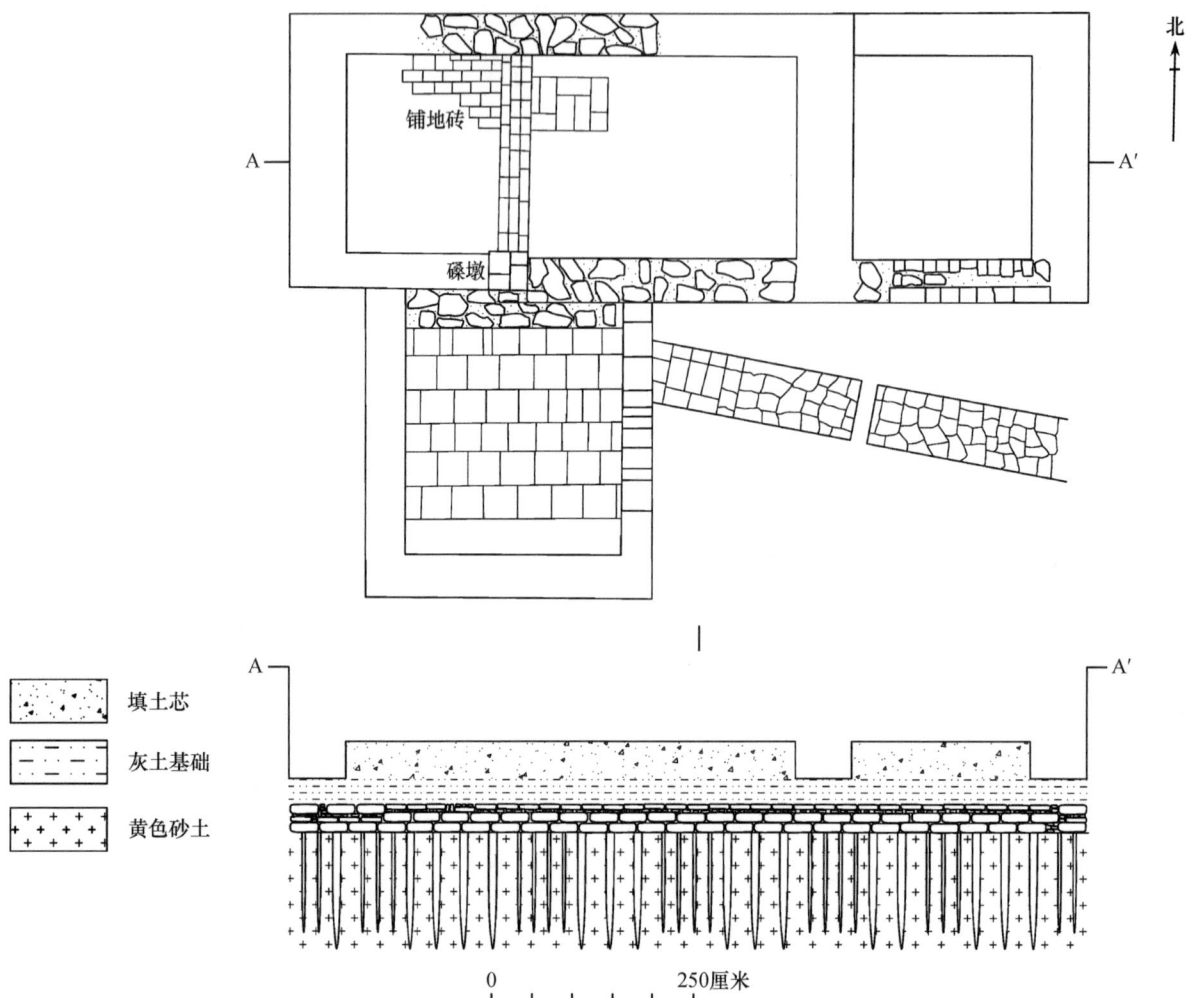

填土芯

灰土基础

黄色砂土

0　　　　　　250厘米

图五五　杏花春馆遗址F8基址平、剖面图

3. 保存状况

F8保存的遗迹有：①墙基；②磉墩；③铺地砖。共3项，分别叙述如下：

（1）墙基

只保留有南墙基和北墙基，少部分为红色砂岩石和青砖加白灰黏合砌筑而成，宽0.5、残高0.15~0.3米（以地平计算深度）。其他部分墙基被破坏，仅保留有基槽，宽0.7、深0.4米（以地平计算深度），距地表0.9米。

（2）磉墩

位于南墙基与明间分间处，磉墩为边长0.45米的正方形，用青砖与白灰砌成，用砖规格有两种，其一为方砖，规格为25厘米×25厘米×5厘米；其二为长方砖，规格为25厘米×20厘米×5厘米。

（3）铺地砖

F8的铺地砖大部分已遭破坏无存，只在明间西侧偏北处和西次间东北角尚有小片残留遗迹。明间残存的铺地砖共有4种，其中长方形砖有3种，规格分别为：43厘米×21.5厘米×5厘米；43厘米×10厘米×5厘米；31.5厘米×21.5厘米×5厘米。西次间东北角残存的铺地砖为长方形砖，有2种，规格分别为：40厘米×20厘米×5厘米；25厘米×12.5厘米×5厘米。还有部分残砖。破坏部分底部为夯土基础，厚度未解剖，距地表0.6米。

注：位于西次间南侧，有一建筑墙基被破坏，只残留有基槽，宽0.5、深0.4米，距地表0.9米，该建筑南北通长3.6、东西宽3.5米。基槽中间为铺砖面，用砖较乱，长方形者规格为25厘米×12.5厘米×5厘米和40厘米×20厘米×10厘米两种，正方形者规格为45厘米×45厘米×10厘米和36厘米×36厘米×8厘米两种。F8东南侧有一条用残块砖铺成的甬路，自该建筑向东延伸，甬路宽0.7、残存长度5.5米，甬路中间有条排水沟，南北贯穿甬路，沟宽0.2米。甬路距地表0.8米。

经解剖，墙基残高0.5米，中间为填土芯，厚0.4米。底部为灰土基础，厚0.3米，未见明显分层。底部为柏木桩基础，柏木桩直径0.04～0.1米，间距0.15～0.25米，长1.2～1.4米。做法是先将柏木桩打入生土，然后填充掏当山石，厚0.35米，一般一至二层，填充用的石块最大的长0.2～0.3、宽0.1～0.2、厚0.05～0.1米；最小的规格为0.06米×0.04米×0.02米。底部为黄色砂土，至柏木桩底。

十六、房址F9

1. 位置

F9位于杏花春馆遗址西部，F9北侧为F8，东侧为水井。坐北朝南，分布于TA4、TB4内（图五六）。

2. 形制规格

F9平面形状呈长方形，东西通长11、南北通宽5.5米（不包括散水）。通面阔10.5、进深5米，可分为三间。明间面阔4、进深5米；西次间面阔3.75、进深5米；东次间面阔2.75、进深5米，西次间比东次间略大。

3. 保存状况

F9保存的遗迹有：①墙基；②柱础石；③铺地砖。共3项，分别叙述如下：

（1）墙基

仅保留F9东墙基与西墙基，宽0.5、残高0.2米（以地平计算高度），东次间分间墙基宽0.5、残高0.1米（以房址地面计算高度），为红色砂岩和青砖用白灰黏合砌成。北墙基、南墙基及西次间分间墙基均被破坏，仅保留有基槽，宽0.5、深0.4米。底部为灰土基础（以地平计

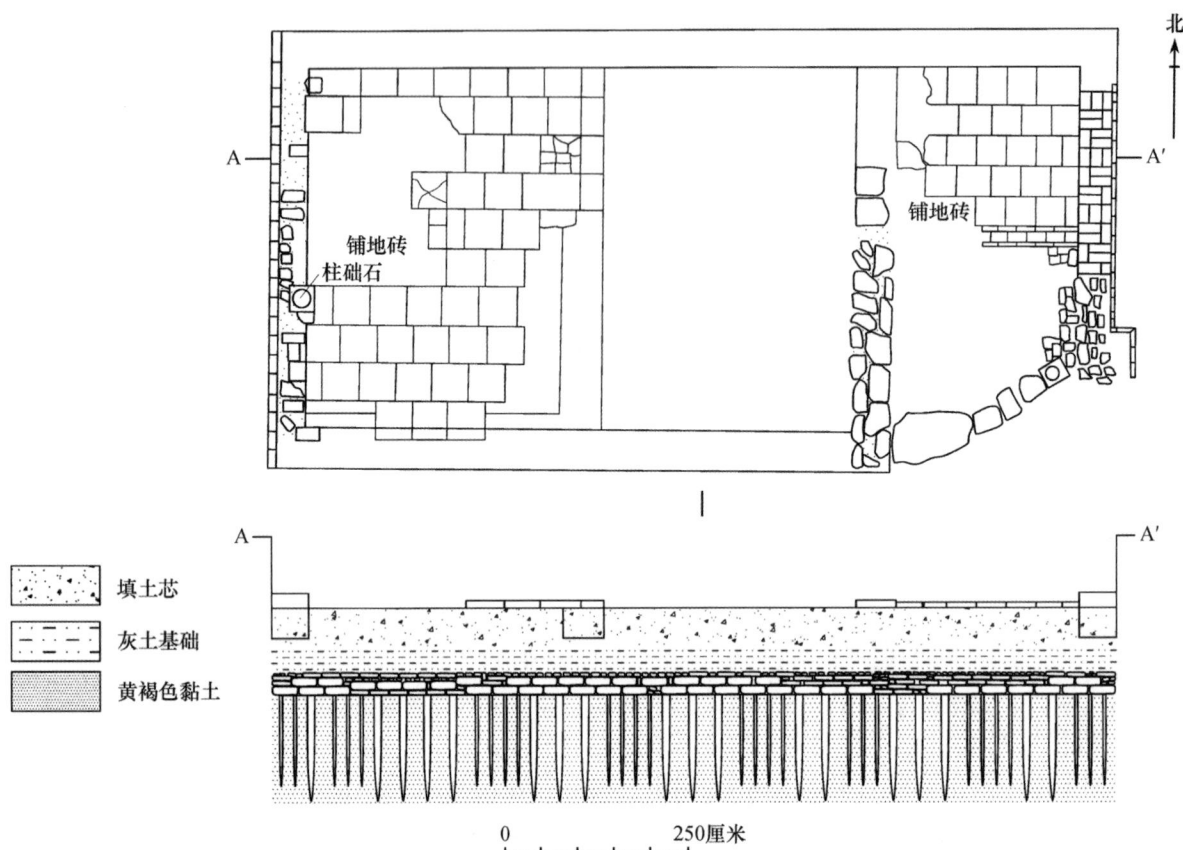

图五六　杏花春馆遗址F9基址平、剖面图

算深度），距地表0.95米。

（2）柱础石

位于西墙基中间偏南，为边长0.5米的正方形，青石质，鼓镜直径0.3米，鼓台高0.03米，距地表0.7米。

（3）铺地砖

位于F9东次间与西次间内。西次间内铺砖较规则，砖与砖之间错缝排列，铺地砖为正方形，边长50、厚10厘米，只有西北角与东南角少部分被破坏。东次间保存较好，位于房内北侧，铺地砖为边长40厘米的正方形青砖，厚7厘米，砖与砖之间错缝排列。被破坏部分的底部为灰褐色填土，土质较纯，经夯打而成，距地表0.6～0.9米。

注：从两处铺地砖来看，该房被改建过。铺地砖下面还有一层铺砖，中间相差0.15米左右，有可能还借用原来的墙基，只是把地面抬高。该房址未发现散水。

经解剖，墙基残高0.5米，中间为填土芯，厚0.5米，可分为两层，第一层厚0.2米，第二层厚0.3米。底部为灰土基础，厚0.35米，未见显明分层。灰土基础下面为柏木桩基础，柏木桩直径0.04～0.1米，间距0.15～0.25米，长1.2～1.4米。做法是先将柏木桩打入生土，然后填充掏当山石，厚0.3米，一般一至二层，填充用的最大的石块长0.2～0.3、宽0.1～0.2、厚0.05～0.1米，最小的石块规格为0.07米×0.04米×0.02米。底部为黄褐色黏土层，至柏木桩底。

十七、房址F10

1. 位置

F10位于杏花春馆遗址西南部，北侧与F9相对。坐北朝南，分布于TA3、TB3、TC3内（图五七）。

2. 形制规格

F10平面形状呈长方形，东西通长18.3、南北通宽3.3米（不包括散水）。通面阔17.75、进深2.75米，未发现明显分间。

3. 保存状况

F10保存的遗迹有：①墙基；②柱础石；③灶；④铺地砖；⑤台阶；⑥铺砖地面。共6项，分别叙述如下：

（1）墙基

为红色砂岩石和白灰黏合砌成，宽0.55、残高0.1～0.3米（以地平计算高度），距地表0.6米。

（2）柱础石

位于南墙基西侧，距西墙基3.5米，青石质，呈正方形，边长0.35米，中间有一鼓镜，直径0.24米，鼓台高0.03米。

（3）灶

该房址内共发现两处，编为1、2号。

1号灶，位于房址内西侧，距南墙0.25米，距西墙0.6米，该灶只发现操作坑，为长方形，东西长0.85、南北宽0.6、深0.4米（以房址地面计算深度），用青砖砌成，用砖规格为25厘米×12.5厘米×5厘米，距地表1米。

2号灶，位于房址内东侧，为南北向操作坑，正方形，边长0.75、深0.2米（以地平计算深度）。火膛位于灶址的南侧，呈椭圆形，南北直径0.65、东西直径0.5米，用残破的青砖砌筑而成。

（4）铺地砖

位于房址中间偏西，铺砖较规则，用长方形青砖平铺而成，砖与砖之间错缝排列，用砖规格为25厘米×12.5厘米×5厘米，残留铺砖部分东西长5.85、南北宽2.75米，其他部分破坏至填土芯，土质较纯，经夯打而成，距地表0.6米。

（5）台阶

位于南墙基中间偏东，距东墙基边5.6米，用青石加工而成，表面较光滑，残存东西长

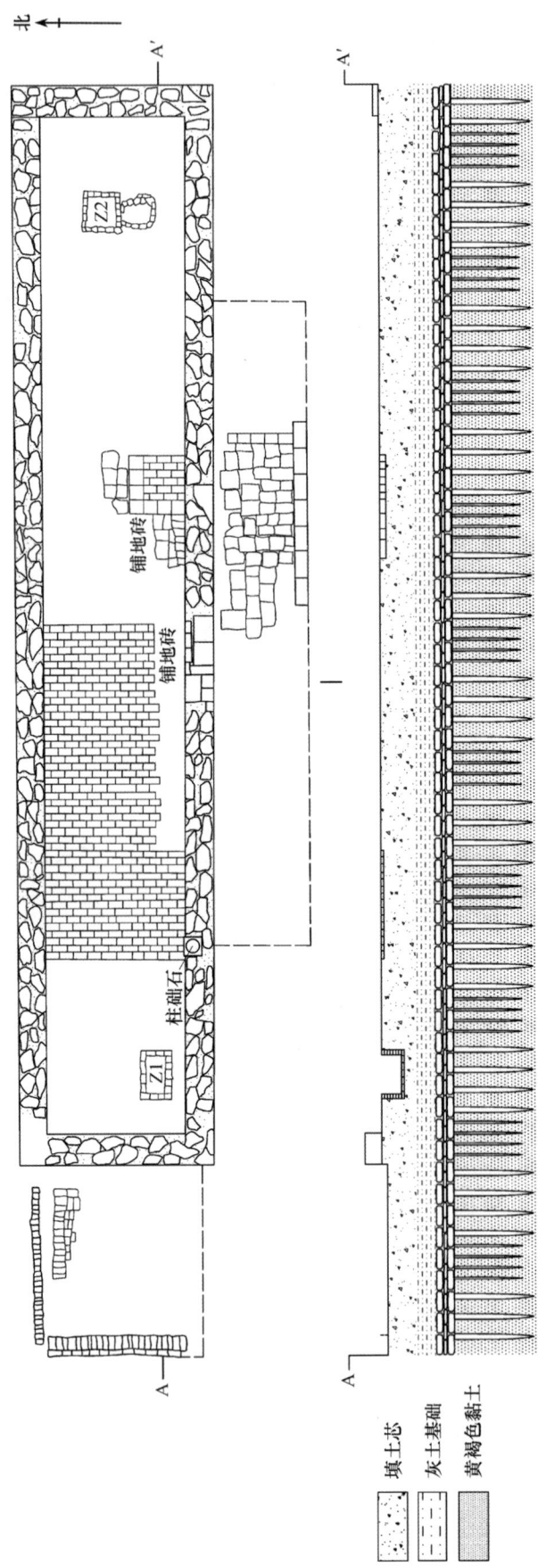

图五七　杏花春馆遗址F10基址平、剖面图

0.2～0.75、南北宽0.35、厚0.2米，放于墙基上部。

（6）铺砖地面

位于房址南侧，大部分被破坏，仅保留中间少部分，东西长3.5、南北宽1.75米。用砖较乱，只有南侧一排较好，为长方形，规格为45厘米×24厘米×12厘米。中间用碎砖错乱铺成，被破坏部分底部为三合土基础，通长10.75米，两侧距墙基边各3.5米，有可能为该房址的前平台，三合土距地表0.8米。

注：该房址西侧有一建筑，该建筑东墙基与F10西墙基相连，该房址通长3.35、宽3.4、通进深3.05、通面阔3米。该房址北侧墙基宽0.75米，西侧墙宽0.35米，南侧未发现墙基或基槽。中间为黄褐色填土芯，土质较纯，经夯打而成，距地表0.7米。

经解剖，墙基残高0.6米，中间为填土芯，厚0.6米，可分为两层，第一层厚0.25米，第二层厚0.35米。底部为灰土基础，厚0.35米，未见明显分层。底部为柏木桩基础，柏木桩直径0.04～0.1米，长1.2～1.4米，间距0.15～0.25米。做法是先将柏木桩打入生土，然后填充掘当山石，厚0.35米，填充石块长0.2～0.3、宽0.1～0.2、厚0.05～0.1米。底部为黄褐色黏土，至柏木桩底部。

十八、房址F11

1. 位置

F11位于杏花春馆遗址西南部，北侧与F10相对，南侧为1号甬路（L1）。坐北朝南，分布于TA2、TA1内（图五八）。

2. 形制规格

F11平面形状呈长方形，东西通长8.1、南北通宽5.1米（包括散水）。通面阔6、进深3米，可分为两间。东间面阔3.9、进深3米；西间面阔1.6、进深3米。

3. 保存状况

F11保存的遗迹有：①墙基；②填土芯；③散水；④踏步石。共4项，分别叙述如下：

（1）墙基

用红色砂岩石和青砖用白灰黏合砌成，墙基宽0.7、残高0.4米（以散水计算高度）。东墙基仅保留基槽，宽0.7、深0.5米（以散水计算深度），距地面2米。东间与西间的分间墙基宽0.5、残高0.1米（以房子填土芯计算高度）。

（2）填土芯

位于墙基内侧，为灰褐色填土，土质较纯，经夯打而成，距地表1.1米。

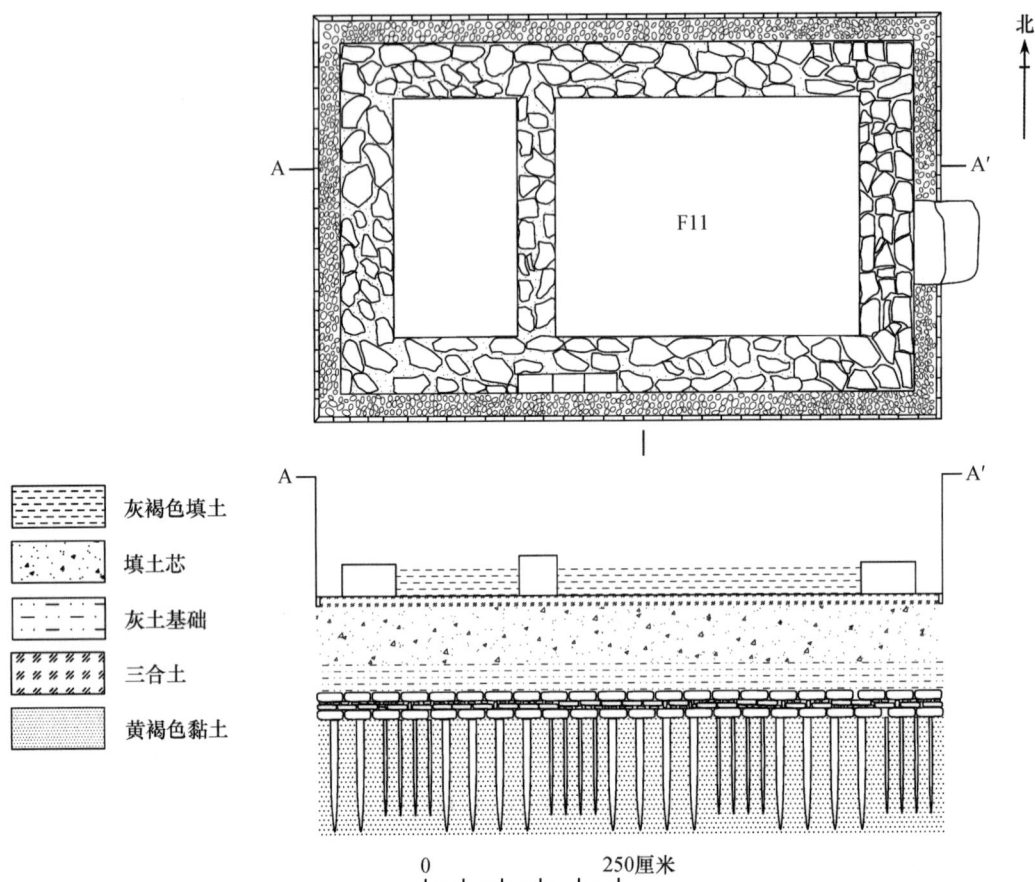

图五八　杏花春馆遗址F11基址平、剖面图

（3）散水

位于房址四周，散水用卵石铺成，宽0.35米，外侧镶有牙砖，牙砖规格为25厘米×12.5厘米×5厘米。东侧散水被破坏，只保留底部夯土基础，距地表1.5米。

（4）踏步石

位于东墙基中部外侧，由两块青石组成，尺寸均为东西宽0.4、南北长1.3米，较光滑，两块青石东西总长0.8、南北宽1.3米，厚0.15米。

经解剖，散水厚0.15米，为卵石散水，卵石底部嵌于三合土内。三合土底部为夯土，未见明显分层。墙基残高0.8米，中间为填土芯，厚0.7米，可分为两层：第一层厚0.3米，第二层厚0.4米。底部为灰土基础，厚0.35米，未见明显分层。灰土基础底部为柏木桩基础，柏木桩直径0.04~0.1米，间距0.15~0.25米，长1.2~1.4米。做法是先将柏木桩打入生土，然后填充掏当山石，厚0.35米，一般一至二层，填充用的石块最大的长0.2~0.3、宽0.1~0.2、厚0.05~0.1米，最小的规格为0.06米×0.04米×0.02米。底部为黄褐色黏土，至柏木桩底。

十九、甬　　路

1. 编号与位置

杏花春馆遗址内共发掘甬路三条，还包括中心甬路及沿湖甬路，甬路编为1～3号。

2. 保存状况

1号甬路（L1）：位于杏花春馆遗址南部，1号假山北侧。呈东西向，自1号假山山洞向西至F11南侧这一段，向南被破坏，保存一般。甬路残长4.5、宽1.1米，分布于探方TA1、TB1、TB2、TC2内。甬路由三部分组成，中间为铺砖路面，已被破坏，残宽0.4米；两侧为卵石路面，各宽0.35米（包括牙砖宽度）。卵石路面外侧各镶有立置砖牙边，牙砖规格为25厘米×12.5厘米×5厘米。甬路路面距地表1.7米。甬路中间未发现与建筑连接处（图五九）。

2号甬路（L2）：位杏花春馆于遗址西部，呈东西向。东侧与F1相连接，向西延伸约24米，中间与F4连接，该甬路宽1.1米，仅保留底部三合土基础，甬路西侧被破坏严重，无法确定该甬路与何处连接，该甬路分布于探方TA6、TB6、TC5、TC6内。该甬路从F1西侧向南延伸至F3，中间与F2连接，该段甬路全长10米左右，距地表0.8米（图六〇）。

3号甬路（L3）：位于杏花春馆遗址北侧，紧靠假山，呈东西向，自9号桥头向东延伸。该甬路西侧自过山道处进入遗址，经过抑斋南侧，和春雨轩北围墙外侧的圆门外甬路相连接，向东被塌落的太湖石压住，走向不明。围墙外侧甬路保存较好，两侧为卵石铺成，中间铺砖，两侧卵石铺面各宽0.35米，包括砖牙边宽5厘米。两侧共四条砖牙，牙砖规格为25厘米×12.5厘米×5厘米；甬路中间铺砖宽0.4米，铺砖规格为40厘米×20厘米×10厘米。甬路距地表0.9米（图六一）。

经解剖，1号甬路三合土厚0.1米，底部为夯土，未见明显分层。西侧卵石甬路厚0.15米，底部为三合土，厚0.1米。

2号甬路三合土厚0.1米，底部为夯土，未见明显分层。

3号甬路三合土厚0.1米，底部为夯土，未见明显分层。东侧保存较好部分，甬路厚0.15米。保存有卵石。

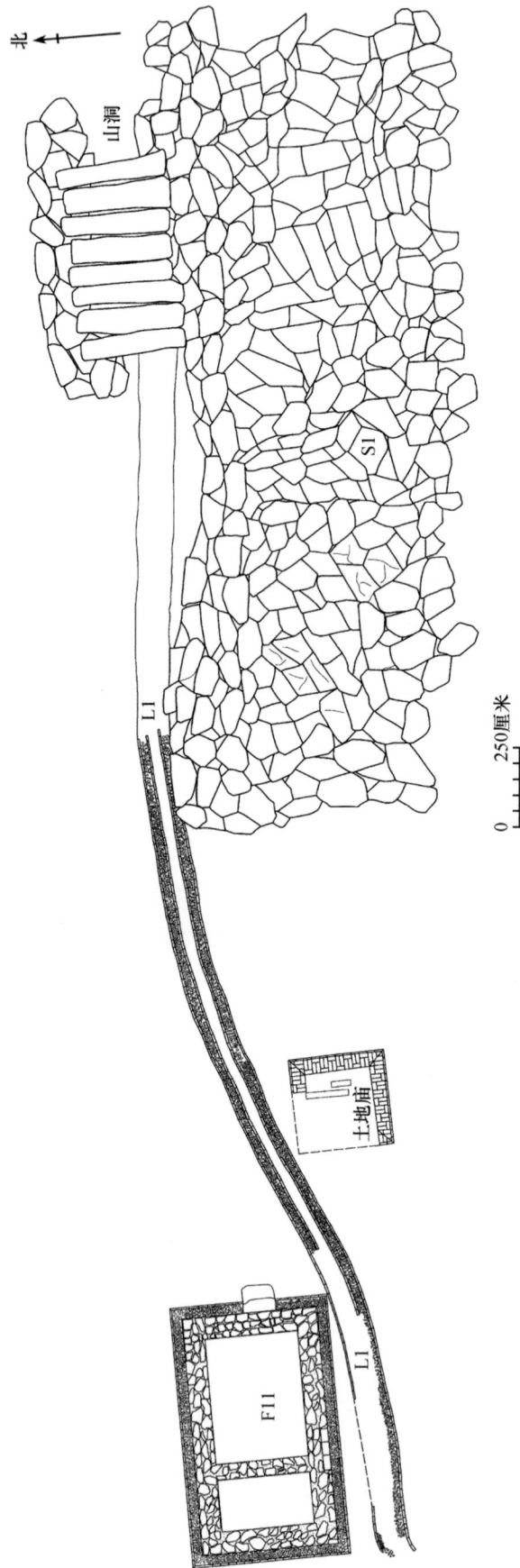

图五九　杏花春馆遗址甬路L1平面图

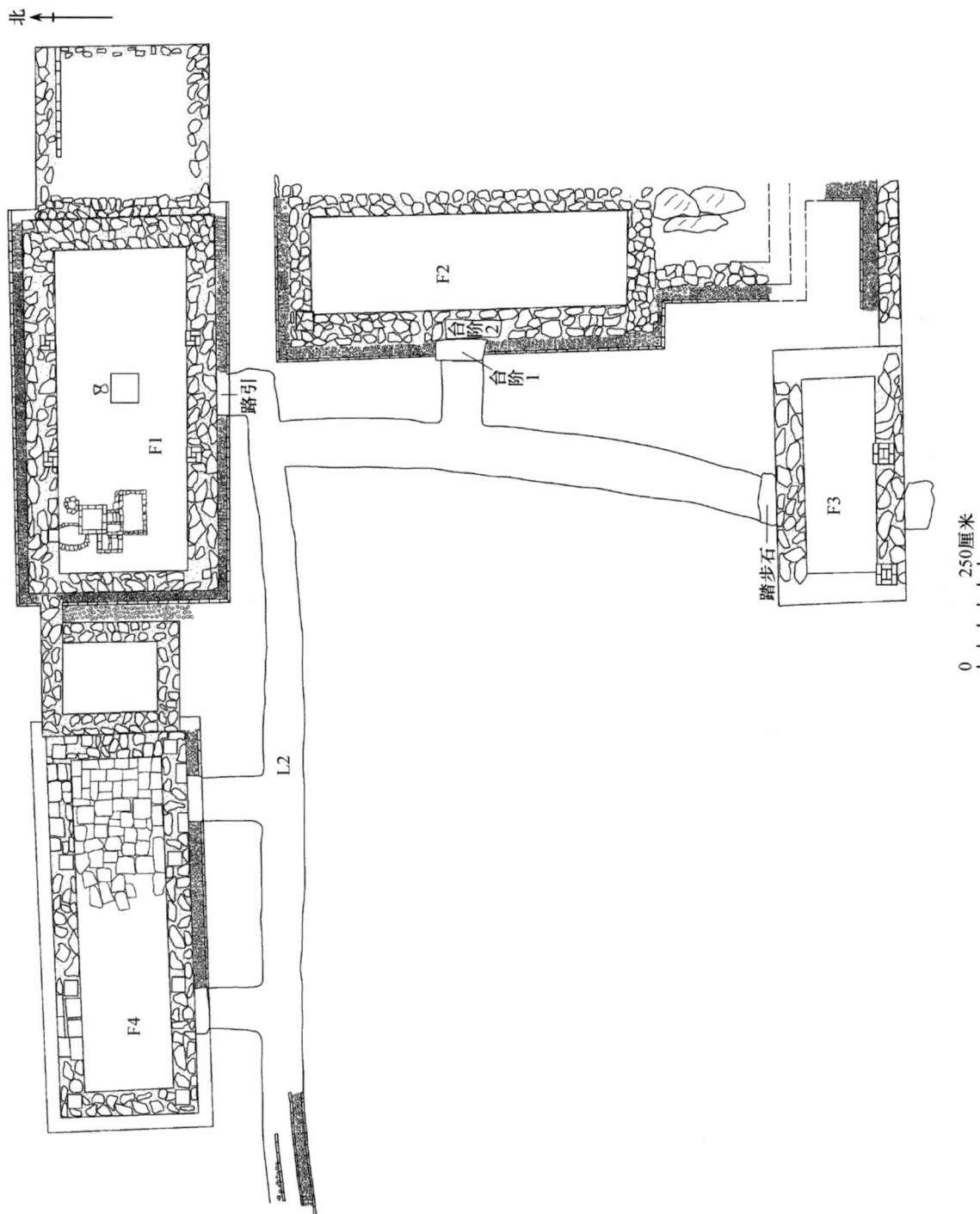

图六〇　杏花春馆遗址甬路L2平面图

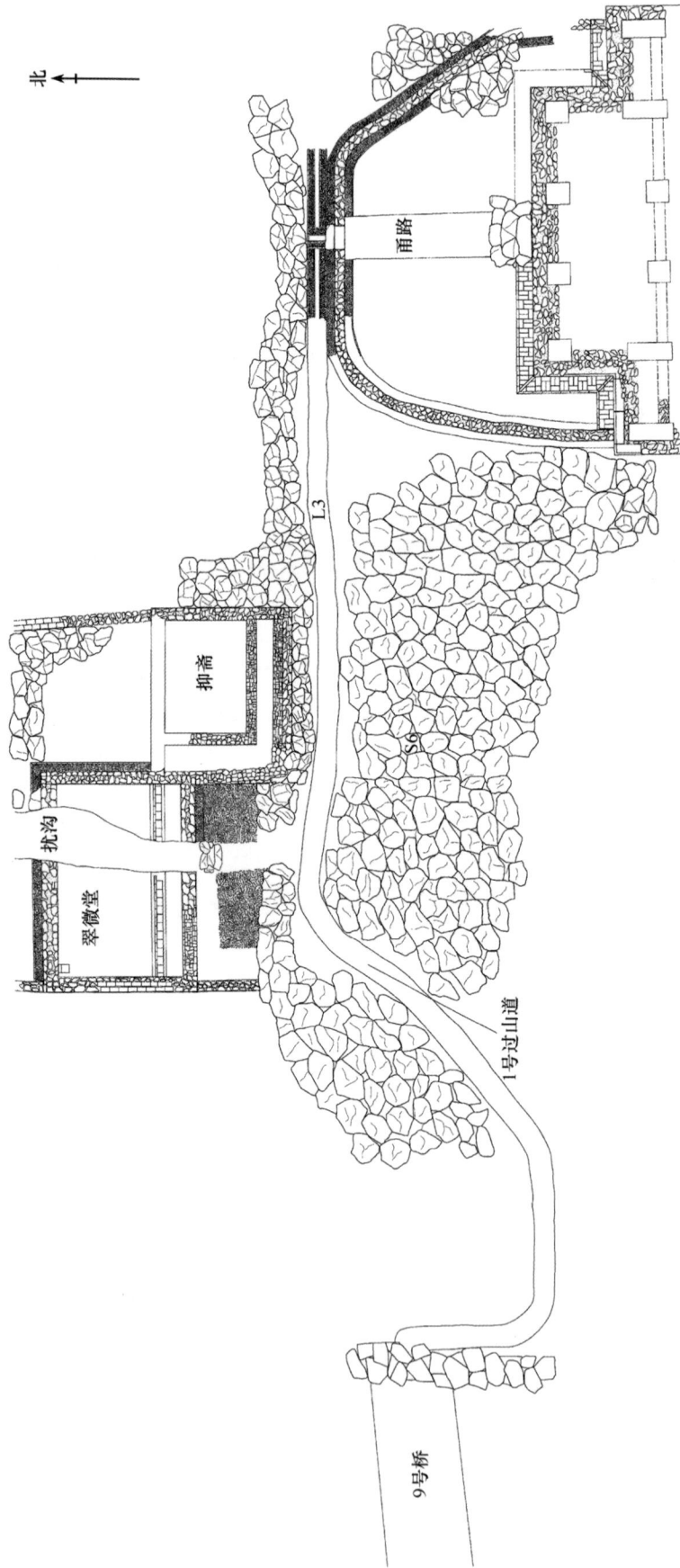

图六一　杏花春馆遗址1号过山道和甬路L3平面图

二十、过　山　道

1. 位置

位于杏花春馆遗址西北部，2、3号假山中间，西侧为9号桥。共发现2条过山道，编号为1、2号。

2. 形制规格

过山道东西贯穿山体，南北底部宽2米。

3. 保存状况

1号过山道：仅发现三合土基础，宽1.2米，中间被破坏，西侧通往9号桥，东侧与甬路连接，两侧假山为漫坡，过山道三合土基础距地表1.5米，过山道海拔45.84～47.7米（以三合土面计算，图六一）。

2号过山道：位于3号假山上，从绿云酣亭子通往屏岩北侧，与2号沿湖甬路相连接。该甬路保存较好，用卵石铺成，宽1.2米。两侧镶有砖牙边，牙砖规格为25厘米×12.5厘米×5厘米。甬路中间夹有青石。过山道宽4米。两侧为青绿色挡山石，挡山石高2米，用4～6层石块叠成，所用石块最大的长3.2、宽1.8、厚0.7米，最小的长0.5、宽0.3、厚0.2米。条石与条石之间用碎石当垫片。该过山道随山势起伏而高低不平，西侧海拔48.83米，距大殿散水高5.971米；东侧海拔52.76米，距大殿散水高8.901米（图六二）。

二十一、得树亭基址

1. 位置

得树亭位于杏花春馆南侧1号假山上，南与碧澜桥相望。得树亭东侧距杏花春馆亭（未发掘）约50米，海拔为47.68米，与春雨轩大殿散水落差为3.821米。

2. 形制规格

得树亭为六角形亭，正南北向。外侧边长2.6米，对角线长5.4米（图六三；图版七，2）。

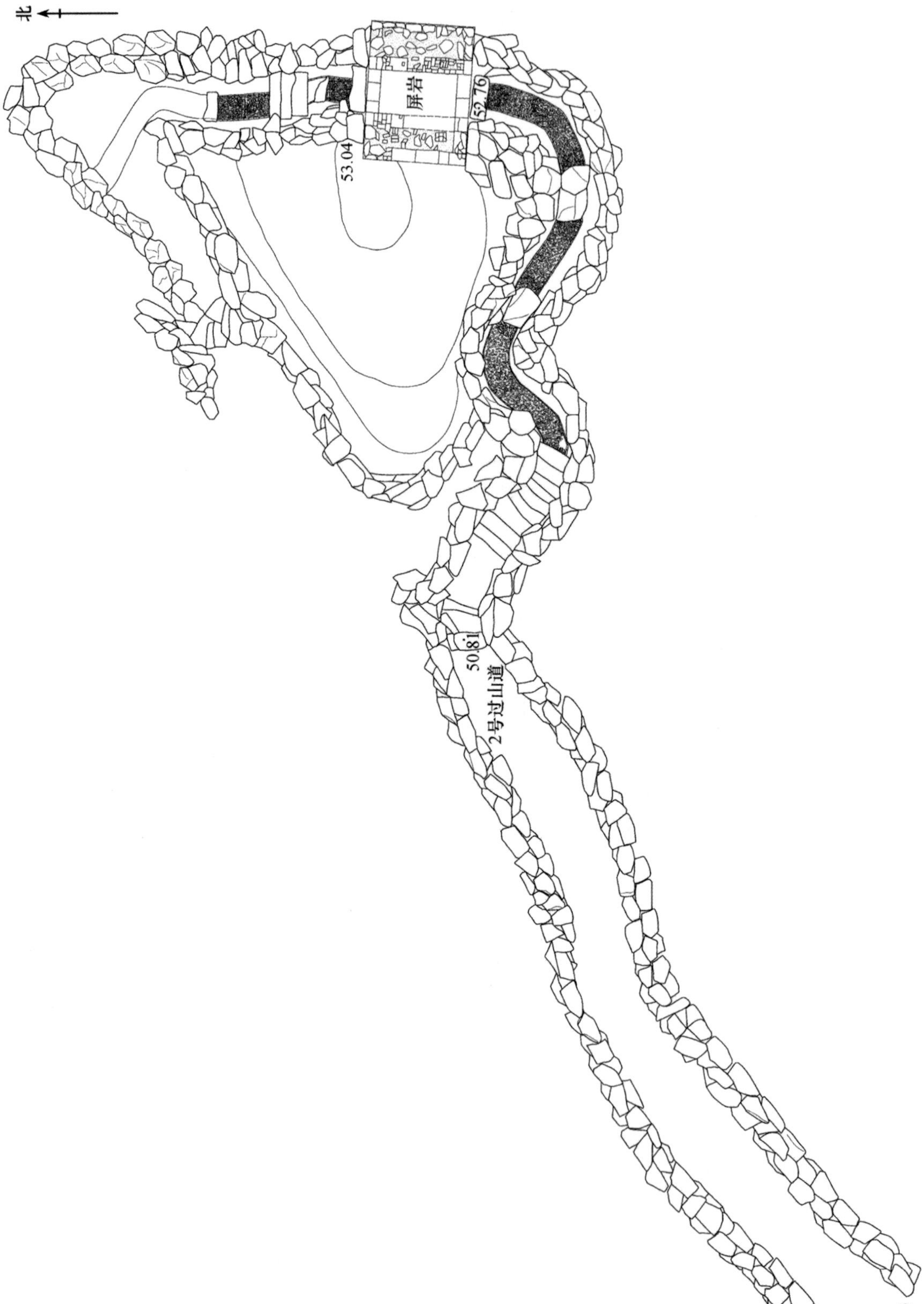

北

屏岩

53.76

53.04

50.81

2号过山道

48.83

0 ____ 250厘米

图六二 杏花春馆遗址2号过山道平面图

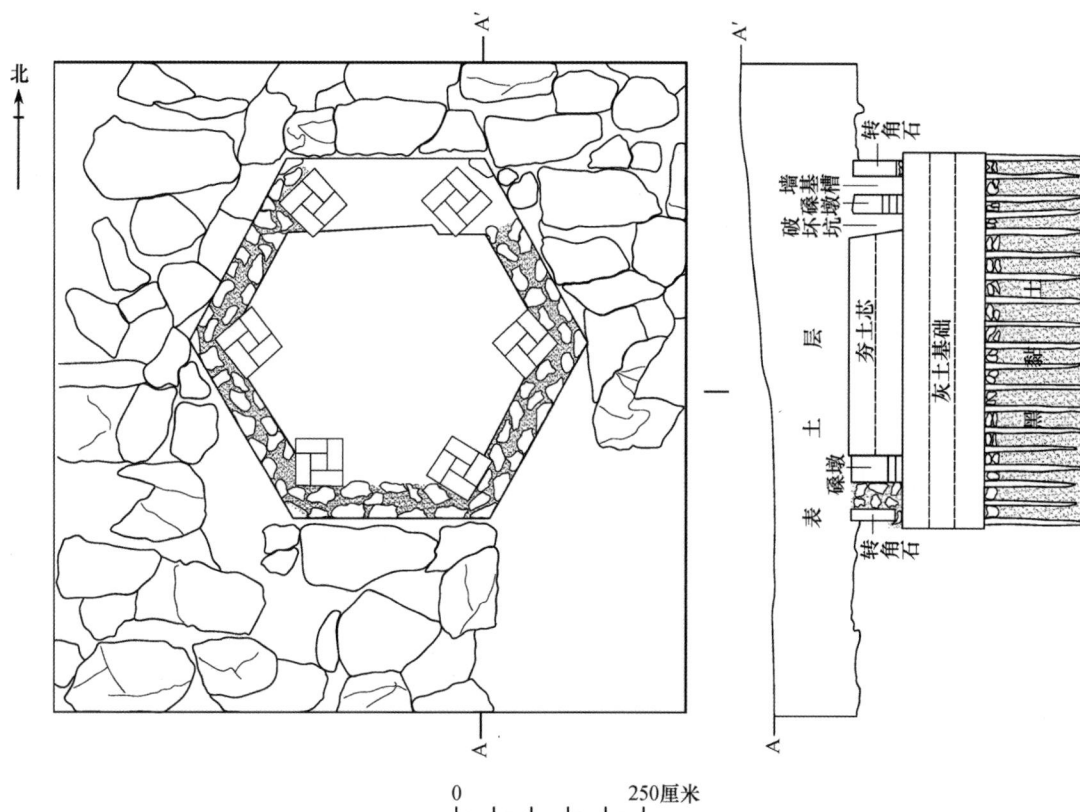

图六三　杏花春馆遗址得树亭基址平、剖面图

3. 保存状况

得树亭保存的遗迹有：①墙基；②转角石；③磉墩；④填土芯。共4项，分别叙述如下：

（1）墙基

为红色砂岩石和青砖用白灰黏合砌成，墙基宽0.5、残高0.1米（以填土芯地面计算高度），距地表1.5米。北侧墙基被破坏，基槽宽0.5、深0.7米（以填土芯计算高度），距地表2米。

（2）转角石

共六块，每个亭子角各一块，转角石平面呈等腰三角形，外侧面加工较光滑，内侧粗糙，转角石外侧边边长0.25米，内侧边边长0.4米，六块转角石规格差别较小，距地表1～1.5米。

（3）磉墩

共六个，每个亭子角各一个磉墩，用青砖与白灰砌成，磉墩为正方形，边长0.65米。用砖规格为45厘米×25厘米×10厘米，磉墩尺寸相同，距地表1.5米。

（4）填土芯

位于墙基内侧，上部铺面已被破坏，仅保留底部填土芯，土质较纯，土色为黄褐色，经夯打而成，距地表1.6米。

经解剖，北侧转角石高0.65米，解剖点宽0.15米。内侧为墙基，高0.65米，解剖点墙基宽0.35米。内侧为磉墩，高0.65米，解剖点磉墩宽0.35米。中间为夯土芯，厚0.75米，从上至下可分为两层：第一层厚0.3米，第二层厚0.45米，均为黄褐色填土，经夯打而成。北侧磉墩到南侧磉墩中间相距3.15米。南侧磉墩残高0.65、宽0.25米。南侧基槽宽0.25米。南侧为转角石，高0.65、宽0.15米。亭子转角石外侧为青石铺面，遗迹下面为灰土基础，两侧长出转角石0.1米，灰土基础厚1.1米，可分为三层，第一、二层均厚0.35米，第三层厚0.4米。灰土下面为柏木桩基础，柏木桩直径0.05~0.1米，间距0.1~0.25米，长1.2~1.4米。做法是先将柏木桩打入生土中，然后填充掏当山石，石块最大的规格为0.3米×0.2米×0.1米，最小的规格为0.07米×0.05米×0.03米。

注：亭子四周用青石铺成，大的石块长2.3、宽1.4米；小的长0.7、宽0.2米。另外，在清理亭子周围堆积物时，在填土中发现较大铺地石及6块柱础石，柱础石皆为青石质六边形，边长0.26米，对角线长0.54米，尺寸为亭的1/10，厚40厘米。铺地石有月牙形、三角形、梯形、六角形，共71块，可分为三种颜色：红色、青绿色、白色。

二十二、绿云酤基址

1. 位置

绿云酤位于杏花春馆遗址西北部，3号假山西侧，距翠微堂北侧1米。

2. 形制规格

绿云酤亦为六角形亭，正南北向。外侧边长3.55米，对角线长7.35米（图六四；图版八，1）。

3. 保存状况

绿云酤亭保存的遗迹有：①墙基；②磉墩；③填土芯。共3项，分别叙述如下：

（1）墙基

为红色砂岩石和青砖用白灰黏合砌成，墙基宽0.7、残高0.3米（以亭子填土芯计算高度），墙基可分为两部分，外墙为红色砂岩石用白灰砌成，宽0.3米；内墙用砖与白灰砌成，宽0.4米。

（2）磉墩

绿云酤亭还保留有磉墩4个，编号：1~4号。

1号磉墩，位于亭子东南角，磉墩呈圆形，直径1.1米，用碎砖块与白灰黏合砌成。

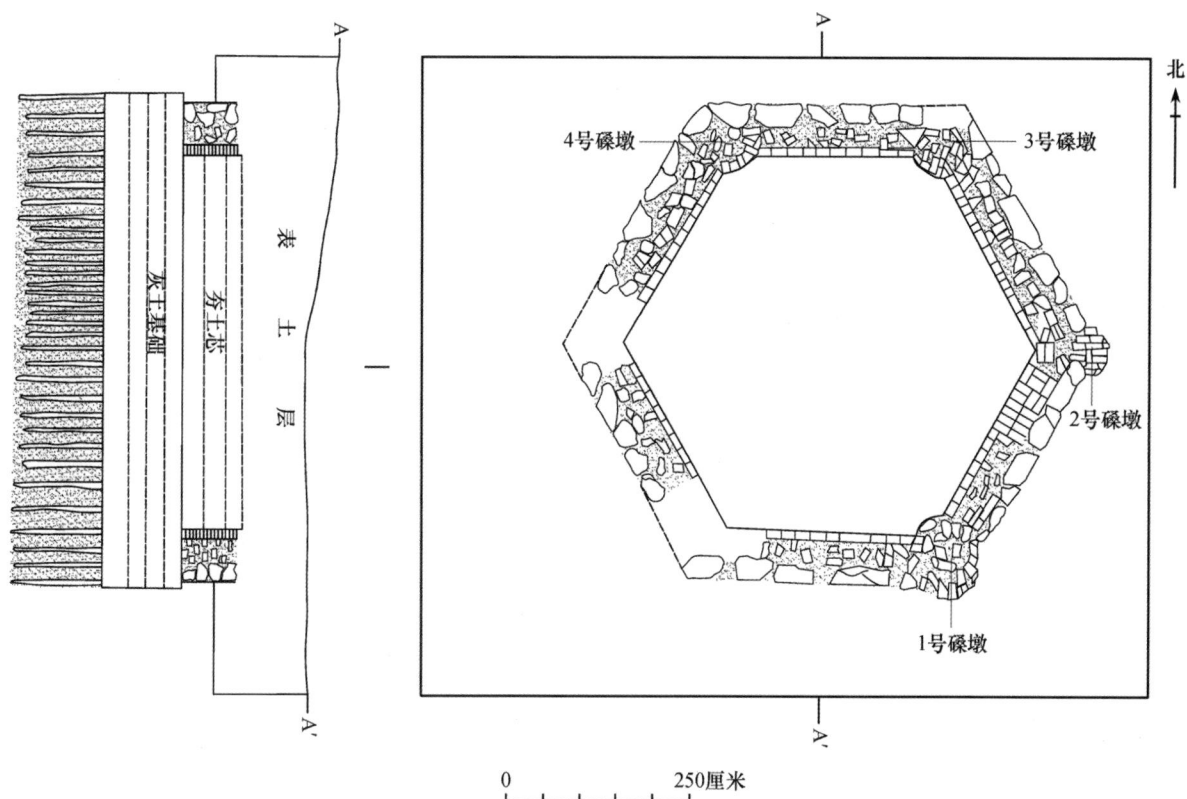

图六四　杏花春馆遗址绿云酣基址平、剖面图

2号礓墩，位于东侧角，呈圆形，直径0.9米，用碎砖块与白灰黏合砌成。

3号礓墩，位于亭子东北角，呈圆形，直径0.7米，用碎砖块与白灰黏合砌成。

4号礓墩，位于3号礓墩西侧，为亭子的西北角礓墩，直径0.7米，用碎砖块和白灰黏合砌成。

亭子的西侧与东南角礓墩均被破坏，只保留底部灰土基础。

（3）填土芯

位于墙基内侧，为灰褐色填土，土质较纯，经夯打而成，距地表深0.8～1.7米。海拔49.37米，距大殿散水落差5.511米。

经解剖，亭子北侧墙基宽0.7、残高0.75米。墙基内侧为填土芯，厚0.8米，可分为三层，第一层厚0.2米，第二、三层各厚0.3米。南侧墙基宽0.7、残高0.6米。底部为灰土基础，较两侧墙基各宽出0.1米。灰土基础厚1.1米，可分为四层，第一至三层各厚0.25米，第四层厚0.35米。灰土基础底部为柏木桩基础，柏木桩直径0.05～0.1米，间距0.15～0.25米，长1.2～1.4米，柏木桩打入黑黏土层。

二十三、屏岩基址

1. 位置

屏岩（又名城关）位于杏花春馆遗址3号假山东部，吟籁亭北侧山顶。

2. 形制规格

屏岩为长方形，东西长6.4、南北宽4.8米。北偏东3°（图六五）。

3. 保存状况

屏岩保存的遗迹有：①墙基；②转角石；③踏步石。共3项，分别叙述如下：

（1）墙基

位于转角石东西两侧，南北长4.8、东西宽1.65米，两侧长宽尺寸相同，为红色砂岩石与白灰黏合砌成，东侧高0.8米（以踏步石计算高度），西侧残高0.3米，距地表1.5米。

（2）转角石

共发现四块，放置于墙基内侧底部的条石上面，青石质。北侧两块转角石，置于踏步两侧，相距2米，两转角石尺寸相同，均长0.6、宽0.4米，北侧与内侧表面经过加工，较平整、光滑。南侧转角石长0.65、宽0.45米，南侧与内侧表面经过加工，较光滑。四块转角石均为青绿石加工而成。

（3）踏步石

可分为两部分，屏岩踏步石和屏岩外侧踏步石。

屏岩踏步石：位于南侧与北侧转角石之间，为红色砂岩石加工而成。北侧是用三块条石铺成，长2、宽0.6米，表面较光滑，最大的条石长8米，最小的条石长0.5米。南侧用2块红色岩石铺成，大的长1.05米，小的长0.95米。踏步石通长2、宽0.6米。

屏岩外侧踏步石：屏岩南北踏步外侧，各有一块青色自然石块铺成的踏步石，长2、宽0.9米，两块踏步石差别较小，踏步石两侧均与甬路相连接（图版八，2）。

经解剖，屏岩墙基上窄下宽，从剖面图可看出，上部比下部窄0.05米。东侧墙基残高1.7米。解剖点墙基宽1.6米。内侧为转角石，宽0.6、残高0.9米，两转角石相同。底部为踏步石，长3.2、高0.5米（长度包括转角石下面的两块）。西侧解剖点墙基宽1.6、残高0.9米。底部为灰土基础，较两侧墙基各宽出0.1米，灰土基础厚1.1米，可分为三层，第一、二层均厚0.35米，第三层厚0.4米。底部为柏木桩基础，柏木桩直径0.05～0.1米，间距0.15～0.3米，长1.2～1.4米。做法是先将柏木桩打入生土，然后填充掏当山石，一般一至二层，填充用的石块最大的长0.35、宽0.2、厚0.1米，最小的规格为0.07米×0.05米×0.03米。底部为砂石层，至柏木桩底。

现将杏花春馆遗址出土石材、柱础石、青砖、柏木桩统计如表三至表六。

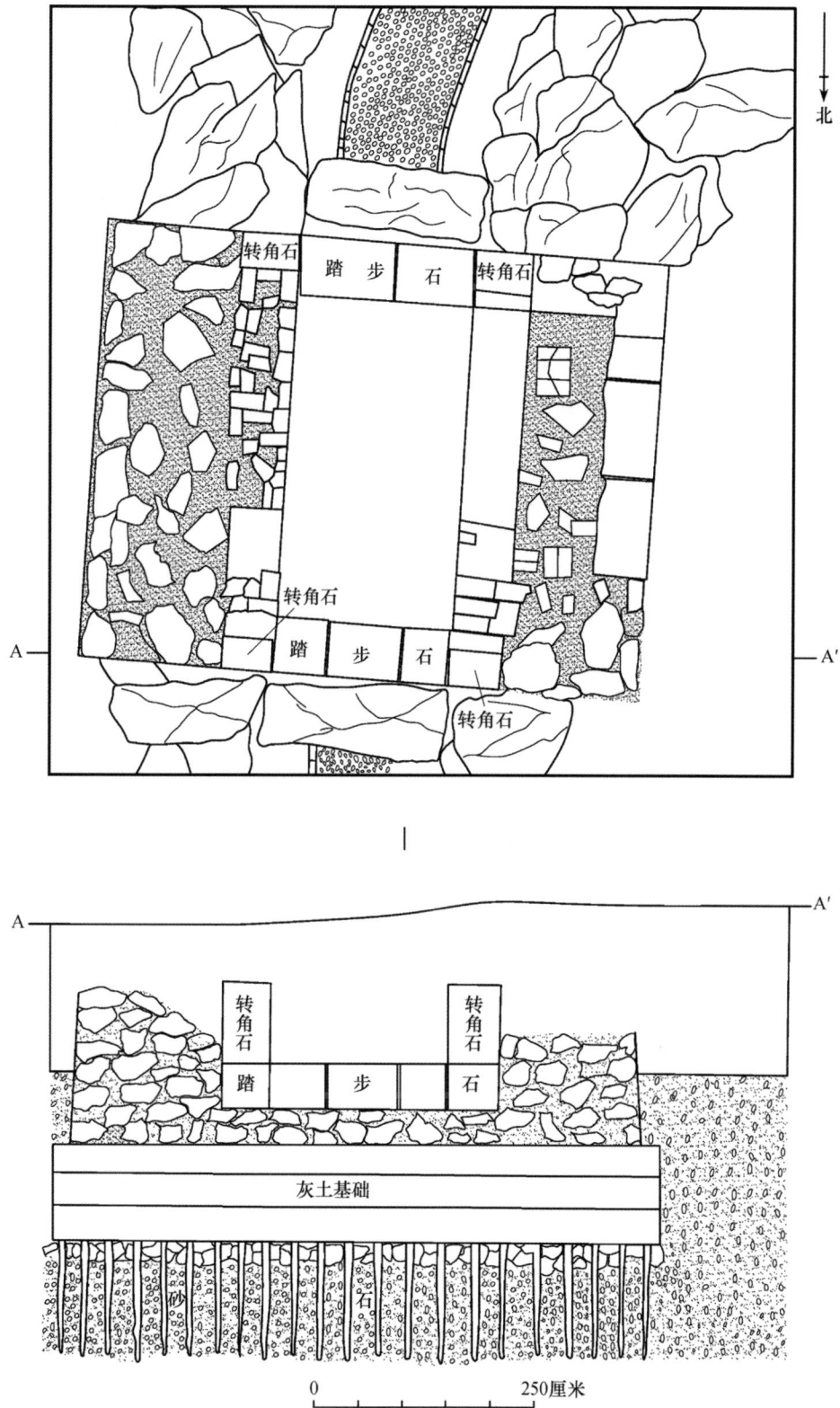

图六五 杏花春馆遗址屏岩基址平、剖面图

表三　杏花春馆遗址出土石材（或构件）统计表

编号	石材质地	出土位置	功用	规格（米）			保存状况
				长	宽	高	
第一块	青石	春雨轩前殿西墙基南侧	陡板石	1.75	0.25	0.55	完整
第二块	青石	春雨轩前殿西墙基南侧	陡板石	1.4	0.25	0.55	完整
最大者	青石	春雨轩前殿西南角转角处	土衬石	2.4	0.5	（厚）0.15	完整
最小者	青石	春雨轩前殿西南角转角处	土衬石	0.8	0.5	（厚）0.15	完整
最大者	青石	春雨轩前殿北墙基	土衬石	2.2	0.5	（厚）0.15	完整
最小者	青石	春雨轩后殿西墙基	土衬石	0.6	0.5	（厚）0.15	完整
T13	青石	春雨轩南墙基	陡板石	1.3（露出部分）	0.25	0.45	完整
T13	青石	春雨轩南墙基	土衬石	2.64	0.55		完整
T13	青石	春雨轩南墙基	土衬石	0.44（露出部分）	0.55		完整
T13	青石	春雨轩西墙基	土衬石	1.5	0.55		完整
最大者	太湖石	春雨轩大殿南侧明间前	踏步石	2.7	1.2		完整
最小者	太湖石	春雨轩大殿南侧明间前	踏步石	0.7	0.3		完整
最大者	太湖石	春雨轩大殿北侧后殿明间北侧正前方	踏步石	2.3	0.71		完整
最小者	太湖石	春雨轩大殿北侧后殿明间北侧正前方	踏步石	0.5	0.2		完整
最大者	太湖石	春雨轩南侧回廊	踏步石	2.1	1.2		完整
最小者	太湖石	春雨轩南侧回廊	踏步石	0.7	0.3		完整
最大者	太湖石	春雨轩西侧回廊东侧	踏步石	1.9	1.1		较好
最小者	太湖石	春雨轩西侧回廊东侧	踏步石	0.9	0.4		较好
最大者	太湖石	春雨轩西侧回廊西侧	踏步石	1.5	0.9		完整
最小者	太湖石	春雨轩西侧回廊西侧	踏步石	0.7	0.3		完整
未编号	青石	春雨轩大殿北侧围墙门址	底部条石	1.15	0.5	（厚）0.2	完整
未编号	青石	春雨轩北侧围墙	踏步石	1.3	0.45		完整
最大者	红色砂岩	镜水斋南墙与西墙转角处	墙基条石	1.8	0.7	（厚）0.4	完整
最小者	红色砂岩	镜水斋南墙与西墙转角处	墙基条石	0.6	0.3	（厚）0.4	完整
最大者	红色砂岩	涧壑余清内湖驳岸石外侧	条石	1.85	0.6	0.4	完整
最小者	红色砂岩	涧壑余清内湖驳岸石外侧	条石	0.4	0.55	0.4	完整
南侧	青石	水井遗址西部，F9东侧	井口条石	2.2	0.45	0.2	完整
北侧	青石	水井遗址西部，F9东侧	井口条石	0.75	0.4	0.2	完整
最大者	青石	水井遗址西部，F9东侧	井口四周条石	2.65	0.55		较好
最小者	青石	水井遗址西部，F9东侧	井口四周条石	0.65	0.35		较好
第一块	青石	F2西侧中间	台阶路引石	1.2	0.55	0.2	较好
第二块	青石	F2西侧中间	台阶路引石	1.35	0.45	0.35	较好

续表

编号	石材质地	出土位置	功用	规格（米）			保存状况
				长	宽	高	
未编号	自然太湖石	F3明间正前侧	踏步石	1.3	0.5		较好
未编号	青石	F4东西二次间南侧	台阶路引	1.15	0.35	0.2	较好
未编号	青石	F10南墙基中间偏东	台阶石	0.2~0.75	0.35	0.2	残长
未编号	青石	F11东墙基中部外侧	踏步石2块	规格相同，1.3	规格相同，0.4	规格相同，0.15	较好
最大者	青石（青绿色）	3号假山2号过山道	两侧挡山石	3.2	1.8	0.7	较完整
最小者	青石（青绿色）	3号假山2号过山道	两侧挡山石	0.5	0.3	0.2	较完整
T31	青石	得树亭南侧底部基础	条石	2.3~2.8	0.4		完整
T31	青石	得树亭南侧	踏步石（与条石同层）	2.8（露出部分）	0.1（露出部分）		完整
共6块，每角1块	青石	得树亭	转角石	内侧边长0.4	外侧边长0.25	高度0.65	平面为等腰三角形，完整
最大者	青石	得树亭四周地面	铺地石	2.3	1.4		完整
最小者	青石	得树亭四周地面	铺地石	0.7	0.2		完整
北侧2块	青绿石	屏岩（城关）	踏步石两侧转角石	0.6	0.4		规格相同，完整
南侧2块	青绿石	屏岩（城关）	南侧转角石	0.65	0.45		规格相同，完整
最大者	红色砂岩	屏岩（城关）	北侧踏步石	8	0.6		较完整
最小者	红色砂岩	屏岩（城关）	北侧踏步石	0.5	0.6		较完整
最大者	红色砂岩	屏岩（城关）	南侧踏步石	1.05	0.6		较完整
最小者	红色砂岩	屏岩（城关）	南侧踏步石	0.95	0.6		较完整
T36	青石	屏岩东北角	转角石	0.75	0.45		完整
T36	红色砂岩	屏岩东北角	踏步石	0.8	0.65		完整
T36	红色砂岩	屏岩东北角	条石	最大者1.55	0.75		完整
T36	红色砂岩	屏岩东北角	条石	最小者0.75	0.55		完整
T37	青石	屏岩西南角	转角石	0.65	0.4		完整
T37	青石	屏岩西南角	条石	0.65（露出部分）	0.2（露出部分）		完整

表四　杏花春馆遗址出土柱础石统计表

编号	出土位置	用项	石材质地	形状	规格（厘米）			鼓镜（厘米）					保存状况
					长	宽	厚	形状	直径或边长	凸出高度	柱窝		
											直径	深	
T14	春雨轩大殿东侧	墙基上	青石	正方形	70	70	30	圆形	45	2	12	12	完整
T15	春雨轩大殿西北角	墙基转角处	青石	正方形	70	70	40	圆形	45	3	12	12	完整
仅存1块	F5北墙基	墙基内侧	青石	正方形	35	35	不详	圆形	24	2			较好
仅存1块	F7南墙基与西墙基转角处	转角处柱础石	青石	正方形	37	37	不详	圆形	24	2			较好
仅存1块	F9西墙基中间偏南	墙基内侧	青石	正方形	50	50	不详	圆形	30	3			较好
仅存1块	F10南墙基西侧	墙基内侧	青石	正方形	35	35	不详	圆形	24	3			较好
共6块，未编号	得树亭亭角	柱础石	青石	六边形	边长26	对角线长54	40						规格相同，较好

表五　杏花春馆遗址出土青砖统计表

出土位置	功用	规格（厘米）			保存状况
		长	宽	厚	
T13春雨轩大殿西南角	铺砖散水用砖	45	22.5	11	完整
春雨轩大殿南、北侧散水	铺砖散水牙砖	55	20	10	较好
春雨轩大殿北侧围墙	卵石散水牙砖	25	12.5	5	较好
T18杏花春馆回廊西南角	墙基转角处礓墩用砖	25	12.5	6	完整
赏趣墙基外侧	卵石散水牙砖	25	12.5	5	较好
翠微堂南北墙基两侧	卵石散水牙砖	25	12.5	5	较好
遗址西部水井（F9东侧）	井台南侧散水铺砖	45	40	5	较好
遗址西部水井（F9东侧）	井台西侧散水铺砖及牙砖、井台南侧散水牙砖	25	12.5	5	较好
遗址西南土地庙	四周散水铺砖	30	15	7	较好
遗址西南土地庙	铺砖散水牙砖	30	15	5	较好
春雨轩大殿西侧值房F1北墙基（T20）	卵石散水牙砖	24	12	5	较好
遗址中北部F1	卵石散水牙砖	25	12.5	5	较好
遗址中北部F1	1号、2号礓墩砌砖	25	12.5	5	完整
F2	卵石散水牙砖	25	12.5	5	较好
F3	1号、2号礓墩砌砖	25	12.5	5	完整
F3	南墙基灰土基础用砖	25	12.5	6	完整
F4	东次间室内铺地砖	42	21	10	完整
F4	东次间室内铺地砖	25	12.5	5	完整
F4	东次间室内铺地砖	40	40	5	完整
F4	东次间室内铺地砖	20	20	5	完整
F5	礓墩砌砖	25	12.5	5	完整

续表

出土位置	功用	规格（厘米）			保存状况
		长	宽	厚	
F5	卵石散水牙砖	25	12.5	5	较好
F7南墙基外侧	铺砖散水牙砖	25	12.5	5	较好
F8南墙基与明间分间处	磉墩用砖	24	12.5	5	较好
F8西次间南侧，一被破坏的墙基	基槽用砖	25	12.5	5	完整
F8西次间南侧，一被破坏的墙基	基槽用砖	40	20	10	完整
F8西次间南侧，一被破坏的墙基	基槽用砖	45	45	10	完整
F8西次间南侧，一被破坏的墙基	基槽用砖	36	36	8	完整
F9西次间	铺地砖	50	50	10	完整
F9东次间	铺地砖	40	40	7	完整
F10房址内西侧1号灶	操作坑砌砖	25	12.5	5	完整
F10房址中间偏西	铺地砖	25	12.5	5	较好
F10南侧前平台	铺地砖	45	24	12	较好
F11房址四周	卵石散水牙砖	25	12.5	5	较好
遗址南部1号甬路	甬路牙砖	25	12.5	5	较好
遗址北侧3号甬路	甬路铺砖	40	20	10	完整
遗址北侧3号甬路	甬路牙砖	25	12.5	5	完整
2号过山道，在3号假山上	卵石过山道牙砖	25	12.5	5	完整
T33绿云醋西北角	砖墙基用砖	25	12.5	6	完整
T37屏岩西南角	踏步上面用砖	25	12.5	6	完整
T38吟籁亭中间	散水牙砖	25	12.5	5	完整
得树亭六个亭角	磉墩砌砖	45	25	10	完整

表六　杏花春馆遗址出土柏木桩统计表

出土位置	用项	规格（米）		保存状况
		长	直径	
春雨轩大殿南、北侧墙基	在灰土基础之下，打入生土中，加固地基	1.2～1.4	0.04～0.1	较好
T14春雨轩大殿东侧墙基	在墙基灰土基础之下，打入生土中，加固地基	1.2～1.4	0.06～0.1	较好
春雨轩回廊基础	在灰土基础之下，打入生土中，加固地基	1.2～1.4	0.04～0.1	较好
镜水斋墙基	在灰土基础之下，打入生土中，加固地基	1.2～1.4	0.04～0.1	较好
T22镜水斋东南角	在灰土基础之下，打入生土中，加固地基	1.2～1.4	0.04～0.08	较好
T23镜水斋西侧	在灰土基础之下，打入生土中，加固地基	1.2～1.4	0.04～0.08	较好
赏趣东侧墙基	在灰土基础之下，打入生土中，加固地基	1.2～1.4	0.04～0.1	较好
涧壑余清湖内柏木桩堤坝基础	在灰土基础之下，打入生土中，加固地基	1.2～1.3	0.05～0.1	较好
涧壑余清南侧墙基	在灰土基础之下，打入生土中，加固地基	1.2～1.4	0.04～0.1	较好
抑斋墙基	在灰土基础之下，打入生土中，加固地基	1.2～1.4	0.04～0.1	较好

出土位置	用项	规格（米）		保存状况
		长	直径	
T24抑斋东北角	在灰土基础之下，打入生土中，加固地基	1.2～1.4	0.06～0.1	较好
T25抑斋东南角	在灰土基础之下，打入生土中，加固地基	1.2～1.4	0.04～0.08	较好
T26翠微堂北侧	在灰土基础之下，打入生土中，加固地基	1.2～1.4	0.04～0.08	较好
T27翠微堂西侧	在灰土基础之下，打入生土中，加固地基	1.2～1.4	0.06～0.1	较好
翠微堂北墙墙基	在灰土基础之下，打入生土中，加固地基	1.2～1.4	0.04～0.1	较好
遗址中北部F1墙基	在灰土基础之下，打入生土中，加固地基	1.2~1.4	0.04～0.1	较好
F2墙基	在灰土基础之下，打入生土中，加固地基	1.2～1.4	0.04～0.1	较好
F3墙基	在灰土基础之下，打入生土中，加固地基	1.2～1.4	0.04～0.1	较好
F4墙基	在灰土基础之下，打入生土中，加固地基	1.2～1.4	0.04～0.1	较好
F5墙基	在灰土基础之下，打入生土中，加固地基	1.2～1.4	0.04～0.1	较好
F6墙基	在灰土基础之下，打入生土中，加固地基	1.2～1.4	0.04～0.1	较好
F7墙基	在灰土基础之下，打入生土中，加固地基	1.2～1.4	0.04～0.1	较好
F8墙基	在灰土基础之下，打入生土中，加固地基	1.2～1.4	0.04～0.1	较好
F9墙基	在灰土基础之下，打入生土中，加固地基	1.2～1.4	0.04～0.1	较好
F10墙基	在灰土基础之下，打入生土中，加固地基	1.2～1.4	0.04～0.1	较好
F11墙基	在灰土基础之下，打入生土中，加固地基	1.2～1.4	0.04～0.1	较好
T30杏花春馆亭东北角	在灰土基础之下，打入生土中，加固地基	1.2～1.4	0.04～0.08	较好
T32得树亭北侧	在灰土基础之下，打入生土中，加固地基	1.2～1.4	0.04～0.08	较好
得树亭墙基	在灰土基础之下，打入生土中，加固地基	1.2～1.4	0.05～0.1	较好
绿云酬墙基	在灰土基础之下，打入生土中，加固地基	1.2～1.4	0.05～0.1	较好
T33绿云酬西北角	在灰土基础之下，打入生土中，加固地基	1.2～1.4	0.04～0.08	较好
T34绿云酬西南角	在灰土基础之下，打入生土中，加固地基	1.2～1.4	0.04～0.08	较好
屏岩墙基	在灰土基础之下，打入生土中，加固地基	1.2～1.4	0.05～0.1	较好
T36屏岩东北角	在灰土基础之下，打入生土中，加固地基	1.2～1.4	0.06～0.09	完整
T37屏岩西南角	在灰土基础之下，打入生土中，加固地基	1.2～1.4	0.04～0.1	完整
T38吟籁亭中间	在灰土基础之下，打入生土中，加固地基	1.2～1.4	0.04～0.1	完整

第四节　出土器物

　　杏花春馆遗址出土的器物种类较少，只有砖雕、木器、铁器和瓷器四类，总数量为490件。其中砖雕、木器和铁器三类器物共10件（其中砖雕2件、木器7件、铁器1件），仅占该遗址出土器物总数的2.04%；只有瓷器（均为瓷片，无完整器）出土数量最多，总数为480件，占该遗址出土器物总数的97.96%。从出土器物的种类、数量，特别是从出土器物所具有的历史价值方面看，该遗址出土的标本要逊于坦坦荡荡遗址出土的标本。现按器类，依次予以介绍。

一、砖　雕

2件。

编号为：XCZH：1、XCZH：2。皆出于翠微堂建筑基址内，为清代灰砖砖雕构件。

这2件砖雕构件为组合件，是一左一右拼合为一体使用的假窗砖雕构件（图版九）。2件标本的形制、构图均呈左右对称结构。拼合起来后，中间尚缺一块倒三角形构件。2件标本的内边上缘和底边略有残损，但总体保存情况良好。

2件标本左、右两侧外部轮廓，呈一正一反的对称"3"字形花口曲线，宽边、平面，内、外曲线平行，边宽10.7厘米，内边加阴刻复线一道，作为宽边的装饰线。内底以减地凸雕技法，将地子铲成平地，而在平地上凸雕出锯齿折边几何形"窗棂"，棂条宽3～3.7厘米，棂条边缘也加阴刻复线纹，作为棂格表面的装饰线。

2件标本规格大小相似，XCZH：1号标本，底边长20.8、宽（高）16.1、厚3.2厘米；XCZH：2号标本，底边长20.4、宽（高）16.6、厚3.2厘米（图六六）。

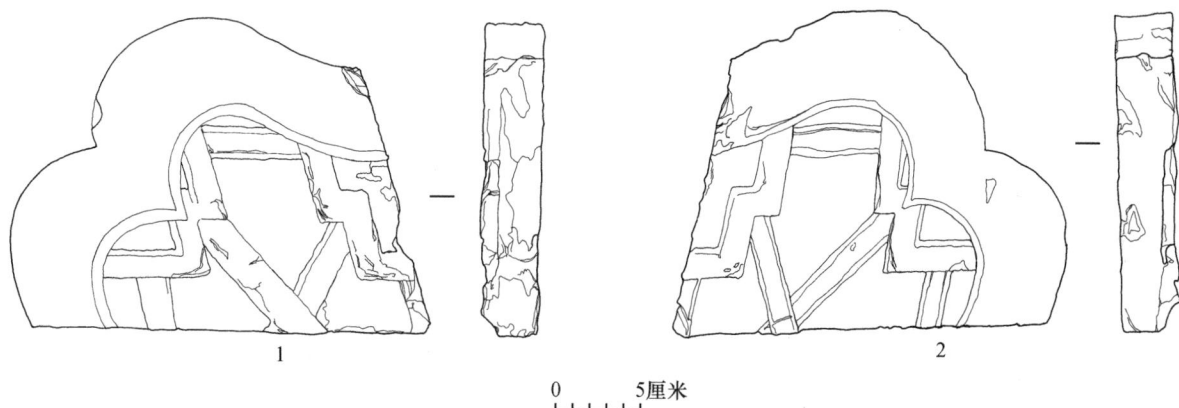

0　　　5厘米

图六六　杏花春馆遗址出土砖雕
1. XCZH：1　2. XCZH：2

二、木　器

7件。

在涧壑余清石条建筑基址周围，出土了10余件散落的硬木家具木质装饰构件。这些木质构件皆为深褐色，都属小件装饰。其中有的已残损不成形，现选出形制较完整或基本完整的标本7件，编号为XJM：1～XJM：7，介绍如下。

（1）XJM：1号

为长杆立柱形，柱体为圆柱体，其形制和结构特点是，以中间圆球珠饰为中心，作上、下对称布局。上段，接中间圆球珠之上，依次为立雕的"宝瓶"，双重扁圆掆和上部的圆球珠；下段，亦照上段的立雕元素，依次对称呈现。上、下两端长杆式立柱的顶端，尚存0.3厘米或0.4厘米的一截，曾作为榫头插入另一件木器卯眼中的痕迹。整个作品雕工十分精致，表面光滑圆润，没有疵点，形制、规格、对称布局等把控十分精准，在木雕家具装饰构件中，其制作工艺应属上品。通长21.8厘米，上、下两端直径0.5厘米，中间圆球珠直径1厘米（图六七，1；图版一〇，1）。

（2）XJM：2号

为透雕变体夔纹木构饰件。左端残断，中间和右端保持完整。变体夔纹以阴刻复线作为装饰线，工艺精细、规整，右侧端头作斜面楔形，顶面右侧一端钻一通透小圆孔，孔径0.2厘米，用途不详。残长10.7、中间宽1.4、厚0.4厘米（图六七，2；图版一〇，2）。

（3）XJM：3号

为镂空勾莲花枝纹木构饰件。上端两头宽，下端两头窄，平面呈凹顶"梯形"，中间镂雕带穿孔的勾莲花枝纹，上端两角上翘，如两只竖立的"兽耳"，中间镂空雕出勾莲花枝头，形若两端上翘的兽嘴"嘴角"。勾莲花枝纹采用减地浮雕技法，凸雕出边线，"嘴部"纹路清晰，"耳部"凸雕纹路因被磨损，已有些模糊。上端长7.4、下端长6、板中间厚0.85厘米。底边和两侧边，从正面到背面均削成斜面，呈楔形。板面已经发生龟裂，变得比较粗糙（图六七，3；图版一一，1）。

（4）XJM：4号

为两端抹边楔形窄条木构饰件。标本保存基本完整。正视平面形状，呈窄条梯形，左、右两端皆为抹边，上窄下宽，横剖面呈倒三角楔形。顶面、侧面和背面皆素面。只有正面以减地浮雕技法横向浮雕出一排卷草纹，卷草纹的轮廓线和整体窄条梯形木构饰件的边线，皆为双线浮雕线，线条流畅，准确，工艺精细。通长8.4、宽1.4、上端厚0.7厘米（图六七，4；图版一一，2）。

（5）XJM：5号

为两端抹边楔形宽条木构饰件。标本保存完整。正视平面形状，呈宽条梯形，上宽下窄，上边薄，下边厚，横剖面大致呈三角楔形。上、下、左、右四面皆为素面。只有正面以减地浮雕技法横向浮雕一组卷草纹。卷草纹的轮廓线为双线浮雕线。上、下沿皆刻出一道凸棱线。雕刻工艺和作风与XJM：4号木构饰件一样精准、细致。上边长4.7、下边长3.5、宽2.2、底边厚0.9厘米（图六七，5；图版一一，3）。

（6）XJM：6号

为长方形镂空楔形木构饰件。标本基本保存完整，仅底部略有残损。平面形状呈长方形条状。正视面中间呈内弧下凹，中心有一圆形穿孔，孔径0.25厘米，外围阴刻一周单线圈。左、右两侧各有一条呈对称布局的扁长条形镂空，孔径各长4.1、宽0.3厘米，外围也分别阴刻一周单线圈。上、下两侧面和底面皆为平面。其中上面中间偏右侧透雕一圆形小穿孔，孔径0.2厘米；下面在靠近左、右两端1.8厘米处也各透雕一圆形小穿孔，孔径也是0.2厘米。左、右两端为楔形，上下呈斜直线，上长下短，斜面中间还各凿一平面呈梯形的小卯槽，卯槽上边长0.4、下边长0.3、宽0.25、深0.25厘米（图六七，6；图版一二，1）。

（7）XJM：7号

下端残断，现存形制正视，为踏腰翘尖透雕扁"口形"木构饰件。上面呈内弧下弯，两端翘角，左、右两端为抹角斜线楔形，外沿（前沿）为翘沿弧面，唇边尖薄，愈往后愈厚，后沿最终厚度为0.6厘米。外沿通长11.4、内沿（后沿）通长9.7、面宽1.7厘米。左、右两侧边均呈内弧形，形似小型木案或木架侧面的两条支腿，两条支腿之间镂空。顶面底部中间透雕下垂式如意云头纹，下接一减地凸雕圆璧，圆璧中间的璧孔中，左、右两边各栓一条双股结带，两条双股结带的左、右两端，各被一对相向的螭龙的下巴和胡须弯卷成一衔环，结带穿系于衔环内，但看似螭龙的嘴衔住了结带，且彼此将结带咬拉得很紧。构思堪为巧妙，可谓匠心独运。图案中的如意云头纹、螭龙龙头，圆璧，以及内边边线皆以浮雕双线装饰，工艺十分精致。两侧支腿均残断，左侧支腿残长5.7、右侧支腿残长5厘米，板厚0.4~0.8厘米，中间圆璧直径2.8、厚0.45厘米（图六七，7；图版一二，2）。

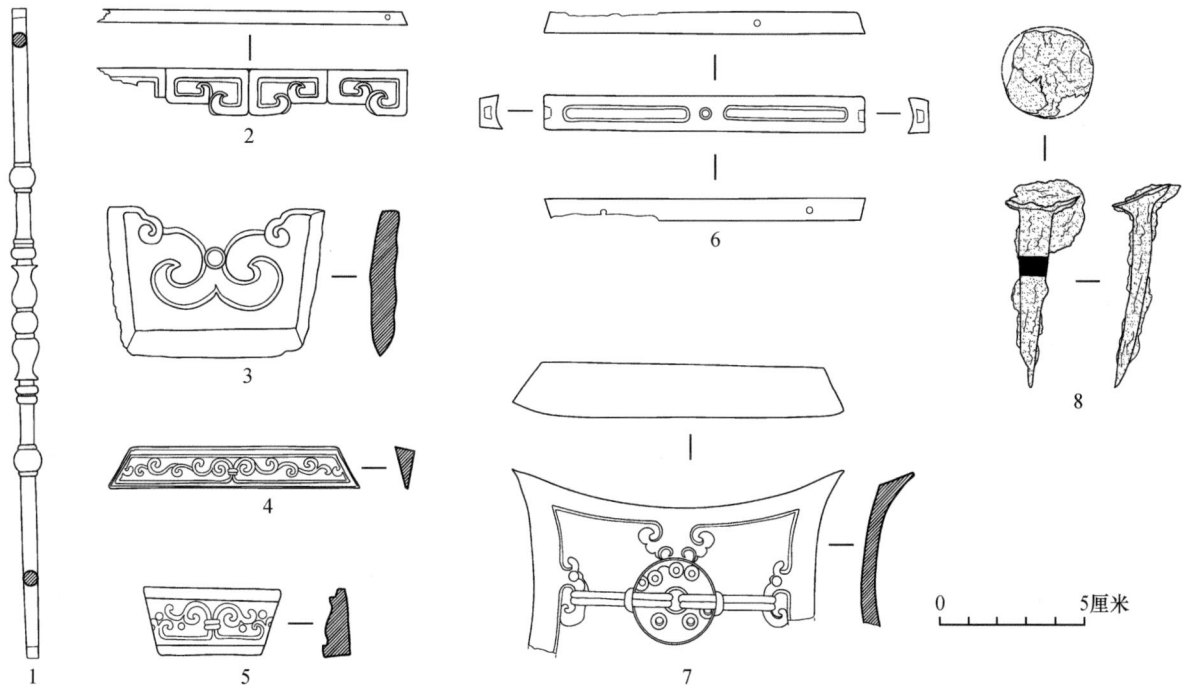

图六七 杏花春馆遗址出土木构饰件、铁帽钉

1.长杆立柱形木构饰件（XJM：1） 2.透雕变体夔纹木构饰件（XJM：2） 3.镂空勾莲花枝纹木构饰件（XJM：3）
4.两端抹边楔形窄条木构饰件（XJM：4） 5.两端抹边楔形宽条木构饰件（XJM：5） 6.长方形镂空楔形木构饰件（XJM：6）
7.踏腰翘尖透雕扁"口形"木构饰件（XJM：7） 8.扁方锥体铁帽钉（XJt：1）

三、铁　器

1件。

扁方锥体铁帽钉1件，编号为：XJt：1号，出土于镜水斋基址内。已锈残，钉帽近一半残失，钉体形制基本保存完整，但表面附着较厚的土锈。钉帽直径约3.1、钉子通长6.9厘米。锥体上粗下细，上部锥体规格为1.1厘米×0.7厘米×0.7厘米；下部锥体规格为0.6厘米×0.5厘米×0.4厘米。钉尖因经使用而变弯曲（图六七，8；图版一二，3）。

四、瓷　器

杏花春馆遗址出土各类瓷器残件和瓷片共480件，其中属于官窑器残件和瓷片者计21件，占该遗址出土瓷器残件和瓷片总数的4.37%；属于民窑器残件和瓷片者计459件，占该遗址出土瓷器残件和瓷片总数的95.63%。下面先介绍官窑标本，后介绍民窑标本。鉴于民窑器标本数量多，本报告不能做到对每一件民窑器标本都作出具体介绍，故选取了其中有一定代表意义的部分标本作为重点标本加以介绍，而对于未被选作重点标本的一般瓷器标本，将以统计表的方式，将相关内容列入其中，并附有彩色图版，读者可从统计表和所附彩色图版了解其基本情况。

（一）官窑器标本

杏花春馆遗址出土的官窑器瓷器残件和残片标本，共21件。按瓷类划分，可分为五类。

第一类，为青花瓷，6件。其时代和数量分布情况是：明代2件（明永乐晚期至宣德早期1件，Xc-290；明万历时期1件，Xc-036）。清早、中期之际1件（雍乾时期1件，Xc-341）。清中期2件（乾隆时期1件，Xc-043；嘉庆早期1件，Xc-022）。清中晚期1件（嘉道时期1件，Xc-047）。

第二类，为五彩瓷，4件。属清早中期1件（雍乾时期，Xc-223）。清中期2件（乾隆时期，Xc-166、Xc-141）。属清中晚期1件（乾嘉时期1件，Xc-016）。

第三类，为斗彩瓷，2件。均属清中期2件（嘉庆时期2件，Xc-511、Xc-211）。

第四类，为杂彩瓷，2件。属清早期1件（康熙时期1件，Xc-367）。属清中期1件（乾嘉时期1件，Xc-059）。

第五类，为粉彩瓷，7件。属清中期5件（乾隆时期2件，Xc-012，Xc-015；乾嘉时期3件，Xc-029，Xc-005，Xc-178）。属清中晚至晚期2件（道光时期2件，Xc-004，Xc-006）。

现按以上瓷器分类及其时代早晚顺序，依次介绍这21件官窑标本。

1. 青花瓷

6件。

明代 2件。

（1）Xc-290号

青花缠枝莲纹瓶残片，1件。此瓶腹部和瓶底残失无存，现仅存一点口沿和约1/5的颈部。从断茬剖面可以看出，胎为白胎，胎质细腻、坚致，因曾遭大火焚烧、熏烤，胎面已熏成黄褐色。胎壁较薄，口沿唇部厚0.15、颈部上部厚0.2、下部厚0.42厘米。瓶的口沿略外撇，尖圆唇，直径。内、外壁均施青白釉，釉层较厚，釉面光润亮泽。内、外壁口沿下分别施对称的青花弦纹两道作为口沿边饰。外壁，颈部与肩部交接部分起横向凸棱两道，在两道凸棱之间施青花弦线纹三周，作为颈、肩之间的界饰。在这一区的釉面上，还遗有细碎的开片纹。在颈部满绘青花缠枝纹，所用青料为进口的"苏麻离青"青料，青花呈色深翠。在花叶、花瓣和花茎上，多处都遗有小块的氧化铁结晶斑，俗称"铁锈疤"痕迹，且带有晕散现象。线条笔法准确、流畅、自然，青花色泽沉稳，雅致。

Xc-290号青花缠枝莲纹瓶残片，颈部直径约10.5（根据颈部残存的弧度和长度测量、推算得出）、残宽5.8、胎壁厚0.15～0.42厘米。从残存的形制、胎质、施釉、构图设计、线条笔法、青花用料和青花呈色等特点判断，此件标本的原器应属明永乐晚期至宣德早期景德镇官窑烧制的佳品（图六八，1；图版一三，2）。

（2）Xc-036号

青花团龙纹出戟花觚残片，1件。此觚口沿腹部以下均已残失无存，现仅存颈部半个侧面。从断茬剖面可以看出，花觚口沿作喇叭口形外撇，斜弧形直径下垂。在残存的颈部表面，遗有一纵向长方形凸戟，凸戟长5.5、宽0.9、高（凸出颈壁表面）0.6厘米。胎为白胎，质地细腻、坚致，无杂质。从颈下横向断茬可以看出并判知，此觚制胎是分段制作，最后再将各段相互对接，完成全器制作的。现存的觚的颈部至口沿这一部分为单独制作的一节，断茬正好在第一节下端。以下的腹壁和觚足部分还应再分作两节。也就是说，此觚原应是分作三节制作，然后对接组合完成的。胎壁较厚，近口沿上部厚0.3、颈部下端厚0.56厘米。内、外壁均施青白釉，釉层较厚，釉面光洁发亮。觚内壁，在口沿与颈部交接处施青花弦线两道，在两道青花弦线纹以上至口沿部分绘青花团龙纹。因残，仅显露出两组团龙纹的边缘部分。从这两组团龙纹分布的位置看，此觚口沿内壁原应绘有同样规格和形式的青花团龙纹五组。觚外壁口沿下亦绘青花团龙纹。因残，现仅残存两组团龙纹局部，其中左侧的一组仅剩下一点蓝色的痕迹，画的内容已无法知道。右侧的一组残缺了上半部，团龙无首也无尾，仅剩下一截卷曲的龙身和两只前肢及两只五爪。颈部，在长方形凸戟表面和侧面分别绘有青花长方形边框纹和条带纹。在长方形凸戟左、右两侧分别绘有纵向青花祥云纹一朵和青花团龙纹一组。祥云和团龙均以长方形凸戟为中心呈对称布局。因残，右侧的团龙纹只露出左侧一点边缘；左侧的团龙纹只露出右侧的一半，现出半个龙头，一只前肢，一截龙尾和一只后肢。半个龙头上的一束鬣毛朝右上方飘散；龙身上和前、后肢都布满了龙鳞，龙尾朝右后方翻卷，背鳍的鳍尖也随之甩向右后方。龙的前肢上举，五爪张开，作抓挠状。此瓠绘制的青花图案，青花发色暗蓝，在祥云和团龙纹表面，多处遗有氧化铁结晶斑，表明其青花用料可能仍采用的是进口"苏麻离青"青料。

Xc-036号青花团龙纹出戟花瓠残片，颈部直径约6厘米（根据颈部残存弧度和长度测量、推算得出）、残宽6.6、胎壁厚度0.3～0.56厘米。从造型、胎质、施釉、构图设计、绘工、青花用料和青花呈色等特点判断，此标本的原器应属明万历时期景德镇官窑烧制的产品（图六八，2；图版一三，3）。

清代　4件。序号接续。

（3）Xc-341号

青花山水人物纹胭脂盒盖残件，1件。此盒盖大部分已残失，现仅存约1/3。从断茬剖面可以看出，胎为白胎，胎质细腻坚致，无杂质。内、外壁表面施白釉，釉面光润发亮。盒为圆形、凹心，盖面光平，周边为一圈折沿，直壁下垂，折沿顶端起窄凸棱一周，凸棱很细，其横截面不足0.5毫米，做工极为精细。折沿内底边缘，为防止盒盖在扣盖过程中滑动、失落，特意留出一周涩圈，不施釉，以增添盒盖与盒体之间的摩擦力。这圈素胎底边宽0.4厘米。盒盖顶面，在白色釉面上绘有青花人物故事图案。因残，画面中仅残存两位男士肩部以下的长衫、鞋履，以及房屋背景，缺失脖颈和头部。折沿外表绘有一周青花山水田园风景图。画面恬静，格调清雅。青花用料为国产青料，呈色青翠。青花图案中，不论盖面上的人物故事，还是折沿表面的山水风景，构图均十分精致，线条都非常流畅、精准，应是一件出自高级画师的非凡之作。

Xc-341号青花山水人物纹胭脂盒盖残件，口径5.8、高1.3、胎壁厚0.12～0.3厘米。体形小巧、轻薄，釉面润洁亮泽，青花图案高洁、雅致，令人赏心悦目，爱不释手。从该盒盖的胎质、施釉、青花用料及呈色、构图风格、绘画工艺水平等特点判断，这件胭脂盒盖及其胭脂盒原器应为清雍乾时期景德镇官窑烧制的佳品（图六八，3；图版一三，1）。

（4）Xc-043号

青花八宝纹铺地瓷砖残件，1件。此铺地砖长、宽已残缺不全，只有厚度（高度）保持原状。现存砖体残长13.2、残宽10、通厚4.4厘米。砖体厚壁、中空。顶面和底面厚度均为0.8厘米，外边壁厚0.6厘米，里面设置隔断，隔断壁厚1厘米。四壁均留有通气孔，孔径为圆形，1～1.5厘米。孔径的设置，是用于通热气，同时也可以预防在烧制的过程中发生炸裂。四立面均为素面，不施釉。只有顶面和底面施青白釉。底面的釉层较薄，釉面虽带有光泽，但可显露出制胎过程中打磨产生的旋痕；顶面的釉层较厚，釉面极为细腻、润洁、发亮。四角绘青花八宝纹。图案主题和谐吉祥，线条流畅、细致，工艺精致。青花呈色暗蓝、深翠、稳重，无氧化铁结晶斑，表明所用青料为国产青料。此类铺地砖只用于故宫、圆明园、承德避暑山庄等极少数皇帝下榻的寝宫暖阁中，其身价和等级是极高的，制作和烧制过程工艺复杂，成功概率很低。从断茬剖面可以看出，瓷砖的瓷胎呈青白色，胎质极为纯净、细腻、坚致。无任何小灰点和杂质。六个面（上、下、左、右、前、后）分别做出单片，然后相互拼合、对接，合成一块整体后再入窑高温一次烧成。而通气孔是事先按设计图纸做好预留出来的。

Xc-043号青花八宝纹铺地瓷砖残件，残长13.2、残宽10、通厚4.4、胎壁厚0.6~1厘米，通气孔径1~1.5厘米。从形制、胎质、施釉、图案设计、绘画制作工艺、青花用料和青花呈色等特点判断，此件标本的原器应属清乾隆时期景德镇官窑御窑作坊专门为清宫造办处烧制的一批铺地砖产品（图六八，4；图版一四，1）。

（5）Xc-022号

青花莲托八宝纹盘残件，1件。此盘口沿、腹壁大部分已残失，盘底少部分残失，现仅存口沿约1/5、腹壁约1/4、盘底约2/3的局部。从断茬剖面可以看出，胎为白胎，胎质细腻、坚致，无灰点和杂质。胎壁较薄，口沿处厚0.15、盘底厚0.3厘米。口沿为斜敞口，小圆唇，略外侈，弧壁，浅腹，浅底，接矮圈足，圈足外墙呈斜坡式内敛，高0.45厘米，内墙直壁内凹，高0.6厘米。内、外壁均施白釉，釉面纯净、光润。只有圈足底边不施釉，素胎裸露。内、外壁口沿下各施两道青花弦线，分别作为口沿边饰。盘心绘青花朵花团云纹，外围青花双线圈。盘内底与腹壁绘青花莲托八宝纹。构图丰满，图案繁缛，线条流畅，准确而精细。青花用料为国

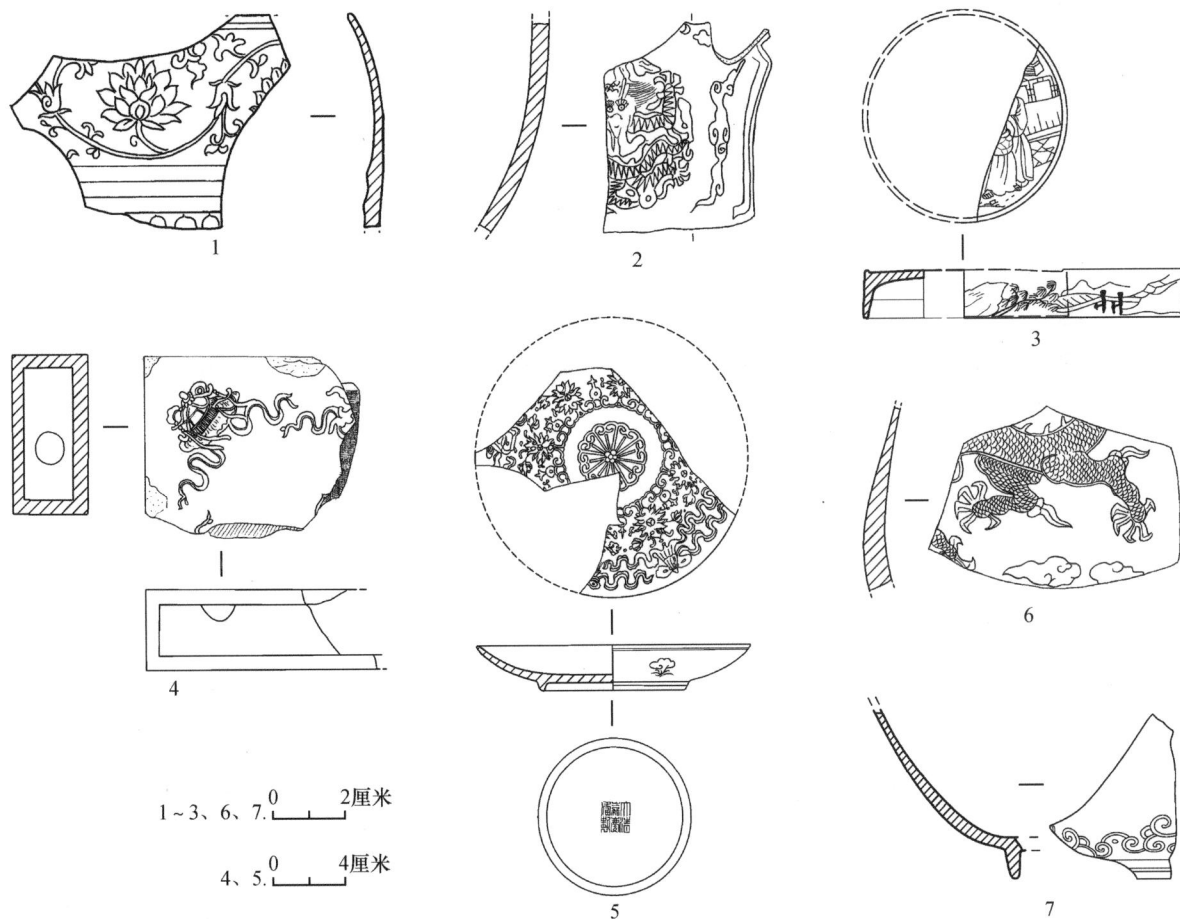

图六八　杏花春馆遗址出土官窑器

1. 青花缠枝莲纹瓶残片（Xc-290）　2. 青花团龙纹出戟花觚残片（Xc-036）　3. 青花山水人物纹胭脂盒盖残件（Xc-341）

4. 青花八宝纹铺地瓷砖残件（Xc-043）　5. 青花莲托八宝纹盘残件（Xc-022）　6. 青花龙纹碗残片（Xc-047）

7. 青花五彩缠枝花卉纹碗残片（Xc-223）

产青料，青花呈色较为青翠。外壁口沿下残存青花朵花纹一株。盘底与圈足交接处也施青花弦线两道作为盘底边饰，同时也是对外壁口沿下所施的两道青花弦线纹的一种呼应。圈足内底中央署青花篆体六字三行纪年款："▨▨▨▨▨▨"（大清嘉庆年制），外围无青花双方栏，亦无青花双线圈。

Xc-022号青花莲托八宝纹盘残件，口径约15.1（根据盘口沿残存弧度和长度测量、推算得出）、底径8.7、高3、胎壁厚0.15～0.3厘米。从形制、胎质、施釉、构图设计、绘制工艺、青花用料及青花呈色，以及圈足内底所署青花篆体六字三行款的款识等特点判断，此件标本的原器应属清嘉庆早期景德镇官窑烧制的产品无疑（图六八，5；图版一四，3）。

（6）Xc-047号

青花龙纹碗残片，1件。此件标本，口沿、碗底已完全无存，现仅存腹壁不足1/5的局部。从断茬剖面可以看出，胎为白胎，胎质纯净、细腻，坚致，无任何杂质。胎壁厚度适中，上部厚0.15、下部厚0.6厘米。内、外壁均施白釉，内壁釉层较薄，外壁釉层较厚。但不论内、外壁，釉面均十分光洁、莹润、发亮。内壁素面。外壁上部绘青花龙纹，龙纹下面绘青花云纹两朵。两朵云纹，状态平静，朝右飘动；而龙的运行方向恰恰相反，是朝左前方奔腾而去。意在表现龙逆风而动，显得更有气势，更为矫健有力。因残，龙纹缺失龙头和龙尾，仅存前肢龙爪局部（龙爪仅存3个，另2爪残失），还有一截龙身和两只后肢。龙身和后肢表面布满细密龙鳞，两后肢肘部的鬣毛均呈向后飞扬状，前端的龙爪均为五爪，作奋力张开、抓挠状。青花用料为国产青料，青花呈色暗蓝、深翠。

Xc-047号青花龙纹碗残片，腹径约13（根据腹部残存弧度和长度测量、推算得出）、残宽4.7、胎壁厚0.15～0.6厘米。从胎质、施釉、龙纹设计、绘画工艺、青花用料和青花呈色等特点判断，此件标本的原器应属清嘉道时期景德镇官窑烧制的产品（图六八，6；图版一四，2）。

2. 五彩瓷

4件。序号接续。

（7）Xc-223号

青花五彩缠枝花卉纹碗残片，1件。此碗口沿已残失无存，腹壁和碗底已绝大部分残失，现仅存腹壁底部一小片以及与之相衔接的圈足一小截。从断茬剖面可以看出，胎为白"糯米胎"，胎质很细腻、坚致，无任何杂质。残存的腹壁上部较薄，下部稍厚，上部胎厚0.15厘米，中下部及碗底胎厚0.3厘米，腹壁与圈足衔接处的胎厚0.35厘米，圈足墙上端厚0.3、下端厚0.2厘米。腹壁作斜弧缓慢下收，与圈足衔接。圈足墙作垂直下垂，内外墙等高，均为0.7厘米。内、外壁均施白釉，釉层虽较薄，但釉面十分光洁、发亮，只有圈足底边不挂釉，露出素白胎。碗内壁素面无纹，只在残存的碗外壁下部和圈足外墙表面绘有纹饰。外壁下部绘制的是青花五彩缠枝花卉，在这一部分，是先以青花双线勾描出缠枝花卉的轮廓线，然后在勾描好的轮廓线内选择少数局部填以红彩。线条勾描精细，笔法流畅，风格雅致。在碗外侧底边与圈足相衔接的部位则施青花单弦线一周，作为碗底底边与圈足的分界线。而在圈足外墙表面仅施以青花双线圈。无款识。

Xc-223号青花五彩缠枝花卉纹碗残片，残长5.6、残宽4.9、残高5.1、胎壁厚0.15～0.35厘米。从形制、胎质、施釉、纹饰设计风格和总体制作工艺特点等方面考察，此件标本的原器应属清雍乾时期景德镇官窑烧制的精品碗具之一（图六八，7；图版一五，2）。

（8）Xc-166号

青花五彩龙凤纹碗残片，1件。此碗口沿、腹部大部分已残失，碗底完全无存。现仅存一小块口沿和约1/4的腹部残片。从断茬剖面可以看出，胎为白"糯米胎"，胎质极为纯洁、细腻、坚致。胎壁很薄，口沿处厚0.1、腹壁下部厚0.35厘米。口沿为小圆唇，略外撇，腹壁弧壁内曲。内、外壁均施白釉，釉层较薄，但釉面均莹润发亮。内壁口沿下及近碗底部位，分别施青花弦线两道，作为内壁口沿和碗底的边饰。内壁素面无纹。外壁，口沿下和肩部各施青花弦线一道，在这两道青花弦线之间绘有五彩八宝纹。在腹壁表面（残存部分）绘主题纹饰——五彩龙凤纹。左侧，绘纵向摆动的绿龙一条，龙头朝下（龙头残缺），龙尾朝上；中间绘凤凰一只，凤头朝下，凤尾朝上，两翅展开作飞翔状，方向与龙保持一致。在绿龙和凤凰之间还绘有盛开的菊花一朵。在凤凰的右侧，还露出半个红色的火焰珠，以及残缺不全的龙爪2只。画面中的绿龙身上布满了龙鳞，并绘出了背鳍和尾鳍；凤凰身上和两个翅膀上的羽毛，在细密的轮廓线内分别填以红、绿、蓝、褐四种色彩，显得格外典雅而靓丽。

Xc-166号青花五彩龙凤纹碗残片，腹径约13.5（根据此碗腹壁残存弧腹和长度测量、推算得出）、残宽5.5、胎壁厚0.1～0.35厘米。从形制、胎质、施釉、构图设计、五彩搭配、绘画工艺等风格特点看，此标本与至今存世的一件属于清乾隆官窑的青花五彩龙凤纹碗完整器[1]颇为相似，故可判定，Xc-166号标本的时代亦应与这件传世的完整器一致，即应属清乾隆时期景德镇官窑的产品无疑（图六九，1；图版一五，1）。

五彩瓷器，亦称硬彩或古彩瓷器，是在已烧成的瓷器上，按构图设计的需要，再施以不同彩料于釉上，然后再入炉，用700～800℃的低温焙烧而成，属于釉上彩瓷器。所谓五彩，不一定五彩都集中在一件器物的纹饰上，一般只用三四种色彩，如红、绿、黄三色，或红、黄、紫、褐四种颜色，均可。五彩可分为"釉上五彩"和"青花五彩"两类，而以青花五彩较为常见，即在五彩中加有青花元素。Xc-166号标本就属于青花五彩瓷器，因为在该图案中，除了使用了青花弦线纹之外，在口沿边饰的五彩八宝纹、凤凰的翅膀和尾羽、菊花纹的叶片中都加入了青花图案元素。

虽说五彩瓷器初创于元代晚期，但元代尚白，故不被人青睐。及明代早期，五彩瓷器都几乎是处于空乏期。至明宣德时期，才首创了青花五彩器。其主要特征是，在五彩瓷器上开始出现对某一局部的花纹以青花勾线后再填彩的方式，来完成进一步装饰。由此便开创了明成化以后至清代早中期，以青花作为五彩中的一种颜色，实现了釉下彩与釉上彩相结合，从而丰富了

---

① 《明清五彩瓷器》，第24页，老古董丛书，华龄出版社，2001年。

彩瓷的表现形式①。

（9）Xc-141号

青花五彩龙凤纹碗残片，1件，属五彩瓷标本，此碗口沿、腹部大部分已残失，碗底完全无存，现仅存碗口口沿及腹壁上半部很小的一块局部残片。从断茬剖面可以看出，口沿唇部为小圆唇，胎壁很薄，口沿处厚度仅为0.1厘米，腹壁最厚处不过0.3厘米。胎为白"糯米胎"，质地细腻、坚致，无任何杂质。内、外壁施白釉，釉层很薄，单釉面极为细润、光洁、发亮。内壁口沿下施青花弦线两道。外壁口沿下和肩部各施青花弦线一道。在这两道青花弦线之间绘有五彩八宝纹。在腹壁上半部表面绘有五彩龙凤戏珠纹。原来完整的构图是龙头朝上，颈部和龙身作弯曲翻卷状，龙尾上扬；凤头朝下，凤尾朝上。现因残，只剩一截上扬的龙尾和朝上飘飞的凤背和凤尾，左、右两只翅膀只露出一点翅尖。画面上的龙是一条红色的龙，龙尾表面有细密的鳞片。凤背为褐色，满绘羽鳞。凤尾用红、绿、蓝三彩绘出长长的尾翎，在空中迎风飘动。画面线条精准流畅，颜色搭配艳丽悦目，工艺甚为考究和精致。

Xc-141号青花五彩龙凤纹碗残片，口径13、残长6.4、残宽4.8、胎壁厚0.1～0.3厘米。从形制、彩料，特别是从青花五彩图案的构图，边饰图案，残存的龙、凤纹的形象与色彩，以及绘制工艺风格等方面看，该标本所体现的特点都与传世的同类清代乾隆官窑青花五彩完整器形②所体现的风格与特点颇为相似。据此，有理由推定Xc-141号青花五彩龙凤纹碗残片标本的年代应属清乾隆时期，该标本的原器应为清乾隆时期景德镇御用官窑烧制的青龙五彩龙凤纹碗产品无疑（图六九，2；图版一五，3）。

由景德镇御用官窑烧制的青花五彩龙凤纹碗，在清一代曾备受历朝皇帝青睐。自康熙、雍正、乾隆时期，到嘉庆、道光时期，再到咸丰、光绪、同治时期，都一直在不间断地持续烧制和使用这种以龙凤相合为主题纹饰的青花五彩碗。这成了清代皇室餐具文化中颇具代表性的特点之一。在圆明园已发掘的遗址中，于坦坦荡荡和杏花春馆曾先后出土有3例青花五彩龙纹碗残片标本（坦坦荡荡tc-109号、杏花春馆Xc-166号及Xc-141号），这为了解和研究清代皇室餐具文化的特点又增添了一份有价值的实证资料。

（10）Xc-016号

釉上五彩红龙纹盘残片，1件。此盘口沿、盘底已完全无存。腹壁也绝大部分残失，现仅存下腹部一小块残片。从断茬剖面可以看出，胎为白"糯米胎"，胎质非常细腻、坚致，无任何杂质。胎壁厚度适中，残存的下腹壁上部厚0.25、下部厚0.5厘米。内、外壁均施白釉，釉面细润光亮。内壁近盘底处施青花弦线两道作为底盘边饰。外壁表面绘有釉上彩红龙一条，因残，龙无首也无尾，仅存龙身一截和一只后肢。龙身和后肢表面布满细密的红色龙鳞，后肢向前伸出，龙爪为张开的五爪，作奋力狂抓状。原来的五爪曾为描金五爪，现金色已褪失。后腿

---

① 《明清五彩瓷器》，老古董丛书，华龄出版社，2001年。
② 如前文已引述的《明清五彩瓷器》一书中的第24、69和70页刊载的几件带"大清乾隆年制"篆款的乾隆青花五彩龙凤纹碗，有的绘有绿龙，有的绘有红龙。

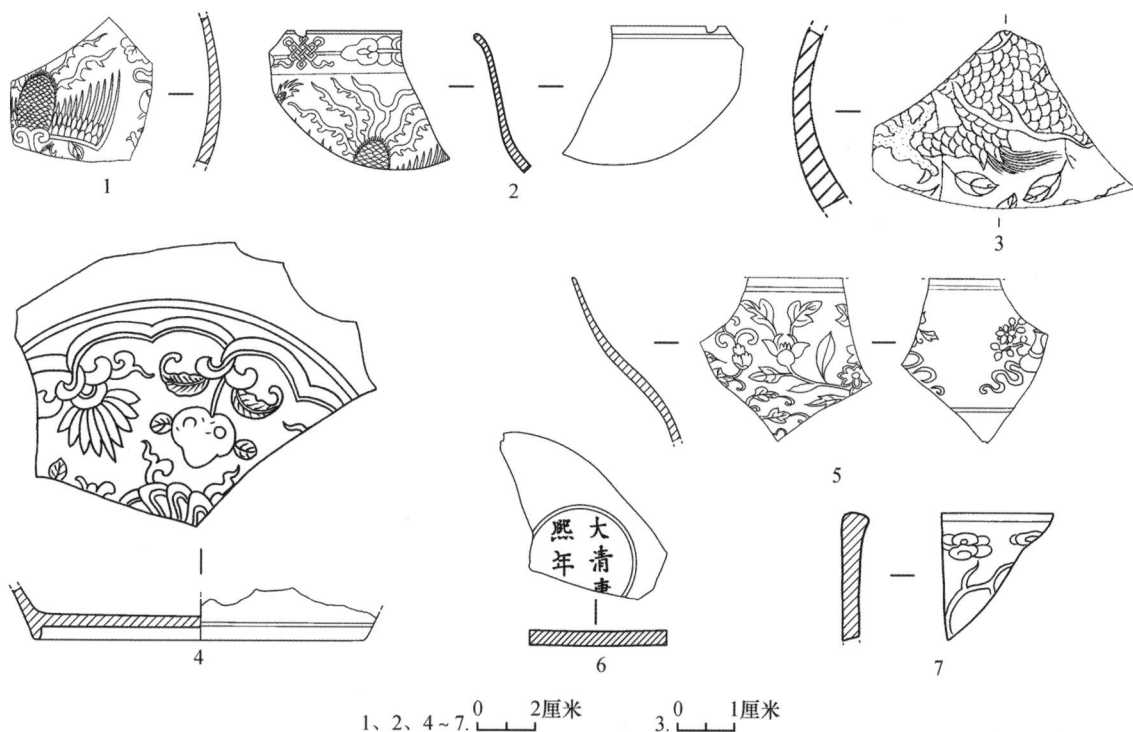

图六九　杏花春馆遗址出土官窑器

1.青花五彩龙凤纹碗残片（Xc-166）　2.青花五彩龙凤纹碗残片（Xc-141）　3.釉上五彩红龙纹盘残片（Xc-016）

4.斗彩花卉纹盘底残片（Xc-511）　5.斗彩八宝纹折腰盘残片（Xc-211）　6.铜红釉盘底残片（Xc-367）

7.霁蓝描金瓶残片（Xc-059）

肘部鬣毛呈浅绿色，作向后飞扬状。图案中线条描绘仔细、准确、十分流畅，工艺精致。

Xc-016号釉上五彩红龙纹盘残片，残长4.2、残宽3.2、胎壁厚0.25～0.5厘米。从胎质、施釉、龙纹设计、颜色搭配、绘制工艺等特点判断，此标本的原器应属于清乾嘉时期景德镇官窑烧制的产品（图六九，3；图版一五，4）。

3. 斗彩瓷

2件。序号接续。

斗彩是釉下青花和釉上彩相结合的一种彩瓷工艺。先是在瓷胎上用青花将画面中图案纹饰的轮廓线全部勾描出来；然后罩上一层透明釉，放入窑内焙烧成淡描青花器；然后取出，在其釉面留出的空白图案处，根据需要填涂以一种或多种低温彩料；再入窑烘烧而成。

斗彩的彩绘方法，既不同于釉下彩青花，也不同于釉上彩的粉彩、五彩、珐琅彩和素三彩，而是釉上彩与釉下彩相结合的产物。但是它与同是釉下彩和釉上彩相结合的青花五彩瓷也有区别。二者的区别是，青花五彩中的青花只是作为五彩中多种色彩的一种，在纹饰中个别地方或局部出现；而斗彩中的青花则是画面中所有图案轮廓线的唯一勾描元素，或该图案的主色。所以判断一件器物是否为斗彩，首要条件就是：图案是否全部由青花勾廓，凡不是青花勾廓，或不是全部由青花勾描轮廓线者，都不能称作是斗彩瓷器。

真正斗彩瓷的出现，是在明成化时期。在明宣德时期青花五彩瓷工艺的基础上，进一步创发出来的一种彩瓷装饰工艺。即将宣德时期青花五彩瓷中局部纹饰使用的青花勾线填彩技法又加以拓展，开发成为整体器物都用青花勾描轮廓线，然后根据不同图案的需要，填涂各种不同釉上彩，即形成了非同凡响的斗彩。明成化时期（1465～1487年），既是斗彩的创发期，也是斗彩发展的成熟期。至明中晚期，斗彩开始衰落。到清康熙时期（1662～1722年），斗彩迎来了复兴时期，该时期在继承明成化斗彩技法的同时，在色彩种类上和制瓷技法上又有所创新，例如，此期突破了斗彩器为釉下青花与釉上彩相结合的传统技法，推出了釉下青花、釉里红与釉上彩相结合的新技术。雍正时期（1723～1735年），斗彩在康熙时期斗彩的基础上，工艺、造型、纹饰、色彩等更加精湛，达到了斗彩发展史上的第二个高峰。乾隆时期（1736～1795年）更趁着雍正朝的余威，将斗彩品种制作工艺推向极致，施彩更为繁复而华丽，一改雍正时期的清丽淡雅之风。可以说，乾隆时期是斗彩发展的全盛时期。及至嘉庆（1796～1820年）至道光时期（1821～1850年），斗彩则再度显现衰落之势，而到咸丰（1851～1861年）、同治（1862～1874年）时期之后，斗彩也和清王朝的国运同步进入了没落期[①]。

（11）Xc-511号

斗彩花卉纹盘底残片，1件。此盘口沿完全无存，盘腹壁绝大部分已残失，现仅存腹壁下部一点残痕和不足1/4的盘底局部。从断茬剖面可以看出，胎为白胎，胎质细腻、坚致，无任何杂质。胎壁较薄，盘底厚0.25厘米，腹壁下部厚0.3厘米。盘下腹部与圈足衔接处呈斜直壁衔接，无分界。圈足为矮圈足，外墙呈斜壁内敛，内墙直壁内凹，内、外墙高度一致，均为0.3厘米。盘内、外壁均施白釉，釉面细腻、光亮。圈足底边不施釉，为素胎裸露。

残存的盘底，内、外壁均施斗彩，所有的图案都用青花线条勾画出轮廓。内壁，盘心及盘底表面，均在白釉底釉之上用青花线条勾描出各个单项图案的轮廓线，然后在勾描好的轮廓线以内填涂不同彩料。此盘心及盘底表面施斗彩花卉纹，盘心残存一点团花月华纹，围绕月华纹的有寿桃纹、莲花纹等。寿桃纹和莲花纹下面绘有一圈变形如意纹套环，起托扶寿桃和莲花的作用，外围青花双线圈。其中寿桃涂以红彩，月华纹和变形如意纹套环涂褐彩。线条勾廓精准细致，色彩搭配雅致，主题庄重祥瑞。外壁，在残存的盘壁下腹部，用青花线条勾描出如意云头纹一周。在如意云头纹下面，即圈足外墙上缘，施青花弦线两道，作为圈足的边饰。圈足内底中央署青花篆体纪年款识，因残，只残存一个"年"字的上半部和"嘉"字上部的一点痕迹"🀰"。据此可判知，此年款原应为青花篆体六字三行款"大清嘉庆年制"。

Xc-511号斗彩花卉纹盘底残片，底径约11.2（根据盘底圈足残存弧度和长度测量、推算得出）、残宽5.4、残高1.8、胎壁厚0.25～0.3厘米。从胎质、施釉、纹饰设计、青花线条勾廓工艺，以及圈足内底所署的青花篆体纪年款款识等特点判断，此件标本的原器应属清嘉庆时期景德镇官窑烧制的斗彩佳品之一（图六九，4；图版一六，1）。

---

① 参见《明清斗彩瓷器》，老古董丛书，华龄出版社，2001年。

（12）Xc-211号

斗彩八宝纹折腰盘残片，1件。此盘口沿、腹壁大部分已残失，盘底完全无存。现仅存口沿和腹壁很小的一块局部。从断茬剖面可以看出，胎色洁白，胎质十分细腻、坚致，为"糯米胎"。胎壁很薄，口沿厚0.15、腹壁厚0.3厘米。口沿为尖圆唇，外侈，腹壁弧壁斜外敞，下腹部作内弧折腰式，然后再下弧与圈足衔接（但圈足已残失）。内、外壁均施白釉，釉面莹润发亮。内、外壁口沿下分别施青花弦线两道，作为内、外口沿的边饰，这是为了达到内外呼应、里外对称的效果。在内壁腹壁表面绘主题纹饰——斗彩八宝纹，画面中所有图案的轮廓线都用青花线条勾廓，然后在勾廓内的空间填涂各项所需彩料。如宝瓶填以黄彩，花朵填以红彩，花叶填以绿彩，结带填以红褐彩或蓝灰彩等。内壁折腰处也施以青花弦线两道，作为腹壁与盘底之间的界饰。外壁腹壁表面绘斗彩折枝花卉纹。所有花卉的茎叶（包括叶脉）和花瓣也都用青花线条勾描边线轮廓，然后在轮廓线内的空白处填涂各部分需要的彩料，如茎、叶内多填涂以绿彩，少数或有填涂蓝彩或红彩者；花朵、花瓣多填涂以粉红彩或黄彩等。图案设计疏密得当，色彩搭配自然和谐，雅致大方，线条流畅，精细无误，绘工不凡。

Xc-211号斗彩八宝纹折腰盘残片，残长6.4、残宽5.9、胎壁厚0.15～0.3厘米。从形制、胎质、施釉、斗彩图案设计、线条勾廓、填彩工艺等特点判断，此件标本的原器应属清嘉庆时期景德镇官窑烧制的斗彩瓷盘佳品（图六九，5；图版一六，2）。

4. 杂彩瓷

2件。序号接续。

（13）Xc-367号

铜红釉盘底残片，1件。此盘口沿、盘壁均已残失无存，只剩下盘底中心的一小块残片。从断茬剖面可以看出，胎为白"糯米胎"，胎质十分细腻、坚致，无任何杂质。胎厚0.5厘米。底面并不水平，而是稍微下弧。内底面施铜红釉，釉层较薄，釉面匀净、光润。外底施青白釉，釉层也较薄，釉面匀净光亮，上有青花楷体六字双行纪年款"（大清康熙年制）"，即"大清康熙年制"（"制"字已大部分残失，只残存一点痕迹），外围青花双线圈。

Xc-367号铜红釉盘底残片，残长7.5、残宽4.1、胎厚0.5厘米。从盘外底所署的青花楷体六字双行纪年款"大清康熙年制"的款识看，其字体书法风格特点完全符合景德镇康熙官窑款的规范。故据此可以断定，此盘原件当属清康熙时期景德镇官窑烧制的产品无疑（图六九，6；图版一六，3）。

（14）Xc-059号

霁蓝描金瓶残片，1件。此瓶口沿、颈部绝大部分已残失，腹壁与瓶底完全无存。现仅存口沿、颈部不足1/9的局部。从断茬剖面可以看出，胎为白胎，胎质细腻、坚致。口沿唇部厚0.9厘米，往下渐薄，至颈部厚为0.5厘米。平沿，方唇抹角，弧壁，直径。内、外壁及口沿表面均施青白釉，内壁釉层较薄，纯净无光泽；外壁在青白釉之上又施霁蓝釉，釉层较厚，霁蓝深沉无光泽，其上再饰描金云纹；口沿顶面和外侧上缘涂以金面（包边）。

Xc-059号霁蓝描金瓶残片，口径约13.4（根据口沿残存的弧度和长度测量、推算得出）、残宽4、胎壁厚0.5～0.9厘米。从残存口、颈的形制、胎质、施釉、构图设计、描金工艺风格等特点判断，此件标本的原器应属清乾嘉时期景德镇官窑烧制的产品（图六九，7；图版一七，1）。

5. 粉彩瓷

7件。序号接续。

（15）Xc-012号

粉彩描金刻莲瓣纹小花盆残片，1件。此件标本口沿、腹壁和器底大部分已残失，现仅存口沿很小的一块局部和约1/4的腹部，以及器底很窄的一点边缘。从断茬剖面可以看出，胎为青白胎，胎质细腻、坚致，无杂质。胎壁较厚，口沿部分厚0.5～0.6、腹壁厚0.4、器底厚0.5厘米。口沿为斜敞口大宽沿，口沿与腹壁衔接处作折颈。折颈以下的腹壁呈斜直壁下垂，近底部作斜折弧线内收。内、外壁施釉不同。内壁表面只涂一层透明釉，有光泽，可清晰地看到制胎过程中慢轮加工留下的横向旋痕。外壁施青白釉，釉层虽厚，但釉面因遭大火熏烤，故虽有光泽，但并不发亮。内壁素面。外壁口沿下绘粉彩缠枝花卉纹，因遭烟火熏烤，粉彩已褪，只剩下一点红色小花轮廓线。在口沿与腹壁相交接的折颈处施描金宽条弦线一道，作为小花盆折颈的边饰。腹壁以浮雕技法精雕出仰莲瓣纹一周；下腹部至器底表面也以浮雕技法雕出双重横向莲叶纹。从而构成了浮雕的双重莲叶托着浮雕的仰莲瓣的纹饰。最后，又在浮雕的仰莲瓣和双重莲叶纹的表面再施一遍红色粉彩。同样因为遭过烟火熏烤，红色粉彩现在仅剩下断续不全的零星残痕了。

Xc-012号粉彩描金刻莲瓣纹小花盆残片，口沿残宽4.2、折颈直径约8.5（根据折颈残存弧度和长度测量、推算得出）、残高8、胎壁厚0.4～0.6厘米。从形制、胎质、施釉、图案设计、浮雕、描金、粉彩工艺等特点判断，此件标本的原器应属清乾隆时期景德镇官窑烧制的一件特定产品（图七〇，1；图版一七，2）。

（16）Xc-015号

粉青釉粉彩描金缠枝莲纹小罐残片，1件。此标本口沿、肩部和腹部大部分已残失，器底完全无存。现仅存口沿和肩部约1/4的局部，还有与肩部衔接的一点腹壁。从断茬剖面可以看出，此小罐胎为青白胎，胎质十分细腻、坚致、无杂质。胎壁较厚，口沿处厚0.2、口沿与肩部衔接处厚0.65、肩部厚0.4、腹壁厚0.3厘米。口径较小，约3.9厘米。圆唇，浅波谷斜坡面，斜折肩。折肩直径约8.2厘米。内、外壁施粉青釉，釉面润洁，内壁有光泽，但外壁因遭烟火熏烤，釉面已发暗，无光泽。内壁肩部还遗有一道短裂隙，但在外面看不出。在口沿唇部、口沿与肩部衔接部位及折肩部位，各施描金弦线一周，分别作为口沿上、下及肩部的边饰。在口沿的斜坡面上还塑有凸起的粟粒纹。在肩部和残存的腹壁表面绘有粉彩缠枝莲纹，线条精细，工艺精致。但因过火，粉彩已脱落，仅残存数个红点小花叶痕迹。

Xc-015号粉青釉粉彩描金缠枝莲纹小罐残片，口径约3.9、折肩直径约8.2（根据口沿折肩残存弧度和长度分别测量、推算得出）、残高2.3、胎壁厚0.2～0.65厘米。从残存形制、胎质、施釉、构图设计、绘画技法、描金工艺等特点判断，此标本的原器应属清乾隆时期景德镇官窑烧制的产品（图七〇，2；图版一七，3）。

（17）Xc-029号

豆青釉粉彩描金花卉纹瓶残片，1件。此瓶口沿、颈部大部分已残失，肩、腹部和器底完全无存，现仅存口沿和颈部很小的一块局部。从断茬剖面可以看出，胎色为"猪油白"，极为细腻、坚致、润滑。胎壁厚实，以口沿唇部最厚，厚度为1.2厘米，口沿以下开始递减，至颈部厚度为0.6厘米。内、外壁施豆青釉，釉层较厚，釉面细腻、莹润、光亮。口沿为圆折角，圆唇。唇边、唇沿、折角处皆圆润光滑，无折棱感。内壁素面。外壁施粉彩描金花卉纹。口沿处上下各施描金弦纹一周，中间饰相间的描金圆点纹和描金璜形纹。口沿弦纹以下绘描金朵花纹一周。颈部绘描金缠枝莲花纹。以上各项图案，不但轮廓线全部用细金线勾描，而且花芯和花瓣的细微处也同样用细金线勾描出来。粉彩虽然已经脱落和褪色，但精心的设计、精细的绘工，仍使整个图案显得异常精致。

Xc-029号豆青釉粉彩描金花卉纹瓶残片，残宽5.5、残高4.5、胎壁厚0.6～1.2厘米。从残存的形制、胎质、施釉、纹饰设计、粉彩、描金工艺等特点判断，此件标本的原器应属清乾嘉时期景德镇官窑烧制的上乘佳品之一（图七〇，3；图版一七，4）。

（18）Xc-005号

粉彩绿龙纹碗残片，1件。此碗口沿、碗底完全残失，腹部绝大部分残失，现仅存腹壁一小块残片。从断茬剖面可以看出，胎为白"糯米胎"，胎质极为细腻、坚致、光润。胎壁很薄，腹壁上部厚0.1、下部厚0.3厘米。内、外壁均施白釉，釉面细润、晶莹、发亮。内壁素面。外壁上缘施青花弦线一道，作为口沿下的边饰。腹部绘粉彩绿龙纹。现仅存一只前肢和龙身一截，龙头和龙尾已残失。前肢上举，五爪奋力张开，爪尖锋利，作抓挠状。龙身作上拱翻卷状，通体布满细密龙鳞。背鳍呈银灰色，鳍尖一律朝后甩。腹鳍呈红色，鳍尖一律朝前甩，显示龙的躯体正在不停扭动中。龙身和龙爪的空隙处绘了几片绿色花叶，而不是云纹，寓意不明。图案中线条勾描笔法娴熟、流畅、细致、准确，粉彩颜色搭配反差明显，既庄严又靓丽。

Xc-005号粉彩绿龙纹碗残片，腹径约13.4（根据残存腹壁的弧度和长度测量、推算得出）、残宽3.9、胎壁厚0.1～0.3厘米。从胎质、施釉、图案设计、粉彩颜色搭配、线条笔法、绘画风格等特点判断，此件标本的原器应属清乾嘉时期景德镇官窑烧制的产品（图七〇，4；图版一七，5）。

（19）Xc-178号

粉彩缠枝莲纹碗残件，1件。此碗口沿、腹部和器底已大部分残失，现仅存口沿和腹壁不足1/6以及圈足很小的一块局部。从断茬剖面可以看出，胎为白胎，胎质十分细腻、坚致。胎壁厚度适中，口沿处厚0.15厘米，腹壁中部厚0.3厘米，腹壁下部与圈足交接处厚0.6厘米。口沿为小圆唇，外撇，腹壁弧曲内收，下接圈足。圈足直壁，外墙高0.8厘米，内墙内凹，高0.9

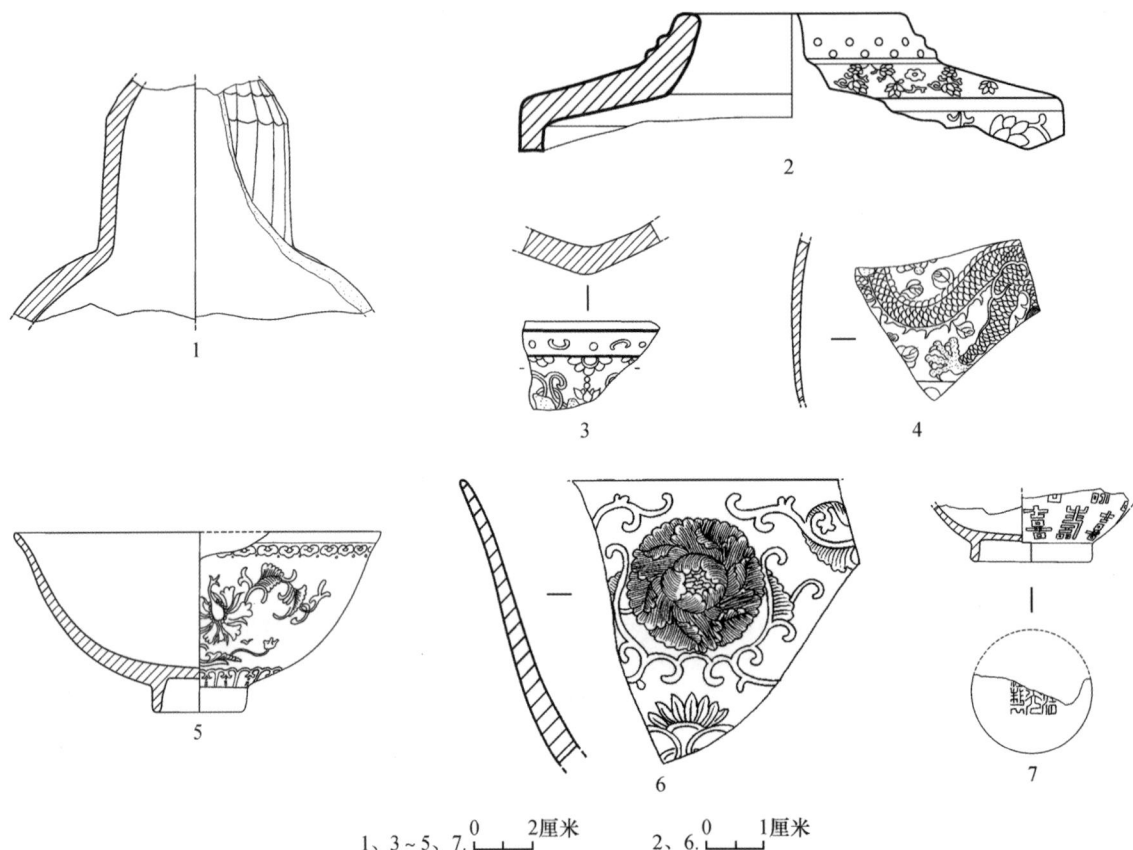

图七〇　杏花春馆遗址出土官窑器

1. 粉彩描金刻莲瓣纹小花盆残片（Xc-012）　2. 粉青釉粉彩描金缠枝莲纹小罐残片（Xc-015）　3. 豆青釉粉彩描金花卉纹瓶残片
（Xc-029）　4. 粉彩绿龙纹碗残片（Xc-005）　5. 粉彩缠枝莲纹碗残件（Xc-178）　6. 矾红留白缠枝团莲纹碗残片（Xc-004）
7. 粉彩描金"喜寿"小杯残片（Xc-006）

厘米。内、外壁均施白釉，釉层较厚，釉面晶莹发亮。圈足底边不施釉，素胎裸露。内壁素
面。外壁口沿下和下腹部底边各施红彩弦线一道，分别作为口沿和碗底的边饰。口沿红彩弦线
下绘粉彩如意云头纹一周，在每个如意云头纹之间的下缘再分别加施小红点纹一周。腹壁表
面绘主题纹饰——粉彩缠枝莲纹图案。此图案仅残存右侧一半，莲花花瓣以及茎、叶，线条轮
廓极为精细，粉彩颜色有朱红、桔红、杏黄、蓝绿色等，粉彩虽有脱落和褪色，但底色痕迹仍
在，仍能看出图案的精致。下腹部、近圈足处绘变形莲瓣纹一周，中间也加施小红点纹一周，
以与上面如意云头纹之间的小红点纹上下呼应，起到上下对称布局的效果。圈足内底残存有青
花篆体纪年款痕迹，仅剩下"制"字的下半截，其他文字均残失无存。

　　Xc-178号粉彩缠枝莲纹碗残件，口径约13.4（根据口沿残存的弧度和长度测量、推算得
出）、高6.3、胎壁厚0.15～0.6厘米。从形制、胎质、施釉、纹饰设计、线条勾描、粉彩颜色
搭配等制作工艺与表现的风格、特点判断，此件标本的原器应属清乾嘉时期景德镇官窑烧制的
粉彩佳品之一（图七〇，5；图版一八，1）。

（20）Xc-004号

矾红留白缠枝团莲纹碗残片，1件。此碗口沿、腹壁大部分已残失，碗底完全无存，现仅存口沿和腹壁不足1/8的局部。从断茬剖面可以看出，胎为白胎，胎质细腻、坚致。胎壁很薄，口沿处厚0.15、腹壁下部厚0.35厘米。口沿稍外侈，腹壁作直壁缓弧下收。内、外壁均施白釉，釉面莹润、光洁。外壁在白釉之上再施矾红彩，并以留白技法在矾红彩上绘缠枝团莲图案，线条极为纤细、流畅和准确，图案显得十分精致。

Xc-004号矾红留白缠枝团莲纹碗残片，口径约13.7（根据口沿残存弧度和长度测量、推算得出）、残宽4.7、胎壁厚0.15～0.35厘米。从形制、胎质、施釉、矾红彩留白工艺技法等特点看，此件标本与吟古斋古玩收藏品"大清道光年制"珊瑚红地留白缠枝莲纹碗（图版一八，3），以及重庆中国三峡博物馆藏清"道光"款矾红地拔白缠枝莲纹碗（图版一八，4）的构图设计、矾红彩留白工艺技法等特点颇为相似，故有理由判定Xc-004号标本的时代和窑属应为清道光时期景德镇官窑烧制的产品（图七〇，6；图版一八，2）。

（21）Xc-006号

粉彩描金"喜寿"小杯残片，1件。此杯口沿已完全无存，腹部和圈足大部分已残失，现仅存杯子下腹部约1/4的局部和半个圈足。从断茬剖面可以看出，杯胎为"糯米胎"，纯净、细腻、坚致。胎壁很薄，腹壁上部厚0.1、下部厚0.3厘米。内、外壁（包括圈足内外）均施白釉，釉层虽不厚，但釉面晶莹发亮。圈足底边未施釉，素胎裸露。杯内壁素面无纹。外壁腹部表面分别以楷体粉彩朱书和篆体粉彩描金两种不同字体和颜色，以错位布局的形式分上、下两排，写满了"喜""寿"二字，字迹工整。每排12个字，6个楷体朱书"喜"字，6个篆体描金"寿"字。在杯子腹部与圈足衔接部位施朱彩弦线一道，作为杯子的底边边饰。圈足直壁下垂，外墙高0.5厘米，内墙内凹，高0.6厘米。圈足内底中央署朱书篆体六字三行纪年款："□清□光□制" —— "𤩫𤫷𦥑"（大清道光年制）。此款字体、字迹、书写格式均十分规范，为官方正规年款无疑。

Xc-006号粉彩描金"喜寿"小杯残片，底径2.9、残高2.2、胎壁厚0.1～0.3厘米。从胎质、施釉、图案设计、粉彩与描金工艺搭配、圈足内底朱书篆体六字三行纪年款"□清□光□制"等特征判断，此标本的原器应属清道光时期景德镇官窑产品无疑（图七〇，7；图版一八，5）。

现将杏花春馆遗址出土的官窑瓷器残件标本相关资料归纳成表七，谨供参考。

从表七显示的结果可知，杏花春馆遗址出土的21件官窑瓷器残件标本共包含五种种类，即青花、五彩、斗彩、杂彩和粉彩，种类多样，也比较齐全。从各类瓷器出土数量和所占比例看，以粉彩出土数量最多（共7件），所占比例最大（占该遗址出土官窑瓷器总数的33.33%）；青花瓷次之（共6件，所占该遗址出土官窑瓷器总数的28.57%）；五彩瓷再次之（共4件，占该遗址出土官窑瓷器总数的19.05%）；斗彩瓷和杂彩瓷数量最少（仅各出2件，各占该遗址出土的官窑瓷器总数的9.525%）。表明杏花春馆的官窑瓷器在种类构成上是以粉彩瓷和青花瓷为主，五彩瓷、斗彩和杂彩为辅的。

表七　杏花春馆遗址出土官窑器残件和残片统计表

序号	标本编号	器物名称	数量	瓷类	官属性质 官	官属性质 民	用项	规格（厘米）	款识 种类	款识 图示	年代
1	Xc-290	青花缠枝莲纹瓶残片	1	青花	√		陈设	颈直径约10.5、残宽5.8、壁厚0.15～0.42	无款		明永乐晚期至宣德早期
2	Xc-036	青花团龙纹出戟花觚残片	1	青花	√		陈设	颈直径约6、残宽6.6、壁厚0.3～0.56	无款		明万历时期
3	Xc-341	青花山水人物纹胭脂盒盖残件	1	青花	√		日用	口径5.8、高1.3、胎壁厚0.12～0.3	无款		清雍乾时期
4	Xc-043	青花八宝纹铺地瓷砖残件	1	青花	√		日用	残长13.2、残宽10、通厚4.4、胎壁厚0.6～1、通气孔径1～1.5	无款		清乾隆时期
5	Xc-022	青花莲托八宝纹盘残件	1	青花	√		日用	口径约15.1、底径8.7、高3、胎壁厚0.15～0.3	纪年款"大清嘉庆年制"	 图示	清嘉庆时期
6	Xc-047	青花龙纹碗残片	1	青花	√		日用	腹径约13、残宽4.7、胎壁厚0.15～0.6	无款		清嘉道时期
7	Xc-223	青花五彩缠枝花卉纹碗残片	1	五彩	√		日用	残长5.6、残宽4.9、残高5.1、胎壁厚0.15～0.35	无款		清雍乾时期
8	Xc-166	青花五彩龙凤纹碗残片	1	五彩	√		日用	腹径约13.5、残宽5.5、胎壁厚0.1～0.35	无款		清乾隆时期
9	Xc-141	青花五彩龙凤纹碗残片	1	五彩	√		日用	口径13、残长6.4、残宽4.8、胎壁厚0.1～0.3	无款		清乾隆时期
10	Xc-016	釉上五彩红龙纹盘残片	1	五彩	√		日用	残长4.2、残宽3.2、胎壁厚0.25～0.5	无款		清乾嘉时期
11	Xc-511	斗彩花卉纹盘底残片	1	斗彩	√		日用	底径约11.2、残宽5.4、残高1.8、胎壁厚0.25～0.3	纪年款仅存"嘉""年"二字残迹	 图示	清嘉庆时期
12	Xc-211	斗彩八宝纹折腰盘残片	1	斗彩	√		日用	残长6.4、残宽5.9、胎壁厚0.15～0.3	无款		清嘉庆时期
13	Xc-367	铜红釉盘底残片	1	杂彩	√		日用	残长7.5、残宽4.1、胎厚0.5	纪年款"大清康熙年制"	 图示	清康熙时期
14	Xc-059	霁蓝描金瓶残片	1	杂彩	√		陈设	口径约13.4、残宽4、胎壁厚0.5～0.9	无款		清乾嘉时期
15	Xc-012	粉彩描金刻莲瓣纹小花盆残片	1	粉彩	√		陈设	口沿残宽4.2、折颈直径8.5、残通高8、胎壁厚0.4～0.6	无款		清乾隆时期

续表

序号	标本编号	器物名称	数量	瓷类	官属性质		用项	规格（厘米）	款识		年代
					官	民			种类	图示	
16	Xc-015	粉青釉粉彩描金缠枝莲纹小罐残片	1	粉彩	√		日用	口径约3.9、折肩直径约8.2、残高2.3、胎壁厚0.2~0.65	无款		清乾隆时期
17	Xc-029	豆青釉粉彩描金花卉纹瓶残片	1	粉彩	√		陈设	残宽5.5、残高4.5、胎壁厚0.6~1.2	无款		清乾嘉时期
18	Xc-005	粉彩绿龙纹碗残片	1	粉彩	√		日用	腹径约13.4、残宽3.9、胎壁厚0.1~0.3	无款		清乾嘉时期
19	Xc-178	粉彩缠枝莲纹碗残件	1	粉彩	√		日用	口径约13.4、高6.3、胎壁厚0.15~0.6	篆体纪年款，剩"制"字		清乾嘉时期
20	Xc-004	矾红留白缠枝团莲纹碗残片	1	粉彩	√		日用	口径约13.7、残宽4.7、胎壁厚0.15~0.35	无款		清道光时期
21	Xc-006	粉彩描金"喜寿"小杯残片	1	粉彩	√		日用	底径2.9、残高2.2、胎壁厚0.1~0.3	纪年款，仅残存"清""光""制"三字		清道光时期

从各类瓷器所署时代和年代跨度（即使用年限）看，以青花瓷的时代最早，其起于明代永乐晚期至宣德早期（1418~1428年）；其时代下限为清嘉道时期（1796~1850年），此年代跨度长达400余年。在杏花春馆五种官窑瓷类中，青花瓷是使用时间最早，也是使用年代最长的一种。其次应属杂彩瓷，其启用时间在清早期——康熙时期（1662~1722年），其使用年代延至清代中期——乾嘉时期（1736~1820年），前后年代跨度达150余年。排第三位的应属五彩瓷，其启用时间在清代早中期之际——雍乾时期（1723~1795年），其使用年代延至清代中期——乾嘉时期（1736~1820年），前后年代跨度近百年。排第四位的应属粉彩瓷，其启用时间在清代中期——乾隆时期（1736~1795年），其使用年代延至清代晚期前段——道光时期（1821~1850年），前后年代跨度110余年。排第五位的属斗彩，其启用和使用的时间，仅集中在清代中期后段——嘉庆时期（1796~1820年），前后不过25年，这是启用时间最晚，延续使用年限最短的一种。

在杏花春馆遗址出土的官窑瓷器中，未见早于明代者，也未见晚于清道光以后者。

从杏花春馆遗址出土的官窑器的种类与数量在不同时代的变化特点看，时代最早的是明代，是官窑器出土种类和数量最少的时期，其种类只有一种——青花瓷，数量总共为2件（Xc-290、Xc-036），仅占该遗址出土官窑瓷器总数的9.525%。然后是清早期（康熙时期）至清早中期之际（雍乾时期），出土官窑器的种类包含有3种——杂彩瓷和五彩瓷、青花瓷，数量总和也只有3件（Xc-367、Xc-341、Xc-223），所占出土官窑瓷总数的百分比也只有14.29%。到清代中期（乾隆至嘉庆时期），情况则发生了很大的变化，官窑瓷器的种类陡增至5种——青花、五彩、杂彩、粉彩、斗彩俱全，数量总共达13件（Xc-043、Xc-022、Xc-166、Xc-141、Xc-016、Xc-059、Xc-012、Xc-015、Xc-029、Xc-005、Xc-178、Xc-511、Xc-211），占该遗址出土官窑瓷器总数的61.9%。待到清中晚期（嘉道时期）至清晚期前段（道光时期），在杏花春馆遗址出土的官窑器的种类和数量又明显呈现出衰减的趋势，其种类已减至2种，只剩下青花和粉彩，其他种类已不见，数量仅有3件（Xc-047、Xc-004、Xc-006），占该遗址出土官窑瓷总数的14.29%。

以上统计结果表明，杏花春馆景点当年带入并投入使用的明代和清代早期的官窑种类数量是很少的，直到清代中期，该景点使用的官窑器种类和数量才显著增多，达到了五类俱全。共出土13件，占该遗址出土官窑瓷器总数的61.9%，占比超过了历史上任何一个时期，从一个侧面反映出杏花春馆在乾隆至嘉庆时期曾处于最为繁荣的阶段。而到清中晚期之后（指嘉道时期至道光时期），以杏花春馆出土官窑器的状况看，已较清中期明显萎缩，开始由盛转衰，景象大不如前。由此，我们认识到杏花春馆出土的这批官窑瓷器的发展与变化趋势颇具有一定的象征性的代表意义——它的境况与变化趋势与整个大清帝国和圆明园的总体情势和发展变化趋势具有同步变化的规律性特点。杏花春馆官窑器的发展与变化状况，几乎就是整个大清帝国和圆明园总体国运情势的一个侧面缩影。

关于款识问题，杏花春馆遗址出土的这21件官窑瓷器残件和残片标本，其中有14件因器底完全残失或绝大部分残失而不具年款；还有青花胭脂盒器盖（Xc-341）和青花八宝纹铺地瓷砖残件（Xc-043号），这2件标本原本就无款识。故只有5件有款识。这5件有款识者皆为纪年款，其中4件字迹可以辨识，另外1件（Xc-178号粉彩缠枝莲纹碗残件），仅残存青花篆体纪年款中的一个"制"字的下半截，其他文字无存，故无法确定其纪年。4件可以辨别出字迹的，其一为Xc-367号铜红釉盘底残片，为青花楷体六字双行纪年款"大清康熙年制"，外围青花双线圈；其二为Xc-022号青花莲托八宝纹盘残件，为青花篆体六字三行纪年款"大清嘉庆年制"；其三为Xc-511号斗彩花卉纹盘底残片，因残，只残存"嘉"字上部局部和"年"字上半截，根据字体、格式推测，此年款应与Xc-022号年款一致，也是青花篆体六字三行纪年款"大清嘉庆年制"；其四为Xc-006号粉彩描金"喜寿"小杯残片，为朱书篆体六字三行纪年款"大清道光年制"（其中"大""道""年"字残失）。

款识一项，限于考古资料保存现状，只能归纳出以上这些残缺不全的信息。

窑属问题，这21件官窑瓷器残件和残片标本，其原器皆应为景德镇御用官窑烧造的产品，不存在例外情况。

（二）民窑器标本

杏花春馆遗址出土的民窑瓷器残件和残片标本，共计459件。其中包括重点标本和一般标本两部分。重点标本共有266件，一般标本共有193件。重点标本又可分为两部分，一部分是不能分型者（本报告下文称未分型者即是，共49件）；另一部分是可分型者（共217件）。本节先介绍重点标本，而后介绍一般标本。重点标本中，先介绍未分型者，再介绍可分型者。这两部分重点标本介绍完以后，再以资料登记表的方式对数量较大的一般标本进行介绍。

未分型的重点标本 49件。

杏花春馆遗址出土的这49件未分型的民窑重点标本，按瓷器分类，共有三类，一是青花瓷，二是杂彩瓷，三是粉彩瓷。

1. 青花瓷

28件。

其时代和数量分布情况是：明代万历时期2件（Xc-151，Xc-274）；清代早期5件（清初1件，Xc-133；清初至康熙时期1件，Xc-049；康熙时期1件，Xc-056；雍正时期2件，Xc-185，Xc-057）；清早中期1件（雍乾时期1件，Xc-312）；清代中期7件（乾隆时期1件，Xc-236；乾嘉时期3件，Xc-017，Xc-032，Xc-048；嘉庆时期3件，Xc-025，Xc-046，Xc-023）；清代中晚期11件（嘉道时期1件，Xc-058；道光时期10件，Xc-018，Xc-027，Xc-055，Xc-020，Xc-108，Xc-044，Xc-054，Xc-115，Xc-053，Xc-033）；清代晚期2件（道光至同治时期1件，Xc-026；同治时期1件，Xc-179）。

现按时代早晚顺序，依次介绍这28件民窑青花瓷未分型的重点残件或残片标本。

明代万历时期 2件。

（1）Xc-151号

青花缠枝莲纹罐残片，1件。此罐口沿、肩、腹及器底均已残失无存，现仅存颈部和肩部很小的一块局部。从断茬剖面可以看出，胎为青白釉，胎质较纯净、细腻、坚致。胎壁厚度适中，残存的颈部厚0.3厘米，肩部厚0.6厘米。内、外壁施青白釉。内壁釉层较薄，虽有光泽，但都清晰地显露出制胎过程中慢轮加工留下的横向旋痕及少量气泡。内壁口沿与颈部衔接处遗有凸棱状手捏接痕，内径边缘凹凸不平，颈口不圆。外壁釉层较厚，釉面大部分莹润光亮（但有少部分因遭大火熏烤，釉面已泛黄、发暗）。从残存痕迹看，此罐口沿部分作外侈、斜敞口。颈部向内弧曲，为束颈，颈与肩部衔接处作斜弧缓慢下垂。内壁素面。外壁，颈部上、下各施青花弦线两道，作为颈部上、下缘的边饰。在上、下边饰中间，周圈绘青花缠枝莲纹三组。肩部以青花花蔓线条自然划出5个图案"开光"区，在每个"开光"区各绘盛开的青花莲纹一组。颈、肩所绘青花图案呈色暗蓝，在花叶和花瓣上面多遗有蓝黑色氧化铁结晶斑点（"铁锈疤"痕），并有晕散现象，表明所用青料为进口的"苏麻离青"青料。

Xc-151号青花缠枝莲纹罐残片，颈部直径6.8、肩部残宽12.5、残高6.4、胎壁厚0.3～0.6厘米。从形制、胎质、施釉、纹饰设计、绘工、青花用料及青花呈色等特点判断，此件标本的原器应属于明万历时期景德镇民窑烧制的产品（图七一，1；图版一九，1）。

（2）Xc-274号

青花缠枝莲纹罐残片，1件。此罐肩、腹部多半残失，口沿、颈部和器底完全无存。现仅存很小的一块肩部和少半腹部。从断茬剖面可以看出，胎为青白胎，胎质较纯净、细腻、坚致。胎壁厚度适中，上部肩、颈交接部位厚0.5厘米，腹壁下部厚0.3厘米。溜肩、鼓腹，下腹部作弧曲内收。内、外壁施青釉。内壁施釉较薄，可清晰地看到制胎过程中手工捏制和慢轮加工留下的横向凸棱痕和旋线痕，还有少量小气泡和小棕眼。外壁施釉较厚，釉面匀净发亮。内壁素面。外壁肩、腹部绘青花缠枝莲纹。在肩、腹交接部位施青花弦线两道，作为肩、腹交界处的边饰。腹部现存两组青花缠枝莲纹，是以青花花蔓向外甩弧线划出来的两个圆形"开光"区。在每个"开光"区内，各绘有盛开的青花莲纹一组。在两个"开光"区之间的空隙处也填以青花缠枝莲纹。从残存的部分可以推测，此罐腹部原应有四个"开光"区，即原应有四组莲花图案。所绘青花图案呈色暗蓝，在一些花叶和花瓣上面遗有蓝黑色的"铁锈疤"痕，并有晕散现象，所用青料亦为进口青料。以上情况，均与Xc-151号标本一致。

Xc-274号青花缠枝莲纹罐残片，上部肩残宽8.6、腹径约13.2（根据腹部残存弧度与长度测量、推算得出）、残高6.6、胎壁厚0.3～0.5厘米。从残存形制、胎质、施釉、纹饰设计、绘工、青花用料及青花呈色等特点判断，此件标本的时代和窑属性质均应与Xc-151号标本相同，即亦应属明万历时期景德镇民窑烧制的产品（图七一，2；图版一九，2）。

清代早期　5件。序号接续。

（3）Xc-133号

青花龙纹碗残片，1件。口沿、腹部已大部残失，碗底完全无存。现仅存约1/5的口沿和腹壁。从断茬剖面可以看出，此碗口沿为尖圆唇，腹部上部为直壁下垂，下部作缓弧内收。胎色青白，胎质细腻、坚致，无杂质。胎壁较薄，唇部胎厚0.15、下腹壁胎厚0.35厘米。内、外壁均施青白釉，釉面光洁发亮。内壁无瑕疵，外壁有一两处小疵点。内壁素面。外壁口沿之下至腹部，绘线条简率的青花龙纹。因残，龙首残失，只有龙颈部之后的龙身、龙尾和一只前肢与两只后肢，龙身无鳞，只画出轮廓线。龙身和龙尾拱起，呈弯曲波浪形，背鳍只画出四齿，并不连续。龙爪，不论前肢和后肢只能看到侧面显示出来的四爪。青花颜色呈灰蓝色。

Xc-133号青花龙纹碗残片，残长6.8、残宽5.1、腹壁长5.1、胎壁厚0.15～0.35厘米。从胎质、施釉、纹饰设计、绘工、绘画风格、青花用料和青花呈色等特点判断，此件标本原器应属清初景德镇民窑烧制的产品（图七一，3；图版一九，3）。

（4）Xc-049号

青花仙鹤纹小碗残片，1件。此碗口沿、腹部已大部残失，碗底全然无存，仅余口沿和腹壁局部。从断茬剖面可以看出，胎质白净、细腻、坚致，无杂质。腹壁较薄，上部厚0.15、下部厚0.25厘米。口沿外撇，尖圆唇，腹壁作直壁下垂，稍内弧。内、外壁均施白釉，釉层较薄，但莹润光泽。内壁口沿部分上下各施青花弦线纹一周，内填青花宽带纹，腹壁素面。外壁口沿施青花双线圈纹一周，腹壁绘青花仙鹤纹，仙鹤作昂首、展翅向上飞翔状，衬地是青花篱笆纹。寓意应为仙鹤志向高远，"樊篱关不住，蓝天是鹤乡"。构图简单，笔法洗练。青花呈色暗蓝，多有晕散之感。

Xc-049号青花仙鹤纹小碗残片，残长5.7、残宽5.1、胎壁厚0.15~0.25厘米。从胎质、施釉、纹饰设计、笔法、绘画风格、青花用料和青花呈色等特点判断，此件标本原器应属清初至康熙时期景德镇民窑烧制的产品（图七一，4；图版一九，4）。

（5）Xc-056号

青花"福"字八棱变形莲瓣纹杯残件，1件。此杯口沿、腹壁、圈足大部分已残失，现仅存口沿、腹壁、圈足约1/3的局部。从断荏剖面可以看出，胎为白胎，胎质纯净、细腻、坚致，胎壁口沿厚0.1厘米，下腹壁厚0.5厘米，杯底厚0.4厘米。此杯口沿稍外侈，尖圆唇，口沿与腹壁连通一体作八棱面式，深筒腹，下腹部和圈足收敛为圆形。圈足外墙呈内敛式，高0.7

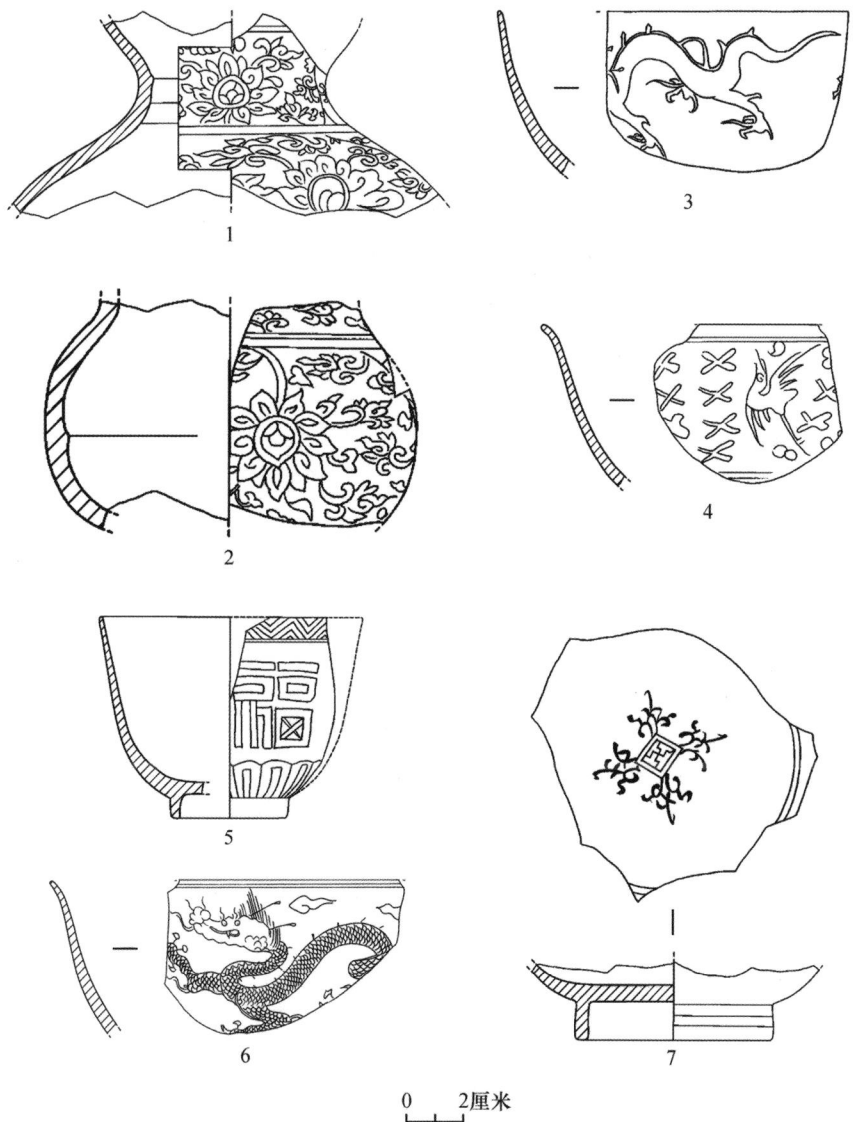

0 ⌊___⌋ 2厘米

图七一　杏花春馆遗址出土民窑器

1.青花缠枝莲纹罐残片（Xc-151）　2.青花缠枝莲纹罐残片（Xc-274）　3.青花龙纹碗残片（Xc-133）
4.青花仙鹤纹小碗残片（Xc-049）　5.青花"福"字八棱变形莲瓣纹杯残件（Xc-056）　6.青花龙纹碗残片（Xc-185）
7.青花"卍"字宝杵纹碗底残片（Xc-057）

厘米，内墙向下直壁内凹，高0.85厘米。内、外壁均施白釉，釉层较厚，釉面细润、光亮，无任何疵点。内壁素面。外壁口沿下绘青花锯齿形山字条带纹，条带纹底边饰一周青花弦线纹，作为口沿纹饰的边饰。腹部八棱面上残存两个棱面，其中有一面书写有青花篆体"福"字，另一面空白；而与空白一面相邻的棱面上，又显露出有"礻"字偏旁的笔划。这表明，此杯的八棱面上还应另有三字，或是三个"福"字，那就是说，原来应为写有四个"福"字的"四福杯"。杯腹壁下部绘青花变形莲瓣纹一周。此杯青花呈色深翠，唯线条不够精细。圈足内底中央遗有青花款识痕迹，但因残，已无法了解是何款识。

Xc-056号青花"福"字八棱变形莲瓣纹杯残件，残宽5.6、底径3.9、高7.1、胎壁厚0.1～0.5厘米。从胎质、施釉、形制、构图设计、笔法、青花用料和青花呈色等特点判断，此件标本原器应属清初康熙时期景德镇民窑烧制的佳品之一（图七一，5；图版二〇，1）。

（6）Xc-185号

青花龙纹碗残片，1件。此碗口沿、腹壁大部分已残失，碗底完全无存。现仅存口沿和腹部约1/5的局部。从断茬剖面可以看出，胎为白胎，胎质细腻、坚致，无杂质。胎壁较薄，唇部厚度仅为0.1厘米，下腹部厚0.35厘米。此碗口沿外撇，腹壁作弧曲下收。内、外壁均施白釉，釉层不厚，但润泽光亮，内、外壁口沿处，均施青花双线圈纹。内壁腹部素面。外壁腹部绘青花龙纹。残存的龙纹缺少后肢和龙尾，尚存龙头、龙身大部和两只前肢大部。龙头顶部长有双角，鬃毛耸起前甩，双目圆睁，龙嘴闭合，露出犬齿，龙须向前飞扬。龙身弓颈，下弯，拱腰，卷起。身上布满细密龙鳞，背鳍立起，鳍尖向后。两前肢均奋力前伸，龙爪（因残不全，看不出是四爪或五爪）皆作抓挠状。在龙头后方，龙身上方，绘有青花云纹两朵，表明此龙正在空中飞腾。此图的龙角和龙爪画法，太过简率、潦草。用两根直线代表龙角，用几根短线代表龙趾，用"小钉帽"代表龙爪，这完全失去了龙角和龙爪的真实感，大大消减了龙的威猛气势和力量。此图所用青料为国产青料，呈色深翠。

Xc-185号青花龙纹碗残片，残长7.4、残宽5.2、胎壁厚0.1～0.35厘米。从胎质、施釉、构图设计、笔法、绘制工艺、青花用料和青花呈色等特点判断，此件标本原器应属清雍正时期景德镇民窑烧制的一般青花瓷产品（图七一，6；图版二〇，2）。

（7）Xc-057号

青花"卍"字宝杵纹碗底残片，1件。此碗口沿、腹部已残失无存，现仅残存碗的下腹部和圈足部分。从断茬剖面可以看出，胎为白胎，胎质纯净、细腻、坚致，无杂质。此碗胎壁厚度适中，下腹部上部厚0.2、下腹部下部厚0.4厘米。内、外壁均施青白釉（包括圈足内底）。圈足底边不施釉，素胎裸露，有涩手之感。碗心绘青花"卍"字宝杵纹，外围青花双线菱形框，菱形的四角分别伸出"十"字形宝杵纹，在"十"字形宝杵头部装饰有青花花草纹，杵尖各出一勾尖，如"鸟喙"，这是雍正时期宝杵纹的特征之一。圈足较高，内、外墙高度均为1.2厘米。外墙素面，施青花三线圈纹一周。圈足内底无款识。

Xc-057号青花"卍"字宝杵纹碗底残片，底径6.87、残高2.6、胎壁厚0.2～0.4厘米。从胎质、施釉、碗底圈足的形制、构图设计、碗心所绘的青花"卍"字宝杵纹的形式风格等特点判断，此件标本原器应属清雍正时期景德镇民窑烧制的少数产品之一（图七一，7；图版二〇，3）。

清代早中期之际至清代中期 8件，序号接续。

（8）Xc-312号

青花海水波浪纹颜料盒残件，1件。此盒盒盖已失，只剩下少半盒身。残存的少半盒形制基本完整。从断茬剖面可以看出，此盒胎壁较薄，胎为白胎，胎质较细腻、坚致，但不够纯净，含有不少细小灰点，口沿胎厚0.1、腹壁厚0.2、盒底厚0.3厘米。整体呈圆形，子母口，直壁，平底，下接一圈矮圈足。盒的口径为5.3、子母口口沿高0.45、盒壁垂直高度为2.1（含圈足在内）、圈足直径6厘米。盒内、外壁与盒底内、外面皆施白釉。釉层较薄，内壁釉面较光洁亮泽，但遗有小气泡。圈足内底釉面发暗，也遗有小气泡。无款识。圈足底边不挂釉，保持涩面。圈足墙既矮又窄。墙高0.25、墙根厚0.2、墙下端厚0.15厘米。盒内壁和盒底均素面无纹，只在盒壁外部表面上、下两端各施青花弦线一周，作为盒外壁上、下边线；在上、下边线之间的空隙处绘有青花海水波浪纹，线条细密、流畅，颇具动感。

Xc-312号青花海水波浪纹颜料盒残件，口径5.3、底径6、盒身通高2.55厘米。从形制、胎质、施釉、纹饰风格、制作工艺及存在的局部瑕疵等特点判断，此件标本的原器应属清雍乾时期景德镇民窑烧制的产品（图七二，1；图版二〇，4）。

（9）Xc-236号

青花缠枝花卉纹罐残片，1件。此罐口沿、颈部、器底均已残失无存，现仅存肩部和腹部约1/6的局部（由4片瓷片对接复原，中间还缺失一小块）。从断茬剖面可以看出，此罐胎为白胎，胎质较细腻、坚致，但内含少量小灰点。胎壁厚度适中，肩部厚0.5厘米，腹部下部厚0.7厘米。内、外壁均施白釉，内壁釉层较薄，虽有光泽，但见少量小棕眼，并显露出制胎过程中慢轮加工留下的横向旋痕。外壁釉层较厚，釉面莹润发亮。内壁素面。外壁满绘青花缠枝花卉纹，纹饰繁缛。但线条流畅，笔法娴熟。青花用料采用的是国产青料，青花呈色深翠、鲜艳。

Xc-236号青花缠枝花卉纹罐残片，残长19.9、残宽13.3、胎壁厚0.5～0.7厘米，原器应是一件体量较大的青花罐。从其胎质、施釉、图案设计、绘画工艺、青花用料及青花呈色等特点判断，此件标本的原器应属清乾隆时期景德镇民窑烧制的质量上乘的大件青花罐产品（图七二，2；图版二一，1）。

（10）Xc-017号

青花石榴纹小碗残件，1件。此碗口沿和腹部残半，圈足大部分尚存。胎为白胎，质地纯净、细腻、坚致、无杂质。胎壁厚度适中，口沿部分厚0.15、下腹部厚0.35厘米。口沿略外撇，腹壁弧壁内收。圈足外墙高0.6厘米，内墙内凹，高0.7厘米。内、外壁均施白釉，釉层较厚，釉面光洁、发亮，但不够细腻。圈足底边未施釉，素胎裸露。内壁口沿下施青花弦线两道，在两道弦线中间绘青花回纹一周；碗心绘青花菊花纹，外围青花双线圈。外壁口沿下绘青花垂帐纹一周，作为口沿部分的边饰。腹壁绘四组青花石榴纹，现存有三组，中间的一组图案完整，绘有3个石榴和相辅枝叶；左、右两组因残，图案不全；还有一组在对面，与中间的一组相对，因残无存；下腹部与圈足衔接处绘青花弦线三道，上托菊瓣纹一周，作为底边边饰，

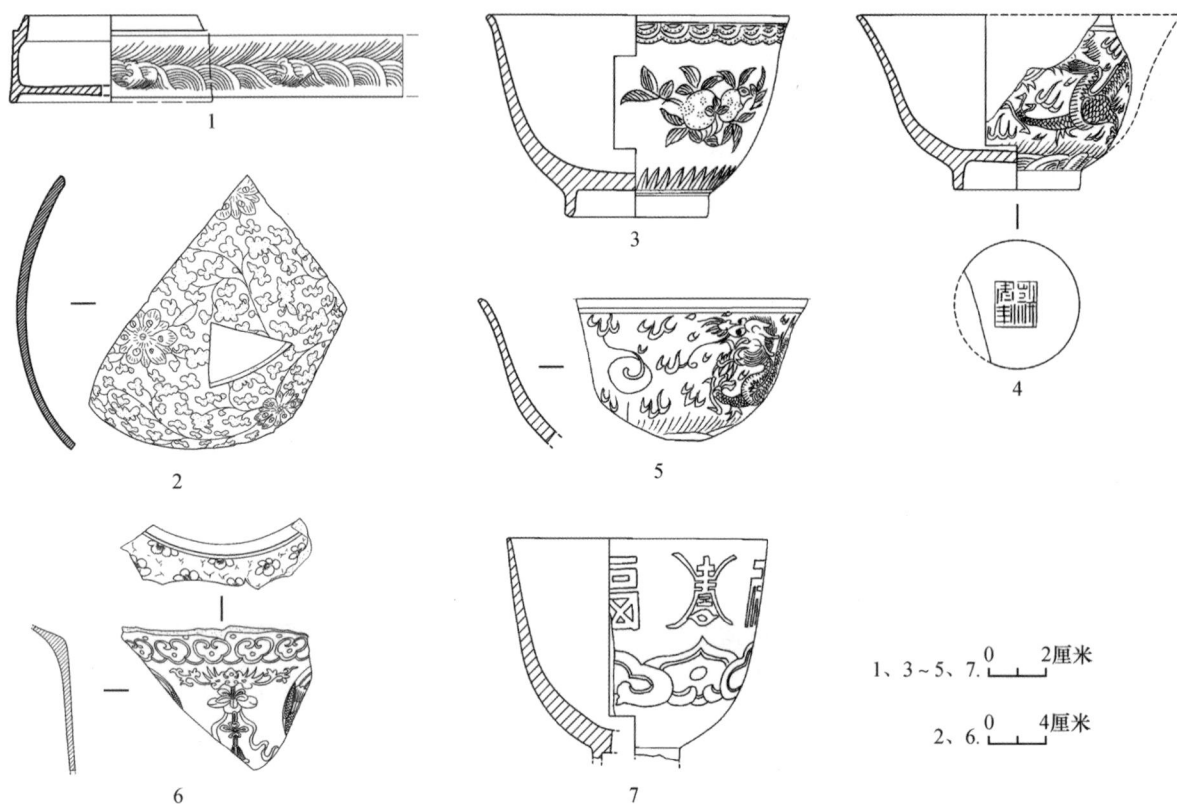

图七二　杏花春馆遗址出土民窑器

1. 青花海水波浪纹颜料盒残件（Xc-312）　2. 青花缠枝花卉纹罐残片（Xc-236）　3. 青花石榴纹小碗残件（Xc-017）
4. 青花白描龙凤纹碗残件（Xc-032）　5. 青花白描龙凤纹碗残片（Xc-048）　6. 青花团凤蝙蝠纹花盆残片（Xc-025）
7. 青花福寿如意纹杯残片（Xc-046）

也是对碗心菊花纹的一个呼应。圈足内底素面，无款识。此碗所绘青花图案线条精细，绘工精致，使用的青料为国产青料，青花呈色深翠、鲜艳。

Xc-017号青花石榴纹小碗残件，口径约9.6、底径4.4、高6.1、胎壁厚0.51～0.35厘米。从造型、胎质、施釉、纹饰设计、绘画风格、青花用料和青花呈色等特点判断，此件标本的原器应属清乾嘉时景德镇民窑烧制的佳品之一（图七二，3；图版二一，2）。

（11）Xc-032号

青花白描龙凤纹碗残件，1件。此碗口沿、腹壁大部已残失，现仅存口沿约1/5、腹壁约2/5、圈足约4/5的局部。从断茬剖面可以看出，此碗胎为白胎，胎质纯净、细腻、坚致、无杂质。胎壁较薄口沿部分厚0.15厘米，腹壁下部厚为0.3厘米。唇为尖圆唇，口略外撇，腹部弧壁内收，圈足较矮，圈足底边不施釉，素胎裸露。圈足外墙高0.6厘米，内墙内凹，高0.7厘米。内、外壁均施白釉，釉层不薄也不厚，釉面莹润光洁。内壁素面。外壁口沿下施青花弦线两道；腹部绘青花白描龙凤纹。凤在左，头向前，尾在后；龙在右，也是头向前，尾在后。因残，凤尾部和龙头部均大部残缺，只残存夔凤的一只翅膀、一只后腿及凤爪，以及凤尾的前半截羽毛；龙只残存一截龙角和一撮向后甩的鬣毛，弓曲的颈部和拱起的一截龙身，以及两只向前伸出的前肢和张开的龙爪（此图中的龙爪均为四爪）。龙身和前肢表面布满了细密的龙鳞。

在凤和龙的身下，即碗的下腹部，绘有青花白描海水江崖纹。在龙与凤之间，在海水江崖纹的上面绘有数朵青花白描火焰纹，表明其上部残缺处原绘有一颗火珠纹。圈足外墙上施青花三线圈。圈足内底署青花方形变体文字款"𠊷"。此碗青花用料为国产青料，青花呈色青翠。

Xc-032号青花白描龙凤纹碗残件，口径约9.9、底径3.87、高5.2、腹壁厚0.15～0.3厘米。从形制、胎质、施釉、构图设计、青花白描技法、青花用料和青花呈色，以及圈足内底所署的方形变体文字款等特点判断，此件标本的原器应属清乾嘉时期景德镇民窑烧制的较好产品之一（图七二，4；图版二一，3）。

（12）Xc-048号

青花白描龙凤纹碗残片，1件。口沿、腹部大部分已残失，碗底完全无存，现仅存口沿和腹壁不足1/3的局部。从断茬剖面可以看出，胎为白胎，胎质纯净、细腻、坚致，无小灰点和杂质。胎壁较薄，口沿处厚0.15、腹壁下部厚0.37厘米。唇为尖圆唇。口略外撇，腹部呈弧壁内收，内、外壁均施白釉，釉层不厚，但釉面晶莹发亮。内壁素面。外壁口沿下施青花双线圈纹一周，作为口沿边饰；腹壁绘青花白描龙凤纹[1]。龙纹居右侧，中间为火珠，左侧应为凤纹。碗心下腹部，即龙与凤的下方，亦绘有青花海水江崖纹，海水江崖纹上面亦有青花白描火焰纹，此构图特点与Xc-032号完全一致。图中龙纹的龙头、前肢、龙爪、龙身大部都保存完整，只缺龙尾。龙头作昂首前探状，龙须前展，双目圆睁，两角后仰，鬃毛甩动；弓颈、挺胸，前肢伸出，四爪张开，作抓挠状，龙身上拱翻卷。全身布满细密龙鳞，背鳍、鳍尖随龙身翻卷而后甩。在龙身周围的空间点缀有数朵青花白描火焰纹，整个图案青花用料为国产用料，青花呈色青翠。构图丰满，线条流畅。

Xc-048号青花白描龙凤纹碗残片，残长7.1、残宽4.25、胎壁厚0.15～0.37厘米。从形制、胎质、施釉、构图设计、青花白描绘图技法、青花用料和青花呈色等特点判断，此件标本的原器亦应属清乾嘉时期景德镇民窑烧制的较好产品之一（图七二，5；图版二一，4）。

（13）Xc-025号

青花团凤蝙蝠纹花盆残片，1件。此件标本口沿、腹部大部分残失，器底完全无存，现仅存残损不全的口沿和腹部局部。从断茬剖面可以看出，胎为灰白胎，胎质较细腻、坚致，含少量小灰点，胎壁较厚实，口沿上边厚0.3厘米，折沿部分厚1厘米，腹壁厚0.5～0.6厘米。口沿为宽沿斜敞，腹壁作直筒形下垂。内、外壁施白釉，内壁釉层较薄、制胎时慢轮加工的横向旋痕清晰可见，近口沿处又加涂一层青白釉，使釉面光滑很多。外壁釉层较厚，釉面光洁发亮。内壁素面。口沿表面绘青花留白冰梅纹，内沿施青花弦线一周，作为口沿边饰。外壁口沿下绘青花留白如意云头纹一周；腹壁绘青花团凤纹和几何形青花蝙蝠结带纹，构图特点是两组团凤纹中间夹填一组几何蝙蝠结带纹。线条精细流畅，工艺精致。青花用料为国产青料，青花呈色青翠、明朗。

---

① 因残，凤纹缺失，但参考Xc-032号标本的形制构图内容，此件标本应与Xc-032号标本大致相同，也应为龙凤组合。

Xc-025号青花团凤蝙蝠纹花盆残片，残长14.2、残宽10.4、胎壁厚0.3～1厘米。从形制、胎质、施釉、构图设计、绘制工艺、青花用料和青花呈色等特点判断，此件标本的原器应属清嘉庆时期景德镇民窑烧制的青花瓷精品之一（图七二，6；图版二二，1）。

（14）Xc-046号

青花福寿如意纹杯残片，1件。口沿、腹壁大部分已残失，碗底则完全无存，现仅存口沿和腹壁约1/5的局部。从断茬剖面可以看出，胎为"糯米胎"，胎质极纯净、细腻、坚致。胎壁上部薄，下部渐厚，口沿处厚0.1、腹壁中间厚0.3、腹下部厚0.6厘米。口沿稍外移，唇为尖圆唇，腹壁直壁下垂，呈筒状，下腹部作缓弧内收。内、外壁均施白釉，釉层较厚，釉面润泽发亮。内壁素面。外壁口沿下至腹壁上部绘青花篆体福寿纹一周，腹壁下部绘青花如意纹一周。构图规整，线条流畅，制作精巧。青花用料为国产青料，青花呈色青翠、鲜艳。

Xc-046号青花福寿如意纹杯残片，口径约8、残高6.6、胎壁厚0.1～0.6厘米。从形制、胎质、施釉、构图设计、绘制工艺、青花用料和青花呈色等特点判断，此件标本的原器应属清嘉庆时期景德镇民窑烧制的佳品之一（图七二，7；图版二二，2）。

（15）Xc-023号

青花缠枝莲纹器盖残件，1件。此器盖口沿、盖身和盖顶面大部分已残失，现仅存约1/7的局部。从断茬剖面可以看出，胎为白胎，胎质纯净、细腻、坚致、无杂质。胎壁厚度适中，顶部厚0.3、近口沿处厚0.4厘米。内、外壁均施白釉，内壁釉层稍薄，可清晰地显露出制胎时慢轮加工留下的横向旋线痕迹；外壁釉层较厚，釉面洁白、细腻、润泽光亮。口沿为子母口，内壁素面无纹。外壁从顶面到口沿满绘青花缠枝莲纹，图案线条流畅，绘工精细。采用国产青料，青花呈色青翠、鲜艳。

Xc-023号青花缠枝莲纹器盖残件，外沿直径14、内沿直径11.5、高3.25、胎壁厚0.3～0.4厘米。从形制、胎质、施釉、构图设计、绘工、青花用料和青花呈色等特点判断，此标本的原器应属清嘉庆时期景德镇民窑烧制的青花瓷器产品（图七三，1；图版二二，3）。

清代中晚期　11件。序号接续。

（16）Xc-058号

青花冰梅纹盖碗残片，1件。口沿、腹壁大部分已残失，碗底完全无存，现仅存口沿约1/5、腹壁约1/4的局部。从断茬剖面可以看出，胎为白胎，胎质细腻、坚致。胎壁较薄，上部口沿部分厚0.2、下部腹底厚0.4厘米。口沿为平沿，子母口，直壁深腹，下部作缓弧内收。内壁施青白釉，釉层较薄，但釉面洁净有光泽。外壁施蓝釉。釉层较厚，釉面晶莹发亮。内壁素面。外壁口沿处绘曲线水波纹一周，下面还施留白弦线一道作为口沿的边饰。腹壁满绘留白冰梅纹，与蓝色的釉面形成明显的反差，效果十分艳丽，整个图案的青花用料为国产青料，青花呈色青翠、鲜艳。

Xc-058号青花冰梅纹盖碗残片，残长7.7、宽6.1、胎壁厚0.2～0.4厘米。从形制、胎质、施釉、纹饰设计、制作工艺、青花用料和青花呈色等特点判断，此件标本的原器应属清嘉道时期景德镇民窑烧制的品相较好的产品之一（图七三，2；图版二二，4）。

（17）Xc-018号

青花菊花纹盆残片，1件。此盆口沿、腹部大部分残失，器底完全无存。现仅存口沿约1/4、腹壁约1/5的局部。从断茬剖面可以看出，胎为灰白胎，胎质较细腻、坚致，内含少量小灰点。胎壁厚度适中，口沿部分较厚，腹壁较薄，口沿外缘厚0.4厘米，口沿里沿（即折沿处）厚0.6厘米，胎壁厚0.3～0.4厘米。此盆口沿为宽边折沿，沿边外缘稍向上倾斜，圆唇，稍带一点卷沿，腹壁为弧壁内收。内、外壁均施白釉，釉层较厚，釉面光洁发亮，仅在外壁表面发现一两处小灰点，内壁纯净无瑕疵。纹饰主要集中于内壁。口沿里、外边缘各施青花弦线两道，中间绘冰梅纹。折沿之下，腹壁表面绘青花菊花纹，线条准确、笔法娴熟，绘工精致。外壁大部分素面，仅腹壁中腰处绘有青花草叶纹。因残，只露出一片叶尖，其余大部缺失。青花用料为国产青料，青花呈色青翠、鲜艳。

Xc-018号青花菊花纹盆残片，残长24.3、残宽9.8、胎壁厚0.3～0.6厘米。从造型、施釉、构图设计、线条、绘工、青花用料和青花呈色等特点判断，此件标本原器应属清道光时期景德镇民窑烧制的佳品之一（图七三，3；图版二二，5）。

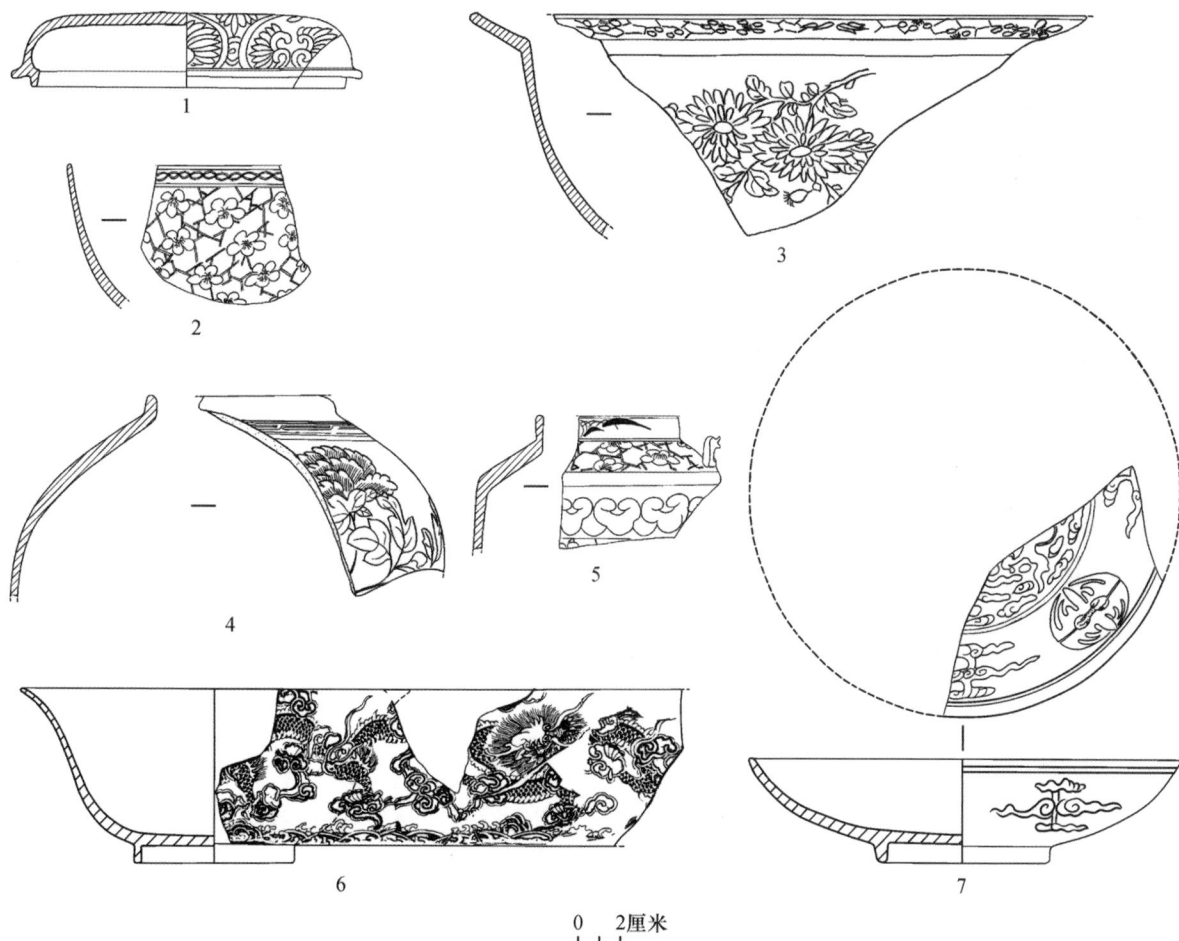

0   2厘米

图七三　杏花春馆遗址出土民窑器

1.青花缠枝莲纹器盖残件（Xc-023）　2.青花冰梅纹盖碗残片（Xc-058）　3.青花菊花纹盆残片（Xc-018）
4.青花牡丹纹罐残片（Xc-027）　5.青花冰梅纹执壶残片（Xc-055）　6.青花海水江崖龙纹碗残件（Xc-020）
7.青花"壬"字云龙纹盘残件（Xc-108）

（18）Xc-027

青花牡丹纹罐残片，1件。口沿、腹壁大部分已残失，器底完全无存。现仅存口沿约1/4、腹壁约1/5的局部。从断茬剖面可以看出，胎为灰白胎，含较多小灰点和杂质，不细腻，但质地较坚致。胎壁较厚实，口沿颈部厚0.4～0.6厘米，腹壁上厚下薄，上部厚0.6、下部厚0.3厘米。口沿为圆棱唇，斜坡式素胎短颈，下接素胎弧肩和施釉的圆形鼓腹。内、外壁均施白釉，内壁釉层较薄，制胎时轮制的横向旋痕仍清晰可见，还遗有少量棕眼和灰点。外壁如上所述，短颈和肩部上段均未施釉，以素胎呈现，上面遗有轮制横向旋痕，肩部下段和腹部均施较厚的白釉，釉面光润发亮，但遗有少量小棕眼，罐内壁素面，外壁肩部下段上、下各施青花弦线一道，弦线中间绘青花长条回纹作为肩部边饰，腹部表面绘青花牡丹纹。画面中，牡丹花正值盛开之际，辅衬的枝叶也都形态饱满，春意盎然。所绘的花朵、枝叶，线条流畅，工艺精致。青花用料为国产青料，青花呈色青翠、艳丽。

Xc-027青花牡丹纹罐残片，残长11.7、残宽8.9、胎壁厚0.3～0.6厘米。从其造型、胎质、施釉、构图设计、绘制工艺、青花用料及青花呈色等特点判断，此件标本原器应属清道光时期景德镇民窑烧制的产品（图七三，4；图版二三，3）。

（19）Xc-055号

青花冰梅纹执壶残片，1件。此壶口沿肩部、腹部大部分已残失，壶底完全无存。现仅存口沿、肩部和腹部约1/4的局部。从断茬剖面可以看出，胎为白胎，胎壁较细腻、坚致、无杂质。胎壁较厚实，口沿厚0.2、肩部厚0.55、腹壁厚0.3厘米。直口、短颈、折肩、斜弧腹。口沿内壁留有一圈素胎，未施釉。除此之外，其余内、外壁均施青白釉。内壁釉层较薄，肩、腹部尚清晰可见制胎时的轮制横向旋痕。外壁釉层较厚，釉面光洁发亮。施纹也皆集中在外壁。口颈上下各施青花弦线一道，中间绘青花草叶纹；肩部绘青花冰梅纹，另在肩部下沿附饰抹角如意形环耳（现残存1个，已残为半截）；腹壁上部绘青花葡萄纹一周；腹壁中下部绘青花冰梅纹，仅残存一点局部，大部分已残失。冰梅纹用留白技法绘制，与深蓝地釉反差鲜明，格外醒目、艳丽。青花用料为国产青料，青花呈色深翠、鲜艳。

Xc-055号青花冰梅纹执壶残片，残长7.5、残宽6.8、胎壁厚0.2～0.55厘米。从造型、胎质、施釉、构图设计、制作工艺、青花用料和青花呈色等特点判断，此标本原器应属清道光时期景德镇民窑烧制的佳品之一（图七三，5；图版二三，2）。

（20）Xc-020号

青花海水江崖龙纹碗残件，1件。此碗口沿、腹壁和圈足大半已残失，现仅存一少半局部。从断茬剖面可以看出，胎为白胎，胎质细腻、坚致、无杂质。胎壁相对较薄，口沿部分厚度为0.18厘米，腹壁下部厚度为0.5厘米。内、外壁均施白釉，釉层较厚，釉面润洁发亮。口沿外撇，腹弧壁内收，下接圈足，圈足外墙高0.9厘米，内墙内凹，高1厘米。圈足底边不施釉，素胎裸露。内壁素面无纹。外壁口沿和下腹部与圈足外墙衔接，各施青花弦线一道，分别作为口沿和碗底边的边饰。腹壁表面绘青花云龙纹。因残，现存画面中，只绘有两条残缺不全的龙。左侧的一条缺龙头和龙尾，只有龙身和一只前肢加一只后肢及龙爪；右侧的一条有龙头、龙身、一只前肢和一只后肢，但缺龙尾。二龙身上和前、后肢都布满细密龙鳞。龙爪都是五爪，皆用力抓住如意云纹。龙头作仰面前视，双眼圆睁，鬣毛炸开，龙须前伸弯卷，背鳍的鳍尖皆随龙身的翻腾而后甩。在龙身上和周围的空间都填绘有飘动的祥云。在龙身的下方绘有海水江崖纹一周，海水浪花翻滚，江崖在海水浪花中耸立。整个图案充满动感，龙的矫健身躯在空中不断翻腾，在海水江崖的衬托下，更显力撼乾坤的磅礴气势。绘画所用青料为国产青料，青花呈色深翠、鲜艳。

Xc-020号青花海水江崖龙纹碗残件，口径约18、底径7（根据残存的口径和底径的弧度和长度分别测量、推算得出）、高8、胎壁厚0.18～0.5厘米。从其造型、质地、施釉、纹饰设计、绘画工艺、青花用料和青花呈色等特点判断，此件标本的原器应属清道光时期景德镇民窑烧制的产品（图七三，6；图版二三，1）。

（21）Xc-108号

青花"壬"字云龙纹盘残件，1件。此盘口沿、腹壁、盘底大部分已残失，现仅存口沿、腹壁和圈足不足1/5的局部。从断茬剖面可以看出，胎为白胎，胎质细腻、坚致、无杂质。胎壁厚度适中，口沿部厚0.35、腹壁下部厚0.5厘米。口沿为尖圆唇，腹壁作弧壁斜线内收，下接圈足。内、外壁均施青白釉，釉层较厚，釉面润泽、光亮。内、外口沿下均施青花双线圈纹，作为口沿边饰。内壁腹部绘青花"壬"字云龙纹间青花团蝙蝠纹。下腹部与圈足交接处亦绘青花双线圈纹，作为盘底边饰。盘内底绘"壬"字云龙纹。因残，龙纹仅保存有龙身和龙尾的一截及一只后肢和残龙爪。龙身、龙尾和后肢，均为暗蓝色。笔法简单，只采用曲线，较抽象地表现龙的形象，而不做具象描绘。如龙鳞，只用深蓝色小点点几笔来表示；龙的背鳍和尾鳍等全被省去；龙周围的云纹，多用波折曲线填塞一下空当，就表示有云纹，等等，显得过于草率。外壁腹部绘青花"壬"字云纹。圈足内底因残，有无款识不明。此盘青花用料为国产青料，青花呈色暗蓝。

Xc-108号青花"壬"字云龙纹盘残件，口径约20.2、底径约12.5（根据口沿和圈足残存部分的弧度和长度分别测量、推算得出）、高4.3、胎壁厚0.35～0.5厘米。从形制、胎质、施釉、构图设计、绘工、青花用料和青花呈色等特点判断，此件标本的原器应属清道光时期景德镇民窑烧制的青花瓷产品（图七三，7；图版二三，4）。

（22）Xc-044号

青花锦鸡牡丹纹瓶残片，1件。此瓶口、颈、肩、底已残失，现仅存口沿、腹壁和圈足不足1/4的局部。从断茬剖面可以看出，胎为白胎，胎质较纯净、细腻、坚致，无灰点和杂质。胎壁较薄，胎壁上部厚0.2、下部厚0.36厘米。内、外壁均施白釉，釉层较厚，釉面润洁发亮。内壁素面，外壁绘青花锦鸡牡丹纹。因残，锦鸡和牡丹图案均不完整，锦鸡缺头和尾部大半，牡丹仅残存花瓣局部和辅衬的枝叶。残存的锦鸡仪态雄伟，显得既高贵又威武。青花用料为国产青料，青花呈色深翠、鲜艳。

Xc-044号青花锦鸡牡丹纹瓶残片，残长7.2、残宽6.7、胎壁厚0.2～0.36厘米。从胎质、施釉、图案设计、绘画工艺、青花用料和青花呈色等特点判断，此件标本的原器应属清道光时期景德镇民窑烧制的佳品之一（图七四，1；图版二四，1）。

（23）Xc-054号

青花锦鸡牡丹纹瓶残片，1件。此瓶口沿、颈部和器底已残失无存，仅存肩部一点局部和腹壁上半部不足1/3的局部。从断茬剖面可以看出，胎为白胎，胎质细腻、坚致，仅有极少杂质。胎壁厚度适中，肩部厚0.4、腹壁厚0.3厘米。内、外壁施白釉，釉层较厚，釉面莹润发亮。肩部为斜坡折肩，腹部作斜直壁下垂。在残存的肩部下沿施两道青花弦线，其上绘青花回纹一周，作为肩部边饰。折肩与腹部交接处施青花弦线一周，作为腹部上部边饰。青花弦线之下，腹壁表面绘青花锦鸡牡丹纹，因残，锦鸡形象残失，仅存牡丹花、枝叶。图案线条细致、流畅、绘工精致。青花用料为国产青料，青花呈色青翠、艳丽。

Xc-054号青花锦鸡牡丹纹瓶残片，残长9.5、残宽5、腹壁厚0.3～0.4厘米。从胎质、施釉、构图设计、绘制工艺、青花用料和青花呈色等特点判断，此件标本原器应属清道光时期景德镇民窑烧制的上品之一（图七四，2；图版二四，2）。

（24）Xc-115号

青花结带八宝纹大碗残片，1件。此碗口沿大部已残失，仅存很小的一块局部，腹壁大部残失，仅存腹壁上半部不足1/4的部分，下腹部及圈足完全无存。从断茬剖面可以看出，胎为白胎，胎质较细腻、坚致，但含有少量灰点和杂质。胎壁厚度适中，口沿部分厚0.2、腹壁中下部厚0.7厘米。内、外壁均施青白釉，釉层较厚、釉面莹润光亮。内壁素面。外壁绘青花结带八宝纹。构图疏朗，线条流畅。青花用料为国产青料，青花呈色青翠、艳丽。

Xc-115号青花结带八宝纹大碗残片，残长12、残宽7、胎壁厚0.2～0.7厘米。从胎质、施釉、构图设计、绘制工艺、青花用料和青花呈色等特点判断，此件标本原器应属清道光时期景德镇民窑烧制的佳品之一（图七四，3；图版二四，3）。

（25）Xc-053号

青花福寿钱纹盘残片，1件。此盘口沿已残失无存，现仅存盘壁下部和圈足下部约2/3的部分。从断茬剖面可以看出，胎为白胎，胎质纯净、细腻、坚致、无杂质。腹壁厚度适中，腹壁下部厚0.15厘米，盘底厚0.4厘米。内、外壁施白釉，釉层较厚，釉面润泽光亮。内壁盘心绘青花钱纹，外围青花双线圈；盘腹壁绘青花篆体"福""寿"字和钱纹，三者作间隔布局，因残，图案大多残缺不全。外壁下腹部与圈足交接处施青花双线圈一周，圈足内底署青花"万字结"（盘长结），线条拐弯处笔法生硬，不够圆润。青花用料为国产青料，呈色青翠、鲜艳。

Xc-053号青花福寿钱纹盘残片，底径9、残高2、胎壁厚0.15～0.4厘米。从胎质、施釉、构图设计、绘制工艺、青花用料和青花呈色等特点判断，此件标本原器应属清道光时期景德镇民窑烧制的产品（图七四，4；图版二四，4）。

（26）Xc-033号

青花山水纹胭脂盒残件，1件。此标本仅存盒身，其中盖无存，盒口沿、腹壁和器底也有1/4残失，尚有3/4保存原状。在残件标本中算是较好的一例。盒为子母口，内、外壁施白釉，釉层较厚，釉面亮泽，腹壁斜弧下收，接矮圈足。圈足底边未施釉，保持素胎，圈足内底为平

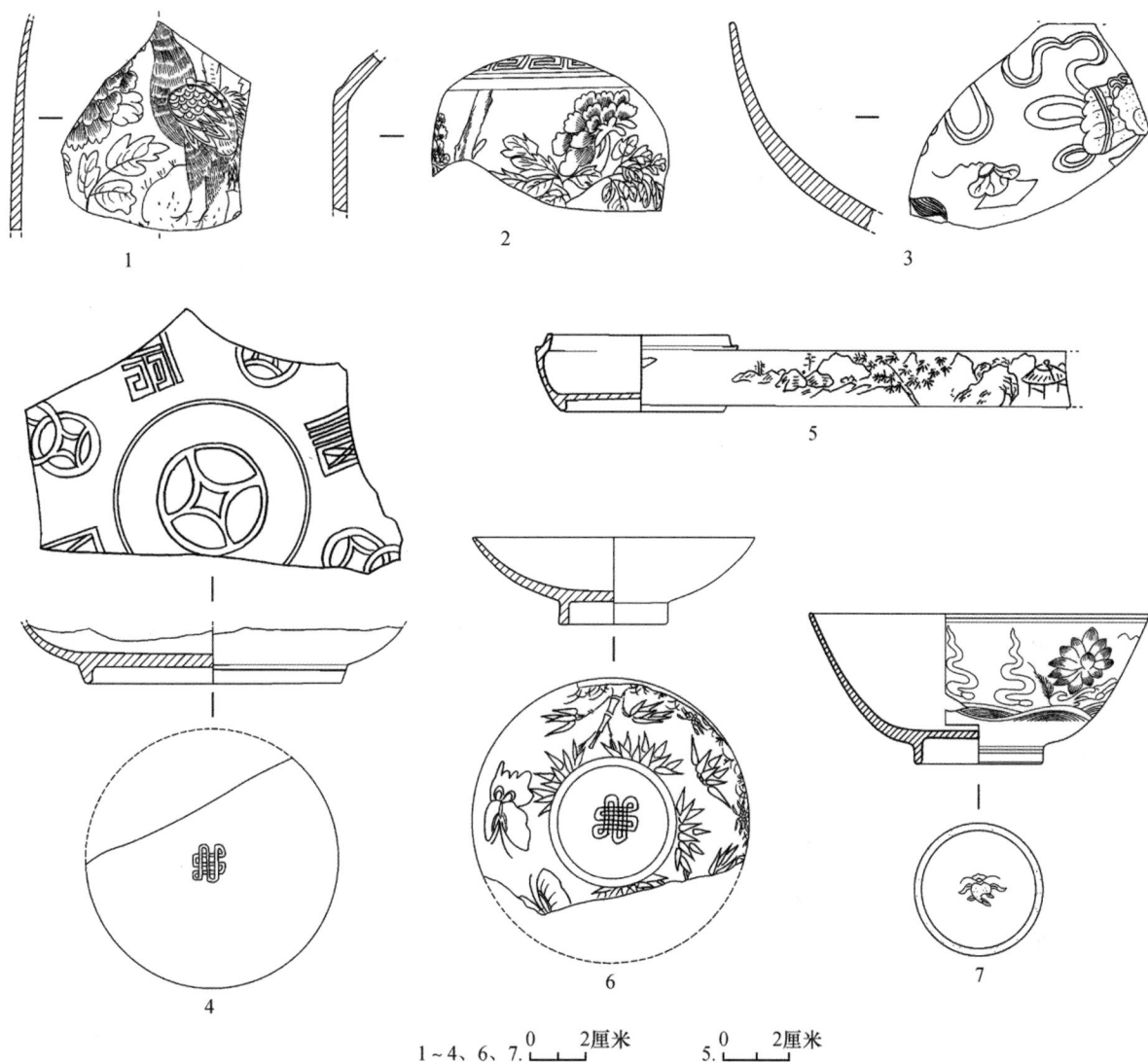

图七四　杏花春馆遗址出土民窑器

1.青花锦鸡牡丹纹瓶残片（Xc-044）　2.青花锦鸡牡丹纹瓶残片（Xc-054）　3.青花结带八宝纹大碗残片（Xc-115）
4.青花福寿钱纹盘残片（Xc-053）　5.青花山水纹胭脂盒残件（Xc-033）　6.青花竹叶蝴蝶纹茶碗盖残件（Xc-026）
7.青花海水莲花纹碗残片（Xc-179）

底。内壁素面。外壁绘青花山水纹，画面中所绘山石、树林、凉亭、水面和云气，视野开阔，笔法细腻，富有层次，意境深远，在一个很小的空间里，为人们呈现了一幅清净、辽阔而淡雅的山水画卷，实在难能可贵。青花用料为国产青料，呈色青翠、雅致。

Xc-033号青花山水纹胭脂盒残件，口径5.35、底径4.72、高2.16厘米。从胎质、施釉、构图、绘制工艺、青花用料和青花呈色等特点判断，此件标本原器应属清道光时期景德镇民窑烧制的小件青花瓷器中的佳品之一（图七四，5；图版二四，5）。

清代晚期　2件。序号接续。

（27）Xc-026号

青花竹叶蝴蝶纹茶碗盖残件，1件。此碗盖口沿、腹壁残失约1/3，尚保存2/3，捉手完整，这在瓷器残件标本中应是较好的一例。捉手直壁，稍高，顶沿不施釉，白色素胎，内、外墙高均为0.8厘米。盖面膨肩外弧，缓慢下收，沿边为小圆唇。胎为白胎，胎质细腻、坚致，无杂质。胎壁较薄，体重较轻。沿边厚0.15、捉手与肩部衔接处厚0.3厘米。内、外壁施青白釉。釉层较厚，釉面润洁发亮。内壁素面。外壁绘青花竹叶蝴蝶纹。近底边处绘草叶纹和朵花纹，作为底边边饰。但只绘了一半，便与底边边缘涂的蓝色条带纹一起，半途中断了。剩余的一半空白未有接续，这是不合常规的。另外，碗盖肩、腹部左、右两侧的弧度高低有差，不够对称，下沿底边不平齐，也不对称。这些特点表明，此件标本在制作工艺上不够讲究，比较粗糙。捉手内底署青花双线勾边"万字结"（盘长结）。但"万字结"轮廓线勾描得不流畅，拐角处生硬、多折棱、不圆润。此图案的青花用料为国产青料，青花呈色为蓝灰色，不够明朗。

Xc-026号青花竹叶蝴蝶纹茶碗盖残件，口径10、捉手径3.8、高3.5、胎壁厚0.15～0.3厘米。从形制、胎质、施釉、构图、绘制工艺、青花用料和青花呈色等特点判断，此件标本的原器应属清道光至同治时期景德镇民窑烧制的产品（图七四，6；图版二五，1）。

（28）Xc-179号

青花海水莲花纹碗残片，1件。此碗口沿、腹壁大部分已残失，现仅存口沿和腹壁约1/5的部分，唯圈足保存完整。从断茬剖面可以看出，胎为白胎，胎质纯净、细腻、坚致，无杂质。胎壁较薄，口沿处厚0.15、下腹部厚0.4厘米。内、外壁均施白釉，釉层较厚，釉面莹润光亮。口沿唇部为尖圆唇，稍外侈，腹壁作弧曲内收，下接圈足。圈足外墙稍内敛，高0.7厘米，圈足内墙直壁下凹，高0.9厘米。圈足底边不施釉，素胎裸露。内壁素面。外壁口沿下施青花弦线两周，腹壁绘青花海水莲花纹。海水波浪起伏，浪花翻涌。以青花线条勾描海水波浪和浪花轮廓线，波浪外缘波峰与波谷、波峰上翻涌的白色浪花均以留白方式表现出来，与海水的深蓝色形成鲜明反差，格外醒目。在海水波浪以上的空间，还以深蓝色的纵向曲线绘出缕缕向上升腾的云气，而莲花悬置于白色浪花之上的空中，寓意：此乃仙莲降临也。圈足外墙表面施青花弦线三道。圈足内底中央署青花植物纹样款"𦱌"。此碗青花图案线条流畅，绘工较为精细，所用青料为国产青料，青花呈色青翠、靓丽。

Xc-179号青花海水莲花纹碗残片，口径约12.2（根据碗口沿残存弧度和长度测量、推算得出）、底径4.6、高5.2、胎壁厚0.15～0.4厘米。从形制、胎质、施釉、构图设计、绘制工艺、青花用料和青花呈色等特点判断，此件标本的原器应属清同治时期景德镇民窑烧制的产品（图七四，7；图版二五，3）。

2. 杂彩瓷

清代中期　1件。序号接续。

（29）Xc-370号

仿哥釉（深豆青釉）盆底残片，1件。此盆口沿、腹壁皆已残失无存，仅余器底约1/4的局部，包括盆壁底边与盆底连接部位、盆底及圈足局部。从断茬剖面看，胎为灰胎，胎质坚致，但含少量气孔，胎厚0.6厘米。盆内、外壁均施深豆青釉，盆内底表面釉层较厚，厚度为0.18 ~ 0.2厘米；盆内底与盆壁交接处积釉更厚，厚度达0.4厘米。盆内、外壁及盆外底施釉均较薄，其中盆内壁釉层大部分厚为0.1厘米，只有在拐角处厚度才增为0.18厘米；盆外壁和盆外底釉层厚0.05 ~ 0.08厘米。盆内、外壁釉层表面均为仿哥釉冰裂纹样式开片，其中尤以盆内底的冰裂纹开片纹理较为清晰，但遗有3处疵点。盆外底另加一周圈足，圈足的胎与盆底的胎接茬痕迹清晰可见。从残存约1/4的局部判断，圈足为弧边方形，弧边皆作抹棱式，圈足高1.5、上端宽1.5、下端宽0.7厘米。下端为平底，表面施一层黑色釉。圈足侧面遗有2个砂眼，并有裂隙疵点。在盆外底侧面中间部位与圈足衔接处遗有一个长圆形镂孔，镂孔边缘遗有3个砂眼，镂孔残断，用途不详。

Xc-370号仿哥釉（深豆青釉）盆底残片，残长11.4、残宽10、残高3.2、胎壁厚0.6厘米。从形制、胎质、施釉、制作工艺特点看，此件标本的原器应属清乾隆时期景德镇民窑为仿哥窑器而专意烧制的仿品（图七五，1；图版二五，2）。

3. 粉彩瓷

20件。其时代和数量分布特点情况是：清代早期1件（康熙时期1件，Xc-008）；清代中期2件（嘉庆时期2件，Xc-125，Xc-167）；清代中晚期11件（道光时期11件，Xc-001，Xc-009，Xc-010，Xc-002，Xc-235，Xc-356，Xc-014，Xc-136，Xc-176，Xc-111，Xc-122）；清代晚期6件（道光至同治时期3件，Xc-045，Xc-040，Xc-007；同治时期2件，Xc-153，Xc-003；同治至光绪时期1件，Xc-013）。

现按时代早晚顺序依次介绍这20件粉彩瓷重点标本。

清代早期 1件。序号接续。

（30）Xc-008号

粉彩鸡缸碗残件，1件。此碗口沿、腹部和碗底大部分已残失，现仅存口沿很小的一块，还有腹壁和器底不足1/3的局部。从断茬剖面可以看出，胎为白胎，胎质细腻而坚致。胎壁厚度适中，口沿唇部厚0.16、腹壁下部厚0.4厘米。尖圆唇，腹壁弧曲内收，下接矮圈足。圈足外墙高0.5厘米，内墙下凹，高0.6厘米。内、外壁均施青白釉，釉层较厚，釉面光润亮泽。圈足底边不施釉，素胎裸露。内壁素面。外壁腹部绘粉彩锦鸡花草纹。残存的画面上绘有雄鸡两只，皆为红冠、红坠、黄身、墨绿尾，作动态状。一只位于口沿下、腹壁上部；另一只居左下方，位于腹壁中间。居上部者为侧身全形，立置、昂首、弓颈、张喙，尾部向上扬卷，作正在啼鸣状；居中间者为正面扭头全形，凝视正在啼鸣者，尾部亦向上弯卷。两只雄鸡周围填绘绿色草叶纹。圈足内底署青花伪托楷体"大明成化年制"六字双行款。因残，右侧的三个字"大明成"缺失了"明""成"二字，"大"字也缺了右侧的一半，只剩下左侧的三个字"化年制"（ ）。其中"制"字写的是简体字，与现代汉字简化字里"制"字写法完全一致，在伪托款之外，围以青花双线圈。

Xc-008号粉彩鸡缸碗残件，口径约9.6、底径约4.1（根据碗口沿和圈足残存的弧度和长度分别测量、推算得出）、高5.4、胎壁厚0.15～0.4厘米。从碗的形制、胎质、施釉、构图设计、粉彩搭配、绘制工艺以及圈足内底所署的青花伪托纪年款的形式、笔法等特点判断，此件标本原器应属清康熙时期景德镇民窑为仿明成化德化窑的瓷器而制造的仿品（图七五，2；图版二五，4）。

清代中期　2件。序号接续。

（31）Xc-125号

豆青地粉彩寿桃纹碗残片，1件。此碗口沿、腹部大部分已残失，碗底完全无存，现仅存口沿和腹壁约1/4的局部。从断茬剖面可以看出，胎为青白胎，胎质细腻、坚致、无杂质。胎壁厚度适中，口沿处厚0.15、腹壁中部厚0.25、腹壁下部厚0.6厘米。口沿稍侈，平圆唇，腹壁弧壁内收。内、外壁均施豆青釉，内壁釉层薄，色浅，虽有光泽，但不亮。外壁釉层厚，色深，釉面光洁发亮。内壁素面。外壁在豆青釉上绘粉彩寿桃纹。因残，画面上只保留有两个半

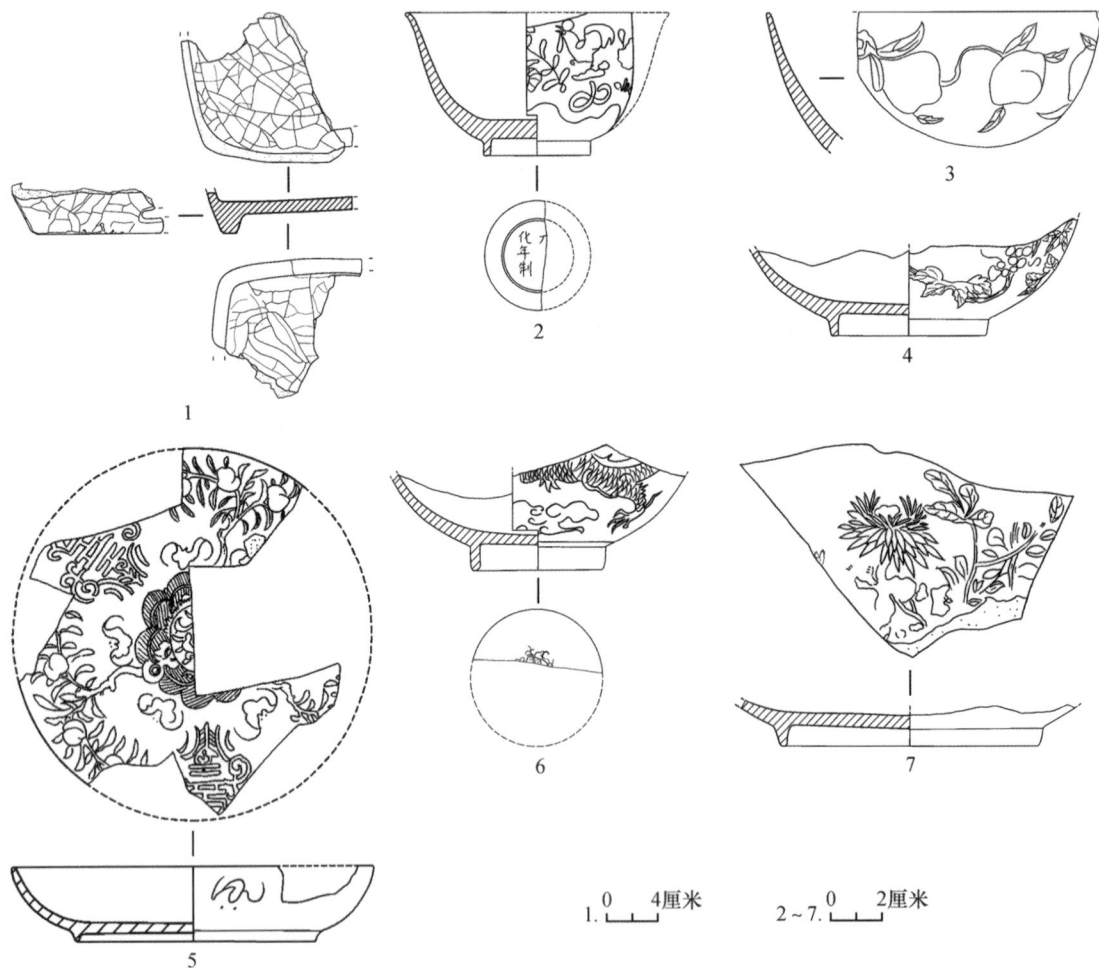

1.　　　　　2.　　　　　3.　　　　　4.

5.　　　　　6.　　　　　7.

1. 0 4厘米　　　　2～7. 0 2厘米

图七五　杏花春馆遗址出土民窑器

1. 仿哥釉（深豆青釉）盆底残片（Xc-370）　2. 粉彩鸡缸碗残件（Xc-008）　3. 豆青地粉彩寿桃纹碗残片（Xc-125）
4. 粉彩葡萄纹碗残片（Xc-009）　5. 粉彩福寿花卉纹盘残件（Xc-167）　6. 蓝地粉彩云龙纹碗残片（Xc-001）
7. 粉彩菊花纹盘底残片（Xc-010）

寿桃。按此比例推测，原器上应绘有8个寿桃。寿桃顶部施桃红色，下部施粉白色，桃子下面还绘有绿色的桃叶和枝茎。

Xc-125号豆青地粉彩寿桃纹碗残片，残长9.3、残宽5、胎壁厚0.15～0.6厘米。从胎质、施釉、图案设计、粉彩配置、绘画风格等特点判断，此件标本原器应属清嘉庆时期景德镇民窑烧制的产品（图七五，3；图版二六，1）。

（32）Xc-167号

粉彩福寿花卉纹盘残件，1件。此盘口沿、腹壁大部分已残失，底盘少部分残失，现仅存口沿约1/4、腹壁约1/3、盘底约4/5的部分。从断茬剖面看，胎为白胎，胎质细腻、坚致、胎壁较薄，口沿部分厚0.15厘米，盘底厚约0.4厘米。盘口外侈，略斜敞，小圆唇，腹深度适中，腹壁作斜弧内收，接圈足，圈足内、外墙高，均为0.3厘米。内、外壁均施青白釉，釉层较厚，釉面莹润亮泽。纹饰主要分布在内壁，盘心部分设计为重圈绿彩花式口形寿桃纹一周，盘心中心绘红彩蝙蝠一只，作向内飞舞状；同时配有绿叶寿桃纹一组（因残，寿桃缺失，缺失的寿桃可能为粉红彩），以表达福寿之意。内壁口沿下至盘心之间的腹壁表面绘粉彩篆体"寿"字和寿桃纹，"寿"字施红彩，寿桃施粉红彩，桃树枝施褐彩，从蓝色洞石后伸出，桃树茎叶施绿彩。"寿"字纹和寿桃纹各为三个（或三组），作三等分间隔布局，即每两个"寿"字中间都绘有一组寿桃纹，或每两组寿桃纹中间都绘有一个"寿"字纹。寿桃纹线条准确、流畅；"寿"字书法不够规范，线条较为呆板、生硬。绘寿桃纹的和写"寿"字纹的，二者艺术素养差别明显，这幅图案或是两个艺匠合作完成的。在盘心重圈绿彩花式口寿桃纹与腹壁寿字纹和寿桃纹之间的空隙处，又填绘一圈五只红彩蝙蝠纹，这五只蝙蝠皆作向外，向"寿"字的方向、即向口沿的方向飞舞。外壁、口沿下、腹壁上部皆绘粉彩红色蝙蝠三只，因残，残失一只。这三只蝙蝠皆朝下（即朝盘底方向）飞舞。圈足内底署朱书篆体"大清嘉庆年制"六字三行款。因残，六个字仅存上部三个字的字头，即"大""嘉""年"，下面三个字"清""庆""制"已残失无存。此款识残存状况如图所示"🜉🜉🜉"。该年款篆书笔迹不太规范，与官窑款的篆书字迹差别明显。

Xc-167号粉彩福寿花卉纹盘残件，口径约14.7（根据此盘圈足残存弧度和长度测量、推算得出）、底径9.2、高2.8、胎壁厚0.15～0.4厘米。从形制、胎质、施釉、构图设计、粉彩搭配、绘制工艺及圈足内底所署的朱书篆体六字三行款的残迹等特点判断，此件标本的原器应属清嘉庆时期景德镇民窑烧制的粉彩器产品（图七五，5；图版二六，2）。

清代中晚期　11件。序号接续。

（33）Xc-001号

蓝地粉彩云龙纹碗残片，1件。此碗口沿已残失无存，腹壁和器底也大部分残失，现仅存腹壁和器底不足1/3的局部。从断茬剖面可以看出，胎为白胎，胎质纯净、细腻、坚致。胎壁厚度适中，腹壁上部厚0.26、下部厚0.5厘米。下腹部与圈足衔接处作斜弧内收。圈足外墙内敛，高0.7厘米，内墙内凹，高0.8厘米，内、外壁均施白釉，釉面莹润光亮，圈足底边不施釉，素胎裸露。外壁在白釉之上再施一层蓝釉，并在蓝釉之上绘白色粉彩云龙纹，因遭火焚，粉彩多已脱落，蓝釉颜色变浅。龙纹通体绘白色，只有背鳍和龙爪绘黄色（现已变为淡黄色）。因残，龙无头、无尾，仅存很短的一截龙身、前肢下端的五爪，以及后肢和其下端的五爪，五爪皆作张开抓挠状。龙身下面的几朵祥云亦均为乳白色。碗底部与圈足衔接处施粉彩弦线一周，颜色也变为白色。圈足内底中央署有朱色植物纹样款，因残，此款识仅残存一少半" <!-- 残款图案 --> "，是何种植物难以确定。

Xc-001号蓝地粉彩云龙纹碗残片，底径约5.1（根据碗底圈足残存弧度与长度测量、推算得出）、残高3.8、胎壁厚0.26～0.5厘米。从胎质、施釉、图案设计、粉彩绘制工艺及圈足底残存的植物纹样款等特点判断，此件标本的原器应属清道光时期景德镇民窑烧制的产品（图七五，6；图版二六，3）。

（34）Xc-009号

粉彩葡萄纹碗残片，1件。此碗口沿残失无存，腹部大部分已残失，现仅存腹壁和圈足不足1/4的局部。从断茬剖面可以看出，胎为白胎，胎质细腻、坚致、无杂质。胎壁厚度适中，腹壁上部厚0.2、下腹厚0.6厘米。腹壁作弧线内收，接圈足。圈足较矮，外墙高0.55厘米，内墙内凹，高0.7厘米。圈足底边不施釉，素胎裸露。内、外壁均施白釉，釉面莹润，有光泽。内壁素面。外壁绘粉彩葡萄纹。因残，画面中只能见到三串葡萄。葡萄粒用粉红、紫红和绿色三色搭配，像珍珠一样美丽。葡萄藤用浅褐色描绘，上面还有几个藤结。葡萄叶以黄绿和翠绿色搭配，细致地画出叶脉纹，并绘出弯卷伸展的葡萄蔓。笔法细致，绘工精细，写实风格明显。

Xc-009号粉彩葡萄纹碗残片，残长6.9、残高5.7、胎壁厚0.2～0.6厘米。从胎质、施釉、纹饰设计、绘画技法、粉彩搭配、绘制工艺等特点判断，此件标本的原器应属清道光时期景德镇民窑为仿明成化葡萄纹杯而专门烧造的品相上乘的仿制品（图七五，4；图版二六，4）。

（35）Xc-010号

粉彩菊花纹盘底残片，1件。此盘口沿、盘壁皆已残失，现仅存盘底约1/3的局部。从断茬剖面可以看出，胎为白胎，质地细腻、坚致。胎壁厚度适中，残余盘壁厚0.3、盘底厚0.5厘米。内、外壁均施白釉，釉层略厚，釉面细腻、莹润、亮泽，圈足底边不施釉，为素胎裸露。盘底部与圈足衔接处呈低平斜弧线形，圈足为矮圈足，外墙高0.55厘米，内墙内凹，高0.65厘米。表明此盘为浅腹盘。盘内壁在白釉面上绘粉彩菊花纹。菊花花瓣用粉紫、鹅黄、粉红三色搭配，并衬以绿叶、褐色枝茎，还有红叶等。线条流畅而细致。构图设色既雅致，又鲜艳。圈足内底素面，无款识。

Xc-010号粉彩菊花纹盘底残片，底径约9（根据圈足残存弧度和长度测量、推算得出）、残高1.5、胎壁厚0.2～0.5厘米。从胎质施釉、构图设计、线条、笔法、粉彩搭配等风格特点判断，此件标本的原器应属清道光时期景德镇民窑烧制的一件不俗的菊花纹盘产品（图七五，7；图版二七，1）。

（36）Xc-002号

粉彩缠枝莲纹胭脂盒残件，1件。此胭脂盒缺盖，只残存盒身。口沿、腹壁和圈足已残失约2/5，尚保存约3/5。此盒体量较小，但瓷胎较为厚重。口为子母口，腹壁弧曲下收，接一圈矮圈足，圈足外墙高0.2厘米，内墙内凹，高0.3厘米。内、外壁均施白釉，釉层较薄，尤其内壁的釉层更薄，釉面不但不光润，还有涩手之感。外壁釉面虽较润洁，但不光亮。圈足底边不施釉，素胎裸露，腹壁绘粉彩缠枝莲纹。莲纹配有粉红和朱红两种颜色；花蔓和花叶则填绿、蓝、黄绿三种颜色。不论花瓣、花茎，还是花叶，均以墨线勾画轮廓，但墨线轮廓不够细致。圈足内底素面，无款识。

Xc-002号粉彩缠枝莲纹胭脂盒残件，盒身口径6、底径3.94、高2.5厘米，这是一件小胭脂盒。从胎质、施釉、构图设计、粉彩搭配、绘制工艺等特点判断，此件标本的原器应属清道光时期景德镇民窑烧制的普通民用胭脂盒产品（图七六，1；图版二七，3）。

（37）Xc-235号

粉彩花卉纹盘残件，1件。此盘口沿、腹壁和盘底大部分已残失，现仅存口沿、腹壁和盘底不足1/5的局部。从断茬剖面可以看出，胎为白胎，胎质细腻、坚致，但内含少量小灰点。胎壁厚度适中，口沿处厚0.15、腹壁厚0.3厘米，下腹部与圈足交接部位厚0.4厘米，盘底厚0.4厘米。口沿为圆唇，略外侈，盘口斜弧外敞、浅腹、浅底。腹壁斜弧下收，接矮圈足。圈足外墙呈斜坡式内敛，高0.5厘米，内墙内凹，高0.5厘米。内、外壁均施白釉，釉层较厚，釉面匀净有光泽，但内、外壁表面遗有少量小棕眼。圈足底边未施釉，素胎裸露。内壁，盘心外围（盘心已残失无存，只剩下盘心外围一点残余）施有红色弦线一道。弦线外围绘粉彩仰莲瓣纹一周。盘底与腹壁表面绘粉彩花卉。在残存的画面中，可以看出有三株不同种类的花卉，居中者为茶花，茶花枝叶中有一朵红色的大茶花正在盛开，绿色的茶花叶片因遭过火而褪色；右侧者为玉兰花，乳黄色的玉兰花瓣也正在盛开中；左侧者，因残缺失了一半，似是佛手花，也正在开放之际。原为粉红彩，因遭过火，粉红色已褪去。外壁只在口沿下绘有红色蝙蝠图案。因残，仅残存一只，作向内飞舞状（即向盘底方向飞舞）。盘圈足内底素面，无款识。图案设计内容和谐，残存的三种花卉，充满了春天的气息，很有活力。线条流畅，颜色搭配雅致，绘工不俗。

Xc-235号粉彩花卉纹盘残件，口径18.3、底径11.8（根据盘口径和底径残存的弧度和长度，分别测量、推算得出）、高3、胎壁厚0.15～0.4厘米。从形制、胎质、施釉、构图设计、颜色配置、绘制工艺等特点判断，此件标本的原器应属清道光时期景德镇民窑烧制的一件不俗的粉彩瓷盘产品（图七六，2；图版二七，2）。

（38）Xc-356号

粉彩竹叶纹碗残件，1件。此碗口沿、腹壁和碗底大部分已残失，现仅存口沿约1/7、腹壁约1/5、圈足约1/4的局部。从断茬剖面可以看出，胎为白胎，胎质纯净、细腻、坚致、无杂质。胎壁较薄，近口沿处厚度为0.15厘米，腹壁中间和碗底厚度为0.2厘米，下腹部与圈足交接处厚度为0.5厘米。口沿略外撇，腹壁作弧壁内曲，缓收，下接圈足，圈足高度适中，外墙高0.65厘米，内墙内凹，高0.8厘米。内、外壁均施白釉，釉层较厚，釉面莹润、亮泽。内壁素面。外壁口沿下绘粉彩竹叶纹一周，作为口沿外壁边饰。腹壁，从圈足以上至口沿边饰之下绘有粉彩丛竹纹，即由数根竹子组成的一组姿态各异的竹叶纹。整个外壁腹面大约绘有三组丛

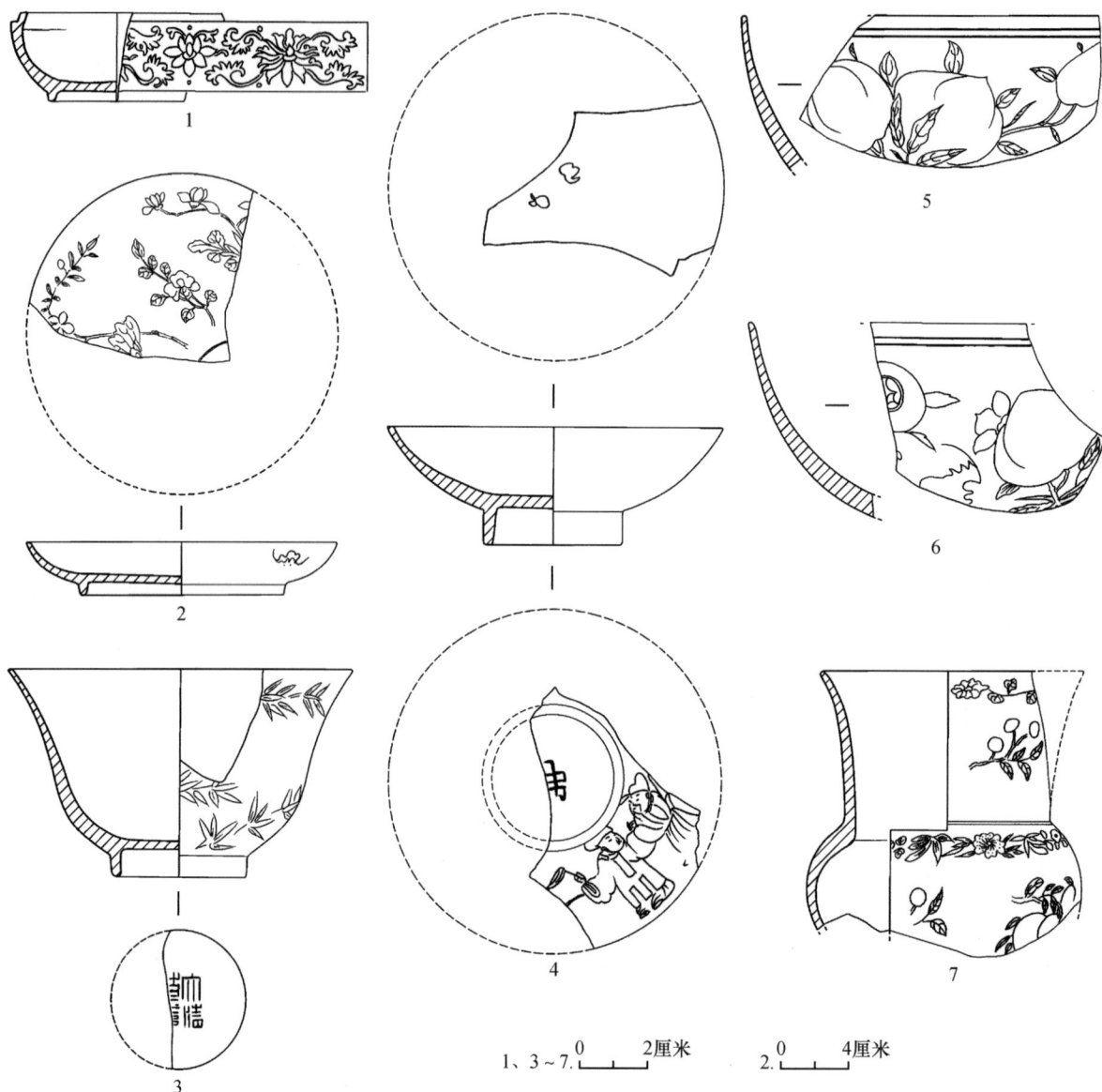

图七六　杏花春馆遗址出土民窑器

1. 粉彩缠枝莲纹胭脂盒残件（Xc-002）　　2. 粉彩花卉纹盘残件（Xc-235）　　3. 粉彩竹叶纹碗残件（Xc-356）

4. 粉彩人物纹茶碗盖残件（Xc-014）　　5. 粉彩寿桃纹碗残片（Xc-136）　　6. 粉彩三多纹碗残片（Xc-176）

7. 粉彩三多纹渣斗残片（Xc-111）

竹纹。其中有两组因残无存，现仅有一组中部右侧局部画面：靠右侧，最外边的一根作倾斜状，上面绘三束竹叶，随风向右侧摆动；左侧的两株均作直立式，上、下也绘有竹叶，只因有风，竹竿腰身有些向右侧弯曲，上部的竹叶也是随风向右侧摆动。图案中的竹杆、竹竿，都用黑线勾描出轮廓，然后在轮廓线内的空间，填涂粉彩绿色，唯现存绿色已经褪色变浅，绝大多数已变成浅黄绿色。画面中呈现的竹子和竹叶都是处于动态中，洋溢着一种活力。圈足内底中央署有朱书篆体六字三行款："▨"（大清道光年制）。书法字迹规范，与官窑纪年款无异。

Xc-356号粉彩竹叶纹碗残件，口径约10、底径约3.9厘米（根据此碗口沿和圈足残存弧度和长度，分别测量、推算得出），高5.9、胎壁厚0.15～0.5厘米。从形制、胎质、施釉、构图设计、粉彩绘工及圈足内底所署的朱书篆体六字三行款的款识等特点判断，此件标本的原器应属清道光时期景德镇民窑烧制的粉彩瓷碗中的上品之一（图七六，3；图版二七，4）。

（39）Xc-014号

粉彩人物纹茶碗盖残件，1件。口沿、腹壁大部分已残失，捉手有一半已残失。现仅存口沿和腹壁一小块局部和半个捉手。整个器形若斗笠形。捉手直壁，略高，顶沿不施釉，素胎裸露，胎壁厚0.15厘米，捉手内底厚0.3厘米，捉手外墙高0.9厘米，内墙内凹，高1厘米。碗盖肩、腹部作斜弧肩下垂，底沿为尖圆唇，左右平齐，器形规整。胎为白胎，胎质纯净、细腻、坚致、无杂质。胎壁较薄，最薄处在碗盖底沿，厚0.1厘米，然后过渡到腹壁，逐渐变厚，至肩部与捉手相衔接部位，厚度达到0.3厘米，从捉手根部到捉手上部又逐渐变薄，至捉手顶沿，厚度渐变为0.15厘米。内、外壁均施白釉，釉层较厚，釉面润泽发亮。器盖外壁肩、腹部表面绘有粉彩人物纹，残存的画面是两位高士作临行辞别状。其中左侧的一位，面带胡须，头戴幞巾，内穿白色长袍，外套圆领、青色、下半截带两条竖红条的藏蓝色宽袖长衫，头朝右侧转，右臂前屈，手执拂尘，左臂也上屈，打着手势，一副老者姿态，对前来送行的人又在叮嘱着什么。送行的人，头戴乌纱官帽，面带胡须，身着圆领紫色长衫，头和身体都朝向左侧，两眼注视着即将离别的高士，双臂前屈，作揖于胸前，表示送别。捉手内底中央署红色"万字结"图案款。碗盖内壁盖心处，用红、绿两种色彩点绘小朵花与花叶纹。因残，仅剩下红、绿两个色点。

Xc-014号粉彩人物纹茶碗盖残件，口径约9.2（根据茶碗盖残余口径的弧度和长度测量、推算得出）、捉手直径3.6、高3.5、胎壁厚0.1～0.3厘米。从形制、胎质、施釉、构图设计、绘画工艺及捉手内底所署的红色"万字结"图案款等特点判断，此件标本的原器应属清道光时期景德镇民窑烧制的粉彩茶具产品（图七六，4；图版二八，1）。

（40）Xc-136号

粉彩寿桃纹碗残片，1件。此碗口沿、腹壁大部分已残失，碗底完全无存，现仅存口沿和腹壁不足1/4的局部。从断茬剖面可以看出，胎为白胎，胎质纯净、细腻、坚致。胎壁厚度适中，口沿处厚0.15、腹壁下部厚0.4厘米。内、外壁均施白釉，釉层较厚，釉面润泽发亮。内、外壁口沿下均施青花双线圈一周，作为口沿的边饰。内壁腹部素面。外壁腹部绘粉彩寿桃纹，寿桃施紫红彩，茎部施浅褐色，桃叶施绿彩。线条流畅、细致、准确，绘工较精致。

Xc-136号粉彩寿桃纹碗残片，残长7.2、残宽4.3、胎壁厚0.15～0.4厘米。从胎质、施釉、构图、粉彩搭配、线条、绘制工艺等特点判断，此件标本原器应属清道光时期景德镇民窑烧制的粉彩产品（图七六，5；图版二七，5）。

（41）Xc-176号

粉彩三多纹碗残片，1件。此碗口沿、壁大部分已残失，碗底完全无存，现仅存口沿和腹壁约1/7的局部。从断茬剖面可以看出，胎为白胎，胎质细腻、坚致、无杂质。胎壁厚度适中，口沿处厚0.15、腹壁下部厚0.5厘米。内、外壁均施白釉，釉层较厚，釉面润泽光亮。内、外口沿下均施青花弦线两道，作为口沿边饰。外壁腹部绘粉彩三多纹。现存的一组图案是由一只红蝙蝠，一株大寿桃和一个大石榴组成的三多纹，即"多福""多寿""多子"。红蝙蝠居中下方作振翅飞舞状，朝右侧寿桃方向飞去。大寿桃施粉红彩，居右侧，占画面近一半，下面配有绿色的枝叶，一片繁荣、兴旺的气象。左上方绘的是大石榴，施黄彩、绿叶，石榴已经开口，露出了多子的果实，表示石榴已经成熟，且已子孙满堂。此图案主题突出，色彩搭配比较和谐，线条描绘准确、流畅，画面制作较为精致。碗内壁下腹部与圈足交接部位施青花弦线两道，因残，只剩下一小段残迹。

Xc-176号粉彩三多纹碗残片，残长6.8、残宽5.4、胎壁厚0.15～0.5厘米。从胎质、施釉、构图设计、色彩搭配、绘画技法等特点判断，此件标本的原器应属清道光时期景德镇民窑烧制的粉彩佳品之一（图七六，6；图版二八，2）。

（42）Xc-111号

粉彩三多纹渣斗残片，1件。此渣斗口沿和颈部大部分已残失，腹壁下部也大部残失，器底则完全无存。现仅存口沿约1/4、颈部约1/3、腹壁口部约3/4的局部。从断茬剖面可以看出，胎为白胎，胎质较纯净、细腻、坚致。胎壁较薄，口沿处厚0.15厘米，颈部和腹壁均厚0.2厘米，颈部与肩部衔接处最厚为0.5厘米。口沿为尖圆唇，外撇，呈喇叭口形，高颈（颈部高4.1厘米），中腰稍内弧，鼓肩，鼓腹，缓弧下收，绘粉彩小桃花与枝叶纹一周，作为口沿边饰。颈部绘粉彩大花朵与枝叶纹三组，现仅残存两组（局部），颈下与肩部交接处施红色弦线两道，作为颈、肩分界装饰。肩部绘粉彩小桃花、桃叶纹一周，作为肩部装饰。腹部绘粉彩三多纹一周，由一组大的寿桃纹（连着桃枝、桃叶），一组大的石榴纹（连着石榴枝、叶），以及一组大佛手花卉纹（佛手花卉因残缺失，这是据图案设计布局和残失空间作出的推测）组成。图案中的寿桃、桃花为粉红彩、枝叶为绿色；石榴为红彩，枝、茎为黄褐色，叶子为绿色。色彩搭配丰富而雅致，线条描绘细致、准确。

Xc-111号粉彩三多纹渣斗残片，口径约7.5（根据口沿残存的弧度和长度测量、推算得出）、颈高4.1、腹径7.3、残高8.12、胎壁厚0.15～0.5厘米。从造型、胎质、施釉、构图设计、色彩搭配、绘画笔法、制作工艺等特点判断，此件标本的原器应属清道光时期景德镇民窑烧制的粉彩产品中的不俗之作（图七六，7；图版二八，3）。

（43）Xc-122号

粉彩三多纹盘残件，1件。此盘口沿、腹壁大部分已残失，盘底也大部分残失，现仅存口沿一小块残余、腹壁下半部不足1/4、盘底约1/4的局部。从断茬剖面可以看出，胎为白胎，胎质细腻、坚致、无杂质。胎壁较薄，近口沿处厚0.15、下腹部与圈足交接部位厚0.3、盘底厚0.35厘米。口沿尖圆唇，外侈，斜弧敞口，腹壁较短浅，矮圈足、圈足外墙呈斜坡式内敛，高0.5厘米，内墙直壁内凹，较浅，高为0.4厘米。内、外壁均施白釉，釉层较厚，釉面匀净有光泽，唯盘心处露出一个小灰点。外壁素面。内壁，口沿以下腹壁绘有双线红彩描边的篆体"寿"字纹。在腹壁和盘心的空隙处绘有粉彩三多纹。其中涂黄色粉彩面积最大、最突出、并向两侧张开的是佛手果，辅衬它的是涂绿色粉彩的佛手叶和褐色的佛手枝茎。因残，在佛手果的左侧还露出半只红色的蝙蝠；在左上角还绘有绿色粉彩的石榴叶子（石榴果已残失）；在右上角则露出一点红色的果实，似为另一个石榴果。如此，残存的这幅画面原来画的是佛手、蝙蝠和石榴三多纹，加上口沿以下至腹壁写的"寿"字，便完整地表达了此盘图案的主题——祝愿主人多福、多寿、多子，吉祥美满。外壁素面无纹，圈足内底无款识。这幅图案构图设计布局得当，线条准确、流畅，颜色配置和谐，绘工精致，是一件粉彩瓷器中的佳作。

Xc-122号粉彩三多纹盘残件，口径约15、底径约9.1（根据残存口径和底径的弧度和长度分别进行测量、推算得出）、高2.6、胎壁厚0.15～0.35厘米。从盘的形制、胎质、施釉、构图设计、色彩搭配、绘制工艺等特点判断，此件标本的原器应属清道光时期景德镇民窑烧制的一件粉彩瓷盘的佳品（图七七，1；图版二八，4）。

清代晚期　6件。序号接续。

（44）Xc-045号

粉彩三多纹碗残片，1件。口沿已有一半残失、腹壁有大半残失，碗底则完全无存，现仅存口沿一半，腹壁一少半局部。从断茬剖面可以看出，胎为白胎，胎质纯净、细腻、坚致。胎壁较薄，口沿处厚0.15、腹壁厚0.25～0.3、腹壁下部与碗底交接部位厚0.5厘米。内、外壁施白釉，釉层较厚，釉面莹润光亮。口沿为小圆唇，直口，腹壁作斜弧缓慢内收，腹壁不深。内、外壁口沿下各施青花弦线两道，分别作为口沿边饰，可以收到内外呼应的装饰效果。内壁腹部素面，碗心外围残存一段青花双线圈。外壁腹部绘主题纹饰——粉彩三多纹。从残存的画面可以看到，右侧绘有两个粉彩黄褐色石榴，其中一个石榴显露出石榴籽，寓意多子，在两个石榴之间绘有绿色石榴叶。中间绘有一只红色蝙蝠，正朝右侧石榴的方向飞舞。蝙蝠的左侧绘有三个黄色粉彩佛手果，佛手果呈黄色，表明佛手果已成熟，寓意多福多寿，吉祥如意。在三个佛手果之间还绘有绿色的佛手花枝叶作为辅衬花纹，造成颜色反差，使画面更加艳丽而雅致。

Xc-045号粉彩三多纹碗残片，口径12.7、残高5.5、胎壁厚0.15～0.5厘米。从形制、胎质、施釉、构图设计、粉彩搭配、绘制工艺等特点判断，此件标本的原器应属清道光至同治时期景德镇民窑烧制的产品（图七七，7；图版二九，2）。

（45）Xc-040号

粉彩丝瓜双喜三多纹盘残件，1件。此盘口沿、腹壁大部分残失，仅存约1/3，盘底大部分犹存。从断茬剖面可以看出，胎为白胎，胎质纯净、细腻、坚致。胎壁较薄，口沿厚0.25、盘底厚0.4厘米。盘口斜敞，口沿外侈，尖圆唇，腹壁斜弧下收，接矮圈足，浅腹、浅底。圈足外墙高0.3厘米，内壁内凹，高0.4厘米，内、外壁均施青白釉，釉层较厚，釉面莹润光泽。内、外壁均绘青花粉彩图案。内、外壁口沿下均施青花弦线两道，作为口沿边饰。内壁腹部和盘底满绘粉彩三多纹图案，即红彩蝙蝠三只，红彩石榴三组，加上盘心主题纹饰——红彩石榴、佛手与寿桃一组，还有红彩双喜字三个，以及线条和色彩较为繁缛的衬地纹——粉红彩丝瓜，及其黄彩和绿彩的丝瓜叶蔓纹六组。从而构成了多福、多子、多喜三多永续的吉祥画面。此盘图案内容丰满，但绘工不够精细，线条不够流畅，粉彩填涂显得粗糙，画面通俗有余而精

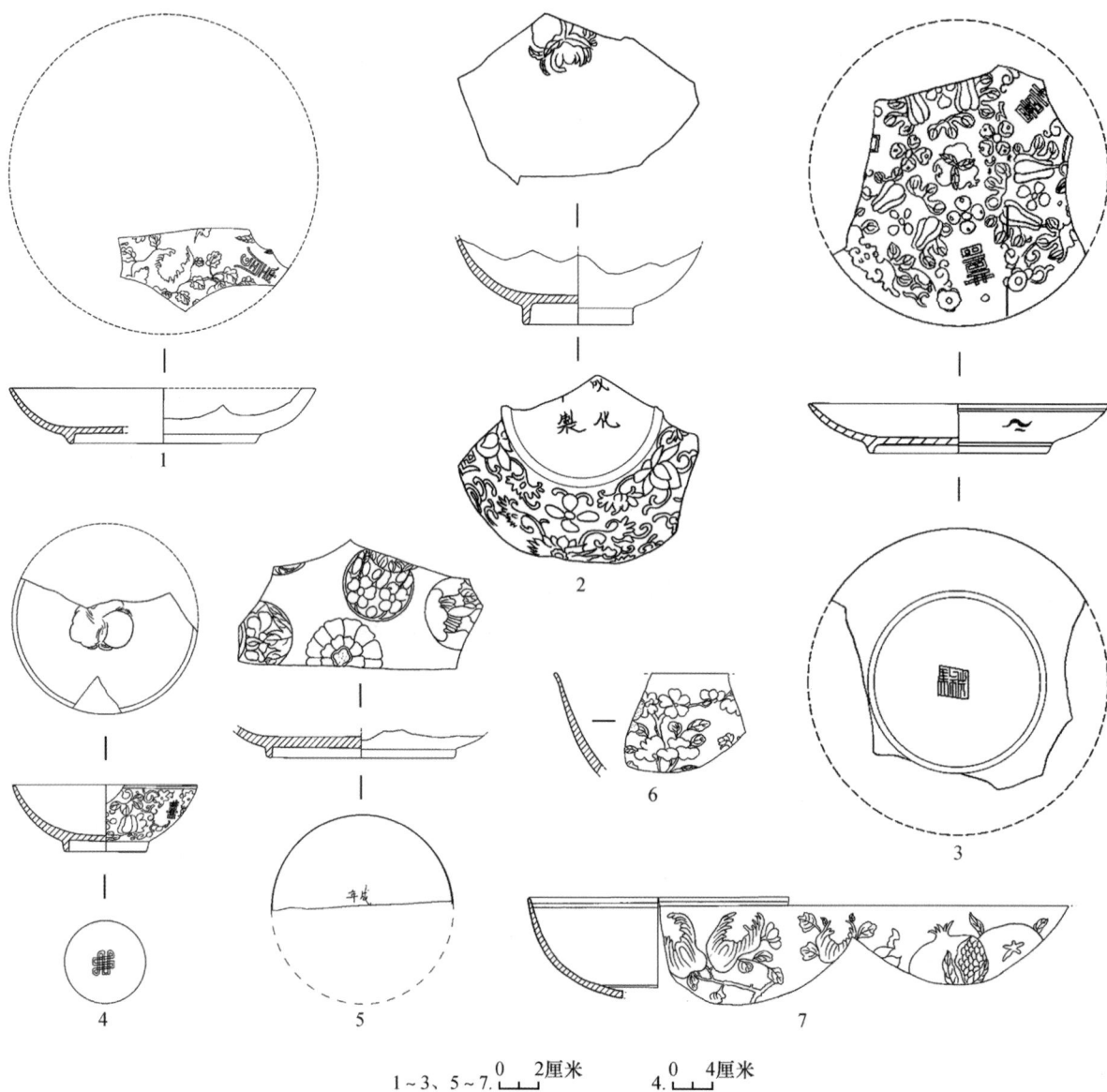

图七七　杏花春馆遗址出土民窑器

1. 粉彩三多纹盘残件（Xc-122）　2. 粉彩缠枝莲纹"寿"字碗残片（Xc-013）　3. 粉彩丝瓜双喜三多纹盘残件（Xc-040）
4. 粉彩丝瓜双喜纹碗残件（Xc-007）　5. 粉彩皮球花盘底残片（Xc-003）　6. 粉彩茶梅纹碗残片（Xc-153）
7. 粉彩三多纹碗残片（Xc-045）

致不足。外壁，在腹壁底部与圈足交接部位施青花弦线两道作为盘底边饰。在腹壁偏上部位绘有红彩蝙蝠纹三幅，现仅存一幅，另外两幅因残缺失。此蝙蝠朝下（即朝盘底方向）飞舞。圈足内底中央署青花方形变体文字款"𦤒"，外围青花单方栏，字不可识。

　　Xc-040号粉彩丝瓜双喜三多纹盘残件，口径约14.6（根据此盘口沿残存弧度和长度测量、推算得出）、底径8.5、高2.3厘米，胎壁厚0.25～0.4厘米。从形制、胎质、施釉、纹饰设计、绘制工艺及圈足内底所署青花方形变体文字款等形式与特点判断，此件标本的原器应属清道光时期景德镇民窑烧制的普通民用粉彩瓷盘产品（图七七，3；图版二九，1）。

（46）Xc-007号

粉彩丝瓜双喜纹碗残件，1件。此碗口沿、腹壁大部分已残失，碗底少部分已残失，现仅存口沿约1/6、腹壁约1/5、圈足约3/5的局部。从断茬剖面可以看出，胎为白胎，胎质细腻、坚致、无杂质。胎壁较薄，口沿和腹壁上部厚0.2、腹壁下部厚0.5厘米。口沿稍外侈，唇为尖圆唇，斜敞口，腹壁弧曲内收，接圈足，圈足外墙高0.85厘米，内墙内凹，高1厘米。内、外壁均施青白釉，釉层较厚，釉面莹润光亮。圈足底边不施釉，素胎裸露。内、外壁均在白釉的基础上绘青花粉彩图案。口沿部位，在内、外壁的口沿下均施青花弦线两道，作为口沿的边饰。在内壁下腹部与碗底交接部位亦施青花弦线两道。碗心绘石榴纹，石榴果实为红彩，石榴茎叶为绿彩。外壁腹部满绘粉彩丝瓜双喜纹，丝瓜用粉紫彩或橙黄彩，茎叶用绿彩，花朵用黄彩，花蔓用红彩。双喜字用双线红彩描出，但字体、笔划均不规范。因遭火焚烧，碗内、外壁的纹饰色彩大多已褪色或脱落，原来的颜色已经变淡，或已模糊不清。圈足外墙表面施青花弦线三道。圈足内底署青花双线勾描"万字结"图案款"卍"，勾描笔划也较生硬。

Xc-007号粉彩丝瓜双喜纹碗残件，口径约17.4（根据口沿残存的弧度和长度测量、推算得出）、底径7.6、高6.4、胎壁厚0.2~0.5厘米。从形制、胎质、施釉、构图设计、绘工及圈足内底所署的青花"万字结"图案款等特点判断，此件标本的原器应属清道光至同治时期景德镇民窑烧制的普通粉彩产品（图七七，4；图版二九，3）。

（47）Xc-153号

粉彩茶梅纹碗残片，1件。此碗口沿、腹壁大部分已残失，碗底完全无存，现仅存口沿和腹壁很小的一块局部，口沿不超过1/6、腹壁不超过1/5。从断茬剖面可以看出，胎为白胎，胎质十分纯净、细腻、坚致。胎质较薄，口沿处厚为0.15、腹壁下部厚为0.4厘米。口沿稍外侈，唇为小圆唇。腹壁呈弧曲内收，表明腹壁不深。内、外壁均施白釉，釉层较厚、釉面莹润亮泽。内壁素面。外壁绘粉彩茶梅纹。茶花施红彩，作大朵盛开状，并衬以浅褐色的茶树枝和茂盛的绿色茶树叶，显得很有生气。梅花置于茶花后面，为干枝梅，在褐色的干枝上有三四朵粉红色和红色的梅花正在盛开，一派春天繁荣的气象。

Xc-153号粉彩茶梅纹碗残片，残长5.8、残宽5.3、胎壁厚0.15~0.4厘米。从胎质、施釉、构图、粉彩搭配、绘制工艺等特点判断，此件标本的原器应属清同治时期景德镇民窑仿雍正朝茶梅纹瓷器作品的产品（图七七，6；图版二九，4）。

茶花是中国十大名花之一，品种很多，有宝珠茶、云茶、石榴茶、海榴茶、踯躅茶、茉莉茶等，其中最佳者为宝珠茶，或名云山茶，或海红茶。茶花叶子互生，椭圆形，前头尖，锯齿缘。冬春之际盛开，花红色、雄蕊特别发达。自明洪武时代即将茶花引入青花瓷器中，作为装饰纹样之一。永宣、成化、正统时代以茶花为青花瓷器主题纹饰的器类更是愈益增多。进入清代之后，用茶花装饰瓷器的情况骤减。目前只见到康熙时期少数青花碗有仿明成化茶花纹的例子，而至雍正时期，则仅在少数官窑烧造的珐琅彩和粉彩碗盘之类的少数器类上，有以茶梅纹为装饰纹饰的作品出现。所以，如果追溯茶梅纹的开创时代，当以清雍正朝为其年代上限，应比较切合实际。

雍正官窑茶梅纹碗、盘，其茶梅均各绘一株。绘工极其精细，梅干皴擦，颇具质感，茶花皆为大朵红花，梅花皆为小朵淡黄花，二者浓妆淡抹，交相辉映，超凡脱俗。

Xc-153号粉彩茶梅纹碗残片，是同治时期景德镇民窑烧制的一件较为少见的茶梅纹碗产品，绘工虽远不及雍正官窑那样精致，但也比较细致，粉彩搭配虽比不上雍正官窑器那般素雅，但也不俗气。表明茶梅纹及其绘制技法，直至清代晚期仍有深远影响，其艺术生命力仍在民间瓷艺中得到认可并加以传承。

（48）Xc-003号

粉彩皮球花盘底残片，1件。此件标本，口沿已残失无存，腹壁绝大部分残失无存，仅存一半盘底及釉面上的粉彩图案。从断茬剖面可以看出，胎为白胎，胎质较细腻、坚致，内含少量灰点。胎壁厚度适中，残余盘壁下部厚0.25、盘底厚0.5厘米。内、外壁均施白釉，釉层较厚，釉面白净，有光泽。矮圈足，底边未施釉，素胎裸露。圈足外墙呈斜坡式内敛，高0.6厘米，内墙直壁，高0.4厘米。圈足内壁有一两处小棕眼，并遗有锔钉铁锈痕2个。盘心及整个盘底绘各种粉彩皮球花纹。因残，现存皮球花6幅。6幅分别绘有6种花，因有残缺，具体花名不好确定。颜色有红、粉红、黄色等。多数配有绿叶，互不重复。图案设计、色彩搭配、线条勾廓都不够精细、雅致，显得有些粗率。圈足内底署朱书伪托楷体"成年制"四字双行款。"成化年制"四字中，"化"和"制"二字因残缺失。

Xc-003号粉彩皮球花盘底残片，圈足直径8.9、残高1.33、胎壁厚0.25～0.5厘米。从胎质、施釉、构图设计、粉彩搭配、线条勾廓、绘制工艺以及圈足内底所署的朱书伪托楷体四字双行款"成化年制"的书法特点等情况判断，此件标本的原器应属清同治时期景德镇民窑瓷艺匠人为仿明成化时期瓷器而特意烧制的仿品（图七七，5；图版二九，5）。

皮球花，是清代瓷器上的装饰纹样之一，因外形轮廓好似彩色绣球，故清代亦称绣球纹。雍正朝皮球花纹最为盛行，画法或外勾边内点蕊，或花瓣如轮辐，或旋转，布局错落有致，色彩丰富，繁而不乱。乾隆时期的皮球花纹虽绘工精细，但构图刻板，不如雍正朝自由随意。嘉庆时期，受乾隆朝影响很深，绘工十分精细，层次更显丰富，并采用了皮球花的特征，标志着皮球花的装饰形式又有进一步的发展，但其艺术水平并不高，主要问题在于，其布局仍显呆板，线条仍显生涩，色彩不够纯净。道光时期的皮球花仍具乾隆遗风，格调雅致，色彩鲜艳。同治朝，皮球花纹绘工普遍草率，色彩极为单调，而同治时期民窑的皮球花纹绘工则更为粗糙，色彩单薄，标志着皮球花已趋于衰落。

Xc-003号粉彩皮球花盘底残片，圈足内底署朱书伪托楷体四字双行款"成化年制"，反映了清代同治时期景德镇民窑瓷器匠人想通过标注"成化"年号的商称，来抬高自身产品的身价，达到以假乱真，赚取高额利润的投机心理。殊不知，明成化时代，根本就没有这类粉彩皮球花纹品种，此种奸商小技蒙骗不了懂行的人，只能蒙骗那些无知的市井百姓。

（49）Xc-013号

粉彩缠枝莲纹"寿"字碗残片，1件。此碗口沿已残失无存，腹壁和圈足也大部分残失，现仅存约1/4的腹壁和约2/5的圈足局部。从断茬剖面可以看出，胎为白胎，胎质细腻、坚致。胎壁厚度适中，腹壁上部厚0.2、下部厚0.6厘米。碗腹壁作缓弧内收，下接圈足，圈足略高，外墙呈斜坡内敛式，高0.9厘米，内墙内凹，高1厘米。圈足底边不施釉，素胎裸露。内、外壁均施白釉，釉层较厚，釉面莹润发亮。内、外壁均施粉彩图案。内壁碗心处绘石榴纹一组。现残存红色石榴三个及辅衬石榴的绿叶。外壁腹壁绘粉彩缠枝莲纹"寿"字图案。中间的主题莲花为大朵红彩；右侧的"寿"字为篆书，以红彩双线勾边（画面中仅残存半个"寿"字）。莲花茎叶用绿色，莲花蔓用红色，绘成折枝纹。主题莲花下方、下腹部绘仰莲纹和朵花纹一周，仰莲纹为红色，朵花纹用蓝色，并辅以绿色花茎和花蔓。构图丰满，花纹繁缛，颜色搭配和谐艳丽。线条清晰、流畅，繁而不乱。圈足内、外壁素面，圈足内底署朱书伪托楷体四字双行款："制化"（成化年制）。四字中"成"和"年"上部有残缺，"化"和"制"完整无损。

Xc-013号粉彩缠枝莲纹"寿"字碗残片，底径5.33、残高4.6、胎壁厚0.2～0.6厘米。从胎质、施釉、构图设计、粉彩搭配、绘制工艺及圈足内底所署朱书伪托楷体四字双行款的书法特点等情况判断，此件标本的原器应属清同治至光绪时期景德镇民窑瓷器匠人为仿明成化瓷器而特意烧制的仿品（图七七，2；图版三〇，1）。

现将杏花春馆遗址出土的民窑未分型的重点瓷器残件与残片标本相关资料归纳成表八，仅供参考。

通过以上文字叙述和表八中相关的统计内容，对杏花春馆遗址出土的未分型的49件民窑瓷器重点标本的资料情况已有基本了解。为了能对其中包含的三类瓷器在数量、器类、存续年代，以及款识种类等方面是否存在差异，或各自有什么特点等问题，有一个总体把握和了解，现根据已有资料，又特别制出一份"综合比较归纳表"——表九。并在表九的基础上，再适当做以分析和归纳，权且算是对杏花春馆遗址出土的这49件未分型的民窑瓷器重点标本资料做了一个小结。

从表九的归纳结果中可以看出：

1）杏花春馆遗址出土的民窑未分型的三类瓷器，在出土数量、所含器类、存续年代和款识种类及数量上，彼此是存在差别的，有的项目（如器类款识种类及数量方面）差距还是很大或很明显的。

2）从出土数量看，青花瓷共计28件，占该遗址民窑未分型的三类瓷器总出土总数（49）的57.14%；粉彩瓷共计20件，占该遗址民窑未分型的三类瓷器出土总数的40.82%；而杂彩瓷只出土1件，仅占该遗址民窑未分型的三类瓷器出土总数的2.04%。很明显，青花瓷出土数量的占比已经超过一半，在三类瓷器中是占主导地位的。而粉彩瓷居次要地位。

表八　杏花春馆遗址出土民窑未分型的重点瓷器残件与残片统计表

序号	标本编号	器物名称	数量	瓷类	窑属性质 官	窑属性质 民	年代	用项	规格（厘米）	款识 种类	款识 图示	图版
1	Xc-151	青花缠枝莲纹罐残片	1	青花		√	明万历时期	日用	颈部直径6.8、肩部残宽12.5、残高6.4、胎壁厚0.3～0.6	无款		图版一九，1
2	Xc-274	青花缠枝莲纹罐残片	1	青花		√	明万历时期	日用	上部肩残宽8.6、腹径约13.2、残高6.6、胎壁厚0.3～0.5	无款		图版一九，2
3	Xc-133	青花龙纹碗残片	1	青花		√	清初	日用	残长6.8、残宽5.1、腹壁长5.1、胎壁厚0.15～0.35	无款		图版一九，3
4	Xc-049	青花仙鹤纹小碗残片	1	青花		√	清初至康熙时期	日用	残长5.7、残宽5.1、胎壁厚0.15～0.25	无款		图版一九，4
5	Xc-056	青花"福"字八棱变形莲瓣纹杯残件	1	青花		√	清初至康熙时期	日用	残宽5.6、底径3.9、高7.1、胎壁厚0.1～0.5	遗有青花款识残痕		图版二〇，1
6	Xc-185	青花龙纹碗残片	1	青花		√	清雍正时期	日用	残长7.4、残宽5.2、胎壁厚0.1～0.35	无款		图版二〇，2
7	Xc-057	青花"卍"字宝杵纹碗底残片	1	青花		√	清雍正时期	日用	底径6.87、残高2.6、胎壁厚0.2～0.4	无款		图版二〇，3
8	Xc-312	青花海水波浪纹颜料盒残件	1	青花		√	清雍乾时期	日用	口径5.3、底径6、盒身通高2.55	无款		图版二〇，4
9	Xc-236	青花缠枝花卉纹罐残片	1	青花		√	清乾隆时期	日用	残长19.9、残宽13.3、胎壁厚0.5～0.7	无款		图版二一，1
10	Xc-017	青花石榴纹小碗残件	1	青花		√	清乾嘉时期	日用	口径约9.6、底径4.4、高6.1、胎壁厚0.15～0.35	无款		图版二一，2
11	Xc-032	青花白描龙凤纹碗残件	1	青花		√	清乾嘉时期	日用	口径约9.9、底径3.87、高5.2、胎壁厚0.15～0.3	青花方形变体文字款	 明屋乙片	图版二一，3
12	Xc-048	青花白描龙凤纹碗残片	1	青花		√	清乾嘉时期	日用	残长7.1、残宽4.25、胎壁厚0.15～0.37	无款		图版二一，4
13	Xc-025	青花团凤蝙蝠纹花盆残片	1	青花		√	清嘉庆时期	陈设	残长14.2、残宽10.4、胎壁厚0.3～1	无款		图版二二，1

序号	标本编号	器物名称	数量	瓷类	窑属性质		年代	用项	规格（厘米）	款识		图版
					官	民				种类	图示	
14	Xc-046	青花福寿如意纹杯残片	1	青花		√	清嘉庆时期	日用	口径约8、残高6.6、胎壁厚0.1～0.6	无款		图版二二，2
15	Xc-023	青花缠枝莲纹器盖残件	1	青花		√	清嘉庆时期	日用	外沿直径14、内沿直径11.5、高3.25、胎壁厚0.3～0.4	无款		图版二二，3
16	Xc-058	青花冰梅纹盖碗残片	1	青花		√	清嘉道时期	日用	残长7.7、宽6.1、胎壁厚0.2～0.4	无款		图版二二，4
17	Xc-018	青花菊花纹盆残片	1	青花		√	清道光时期	日用	残长24.3、残宽9.8、胎壁厚0.3～0.6	无款		图版二二，5
18	Xc-027	青花牡丹纹罐残片	1	青花		√	清道光时期	日用	残长11.7、残宽8.9、胎壁厚0.3～0.6	无款		图版二三，3
19	Xc-055	青花冰梅纹执壶残片	1	青花		√	清道光时期	日用	残长7.5、残宽6.8、胎壁厚0.2～0.55	无款		图版二三，2
20	Xc-020	青花海水江崖龙纹碗残件	1	青花		√	清道光时期	日用	口径约18、底径7、高8、胎壁厚0.18～0.5	无款		图版二三，1
21	Xc-108	青花"壬"字云龙纹盘残件	1	青花		√	清道光时期	日用	口径约20.2、底径约12.5、高4.3、胎壁厚0.35～0.5	无款		图版二三，4
22	Xc-044	青花锦鸡牡丹纹瓶残片	1	青花		√	清道光时期	陈设	残长7.2、残宽6.7、胎壁厚0.2～0.36	无款		图版二四，1
23	Xc-054	青花锦鸡牡丹纹瓶残片	1	青花		√	清道光时期	陈设	残长9.5、残宽5、胎壁厚0.3～0.4	无款		图版二四，2
24	Xc-115	青花结带八宝纹大碗残片	1	青花		√	清道光时期	日用	残长12、残宽7、胎壁厚0.2～0.7	无款		图版二四，3
25	Xc-053	青花福寿钱纹盘残片	1	青花		√	清道光时期	日用	底径9、残高2、胎壁厚0.15～0.4	无款		图版二四，4
26	Xc-033	青花山水纹胭脂盒残件	1	青花		√	清道光时期	日用	口径5.35、底径4.72、高2.16	无款		图版二四，5
27	Xc-026	青花竹叶蝴蝶纹茶碗盖残件	1	青花		√	道光至同治时期	日用	口径10、捉手径3.8、高3.5、胎壁厚0.15～0.3	无款		图版二五，1
28	Xc-179	青花海水莲花纹碗残片	1	青花		√	清同治时期	日用	口径约12.2、底径4.6、高5.2、胎壁厚0.15～0.4	青花植物纹样款		图版二五，3

序号	标本编号	器物名称	数量	瓷类	窑属性质 官	窑属性质 民	年代	用项	规格（厘米）	款识 种类	款识 图示	图版
29	Xc-370	仿哥釉（深豆青釉）盆底残片	1	杂彩			清乾隆时期	日用	残长11.4、残宽10、残高3.2、胎壁厚0.6	无款		图版二五，2
30	Xc-008	粉彩鸡缸碗残件	1	粉彩		√	清康熙时期仿明成化时期	日用	口径约9.6、底径约4.1、高5.4、胎壁厚0.15～0.4	青花伪托楷体款："大□□化年制"		图版二五，4
31	Xc-125	豆青地粉彩寿桃纹碗残片	1	粉彩		√	清嘉庆时期	日用	残长9.3、残宽5、胎壁厚0.15～0.6	无款		图版二六，1
32	Xc-167	粉彩福寿花卉纹盘残件	1	粉彩		√	清嘉庆时期	日用	口径约14.7、底径9.2、高2.8、胎壁厚0.15～0.4	均残失，仅剩残存款识	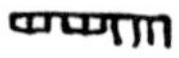	图版二六，2
33	Xc-001	蓝地粉彩云龙纹碗残片	1	粉彩		√	清道光时期	日用	底径5.1、残高3.8、胎壁厚0.26～0.5	朱色植物纹样款		图版二六，3
34	Xc-009	粉彩葡萄纹碗残片	1	粉彩		√	清道光时期仿明成化时期	日用	残长6.9、残高5.7、胎壁厚0.2～0.6	无款		图版二六，4
35	Xc-010	粉彩菊花纹盘底残片	1	粉彩		√	清道光时期	日用	底径约9、残高1.5、胎壁厚0.2～0.5	无款		图版二七，1
36	Xc-002	粉彩缠枝莲纹胭脂盒残件	1	粉彩		√	清道光时期	日用	盒身口径6、底径3.94、高2.5	无款		图版二七，3
37	Xc-235	粉彩花卉纹盘残件	1	粉彩		√	清道光时期	日用	口径18.3、底径11.8、高3、胎壁厚0.15～0.4	无款		图版二七，2
38	Xc-356	粉彩竹叶纹碗残件	1	粉彩		√	清道光时期	日用	口径约10、底径约3.9、高5.9、胎壁厚0.15～0.5	纪年款朱书篆体六字三行款："大清道光□□"		图版二七，4
39	Xc-014	粉彩人物纹茶碗盖残件	1	粉彩		√	清道光时期	日用	口径约9.2、捉手直径3.6、高3.5、胎壁厚0.1～0.3	图案款，捉手内底中央署红色"万字结"款		图版二八，1

序号	标本编号	器物名称	数量	瓷类	窑属性质官	窑属性质民	年代	用项	规格（厘米）	款识种类	款识图示	图版
40	Xc-136	粉彩寿桃纹碗残片	1	粉彩		√	清道光时期		残长7.2、残宽4.3、胎壁厚0.15~0.4	无款		图版二七，5
41	Xc-176	粉彩三多纹碗残片	1	粉彩		√	清道光时期	日用	残长6.8、残宽5.4、胎壁厚0.15~0.5	无款		图版二八，2
42	Xc-111	粉彩三多纹渣斗残片	1	粉彩		√	清道光时期	日用	口径约7.5、颈高4.1、腹径7.3、残高8.12、胎壁厚0.15~5	无款		图版二八，3
43	Xc-122	粉彩三多纹盘残件	1	粉彩		√	清道光时期	日用	口径约15、底径约9.1、高2.6、胎壁厚0.15~0.35	无款		图版二八，4
44	Xc-045	粉彩三多纹碗残片	1	粉彩		√	清道光至同治时期	日用	口径12.7、残高5.5、胎壁厚0.15~0.5	无款		图版二九，2
45	Xc-040	粉彩丝瓜双喜三多纹盘残件	1	粉彩		√	清道光时期	日用	口径约14.6、底径8.5、高2.3、胎壁厚0.25~0.4	青花方形变体文字款		图版二九，1
46	Xc-007	粉彩丝瓜双喜纹碗残件	1	粉彩		√	清道光至同治时期	日用	口径约17.4、底径7.6、高6.4、胎壁厚0.2~0.5	图案款，青花双线勾描"万字结"款		图版二九，3
47	Xc-153	粉彩茶梅纹碗残片	1	粉彩		√	清同治时期仿清雍正时期	日用	残长5.8、残宽5.3、胎壁厚0.15~0.4	无款		图版二九，4
48	Xc-003	粉彩皮球花盘底残片	1	粉彩		√	清同治时期仿明成化时期	日用	圈足直径8.9、残高1.33、胎壁厚0.25~0.5	朱书伪托楷体四字双行款："成化年制"		图版二九，5
49	Xc-013	粉彩缠枝莲纹"寿"字碗残片	1	粉彩		√	清同治至光绪时期仿明成化时期	日用	底径5.33、残高4.6、胎壁厚0.2~0.6	朱书伪托款楷体"成化年制"		图版三〇，1

表九　杏花春馆遗址出土民窑未分型的三类重点瓷器标本综合比较归纳表

瓷类	出土数量	占该遗址民窑未分型的三类瓷器出土总数（49）的百分比	器类及数量	存续年代（自上限至下限）	款识种类及数量
青花	28	57.14%	①碗10，②罐4，③盘2，④瓶2，⑤杯2，⑥盆1，⑦花盆1，⑧执壶1，⑨盖碗1，⑩颜料盒1，⑪胭脂盒1，⑫茶碗盖1，⑬器盖1	上限始于明万历时期（1573年），下限至于清同治时期（1874年）。经历清初、清初至康熙时期、雍正时期、乾隆时期、乾隆晚期至嘉庆早期、乾嘉时期、嘉庆时期、嘉道时期、道光时期、道光至同治时期，前后持续被使用或沿用的年限近300年	仅存3例：①Xc-056号，清初至康熙时期青花"福"字八棱变形莲瓣纹杯残片，仅遗有一点青花款识残痕，款识种类不详。②Xc-032号，清乾嘉时青花白描龙凤纹碗残件，款识种类为青花方形变体文字款，字迹不识。③Xc-179号，清同治时期青花海水莲花纹碗残片，款识种类为青花植物纹样款
杂彩	1	2.04%	仿哥釉1	清乾隆（1736~1795年）	无
粉彩	20	40.82%	①碗11，②盘6，③胭脂盒1，④茶碗盖1，⑤渣斗1	上限始于清康熙时期（1662年），下限至于光绪时期（1908年）。但雍正（1723~1735年）、乾隆两朝（1736~1795年）属空白期。只是自嘉庆时期起，经道光时期、道光至同治时期，同治时期，直至同治至光绪时期，这几个时期是连续发展的，如此看来，杏花春馆民窑粉彩瓷器实际存续年限前后不过160年左右	仅存7例，包含5种款识种类：第一种为清仿明成化伪托款，有2例：一为Xc-008号粉彩鸡缸碗残件，是康熙时期民窑仿明成化时期的青花楷体六字双行伪托纪年款："□□□化年制"；二为Xc-013号粉彩缠枝莲纹"寿"字碗残片，采取朱书楷体四字双行伪托纪年款："成化年制"。第二种为"万字结"图案款，也有2例：一为Xc-014号粉彩人物茶碗盖残件，是道光时期民窑款，采用的是红色"万字结"图案；二为Xc-007号粉彩丝瓜双喜纹碗残件，是道光至同治时期民窑款，采用的是青花双线勾描"万字结"图案。第三种为青花方形变体文字款，1例：Xc-040号粉彩丝瓜双喜三多纹盘残件，是道光时期的民窑款，字迹不识。第四种为朱书篆体纪年款：1例：Xc-356号粉彩竹叶纹碗残件，是道光时期景德镇民窑的产品，碗底有朱书篆体六字三行纪年款："大清道光□制"第五种为朱色植物纹样款，1例：Xc-001号蓝地粉彩云龙纹碗残片，是道光时期景德镇民窑的产品，圈足内底中央署有朱色植物纹样款（仅存半截）

3）从器类及其数量看，青花瓷的器类最多，共有13类，是三类中器类最丰富的瓷类。粉彩瓷的器类只有5类，相对较少，位居于第二。杂彩瓷只有1类，位居第三。值得注意的是，在青花瓷和粉彩瓷两类瓷器中，碗类都是出土数量最多的，前者为10件，后者为11件，合计为21件，占到了该遗址民窑未分型的三类瓷器出土总数（49）的42.86%。如此高的占比，表明民窑瓷器中碗类是最主要的器类，其需求量、生产量和损耗量也是最大的，在各类器物中是首位。二是在粉彩瓷中，盘类出土数量达到6件，表明盘类在粉彩瓷中的需求量和生产量也是仅次于碗类的一种主要器类。

4）从存续年代看，民窑青花瓷早期标本年代上限可到明万历时期（1573年）；晚期标本年代下限可至清道光至同治时期，同治时期的年限在1862～1874年，中间并未有较大的历史空白，即不存在缺环问题。所以青花瓷在该遗址被使用或延用的年限，前后有近300年时间。杂彩瓷只出土1件乾隆时期的仿哥釉盆，不存在探讨其存续年代问题。民窑粉彩瓷早期标本年代上限可到清康熙时期（1662～1722年），但在雍正（1723～1735年）至乾隆时期（1736～1795年）未见民窑粉彩瓷器出土，直到嘉庆时期才再次出现。其后各历史阶段都延续下来，直至光绪时期（1875～1908年）。除去空白时期，杏花春馆民窑粉彩瓷器实际存续年限前后不过160年左右。看来，在民窑瓷类中，以青花瓷在该遗址被使用的时间早，延续使用的时间相对较长，居三类瓷器之首。而粉彩瓷次之，杂彩瓷更次之。

5）从款识种类及数量看，三类民窑瓷器在历尽沧桑之后，尚幸存有款识的瓷器仅有9件，能确定款识种类的共有5种，分别为：①清仿明伪托款；②青花方形变体文字款；③朱书篆体纪年款；④"万字结"图案款；⑤青花植物纹样款。从不同瓷类所存留的款识种类和款识数量看，可作为比较的只有青花瓷和粉彩瓷。在28件民窑青花瓷未分型的重点标本中，保存有款识者只有3件，可确定款识种类的只有2种（一是青花方形变体文字款，1例；二是青花植物纹样款，1例）。20件民窑粉彩瓷未分型的重点标本中，保存有款识者共有6件，可确定款识种类的有5种（一是清仿明成化伪托纪年款，2例；二是"万字结"图案款，也有2例；三是青花变体文字款，1例；四是朱书篆体纪年款，1例；五是植物纹样款，1例）。很明显，粉彩瓷在现存款识和款识种类上均比青花瓷高出1倍。

6）从不同瓷类所拥有的款识种类的年代特点考察，民窑青花瓷，虽有1例是属于康熙时期的青花杯（Xc-056号），杯底遗有青花款识，但遗憾的是杯底残失太多，青花款识仅存一点痕迹，无法分辨其款识种类。这只能表明，在杏花春馆遗址出土的民窑青花瓷器中，在康熙时期已有款识的器类存在。除此例之外，青花瓷还有乾嘉时期青花方形变体文字款1例（Xc-032号），同治时期青花植物纹样款1例（Xc-179号）。因青花瓷的款识种类和数量缺环太多，如缺少明确的康熙、雍正、乾隆、嘉庆、道光时期款识种类，所以，对分型重点标本中的青花瓷款识种类和年代的考察受到很大局限和影响，目前不能得出一个完整概念。

民窑粉彩瓷，最早的款识种类是清康熙时期仿明成化纪年款（Xc-008号），以青花楷体六字三行款的形式呈现"大□□化年制"。凑巧的是，其最晚的款识种类，也是清仿明成化伪托纪年款（Xc-013），以同治至光绪时期的朱书楷体四字双行款形式呈现（"成化年制"）。这一早一晚2例款识，采用的是同一款识类型——清仿明成化伪托纪年款。反映出在清代瓷器行业以仿明成化为荣，竞相采用仿明成化伪托款，从早到晚已形成一种传统风气和习惯，表明清代社会对明代成化瓷器的品位与风格的赞赏、喜爱和仰慕。

除此之外，粉彩瓷还有另外3种款识种类，出现在清代晚期——道光时期和同治时期。一是"万字结"图案款，共2例，其一是Xc-014号标本，属道光时期，以红色"万字结"款图案的形式呈现；其二是Xc-007号标本，属道光至同治时期，以青花双线勾描"万字结"图案款的形式呈现。二是青花方形变体文字款，1例，Xc-040号，属道光至同治时期。三是朱书篆体六字三行纪年款，1例，亦属清道光时期。表明民窑粉彩瓷在清代晚期曾较为时兴，并曾有较大发展，比其他瓷类已略显繁荣。

总之，不论青花瓷还是粉彩瓷，清代早期与中期，有款识的或有明确款识种类者均较稀缺，而多见道光以后的款识种类，这在粉彩瓷中反映得更为突出。这也是民窑未分型重点瓷器在款识种类和年代方面体现出的一个特点。

可分型的重点标本　共217件。

经观察、比较，杏花春馆遗址出土的民窑瓷器可分型的重点标本多集中于数量较大的青花瓷和杂彩瓷这两类瓷器中。其中杂彩瓷主要是指豆青釉瓷。

可分型的青花瓷器共77件，主要包括三类器形：碗、盘和酒盅。可分型的杂彩瓷——豆青釉瓷器共140件，也是出土数量较多的碗、盘、杯三类器形。

下面先介绍青花瓷器，再介绍杂彩瓷——豆青釉瓷器。

1. 青花瓷

77件。

其中碗类64件，盘类10件，酒盅类3件。

碗　64件。

包括七种碗（绝大多数为残件或残片），其一为青花花卉月华纹碗残件和残片（12件）；其二为碗心绘有植物纹标记的青花碗残片（9件）；其三为碗心绘有不同青花图案的青花碗底残片（7件）；其四为青花三多纹碗残件和残片（10件）；其五为署青花"万字结"款的青花碗残片（4件）；其六为署青花"万字结"款的青花盖碗残件和残片（3件）；其七为青花线描及白描纹碗残件和残片（19件）。

（1）青花花卉月华纹碗

12件。此类碗的共同特点是，斜侈口，圆唇，斜直壁，下腹斜曲内收，接圈足。胎壁较厚实，深腹，圈足内挖过肩。内、外壁表面施青白釉，口沿施青花弦纹带一周，作为口沿边饰，内壁近碗底部施青花双弦线一周，碗心中心均绘青花植物纹。腹壁外表均绘青花花卉月华纹。圈足外墙表面施青花双线圈或三线圈，圈足内挖过肩。圈足底边素胎裸露，不施釉。圈足内底中央署青花方形图记符号款或青花四字花押纹样款。

唯12件标本在口径和底径大小，或碗底署款种类上存在一定差异，根据这几点差异，现将这12件标本分为四型，即为A型、B型、C型、D型（表一〇）。

表一〇　杏花春馆遗址出土民窑瓷器可分型的重点标本——青花花卉月华纹碗残件和残片统计表

序号	标本编号	器物名称	数量	瓷类	分型	年代	官窑属性		用项	规格（厘米）	款识		图版
							官	民			种类	图示	
1	Xc-207	青花花卉月华纹碗残件	1	青花	A	明末清初		√	日用	口径14.3、底径6.5、通高7	青花方形图记符号款	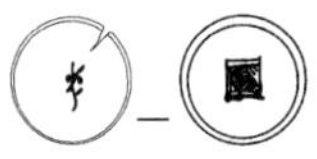	图版三〇，2
2	Xc-119	青花花卉月华纹碗残件	1	青花	A	明末清初		√	日用	口径14.7、底径6.5、通高6.8	青花方形图记符号款		图版三〇，3
3	Xc-421	青花花卉月华纹碗残片	1	青花	A	明末清初		√	日用	口残失，底径6.5、厚0.3～0.8	青花方形图记符号款		图版三〇，4
4	Xc-429	青花花卉月华纹碗残片	1	青花	A	明末清初		√	日用	口残失，底径6.1、厚0.3～0.5	青花方形图记符号款		图版三一，1
5	Xc-432	青花花卉月华纹碗残片	1	青花	A	明末清初		√	日用	口残失，底径6.5、厚0.4～0.9	青花方形图记符号款		图版三一，2
6	Xc-434	青花花卉月华纹碗残片	1	青花	A	明末清初		√	日用	口残失，底径6.5、厚0.4～0.9	青花方形图记符号款		图版三一，3
7	Xc-266	青花花卉月华纹碗残片	1	青花	A	明末清初		√	日用	底径失，口径14.5、厚0.3～0.7	因残无款		图版三二，1
8	Xc-453	青花花卉月华纹碗残片	1	青花	B	明末清初		√	日用	口残失，底径5.8、厚0.4～1.1	青花方形图记符号款	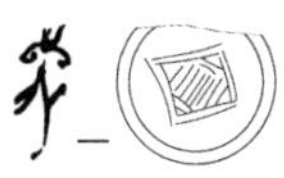	图版三二，2
9	Xc-433	青花花卉月华纹碗残片	1	青花	C	清代早期		√	日用	口残失，底径4.2、厚0.3～0.5	青花四字花押纹样款	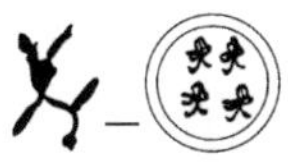	图版三二，3
10	Xc-427	青花花卉月华纹碗残片	1	青花	D	清代早中期之际		√	日用	口残失，底径3.8、厚0.4～0.5	青花模仿英文字母款	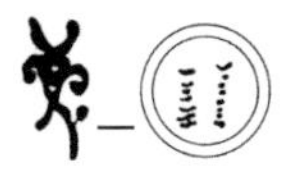	图版三三，1
11	Xc-443	青花花卉月华纹碗残片	1	青花	D	清代早中期之际		√	日用	口残失，底径3.8、厚0.3～0.5	青花四字花押纹样款	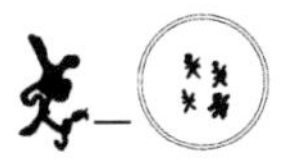	图版三三，2
12	Xc-229	青花花卉月华纹碗残片	1	青花	D	清早中期之际至乾隆时期		√	日用	口残失，底径3.9、厚0.2～0.6	青花四字花押纹样款		图版三三，3

A型　7件。

编号分别为：Xc-207、Xc-119、Xc-421、Xc-429、Xc-432、Xc-434、Xc-266号（表一〇；图版三〇，2～图版三二，1）。其中Xc-207和Xc-119号保存状况略好，可以Xc-207号为例，说明A型碗在器形规格和款识方面的特征。

Xc-207号，青花花卉月华纹碗残件，口径14.3、底径6.5、通高7厘米。圈足内挖足过肩，深度（或高度）为1.1厘米（图七八，1）。这个规格，是青花月华纹碗四种类型中最大的。此外，圈足内底所署的款识是青花方形图记符号款，这一点，也是A型碗所具备的共同特征。还有一点，是Xc-207号圈足底边内外，尚粘有一层细砂残痕。这类青花砂底碗的时代多属明末清初之际。这表明A型碗年代的上限可能早到明末至清初之际。

B型　1件。

编号为：Xc-453号（图七八，2；图版三二，2）。此型碗的圈足直径较A明显变小，已缩小至5.8厘米。除了这一点变化之外，其他特征基本上与A型一致。尤其是其圈足底边内外，也同样粘有一层细砂的特征较为显眼。表明B型与A型应属同期产品，上限也可早到明末清初之际。

C型　1件。

编号为：Xc-433号（图七八，3；图版三二，3）。此型碗除了圈足直径进一步缩小，还有碗底款识有变化之外，其他特征基本上与A、B二型碗相似。其圈足直径已缩小至4.2厘米，比B型碗又收缩了1.6厘米；圈足内底所署款识不再是A、B二型所署的青花方形图记符号款，而换作青花四字花押纹样款，含义不详。另外，圈足明显变矮，虽然也内挖过肩，但过肩很浅，圈足外墙高只有0.7厘米，内墙内挖深度也只有0.85厘米。圈足底边内外也无粘砂痕迹，表明其年代已晚于A、B二型，可能属于清代早期。

D型　3件。

编号分别为：Xc-427、Xc-443、Xc-229号（图版三三）。此型碗较上述A、B、C三型碗的变化差异之处在于，碗的规格又缩小一档，这从圈足直径和高度的变化即可看出。另外，该型碗底的款识也有改变。

Xc-427号，青花花卉月华纹碗残片，圈足直径已缩小至3.8厘米，是四型碗中圈足直径最小的。圈足外墙高仅有0.6厘米，圈足内墙虽内挖过肩，但过肩程度很浅，内挖深度不过0.7厘米（图七八，4），是四型碗中圈足最矮的一款。

款识方面，虽然其中有2件（Xc-443和Xc-229）碗底也是署青花四字花押纹样款，但其种类和纹样形式已与C型Xc-433号不同，带有简单化、符号化的趋向。另一件，Xc-427号标本的底款既不是方形图记符号款，也不是四字花押款，而是似模仿英文字母，横着点两行青花点，含义不明。

D型碗的上述变化，表明其年代可能晚于上述A、B、C三型碗，初步判断属清早中期之际至乾隆时期。

从表一〇的统计结果可清楚地看出，杏花春馆遗址出土的民窑瓷器可分型的重点标本——青花花卉月华纹碗，凡碗底署青花方形图记符号款的A型和B型碗，其年代都偏早，都属于明

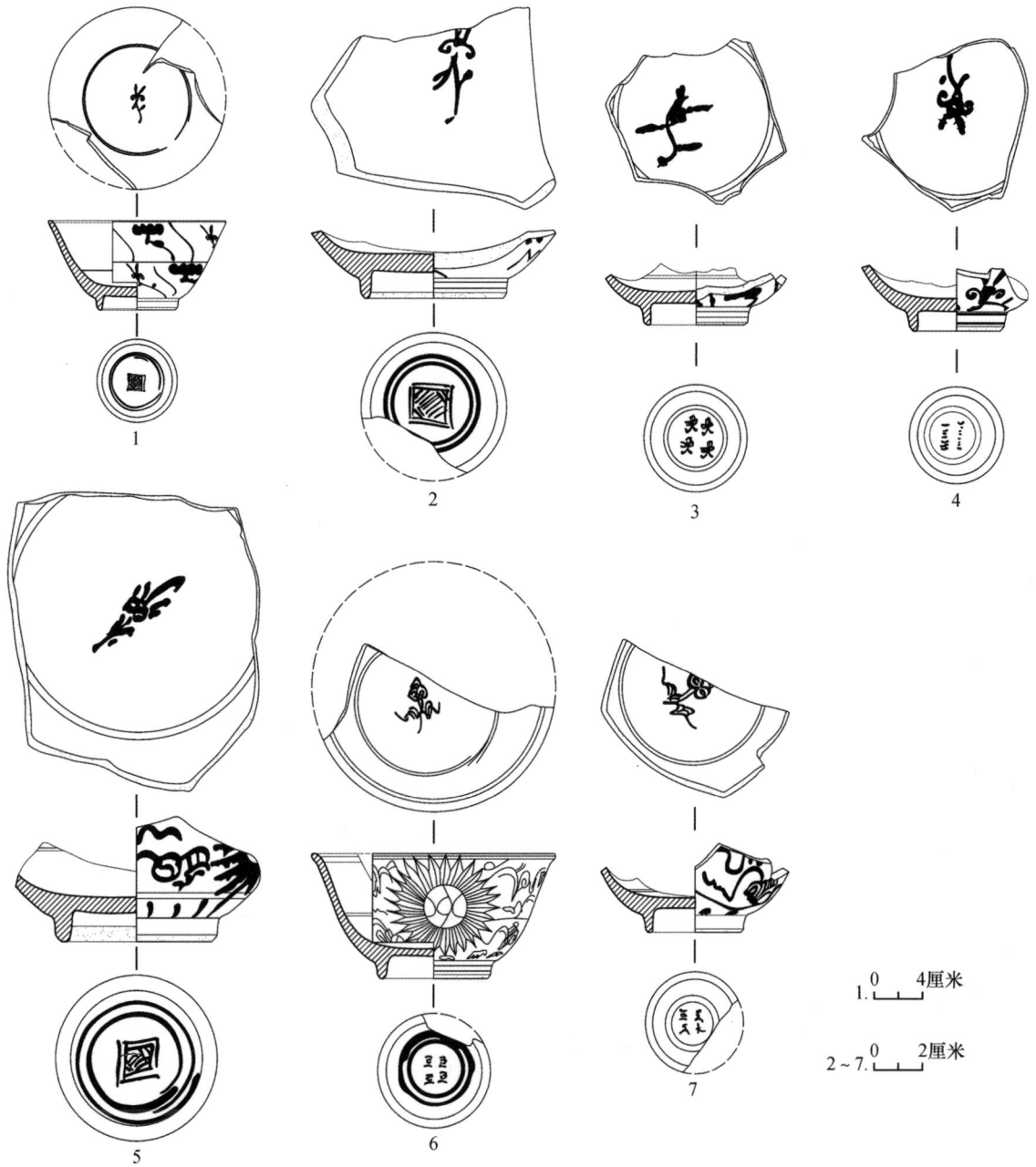

图七八 杏花春馆遗址出土民窑器

1. 青花花卉月华纹碗残件（Xc-207） 2. 青花花卉月华纹碗残件（Xc-453） 3. 青花花卉月华纹碗残件（Xc-433）

4. 青花花卉月华纹碗残片（Xc-427） 5. 青花太阳花植物纹碗残片（Xc-428） 6. 青花太阳花植物纹碗残片（Xc-031）

7. 青花太阳花花卉纹碗残片（Xc-452）

末至清初时期；而碗底署青花四字花押纹样款的C型碗，其年代则略晚于A型和B型碗，大致应为清早期；碗底署青花仿外文款的D型碗，其年代又晚于C型碗，应属于清代早中期之际。

碗的形制规格上体现的特点就更为突出和明显。A、B、C、D四型的变化规律是由大逐渐变小。抛开口径这一项不谈①，仅从底径数据的变化，亦可了解这四型碗的变化规律特点。A型碗的底径为6.5厘米；B型碗的底径就缩小至5.8厘米；C型碗的底径又缩小至4.2厘米；D型碗的底径则再缩小至3.8厘米。即从早到晚，此类碗的规格是逐步由大向小演变的。

（2）碗心绘有植物纹标记的青花碗

9件。这9件标本大多数口沿和腹壁因残失无存，仅剩下腹部和碗底，可用测量数据进行比较的部位主要为圈足直径。可以目测的比较项目还有碗心图案和圈足内底的款识。依据以上三项比较结果，可将这9件标本分为三型：即A型、B型、C型（表一一）。

A型　4件。

编号分别为：Xc-428、Xc-326、Xc-430、Xc-390号。特征是碗口均已残失，腹部大半残失，只剩下腹部与碗底。胎壁较厚，内外壁表面均施青白釉，釉面发暗，不光润。内壁近碗底处施青花双线圈一周。碗心中央均绘一株青花植物纹。外壁绘青花太阳花纹。高圈足，挖足过肩。圈足内底中央均属有青花方形图记符号款，外围青花双线圈。圈足直径6.5～6.8厘米。部分标本圈足底边内外粘有一层细砂（如Xc-428号）。表明A型碗的年代上限可早到明末至清初。在A型4件标本中，其中3件保存状况略好，腹壁下部和碗底均得以保存，所测得圈足直径数据，A型是最大的。圈足内底的青花方形图记符号款都保持完整，亦实属侥幸。

Xc-428号，青花太阳花植物纹碗残片，圈足直径6.5厘米，圈足外墙高0.9、内墙挖足深（高）1.15厘米。圈足底边粘有一层细砂（图七八，5；图版三四，1）。年代上限应属明末至清初。

Xc-326号，青花太阳花纹碗残片，因残，仅剩下一块碗的口沿和腹部残片，圈足无存，无款识。从残片的胎质、施釉、所获青花太阳花图案的风格特点看，此件残片的年代应与Xc-428号标本基本相同，也应属明末至清初之际（图版三四，2）。

Xc-430号，青花太阳花植物纹碗残片，圈足直径6.7厘米，圈足外墙高0.9、内墙挖足深（高）1.2厘米。圈足底边没有粘砂痕迹。从其圈足内底所署的青花方形图记符号款的纹样特征看，其年代应属清康熙时期（图版三四，3）。

Xc-390号，青花太阳花植物纹碗残片，圈足大部分保存下来，直径6.8厘米，圈足外墙高1、内墙挖足深（高）1.4厘米。圈足底边也无粘砂痕迹，腹壁所绘青花太阳花图案样式、色彩均与Xc-430号一致，圈足内底所署的青花方形图记符号款的纹样特征也是清康熙时期的民窑风格特征，故Xc-390号标本的年代也应属清康熙时期（图版三五，1）。

B型　3件。

编号分别为：Xc-031、Xc-440、Xc-414号。特征是碗的规格较A型明显变小，不论是口径

---

① 因为碗口大多数标本已残失，数据缺失太多，难做对比。

表一一　杏花春馆遗址出土民窑瓷器可分型的重点标本——碗心绘有植物纹标记的青花碗残片统计表

序号	标本编号	器物名称	数量	瓷类	分型	年代	官	民	用项	规格（厘米）	款识种类	款识图示	图版
1	Xc-428	青花太阳花植物纹碗残片	1	青花	A	明末清初		√	日用	口沿残失，底径6.5、胎壁厚0.3~0.6	青花方形图记符号款	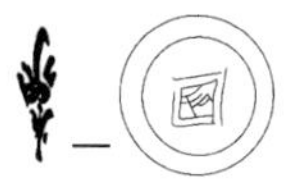	图版三四，1
2	Xc-326	青花太阳花纹碗残片	1	青花	A	明末清初		√	日用	口径12.9、胎壁厚0.3~0.6	因残无款		图版三四，2
3	Xc-430	青花太阳花植物纹碗残片	1	青花	A	康熙时期		√	日用	口沿残失，底径6.7、胎壁厚0.3~0.5	青花方形图记符号款		图版三四，3
4	Xc-390	青花太阳花植物纹碗残片	1	青花	A	康熙时期		√	日用	口沿残失，底径6.8、胎壁厚0.4~1.1	青花方形图记符号款	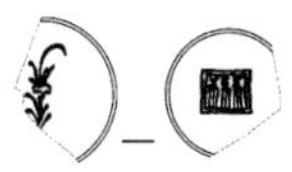	图版三五，1
5	Xc-031	青花太阳花植物纹碗残片	1	青花	B	雍乾时期		√	日用	口径10、底径4.5、通高4.8	青花四字花押款		图版三五，2
6	Xc-440	青花太阳花花卉纹碗残片	1	青花	B	雍乾时期		√	日用	口沿残失，底径4.3、胎壁厚0.4~0.8	青花四字花押款		图版三五，3
7	Xc-414	青花太阳花花卉纹碗残片	1	青花	B	雍乾时期		√	日用	口沿残失，底径4.5、胎壁厚0.4~0.7	青花方形变体文字款		图版三六，1
8	Xc-452	青花太阳花花卉纹碗残片	1	青花	C	乾隆时期		√	日用	口沿残失，底径3.7、胎壁厚0.3~0.7	青花四字花押款	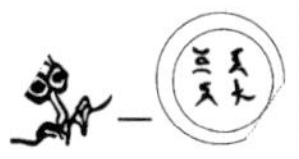	图版三六，2
9	Xc-391	青花太阳花花卉纹碗残片	1	青花	C	乾隆时期		√	日用	口沿残失，底径3.7、胎壁厚0.3~0.8	青花方形变体文字款		图版三六，3

还是圈足底径，都缩小很多。圈足已变为矮圈足。腹壁外表所绘的青花太阳花纹在构图设计元素上也有变化，在太阳花下面增添了一圈青花火焰纹，作为与圈足分界的底边边饰，青花图案的颜色变得深翠、鲜艳。碗心的植物纹样变得几何形图案化，不再有A型碗碗心植物纹所体现的写实风格特征。圈足内底所署款识也不再是A型碗那种青花方形图记符号款，而是换作了青花四字花押款，或新形式的青花方形变体文字款。

Xc-031号，青花太阳花植物纹碗残片，其口径变为10厘米，底径变为4.5厘米，圈足外墙高为0.7厘米，内墙挖足深（高）为0.9厘米。腹外壁底边，在太阳花下面加绘了一圈火焰纹。碗心绘了一株几何形图案化的青花花卉纹。圈足内底署的款识是青花四字花押款，含义不详（图七八，6；图版三五，2）。

Xc-440号，青花太阳花花卉纹碗残片，口沿已残失，底径为4.3厘米，圈足外墙高0.6、内墙挖足深（高）为0.8厘米。腹外壁底边，在太阳花下面也加绘了一圈火焰纹。碗心也绘了一株与Xc-031号碗一样的几何形图案化的青花花卉纹。圈足内底署的款识也是一种青花四字花押款，含义不详（图版三五，3）。

Xc-414号，青花太阳花花卉纹碗残片，口沿已残失，腹壁绝大部分残失，底径为4.5厘米，圈足外墙高0.6、内墙挖足深（高）0.85厘米。腹外壁底边残存有火焰纹底边边饰痕迹。碗心也绘有一样的几何形图案化的青花花卉纹。圈足内底的署款换作青花方形变体文字款，含义不详（图版三六，1）。

根据B型碗这3件标本所具有的特点，可推定B型碗的年代属清雍乾时期。

C型　2件。

编号分别为：Xc-452、Xc-391号。特征是此型圈足底径较B型者又进一步缩小，矮圈足的特点持续存在。腹外壁青花太阳花下面添加的一圈青花火焰纹仍继续保持着。碗心所绘的青花花卉，几何形图案化的特点更加明显。圈足内底所署的款识，或是新形式的青花四字花押款，或是新形式的青花方形图记符号。

Xc-452号，青花太阳花花卉纹碗残片，口沿已残失，底径为3.7厘米，圈足外墙高0.65、内墙挖足深（高）0.85厘米。腹外壁在青花太阳花的下面添加有一圈青花火焰纹，作为碗底边边饰的特征。碗心所绘的一株青花花卉纹，几何形图案化的趋向更加明显。圈足内底所署的款识是一种新样式的青花四字花押款（图七八，7；图版三六，2）。

Xc-391号，青花太阳花花卉纹碗残片，其基本特点与Xc-452号均相同，不重复赘述。唯在矮圈足的尺寸和款识种类上尚存差异，故略作说明。Xc-391号标本的圈足底径也是3.7厘米，外墙高仅为0.55、内墙挖足深（高）仅为0.7厘米，这比Xc-452号的圈足更矮。款识方面，Xc-391号所署的是新形式的青花方形变体文字款，含义不详（图版三六，3）。

经过以上考察，可推定C型碗这2件标本的年代属清乾隆时期。

通过表——的统计结果，可对杏花春馆遗址出土的碗心绘有植物纹标记的青花碗的早晚演变规律特点作出如下归纳：

碗的规格，从早到晚是由大逐渐变小，其中以A型者最大，B型者居中，而C型者为最小。

以圈足直径大小为据，A型者的底径都在6.5～6.8厘米，B型者是4.3～4.5厘米，而C型者则缩小至3.7厘米左右。这三型碗的形制规格变化幅度是较大的，从早到晚的演变轨迹较为显著。

年代方面，以A型碗的年代上限为最早，因有Xc-428号青花砂底碗及碗底所署的青花方形图记符号款为依据，并可作为该型碗的代表，故可判定该型碗的时代应在明末至清初。B型碗因其花纹和款识都发生了变化（花纹的变化是指在太阳花下面又添加了一圈青花火焰纹，作为碗底边边饰，这在A型碗的纹饰构图中是没有的；款识的变化是指B型碗不再以青花方形图记符号作款识，而更换为青花四字花押款或青花方形变体文字款），表明B型碗时代将晚于A型碗，推测其年代应属清雍乾时期。C型碗不但规格变得最小，而且碗心所绘的植物纹纹样，在B型碗纹饰的基础上又变得更加几何形，完全失去了A型碗碗心植物纹的写实特点，款识也更换为新形式的青花四季花押款和青花方形变体文字款，表明其时代应比B型碗还要略晚些，推测其年代或已至清乾隆时期。

纹饰方面，A型碗腹壁表面绘是青花太阳花，太阳花下绘青花火焰纹底边边饰；而B型碗与C型碗，则在太阳花下面均增添了一圈青花火焰纹底边边饰；碗心图案，A型碗碗心绘所植物纹具有写实风格，B型碗碗心所绘植物纹在形式上则开始变得几何图案化，失去了写实风格的特点，而C型碗碗心所绘的植物纹，其几何形图案化就更加明显。显然，A、B、C三型碗的青花纹饰，从早到晚在构图设计上经历了构图元素由简到繁的演变过程；艺术手法上经历了由早期的写实表现形式逐步发展到后来的几何形图案化表现形式的演变过程。

款识方面，A型碗一律采用青花方形图记符号款，形式简单，面貌单一。B型碗和C型碗均更换为青花四字花押款和青花方形变体文字款，且两款的表现形式多不重复，具有多样化并存的发展态势，面貌不再单一，变得愈益复杂和多样化。这从一个侧面反映出，自明末清初到康、雍、乾三代时期，景德镇民窑青花碗类餐具的生产日趋繁荣的发展势头和文化景象。

（3）碗心绘有不同青花图案的青花碗

7件。根据圈足底径大小的差异，分为A、B、C三型（表一二）。

A型 3件。

编号分别为：Xc-389、Xc-242、Xc-304号。特征是碗心中央分别绘有不同的青花图案，内壁下腹部与碗底交接处施青花弦线纹两周。高圈足，高1厘米。外墙施青花双线圈，内底中央署青花方形图记符号款，外围青花双线圈，圈足内挖，平肩，圈足底边素胎裸露，不施釉，圈足直径6.7厘米。其年代属清康乾时期。

Xc-389号，青花龟纹碗残片，碗心绘有青花龟纹图案（图七九，2；图版三七，1）；Xc-242号，青花花卉纹碗残片，碗心绘有青花花卉纹（图版三七，2）；Xc-304号，青花火珠纹碗残片，碗心绘有青花火珠纹（图版三七，3）。

B型 1件。

编号为：Xc-371号，青花火珠纹碗底残片，特征是碗心中央绘有青花火珠纹，高圈足，高为1厘米。外墙素面无纹，内底中央署青花方形图记符号款，外围青花双线圈，圈足内挖平肩，圈足底边素胎裸露，不施釉。圈足规格较A型者缩小，直径为6厘米（图七九，1；图版三八，1）。推定其年代，应属清康乾时期。

表一二　杏花春馆遗址出土民窑瓷器可分型的重点标本——碗心绘有不同青花图案的青花碗残片统计表

序号	标本编号	器物名称	数量	瓷类	分型	年代	官窑属性 官	官窑属性 民	用项	规格（厘米）	款识 种类	款识 图示	图版
1	Xc-389	青花龟纹碗残片	1	青花	A	康乾时期		√	日用	残长9.2、残宽7.8、圈足直径6.7、厚0.25～0.4	青花方形图记符号款		图版三七，1
2	Xc-242	青花花卉纹碗残片	1	青花	A	康乾时期		√	日用	残长9.4、残宽4.4、圈足直径6.7、厚0.2～0.45	青花方形图记符号款		图版三七，2
3	Xc-304	青花火珠纹碗残片	1	青花	A	康乾时期		√	日用	残长9.2、残宽5.1、圈足直径6.7、厚0.2～0.5	青花方形图记符号款		图版三七，3
4	Xc-371	青花火珠纹碗底残片	1	青花	B	康乾时期		√	日用	残长9.3、残宽8.2、圈足直径6、厚0.25～0.45	青花方形图记符号款		图版三八，1
5	Xc-406	青花花卉纹碗残片	1	青花	C	康乾时期		√	日用	残长9、残宽7、圈足直径5.5、厚0.35～0.5	青花方形图记符号款		图版三八，2
6	Xc-436	青花奔马纹碗残片	1	青花	C	康乾时期		√	日用	残长8.7、残宽5.7、圈足直径5.7、厚0.2～0.4	青花方形图记符号款		图版三八，3
7	Xc-442	青花"寿"字纹碗残片	1	青花	C	康乾时期		√	日用	残长7.5、残宽3.1、圈足直径5.3、厚0.3～0.5	青花四字花押款		图版三九，1

C型　3件。

编号分别为：Xc-406、Xc-436、Xc-442号。特征是圈足规格较A、B二型进一步缩小，圈足直径仅有5.3～5.7厘米，高度也变矮，仅为0.9厘米。圈足外墙施青花双线圈或青花三线圈纹。圈足内底署青花方形图记符号款或青花四字花押款，外围青花双线圈。碗心所绘青花图案各不相同，Xc-406号绘有青花植物花卉纹（图七九，3；图版三八，2）；Xc-436号绘青花奔马纹（图版三八，3）；Xc-442号绘青花篆体"寿"字纹（图版三九，1）。推定其年代，均属清康乾时期。

从表一二的统计结果中可清楚地看出，杏花春馆遗址出土的民窑瓷器可分型的重要标本——碗心绘有不同青花图案的7件青花碗标本，虽然在碗心图案的种类和形式上各有不同，形制规格上亦不一致，特别是圈足直径大小可区分三型（A型、B型和C型），但它们在款识种类上绝大多数是一致的，多是署以青花方形图记符号款；在年代上，也都属于清早期之际——康乾时期，表明这三型青花碗都是属于景德镇民窑同类、同期的产品。它们出土于杏花春馆遗址，表明在乾隆时期或乾隆时期以前，这类碗具已被购入圆明园，并在下层服待人员中被普及使用。

（4）青花三多纹盖碗

10件。这10件标本均缺盖，只保留碗身，纹饰相同，外壁均绘青花三多纹①。均无款识。经观察比较，这10件标本口径有大有小，按口径规格的差别可分为三型，即A型、B型、C型。A型口径较大，B型口径较小，C型口径更小（表一三）。

表一三 杏花春馆遗址出土民窑瓷器可分型的重点标本——青花三多纹盖碗残件和残片统计表

序号	标本编号	器物名称	数量	瓷类	分型	年代	官窑属性		用项	规格（厘米）	款识		图版
							官	民			种类	图示	
1	Xc-338	青花三多纹盖碗残件	1	青花	A	雍乾时期		√	日用	口径11.2、底径4.4、高6.3、胎壁厚0.15~0.5	无款		图版三九，2
2	Xc-245	青花三多纹盖碗残件	1	青花	A	雍乾时期		√	日用	口残失，底径5、胎壁厚0.2~0.6	无款		图版三九，3
3	Xc-316	青花三多纹盖碗残片	1	青花	A	雍乾时期		√	日用	口径11、底径残失、胎壁厚0.2~0.7	无款		图版四〇，1
4	Xc-255	青花三多纹盖碗残件	1	青花	B	雍乾时期		√	日用	口径9.4、底径4.4、高6	无款		图版四〇，3
5	Xc-240	青花三多纹盖碗残片	1	青花	B	雍乾时期		√	日用	口残失，底径4.8、胎壁厚0.3~0.5	无款		图版四〇，2
6	Xc-295	青花三多纹盖碗残片	1	青花	B	雍乾时期		√	日用	口残失，底径5、胎壁厚0.3~0.6	无款		图版四一，1
7	Xc-248	青花三多纹盖碗残片	1	青花	B	雍乾时期		√	日用	残长4.3、残宽2.4、胎壁厚0.1~0.5	无款		图版四一，2
8	Xc-249	青花三多纹盖碗残片	1	青花	B	雍乾时期		√	日用	残长5.8、残宽2.8、胎壁厚0.1~0.4	无款		图版四一，3
9	Xc-331	青花三多纹盖碗残片	1	青花	B	雍乾时期		√	日用	底残失，口径10、胎壁厚0.2~0.4	无款		图版四一，4
10	Xc-231	青花三多纹盖碗残片	1	青花	C	雍乾时期		√	日用	底残失，口径9.2、胎壁厚0.2~0.4	无款		图版四一，5

A型　3件。

编号分别为：Xc-338、Xc-245、Xc-316号（图版三九，2、3；图版四〇，1）。以Xc-338号青花三多纹盖碗残件为例，斜侈口，小圆唇，斜曲腹，深腹，小圈足，挖足过肩。口沿、腹壁、圈足局部有残失。白釉青花，内口沿饰青花回纹带一周，碗心绘青花太阳花一团，外围青

———————
① 所谓三多，是指多子、多福、多寿。

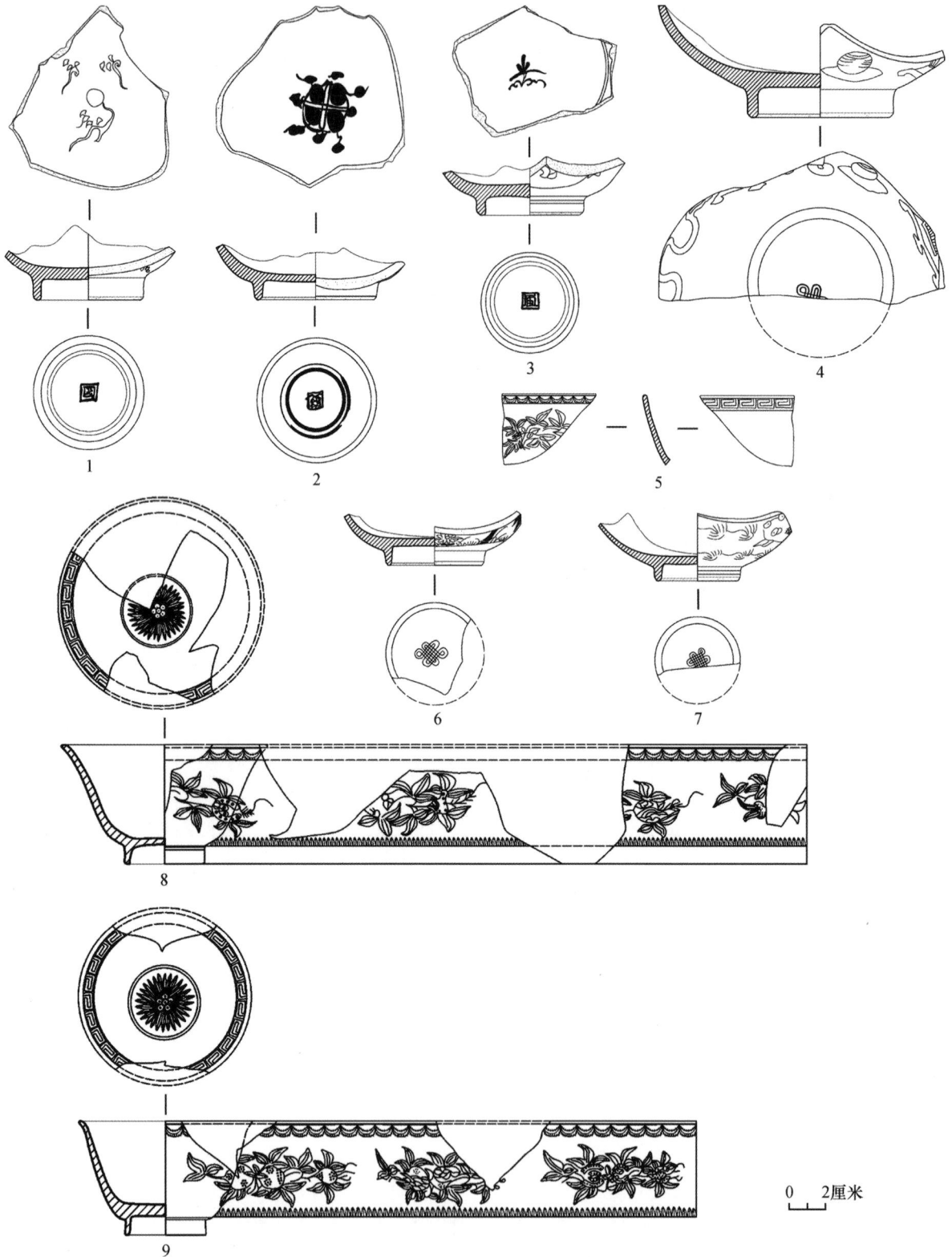

图七九　杏花春馆遗址出土民窑器

1.青花火珠纹碗底残片（Xc-371）　2.青花龟纹碗残片（Xc-389）　3.青花花卉纹碗残片（Xc-406）　4.青花结带博古图碗底
残片（Xc-209）　5.青花三多纹盖碗残片（Xc-231）　6.青花竹叶纹碗底残片（Xc-437）　7.青花鱼藻纹碗底残片（Xc-112）
8.青花三多纹盖碗残件（Xc-338）　9.青花三多纹盖碗残件（Xc-255）

花双线圈。外口沿下饰青花垂帐纹一周，腹壁表面绘青花三多纹。在下腹部与圈足相接处绘青花太阳花纹加三圈青花弦线纹作为底边边饰。圈足外墙及内底均素面，无款识。该标本口径11.2、底径4.4、高6.3、胎壁厚0.15～0.5厘米（图七九，8）。推定其年代，均属清早中期之际——雍乾时期。

B型 6件。

编号为：Xc-255、Xc-240、Xc-295、Xc-248、Xc-249、Xc-331号（图版四〇，2、3；图版四一，1～4）。以Xc-255号青花三多纹盖碗残件为例，形制和青花纹饰与上述A型者相同，圈足外墙及内底均素面，无款识。唯规格尺寸较A型者略小，口径为9.4、底径4.4、高6厘米（图七九，9）。年代均属清雍乾时期。

C型 1件。

编号为：Xc-231号，青花三多纹盖碗残片，口径较上述A型和B型进一步缩小，为9.2厘米，是三型碗规格中最小的一款（图七九，5；图版四一，5）。推定其年代亦属清雍乾时期。

从表一三的统计结果，可以看到青花三多纹盖碗有三个特点：第一个特点是，这类盖碗的圈足内底均为素面，不署任何款识；第二个特点是，三型盖碗的形制、纹饰风格一致，年代均属于清早中期之际——雍乾时期，属同时期、同时被投入使用的民窑产品，三型之间不分早晚；第三个特点是，从出土数量和占比大小的角度讲，B型是三型之中出土数量最多，占比最大的器形（共出6件、占此类盖碗总数的60%），其次是A型（共出3件，占此类盖碗总数的30%），数量最少、占比最小的属C型（只出土1件，仅占此类盖碗总数的10%），表明B型是三型盖碗中使用率和普及率最高的器形，其次才是A型，使用率最低的为C型，B型在当时是最受欢迎的一款器形。

（5）青花"万字结"款碗

4件。这4件标本的共同特点是，碗底均署有青花"万字结"款。但依据其形制规格，尤其是圈足直径的大小，可将这4件标本分为三型：即A型、B型和C型（表一四）。

表一四 杏花春馆遗址出土民窑瓷器可分型的重点标本——青花"万字结"款碗底残片统计表

序号	标本编号	器物名称	数量	瓷类	分型	年代	官窑属性 官	官窑属性 民	用项	规格（厘米）	款识 种类	款识 图示	图版
1	Xc-209	青花结带博古图碗底残片	1	青花	A	乾隆		√	日用	残长15.5、残宽8.4、圈足直径7.9、圈足高1.4	青花"万字结"款		图版四二，1
2	Xc-437	青花竹叶纹碗底残片	1	青花	B	乾隆		√	日用	残长8.5、残宽7、圈足直径5.4、圈足外墙高0.8	青花"万字结"款		图版四二，2
3	Xc-112	青花鱼藻纹碗底残片	1	青花	C	乾隆		√	日用	残长11、残宽5.8、圈足直径4.6、圈足高0.7	青花"万字结"款		图版四二，3
4	Xc-358	青花狮子绣球纹碗底残片	1	青花	C	乾隆		√	日用	残长9.7、残宽5.8、圈足直径4.6、圈足高0.65	青花"万字结"款		图版四三，1

A型 1件。

编号为：Xc-209号，青花结带博古图碗底残片。特征是口沿完全残失，腹部仅存下半局部，圈足尚存一半。内、外壁满施青白釉，釉层较厚，光润亮泽。胎壁较厚，上、下厚度在0.3～1厘米，腹部下半表面绘有青花结带博古图，青花呈色深翠。高圈足，内、外墙素面无纹，圈足底边素胎裸露，不施釉，圈足内底署青花"万字结"款（残损一半），圈足高1.4厘米，内挖平肩。该标本残长15.5、残宽8.4、残高5.9、圈足直径7.9厘米，是三型碗中圈足直径最大者（图七九，4；图版四二，1）。推定其年代为清乾隆时期。

B型 1件。

编号为：Xc-437号，青花竹叶纹碗底残片。特征是口沿完全残失，腹壁仅剩下腹部约1/3的局部与圈足相接，圈足也缺失约1/4，唯圈足内底的款识尚得以完整保留。内、外壁表面满施白釉，釉层较厚，釉面光洁发亮，内壁素面，外壁腹下部绘青花竹子花草纹。矮圈足，挖足过肩，圈足外墙高0.8厘米，内墙下挖，深（高）1厘米。内、外墙素面，圈足底边素胎裸露，不施釉，圈足内底署青花"万字结"。此件标本残长8.5、残宽7、残高3.8、圈足直径5.4、胎壁厚0.3～0.7厘米，这一规格，较A型的圈足直径缩小了2.5厘米（图七九，6；图版四二，2）。推定其年代亦属清乾隆时期。

C型 2件。

编号分别为：Xc-112、Xc-358号。比较A、B二型，此型的变化之点主要在于形制规格变得更小，圈足变得更矮，直径又进一步缩小。

如Xc-112号，青花鱼藻纹碗底残片，矮圈足，其圈足外墙施青花弦线三圈，外墙高为0.7厘米，内墙内挖，稍过肩，深（高）为0.8厘米，圈足直径为4.6厘米，这一规格，较B型者的直径又缩小了0.8厘米（图七九，7；图版四二，3）。Xc-358号，青花狮子绣球纹碗底残片（图版四三，1）。C型2件标本的年代亦属清乾隆时期。

（6）青花"万字结"盖碗

3件。这3件青花盖碗的共同特点是，器盖皆无存，碗底均署有青花"万字结"。但依据3件标本在形制规格、胎壁厚薄，圈足高矮与大小存在的差异，可将这3件标本分为三型，即A型、B型和C型（表一五）。

A型 1件。

编号为：Xc-360号，青花山水纹盖碗残件。特征是口沿、腹壁和碗底均残失大半，现仅存一少半。口沿外侈，小尖圆唇，斜直壁，深腹，腹底部弧曲内收，接圈足。胎壁较薄，近口沿处厚0.1、腹下部厚0.3厘米。内、外施白釉，釉面光洁，内壁和碗心素面无纹，外壁绘青花山水纹。圈足外墙素面，高0.75厘米，内墙挖足不过肩，高为0.6厘米，圈足底边素胎裸露，未施釉，圈足内底署青花"万字结"款，因残有缺损。该标本口径8、底径4.1、通高5.9厘米（图八〇，1；图版四三，2）。推定其年代属清乾隆时期。

表一五　杏花春馆遗址出土民窑瓷器可分型的重点标本——青花"万字结"款盖碗残件和残片统计表

序号	标本编号	器物名称	数量	瓷类	分型	年代	官窑属性		用项	规格（厘米）	款识		图版
							官	民			种类	图示	
1	Xc-360	青花山水纹盖碗残件	1	青花	A	乾隆		√	日用	口径8、底径4.1、通高5.9	青花"万字结"款		图版四三，2
2	Xc-454	青花"万字结"款盖碗残片	1	青花	B	乾隆		√	日用	残长7、残宽3.6、圈足直径4	青花"万字结"款		图版四三，3
3	Xc-426	青花花卉变形莲瓣纹盖碗残片	1	青花	C	乾隆		√	日用	残长6、残宽3.3、圈足直径2.9	青花"万字结"款		图版四三，4

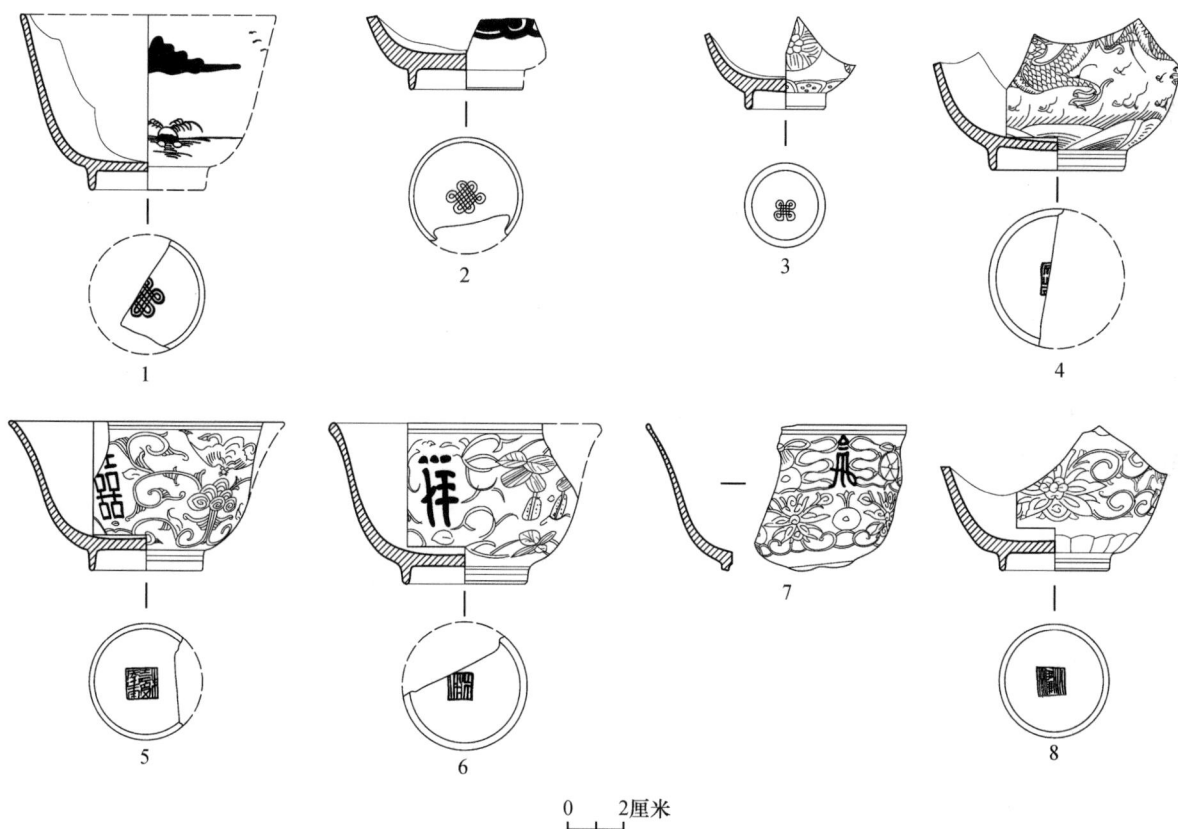

0　　2厘米

图八〇　杏花春馆遗址出土民窑器

1. 青花山水纹盖碗残件（Xc-360）　2. 青花"万字结"款盖碗残片（Xc-454）　3. 青花花卉变形莲瓣纹盖碗残片（Xc-426）
4. 青花线描海水江崖龙凤纹碗残片（Xc-239）　5. 青花白描缠枝双喜蝙蝠纹盖碗残件（Xc-021）　6. 青花线描瓜果吉祥如意纹碗残件（Xc-035）　7. 青花线描莲托杂宝纹碗残片（Xc-317）　8. 青花线描缠枝莲纹碗底残片（Xc-400）

B型　1件。

编号为：Xc-454号，青花"万字结"款盖碗残片。特征是口沿完全残失，腹部大部残失，仅剩下腹局部和圈足大部。胎壁较厚，下腹部厚0.4～0.5厘米，下接矮圈足。因残，下腹部仅残存一点青花图案痕迹，具体内容不详。圈足外墙素面，高0.7厘米，内墙内挖，平肩。圈足底边素胎裸露，未施釉。圈足内底署青花"万字结"款。该标本残长7、残宽3.6、残高2.9、圈足直径4厘米（图八〇，2；图版四三，3）。推定其年代属清乾隆时期。

C型　1件。

编号为：Xc-426号，青花花卉变形莲瓣纹盖碗残片。特征是口沿完全残失，腹壁大部分残失，仅剩下腹局部与碗底。规格是三型盖碗中最小的一型。胎壁较薄，上、下厚度在0.1～0.3厘米。内、外壁均施白釉，釉面莹润光亮。外壁表面绘青花花卉纹，下腹与圈足交接部位绘青花变形莲瓣纹一周，以作为底边边饰。矮圈足，挖足过肩，圈足外墙素面，高0.6厘米。圈足直径小，只有2.9厘米。圈足内底署一很小的青花"万字结"款。该标本残长6、残宽3.3、残高3.3厘米（图八〇，3；图版四三，4）。推定其年代也属清乾隆时期。

现对表一四和表一五的统计结果一起作一个归纳。共有三个特点：一是二表中所列的两类共7件青花碗具标本，碗底署款一律相同，均为青花"万字结"款。二是两类碗具虽然各分为三型，且纹饰各不相同，但其年代全都属于清乾隆时期。这一是表明这两种类型的碗具是属于同期产品；二是表明这两类碗具中的纹饰种类较为丰富多彩。第三点是万字结款识在乾隆时期曾是景德镇民窑瓷器餐具产品中颇受重视，并被提倡的瓷器款识种类之一，其产品深受社会欢迎，故也被引入圆明园，在下层服务人员中推广、使用，因而才有了杏花春馆遗址这批带有"万字结"款瓷器标本的出土。

（7）青花线描及白描纹碗

19件。根据碗壁外表青花主题纹饰的差异，可将这19件标本分为五型，即A型、B型、C型、D型、E型（表一六）。

A型　青花线描海水江崖龙凤纹碗残片，5件。

编号分别为：Xc-239、Xc-292、Xc-319、Xc-382、Xc-407。特征是：5件标本主题纹饰相同，所绘都是青花线描海水江崖龙凤纹图案。碗底款识皆为青花方形变体文字款。都是矮圈足。以Xc-292号标本所署款识（可辨识为"大清嘉庆年制"）为参考依据，可判定此型碗的年代应属嘉庆时期。

Xc-239号标本，下腹外表绘青花海水江崖纹一周。腹壁中上部，在海水江崖纹之上绘青花龙纹，因残，龙头和龙尾无存。只残存龙的后颈、龙身局部和前、后肢。龙身满绘细密鳞纹，前、后肢均伸出四爪，在空中作奋力抓挠状。在龙与海水之间还绘有青花云气纹。残长8.2、残宽5.2、残高5、胎壁厚0.2～0.4厘米。矮圈足，圈足外墙高0.7厘米，施三道青花弦线纹。内墙挖足，稍过肩，深（高）0.8厘米，圈足直径4.8厘米。圈足内底署青花方形变体文字款，因残，仅剩下约1/4，字迹无法辨识（图八〇，4；图版四四，1）。

Xc-292号标本，下腹外表亦绘青花海水江崖纹一周。在海水江崖之上，空中绘青花线描凤鸟纹，因残，缺失凤头和凤身，只残存一段凤尾和后爪，凤尾作向后上方飞扬状。在凤尾与海水之间，绘有数朵云气纹，以衬托凤鸟正在空中迎风飞翔。残长7.5、残宽5、残高4.5、胎壁厚0.1～0.4厘米。矮圈足，圈足外墙高0.6厘米，施三道青花弦线纹。内墙挖足平肩，深（高）也是0.6厘米。圈足直径为3.9厘米。圈足内底署青花方形变体文字款，组成形式为仿篆体六字三行款，可辨识："大清嘉庆年制"（图版四四，2）。

Xc-319号标本，因残，碗口和碗底已完全无存，现仅存腹部一小块残片。上面绘有青花线描凤鸟纹。凤鸟前半部已残失，无凤头、凤颈和翅膀，只残存凤身后半截和凤尾一部分，以及两只腿和凤爪。凤鸟下面亦绘有青花海水江崖纹及云气纹。青花颜色、施釉工艺、构图特点、线描风格等，均与Xc-239号和Xc-292号标本一致，表明它们是属于同时期、同窑口、同类型的产品。无款识。残长5.2、残宽3.5、胎壁厚0.2～0.4厘米（图版四四，3）。

Xc-382号标本，因残，只残存下腹部和碗底部分。腹壁中、上部原有的青花线描龙凤纹图案，已残失无存。只剩下于下腹部外表绘制的一周青花线描海水江崖纹，还有海水之上数朵云气纹及凤鸟的两只凤爪残痕。矮圈足，圈足外墙高0.7厘米，施三道青花弦线纹。内墙挖足平肩，深（高）也是0.7厘米，圈足直径为4.6厘米。圈足内底署青花方形变体文字款，含义不详。该标本残长8.1、残宽7.4、残高3.1、胎壁厚0.15～0.3厘米（图版四五，1）。

Xc-407号标本，残损严重，几乎只剩下碗底部分，下腹部只保存很少一块，仅残存青花线描。海水江崖纹和云气纹局部图案，腹部龙纹缺失。胎壁较Xc-382号略厚，厚度在0.3～0.4厘米。残长7.8、残宽6、残高3.2厘米。矮圈足外墙高0.75厘米，也施三道青花弦线纹。内墙挖足平肩，深（高）同样为0.75厘米。圈足直径4.7厘米。圈足内底署青花方形变体文字款，含义不详（图版四五，2）。

B型 青花白描缠枝双喜蝙蝠纹盖碗残件和残片，7件。

编号分别为：Xc-021、Xc-052、Xc-310、Xc-321、Xc-333、Xc-388、Xc-422。特征是斜侈口、尖圆唇、斜曲壁、深腹。矮圈足，挖足平肩。主题纹饰是青花双线白描缠枝双喜字蝙蝠纹。碗底款识以青花方形变体文字款为主，以青花方形图记符号款为辅。

下面依次介绍这7件标本。

Xc-021号标本，是7件标本中保存状况较好的一例。口沿、腹壁尚保留有1/3，圈足仅残失约1/5。该标本口径9.7、通高5.1、胎壁厚0.15～0.4厘米。青花双喜字只残失左上角，其余3/4都得以保全。青花双线白描缠枝纹与蝙蝠纹也能完整地看到。圈足内底所署的青花方形变体文字款，字迹清晰可辨，为仿篆体六字三行款："大清嘉庆年制"。矮圈足，挖足平肩，圈足外墙表面施三道青花弦线纹，圈足直径4厘米，内、外墙均为0.7厘米（图八○，5；图版四五，3）。Xc-021号标本的年代，因碗底有"大清嘉庆年制"青花方形变体文字款款识，故可据以判定这件标本的年代应属清嘉庆时期。

Xc-052号和Xc-310号2件标本，保存现状近似，均仅存口沿、腹壁约1/4的部分，并都连接一小块圈足。纹饰方面，都保存了一个青花双喜字和青花缠枝纹。但都因圈足残失太多而无款识遗留。

Xc-052号，口径9.8、底径4.6、通高5.3厘米，胎壁厚0.2～0.5厘米（图版四五，4）。

Xc-310号，口径9.8、底径约4、通高5.4厘米，胎壁厚0.1～0.3厘米（图版四六，1）。

Xc-321号标本，只保存了口沿和腹壁约1/3的局部，圈足完全残失，故也无款识。纹饰保存状况比Xc-052号和Xc-310号略好，不但青花双喜字和缠枝纹可完整呈现，而且青花蝙蝠纹也得以完整保留。该标本口径9.8、胎壁厚0.2～0.5厘米（图版四六，2）。

Xc-333号标本，残损十分严重，只剩下一点口沿和很小的一块腹壁残片，所幸尚能从这块小残片上看到青花白描的缠枝纹和蝙蝠纹。该标本残长4.3、残宽3、胎壁厚0.1～0.3厘米（图版四六，3）。

Xc-388号标本，口沿残失无存，只残存腹壁中下部一角，连接碗底大半圈足，因而保存下来一致的青花方形图记符号款。在残存的腹壁一角的表面尚存有一部分青花白描缠枝纹，除此之外再无其他图案存留。矮圈足，内挖平肩。外墙表面施青花弦线纹三道。圈足直径为3.7厘米。圈足内、外墙高，均为0.7厘米。该标本残高4.7、胎壁厚0.2～0.4厘米（图版四六，4）。

Xc-422号标本，口沿已残失，腹壁大部无存，仅剩下腹壁下半部和圈足大部。腹壁外表残存的青花白描缠枝纹，与Xc-321、Xc-333、Xc-388号标本的青花白描缠枝纹的构图，线条画法完全一致。在青花白描缠枝纹一侧的空隙处也遗有青花双喜字，唯因标本已残损，双喜字仅保留有下半截。有差异的是，Xc-422号标本圈足内底中心署的款识，不是青花方形变体文字款，而是青花"万字结"款。外围同样光素无纹，无青花双线圈。圈足挖足不及肩，高度适中，外墙高0.8、内墙高0.7、圈足直径4.2厘米。该标本残长2.9、残宽3.7、残高4.1、胎壁厚0.2～0.5厘米（图版四六，5）。

如上所述，Xc-021号标本因有"嘉庆"青花方形变体文字款为据，定其年代应属清嘉庆时期似无问题。其余6件标本，无论从器物形制、规格的角度，还是从纹饰的角度考察，都与Xc-021号标本的特征保持一致。值得注意并应指出的是，Xc-388号和Xc-422号两件标本，碗底款识种类与Xc-021号存在差异，它们都不是青花方形变体文字款，而是一个换作青花方形图记符号款（Xc-388号），一个换为青花"万字结"款（Xc-422号）。但观察这2件标本所绘的青花双线白描缠枝纹的构图特点与绘画风格，都与上述的B型碗Xc-021、Xc-052、Xc-310、Xc-321、Xc-333号标本完全一致，故也有理由判定Xc-388号与Xc-422号标本的年代也应属清嘉庆时期。这就是说，Xc-021号标本所署的青花方形变体文字款，与Xc-388号标本所署的青花方形图记符号款，以及Xc-422号标本所署的青花"万字结"款，这三种款识曾同期（于嘉庆时期）共存过，具有一定的共时性特点。这三种款识，到底哪一种时代更早，哪一种时代偏晚，只能通过追索其他地点出土的同类标本，再进行深入比较后，才能得到准确的结论。

总之，7件B型青花白描缠枝双喜蝙蝠纹盖碗残件和残片标本的年代，基本上可定在清嘉庆时期。

C型　青花线描瓜果吉祥如意纹碗残件和残片，2件。

编号分别为：Xc-035和Xc-208号。Xc-035号保存状况略好于Xc-208号，以Xc-035号标本为例说明C型碗的特征。

　　Xc-035号，1件。白胎、胎质紧致，仅有少量小灰点。胎壁厚度适中，近口沿处厚0.1、近碗底处厚0.5厘米，侈口，小圆唇，斜直壁，近底部弧曲内收，深腹，平底，下接矮圈足，圈足挖足平肩，内、外墙均高0.6厘米。圈足底边素胎裸露，不施釉。圈足直径4.4厘米。内、外壁施青白釉，釉层较薄，釉面亮泽。内壁素面，外壁口沿下施青花弦线两周，作为口沿边饰。腹壁表面绘青花线描瓜果吉祥如意纹。在现存的青花线描缠枝瓜果画面中，尚保留一个用青花双线勾边的楷体"祥"字。在圈足外墙表面施青花弦线三道。在圈足内底中心，署青花方形变体文字款，含义不详。口径9.6、底径4.4、通高5.5、胎壁厚0.2～0.5厘米（图八〇，6；图版四六，6）。

　　Xc-208号，1件。从现存残片的断茬和表面可以看出，该标本胎质、胎壁厚度、外壁表面所绘的青花线描缠枝瓜果纹，以及圈足的形制、规格、款识种类等，都与上述Xc-035号基本一致，唯一有差别的是，在残存的青花图案中露出的一个字似为篆体"如"字，而不是楷体"祥"字。表明当时在制作青花"吉祥如意"纹碗的过程中，曾同时推出多个字体的版本，而不是简单的一种版本。该标本残长7.8、残宽5.2、残高4、底径4.3厘米（图版四七，1）。

　　D型　青花线描莲托杂宝纹碗残片，4件。

　　编号分别为：Xc-051、Xc-317、Xc-381、Xc-419。其中Xc-051和Xc-317号2件标本，因口沿和腹壁都有一部分得以保留，故上面所绘的青花图案为线描莲托杂宝纹可以得到确认。但另外2件标本——Xc-381和Xc-419号标本，因其腹壁上半部均已残失无存，故碗壁上半部原来绘的图案是否一定是杂宝纹缺乏确实根据，不能确定。现只是根据两件标本的形制，特别是其腹壁下半部残存的青花缠枝莲纹图案，与Xc-051和Xc-317号两件标本上的同部位青花图案一致而推测认为，其上部图案可能也是莲托杂宝纹。故在此予以说明。为谨慎起见，又在表一六中的Xc-381和Xc-419号标本名称后面加注一个问号，以示其不确定性，谨供参考。

　　Xc-051号和Xc-317号这2件标本，保存下来的部位基本相同，都只有碗的口沿和部分腹部，无碗底，故均无款识。但2件标本腹壁上保存的图案——青花线描莲托杂宝纹，却很好地反映了D型碗纹饰的特点，从这个意义上说，以Xc-051号和Xc-317号这2件标本作为现有的D型碗4件标本的代表，也是合适的。特征是侈口，小圆唇，斜曲腹内收，下接碗底圈足，胎壁较薄，上部口沿处厚0.1～0.15厘米，下部近碗底处厚0.35～0.4厘米。内外壁均施青白釉，釉层较薄，但釉面发亮。内壁素面，外壁口沿下施青花双线圈一周。口沿以下，腹壁上部绘青花杂宝纹；腹壁下半部绘青花线描缠枝莲纹，共同组成青花线描莲托杂宝纹。

　　Xc-051号，口径10、残长8.6、残宽4.7、胎壁厚0.1～0.35厘米（图版四七，2）。

　　Xc-317号，口径10、残长5.4、残宽5、胎壁厚0.15～0.4厘米（图八〇，7；图版四七，3）。

　　Xc-381号，仅剩下下腹部局部和碗底大部，幸得下腹局部尚遗有青花线描缠枝莲图案，能看出其构图和线条风格与上述Xc-051号和Xc-317号的青花线描缠枝莲纹图案一致，故据此才将该标本划归到D型碗之中。该标本碗底所接的圈足为矮圈足，外墙表面施三道青花弦线纹，外墙高0.7厘米，内墙挖足，稍过肩，深（高）0.8厘米。圈足直径为3.7厘米，内底署青花方形变体文字款，含义不详。该标本残长6.8、残宽4.5、胎壁厚0.3～0.5厘米（图版四七，4）。

Xc-419号，仅存下腹部很小的一块局部与碗底相连，并在下腹部仅存的这一小块局部中，还侥幸保留了一截青花线描缠枝纹，这点残迹与前述的Xc-051号和Xc-317号的青花缠枝莲纹的缠枝线条的样式、风格均相一致，故据此才将这件标本也划归到D型碗之中。该碗底的圈足也是矮圈足，外墙表面也是施三道青花弦纹，外墙高0.7厘米，内墙挖足，平肩，深（高）也是0.7厘米。圈足直径4.1厘米，内底署青花方形变体文字款，含义不详。该标本残长6.2、残宽4.5、胎壁厚0.3～0.5厘米（图版四七，5）。

E型　青花线描缠枝莲纹碗底残片，1件。

编号为：Xc-400号。特征是口沿已完全残失，腹壁上部大部分残失，腹壁下部尚存2/3，碗底圈足底边大部分残损，唯内底款识尚得以完整保留。碗内、外壁均施青白釉，釉层虽薄，但釉面莹润发亮。内壁素面，外壁表面绘青花图案。腹中、上部绘青花线描缠枝莲纹，腹下部与碗底相交接部位绘青花变形莲瓣纹一周，作为碗底边边饰。矮圈足，圈足外墙表面施青花三道弦纹，圈足外墙高0.6厘米，内墙挖足，平肩深（高）0.6厘米。圈足直径3.9厘米，内底署青花方形变体文字款，含义不详。该标本残长7.9、残宽6.4、残高4.7、胎壁厚0.2～0.5厘米（图八○，8；图版四八，1）。

C型青花线描瓜果吉祥如意纹碗（Xc-035、Xc-208号）、D型青花线描莲托杂宝纹碗（Xc-051、Xc-317、Xc-381、Xc-419号）和E型青花线描缠枝莲纹碗（Xc-400号）三型标本，从其形制、施釉、纹饰和款识等方面所体现的特点进行综合观察与比较，初步认为，这三型碗应属同一历史时期，即清嘉道时期景德镇民窑生产的产品。没有时代更早者，也无更晚者。

表一六　杏花春馆遗址出土民窑瓷器可分型的重点标本——青花线描及白描碗残件和残片统计表

序号	标本编号	器物名称	数量	瓷类	分型	年代	官窑属性		用项	规格（厘米）	款识		图版
							官	民			种类	图示	
1	Xc-239	青花线描海水江崖龙凤纹碗残片	1	青花	A	嘉庆时期		√	日用	残长8.2、残宽5.2、残高5、底径4.8	青花方形变体文字款		图版四四，1
2	Xc-292	青花线描海水江崖龙凤纹碗残片	1	青花	A	嘉庆时期		√	日用	残长7.5、残宽5、残高4.5、底径3.9	青花方形变体文字款		图版四四，2
3	Xc-319	青花线描海水江崖龙凤纹碗残片	1	青花	A	嘉庆时期		√	日用	残长5.2、残宽3.5、胎壁厚0.2～0.4	因残无存		图版四四，3
4	Xc-382	青花线描海水江崖龙凤纹碗残片	1	青花	A	嘉庆时期		√	日用	残长8.1、残宽7.4、残高3.1、底径4.6	青花方形变体文字款		图版四五，1
5	Xc-407	青花线描海水江崖龙凤纹碗残片	1	青花	A	嘉庆时期		√	日用	残长7.8、残宽6、残高3.2、底径4.7	青花方形变体文字款		图版四五，2
6	Xc-021	青花白描缠枝双喜蝙蝠纹盖碗残件	1	青花	B	嘉庆时期		√	日用	口径9.7、底径4、通高5.1	青花方形变体文字款		图版四五，3

续表

序号	标本编号	器物名称	数量	瓷类	分型	年代	官窑属性 官	官窑属性 民	用项	规格（厘米）	款识 种类	款识 图示	图版
7	Xc-052	青花白描缠枝双喜蝙蝠纹盖碗残件	1	青花	B	嘉庆时期		√	日用	口径9.8、底径4.6、通高5.3	因残无存		图版四五，4
8	Xc-310	青花白描缠枝双喜蝙蝠纹盖碗残件	1	青花	B	嘉庆时期		√	日用	口径9.8、底径4、通高5.4	因残无存		图版四六，1
9	Xc-321	青花白描缠枝双喜蝙蝠纹盖碗残片	1	青花	B	嘉庆时期		√	日用	口径9.8、胎壁厚0.2～0.5	因残无存		图版四六，2
10	Xc-333	青花白描缠枝双喜蝙蝠纹盖碗残片	1	青花	B	嘉庆时期		√	日用	残长4.3、残宽3、胎壁厚0.1～0.3	因残无存		图版四六，3
11	Xc-388	青花白描缠枝双喜蝙蝠纹盖碗残件	1	青花	B	嘉庆时期		√	日用	残高4.7、底径3.7、胎壁厚0.2～0.4	青花方形图记符号		图版四六，4
12	Xc-422	青花白描缠枝双喜蝙蝠纹盖碗残件	1	青花	B	嘉庆时期		√	日用	口残失、底径4.2、残高4.1、胎壁厚0.2～0.5	青花"万字结"款		图版四六，5
13	Xc-035	青花线描瓜果吉祥如意纹碗残件	1	青花	C	嘉道时期		√	日用	口径9.6、底径4.4、通高5.5、胎壁厚0.2～0.5	青花方形变体文字款		图版四六，6
14	Xc-208	青花线描瓜果吉祥如意纹碗残片	1	青花	C	嘉道时期		√	日用	口残失、残长7.8、残宽5.2、残高4、底径4.3	青花方形变体文字款		图版四七，1
15	Xc-051	青花线描莲托杂宝纹碗残片	1	青花	D	嘉道时期		√	日用	底残失，口径10、残长8.6、残宽4.7、胎壁厚0.1～0.35	因残无存		图版四七，2
16	Xc-317	青花线描莲托杂宝纹碗残片	1	青花	D	嘉道时期		√	日用	底径失，口径10、残长5.4、残宽5、胎壁厚0.15～0.4	因残无存		图版四七，3
17	Xc-381	青花线描莲托杂宝纹碗残片（？）	1	青花	D	嘉道时期		√	日用	口残失，残长6.8、残宽4.5、底径3.7、胎壁厚0.3～0.5	青花方形变体文字款		图版四七，4
18	Xc-419	青花线描莲托杂宝纹碗残片（？）	1	青花	D	嘉道时期		√	日用	口残失，残长6.2、残宽4.5、底径4.1、胎壁厚0.3～0.5	青花方形变体文字款		图版四七，5
19	Xc-400	青花线描缠枝莲纹碗底残片	1	青花	E	嘉道时期		√	日用	口残失，残长7.9、残宽6.4、底径3.9、胎壁厚0.2～0.5	青花方形变体文字款		图版四八，1

盘　10件，皆为青花瓷标本。

依据现存这10件标本在形制、规格、盘心主题纹饰及盘底款识的差异特点，可将这10件标本分为五型，即A型、B型、C型、D型和E型。现依次介绍这五型标本（表一七）。

A型　1件。

编号为：Xc-050号，青花团菊盘残件。特征是口沿、腹壁大部分残失，现仅存约1/4，盘底尚保存完整。斜侈口，小圆唇，深腹，矮圈足，挖足过肩，圈足底边素胎裸露，不施釉，粘有细砂，是砂底盘。圈足外墙高0.5厘米，内墙挖足深（高）0.8厘米。圈足直径7厘米。圈足内底署青花方形图记符号款，外围青花双线圈。盘内壁内沿施青花叶脉纹一周，叶脉纹上、下分别包饰青花弦线纹，上边一周，下边两圈，作为盘口沿的边饰。盘心绘青花团菊纹，外围青花双线圈，青花呈色暗蓝。胎质较粗疏，胎壁较厚，上部近口沿处厚0.2、下部近盘底处厚0.5厘米。内含少量灰点和小气孔。内、外壁均施青白釉，釉层较薄，釉面不光洁，发暗。盘心有突起的小气泡，外壁有较多的小麻坑和疵点。该标本口径14、底径7、通高3.9厘米（图八一，1；图版四八，2）。根据胎质、施釉、青花用料和呈色、青花图案构图与盘底所署的青花方形图记符号款的特点，特别是从盘底还残存有粘砂痕迹等线条看，Xc-050号盘残件的年代较早，应属清早期至康熙时期。

B型　2件。

编号分别为：Xc-123、Xc-302号。特征是此2件标本的形制、规格和盘心纹饰一致，盘心图案均饰青花提篮花卉，故二者同属B型盘，名称均称作青花提篮花卉纹盘。唯Xc-123号标本口沿、腹壁和盘底圈足残失部分较小，保存部分较大，尚可复原；而Xc-302号标本口沿和腹壁均已残失无存，仅存盘底圈足很小的一部分，已不能复原。现以Xc-123号标本为例作进一步说明。

此型盘胎质较粗糙、质地较疏松，胎泥中含有不少杂质和小灰点，还有小气孔。胎壁较厚，近口沿处厚0.3、近盘底处厚0.5厘米。口沿厚圆唇，斜侈口，宽折沿，浅腹，平底矮圈足，挖足平肩，内、外墙板高均为0.4厘米。圈足底边素胎裸露，不施釉。圈足内底中央以青花单线圈为款识。内、外壁均施青白釉，釉层较薄，釉面不亮泽，正、背面都有疵点，其中背面灰点和疵点更多，圈足上还有一块残损痕迹。盘内壁口沿处绘青花宽带纹一周，盘心绘青花提篮花卉纹，青花呈色深翠。该标本口径15.3、底径8.3、通高2.4厘米（图八一，2；图版四八，3）。

Xc-302号标本，残长6.2、残宽4、胎壁厚0.5～0.7厘米。仅残存盘心上半部青花提篮花卉纹，下半部花篮已残失。圈足内底的款识与Xc-123号有差异，该标本不是青花单线圈，而是青花方形图记符号款（已残失，仅剩右上角），外围青花双线圈（图版四八，4）。

从Xc-123号、Xc-302号的胎质、形制、施釉、碗心所绘的颜色深翠的青花提篮花卉纹的青花用料和颜色特点，以及碗底所署的青花单线圈款识（Xc-123号）和青花方形图记符号款识（Xc-302号）等特点看，这两件标本的年代均应属清康熙时期。

C型　3件。

为青花宽折沿螭龙纹盘残件和残片，编号分别为：Xc-263、Xc-252、Xc-109号。3件标本均残损严重，其中只有Xc-252号标本尚存有口沿、腹壁和盘底圈足三部位局部，具有复原条件，可称为残件；其余2件，一件残失口沿（Xc-263号），另一件缺失盘底（Xc-109号，图版四九，1），均不具有复原条件，只能称为残片。现以盘底部保存面积略大些，残存的青花图案较为清楚的Xc-263号青花宽折沿螭龙纹盘为例，说明C型盘的基本特征。

Xc-263号，盘胎为淡灰白胎，胎质较坚致，内含少量小灰点。胎壁厚度适中，近口沿处厚0.2、近盘底处厚0.5厘米。斜敞口，宽折沿，浅腹，平底，矮圈足，挖足稍过肩，圈足底边素胎裸露，不施釉。外墙高仅0.3、内墙深（高）仅0.4厘米。圈足直径12.4厘米。内、外壁均施青白釉，釉层较薄，釉面不光亮，背面和盘内底多见小麻坑和疵点，盘内壁宽折沿表面施青花宽条带一周，作为盘沿边饰。盘心绘青花螭龙纹，螭龙全身以留白技法呈现，只用青花勾勒轮廓线，以深蓝色青花作地，色彩对比鲜明，螭龙形象突出，显示了背景的深邃，平添了浓厚的神秘氛围。圈足内底中央署有青花方形图记符号款，外围青花双线圈。此盘残长11.3、残宽5.6、残高2.6、底径12.4厘米（图八一，3；图版四八，5）。Xc-263号标本的年代，根据此盘形制、胎质、施釉、青花用料和青花图案风格及青花呈色，特别是其盘底所署的青花方形图记符号款、外围青花双线圈的特征，可以推断此盘原器应属清康熙时期景德镇民窑烧制的产品。

Xc-252号残件标本，口径18.8、高3.3、胎壁厚0.2～0.4厘米。其残存的宽折沿、矮圈足的形制特点，宽折沿表面所施的青花宽条带装饰纹带的工艺特点和作风，都与上述Xc-263号和Xc-109号2件标本如出一辙（图版四八，6）。表明这3件标本应为同时期、同窑系，甚至同窑属的同类型产品。其年代均可推定属清康熙时期。

D型　1件。

编号为：Xc-124号，青花梵文"寿"字盘残片。特征是口沿已残失无存，仅残存盘腹壁下半部局部和盘底圈足大部。胎为灰白胎，胎质较紧致，但杂有较多小灰点和杂质。胎壁厚度适中，厚0.25～0.4厘米。浅腹，内、外壁施青白釉，釉层较薄，釉面不光亮。盘内壁腹部满绘纵向几何形青花梵文。与盘心交接处施青花双线圈，作为盘内壁底边边饰。盘心中央绘几何形青花梵文"寿"字纹。盘底接矮圈足，外墙与盘底衔接上施青花单弦线一周，作为盘外壁底边边线。圈足挖足过肩，外墙高0.4、内墙深（高）0.6厘米。圈足底边素胎裸露，不施釉。圈足内底无款识，素面，遗有较多小灰点和小砂眼。圈足直径为9.5厘米。此残片长13、残宽9.5、残高2厘米（图八一，4；图版四九，2）。

从D型Xc-124号盘的胎质、施釉青花用料及呈色，盘内壁所装饰的几何形青花梵文图案和盘心所绘的几何形青花梵文"寿"字等特点看，此标本原器亦应属清康熙时期景德镇民窑生产的产品。

E型　3件。

为青花五福捧寿纹盘残件和残片，编号分别为：Xc-128、Xc-127、Xc-220号。其中Xc-128号保存状况相对较好，故可以此标本为例说明E型盘的特征。

Xc-128号，口沿、腹壁已大半残失，尚存少半，盘底圈足断裂为两半，但可对接修复。胎为灰白胎，胎质较坚致，但有较多杂质和小灰点。胎壁厚薄适中，近口沿处厚0.2、近盘底处

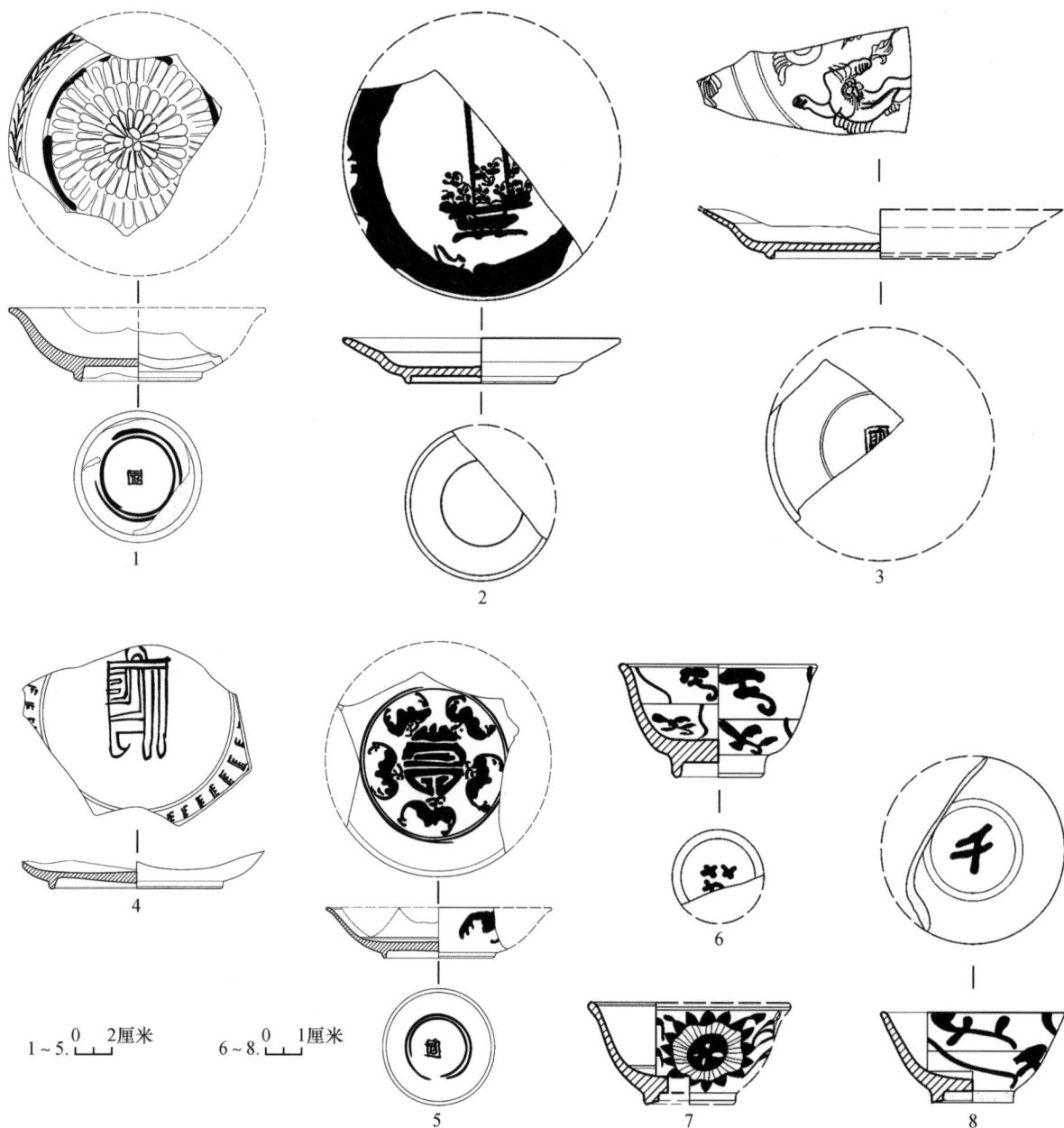

图八一　杏花春馆遗址出土民窑器

1. 青花团菊盘残件（Xc-050）　　2. 青花提篮花卉纹盘残件（Xc-123）　　3. 青花宽折沿螭龙纹盘残片（Xc-263）　　4. 青花梵文"寿"字盘残片（Xc-124）　　5. 青花五福捧寿纹盘残件（Xc-128）　　6. 青花月华纹酒盅残件（Xc-279）　　7. 青花缠枝菊花纹酒盅残件（Xc-323）　　8. 青花月华纹酒盅残件（Xc-283）

厚0.3厘米。内、外壁均施青白釉，釉层较薄，釉面发暗。斜侈口，小圆唇，浅腹，平底，下接矮圈足。圈足挖足过肩，外墙高只有0.3、内墙深（高）仅有0.4厘米。圈足底边素胎裸露，未施釉。内壁口沿下施一周青花单弦线，作为盘口沿边饰。盘心绘青花五福捧寿纹。寿字居中，为篆体团寿字，周围绘有五只蝙蝠，皆头朝里，作飞舞状，一起飞向盘中心的团寿字。五福捧寿纹的外围又围以青花双线圈。作为盘心与盘腹壁之间的分界边饰。盘外侧腹壁绘青花蝙蝠三只，作三分等距分布，皆头朝外，即向上朝盘的口沿方向飞舞。表达的意思是，它们将飞过盘的口沿，也奔向"寿"字，即也是来贺寿的。圈足内底中央署有青花方形图记符号款，外围青花双线圈。圈足直径6.2厘米。该盘青花图案和青花署款的青花用料均为国产青料，呈色深翠。口径12.5、底径6.2、通高2.7、胎壁厚0.2～0.3厘米（图八一，5；图版四九，3）。

从该盘的形制、胎质、施釉、青花图案的构图设计、青花用料、呈色及圈足内底所署的青花方形图记符号款的特点等方面判断，该盘的原器应属清雍乾时期景德镇民窑生产的产品。

Xc-172号，口沿、腹壁和盘底圈足已残失一半，尚残存一半，可以进行复原。虽然现存部分小于Xc-128号标本，但其形制、规格、胎质、釉色、青花纹饰和款识种类（虽然该盘款识只残存一半，但可看出也是青花方形图记符号款，外围青花双线圈），都与Xc-128号基本一致，毋须赘述，二者应属于同型器。Xc-172号标本，口径12.2、底径6.1、通高2.4，胎壁厚0.2～0.3厘米（图版五〇，1）。

Xc-220号，口沿、腹壁大部分已残失，盘底圈足则完全无存。现仅存口沿和腹壁1/5的局部，但从残存的盘的形制、胎质、规格、施釉特点和青花图案来看，这件标本与上述的2件标本（Xc-128号和Xc-172号）都应属同器形。该标本口径约12、胎壁厚0.2～0.4厘米（图版五〇，2）。

这2件标本在形制、规格、纹饰、款识等方面都与Xc-128号标本保持一致，故三者应属同时期、同窑系烧制出来的同型盘，即也应是清雍乾时期景德镇民窑生产的同类产品。

表一七　杏花春馆遗址出土民窑瓷器可分型的重点标本——青花盘残件和残片统计表

序号	标本编号	器物名称	数量	瓷类	分型	年代	官窑属性 官	官窑属性 民	用项	规格（厘米）	款识 种类	款识 图示	图版
1	Xc-050	青花团菊盘残件	1	青花	A	清早期至康熙时期		√	日用	口径14、底径7、通高3.9	青花方形图记符号款		图版四八，2
2	Xc-123	青花提篮花卉纹盘残件	1	青花	B	康熙时期		√	日用	口径15.3、底径8.3、通高2.4	青花单线圈款		图版四八，3
3	Xc-302	青花提篮花卉纹盘残片	1	青花	B	康熙时期		√	日用	残长6.2、残宽4、胎壁厚0.5～0.7	青花方形图记符号款		图版四八，4
4	Xc-263	青花宽折沿螭龙纹盘残片	1	青花	C	康熙时期		√	日用	残长11.3、残宽5.6、残高2.6、底径12.4	青花方形图记符号款		图版四八，5
5	Xc-252	青花宽折沿螭龙纹盘残件	1	青花	C	康熙时期		√	日用	口径18.8、高3.3、胎壁厚0.2～0.4	因残无存		图版四八，6
6	Xc-109	青花宽折沿螭龙纹盘残片	1	青花	C	康熙时期		√	日用	残长5.2、残宽4.3、胎壁厚0.3	因残无存		图版四九，1

序号	标本编号	器物名称	数量	瓷类	分型	年代	官窑属性 官	官窑属性 民	用项	规格（厘米）	款识 种类	款识 图示	图版
7	Xc-124	青花梵文"寿"字盘残片	1	青花	D	康熙时期		√	日用	残长13、残宽9.5、残高2、底径9.5	无款识		图版四九，2
8	Xc-128	青花五福捧寿纹盘残件	1	青花	E	雍乾时期		√	日用	口径12.5、底径6.2、通高2.7、胎壁厚0.2~0.3	青花方形图记符号款		图版四九，3
9	Xc-172	青花五福捧寿纹盘残件	1	青花	E	雍乾时期		√	日用	口径12.2、底径6.1、通高2.4、胎壁厚0.2~0.3	青花方形图记符号款（残）		图版五〇，1
10	Xc-220	青花五福捧寿纹盘残片	1	青花	E	雍乾时期		√	日用	口径约12、胎壁厚0.2~0.4	因残无存		图版五〇，2

从表一七的统计表中可以看出，杏花春馆遗址出土的可分型的民窑青花瓷盘重点残件标本具有以下三个特点：

纹饰方面，青花图案种类较丰富，包括团菊、提篮花卉、螭龙纹、梵文"寿"字纹、五福捧寿纹五种图案。

年代方面，属清早期至康熙时期，占比很大，已占到10件标本总数的70%，而属清早、中期之际（雍乾时期）的标本占比较小，只占10件标本总数的30%。表明杏花春馆这处景点始建年代较早，清朝建国之初，即带入或购入数量较多的清早期至康熙时期景德镇民窑生产的青花瓷盘，供下层侍卫和服务人员使用。

款识方面，种类较少，仅见到三种，一种是青花方形图记符号款，共5例；第二种是青花单线圈款，1例；第三种是盘底素面无款识，也是1例。除了这三种情况之外，还有3例因为标本本身盘底圈足已残失，而款识无存（原来是否有款识或有何款识，已无从考察）。这样的话，拥有5例的青花方形图记符号款，即成为清早期至雍乾时期，占比最大的款识种类了。这表明青花方形图记符号款，其出现和使用的年代偏早，是清早期至清早中期之际这一历史阶段景德镇民窑瓷器中采用的最主要的款识种类，也可以说是当时民窑瓷器中的一种主导款识种类，其他款识种类均居于次要地位，占比均比青花方形图记符号款少很多。

酒盅　3件，皆为青花酒盅。

根据酒盅规格的大小、青花主题纹饰和款识的有无这三方面的差异，可将这3件标本分为三型，即A型、B型和C型（表一八）。

A型　1件。

编号为：Xc-279号，青花月华纹酒盅残件。口沿、腹壁和圈足已残失一半。胎为灰白胎，胎质较坚致，但含有少数小灰点。口沿胎壁较薄，厚度仅为0.1厘米，器底较厚，为0.6厘米。微侈口，小圆唇，腹壁斜曲腹内收，深腹，腹部深度为1.9厘米，平底，下接小圈足，圈足挖足平肩，内、外墙高均为0.4厘米。圈足底边素胎裸露，不施釉。圈足直径2.5厘米。内、外壁施青白釉，釉层较厚，釉面光亮。口沿内外均施青花单弦线一周作为口沿边饰。腹壁内、外均绘双层青花月华纹，在月华纹花瓣空隙间又添绘青花花卉纹。圈足内底中央署青花四字花押款。因圈足有残失，此四字花押款缺了一角，仅余三字花押残迹。本青花用料为国产青料，呈色较深翠。该标本口径5.4、底径2.5、通高3厘米（图八一，6；图版五〇，3）。

从Xc-279号标本的形制、胎质、施釉、青花图案设计、青花用料、呈色、底款种类等特点判断，此件标本的原器应属清乾隆时期景德镇民窑烧制的产品。

B型　1件。

编号为：Xc-323号，青花缠枝菊花纹酒盅残件。口沿、腹壁和圈足已大半残失，现仅残存一少半。胎质与前述Xc-279标本基本一致，唯胎壁器底比Xc-279号薄，此件标本器底厚度仅有0.4厘米，侈口，小圆唇，腹壁斜曲内收，腹较浅①，平底。下接矮圈足，圈足挖足平肩，内、外墙高均为0.3厘米。圈足底边和内底均为素胎裸露，不施釉。圈足直径约2.5厘米。内、外壁施青白釉，釉层不厚，但釉面光洁发亮。口沿内、外均施青花双弦线一周，作为口沿边饰。腹内壁，只在近底部施青花双弦线一周，作为内底边饰。腹外壁在底部与圈足衔接部位也施青花双线一周，作为外底边饰。在外壁口沿边饰与底边饰之间的腹壁表面绘青花菊花纹，青花用料也是国产青料，呈色深翠。圈足内底因本来就为素胎，不施釉，故不具款识。该标本口径5.5、底径约2.5、通高2.7厘米（图八一，7；图版五〇，4）。

从Xc-323号标本的形制、胎质、施釉、青花用料、呈色、纹饰设计、圈足素面不施釉、无款识等特点看，该标本的原器应属清嘉道时期景德镇民窑烧制的产品。

C型　1件。

编号为：Xc-283号，青花月华纹酒盅残件。此型酒盅在形制、规格上比A、B二型都小了很多，是三型酒盅中最小的一款。此标本口沿、腹壁已残失1/3，尚存一大半，圈足保存完整。胎为白胎，胎质较坚致，但含有少量小灰点。胎壁厚度上、下均等，均为0.2厘米。斜侈口，圆唇，斜壁曲腹，浅腹，腹部深度为1.5厘米，小平底，下接矮圈足。圈足挖足平肩，内、外墙及内底完全为素面裸露，不施釉，无款识。圈足内、外墙高只有0.3厘米，圈足直径为2.2厘米。内、外壁均施青白釉，釉层较薄，釉面不亮。外壁釉面遗留的疵点和麻坑较多，加上圈足内、外全为裸胎，体现这件标本制作工艺较为粗糙。口沿处施青花条带纹一周作为口沿边饰。内壁近底部施青花双线圈一周作为底边边饰。在底心中央署青花楷体粗笔"千"字款。外壁，在口沿下至圈足以上的腹壁空间绘上、下两层青花月华纹，在月华纹花瓣的空隙间又添绘潦草的青花花卉纹。青花颜色呈色灰蓝，较浅淡、暗然。该标本口径5、底径2.2、通高2.4厘米（图八一，8；图版五一，1）。

从Xc-283号标本的形制、胎质、施釉、青花用料、构图、呈色，以及圈足内、外均为素胎裸露无款识等特点看，其年代可能比A、B二型略晚，或应为清道光时期景德镇民窑生产的产品。

①　如Xc-279号标本腹部深度为1.9厘米，而此盅腹深仅为1.6厘米。

表一八　杏花春馆遗址出土民窑瓷器可分型的重点标本——青花酒盅残件统计表

序号	标本编号	器物名称	数量	瓷类	分型	年代	官窑属性 官	官窑属性 民	用项	规格（厘米）	款识 种类	款识 图示	图版
1	Xc-279	青花月华纹酒盅残件	1	青花	A	乾隆时期		√	日用	口径5.4、底径2.5、通高3	青花四字花押款（残损）	兆兆	图版五〇，3
2	Xc-323	青花缠枝菊花纹酒盅残件	1	青花	B	嘉道时期		√	日用	口径5.5、底径2.5、通高2.7	无款识		图版五〇，4
3	Xc-283	青花月华纹酒盅残件	1	青花	C	道光时期		√	日用	口径5、底径2.2、通高2.4	内壁底心署青花楷体"千"字款	千	图版五一，1

表一八收纳的青花酒盅标本只有3件，数量太少，很难得出规律性特点的认识。现仅能就现有资料条件谈点具体认识。

从青花纹饰种类看，只包含了两种，一种是月华纹，另一种是菊花纹。3件标本中，月华纹占了2件，菊花纹只占了1件，月华纹占比明显较大。似表明，在乾隆至道光时期，在江西景德镇民窑生产的青花酒盅类产品上，以青花月华纹作装饰图案的现象较为多见，或比较普遍，青花月华纹在当时可能是景德镇民窑瓷器中较为流行的一种装饰纹样。

从款识种类看，严格地说，只有1件标本（Xc-279号）圈足内底署有青花四字花押款，另外2件圈足内底均是素胎未施釉，未署青花款识。但其中有一件标本（Xc-283号）有点特殊，其在内壁底心中央竟署有一个青花楷体粗笔"千"字，以作为此件酒盅的款识标记，可能是想以此来弥补该标本圈足内底由于裸胎而缺失款识的遗憾。而署有青花四字花押款的标本（Xc-279号）是属于清乾隆时期的；署有青花"千"字款的标本（Xc-283号）是属于清道光时期的。表明青花四字花押款在年代上早于青花楷体"千"字款。

从年代看，三型酒盅分别属于三个时期。A型属于清中期前段——乾隆时期；B型属清中晚期——嘉道时期；C型属清晚期前段——道光时期。表明上述三型景德镇民窑青花酒盅在乾隆至道光时期曾被引入圆明园，并被下层服侍人员所青睐和使用。

从规格看，A、B、C三型酒盅有由大变小的变化趋势。该趋势体现在高度上是由高变矮，如A型通高为3厘米，B型通高为2.7厘米，到C型就变为2.4厘米了。可见，三型酒盅从乾隆时期到道光时期，其规格和体量确实呈现出由大逐渐变小的趋势。这是否是一种规律性变化特点，还有待于今后更多考古资料的检验。

2. 杂彩瓷——豆青釉瓷器

140件。

其中碗类94件，盘类31件，酒盅（杯）类15件。

碗　94件。

依据碗的形制、规格及款识等方面的差异，兹将碗类分为A、B、C、D四型，在四型之下，又细分为二至三个亚型。如A型细分作Aa、Ab、Ac三个亚型；B型细分为Ba、Bb、Bc三个亚型；C型细分为Ca、Cb二个亚型；D型则细分为Da、Db、Dc三个亚型（表一九）。

Aa型　8件，属大侈口碗。

特征是大侈口，尖圆唇，外刻槽一圈，仿银器。斜曲腹，腹深中等，圈足，挖足过肩。

以Xc-084号标本为例，口径17.3、底径7.1、通高7.2厘米。圈足内底署青花图记符号款识，因残仅剩局部遗痕（图八二，1；图版五一，2）。年代属清嘉道时期。

另外7件标本与Xc-084号标本属同型、同时期，其器物编号是：Xc-060、Xc-386、Xc-189、Xc-230、Xc-238、Xc-250、Xc-492。其中Xc-060、Xc-386号2件标本，圈足内底署有青花图记符号款识；其余5件标本，因残款识已无存（图版五一，3~5；图版五二，1~4）。

据此，杏花春馆遗址出土的这8件Aa型碗残件和残片标本的年代，基本都属于清嘉道时期。

Ab型　15件，亦属大侈口碗。

特征是大侈口，方唇，外刻槽一圈，仿银器。斜曲腹，深腹，圈足较高。

以Xc-091号标本为例，口径17.5、底径6.2、高7.8厘米。圈足内底署青花方形变体文字款（图八二，2；图版五二，5）。年代属清嘉庆时期。

另有3件标本与Xc-091号标本属同型、同时期，其器物编号是：Xc-126、Xc-070、Xc-075号，这3件标本的圈足内底均署有青花方形变体文字款识（图版五二，6；图版五三，1、2）。

另有10件标本与Xc-091号标本属同型，但年代稍晚，约属清嘉道时期，其器物编号是：Xc-479、Xc-508、Xc-457、Xc-458、Xc-488、Xc-466、Xc-267、Xc-469、Xc-504、Xc-486号，其中只有Xc-479号标本的圈足内底尚保存有青花方形变体文字款识（图版五三，3~6；图版五四），其他9件标本皆因圈足已经残失而款识无存。但按规律说，这些标本的圈足内底，原来肯定都是有青花款识的。

最后一件标本，编号是Xc-193号，其与Xc-091号属同型器，其圈足内底所署的青花方形变体文字款保存尚好，经辨认，可识为"大清道光年制"。由此，Xc-193号标本的年代可断在清道光时期（图版五五，1）。

据此，杏花春馆遗址出土的这15件Ab型碗的年代，少数标本上限属清嘉庆时期，多数标本属于嘉道时期，只有1例标本（Xc-193号）年代可确定为清道光时期。

Ac型　11件，亦属大侈口碗。

特征是大侈口，尖圆唇，外刻槽一圈，仿银器。斜曲腹，腹较深，圈足，挖足较深。

以Xc-399号标本为例，口径17.4、底径6、高7.9厘米。圈足内底署青花方形变体文字款识，字迹完整，或可识为："大清道光年制"（图八二，3；图版五五，2），由此，Xc-399标本的年代可断为清道光时期。

有4例与Xc-399号标本属同型、同时期的标本，其器物编号分别是：Xc-403、Xc-194、Xc-195、Xc-196号。这4例标本的圈足内底也各署有青花方形变体文字款识，也都可识读为"大清道光年制"（图版五五，3~6）。据此，这4件标本的年代亦可定为清道光时期。

有2例与Xc-399号标本属同型，但据其圈足内底所署的青花方形变体文字款识的字迹，显示是纪年年号为"嘉庆"，其编号分别为Xc-073和Xc-106号（图版五六，1、2）。据此，这2例标本的年代，即可判定为清嘉庆时期。

另外还有4件标本，编号分别是：Xc-082、Xc-201、Xc-467、Xc-461号，皆因原器残损严重，仅剩很小局部，虽然从形制方面可以判定它们都应属于Ac型，但其年代则只能做一个大致的推测，而不能给出很具体的结论。经过比对同类型瓷器和瓷片标本，可初步推定以上4件标本的年代当属清嘉道时期（图版五六，3~6）。

如此，Ac型瓷器标本的年代应属清代中期后段至清晚期前段之际，即属于清嘉庆至道光时期。

总之，综观以上三型碗的形制及变化特点，可以归纳出以下几点初步认识：

1）Aa型、Ab型和Ac型碗，皆为豆青釉大侈口碗。

2）三型碗中，凡圈足保存相对较好者，其圈足内底都必署有青花方形变体文字款或青花图记符号款，其中青花方形变体文字款者多可识出"大清嘉庆年制"或"大清道光年制"这两种年号，而未见署其他年号者。

3）底径以Aa型最大，达到7.1厘米；Ab型底径明显变小，收缩到6.2厘米；而Ac型的底径更小，缩至6厘米。

4）器身高度，三型之间有由低转高的变化趋势。其中以Aa型为最低，通高为7.2厘米；Ab型则变高，通高为7.8厘米；而Ac型比Ab型又稍高一点，通高为7.9厘米。

5）圈足挖足深度，有由浅渐深的趋势。其中以Aa型略浅，其挖足刚刚过肩；Ab型的挖足较Aa型变深；而Ac型的挖足则达到三型最深之程度。

6）从年代上看，Aa、Ab和Ac三型碗的年代主要集中于清中期后段至清晚期前段，即多集中出现在清嘉庆至道光时期，学术界通常将这段历史时期简称为嘉道时期。其中Aa型因多数标本圈足无存，未有款识遗留，仅见到3件有青花图记符号款者（Xc-084、Xc-060、Xc-386），故只能笼统地将此型碗的年代推断在清嘉道时期。Ab型保留有款识的标本也不多，情况与Aa型差不多，只是该型中有款识的6例标本为清一色的青花方形文字款识，而不是图记符号款识，从这几例方形变体文字款识中，尚能辨识出4例为"嘉庆"，1例为"道光"的年号，故有理由将Ab型碗的年代，推定在清嘉庆至道光时期，这一结论比Aa型的结论显然更为明确，也更为可靠些。Ac型款识保存的状况比Aa型和Ab型都好一些，此型共有11件标本，带款识者即有8例，其中有7例是青花方形变体文字款，2例（Xc-073、Xc-106）可识作"嘉庆"年号，5例（Xc-399、Xc-403、Xc-194、Xc-195、Xc-196）可识为"道光"年号，这为Ac型碗的年代推定提供了直接的考古依据，由此可以断定Ac型碗的年代，亦应属清嘉庆至道光时期。

上述Aa、Ab、Ac三型豆青釉碗的年代，基本上都集中分布于清嘉庆至道光时期，且出土数量相对较多，表明这三型碗在圆明园具有一定共时性的特点，即三型碗在清嘉道时期不但同时被使用过，而且还因为其实用性强，又具有一定普及性的特点。就目前的资料水平而言，要想将这三型共时性较强的碗再区分出哪一型年代更早，哪一型年代较晚，眼下还有一定困难。这个问题，只能期待今后有进一步的资料积累之后，再作进一步分辨。

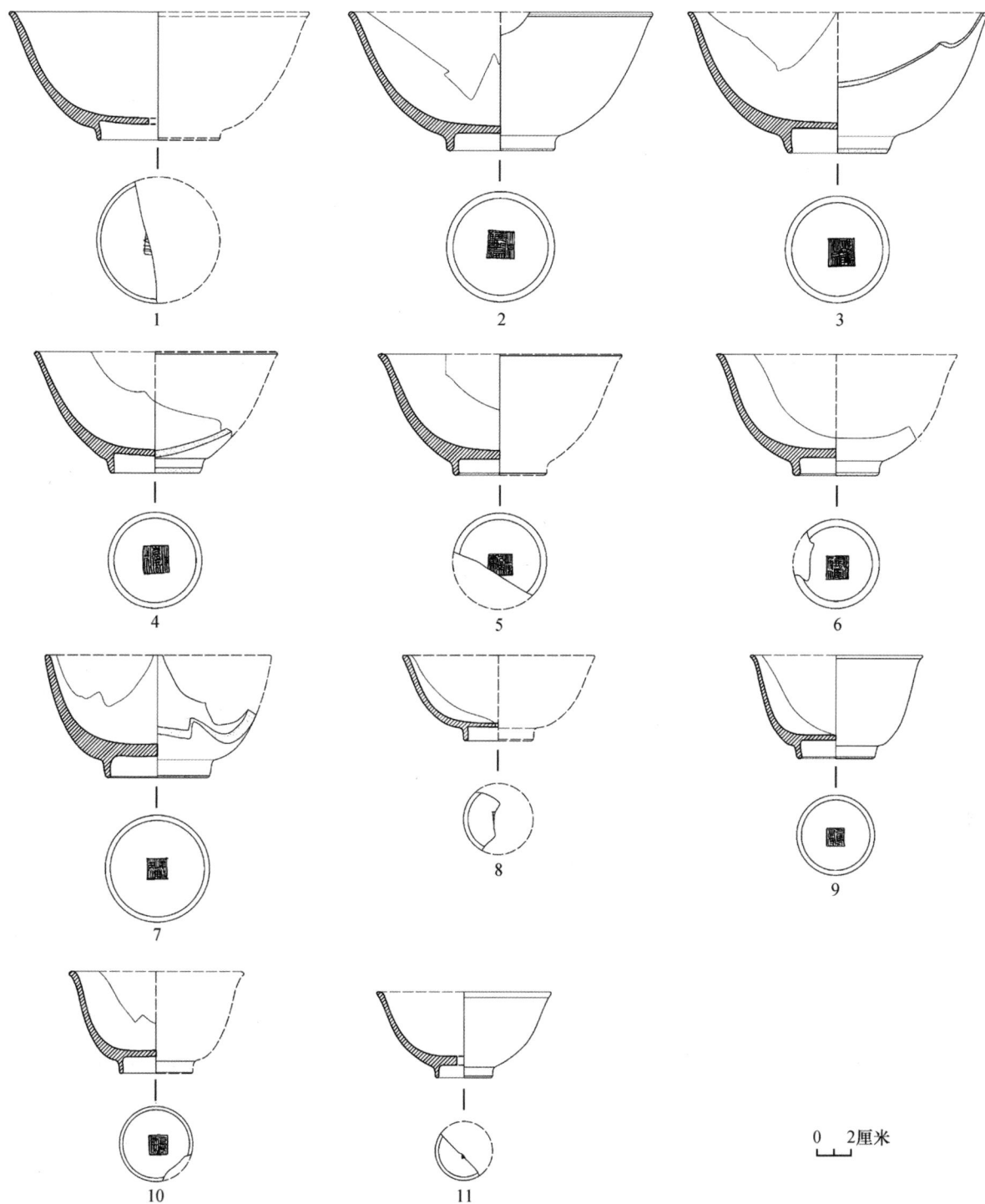

图八二 杏花春馆遗址出土民窑器

1. 豆青釉碗残件（Xc-084） 2. 豆青釉碗残件（Xc-091） 3. 豆青釉碗残件（Xc-399） 4. 豆青釉碗残件（Xc-062）
5. 豆青釉碗残件（Xc-383） 6. 豆青釉碗残件（Xc-092） 7. 豆青釉碗残件（Xc-100） 8. 豆青釉碗残件（Xc-260）
9. 豆青釉碗残件（Xc-087） 10. 豆青釉碗残件（Xc-107） 11. 豆青釉碗残件（Xc-086）

Ba型　9件，属微侈口碗。

特征是微侈口，尖圆唇，斜曲腹，高圈足，挖足过肩。

以Xc-062号标本为例，口径14、底径5.4、通高6.8厘米。圈足内底署青花方形变体文字款识，似可识为："大清嘉庆年制"（图八二，4；图版五七，1）。据此，Xc-062号标本的年代可推断为清嘉庆时期。

还有3例与Xc-062号标本属同型、同时期的标本，其器物编号分别是：Xc-072、Xc-286和Xc-061号。这3例标本的圈足内底亦各署青花方形变体文字款识，均可识读为"大清嘉庆年制"（图版五七，2～4）。据此，这3例标本的年代亦应定为清嘉庆时期。

有2例与Xc-062号标本属同型，但其圈足内底所署的青花方形变体文字款识，纪年年号为"道光"，其编号分别为：Xc-197和Xc-394号（图版五七，5、6）。据此，这2例标本的年代，当属清道光时期无疑。

还有3件标本，虽然在形制上与Xc-062号标本属于同型器，但均因情况特殊，难作具体断代。它们的编号分别是：Xc-411、Xc-139和Xc-487号。其中Xc-411号圈足内底虽署有青花方形图记符号款，但含义未知（图版五八，1）；另外2件（Xc-139、Xc-487）均因本身仅为残片而无款识，无法给出具体断代意见。对于以上这3件标本，我们只能依据Ba型碗的总体时代特征，给出一个较为笼统的断代意见，即大致属于清嘉道时期（图版五八，2、3）。

总之，杏花春馆遗址出土的这9件Ba型碗残件和残片标本的年代，上限不早于清嘉庆时期，下限止于道光时期，约有1/3的标本属于嘉道时期。

Bb型　8件，属侈口碗。

特征是侈口，方唇，胎壁较厚，外刻槽一圈，仿银器，斜曲腹，圈足，挖足过肩。较之A型碗，该型口径和底径都显著变小，通高变矮。

以Xc-383号标本为例，口径14、底径5.4、通高6.8厘米。圈足内底署青花方形变体文字款识，似可识为："大清道光年制"（图八二，5；图版五八，4）。据此，Xc-383号标本的年代可定为清道光时期。

尚有7件与Xc-383号标本属同型，但因残圈足无存、无款识的残片标本，其编号分别为Xc-145、Xc-462、Xc-464、Xc-465、Xc-472、Xc-481、Xc-505号。根据该型碗的总体时代特点，并结合这7件标本的形制风格，初步推断以上这7件标本的年代应均属清嘉道时期（图版五八，5、6；图版五九，1～5）。

总之，杏花春馆遗址出土的这8件Bb型碗残件和残片标本的年代绝大多数都属于清嘉道时期，只有一件标本（Xc-383号）属于道光时期。

Bc型　14件，亦属侈口碗。

特征是侈口，尖圆唇，圆曲腹，腹较浅，矮圈足，挖足过肩。较之Ba和Bb二型碗，此型底径明显变小。

以Xc-092号标本为例，口径14、底径5、通高6.8厘米。圈足内底署青花方形变体文字款识，似可识为："大清嘉庆年制"（图八二，6；图版五九，6）。据此，Xc-092号标本的年代可定为清嘉庆时期。

有5件与Xc-092号标本属同型、带青花款识的标本，其一为方形变体文字款，字迹显示的年号为"嘉庆"，其编号是：Xc-067号（图版六〇，1）。据此，可断定Xc-067号标本的年代应属清嘉庆时期。其二也为方形变体文字款，字迹显示的年号应识为"道光"，其编号是Xc-373号（图版六〇，2）。据此，可断定Xc-373号标本的年代应属清道光时期。其余3件带款识的标本，其款识皆为青花图记符号款，无年号，含义均不可识。这3件标本的器物编号分别是：Xc-079、Xc-409和Xc-410号（图版六〇，3~5）。

另外，还有因残损严重，圈足已失，仅为残片的标本8件，其编号分别是：Xc-161、Xc-190、Xc-305、Xc-471、Xc-474、Xc-490、Xc-496、Xc-509号（图版六〇，6；图版六一；图版六二，1、2）。

以上这11件无纪年款标本的年代，仅能依据其所属的Bc型碗的总体形制特征与时代风格作出推断，大体应属清嘉道时期。

总之，杏花春馆遗址出土的这14件Bc型碗的残件和残片标本的年代，少数标本上限在清嘉庆时期，绝大多数标本属于嘉道时期，其中只有1例标本（Xc-373号）是属于道光时期的。

Ca型　8件，属敞口碗（莲子碗），俗称墩子碗。

特征是敞口，小圆唇，上腹斜直，下腹斜曲，腹较深，圈足，高度适中，挖足过肩较深。

以Xc-100号标本为例，口径13.5、底径6、通高6.9厘米。圈足内底署青花方形变体文字款识，字迹含义不可识（图八二，7；图版六二，3），年代推断应属清嘉道时期。

与Xc-100号标本属同型、同款识的一件标本，器物编号为Xc-130号，年代亦应属清嘉道时期（图版六二，4）。

另外有6件标本，虽同属Ca型，但因残损严重，圈足无存，无款识，只剩下残片，故其年代只能依据其所属的Ca型碗的总体形制特征与时代风格进行推断，其编号分别是：Xc-170、Xc-217、Xc-483、Xc-489、Xc-506、Xc-507号，它们的年代均应属清嘉道时期（图版六二，5、6；图版六三，1~4）。

总之，杏花春馆遗址出土的这8件Ca型碗残件和残片标本的年代均属于清中晚期——嘉道时期。

Cb型　1件，亦属敞口碗。

特征是：敞口，小圆唇，上腹斜直，下腹斜曲，腹较浅，圈足，挖足过肩较浅。规格较Ca型小很多，不论口径、底径，还是通高尺寸，都明显缩小。

以Xc-260号标本为例，口径11、底径4、通高4.8厘米。圈足内底署青花图记符号款，因圈足大半已残缺，现仅剩下一点图记符号款的一点侧边痕迹（图八二，8；图版六三，5）。推测其年代亦应属清嘉道时期。

Da型　8件，微侈口碗（罗汉碗）。

特征是微侈口，小圆唇，上腹斜直，下腹圆曲，深腹，圈足，挖足较深。

以Xc-087号标本为例，口径10、底径4.5、通高5.8厘米。圈足内底署青花方形变体文字款识，似为仿篆体双行四字纪年款——"嘉庆年制"，外围青花单方栏（图八二，9；图版六四，1）。年代可定属清嘉庆时期。

另有标本4例与Xc-087号标本属于同型、同款识的标本，其编号分别为：Xc-374、Xc-397、Xc-066、Xc-228号（图版六四，2~5）。其年代均应与Xc-087号标本一致，即亦属清嘉庆时期。

此外，还有3件标本也是带款识的，唯其款识皆为青花图记符号款，符号含义不可识，其器物编号分别为：Xc-090、Xc-372和Xc-404号（图版六四，6；图版六五，1、2）。这3件标本的年代推定在清嘉道时期为宜。

由此，杏花春馆遗址出土的这8件Da型碗的年代，基本上可定在清嘉庆至嘉道时期。

Db型　6件，侈口碗。

特征是侈口，小圆唇，上腹斜直，下腹圆曲，腹较深，圈足不高，挖足过肩。底径较Dc型变小。

以Xc-107号标本为例，口径10、底径4.2、通高5.7厘米。圈足内底署青花方形变体文字款识，似为仿篆体双行四字纪年款——"嘉庆年制"，外围青花单方栏（图八二，10；图版六五，3）。年代可定为清嘉庆时期。

另有1件与Xc-107号标本属同型、同款识的残件标本，编号为Xc-216号，虽然圈足墙已残，但款识字迹尚完整、清晰，显示的字迹也是青花仿篆体双行四字纪年款"嘉庆年制"（图版六五，4）。据此，可判定Xc-216号标本的年代亦应属清嘉庆时期。

此外，另有3件与Xc-107号标本属于同型，但所署款识为青花图记符号款的标本，其编号分别为：Xc-081、Xc-089和Xc-401号，因所标识的符号所代表的意义无人能识，故这3件标本的年代，只能依据其均属于Db型碗的总体形制特征与时代风格进行推断，它们基本上应属清嘉道时期（图版六五，5、6；图版六六，1）。

还有1件豆青釉碗底残片，编号为Xc-491号，也属于Db型，因为残损严重无款识遗迹，但从其残片的形制和施釉特点看，其年代亦应属清嘉道时期（图版六六，2）。

总之，杏花春馆遗址出土的这6件Db型碗的年代，上限可定在清嘉庆时期，下限基本不晚于清嘉道时期。

Dc型　6件，侈口碗。

特征是侈口，小圆唇，外刻槽一圈，斜曲腹，小圈足，圈足墙较矮，挖足过肩。

从保存状况看，6件Dc型标本中，只有2件保存相对较好（尚存碗全形约1/2，可做复原，可称为残件），编号为：Xc-086号和Xc-101号（图版六七，1）。其中Xc-086号标本，口径10、底径3.3、通高4.8厘米（图八二，11；图版六六，4）。另外4件标本均残损严重，不能复原，只能称作残片。如以下3件标本，Xc-080（图版六六，3）、Xc-380（图版六七，2）和Xc-094号（图版六六，5），皆缺口沿，腹部仅残存一小块，只存碗底局部，无法复原；另一件标本，Xc-501号，虽有口沿和小块腹壁，但缺碗底，也无法复原（图版六七，3）。

从款识保存状况看，只有2件残片标本Xc-080和Xc-380号的碗底尚保存有款识全形，其中

Xc-080号标本的款识为仿篆体双行四字纪年款，可识为"嘉庆年制"，据此可以判定Xc-080号残片标本的年代当属清嘉时期（图版六六，3）。另一件Xc-380号标本的款识为仿篆体三行六字纪年款，可识为"大清道光年制"，据此可以判定Xc-380号残片标本的年代应属清道光时期（图版六七，2）。

其余4件标本Xc-086、Xc-101、Xc-094、Xc-501号，均因碗底残损严重，或已无碗底，而无法识读或无从识读其款识，故其年代问题，只能依据这4件标本所属瓷类、器形、胎质、釉色、规格、制作工艺等方面所具备的特点进行综合考察，才能得出推测性结论。经上述几方面的观察和比较，可以认为：Xc-086、Xc-101、Xc-094和Xc-501号标本，与以上有年款辨识结果的2件标本Xc-080和Xc-380号，均属同一类型Dc型豆青釉碗未有疑义，其时代和窑属亦应基本相同，故可将这4件无款识辨识结果的4件标本，认定为清代景德镇民窑嘉道时期烧制的产品。

以上所述杏花春馆遗址出土的这6件Dc型碗的年代，上限不早于清嘉庆时期，下限不晚于嘉道时期。

表一九　杏花春馆遗址出土民窑瓷器可分型的重点标本——豆青釉碗统计表

序号	标本编号	器物名称	数量	瓷类	分型	年代	窑属性质 官	窑属性质 民	用项	规格（厘米）	款识 种类	款识 图示	图版
1	Xc-084	豆青釉碗残件	1	杂彩	Aa	嘉道时期		√	日用	口径17.3、底径7.1、通高7.2	青花图记符号款		图版五一，2
2	Xc-060	豆青釉碗底残片	1	杂彩	Aa	嘉道时期		√	日用	口残失，底径7.1、厚0.4~1	青花图记符号款		图版五一，3
3	Xc-386	豆青釉碗底残片	1	杂彩	Aa	嘉道时期		√	日用	口残失，底径7、厚0.4~0.9	青花图记符号款		图版五一，4
4	Xc-189	豆青釉碗残片	1	杂彩	Aa	嘉道时期		√	日用	残长8、残宽5.8、厚0.3~0.7	因残无款		图版五一，5
5	Xc-230	豆青釉碗残片	1	杂彩	Aa	嘉道时期		√	日用	口径16、厚0.3~0.4	因残无款		图版五二，1
6	Xc-238	豆青釉碗残片	1	杂彩	Aa	嘉道时期		√	日用	口径13.8、厚0.2~0.8	因残无款		图版五二，2
7	Xc-250	豆青釉碗残片	1	杂彩	Aa	嘉道时期		√	日用	口径17.9、厚0.3~0.4	因残无款		图版五二，3
8	Xc-492	豆青釉碗残片	1	杂彩	Aa	嘉道时期		√	日用	口径16、厚0.2~0.5	因残无款		图版五二，4
9	Xc-091	豆青釉碗残件	1	杂彩	Ab	嘉庆时期		√	日用	口径17.5、底径6.2、通高7.8	青花方形变体文字款		图版五二，5
10	Xc-126	豆青釉碗残件	1	杂彩	Ab	嘉庆时期		√	日用	口径17.4、底径6.4、通高7.8	青花方形变体文字款		图版五二，6
11	Xc-070	豆青釉碗底残片	1	杂彩	Ab	嘉庆时期		√	日用	口残失，底径6.4、厚0.3~0.9	青花方形变体文字款		图版五三，1

续表

序号	标本编号	器物名称	数量	瓷类	分型	年代	窑属性质 官	窑属性质 民	用项	规格（厘米）	款识 种类	款识 图示	图版
12	Xc-075	豆青釉碗底残片	1	杂彩	Ab	嘉庆时期		√	日用	口残失，底径6.4，厚0.3~0.9	青花方形变体文字款		图版五三，2
13	Xc-479	豆青釉碗残件	1	杂彩	Ab	嘉道时期		√	日用	口径17.7，底径6.3，通高7.7	青花方形变体文字款		图版五三，3
14	Xc-508	豆青釉碗残片	1	杂彩	Ab	嘉道时期		√	日用	口径13.9，厚0.2~0.4	因残无款		图版五三，4
15	Xc-457	豆青釉碗残片	1	杂彩	Ab	嘉道时期		√	日用	残长8、残宽8.4、厚0.3~1	因残无款		图版五三，5
16	Xc-458	豆青釉碗残片	1	杂彩	Ab	嘉道时期		√	日用	口径15.8，厚0.2~1.1	因残无款		图版五三，6
17	Xc-488	豆青釉碗残片	1	杂彩	Ab	嘉道时期		√	日用	口径14、厚0.3~0.4	因残无款		图版五四，1
18	Xc-466	豆青釉碗残片	1	杂彩	Ab	嘉道时期		√	日用	残长7.4、残宽4、厚0.1~1	因残无款		图版五四，2
19	Xc-267	豆青釉碗残片	1	杂彩	Ab	嘉道时期		√	日用	口残失，底径6.4、厚0.3~1	因残无款		图版五四，3
20	Xc-469	豆青釉碗残片	1	杂彩	Ab	嘉道时期		√	日用	口残失，底径6.8、厚0.4~1.1	因残无款		图版五四，4
21	Xc-504	豆青釉碗残片	1	杂彩	Ab	嘉道时期		√	日用	口径12.7、厚0.3~0.5	因残无款		图版五四，5
22	Xc-486	豆青釉碗残片	1	杂彩	Ab	嘉道时期		√	日用	口径16.5、厚0.3~0.4	因残无款		图版五四，6
23	Xc-193	豆青釉碗底残片	1	杂彩	Ab	道光时期		√	日用	口残失，底径6.4、厚0.3~1	青花方形变体文字款		图版五五，1
24	Xc-399	豆青釉碗残件	1	杂彩	Ac	道光时期		√	日用	口径17.4、底径6、通高7.9	青花方形变体文字款		图版五五，2
25	Xc-403	豆青釉碗底残片	1	杂彩	Ac	道光时期		√	日用	口残失，底径5.8、厚0.4~1	青花方形变体文字款		图版五五，3
26	Xc-194	豆青釉碗底残片	1	杂彩	Ac	道光时期		√	日用	口残失，底径5.4、厚0.5~1	青花方形变体文字款		图版五五，4
27	Xc-195	豆青釉碗底残片	1	杂彩	Ac	道光时期		√	日用	口残失，底径7.7、厚0.4~1	青花方形变体文字款		图版五五，5
28	Xc-196	豆青釉碗底残片	1	杂彩	Ac	道光时期		√	日用	口残失，底径5.7、厚0.3~0.7	青花方形变体文字款		图版五五，6

序号	标本编号	器物名称	数量	瓷类	分型	年代	官	民	用项	规格（厘米）	种类	图示	图版
29	Xc-073	豆青釉碗底残片	1	杂彩	Ac	嘉庆时期		√	日用	口残失，底径6.6、厚0.3~0.9	青花方形变体文字款		图版五六，1
30	Xc-106	豆青釉碗底残片	1	杂彩	Ac	嘉庆时期		√	日用	口残失，底径6.1、厚0.4~0.9	青花方形变体文字款		图版五六，2
31	Xc-082	豆青釉碗底残片	1	杂彩	Ac	嘉道时期		√	日用	口残失，底径6.8、厚0.4~1	青花图记符号款		图版五六，3
32	Xc-201	豆青釉碗残片	1	杂彩	Ac	嘉道时期		√	日用	口径17.1、厚0.2~0.5	因残无款		图版五六，4
33	Xc-467	豆青釉碗残片	1	杂彩	Ac	嘉道时期		√	日用	残长8.6、残宽4.4、厚0.2~0.9	因残无款		图版五六，5
34	Xc-461	豆青釉碗底残片	1	杂彩	Ac	嘉道时期		√	日用	口残失，底径5.6、厚0.4~1	因残无款		图版五六，6
35	Xc-062	豆青釉碗残件	1	杂彩	Ba	嘉庆时期		√	日用	口径14、底径5.4、通高6.8	青花方形变体文字款		图版五七，1
36	Xc-072	豆青釉碗底残片	1	杂彩	Ba	嘉庆时期		√	日用	口残失，底径5.3、厚0.4~0.9	青花方形变体文字款		图版五七，2
37	Xc-286	豆青釉碗底残片	1	杂彩	Ba	嘉庆时期		√	日用	口残失，底径5.3、厚0.3~1	青花方形变体文字款		图版五七，3
38	Xc-061	豆青釉碗底残片	1	杂彩	Ba	嘉庆时期		√	日用	口残失，底径5.2、厚0.3~0.9	青花方形变体文字款		图版五七，4
39	Xc-197	豆青釉碗底残片	1	杂彩	Ba	道光时期		√	日用	口残失，底径5.4、厚0.3~0.9	青花方形变体文字款		图版五七，5
40	Xc-394	豆青釉碗底残片	1	杂彩	Ba	道光时期		√	日用	口残失，底径5.6、厚0.3~0.8	青花方形变体文字款		图版五七，6
41	Xc-411	豆青釉碗底残片	1	杂彩	Ba	嘉道时期		√	日用	口残失，底径6.1、厚0.7	青花方形图记符号款		图版五八，1
42	Xc-139	豆青釉碗残片	1	杂彩	Ba	嘉道时期		√	日用	圈足无存，口径13.9、厚0.3~0.4	因残无款		图版五八，2
43	Xc-487	豆青釉碗残片	1	杂彩	Ba	嘉道时期		√	日用	圈足无存，口径15、厚0.3~0.6	因残无款		图版五八，3
44	Xc-383	豆青釉碗残件	1	杂彩	Bb	道光时期		√	日用	口径14、底径5.4、通高6.8	青花方形变体文字款		图版五八，4

续表

序号	标本编号	器物名称	数量	瓷类	分型	年代	官	民	用项	规格（厘米）	款识 种类	款识 图示	图版
45	Xc-145	豆青釉碗残件	1	杂彩	Bb	嘉道时期		√	日用	口径17.8、厚0.2~0.4	因残无款		图版五八，5
46	Xc-462	豆青釉碗残件	1	杂彩	Bb	嘉道时期		√	日用	口径14、底径5、通高6.6	因残无款		图版五八，6
47	Xc-464	豆青釉碗底残片	1	杂彩	Bb	嘉道时期		√	日用	口残失、底径5、厚0.3~1.1	因残无款		图版五九，1
48	Xc-465	豆青釉碗残片	1	杂彩	Bb	嘉道时期		√	日用	口径9.9、厚0.3~1.1	因残无款		图版五九，2
49	Xc-472	豆青釉碗残片	1	杂彩	Bb	嘉道时期		√	日用	口径13.9、厚0.3~0.8	因残无款		图版五九，3
50	Xc-481	豆青釉碗残片	1	杂彩	Bb	嘉道时期		√	日用	口残失、底径6.8、厚0.3~1.1	因残无款		图版五九，4
51	Xc-505	豆青釉碗残片	1	杂彩	Bb	嘉道时期		√	日用	口径9.8、厚0.2~0.4	因残无款		图版五九，5
52	Xc-092	豆青釉碗残件	1	杂彩	Bc	嘉庆时期		√	日用	口径14、底径5、通高6.8	青花方形变体文字款		图版五九，6
53	Xc-067	豆青釉碗残件	1	杂彩	Bc	嘉庆时期		√	日用	口径14.5、底径5.5、通高6.2	青花方形变体文字款		图版六〇，1
54	Xc-373	豆青釉碗底残片	1	杂彩	Bc	道光时期		√	日用	口残失、底径5.2、厚0.3~0.9	青花方形变体文字款		图版六〇，2
55	Xc-079	豆青釉碗底残片	1	杂彩	Bc	嘉道时期		√	日用	口残失、底径4.8、厚0.3~0.8	青花图记符号款		图版六〇，3
56	Xc-409	豆青釉碗残件	1	杂彩	Bc	嘉道时期		√	日用	口径12.6、底径5.2、通高6.6	青花图记符号款		图版六〇，4
57	Xc-410	豆青釉碗残件	1	杂彩	Bc	嘉道时期		√	日用	口径13.3、底径5、通高6.5	青花图记符号款	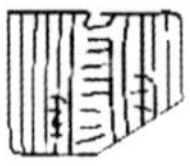	图版六〇，5
58	Xc-161	豆青釉碗残片	1	杂彩	Bc	嘉道时期		√	日用	口径15.8、厚0.3~0.5	因残无款		图版六〇，6
59	Xc-190	豆青釉碗残片	1	杂彩	Bc	嘉道时期		√	日用	口径13、厚0.3~0.5	因残无款		图版六一，1
60	Xc-305	豆青釉碗残片	1	杂彩	Bc	嘉道时期		√	日用	口径18.6、厚0.3~0.4	因残无款		图版六一，2
61	Xc-471	豆青釉碗残片	1	杂彩	Bc	嘉道时期		√	日用	口径14、厚0.3	因残无款		图版六一，3
62	Xc-474	豆青釉碗残片	1	杂彩	Bc	嘉道时期		√	日用	口径14.4、厚0.2~0.4	因残无款		图版六一，4

续表

序号	标本编号	器物名称	数量	瓷类	分型	年代	窑属性质 官	窑属性质 民	用项	规格（厘米）	款识 种类	款识 图示	图版
63	Xc-490	豆青釉碗底残片	1	杂彩	Bc	嘉道时期		√	日用	口残失，底径5.4、厚0.3~0.8	因残无款		图版六一，5
64	Xc-496	豆青釉碗残片	1	杂彩	Bc	嘉道时期		√	日用	口径10.9、厚0.4	因残无款		图版六二，1
65	Xc-509	豆青釉碗残片	1	杂彩	Bc	嘉道时期		√	日用	口径14、厚0.3	因残无款		图版六二，2
66	Xc-100	豆青釉碗残件	1	杂彩	Ca	嘉道时期		√	日用	口径13.5、底径6、通高6.9	青花方形变体文字款		图版六二，3
67	Xc-130	豆青釉碗底残片	1	杂彩	Ca	嘉道时期		√	日用	口残失，底径5.8、厚0.4~0.8	青花方形变体文字款		图版六二，4
68	Xc-170	豆青釉碗残片	1	杂彩	Ca	嘉道时期		√	日用	口径13、厚0.2~0.5	因残无款		图版六二，5
69	Xc-217	豆青釉碗残片	1	杂彩	Ca	嘉道时期		√	日用	口径13.1、厚0.3~0.9	因残无款		图版六二，6
70	Xc-483	豆青釉碗残片	1	杂彩	Ca	嘉道时期		√	日用	口径12.7、厚0.2~0.6	因残无款		图版六三，1
71	Xc-489	豆青釉碗残片	1	杂彩	Ca	嘉道时期		√	日用	口径13、厚0.2~0.6	因残无款		图版六三，2
72	Xc-506	豆青釉碗残片	1	杂彩	Ca	嘉道时期		√	日用	口径11.6、厚0.2~0.6	因残无款		图版六三，3
73	Xc-507	豆青釉碗残片	1	杂彩	Ca	嘉道时期		√	日用	口径11.7、厚0.2~0.5	因残无款		图版六三，4
74	Xc-260	豆青釉碗残件	1	杂彩	Cb	嘉道时期		√	日用	口径11、底径4、通高4.8	仅见青花图记符号款的一点痕迹		图版六三，5
75	Xc-087	豆青釉碗残件	1	杂彩	Da	嘉庆时期		√	日用	口径10、底径4.5、通高5.8	青花方形变体文字款		图版六四，1
76	Xc-374	豆青釉碗残件	1	杂彩	Da	嘉庆时期		√	日用	口径9.3、底径4.5、通高6.1	青花方形变体文字款		图版六四，2
77	Xc-397	豆青釉碗底残片	1	杂彩	Da	嘉庆时期		√	日用	口残失，底径4.5、厚0.3~0.6	青花方形变体文字款		图版六四，3
78	Xc-066	豆青釉碗底残片	1	杂彩	Da	嘉庆时期		√	日用	口残失，底径4.5、厚0.2~0.5	青花方形变体文字款		图版六四，4
79	Xc-228	豆青釉碗残片	1	杂彩	Da	嘉庆时期		√	日用	口残失，底径4.6、厚0.2~0.7	青花方形变体文字款		图版六四，5

序号	标本编号	器物名称	数量	瓷类	分型	年代	窑属性质 官	窑属性质 民	用项	规格（厘米）	款识 种类	款识 图示	图版
80	Xc-090	豆青釉碗底残片	1	杂彩	Da	嘉道时期		√	日用	口残失，底径4.6、厚0.2~0.8	青花图记符号款		图版六四，6
81	Xc-372	豆青釉碗底残片	1	杂彩	Da	嘉道时期		√	日用	口残失，底径4.7、厚0.3~0.5	青花图记符号款		图版六五，1
82	Xc-404	豆青釉碗底残片	1	杂彩	Da	嘉道时期		√	日用	口残失，底径4.7、厚0.3~0.7	青花图记符号款		图版六五，2
83	Xc-107	豆青釉碗残件	1	杂彩	Db	嘉庆时期		√	日用	口径10、底径4.2、通高5.7	青花方形变体文字款		图版六五，3
84	Xc-216	豆青釉碗底残片	1	杂彩	Db	嘉庆时期		√	日用	口残失，底径5.2、厚0.3~0.4	青花方形变体文字款		图版六五，4
85	Xc-081	豆青釉碗残片	1	杂彩	Db	嘉道时期		√	日用	口残失，底径4.2、厚0.4~0.6	青花图记符号款		图版六五，5
86	Xc-089	豆青釉碗残片	1	杂彩	Db	嘉道时期		√	日用	口径10、底径4.2、通高5.8	青花图记符号款		图版六五，6
87	Xc-401	豆青釉碗底残片	1	杂彩	Db	嘉道时期		√	日用	口残失，底径4.1、厚0.3~0.7	青花图记符号款		图版六六，1
88	Xc-491	豆青釉碗底残片	1	杂彩	Db	嘉道时期		√	日用	口残失，底径4.3、厚0.4~0.8	因残无款		图版六六，2
89	Xc-080	豆青釉碗底残片	1	杂彩	Dc	嘉庆时期		√	日用	口残失，底径13.4、厚0.3~0.6	青花图记符号款		图版六六，3
90	Xc-086	豆青釉碗残件	1	杂彩	Dc	嘉道时期		√	日用	口径10、底径3.3、通高4.8	青花图记符号款残痕		图版六六，4
91	Xc-094	豆青釉碗底残片	1	杂彩	Dc	嘉道时期		√	日用	口残失，底径3.9、厚0.2~0.7	青花图记符号款		图版六六，5
92	Xc-101	豆青釉碗残件	1	杂彩	Dc	嘉道时期		√	日用	口径9.7、底径3.8、通高4.9	青花图记符号款		图版六七，1
93	Xc-380	豆青釉碗底残片	1	杂彩	Dc	道光时期		√	日用	口残失，底径4.3、厚0.3~0.7	青花图记符号款		图版六七，2
94	Xc-501	豆青釉碗残片	1	杂彩	Dc	嘉道时期		√	日用	口径10、厚0.3~0.5	因残无款		图版六七，3

为了能较全面地了解和掌握杏花春馆遗址出土民窑瓷器中数量较大的、可以分型的豆青釉碗（共分为11型）重点标本在年代分布和款识种类方面体现的某些特点，现制成表二〇仅供参考。

表二〇　杏花春馆遗址出土民窑豆青釉碗11型重点标本年代与款识总体情况归纳表

型别	件数	年代			款识		
		嘉庆	嘉道	道光	方形变体文字款	图记符号款	因残无款
Aa	8	/	8	/	/	3	5
Ab	15	4	10	1	6	/	9
Ac	11	2	4	5	7	1	3
Ba	9	4	3	2	6	1	2
Bb	8	/	7	1	1	/	7
Bc	14	2	11	1	3	3	8
Ca	8	/	8	/	2	/	6
Cb	1	/	1	/	/	1	/
Da	8	5	3	/	5	3	/
Db	6	2	4	/	2	3	1
Dc	6	1	5	/	1	4	1
合计	94	20	64	10	33	19	42
占可分型碗总数（94）的百分比		21.3%	68.1%	10.6%	35.11%	20.21%	44.68%

从表二〇的归纳结果中可以清楚地看出，杏花春馆遗址出土的民窑瓷器中可以分型的重点标本——豆青釉碗（共分为11型）的年代，均集中于清中晚期，无更早者，也无更晚者。

其中年代上限能达到嘉庆时期的，11型之中仅有7型，共计20件（Ab型4件，Ac型2件，Ba型4件，Bc型2件，Da型5件，Db型2件，Dc型1件），仅占可分型的豆青釉碗总数（94）的21.3%。年代上限晚于嘉庆时期的，属于嘉道时期的所占比例最大，达到11型，各型全部覆盖，共计64件（Aa型8件，Ab型10件，Ac型4件，Ba型3件，Bb型7件，Bc型11件，Ca型8件，Cb型1件，Da型3件，Db型4件，Dc型5件），占可分型豆青釉碗总数的68.1%。年代较晚，属于道光时期的，不论归属类型，还是各型出土数量，都是最少的，仅有5型，共计10件（Ab型1件，Ac型5件，Ba型2件，Bb型1件，Bc型1件），仅占可分型豆青釉碗总数的10.6%。

由此可得出一个明确认识，杏花春馆遗址出土的可分型重点标本——豆青釉碗，年代上限最早者不过清嘉庆时期，最晚者不过道光时期，其中属于嘉道时期者所占比例最大。属于嘉道时期的豆青釉碗，不但出土数量多，而且类型全，达到11型全面覆盖的局面，这在各种清代瓷碗类别中是绝无仅有的。可见豆青釉碗在清嘉道时期，在圆明园杏花春馆的使用率与普及率已经达到了最高值，这也从一个侧面反映出，嘉道时期在杏花春馆从事下层服务的勤杂人员较多，景象较为繁荣。

款识方面，从表二〇显示的结果可清楚地知道，可分型的豆青釉碗碗底圈足的残损率是较高的，因缺失圈足或圈足遭大半残损而无款识者共有42件，占可分型豆青釉碗总数的44.68%。

保存有款识者还有52件，占可分型豆青釉碗总数的55.32%。这52件有款识者包含两种款识，一种是青花方形变体文字款，另一种是青花图记符号款。青花方形变体文字款共33例，在数量上超过图记符号款近一倍，其中可辨识出属"嘉庆"年号者，有20例；可识作"道光"年号者，有10例，另有3例辨识不清。青花图记符号款，均不用于纪年专作商品标记符号使用，在杏花春馆遗址共出土19例，在可分型的豆青釉碗类重点标本中，在年代分期上，多将这一部分标本的年代推定在清嘉道时期。

总之，透过以上款识的统计结果可以看出，在清嘉庆时期，在圆明园内购入并使用江西景德镇民窑烧制的豆青釉碗具，不但数量较大，而且普遍在碗底特别署上"嘉庆年制"青花方形变体文字款作为当时此类商品的特定标志，甚至成为一种时髦。这种在民窑瓷器上大量采用以青花方形变体文字款并署上"大清嘉庆年制"的行业风气，直到道光时期才呈现消失的迹象，这从本项统计结果中亦可略见端倪。

盘　31件。

依据这31件盘类标本在形制和规格方面存在的差异特点，现将这31件盘类标本分为A、B、C三型。其中A、C二型数量很少，仅各有1件，只有B型数量最多，共29件。这29件B型标本，又可细分为Ba型与Bb型二型。其中Ba型20件，Bb型9件（表二一）。

A型　1件，大侈口，大口径，大底径，深腹。

标本Xc-408号，大侈口，尖圆唇，口沿为一圈酱釉，略作外展，大口径，大底径，口径20、底径11.4、通高3.6、胎壁厚0.2～0.5厘米。斜曲腹，腹深，盘底中心略外弧，圜底特征较明显，圈足较短，内墙挖足过肩。圈足内底中央署青花方形变体文字仿篆体六字三行款，外围青花单方栏。前、后两行四字，似可识作："大清""年制"，但中间一行标明年号的二字不可辨识（图八三，1；图版六七，4）。年代推测应属清嘉庆时期。

Ba型　20件，侈口，小口径，腹较浅。

侈口，小圆唇，口沿涂一圈酱釉，未外展，小口径，口径多为15厘米左右，底径较A型变小，一般在8.6～10厘米。斜曲腹，腹较浅，盘底中心稍外弧，圜底特征稍有一点，但不太明显，圈足较矮，挖足平肩，凡圈足保存完整，或大半尚存者，圈足内底均有青花方形变体文字款，外围青花单方栏，变体文字皆为仿篆体六字三行款式，款式绝大多数可识为"大清嘉庆年制"，只有个别标本的款识不能辨识。

以Xc-212号标本为例，口径15.1、底径8.6、通高2.9厘米。圈足内底署青花方形变体文字款，外围青花单方栏，变体文字为仿篆体六字三行款，可识为"大清嘉庆年制"，其中"大清"二字有残损（图八三，2；图版六七，5）。其年代可确定属于嘉庆时期。

还有10件与Xc-212号标本属同型、同款识、同时期的标本，其器物编号分别是：Xc-063、Xc-064、Xc-065、Xc-077、Xc-085、Xc-088、Xc-102、Xc-215、Xc-232、Xc-395号（图版六七，6；图版六八；图版六九，1～3）。这10件标本的年代也应属清嘉庆时期无疑。

另有一件编号为Xc-074号标本，亦属Ba型，但因圈足大半残失，所署青花图记符号款识只剩下左上角很少一点笔迹残痕（图版六九，4）。款识原标记的年号已无从了解，只能从该标本的形制、规格、施釉、款识遗迹等特点来推测其年代，该标本应与Xc-212号和Xc-063号等上述10件标本属同时代的产品，也应属清嘉庆时期。

此外，还有8件虽与Xc-212号标本等属于同型标本，但因圈足完全残失或只剩下一块瓷片而无款识，因此无法直接断定其年代。这8件无款识的Ba型标本，编号分别是：Xc-330、Xc-459、Xc-468、Xc-477、Xc-480、Xc-482、Xc-495、Xc-510（图版六九，5、6；图版七〇）。经观察比较，这8件无款识标本的形制、规格和施釉风格等均与Xc-212号等标本一致，故有理由将其年代也判定属清嘉庆时期。

Bb型　9件，侈口，小口径，浅腹，圈足底径收小。

以Xc-068号标本为例，侈口，小圆唇，口沿也涂一周酱釉，未外展，小口径，口径15.1、底径8.2、通高2.9厘米。斜曲腹，浅腹（比Ba型更浅），底径变小（比Ba型更向内收）。圈足较矮，挖足平肩，圈足内底中心署青花方形变体文字款，外围青花单方栏，变体文字为仿篆体六字三行款，可识为："大清嘉庆年制"，其中"大"字和"嘉"字上半部有残损（图八三，3；图版七一，1）。据盘底款识，可确认Xc-068号标本的年代应属清嘉庆时期。

共有3件与Xc-068号标本属同型、同款识的标本，编号分别是：Xc-069、Xc-078和Xc-103（图版七一，2~4）。其年代亦应属清嘉庆时期无疑。

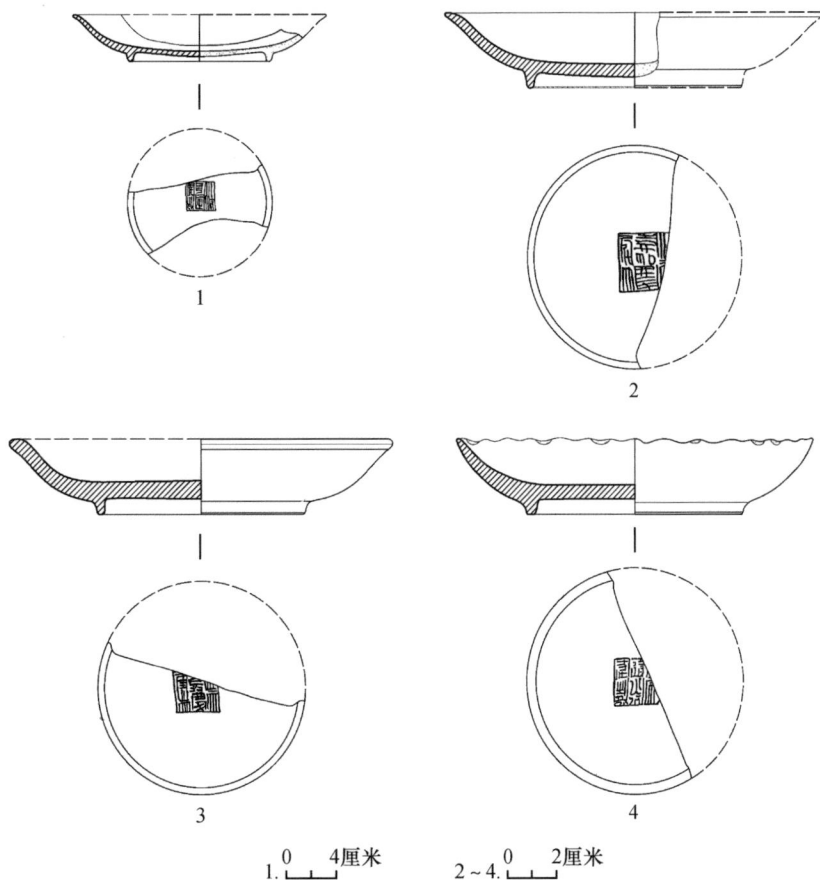

图八三　杏花春馆遗址出土民窑器

1.豆青釉盘残件（Xc-408）　2.豆青釉盘残件（Xc-212）　3.豆青釉盘残件（Xc-068）　4.豆青釉花口盘残件（Xc-198）

另有一件标本，编号为Xc-204号，虽然也与Xc-068号属于同型器，但是款识存在不同。Xc-204号的款识并不是青花方形变体文字款，也未标明为"嘉庆"年号，而是青花图记符号款，所署的图记符号还缺失了一半，无法辨识，可能与年号无关（图版七一，5）。但从该标本的形制、规格、施釉特点等方面看，将其归为Bb型，年代推定属于清嘉庆时期当不致有误。

还有另外4件标本，也属于Bb型。因残损严重，现仅剩下一块瓷片，无款识。其编号分别是：Xc-493、Xc-497、Xc-500和Xc-503号（图版七二，1~4）。依据其残存的形制、规格、施釉等方面的特点，将这4件标本划归Bb型当较为适当，其年代大致也应属清嘉庆时期。

表二一　杏花春馆遗址出土民窑瓷器可分型的重点标本——豆青釉盘统计表

序号	标本编号	器物名称	数量	瓷类	分型	年代	窑属性质 官	窑属性质 民	用项	规格（厘米）	款识 种类	款识 图示	图版
1	Xc-408	豆青釉盘残件	1	杂彩	A	嘉庆时期		√	日用	口径20、底径11.4、通高3.6	青花方形变体文字款		图版六七，4
2	Xc-212	豆青釉盘残件	1	杂彩	Ba	嘉庆时期		√	日用	口径15.1、底径8.6、通高2.9	青花方形变体文字款		图版六七，5
3	Xc-063	豆青釉盘残件	1	杂彩	Ba	嘉庆时期		√	日用	口径14.8、底径8.7、通高2.9	青花方形变体文字款		图版六七，6
4	Xc-064	豆青釉盘残件	1	杂彩	Ba	嘉庆时期		√	日用	口径15.6、底径9.1、通高3	青花方形变体文字款		图版六八，1
5	Xc-065	豆青釉盘残片	1	杂彩	Ba	嘉庆时期		√	日用	口沿残失，底径9.4、厚0.4~0.7	青花方形变体文字款		图版六八，2
6	Xc-077	豆青釉盘残片	1	杂彩	Ba	嘉庆时期		√	日用	口沿残失，底径9.7、厚0.4~0.6	青花方形变体文字款		图版六八，3
7	Xc-085	豆青釉盘残片	1	杂彩	Ba	嘉庆时期		√	日用	残长5.9~6.9、厚0.4	青花方形变体文字款		图版六八，4
8	Xc-088	豆青釉盘残片	1	杂彩	Ba	嘉庆时期		√	日用	口沿残失，底径9.4、厚0.4~0.7	青花方形变体文字款		图版六八，5
9	Xc-102	豆青釉盘残片	1	杂彩	Ba	嘉庆时期		√	日用	口沿残失，底径8.8、厚0.3~0.7	青花方形变体文字款		图版六八，6
10	Xc-215	豆青釉盘残件	1	杂彩	Ba	嘉庆时期		√	日用	口径15、底径9.2、通高3	青花方形变体文字款		图版六九，1
11	Xc-232	豆青釉盘残件	1	杂彩	Ba	嘉庆时期		√	日用	口径15、底径9.2、通高3	青花方形变体文字款		图版六九，2
12	Xc-395	豆青釉盘残片	1	杂彩	Ba	嘉庆时期		√	日用	口沿残失，底径8.6、厚0.4~0.6	青花方形变体文字款		图版六九，3
13	Xc-074	豆青釉盘残件	1	杂彩	Ba	嘉庆时期		√	日用	口径13.9、底径10、通高2.6	青花方形变体文字款（残痕）		图版六九，4

续表

序号	标本编号	器物名称	数量	瓷类	分型	年代	窑属性质		用项	规格（厘米）	款识		图版
							官	民			种类	图示	
14	Xc-330	豆青釉盘残件	1	杂彩	Ba	嘉庆时期		√	日用	底径失，口径13.9、厚0.3～0.5	因残无款		图版六九，5
15	Xc-459	豆青釉盘残件	1	杂彩	Ba	嘉庆时期		√	日用	口径14.9、底径7.9、通高2.8	因残无款		图版六九，6
16	Xc-468	豆青釉盘残件	1	杂彩	Ba	嘉庆时期		√	日用	口径15、底径9、通高3.1	因残无款		图版七〇，1
17	Xc-477	豆青釉盘残件	1	杂彩	Ba	嘉庆时期		√	日用	口径15、底径8.8、通高3.1	因残无款		图版七〇，2
18	Xc-480	豆青釉盘残件	1	杂彩	Ba	嘉庆时期		√	日用	口径15、底径9.6、通高3	因残无款		图版七〇，3
19	Xc-482	豆青釉盘残件	1	杂彩	Ba	嘉庆时期		√	日用	口径15.3、底径9.9、通高2.6	因残无款		图版七〇，4
20	Xc-495	豆青釉盘残片	1	杂彩	Ba	嘉庆时期		√	日用	底残失，口径12、厚0.2～0.5	因残无款		图版七〇，5
21	Xc-510	豆青釉盘残件	1	杂彩	Ba	嘉庆时期		√	日用	口径11.5、底径6.1、厚0.2～0.5	因残无款		图版七〇，6
22	Xc-068	豆青釉盘残件	1	杂彩	Bb	嘉庆时期		√	日用	口径15.1、底径8.2、通高2.9	青花方形变体文字款		图版七一，1
23	Xc-069	豆青釉盘残件	1	杂彩	Bb	嘉庆时期		√	日用	口径15.3、底径8.1、通高3	青花方形变体文字款		图版七一，2
24	Xc-078	豆青釉盘残件	1	杂彩	Bb	嘉庆时期		√	日用	口径14.7、底径8.3、通高2.9	青花方形变体文字款		图版七一，3
25	Xc-103	豆青釉盘残件	1	杂彩	Bb	嘉庆时期		√	日用	口径15.7、底径9.7、通高3.1	青花方形变体文字款		图版七一，4
26	Xc-204	豆青釉盘残件	1	杂彩	Bb	嘉庆时期		√	日用	口径15.7、底径8.2、通高3.1	青花图记符号（残损）		图版七一，5
27	Xc-493	豆青釉盘残片	1	杂彩	Bb	嘉庆时期		√	日用	口沿残失，底径9.3、厚0.5～0.6	因残无款		图版七二，1
28	Xc-497	豆青釉盘残件	1	杂彩	Bb	嘉庆时期		√	日用	口径15.3、底径8.3、通高3.5	因残无款		图版七二，2
29	Xc-500	豆青釉盘残件	1	杂彩	Bb	嘉庆时期		√	日用	口径15.6、底径8.2、通高3	因残无款		图版七二，3
30	Xc-503	豆青釉盘残片	1	杂彩	Bb	嘉庆时期		√	日用	口沿残失，底径10、厚0.3～0.8	因残无款		图版七二，4
31	Xc-198	豆青釉花口盘残件	1	杂彩	C	道光时期		√	日用	口径14.2、底径8.3、通高2.7	青花方形变体文字款		图版七二，5

C型　1件，花式口，浅腹，平底，挖足过肩。

标本Xc-198号，侈口，口沿为花式口，小尖圆唇，斜曲腹，浅腹，胎壁与施釉较厚，平底，圈足较矮，挖足过肩。圈足内底中央署青花方形变体文字款，款识为仿篆体六字三行款"大清道光年制"，外围青花单方栏，其中"大"字多已残失。口径14.2、底径8.3、通高2.7、胎壁加釉层厚0.2～0.7厘米（图八三，4；图版七二，5）。

为了能从总体上掌握杏花春馆遗址出土的民窑瓷器中数量较多的、可以分型的豆青釉盘（共分为A、B、C三型）重点标本在年代分布和款识种类方面体现的某些特点，现制成表二二仅供参考。

表二二　杏花春馆遗址出土民窑豆青釉盘3型重点标本年代与款识总体情况归纳表

型号		件数	占可分型盘总数（31）的百分比	年代		款识		
				嘉庆	道光	青花方形变体文字款	青花图记符号款	因残无款识
A		1	3.225%	1	/	1	/	/
B	Ba	20	64.52%	20	/	11	1	8
	Bb	9	29.03%	9	/	4	1	4
C		1	3.225%	1	/	1	/	/
合计		31	100%	30	1	17	2	12
		占可分型盘总数（31）的百分比		96.775%	3.225%	54.84%	6.44%	38.71%

从表二二的归纳表结果中可明显地看到，杏花春馆遗址出土的民窑瓷器中可以分型的重点标本——豆青釉盘所分的三型（A、B、C型）标本的年代均集中在清嘉庆和道光时期，上限没有更早者。

其中A、B二型的年代，都集中于嘉庆时期，二者共计30例，占该遗址可分型盘总数（31）的96.775%，无一例属于道光时期，表明A、B二型盘，被购进并在杏花春馆景点投入的时间，主要是在清嘉庆时期，早于C型盘被购入和使用的年代。

在三型盘中，以B型盘出土数量最多，共有29件，占三型盘总数（31）的93.55%。在B型盘中；又以Ba型盘所占比例较大。此型盘共出土20件，占可分型盘总数的64.52%，占B型盘总数（29）的68.96%，表明Ba型盘是嘉庆时期盘类餐具中的购入量最大、使用率最高并颇为流行的形式。

款识方面，在杏花春馆遗址出土的31件盘中，原来每一件的盘底中央都是带青花款识的，只是因为有一些标本已被摔碎，缺失了盘底圈足，或已变成小块残片，而失去了款识。据统计，这31件可分型的盘类标本中，因残而失去款识者，共计12件，占可分型盘总数（31）的38.71%，占比超过1/3，被损坏的程度还是比较严重的。剩余的19件尚保存有款识的标本，款识种类仅有两种，一是青花方形变体文字款，另一种是青花图记符号款。其中青花方形变体文字款共计17例，占可分型盘总数（31）的54.84%，占有款识标本总数（19）的89.47%。而青花图记符号款只有2例（Xc-074和Xc-204），只占可分型盘总数（31）的6.44%，占有款识标本总数（19）的10.53%。值得强调的一点是，在17例青花方形变体文字款中，有16例可辨识为"大清嘉庆"，只有1例可辨识为"道光"（Xc-198）（参见表二二）。这表明，嘉庆时期在民窑瓷器中，曾特别时兴并流行青花方形变体文字款。

酒盅　15件。

依据15件酒盅在形制和规格方面的差异，分为A、B、C、D四型（表二三）。

A型　7件，侈口。

特征是侈口，外口沿刻槽一圈，仿银器，斜曲腹，高圈足，挖足过肩，圈足内底中央署青花方形图记符号款。年代皆属清中期——乾嘉时期。

以Xc-412号标本为例，口径5.5、底径2.2、通高3厘米（图八四，1；图版七三，1）。

共有6件与Xc-412号标本属于同型的标本，其编号分别是：Xc-105、Xc-385、Xc-405、Xc-244、Xc-340、Xc-071号（图版七三，2～6；图版七四，1）。

B型　5件，微侈口。

特征是微侈口，外口沿刻槽一圈，仿银器，斜曲腹，高圈足，挖足平肩（参见标本Xc-498号；图版七四，2）。圈足内底中央少数署青花方形变体文字款，多数署青花方形图记符号款。年代皆属清中期——乾嘉时期。编号分别为：Xc-415、Xc-095、Xc-417、Xc-446、Xc-498号。

署青花方形变体文字款的，可以Xc-415号和Xc-095号标本为例。

Xc-415号，口沿已残失。仅存腹壁和圈足，圈足内底中央署青花方形变体文字款，外围青花单方栏，款为仿篆体四字双行款，可识为"乾隆年制"。底径2.6、残高3、胎厚0.2～0.5厘米（图八四，2；图版七四，3）。

Xc-095号，口沿也已残失，也是仅存腹壁与圈足，其圈足内底中央也署青花方形变体文字款，外围青花单方栏，款文也是仿篆体四字双行款，但款识年号却是"嘉庆年制"。底径2.5、残高2.7、胎厚0.3～0.6厘米（图版七四，4）。

署青花方形图记符号款的，可以Xc-417和Xc-446号标本为例（图版七四，5、6）。

C型　2件，敞口。

特征是敞口，尖圆唇，上腹斜直，下腹斜曲，高圈足，挖足过肩。圈足内底中央皆属青花方形图记符号款，含义不详。年代也属于清中期——乾嘉时期。编号分别为：Xc-396、

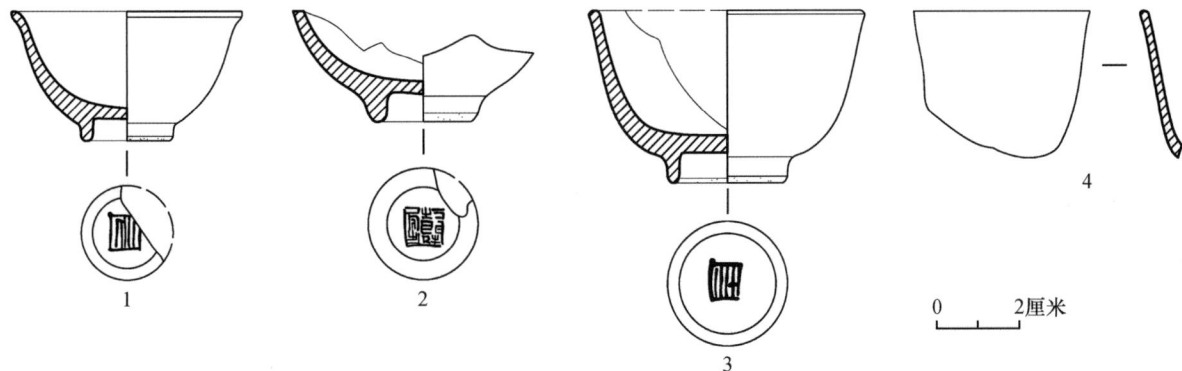

图八四　杏花春馆遗址出土民窑器
1. 豆青釉酒盅残件（Xc-412）　2. 豆青釉酒盅残片（Xc-415）　3. 豆青釉酒盅残件（Xc-396）　4. 豆青釉杯残片（Xc-364）

Xc-093号。

以Xc-396标本为例，口沿、腹壁尚存大半，圈足完整，内底中央所署青花方形图记符号款形迹清晰。口径6.6、底径2.9、通高4厘米（图八四，3；图版七五，1）。

另一件标本Xc-093号，口沿已残失，但腹壁尚有少半保留，圈足尚存大半，所署青花方形图记符号款形迹完整。底径2.9、胎厚0.2～0.5厘米（图版七五，2）。

D型　1件，直口。

编号为：Xc-364号，特征是直口，微侈，腹壁近直，杯底残失，无款。口径长约5.4、残高3.4、胎厚0.2～0.3厘米（图八四，4；图版七五，3）。年代亦应属清中期——乾嘉时期。

表二三　杏花春馆遗址出土民窑瓷器可分型的重点标本——豆青釉酒盅统计表

序号	标本编号	器物名称	数量	瓷类	分型	年代	窑属性质 官	窑属性质 民	用项	规格（厘米）	款识 种类	款识 图示	图版
1	Xc-412	豆青釉酒盅残件	1	杂彩	A	乾嘉时期		√	日用	口径5.5、底径2.2、通高3	青花方形图记符号款		图版七三，1
2	Xc-105	豆青釉酒盅残件	1	杂彩	A	乾嘉时期		√	日用	口径5.5、底径2.3、通高3	青花方形图记符号款		图版七三，2
3	Xc-385	豆青釉酒盅残件	1	杂彩	A	乾嘉时期		√	日用	口径5.4、底径2.1、通高3	青花方形图记符号款		图版七三，3
4	Xc-405	豆青釉酒盅残件	1	杂彩	A	乾嘉时期		√	日用	口径5.5、底径2.3、通高3.2	青花方形图记符号款		图版七三，4
5	Xc-244	豆青釉酒盅残件	1	杂彩	A	乾嘉时期		√	日用	口径5.5、底径2.3、通高3	青花方形图记符号款（残缺）		图版七三，5
6	Xc-340	豆青釉酒盅残件	1	杂彩	A	乾嘉时期		√	日用	口径5.5、底径2.3、通高2.8	青花方形图记符号款（残缺）		图版七三，6
7	Xc-071	豆青釉酒盅残件	1	杂彩	A	乾嘉时期		√	日用	口径5.5、底径2.3、通高2.8	青花方形图记符号款（残缺）		图版七四，1
8	Xc-498	豆青釉酒盅残件	1	杂彩	B	乾嘉时期		√	日用	口径7.2、底径2.6、高3.7、厚0.2～0.5	因残无款		图版七四，2
9	Xc-415	豆青釉酒盅残片	1	杂彩	B	乾隆时期		√	日用	口残失，底径2.6、残高3、厚0.2～0.5	青花方形变体文字款		图版七四，3
10	Xc-095	青釉酒盅残片	1	杂彩	B	嘉庆时期		√	日用	口残失，底径2.5、残高3、厚0.3～0.6	青花方形变体文字款		图版七四，4

续表

序号	标本编号	器物名称	数量	瓷类	分型	年代	窑属性质 官	窑属性质 民	用项	规格（厘米）	款识 种类	款识 图示	图版
11	Xc-417	豆青釉酒盅残片	1	杂彩	B	乾嘉时期		√	日用	口残失，底径2.5、残高3、厚0.3~0.5	青花方形图记符号款		图版七四，5
12	Xc-446	豆青釉酒盅残片	1	杂彩	B	乾嘉时期		√	日用	口残失，底径2.5、残高2.4、厚0.2~0.5	青花方形图记符号款		图版七四，6
13	Xc-396	豆青釉酒盅残件	1	杂彩	C	乾嘉时期		√	日用	口径6.6、底径2.9、通高4	青花方形图记符号款		图版七五，1
14	Xc-093	豆青釉酒盅残片	1	杂彩	C	乾嘉时期		√	日用	口残失，底径2.9、厚0.2~0.5	青花方形图记符号款		图版七五，2
15	Xc-364	豆青釉杯残片	1	杂彩	D	乾嘉时期		√	日用	口径长约5.4、残高3.4、胎厚0.2~0.3	因残无款		图版七五，3

　　为了能从总体上掌握杏花春馆遗址出土的民窑瓷器中数量较多、可以分型的豆青釉杯（共分为A、B、C、D四型）重点标本在年代分布和款识种类方面体现的某些特点，现制成表二四仅供参考。

表二四　杏花春馆遗址出土民窑豆青釉杯4型重点标本年代与款识总体情况归纳表

型别	件数	占可分型总数（15）的百分比	年代 乾隆	年代 乾嘉	年代 嘉庆	款识 青花方形变体文字款	款识 青花方形图记符号款	款识 因残无款
A	7	46.67%	/	7	/	/	7	/
B	5	33.33%	1	3	1	2	2	1
C	2	13.33%	/	2	/	/	2	/
D	1	6.67%	/	1	/	/	/	1
合计	15	100%	1	13	1	2	11	2
占可分型杯总数（15）的百分比			6.67%	86.6%	6.67%	13.33%	73.34%	13.33%

　　从表二四的归纳结果中可清楚地看出，杏花春馆遗址出土的民窑瓷器中可以分型的重点标本——豆青釉酒盅所分的四型（A、B、C、D型）标本的年代，均集中分布在清中期——乾嘉时期，未见上限更早者，也无下限更晚者。

　　明确属于乾隆时期和嘉庆时期者仅各有1例，都出自B型盅（前者编号为Xc-415号，后者编号为Xc-095号）。其余A型（7）、B型（3）、C型（2）、D型（1）皆属乾嘉时期。属于乾嘉时期的豆青釉酒盅的数量达到13件，占该遗址可分型酒盅总数（15）的86.66%。其中尤以A型和B型数量占比较大，A型占可分型酒盅总数的46.67%，B型占可分型酒盅总数的33.33%，这一统计数据表明，在乾隆时期，圆明园杏花春馆景点中，A、B两型酒盅的拥有量和使用率是各型酒盅中最高的或较高的，基本带有一点普及性的特点，成为社会下层人员较为喜用的餐具之一。

款识方面，除了因残而无款识留存的2件标本之外，在尚有款识的13件标本中，仅有2件是署青花方形变体文字款的，而另外11件都是署青花方形图记符号款。署青花方形图记符号款的数量占比高达73.34%，表明以青花方形图记符号款作为民窑豆青釉酒杯的款识标本，在清乾嘉时期江西景德镇民窑作坊中，是较为流行的一种习惯性的商标标注形式。这种署款形式在当时似乎已形成了一种"约定俗成"的行业风气，所以数量才会如此之多，形式才会如此统一。

不可分型的一般标本　共193件。

杏花春馆遗址还出土一部分不可分型的民窑一般瓷器零散残件和残片标本，共计193件。包括青花瓷器116件，杂彩瓷器16件，粉彩瓷器59件，五彩瓷器2件。对于这一部分瓷器，将按不同器类、年代早晚，以资料统计表的形式逐件予以简要介绍。再对这一部分瓷器标本的基本情况和特点做一个小结。

1. 青花瓷

116件。包含的器类较为丰富，共13类，按出土数量多少排出先后次序：碗、罐、盆、瓶、盘、酒盅、杯、盒盖、茶碗盏、盏托、器盖、鸟食罐、羹匙。

碗　58件。

这58件标本，在年代上存在差异。在介绍时为清楚起见，将按标本所属年代早晚的逻辑顺序依次进行介绍。其他类别的器物也均按此原则实行。

（1）明末清初

砂底碗，9件（表二五）。标本编号分别为：

Xc-171号，青花葡萄纹碗残件，1件（图版七五，4）。

Xc-177号，青花葡萄纹碗残件，1件（图版七六，1）。

Xc-425号，青花葡萄纹碗残片，1件（图版七六，2）。

Xc-424号，青花葡萄纹碗残片，1件（图版七六，3）。

Xc-431号，青花花卉纹碗底残片，1件（图版七七，1）。

Xc-451号，青花火珠纹碗底残片，1件（图版七七，2）。

Xc-039号，青花螃蟹纹碗残件，1件（图版七七，3）。

Xc-225号，青花双龙戏珠纹折沿碗残片，1件（图版七八，1）。

Xc-254号，青花蜻蜓水藻纹碗底残片，1件（图版七八，2）。

（2）康熙时期

青花碗，10件（表二六）。标本编号分别为：

Xc-165号，青花飞鸟纹碗残件，1件（图版七八，3）。

Xc-202号，青花飞鸟纹碗残片，1件（图版七九，1）。

表二五 杏花春馆遗址出土民窑瓷器不可分型的一般标本——明末清初青花碗残件和残片统计表

序号	标本编号	器物名称	数量	瓷类	年代	窑属性质 官	窑属性质 民	用项	规格（厘米）	款识 种类	款识 图示	图版
1	Xc-171	青花葡萄纹碗残件	1	青花	明末清初		√	日用	口径12.7、底径6、通高7、胎壁厚0.2～0.4	青花鱼纹款		图版七五，4
2	Xc-177	青花葡萄纹碗残件	1	青花	明末清初		√	日用	口径13.9、底径6.8、通高6.8、胎壁厚0.2～0.5	青花鱼纹款		图版七六，1
3	Xc-425	青花葡萄纹碗残片	1	青花	明末清初		√	日用	口径残失，底径6.6、胎壁厚0.3～0.6	青花鱼纹款		图版七六，2
4	Xc-424	青花葡萄纹碗残片	1	青花	明末清初		√	日用	口径残失，底径6.2、胎壁厚0.2～0.7	青花植物纹样款		图版七六，3
5	Xc-431	青花花卉纹碗底残片	1	青花（德化窑）	明末清初		√	日用	口径残失，底径7、残长12.4、残宽10.9、胎壁厚0.4～0.7	青花方形图记符号款，外围青花双线圈		图版七七，1
6	Xc-451	青花火珠纹碗底残片	1	青花	明末清初		√	日用	口径残失，底径4.9、残长12.4、残宽10.9、胎壁厚0.4～0.6	青花方形图记符号款，外围青花双线圈		图版七七，2
7	Xc-039	青花螃蟹纹碗残件	1	青花	明末清初		√	日用	口径13.6、底径5.9、通高7、胎壁厚0.2～0.5	青花鱼纹款，碗心饰青花螃蟹纹		图版七七，3
8	Xc-225	青花双龙戏珠纹折沿碗残片	1	青花	明末清初		√	日用	口沿残失，底径5.8、残高5.7、胎壁厚0.3～0.7	青花方形图记符号款，外围青花双线圈		图版七八，1
9	Xc-254	青花蜻蜓水藻纹碗底残片	1	青花	明末清初		√	日用	口径残失，底径6.3、胎壁厚0.3～0.5	青花植物纹样款		图版七八，2
合计			9									

Xc-311号，青花云龙纹碗残片，1件（图版七九，2）。

Xc-120号，青花缠枝花卉纹碗残件，1件（图版七九，3）。

Xc-335号，青花缠枝花卉纹碗残片，1件（图版七九，4）。

Xc-247号，青花碗残片，1件（图版七九，5）。

Xc-344号，青花花卉纹碗残片，1件（图版八〇，1）。

表二六　杏花春馆遗址出土民窑瓷器不可分型的一般标本——康熙时期青花碗残件和残片统计表

序号	标本编号	器物名称	数量	瓷类	年代	窑属性质 官	窑属性质 民	用项	规格（厘米）	款识 种类	款识 图示	图版
1	Xc-165	青花飞鸟纹碗残件	1	青花	康熙时期		√	日用	口径13.3、底径6.2、通高6.7、胎壁厚0.2~0.5	植物纹样款		图版七八，3
2	Xc-202	青花飞鸟纹碗残片	1	青花	康熙时期		√	日用	残长5.5、残宽5.3、胎壁厚0.2~0.5	因残无款		图版七九，1
3	Xc-311	青花云龙纹碗残片	1	青花	康熙时期		√	日用	残长5.1、残宽4.3、胎壁厚0.2~0.6	因残无款		图版七九，2
4	Xc-120	青花缠枝花卉纹碗残件	1	青花	康熙时期		√	日用	口径13.6、底径6.8、通高6.8、胎壁厚0.2~0.6	仅余青花款一角残痕，外围青花双线圈		图版七九，3
5	Xc-335	青花缠枝花卉纹碗残片	1	青花	康熙时期		√	日用	口径约12.9、残长4.4、残宽4.2、胎壁厚0.2~0.3	因残无款		图版七九，4
6	Xc-247	青花碗残片	1	青花	康熙时期		√	日用	口径约13、残长4.9、残宽3.8、胎壁厚0.2~0.3	因残无款		图版七九，5
7	Xc-344	青花花卉纹碗残片	1	青花	康熙时期		√	日用	口径约13、残长6.1、残宽4.8、胎壁厚0.2~0.3	因残无款		图版八〇，1
8	Xc-306	青花花卉纹碗底残片	1	青花	康熙时期		√	日用	残长8.2、残宽5、胎壁厚0.3~0.8	植物纹样款		图版八〇，2
9	Xc-246	青花鱼藻纹碗残片	1	青花	康熙时期		√	日用	残长6.5、残宽3.8、胎壁厚0.25~0.3	因残无款		图版八〇，3
10	Xc-224	青花花叶纹碗残件	1	青花（德化窑）	康熙时期		√	日用	口径12.1、底径5.3、通高5.3、胎壁厚0.2~0.8	因残无款		图版八〇，4
合计			10									

Xc-306号，青花花卉纹碗底残片，1件（图版八〇，2）。

Xc-246号，青花鱼藻纹碗残片，1件（图版八〇，3）。

Xc-224号，青花花叶纹碗残件，1件（图版八〇，4）。

（3）雍正时期

青花碗，2件（表二七）。标本编号分别为：

Xc-366号，青花骏马过河纹碗残片，1件（图版八〇，5）。

Xc-121号，青花海水蛟龙纹碗残片，1件（图版八一，1）。

表二七　杏花春馆遗址出土民窑瓷器不可分型的一般标本——雍正时期青花碗残片统计表

序号	标本编号	器物名称	数量	瓷类	年代	窑属性质 官	窑属性质 民	用项	规格（厘米）	款识 种类	款识 图示	图版
1	Xc-366	青花骏马过河纹碗残片	1	青花	雍正时期		√	日用	口径残失，底径3.7、胎壁厚0.15～0.5	楷体朱书纪年款："雍正年制"	年雍 製正	图版八〇，5
2	Xc-121	青花海水蛟龙纹碗残片	1	青花	雍正时期		√	日用	残长10、残宽5.6、胎壁厚0.15～0.55	因残无款		图版八一，1
合计			2									

（4）雍乾时期

青花碗，11件（表二八）。标本编号分别为：

Xc-144号，青花瓜蝶连绵纹碗残片，1件（图版八一，2）。

Xc-300号，青花瓜蝶连绵纹碗残片，1件（图版八一，3）。

Xc-281号，青花双喜瓜蝶连绵纹碗残片，1件（图版八一，4）。

Xc-299号，青花博古图碗残片，1件（图版八一，5）。

Xc-291号，青花花束纹碗残片，1件（图版八一，6）。

Xc-301号，青花鱼藻纹碗口残片，1件（图版八二，1）。

Xc-289号，青花缠枝变形莲瓣纹碗残片，1件（图版八二，2）。

Xc-037号，青花花卉纹碗底残片，1件（图版八二，3）。

Xc-398号，青花变体梵文（"寿"字）碗残片，1件（图版八二，4）。

Xc-387号，青花方形变体文字款碗底残片，1件（图版八三，1）。

Xc-355号，青花云龙纹碗底残片，1件，碗底署青花楷体"成化年制"款，系雍乾时期仿明成化伪托款（图版八三，2）。

（5）乾隆时期

青花碗，9件（表二九）。标本编号分别为：

Xc-349号，青花福寿连绵纹碗残片，1件，碗底署青花楷体"成□年□"款，系乾隆仿明成化伪托款（图版八三，3）。

Xc-444号，青花福寿连绵纹碗残件，1件，碗底青花署款仅余一个"制"字，推测也同于Xc-349号标本，原署款也应是"成化年制"，也系乾隆仿明成化伪托款（图版八三，4）。

Xc-132号，青花福寿连绵纹碗残片，1件（图版八三，5）。

Xc-277号，青花福寿连绵纹碗残片，1件（图版八四，1）。

Xc-362号，青花变形莲瓣纹碗底残片，1件，碗底署青花楷体"成化□制"款，系乾隆仿明成化伪托款（图版八四，2）。

Xc-369号，青花碗底残片，1件，碗底署青花楷体"成化年制"款，此系乾隆仿明成化伪托款（图版八四，3）。

Xc-154号，青花福寿纹碗残片，1件（图版八四，4）。

Xc-257号，青花海波纹（或福山寿海纹）碗残片，1件（图版八四，5）。

Xc-328号，青花结带博古图碗残片，1件（图版八四，6）。

表二八　杏花春馆遗址出土民窑瓷器不可分型的一般标本——雍乾时期青花碗残片统计表

序号	标本编号	器物名称	数量	瓷类	年代	窑属性质		用项	规格（厘米）	款识		图版
						官	民			种类	图示	
1	Xc-144	青花瓜蝶连绵纹碗残片	1	青花	雍乾时期		√	日用	口径19.9、残长5.8、残宽4.54、胎壁厚0.2～0.4	因残无款		图版八一，2
2	Xc-300	青花瓜蝶连绵纹碗残片	1	青花	雍乾时期		√	日用	口径19.9、残长6.6、残宽5.6、胎厚0.2～0.4	因残无款		图版八一，3
3	Xc-281	青花双喜瓜蝶连绵纹碗残片	1	青花	雍乾时期		√	日用	口径19.9、残长7.4、残宽5.5、胎壁厚0.2～0.4	因残无款		图版八一，4
4	Xc-299	青花博古图碗残片	1	青花	雍乾时期		√	日用	口径17.8、残长5.8、残宽5、胎壁厚0.2～0.3	因残无款		图版八一，5
5	Xc-291	青花花束纹碗残片	1	青花	雍乾时期		√	日用	口径13、残长6、残宽5.2、胎壁厚0.2～0.4	因残无款		图版八一，6
6	Xc-301	青花鱼藻纹碗口残片	1	青花	雍乾时期		√	日用	口径13.6、残长7.3、残宽4.8、胎壁厚0.2～0.4	因残无款		图版八二，1
7	Xc-289	青花缠枝变形莲瓣纹碗残片	1	青花	雍乾时期		√	日用	口径12.5、残长8.1、残宽4.5、胎壁厚0.15～0.8	因残无款		图版八二，2
8	Xc-037	青花花卉纹碗底残片	1	青花	雍乾时期		√	日用	口径残失，底径5.4、残长8.1、残宽5.3、胎壁厚0.2～0.5	青花方形作坊款，篆体"杜"字	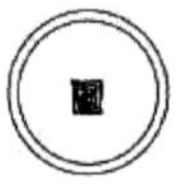	图版八二，3
9	Xc-398	青花变体梵文（"寿"字）碗残片	1	青花	雍乾时期		√	日用	口径残失，底径3.9、残长7.5、残宽5.5、胎壁厚0.3～0.5	青花方形变体文字款		图版八二，4
10	Xc-387	青花方形变体文字款碗底残片	1	青花	雍乾时期		√	日用	口径残失，底径6.2、残长9.1、残宽7.2、胎壁厚0.2～0.4	青花方形图记符号款	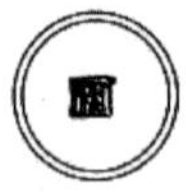	图版八三，1
11	Xc-355	青花云龙纹碗底残片	1	青花	雍乾时期		√	日用	口径残失，底径5.9、残长10、残宽4.2、胎壁厚0.3～0.5	伪托纪年款楷体"成化年制"		图版八三，2
	合计		11									

表二九 杏花春馆遗址出土民窑瓷器不可分型的一般标本——乾隆时期青花碗残片统计表

序号	标本编号	器物名称	数量	瓷类	年代	窑属性质 官	窑属性质 民	用项	规格（厘米）	款识 种类	款识 图示	图版
1	Xc-349	青花福寿连绵纹碗残片	1	青花	乾隆时期		√	日用	口径残失，底径5.2、残长9.6、残宽5.9、胎壁厚0.2~0.4	伪托纪年款楷体"成□年□"		图版八三，3
2	Xc-444	青花福寿连绵纹碗残片	1	青花	乾隆时期		√	日用	口径8.7、底径4.8、通高5.6、胎壁厚0.15~0.5	有青花纪年款，仅余楷体"制"字		图版八三，4
3	Xc-132	青花福寿连绵纹碗残片	1	青花	乾隆时期		√	日用	口径残失，圈足仅残存一点，残长8.1、残宽5.5、胎壁厚0.2~0.5、残高5.8	因残无款		图版八三，5
4	Xc-277	青花福寿连绵纹碗残片	1	青花	乾隆时期		√	日用	底残失，口径12、残长6.9、残宽3.9、胎壁厚0.2~0.3	因残无款		图版八四，1
5	Xc-362	青花变形莲瓣纹碗底残片	1	青花	乾隆时期		√	日用	口径残失，底径4.6、胎壁厚0.3~0.6	伪托纪年款楷体"成化□制"	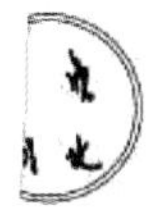	图版八四，2
6	Xc-369	青花碗底残片	1	青花	乾隆时期		√	日用	口径残失，底径4.9、胎壁厚0.5~0.6	伪托纪年款，楷体"成化年制"		图版八四，3
7	Xc-154	青花福寿纹碗残片	1	青花	乾隆时期		√	日用	底径残失，口径9、残长6.3、残宽3.8、胎壁厚0.15~0.3	因残无款		图版八四，4
8	Xc-257	青花海波纹（或福山寿海纹）碗残片	1	青花	乾隆时期		√	日用	底径残失，口径10、残长5.3、残宽4、胎壁厚0.15~0.35	因残无款		图版八四，5
9	Xc-328	青花结带博古图碗残片	1	青花	乾隆时期		√	日用	底径失，口径17.8、残长7.1、残宽5.8、胎壁厚0.3~0.4	因残无款		图版八四，6
合计			9									

（6）乾嘉时期

青花碗，2件（表三〇）。标本编号分别为：

Xc-042号，青花缠枝挂寿纹碗残片，1件（图版八五，1）。

Xc-117号，青花竹叶纹碗残件，1件（图版八五，2）。

表三〇　杏花春馆遗址出土民窑瓷器不可分型的一般标本——乾嘉时期青花碗残件和残片统计表

序号	标本编号	器物名称	数量	瓷类	年代	窑属性质 官	窑属性质 民	用项	规格（厘米）	款识 种类	款识 图示	图版
1	Xc-042	青花缠枝挂寿纹碗残片	1	青花	乾嘉时期		√	日用	底径4.5、厚0.6～0.2	无款		图版八五，1
2	Xc-117	青花竹叶纹碗残件	1	青花	乾嘉时期		√	日用	口径9.8、底径4.2、高4.8	无款		图版八五，2
	合计		2									

（7）嘉庆时期

青花碗，9件（表三一）。标本编号分别为：

Xc-273号，青花变形莲瓣纹碗底残片，1件，碗底署青花篆体六字三行方形变体文字款："大清嘉庆年制"（图版八五，3）。

Xc-083号，青花变形莲瓣纹碗残片，1件，碗底署青花篆体六字三行方形变体文字款："大清嘉庆年制"（图版八五，4）。

Xc-418号，青花碗底残片，1件，碗底署青花篆体六字三行方形变体文字款："大清嘉庆年制"，笔画简率（图版八六，1）。

Xc-041号，青花缠枝变形莲瓣纹碗残片，1件，碗底署青花方形变体文字款："嘉庆年制"（图版八六，2）。

Xc-076号，青花缠枝变形莲瓣纹碗残片，1件，碗底署青花方形变体文字款："嘉庆年制"（图版八六，3）。

Xc-241号，青花缠枝变形莲瓣纹碗残片，1件（图版八七，1）。

Xc-191号，青花缠枝变形莲瓣纹碗残片，1件（图版八七，2）。

Xc-315号，青花缠枝莲纹碗残片，1件（图版八七，3）。

Xc-199号，青花线描缠枝纹小碗残片，1件（图版八七，4）。

表三一　杏花春馆遗址出土民窑瓷器不可分型的一般标本——嘉庆时期青花碗残片统计表

序号	标本编号	器物名称	数量	瓷类	年代	窑属性质 官	窑属性质 民	用项	规格（厘米）	款识 种类	款识 图示	图版
1	Xc-273	青花变形莲瓣纹碗底残片	1	青花	嘉庆时期		√	日用	口径残失，底径5.2、残长9.1、残宽6.6、胎壁厚0.3～0.7	青花方形变体文字款："大清嘉庆年制"		图版八五，3
2	Xc-083	青花变形莲瓣纹碗底残片	1	青花	嘉庆时期		√	日用	口径残失，底径4.5、残长6、残宽4.6、胎壁厚0.4～0.7	青花方形变体文字款："大清嘉庆年制"		图版八五，4
3	Xc-418	青花碗底残片	1	青花	嘉庆时期		√	日用	口径残失，底径4.3、残长6.7、残宽5.6、胎壁厚0.4～0.5	青花方形变体文字款"大清嘉庆年制"		图版八六，1
4	Xc-041	青花缠枝变形莲瓣纹碗残片	1	青花	嘉庆时期		√	日用	口径残失，底径4.1、残长8.3、残宽6.1、胎壁厚0.2～0.7	青花方形变体文字款："嘉庆年制"		图版八六，2

续表

序号	标本编号	器物名称	数量	瓷类	年代	窑属性质 官	窑属性质 民	用项	规格（厘米）	款识 种类	款识 图示	图版
5	Xc-076	青花缠枝变形莲瓣纹碗残片	1	青花	嘉庆时期		√	日用	口径残失，底径4.2、残长7.8、残宽4.7、胎壁厚0.4～0.6	青花方形变体文字款："嘉庆年制"	嘉庆年制（印章图示）	图版八六，3
6	Xc-241	青花缠枝变形莲瓣纹碗残片	1	青花	嘉庆时期		√	日用	口径残失，底径5、残长6.5、残宽5、胎壁厚0.15～0.6	因残无款		图版八七，1
7	Xc-191	青花缠枝变形莲瓣纹碗残片	1	青花	嘉庆时期		√	日用	碗底无存，口径13、残长7.3、残宽5.7、胎壁厚0.15～0.4	因残无款		图版八七，2
8	Xc-315	青花缠枝莲纹碗残片	1	青花	嘉庆时期		√	日用	口径无存，底径约8、残长10、残宽7、下腹部胎壁厚0.4～1.2	因残无款		图版八七，3
9	Xc-199	青花线描缠枝纹小碗残片	1	青花	嘉庆时期		√	日用	碗底无存，口径7.4、残长4.7、残宽2.8、胎壁厚0.1～0.3	因残无款		图版八七，4
合计			9									

（8）嘉道时期

青花碗，3件（表三二）。标本编号分别为：

Xc-034号，青花璎珞纹碗残件，1件。碗底署有青花方形变体文字款，已残损大半，含义不详（图版八七，5）。

Xc-318号，青花线描缠枝莲纹折沿卧足碗残件，1件（图版八八，1）。

Xc-336号，青花孔雀纹碗残片，1件。福建德化窑产品（图版八八，2）。

表三二　杏花春馆遗址出土民窑瓷器不可分型的一般标本——嘉道时期青花碗残件和残片统计表

序号	标本编号	器物名称	数量	瓷类	年代	窑属性质 官	窑属性质 民	用项	规格（厘米）	款识 种类	款识 图示	图版
1	Xc-034	青花璎珞纹碗残件	1	青花	嘉道时期		√	日用	口径10.1、底径4.5、通高5.4、胎壁厚0.1～0.4	青花方形变体文字款，残存一角	（文字款图示）	图版八七，5
2	Xc-318	青花线描缠枝莲纹折沿卧足碗残件	1	青花	嘉道时期		√	日用	口径12、底径4.2、通高3.5、胎壁厚0.2～0.45	无款		图版八八，1
3	Xc-336	青花孔雀纹碗残片	1	青花（德化窑）	嘉道时期		√	日用	底无存，口径16.8、残长11.9、残宽5.7、胎壁厚0.2～0.4	因残无存		图版八八，2
合计			3									

（9）道光时期

青花碗，3件（表三三）。标本编号分别为：

Xc-448号，青花四喜财多子多福款罗汉碗残片，1件，碗底署有青花石榴蝙蝠（多子多福）款（图版八八，3）。

Xc-423号，青花人物纹多子多福款罗汉碗残片，1件，碗底署有青花石榴蝙蝠（多子多福）款（图版八八，4）。

Xc-439号，青花海水波浪纹多子多福款罗汉碗残片，1件，碗底署有青花石榴蝙蝠（多子多福）款（图版八八，5）。

表三三　杏花春馆遗址出土民窑瓷器不可分型的一般标本——道光时期青花碗残片统计表

序号	标本编号	器物名称	数量	瓷类	年代	窑属性质		用项	规格（厘米）	款识		图版
						官	民			种类	图示	
1	Xc-448	青花四喜财多子多福款罗汉碗残片	1	青花	道光时期		√	日用	口径残失，底径4.1残高5.5，胎壁厚0.2～0.7	青花石榴蝙蝠款（多子多福）		图版八八，3
2	Xc-423	青花人物纹多子多福款罗汉碗残片	1	青花	道光时期		√	日用	口径残失，底径4.1、残高4.4，胎壁厚0.2～0.5	青花石榴蝙蝠款（多子多福）		图版八八，4
3	Xc-439	青花海水波浪纹多子多福款罗汉碗残片	1	青花	道光时期		√	日用	口径残失，底径3.6、残长5.8、残宽4.9、下腹壁厚0.2～0.4	青花石榴蝙蝠款（多子多福）		图版八八，5
合计			3									

罐　11件。

（1）康雍时期

青花罐，2件（表三四）。标本编号分别为：

Xc-276号，青花变形莲瓣冰梅纹罐残片，1件（图版八九，1）。

Xc-339号，青花冰梅纹罐残片，1件（图版八九，2）。

（2）雍乾时期

青花罐，4件（表三四）。标本编号分别为：

Xc-110号，青花如意缠枝花卉纹罐残片，1件（图版八九，3）。

Xc-294号，青花缠枝花卉纹罐腹部残片，1件（图版八九，4）。

Xc-192号，青花缠枝莲纹罐腹部残片，1件（图版八九，5）。

Xc-210号，青花缠枝莲纹罐腹部残片，1件（图版八九，6）。

（3）清中期

青花罐，2件（表三四）。标本编号分别为：

Xc-308号，青花麒麟送子纹罐残片，1件（图版九〇，1）。

Xc-309号，青花山水纹罐腹部残片，1件（图版九○，2）。

（4）嘉道时期

青花罐，1件（表三四）。标本编号为：

Xc-293号，青花缠枝莲纹小罐残片，1件（图版九○，3）。

（5）清晚期

青花罐，2件（表三四）。标本编号分别为：

Xc-157号，青花缠枝莲纹小罐残片，1件（图版九○，4）。

Xc-285号，青花缠枝莲纹罐腹部残片，1件（图版九○，5）。

表三四　杏花春馆遗址出土民窑瓷器不可分型的一般标本——康雍时期至清晚期青花罐残片统计表

序号	标本编号	器物名称	数量	瓷类	年代	窑属性质 官	窑属性质 民	用项	规格（厘米）	款识 种类	款识 图示	图版
1	Xc-276	青花变形莲瓣冰梅纹罐残片	1	青花	康雍时期		√	日用	口径残失，底径13.1、残长9、残宽2.9、胎壁厚0.35~0.9	因残无存		图版八九，1
2	Xc-339	青花冰梅纹罐残片	1	青花	康雍时期		√	日用	口径残失，底径8.2、残高4.2、残宽9.2、胎壁厚0.3~0.5	因残无存		图版八九，2
3	Xc-110	青花如意缠枝花卉纹罐残片	1	青花	雍乾时期		√	日用	残长10、残宽5.9、胎壁厚0.5~1	因残无存		图版八九，3
4	Xc-294	青花缠枝花卉纹罐腹部残片	1	青花	雍乾时期		√	日用	残长5.8、残宽4.2、胎壁厚0.5~0.7	因残无存		图版八九，4
5	Xc-192	青花缠枝莲纹罐腹部残片	1	青花	雍乾时期		√	日用	残长6.4、残宽4、胎壁厚0.5~0.8	因残无存		图版八九，5
6	Xc-210	青花缠枝莲纹罐腹部残片	1	青花	雍乾时期		√	日用	残长5.1、残宽4.8、胎壁厚0.5~0.8	因残无存		图版八九，6
7	Xc-308	青花麒麟送子纹罐残片	1	青花	清中期		√	日用	口径残失，底径21.2、残高10.7、残宽10、胎壁厚0.3~1	因残无存		图版九○，1
8	Xc-309	青花山水纹罐腹部残片	1	青花	清中期		√	日用	残长7.5、残宽5、胎壁厚0.2~0.3	因残无存		图版九○，2
9	Xc-293	青花缠枝莲纹小罐残片	1	青花	嘉道时期		√	日用	口径残失，底径4、残高5.1、残宽5.9、胎壁厚0.35~0.5	因残无存		图版九○，3
10	Xc-157	青花缠枝莲纹小罐残片	1	青花	清晚期		√	日用	口径残失，底径14.2、残长14、残宽4、残高7.3、胎壁厚0.2~0.8	因残无存		图版九○，4
11	Xc-285	青花缠枝莲纹罐腹部残片	1	青花	清晚期		√	日用	残长10.5、残宽9.2、胎壁厚0.2~0.8	因残无存		图版九○，5
	合计		11									

盆 9件。

（1）雍乾时期

青花盆，6件（表三五）。标本编号分别为：

Xc-251号，青花如意团凤纹折沿花盆残片，1件（图版九〇，6）。

Xc-262号，青花冰梅纹折沿鱼藻盆残片，1件（图版九一，1）。

Xc-282号，青花冰梅纹折沿鱼藻盆残片，1件（图版九一，2）。

Xc-265号，青花冰梅纹折沿兰花盆残片，1件（图版九一，3）。

Xc-259号，青花蟠桃纹折沿花卉盆残片，1件（图版九一，4）。

Xc-272号，青花缠枝莲纹方形折沿花盆残片，1件（图版九一，5）。

（2）嘉道时期

青花盆，3件（表三五）。标本编号分别为：

Xc-024号，青花缠枝牡丹纹盆底残片，1件（图版九二，1）。

Xc-221号，青花缠枝牡丹纹盆底残片，1件（图版九二，2）。

Xc-280号，青花缠枝牡丹纹盆底残片，1件（图版九二，3）。

表三五　杏花春馆遗址出土民窑瓷器不可分型的一般标本——康乾时期至嘉道时期青花盆残片统计表

序号	标本编号	器物名称	数量	瓷类	年代	窑属性质 官	窑属性质 √	用项	规格（厘米）	款识 种类	款识 图示	图版
1	Xc-251	青花如意团凤纹折沿花盆残片	1	青花	雍乾时期		√	日用	底残失，口径24.8、残长13.1、残宽8.2、胎壁厚0.3~1.3	无款		图版九〇，6
2	Xc-262	青花冰梅纹折沿鱼藻盆残片	1	青花	雍乾时期		√	日用	底残失，口径29.8、残长8.6、残宽6.7、胎壁厚0.3~0.4	无款		图版九一，1
3	Xc-282	青花冰梅纹折沿鱼藻盆残片	1	青花	雍乾时期		√	日用	底径残失，口径30、残长12.5、残宽7.1、胎壁厚0.3~0.7	无款		图版九一，2
4	Xc-265	青花冰梅纹折沿兰花盆残片	1	青花	雍乾时期		√	日用	底残失，口径29.8、残长9.5、残宽7、胎壁厚0.3~0.6	无款		图版九一，3
5	Xc-259	青花蟠桃纹折沿花卉盆残片	1	青花	雍乾时期		√	日用	口径残失，底径14.3、残高4.9、残宽16.5、胎壁厚0.3~0.9	无款		图版九一，4
6	Xc-272	青花缠枝莲纹方形折沿花盆残片	1	青花	雍乾时期		√	日用	残长7.7、残宽4.8、残高5.8、胎壁厚0.4~1	无款		图版九一，5
7	Xc-024	青花缠枝牡丹纹盆底残片	1	青花	嘉道时期		√	日用	口径残失，底径14.3、残长15、残宽10.1、胎壁厚0.3~0.9	无款		图版九二，1
8	Xc-221	青花缠枝牡丹纹盆底残片	1	青花	嘉道时期		√	日用	口径残失，底径14.3、残长6.8、残宽5.5、胎壁厚0.3~0.9	无款		图版九二，2
9	Xc-280	青花缠枝牡丹纹盆底残片	1	青花	嘉道时期		√	日用	口径残失，底径14.3、残长11.1、残宽8.6、胎壁厚0.4~1	无款		图版九二，3
	合计		9									

瓶　9件。

（1）雍乾时期

青花瓶，5件（表三六）。标本编号分别为：

Xc-148号，青花龙纹瓶残片，1件（图版九二，6）。

Xc-142号，青花缠枝莲纹瓶残片，1件（图版九三，1）。

Xc-256号，青花缠枝莲纹瓶残片，1件（图版九三，2）。

Xc-345号，青花缠枝莲纹瓶残片，1件（图版九三，3）。

Xc-278号，青花莲纹瓶残片，1件（图版九三，4）。

（2）嘉道时期

青花瓶，4件（表三六）。标本编号分别为：

Xc-028号，青花线描缠枝牡丹纹瓶底残片，1件（图版九三，5）。

Xc-237号，青花线描缠枝牡丹纹瓶肩部残片，1件（图版九三，6）。

Xc-324号，青花线描缠枝牡丹纹瓶肩颈残片，1件（图版九四，1）。

Xc-329号，青花线描缠枝纹瓶口径残片，1件（图版九四，2）。

表三六　杏花春馆遗址出土民窑瓷器不可分型的一般标本——雍乾时期至嘉道时期青花瓶残片统计表

序号	标本编号	器物名称	数量	瓷类	年代	窑属性质		用项	规格（厘米）	款识		图版
						官	民			种类	图示	
1	Xc-148	青花龙纹瓶残片	1	青花	雍乾时期		√	日用	口、底均已残失，残长9、残宽4.5、胎壁厚0.2～0.7	无款		图版九二，6
2	Xc-142	青花缠枝莲纹瓶残片	1	青花	雍乾时期		√	日用	口、底均已残失，残长6.9、残宽5.8、胎壁厚0.25～0.3	无款		图版九三，1
3	Xc-256	青花缠枝莲纹瓶残片	1	青花	雍乾时期		√	日用	口、底均已残失，残长7、残宽6.8、胎壁厚0.4～0.5	无款		图版九三，2
4	Xc-345	青花缠枝莲纹瓶残片	1	青花	雍乾时期		√	日用	口、底均已残失，残长4.4、残宽4、胎壁厚0.3	无款		图版九三，3
5	Xc-278	青花莲纹瓶残片	1	青花	雍乾时期		√	日用	口、底均已残失，残长8.5、残宽4.3、胎壁厚0.4～0.6	无款		图版九三，4
6	Xc-028	青花线描缠枝牡丹纹瓶底残片	1	青花	嘉道时期		√	日用	口径残失，底径7.4、残高6.3、残宽8.1、胎壁厚0.3～0.7	无款		图版九三，5
7	Xc-237	青花线描缠枝牡丹纹瓶肩部残片	1	青花	嘉道时期		√	日用	口、底均已残失，残长9.7、残宽6.6、胎壁厚0.3～0.7	无款		图版九三，6
8	Xc-324	青花线描缠枝牡丹纹瓶肩颈残片	1	青花	嘉道时期		√	日用	口、底均已残失，残长5.8、残宽4.4、胎壁厚0.3～0.4	无款		图版九四，1
9	Xc-329	青花线描缠枝瓶口径残片	1	青花	嘉道时期		√	日用	口径9、残高4.9、残宽7.9、胎壁厚0.2～0.4	无款		图版九四，2
	合计		9									

杯、酒盅　共7件。

杯　4件。

（1）康雍时期

青花杯，1件（表三七）。标本编号为：

Xc-325号，青花山水纹杯残片，1件（图版九四，3）。

（2）雍乾时期

青花杯，1件（表三七）。标本编号为：

Xc-346号，青花变体梵文（"寿"字）杯残片，1件（图版九四，4）。

（3）乾隆时期

青花杯，1件（表三七）。标本编号为：

Xc-174号，青花缠枝莲纹压手杯残件，1件（图版九四，5）。

（4）清中期

青花杯，1件（表三七）。标本编号为：

Xc-296号，青花夔龙纹杯残件，1件（图版九四，6）。

表三七　杏花春馆遗址出土民窑瓷器不可分型的一般标本——康雍时期至清中期青花杯与酒盅残件和残片统计表

序号	标本编号	器物名称	数量	瓷类	年代	窑属性质 官	窑属性质 民	用项	规格（厘米）	款识 种类	款识 图示	图版
1	Xc-325	青花山水纹杯残片	1	青花	康雍时期		√	日用	口径已残失，底径4.6、高5.5、残宽2.6、胎壁厚0.2～0.4	因残无款		图版九四，3
2	Xc-346	青花变体梵文（"寿"字）杯残片	1	青花	康雍时期		√	日用	底残失，口径4.9、残长3.5、残宽3.1、胎壁厚0.1～0.3	因残无款		图版九四，4
3	Xc-174	青花缠枝莲纹压手杯残件	1	青花	乾隆时期		√	日用	口径6.7、底径2.6、通高3.6、胎壁厚0.1～0.4	无款		图版九四，5
4	Xc-296	青花夔龙纹杯残件	1	青花	清中期		√	日用	口径7、底径3.2、通高4、胎壁厚0.1～0.5	无款		图版九四，6
5	Xc-416	青花缠枝纹酒盅残片	1	青花	雍乾时期		√	日用	口径已残失，底径2.5、残高2.7、残宽2.3、胎壁厚0.15～0.45	青花方形图记符号款		图版九五，1
6	Xc-420	青花缠枝莲纹酒盅残片	1	青花	雍乾时期		√	日用	口径已残失，底径2.4、残高2.6、残宽2.2、胎壁厚0.1～0.5	青花方形变体文字款		图版九五，2
7	Xc-258	青花变体梵文（"寿"字）酒盅残件	1	青花（德化窑）	乾隆时期		√	日用	口径5、底径2.6、通高3.7、胎壁厚0.15～0.2	无款		图版九五，3
合计			7（杯4，酒盅3）									

酒盅　3件。

（1）雍乾时期

青花酒盅，2件（表三七）。标本编号分别为：

Xc-416号，青花缠枝纹酒盅残片，1件（图版九五，1）。

Xc-420号，青花缠枝莲纹酒盅残片，1件（图版九五，2）。

（2）乾隆时期

青花酒盅，1件（表三七）。标本编号为：

Xc-258号，青花变体梵文（"寿"字）酒盅残件（德化窑产品），1件（图版九五，3）。

盘　5件。

（1）康雍时期

青花盘，1件（表三八）。标本编号为：

Xc-270号，青花海藻鱼纹大盘盘底残片，1件（图版九五，5）。

（2）雍乾时期

青花盘，2件（表三八）。标本编号分别为：

Xc-297号，青花变体梵文（"寿"字）盘残件，1件（图版九五，4）。

Xc-322号，青花缠枝莲纹盘残件，1件（图版九六，1）。

表三八　杏花春馆遗址出土民窑瓷器不可分型的一般标本——康雍时期至嘉道时期青花盘残件和残片统计表

序号	标本编号	器物名称	数量	瓷类	年代	窑属性质		用项	规格（厘米）	款识		图版
						官	民			种类	图示	
1	Xc-270	青花海藻鱼纹大盘盘底残片	1	青花	康雍时期		√	日用	残长9.7、残宽4.3、盘底胎壁厚0.7	无款		图版九五，5
2	Xc-297	青花变体梵文（"寿"字）盘残件	1	青花	雍乾时期		√	日用	口径16、底径9.2、通高3.2、胎壁厚0.2～0.4	因残无款		图版九五，4
3	Xc-322	青花缠枝莲纹盘残件	1	青花	雍乾时期		√	日用	口径11.9、底径6.7、通高1.8、胎壁厚0.1～0.3	因残无款		图版九六，1
4	Xc-030	青花线描缠枝莲纹盘残件	1	青花	嘉庆时期		√	日用	口径15.3、底径7.9、通高2.3、胎壁厚0.15～0.3	青花方形变体文字六字三行款"大清嘉庆年制"		图版九六，3
5	Xc-019	青花线描折枝莲纹盘残件	1	青花	嘉道时期		√	日用	口径13、底径7.5、通高2.2、胎壁厚0.2～0.5	青花方形款，已残，仅余一角		图版九六，2
	合计		5									

（3）嘉庆时期

青花盘，1件（表三八）。标本编号为：

Xc-030号，青花线描缠枝莲纹盘残件，1件，盘底署青花方形变体文字六字三行款："大清嘉庆年制"（图版九六，3）。

（4）嘉道时期

青花盘，1件（表三八）。标本编号为：

Xc-019号，青花线描折枝莲纹盘残件，1件，盘底署青花方形款，因仅余一角，字迹缺失（图版九六，2）。

盒盖 4件。

（1）雍乾时期

青花盒盖，2件（表三九）。标本编号分别为：

Xc-146号，青花缠枝莲纹盒盖残件，1件（图版九七，1）。

Xc-147号，青花缠枝莲纹盒盖残件，1件（图版九七，2）。

（2）清中期

青花盒盖，2件（表三九）。标本编号分别为：

Xc-284号，青花花卉纹印泥盒盖残件，1件（图版九七，3）。

Xc-332号，青花花卉纹印泥盒盖残件，1件（图版九七，4）。

表三九 杏花春馆遗址出土民窑瓷器不可分型的一般标本——雍乾时期至清中期青花盒盖残件统计表

序号	标本编号	器物名称	数量	瓷类	年代	窑属性质		用项	规格（厘米）	款识		图版
						官	民			种类	图示	
1	Xc-146	青花缠枝莲纹盒盖残件	1	青花	雍乾时期		√	日用	口径6.5、高2.1、胎壁厚0.15~0.2	无款		图版九七，1
2	Xc-147	青花缠枝莲纹盒盖残件	1	青花	雍乾时期		√	日用	口径6.5、高2.1、胎壁厚0.15~0.2	无款		图版九七，2
3	Xc-284	青花花卉纹印泥盒盖残件	1	青花	清中期		√	日用	口径9.8、高2.9、胎壁厚0.3~0.5	无款		图版九七，3
4	Xc-332	青花花卉纹印泥盒盖残件	1	青花	清中期		√	日用	口径7.4、高2.2、胎壁厚0.2~0.5	无款		图版九七，4
	合计		4									

盏托 3件。

（1）雍乾时期

青花盏托，1件（表四〇）。标本编号为：

Xc-384号，青花鱼藻纹盏托残片，1件（图版九七，5）。

（2）乾隆时期

青花盏托，1件（表四〇）。标本编号为：

Xc-450号，青花"万字结"款盏托底残片，1件（图版九八，1）。

（3）嘉道时期

青花盏托，1件（表四〇）。标本编号为：

Xc-393号，青花龙纹盏托底残片，1件（图版九八，2）。

表四〇　杏花春馆遗址出土民窑瓷器不可分型的一般标本——雍乾时期至嘉道时期青花盏托残片统计表

序号	标本编号	器物名称	数量	瓷类	年代	窑属性质		用项	规格（厘米）	款识		图版
						官	民			种类	图示	
1	Xc-384	青花鱼藻纹盏托残片	1	青花	雍乾时期		√	日用	仅存下腹和圈足，底径4.8、胎壁厚0.3～0.6	青花方形图记符号款		图版九七，5
2	Xc-450	青花"万字结"款盏托底残片	1	青花	乾隆时期		√	日用	仅存圈足，底径3.1、胎壁厚0.4	青花"万字结"		图版九八，1
3	Xc-393	青花龙纹盏托底残片	1	青花	嘉道时期		√	日用	仅存下腹和圈足，底径4.1、胎壁厚0.3～0.6	青花方形变体文字款		图版九八，2
	合计		3									

茶碗盖　3件。

（1）雍乾时期

青花茶碗盖，1件（表四一）。标本编号为：

Xc-264号，青花三多纹茶碗盖残件，1件（图版九八，3）。

（2）乾隆时期

青花茶碗盖，1件（表四一）。标本编号为：

Xc-445号，青花福在眼前茶碗盖残片，1件，捉手内底署青花"万字结"款（图版九九，1）。

（3）嘉道时期

青花茶碗盖，1件（表四一）。标本编号为：

Xc-038号，青花缠枝莲托杂宝纹茶碗盖残件，1件（图版九九，2）。

表四一　杏花春馆遗址出土民窑瓷器不可分型的一般标本——雍乾时期至嘉道时期青花茶碗盖残件和残片统计表

序号	标本编号	器物名称	数量	瓷类	年代	窑属性质		用项	规格（厘米）	款识		图版
						官	民			种类	图示	
1	Xc-264	青花三多纹茶碗盖残件	1	青花	雍乾时期		√	日用	捉手直径3.5、口径7.2、胎壁厚0.1～0.4	无款		图版九八，3
2	Xc-445	青花福在眼前茶碗盖残片	1	青花	乾隆时期		√	日用	口径已残，捉手直径3.7、胎壁厚0.1～0.4	青花"万字结"款		图版九九，1
3	Xc-038	青花缠枝莲托杂宝纹茶碗盖残件	1	青花	嘉道时期		√	日用	捉手直径4.4、口径10.1、胎壁厚0.1～0.4	因残无款		图版九九，2
	合计		3									

器盖　3件。

（1）雍乾时期

青花器盖，1件（表四二）。标本编号为：

Xc-269，青花缠枝莲纹罐子盖残件，1件（图版九九，3）。

（2）嘉道时期

青花器盖，2件（表四二）。标本编号为：

Xc-298号，青花花卉纹小茶壶盖残件，1件（图版九九，4）。

Xc-342号，青花花卉纹小茶壶盖残件，1件（图版一〇〇，1）。

表四二　杏花春馆遗址出土民窑瓷器不可分型的一般标本——雍乾时期和嘉道时期青花器盖残件统计表

序号	标本编号	器物名称	数量	瓷类	年代	窑属性质		用项	规格（厘米）	款识		图版
						官	民			种类	图示	
1	Xc-269	青花缠枝莲纹罐子盖残件	1	青花	雍乾时期		√	日用	口径11、高2.1、胎壁厚0.2~0.4	无款		图版九九，3
2	Xc-298	青花花卉纹小茶壶盖残件	1	青花	嘉道时期		√	日用	口径5.7、底径3.9、通高0.8	无款		图版九九，4
3	Xc-342	青花花卉纹小茶壶盖残件	1	青花	嘉道时期		√	日用	口径5.9、底径3.9、通高0.8	无款		图版一〇〇，1
合计			3									

鸟食罐　2件。

（1）雍乾时期

青花鸟食罐，1件（表四三）。标本编号为：

Xc-343号，青花鸟食罐残件，1件（图版一〇〇，2）。

（2）嘉道时期

青花鸟食罐，1件（表四三）。标本编号为：

Xc-143号，青花缠枝纹鸟食罐，1件（图版一〇〇，3）。

表四三　杏花春馆遗址出土民窑瓷器不可分型的一般标本——雍乾时期和嘉道时期青花鸟食罐残件统计表

序号	标本编号	器物名称	数量	瓷类	年代	窑属性质		用项	规格（厘米）	款识		图版
						官	民			种类	图示	
1	Xc-343	青花鸟食罐残件	1	青花	雍乾时期		√	日用	口径5.3、底径5.4、通高4	无款		图版一〇〇，2
2	Xc-143	青花鸟食罐残件	1	青花	嘉道时期		√	日用	口径5.3、底径5.3、通高4.2	无款		图版一〇〇，3
合计			2									

羹匙　2件。

（1）雍乾时期

青花羹匙，1件（表四四）。标本编号为：

Xc-337号，青花缠枝莲纹羹匙残片，1件（图版一〇〇，4）。

（2）嘉道时期

青花羹匙，1件（表四四）。标本编号为：

Xc-275号，青花灵芝八卦纹羹匙残片，1件（图版一〇一，1）。

表四四　杏花春馆遗址出土民窑瓷器不可分型的一般标本——雍乾时期至嘉道时期青花羹匙残片统计表

序号	标本编号	器物名称	数量	瓷类	年代	窑属性质		用项	规格（厘米）	款识		图版
						官	民			种类	图示	
1	Xc-337	青花缠枝莲纹羹匙残片	1	青花	雍乾时期		√	日用	柄已残失，口径长5.5、口径宽5.1、底径2.5～3.2、高2	青花方形图记符号款		图版一〇〇，4
2	Xc-275	青花灵芝八卦纹羹匙残片	1	青花	嘉道时期		√	日用	柄已残失，口径长5.3、口径宽5.2、底径2.8～3.3、高1.5	无款		图版一〇一，1
合计			2									

2. 杂彩瓷

16件。

包括6类颜色釉：①豆青釉；②霁蓝釉；③灰黄釉；④黄白釉铁花；⑤孔雀兰釉；⑥外酱釉内青花。现依次介绍这6种颜色釉的瓷器残件和残片标本。

豆青釉瓷器　7件（表四五）。

（1）清中期

1件，茶碗盖。标本编号为：

Xc-485号，豆青釉茶碗盖残件，1件（图版一〇一，2）。

（2）清嘉道时期

6件，羹匙。标本编号分别为：

Xc-375号，豆青釉羹匙，1件，匙底署青花方形图记符号款（图版一〇一，3）。

Xc-376号，豆青釉羹匙残片，1件，匙底署青花方形图记符号款（图版一〇一，4）。

Xc-377号，豆青釉羹匙残片，1件，匙底署青花方形图记符号款（图版一〇一，5）。

Xc-378号，豆青釉羹匙残片，1件，匙底署青花方形图记符号款（图版一〇二，1）。

Xc-379号，豆青釉羹匙，1件，匙底署青花方形图记符号款（图版一〇二，2）。

Xc-413号，豆青釉羹匙残片，1件，匙底署青花方形图记符号款（图版一〇二，3）。

表四五　杏花春馆遗址出土民窑瓷器不可分型的一般标本——清中期至嘉道时期豆青釉瓷器残件和残片统计表

序号	标本编号	器物名称	数量	瓷类	年代	窑属性质 官	窑属性质 民	用项	规格（厘米）	款识 种类	款识 图示	图版
1	Xc-485	豆青釉茶碗盖残件	1	杂彩	清中期		√	日用	捉手口径3.2、碗盖口径10、通高3.5、胎壁厚0.1～0.5	无款		图版一〇一，2
2	Xc-375	豆青釉羹匙	1	杂彩	嘉道时期		√	日用	口径长5.2、口径宽5、底径3～4、口柄通长12.1、高1.6	青花方形图记符号款	 团	图版一〇一，3
3	Xc-376	豆青釉羹匙残片	1	杂彩	嘉道时期		√	日用	口径长5.2、口径宽5、底径3～4、口柄残长8.3、高1.9	青花方形图记符号款	 窗	图版一〇一，4
4	Xc-377	豆青釉羹匙残片	1	杂彩	嘉道时期		√	日用	柄口已残，口径宽5、口柄残长5.5、高1.6	青花方形图记符号款	 田	图版一〇一，5
5	Xc-378	豆青釉羹匙残片	1	杂彩	嘉道时期		√	日用	柄长7.1、口径宽5、口柄残长9.9、高1.9	青花方形图记符号款	 园	图版一〇二，1
6	Xc-379	豆青釉羹匙	1	杂彩	嘉道时期		√	日用	口径长5.2、口径宽5、口柄通长12.2、高1.7	青花方形图记符号款	 四	图版一〇二，2
7	Xc-413	豆青釉羹匙残片	1	杂彩	嘉道时期		√	日用	口柄已残，口径宽5、口柄残长7.1、高1.8	青花方形图记符号款	 图	图版一〇二，3
	合计		7（茶碗盖1，羹匙6）									

霁蓝釉瓷器　3件（表四六）。

（1）康熙时期

2件，碗。标本编号分别为：

Xc-357号，霁蓝釉碗残件，1件，圈足及内底完全素胎裸露，削足，挖足平肩（图版一〇二，4）。

Xc-320号，霁蓝釉碗残片，1件，圈足残失（图版一〇三，1）。

（2）雍乾时期

1件，水盂。标本编号为：

Xc-203号，霁蓝釉水盂口沿残片，1件（图版一〇三，2）。

表四六 杏花春馆遗址出土民窑瓷器不可分型的一般标本——康熙至雍乾时期霁蓝釉瓷器残件和残片统计表

序号	标本编号	器物名称	数量	瓷类	年代	窑属性质 官	窑属性质 民	用项	规格（厘米）	款识 种类	款识 图示	图版
1	Xc-357	霁蓝釉碗残件	1	杂彩	康熙时期		√	日用	口径11.9、底径5、通高5.4、胎壁厚0.2~0.55	无款		图版一〇二，4
2	Xc-320	霁蓝釉碗残片	1	杂彩	康熙时期		√	日用	口径约11、残长7.1、残宽4.2、胎壁厚0.15~0.2	无款		图版一〇三，1
3	Xc-203	霁蓝釉水盂口沿残片	1	杂彩	雍乾时期		√	日用	残长6.9、残宽4.5、胎壁厚0.4~1.3	无款		图版一〇三，2
合计			3（碗2，水盂1）									

灰黄釉瓷器 2件（表四七）。

标本编号分别为：

Xc-113号，灰黄釉碗残件，1件，碗底署青花楷体六字双行伪托纪年款"大明成□□□"，外围青花双线圈，属清中期景德镇仿明成化产品（图版一〇三，3）。

Xc-347号，灰黄釉碗底残片，1件，碗底署青花楷体四字双行伪托纪年款"成化年制"，外围青花双线圈，亦属清中期景德镇民窑仿成化产品（图版一〇三，4）。

表四七 杏花遗址出土民窑瓷器不可分型的一般标本——清中期灰黄釉碗残件和残片统计表

序号	标本编号	器物名称	数量	瓷类	年代	窑属性质 官	窑属性质 民	用项	规格（厘米）	款识 种类	款识 图示	图版
1	Xc-113	灰黄釉碗残件	1	杂彩	清中期		√	日用	口径10.5、底径4.5、通高5.6	青花楷体六字双行伪托纪年款"大明成□□□"	（图示）	图版一〇三，3
2	Xc-347	灰黄釉碗底残片	1	杂彩	清中期		√	日用	口沿残失、底径4.7、胎壁厚0.2~0.4	青花楷体四字双行伪托纪年款"成化年制"	（图示）	图版一〇三，4
合计			2									

黄白釉铁花器 2件（表四八）。

标本编号分别为：

Xc-206号，黄白釉铁花碗，1件，清中期，磁州窑产品（图版一〇四，1）。

Xc-011号，黄白釉铁花盆残片，1件，清中期，磁州窑产品（图版一〇四，2）。

表四八　杏花春馆遗址出土民窑瓷器不可分型的一般标本——清中期黄白釉铁花碗和盆残片统计表

序号	标本编号	器物名称	数量	瓷类	年代	窑属性质		用项	规格（厘米）	款识		图版
						官	民			种类	图示	
1	Xc-206	黄白釉铁花碗	1	杂彩（磁州窑）	清中期		√	日用	口径14.7、底径5.5、通高5	无款		图版一○四，1
2	Xc-011	黄白釉铁花盆残片	1	杂彩（磁州窑）	清中期		√	日用	残长6.7、残宽7.1、胎壁厚0.6～1.2	无款		图版一○四，2
	合计		2									

孔雀兰釉器　1件（表四九）。

标本编号为：

Xc-475号，孔雀兰釉钉帽饰件残片，1件，清乾隆时期（图版一○四，3）。

外酱釉内青花器　1件（表四九）。

标本编号为：

Xc-271号，外酱釉内青花缠枝纹盆残片，1件，清嘉道时期（图版一○四，4）。

表四九　杏花春馆遗址出土民窑瓷器不可分型的一般标本——乾隆时期孔雀兰和外酱釉内青花瓷器残片统计表

序号	标本编号	器物名称	数量	瓷类	年代	窑属性质		用项	规格（厘米）	款识		图版
						官	民			种类	图示	
1	Xc-475	孔雀兰釉钉帽饰件残片	1	杂彩	乾隆时期		√	构件饰件	残长6.6、残宽3.5、胎壁厚0.3～0.55	无款		图版一○四，3
2	Xc-271	外酱釉内青花缠枝纹盆残片	1	杂彩	嘉道时期		√	日用	残长8.1、残宽6.2、胎壁厚0.3～0.6	无款		图版一○四，4
	合计		2									

3. 粉彩瓷

59件。

包括7类器形：①碗；②盘；③杯；④罐；⑤折沿盆；⑥瓶；⑦盒。现依次介绍这7类器物。

碗　31件（表五○）。

可分为5个时期：①雍正时期；②雍乾时期；③乾隆时期；④清中期；⑤道光时期。

（1）雍正时期

2件。标本编号分别为：

Xc-163号，粉彩白地绿龙纹荷口碗残片，1件（龙为四爪）（图版一○五，1）。

Xc-156号，粉彩花卉纹碗残片，1件（图版一○五，2）。

（2）雍乾时期

3件。标本编号分别为：

Xc-348号，粉彩花卉纹碗残片，1件，碗底署楷体朱书四字双行伪托款："成化年制"（图版一〇五，3）。

Xc-350号，粉彩花卉纹碗残片，1件，碗底署楷体朱书四字双行伪托纪年款："成化年制"（图版一〇五，4）。

Xc-152号，粉彩花卉纹碗底残片，1件，碗底署有朱书方形款，因残，方形款仅剩一角，未存字迹（图版一〇六，1）。

表五〇 杏花春馆遗址出土民窑瓷器不可分型的一般标本——雍正至乾隆时期粉彩瓷碗残片统计表

序号	标本编号	器物名称	数量	瓷类	年代	窑属性质官	窑属性质民	用项	规格（厘米）	款识种类	款识图示	图版
1	Xc-163	粉彩白地绿龙纹荷口碗残片	1	粉彩	雍正时期		√	日用	口径13、残长7、残宽3.5、胎壁厚0.1～0.3	因残无款		图版一〇五，1
2	Xc-156	粉彩花卉纹碗残片	1	粉彩	雍正时期		√	日用	口径11.9、残长6、残宽5.5、胎壁厚0.2～0.4	因残无款		图版一〇五，2
3	Xc-348	粉彩花卉纹碗残片	1	粉彩	雍乾时期		√	日用	底径4、残长7.6、残宽4.5、胎壁厚0.2～0.3	楷体朱书四字双行伪托纪年款"成化年制"	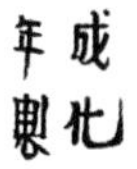 成化年製	图版一〇五，3
4	Xc-350	粉彩花卉纹碗残片	1	粉彩	雍乾时期		√	日用	底径4.7、残长6.7、残宽5.1、胎壁厚0.2～0.6	楷体朱书四字双行伪托纪年款"成化年制"	 成化年製	图版一〇五，4
5	Xc-152	粉彩花卉纹碗底残片	1	粉彩	雍乾时期		√	日用	底径4.9、残长5.5、残宽4、胎壁厚0.3～0.6	因残仅剩下朱书方形款一角，未存字迹	 ㄱ	图版一〇六，1
6	Xc-129	粉彩缠枝莲纹碗残片	1	粉彩	乾隆时期		√	日用	底径5.5、残长9.2、残宽5、胎壁厚0.2～0.6	因残无款		图版一〇六，2
7	Xc-149	粉彩花卉纹碗残片	1	粉彩	乾隆时期		√	日用	残长5.1、残宽3.3、胎壁厚0.1～0.3	因残无款		图版一〇六，3
8	Xc-168	粉彩花卉纹碗残片	1	粉彩	乾隆时期		√	日用	残长4、残宽3.7、胎壁厚0.1～0.4	因残无款		图版一〇六，4
9	Xc-352	粉彩花卉纹碗残片	1	粉彩	乾隆时期		√	日用	底径5、残长9.4、残宽6.9、胎壁厚0.6	楷体朱书四字双行伪托纪年款"成化□制"	 成化製	图版一〇七，1
合计			9									

（3）乾隆时期

4件。标本编号分别为：

Xc-129号，粉彩缠枝莲纹碗残片，1件（图版一〇六，2）。

Xc-149号，粉彩花卉纹碗残片，1件（图版一〇六，3）。

Xc-168号，粉彩花卉纹碗残片，1件（图版一〇六，4）。

Xc-352号，粉彩花卉纹碗残片，1件，碗底署楷体四字双行伪托款纪年款："成化□制"（图版一〇七，1）。

（4）清中期

5件（表五一）。标本编号分别为：

Xc-118号，粉彩花卉纹碗底残片，1件（图版一〇七，2）。

Xc-158号，粉彩瓜碟连绵纹碗残片，1件（图版一〇七，3）。

Xc-182号，粉彩缠枝莲纹卧足碗残片，1件（图版一〇八，1）。

Xc-243号，粉彩四季花卉纹荷口碗残片，1件（图版一〇八，2）。

Xc-288号，粉彩花卉纹碗残片，1件（图版一〇八，3）。

表五一　杏花春馆遗址出土民窑瓷器不可分型的一般标本——清中期粉彩瓷碗残件和残片统计表

序号	标本编号	器物名称	数量	瓷类	年代	窑属性质		用项	规格（厘米）	款识		图版
						官	民			种类	图示	
1	Xc-118	粉彩花卉纹碗底残片	1	粉彩	清中期		√	日用	底径6.8、残长6.7、残宽5.1、胎壁厚0.2~0.7	因残无款		图版一〇七，2
2	Xc-158	粉彩瓜蝶连绵纹碗残件	1	粉彩	清中期		√	日用	口径15.2、底径8、通高7、胎壁厚0.15~0.7	因残无款		图版一〇七，3
3	Xc-182	粉彩缠枝莲纹卧足碗残片	1	粉彩	清中期		√	日用	卧足已残，底径4、厚0.4~0.2	因残无款		图版一〇八，1
4	Xc-243	粉彩四季花卉纹荷口碗残片	1	粉彩	清中期		√	日用	口径14.1、厚0.6~0.2	因残无款		图版一〇八，2
5	Xc-288	粉彩花卉纹碗残片	1	粉彩	清中期		√	日用	底径4.6、残宽3.1、胎壁厚0.2~0.5	因残无款		图版一〇八，3
合计			5									

（5）道光时期

17件（表五二）。标本编号分别为：

Xc-099号，粉彩碗底残片，1件，碗底署篆体朱书六字三行纪年款"大清道光□□"（图版一〇八，4）。

Xc-200号，粉彩花卉纹碗残片，1件，碗底署篆体四字双行纪年款"道光年制"（图版一〇九，1）。

Xc-096号，粉彩花卉纹碗残件，1件，碗底署篆体四字双行纪年款"道□年制"（图版一〇九，2）。

Xc-097号，粉彩瓜蝶连绵纹碗底残片，1件，碗底署篆体朱书四字双行纪年款"道光年制"（图版一〇九，3）。

Xc-354号，粉彩花卉纹碗残片，1件，碗底署篆体朱书四字双行纪年款"□光年制"（图版一一〇，1）。

Xc-435号，粉彩花卉纹碗残片，1件，碗底署朱色几何形"万字结"款（图版一一〇，2）。

Xc-438号，粉彩花卉纹碗残片，1件，碗底署朱色"万字结"款（图版一一〇，3）。

Xc-455号，粉彩红龙（四爪龙）碗底残片，1件，碗底署朱色几何形"万字结"款（图版一一一，1）。

Xc-138号，粉彩植物纹样款碗底残片，1件，碗底署青花线描植物纹样款，外围无青花双线圈（图版一一一，2）。

Xc-227号，粉彩花卉纹碗底残片，1件，碗底署红色植物纹款，外围无青花双线圈（图版一一二，1）。

Xc-441号，粉彩花卉纹碗残片，1件，碗底署红色植物纹样款，外围无青花双线圈（图版一一二，2）。

Xc-447号，粉彩花卉纹碗底残片，1件，碗底署红色植物纹样款，外围无青花双线圈（图版一一二，3）。

Xc-449号，粉彩花卉纹碗底残片，1件，碗底署红色植物纹样款，外围无青花双线圈（图版一一三，1）。

Xc-137号，豆青釉粉彩寿桃纹碗残片，1件（图版一一三，2）。

Xc-160号，粉彩博古图纹碗腹部残片，1件（图版一一三，3）。

Xc-184号，粉彩结带八宝纹碗残片，1件（图版一一三，4）。

Xc-233号，粉彩花卉纹碗残件，1件（图版一一三，5）。

表五二　杏花春馆遗址出土民窑瓷器不可分型的一般标本——道光时期粉彩瓷碗残件和残片统计表

序号	标本编号	器物名称	数量	瓷类	年代	窑属性质		用项	规格（厘米）	款识		图版
---	---	---	---	---	---	官	民			种类	图示	
1	Xc-099	粉彩碗底残片	1	粉彩	道光时期		√	日用	底径4、残长5.9、残宽3.2、胎壁厚0.2～0.4	朱书六字三行纪年款："大清道光□□"		图版一〇八，4
2	Xc-200	粉彩花卉纹碗残片	1	粉彩	道光时期		√	日用	底径4、残长7.5、残宽4、胎壁厚0.2～0.5	朱书四字双行纪年款："道光年制"		图版一〇九，1
3	Xc-096	粉彩花卉纹碗残件	1	粉彩	道光时期		√	日用	口径7.9、底径3.6、通高6.1、胎壁厚0.1～0.5	朱书四字双行纪年款："道□年制"		图版一〇九，2
4	Xc-097	粉彩瓜蝶连绵纹碗底残片	1	粉彩	道光时期		√	日用	残长3.7、残宽2、碗底厚0.5	朱书四字双行纪年款："道光年制"		图版一〇九，3

序号	标本编号	器物名称	数量	瓷类	年代	窑属性质		用项	规格（厘米）	款识		图版
						官	民			种类	图示	
5	Xc-354	粉彩花卉纹碗残片	1	粉彩	道光时期		√	日用	残长5.6、残宽3.1、胎壁厚0.2~0.5	朱书四字双行纪年款："□光年制"		图版一一〇，1
6	Xc-435	粉彩花卉纹碗残片	1	粉彩	道光时期		√	日用	底径3.9、残长7.5、残高4.1、胎壁厚0.2~0.4	朱色几何形"万字结"款		图版一一〇，2
7	Xc-438	粉彩花卉纹碗残片	1	粉彩	道光时期		√	日用	底径5、残长10.2、残宽5.3、胎壁厚0.3~0.6	朱色"万字结"款		图版一一〇，3
8	Xc-455	粉彩红龙（四爪龙）碗底残片	1	粉彩	道光时期		√	日用	底径4.2、残长7.2、残宽3.7、胎壁厚0.2~0.6	朱色几何形"万字结"款		图版一一一，1
9	Xc-138	粉彩植物纹样款碗底残片	1	粉彩	道光时期		√	日用	底径5.5、残长6.3、残宽4、胎壁厚0.3~0.5	植物纹样款		图版一一一，2
10	Xc-227	粉彩花卉纹碗底残片	1	粉彩	道光时期		√	日用	底径3.8、残长7.2、残宽3.1、胎壁厚0.2~0.5	红色植物纹样款		图版一一二，1
11	Xc-441	粉彩花卉纹碗残片	1	粉彩	道光时期		√	日用	底径4.2、残长7.2、残宽3.9、胎壁厚0.3~0.5	红色植物纹样款		图版一一二，2
12	Xc-447	粉彩花卉纹碗底残片	1	粉彩	道光时期		√	日用	底径3.8、残长5.6、残宽4、胎壁厚0.3~0.5	红色植物纹样款		图版一一二，3
13	Xc-449	粉彩花卉纹碗底残片	1	粉彩	道光时期		√	日用	底径3.8、残长6.4、残宽4.2、胎壁厚0.15~0.5	红色植物纹样款		图版一一三，1
14	Xc-137	豆青釉粉彩寿桃纹碗残片	1	粉彩	道光时期		√	日用	口径15.2、残长7.7、残宽5.2、胎壁厚0.2~0.3	因残无款		图版一一三，2
15	Xc-160	粉彩博古图纹碗腹部残片	1	粉彩	道光时期		√	日用	残长4.5、残宽3.5、胎壁厚0.2~0.5	因残无款		图版一一三，3
16	Xc-184	粉彩结带八宝纹碗残片	1	粉彩	道光时期		√	日用	口径12、残长7.9、残宽6、胎壁厚0.2~0.7	因残无款		图版一一三，4
17	Xc-233	粉彩花卉纹碗残件	1	粉彩	道光时期		√	日用	口径9.8、底径3.6、通高5.2、胎壁厚0.15~0.4	无款		图版一一三，5
	合计		17									

盘　15件。

可分为3个时期：①乾隆时期；②嘉庆时期；③道光时期。

（1）乾隆时期

5件（表五三）。标本编号分别为：

Xc-351号，粉彩花卉纹盘底残片，1件，盘底署青花方形变体文字款"大清乾隆年制"（图版一一四，1）。

Xc-150号，粉彩花卉纹盘底残片，1件（图版一一四，2）。

Xc-361号，粉彩寿桃纹盘底残片，1件，盘底署楷体朱书四字双行伪托纪年款"成化年制"（图版一一四，3）。

Xc-368号，粉彩寿桃纹盘底残片，1件，盘底署楷体朱书四字双行伪托纪年款"成化□□"（图版一一四，4）。

Xc-359号，粉彩寿桃团花纹盘底残片，1件，盘底署楷体朱书四字双行伪托纪年款"成化□制"（图版一一五，1）。

（2）嘉庆时期

6件（表五三）。标本编号分别为：

Xc-353号，粉彩石榴瓜蝶连绵纹盘底残片，1件，盘底署青花方形变体文字款"□□嘉庆年制"（图版一一五，2）。

Xc-114号，粉彩瓜蝶连绵纹盘残片，1件，因残无款（图版一一五，3）。

Xc-173号，粉彩福寿连绵纹盘口沿残片，1件，因残无款（图版一一五，4）。

Xc-180号，粉彩寿桃纹盘残件，1件，因残无款（图版一一六，1）。

Xc-205-253号，粉彩吉祥如意花卉纹盘残件，1件，出土时是2块残件，散在两处。故分别给出两个编号，Xc-205和Xc-253号，后经对接，原是一件器物，但原编号仍旧保留。故现在的编号为：Xc-205-253号。对接后的盘底内壁遗有朱书"吉祥"二字，由此得知，"如意"二字应已残失。原器本为粉彩吉祥如意花卉纹盘（图版一一六，2）。

Xc-181号，粉彩吉祥如意花卉纹盘残件，1件，盘内遗有篆体朱书"如"字（图版一一六，3）。

表五三　杏花春馆遗址出土民窑瓷器不可分型的一般标本——乾隆至嘉庆时期粉彩盘残件和残片统计表

序号	标本编号	器物名称	数量	瓷类	年代	窑属性质		用项	规格（厘米）	款识		图版
						官	民			种类	图示	
1	Xc-351	粉彩花卉纹盘底残片	1	粉彩	乾隆时期		√	日用	底径5.9、残长6.4、残宽4.4、胎壁厚0.2～0.4	青花方形变体文字款"大清乾隆年制"		图版一一四，1
2	Xc-150	粉彩花卉纹盘底残片	1	粉彩	乾隆时期		√	日用	底径7.9、残长9.1、残宽4.7、胎壁厚0.15～0.4	无款		图版一一四，2

序号	标本编号	器物名称	数量	瓷类	年代	窑属性质 官	窑属性质 民	用项	规格（厘米）	款识 种类	款识 图示	图版
3	Xc-361	粉彩寿桃纹盘底残片	1	粉彩	乾隆时期		√	日用	残长6、残宽4.1、盆底厚0.3	楷体朱书四字伪托纪年款"成化年制"	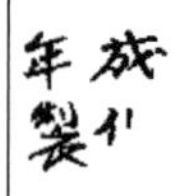	图版一一四，3
4	Xc-368	粉彩寿桃纹盘底残片	1	粉彩	乾隆时期		√	日用	底径10、残长7.9、残宽3.7、盘底厚0.3	楷体朱书四字伪托纪年款"成化□□"	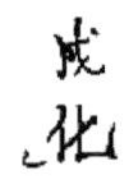	图版一一四，4
5	Xc-359	粉彩寿桃团花纹盘底残片	1	粉彩	乾隆时期		√	日用	底径9.8、残长7.1、残宽5.1、盘底厚0.35	楷体朱书四字伪托纪年款"成化□制"		图版一一五，1
6	Xc-353	粉彩石榴瓜蝶连绵纹盘底残片	1	粉彩	嘉庆时期		√	日用	底径10、残长14.8、残宽4.6、盘底厚0.5	青花方形变体文字款"□□嘉庆年制"		图版一一五，2
7	Xc-114	粉彩瓜蝶连绵纹盘残片	1	粉彩	嘉庆时期		√	日用	底径10.9、残长9.1、残宽6.3、盘底厚0.5	因残无款		图版一一五，3
8	Xc-173	粉彩福寿连绵纹盘口沿残片	1	粉彩	嘉庆时期		√	日用	口径15.8、残长5.1、残宽3.8、胎壁厚0.2～0.5	因残无款		图版一一五，4
9	Xc-180	粉彩寿桃纹盘残件	1	粉彩	嘉庆时期		√	日用	口径13.9、通高2.8、胎壁厚0.15～0.4	因残无款		图版一一六，1
10	Xc-205-253	粉彩吉祥如意花卉纹盘残件	1	粉彩	嘉庆时期		√	日用	口径13.8、底径8、通高2.8、胎壁厚0.2～0.4	盘内遗有朱书"吉祥"二字		图版一一六，2
11	Xc-181	粉彩吉祥如意花卉纹盘残件	1	粉彩	嘉庆时期		√	日用	口径15、底径12.8、通高2.2、胎壁厚0.15～0.4	盘内遗有篆体朱书"如"字		图版一一六，3
	合计		11									

（3）道光时期

4件（表五四）。标本编号分别为：

Xc-188号，豆青釉粉彩寿桃纹盘残件，1件，盘底署青花方形变体文字款"大清道光年制"（图版一一七，1）。

Xc-392号，豆青釉粉彩寿桃纹盘残件，1件，盘底署青花方形变体文字款，不可辨识（图版一一七，2）。

Xc-135号，豆青釉粉彩寿桃纹盘残件，1件，盘底遗有青花方形变体文字款左下角少许残迹（图版一一七，3）。

Xc-307号，豆青釉粉彩寿桃纹盘残件，1件，因残无款（图版一一八，1）。

表五四　杏花春馆遗址出土民窑瓷器不可分型的一般标本——道光时期粉彩盘残件统计表

序号	标本编号	器物名称	数量	瓷类	年代	窑属性质 官	窑属性质 民	用项	规格（厘米）	款识 种类	款识 图示	图版
1	Xc-188	豆青釉粉彩寿桃纹盘残件	1	粉彩	道光时期		√	日用	口径15.1、通高2.7、胎壁厚0.2~0.5	青花方形变体文字款："大清道光年制"		图版一一七，1
2	Xc-392	豆青釉粉彩寿桃纹盘残件	1	粉彩	道光时期		√	日用	口径13.5、底径8.5、通高2.8、胎壁厚0.2~0.5	青花方形变体文字款，不可辨识		图版一一七，2
3	Xc-135	豆青釉粉彩寿桃纹盘残件	1	粉彩	道光时期		√	日用	口径15、底径8.8、通高2.8、胎壁厚0.2~0.3	仅存青花方形变体文字款少许残迹		图版一一七，3
4	Xc-307	豆青釉粉彩寿桃纹盘残件	1	粉彩	道光时期		√	日用	口径12.5、底径6.9、通高2.4、胎壁厚0.15~0.3	因残无款		图版一一八，1
合计			4									

杯　8件。

可分为4个时期：①雍正时期；②清中期；③道光时期；④清晚期。

（1）雍正时期

1件（表五五）。标本编号为：

Xc-162号，粉彩兰花茶杯残片，1件（图版一一八，2）。

（2）清中期

3件（表五五）。标本编号分别为：

Xc-164号，粉彩人物茶杯残片，1件（图版一一八，3）。

Xc-175号，粉彩花卉纹茶杯残片，1件（图版一一八，4）。

Xc-222号，粉彩竹石图茶杯残片，1件（图版一一八，5）。

（3）道光时期

1件（表五五）。标本编号为：

Xc-186号，粉彩花卉纹茶杯残片，1件（图版一一九，1）。

（4）清晚期

3件（表五五）。标本编号分别为：

Xc-365号，粉彩福寿纹茶杯残片，1件，杯底署红色"万字结"款（图版一一九，2）。

Xc-234号，粉彩鸡缸杯残片，1件（图版一一九，4）。

Xc-363号，粉彩花卉纹茶杯残片，1件，杯底署红色楷体四字双行人名款"熊口丰绘"，外围无青花双线圈（图版一一九，3）。

表五五　杏花春馆遗址出土民窑瓷器不可分型的一般标本——雍正时期至清晚期粉彩杯残片统计表

序号	标本编号	器物名称	数量	瓷类	年代	窑属性质 官	窑属性质 民	用项	规格（厘米）	款识 种类	款识 图示	图版
1	Xc-162	粉彩兰花茶杯残片	1	粉彩	雍正时期		√	日用	口径9、残高6.2、残宽3.9、胎壁厚0.15~0.4	因残无款		图版一一八，2
2	Xc-164	粉彩人物茶杯残片	1	粉彩	清中期		√	日用	口径9、残高5.7、残宽3.6、胎壁厚0.1~0.3	因残无款		图版一一八，3
3	Xc-175	粉彩花卉纹茶杯残片	1	粉彩	清中期		√	日用	残长6.1、残宽3.3、胎壁厚0.2~0.3	因残无款		图版一一八，4
4	Xc-222	粉彩竹石图茶杯残片	1	粉彩	清中期		√	日用	残长3.7、残宽3、胎壁厚0.1~0.5	因残无款		图版一一八，5
5	Xc-186	粉彩花卉纹茶杯残片	1	粉彩	道光时期		√	日用	口径10、残高5、残宽4.6、胎壁厚0.2~0.4	因残无款		图版一一九，1
6	Xc-365	粉彩福寿纹茶杯残片	1	粉彩	清晚期		√	日用	底径3.4、残高3.6、残宽5.3、胎壁厚0.15~0.6	红色"万字结"款		图版一一九，2
7	Xc-234	粉彩鸡缸杯残片	1	粉彩	清晚期		√	日用	底径3.2、残高5、残宽6.8、胎壁厚0.1~0.6	无款		图版一一九，4
8	Xc-363	粉彩花卉纹茶杯残片	1	粉彩	清晚期		√	日用	底径3.2、残高3.3、残宽3、胎壁厚0.2~0.4	红色楷体四字人名款："熊□丰绘"		图版一一九，3
合计			8									

罐　2件（表五六）。

可分为2期：①雍正时期；②清中期。

（1）雍正时期

1件。标本编号为：

Xc-131号，粉彩牡丹纹小罐残件，1件，因残无款（图版一二〇，2）。

（2）清中期

1件。标本编号为：

Xc-127号，粉彩花卉纹罐腹部残片，1件，因残无款（图版一二〇，1）。

折沿盆　1件（表五六）。

标本编号为：Xc-155号，粉彩竹叶纹折沿盆残片，1件，因残无款，属清中期（图版一二〇，3）。

瓶　1件（表五六）。

标本编号为：Xc-169号，粉彩鱼藻纹瓶残片，1件，因残无款，属清中期（图版一二〇，4）。

盒 1件（表五六）。

标本编号为：Xc-159号，粉彩缠枝花卉纹盒残件，1件，无款，缺盒盖，属清中期（图版一二一，1）。

表五六 杏花春馆遗址出土民窑瓷器不可分型的一般标本——雍正时期至清中期粉彩瓷残件和残片统计表

序号	标本编号	器物名称	数量	瓷类	年代	窑属性质		用项	规格（厘米）	款识		图版
						官	民			种类	图示	
1	Xc-131	粉彩牡丹纹小罐残件	1	粉彩	雍正时期		√	日用	口径5、底径5.5、通高4.8、胎壁厚0.2~0.4	因残无款		图版一二〇，2
2	Xc-127	粉彩花卉纹罐腹部残片	1	粉彩	清中期		√	日用	残长6.7、残宽6.5、胎壁厚0.4	因残无款		图版一二〇，1
3	Xc-155	粉彩竹叶纹折沿盆残片	1	粉彩	清中期		√	日用	残长10、残宽7.8、胎壁厚0.3~0.8	因残无款		图版一二〇，3
4	Xc-169	粉彩鱼藻纹瓶残片	1	粉彩	清中期		√	日用	口径7.8、残高4.2、残宽4.9、胎壁厚0.15~0.2	因残无款		图版一二〇，4
5	Xc-159	粉彩缠枝花卉纹盒残件	1	粉彩	清中期		√	日用	口径7.3、底径4.9、通高2.5、胎壁厚0.4	无款		图版一二一，1
合计			5									

4. 五彩瓷

2件（表五七）。标本编号分别为：

Xc-219号，五彩婴戏图罐腹残片，1件，属清早期（图版一二一，2）。

Xc-226号，青花五彩人物纹罐底残片，1件，属清早期（图版一二一，3）。

表五七 杏花春馆遗址出土民窑瓷器不可分型的一般标本——清早期五彩瓷罐残片统计表

序号	标本编号	器物名称	数量	瓷类	年代	窑属性质		用项	规格（厘米）	款识		图版
						官	民			种类	图示	
1	Xc-219	五彩婴戏图罐腹残片	1	五彩	清早期		√	日用	残长6.1、残宽5.7、胎壁厚0.6	因残无款		图版一二一，2
2	Xc-226	青花五彩人物纹罐底残片	1	五彩	清早期		√	日用	底径19、残长9.2、残高4.9、胎壁厚0.85~1.1	因残无款		图版一二一，3
合计			2									

以上对杏花春馆遗址出土的四类193件民窑不可分型的一般瓷器标本作了简要介绍。为了能从这批瓷器标本资料中获取更多历史信息，并进而归纳出这四类一般瓷器标本所具有的特点，现制出表五八，并对表五八略作分析，权且作为本节内容的小结。

表五八　杏花春馆遗址出土民窑不可分型的四类一般瓷器标本比较归纳表

瓷类		占民窑不可分型的一般瓷器标本总数（193）的百分比	器类		年代	款识（按瓷类作总数归纳）		
名称	数量		名称	数量		种类	数量	年代
青花	116	60.1%	（1）碗	58	明末清初至道光时期	（1）青花鱼纹款	4	明末清初
			（2）罐	11	康雍时期至清晚期	（2）青花植物纹样款	4	明末清初至康熙时期
			（3）盆	9	雍乾时期至嘉道时期	（3）青花方形图记符号款	7	明末清初至雍乾时期
			（4）瓶	9	雍乾时期至嘉道时期	（4）朱书楷体纪年款	1	雍正时期
			（5）盘	5	康雍时期至嘉道时期	（5）青花方形作坊款	1	雍乾时期
			（6）杯	4	康雍时期至清中期	（6）青花楷体伪托纪年款	4	雍乾时期至乾隆时期
			（7）盒盖	4	雍乾时期至清中期	（7）青花楷体纪年款（仅余一"制"字，Xc-444号碗）	1	乾隆时期
			（8）酒盅	3	雍乾时期至乾隆时期			
			（9）盏托	3	雍乾时期至嘉道时期	（8）青花"万字结"款	2	乾隆时期
			（10）茶碗盖	3	雍乾时期至嘉道时期	（9）青花方形变体文字款	10	雍乾时期至嘉道时期
			（11）器盖	3	雍乾时期至嘉道时期	（10）青花方形款（残，仅余一角，Xc-019号）	1	嘉道时期
			（12）鸟食罐	2	雍乾时期至嘉道时期			
			（13）羹匙	2	雍乾时期至嘉道时期	（11）青花动、植物纹寓意图案款	3	道光时期
合计			13	116		11	38	
五彩	2	1.04%	罐	2	清早期	因残无款		
杂彩	16	8.29%	（1）霁蓝釉碗	2	康熙时期			
			（2）霁蓝釉水盂	1	雍乾时期			
			（3）孔雀兰钉帽饰件	1	乾隆时期	（1）青花伪托纪年款："大明成□□□"或"成化年制"	2	清中期
			（4）灰黄釉碗	2	清中期			
			（5）黄白釉铁花碗	1	清中期			
			（6）黄白釉铁花盆	1	清中期	（2）青花方形图记符号款	6	嘉道时期
			（7）豆青釉茶碗盆	1	清中期			
			（8）豆青釉羹匙	6	嘉道时期			
			（9）外酱釉内青花盆	1	嘉道时期			
合计			9	16		2	8	

续表

瓷类		占民窑不可分型的一般瓷器标本总数（193）的百分比	器类		年代	款识（按瓷类作总数归纳）		
名称	数量		名称	数量		种类	数量	年代
粉彩	59	30.57%	（1）碗 （2）罐 （3）杯 （4）盘 （5）折沿盆 （6）瓶 （7）盒	31 2 8 15 1 1 1	雍正至道光 雍正至清中期 雍正至清晚期 乾隆至道光 清中期 清中期 清中期	（1）朱书楷体四字双行伪托纪年款"成化年制" （2）朱书方形款（仅存一角） （3）青花方形变体文字款 （4）青花方形变体文字款，字迹不可辨识者 （5）朱书楷体六字三行纪年款 （6）朱书篆体四字双行纪年款 （7）青花线描植物纹样款 （8）红色植物纹样款 （9）红色"万字结"款 （10）红色楷体四字双行人名款："熊□丰绘"	6 1 3 2 1 4 1 4 4 1	雍乾时期2件，乾隆时期4件 雍乾时期 乾隆时期1件，嘉庆时期1件，道光时期1件 道光 道光 道光 道光 道光 道光时期3件，清晚期1件 清晚期
合计	193	100%	7	59		10	27	

从表五八的归纳表结果中，可反映出杏花春馆遗址出土的民窑不可分型的四类一般瓷器残件标本具有以下几点特征。

1. 四类瓷类出土数量和占比方面

以青花瓷出土数量最多，共有116件，占杏花春馆遗址出土民窑不可分型的一般瓷器残件标本总数（193）的60.1%。超过一多半；其次为粉彩瓷，共有59件，占比为30.57%，近1/3；再次为杂彩瓷，共有16件，占比为8.29%，不足1/10；出土数量最少的是五彩瓷，只有2件，占比为1.04%，属于个别发现。

2. 四类瓷器出土种类及数量方面

也是青花所含器类最多，种类最丰富。共有13种：碗、罐、盆、瓶、盘、杯、盒盖、酒盅、盏托、茶碗盖、器盖、鸟食罐、羹匙。粉彩瓷含有：碗、罐、杯、盘、折沿盆、瓶、盒，列为第二。杂彩瓷则含有：碗、水盂、钉帽饰件、盆、茶碗盖、羹匙6种，为第三。五彩瓷只有罐类1种，数量最少，排名第四。

3. 四类瓷类所含器类单项出土数量方面

　　青花瓷，以碗类出土数量最大，共计58件，占该遗址出土民窑不可分型的一般青花瓷器残件标本总数（116）的50%；其次是罐类，共计11件，占比9.48%。粉彩瓷，也是以碗类出土数量最大，共计31件，占该遗址出土民窑不可分型的一般粉彩瓷器残件总数（59）的52.54%，超过一半；其次是盘类，共计15件，占比为25.4%。杂彩瓷，是以豆青釉羹匙出土数量最多，共计6件，占该遗址出土民窑不能分型的一般杂彩瓷器残件标本总数（16）的37.5%，超过1/3。总之，碗类不论在青花瓷中，还是在粉彩瓷中，都是出土数量最大、占比最高的器类，这在杏花春馆遗址出土民窑不可分型的一般瓷器残件标本中，是特别突出的特点之一。

4. 年代方面

　　青花瓷在杏花春馆出现的年代最早。以青花瓷为例，其年代上限可早到明末清初；其年代下限可延续至道光时期，前后延续使用达200余年时间。

　　五彩瓷只出土2件罐的残片标本，时代属于清早期，可暂视为五彩瓷在杏花春馆存在的年代上限。

　　杂彩瓷在杏花春馆出现的年代略晚于青花瓷，但略早于粉彩瓷。杂彩瓷中的霁蓝釉碗属于康熙时期，代表了杂彩瓷在杏花春馆存在的年代上限；而杂彩瓷中的豆青釉羹匙属于嘉道时期，可代表杂彩瓷在杏花春馆存在的年代下限。表明杂彩瓷在杏花春馆曾延续使用了180余年。

　　粉彩瓷在杏花春馆出现的年代，以粉彩碗为例，其早期标本的年代上限属于雍正时期，其晚期标本的年代下限已至道光时期；而粉彩杯的早期标本的年代上限，在这里也可早到雍正时期，但晚期标本已晚到清晚期。这就是说，粉彩瓷在杏花春馆延续使用的年限，前后约170年，较杂彩瓷沿用的年限略短。

　　总之，在杏花春馆出土的民窑四类不可分型的一般瓷器残件标本中，青花瓷的年代上限是最早的（可早到明末清初），沿用年代的下限是最晚的（延至清晚期），前后延续达200余年，是延续年限最长的瓷类。而杂彩瓷次之，粉彩瓷再次之。五彩瓷因出土数量太少，只出土2件罐，目前只能知道其年代上限，当为清代早期，而其年代下限只能暂时空缺。

5. 款识种类、数量和年代方面

　　1）青花瓷含有款识种类11种，共38例。包括：①青花鱼纹款，4例；②青花植物纹样款，4例；③青花方形图记符号款，7例；④朱书楷体纪年款，1例；⑤青花方形作坊款，1例；⑥青花楷体伪托纪年款，4例；⑦青花楷体纪年款，1例；⑧青花"万字结"款，2例；⑨青花方形变体文字款，10例；⑩青花方形款（残，仅余一角），1例；⑪青花动、植物寓意图案款，3例。

青花瓷款识种类的数量，以青花方形变体文字款数量最多，共10例，占青花瓷器有款识者总数（38）的26.3%，超过总数的1/4；其次是青花方形图记符号款，共7例，数量也是较多的，占比为18.4%。青花瓷款识者种类的年代以青花鱼纹款最早，可早到明末清初；而以青花动、植物寓意图案款的年代最晚，已属道光时期。如此看来，青花瓷这11种款识种类，在杏花春馆前后延续存在了200余年时间。

2）五彩瓷仅出2件罐残片，皆无款，故不参与款识种类的讨论。

3）粉彩瓷含有款识种类10种，共27例。包括：①朱书楷体四字双行伪托纪年款"成化年制"，6例；②朱书方形款（仅存一角），1例；③青花方形变体文字款，字迹可辨识者3例（乾隆1，嘉庆1，道光1）；④青花方形变体文字款，字迹不可辨识者2例；⑤朱书楷体六字三行纪年款，1例；⑥朱书篆体四字双行纪年款，4例；⑦青花线描植物纹样款，1例；⑧红色植物纹样款，4例；⑨红色"万字结"款，4例；⑩红色楷体四字双行人名款"熊□丰绘"，1例。粉彩瓷款识种类的数量以朱书楷体四字双行伪托纪年款"成化年制"的数量最多，共6例，占粉彩瓷器有款识者总数（27）的22.2%，超过总数的1/5；其次是朱书篆体四字双行纪年款、红色植物纹样款和红色"万字结"款，各有4例，各占粉彩瓷器有款识者总数的14.8%。粉彩瓷款识种类的年代以朱书楷体四字双行伪托款最早，有2例可早到雍乾时期，有4例属乾隆时期；而以红色楷体四字双行人名款"熊□丰绘"的年代最晚，属于清晚期。如此看来，粉彩瓷这10种款识种类，在杏花春馆前后延续存在了约170年时间。

4）杂彩瓷因8件标本无款识，故有款识者仅余8件，其中有2种款识类型，一是青花楷体伪托纪年款，2例，年代皆属清中期。其中1例为青花楷体六字双行伪托纪年款："大明成□□□"，外围青花双线圈；另1例为青花楷体四字双行伪托纪年款："成化年制"。二是青花方形图记符号款，6例，年代皆属嘉道时期（均为豆青釉羹匙的款识类型）。如此看来，杂彩瓷这2种款识类型，在杏花春馆前后只持续了110年左右。

总之，从款识种类、数量和年代方面考察，杏花春馆遗址出土的民窑不可分型的四种瓷类一般标本中，当以青花瓷含有的款识种类和数量最多，其早期款识种类——青花鱼纹款的年代可早到明末清初，这在该遗址出土的民窑不可分型的四种瓷类一般标本所遗有的诸多款识种类中，是年代最早的一种。从款识种类延续存在的年限看，青花瓷的晚期款识种类——青花动、植物寓意图案款的年代已晚至道光时期。如此看来，青花瓷这11种款识种类，在这四大类款识种类中，也是延续年限最长的瓷类，其次属粉彩瓷，再次是杂彩瓷。

第五节　结　　语

一、历　史　变　迁

　　杏花春馆景点始建于康熙后叶，初名"菜圃"，是胤禛赐园十二景之一。在雍正继位后，并未在这里大兴土木工程，而是依旧保持着早期"菜圃"的"碧畦百蔬""矮屋疏篱"的"野田村落"景象与风貌。雍正想以此景点表达他的一种道家哲学思想和治国理念——崇尚自然，敬畏自然。他以十分质朴、"接地气"的"菜圃"景观设计，体现一园之君时刻心系农业，重农桑、体农情，躬身亲民的思想和情怀。雍正四年（1726年），雍正帝要为该景点山口处新建的一座重檐方亭起名，因该景点的菜地田间和方亭周围种植了很多文杏，春来花发，烂然如霞，于是雍正帝就将此方亭取名为"杏花春馆"，并亲笔为之御书匾额。从此该景点的旧名"菜圃"就逐渐被人们遗忘了，开始叫起了新名——"杏花春馆"。由此，杏花春馆一名一直被延续并固定下来。

　　乾隆九年（1744年），乾隆帝作了一首咏杏花春馆的诗，该诗序真实地记录和描述了杏花春馆景点早期（指乾隆九年之前）的自然环境和景致特点，这从后来完成的《圆明园四十景图》中，亦可清晰地看到：杏花春馆四面由山峦环抱，山坡上和山坡下林木苍翠，东南隅留有进出山口，山口处有一座重檐方亭，即"杏花春馆"。"由山亭逦迤而入，矮屋疏篱，东西参错。环植文杏，春深花发，烂然如霞。前壁小圃，杂莳蔬蓏，识野田村落景象"（据清高宗《御制诗》初集卷二十二《杏花春馆》诗序）。矮屋村落分布在北面和西面山坡下。矮屋屋顶均用灰色石板瓦，墙均用虎皮石砌筑，与村落环境和谐一致。村落南部留有一大片空地，被开垦成菜园，菜园里布满一排排菜畦，菜畦之间均留有畦埂。在菜园北侧中间，有一条南北向的土甬路，这条土甬路的北端连着一座井亭，在井亭周围和矮屋疏篱间都植有文杏，粉红色的杏花犹如片片彩霞，将这个园中园装点得格外春意盎然，别具特色。若站在山外向西眺望，还真以为来到了"杏花村"！这一景观效果，正是雍正帝想要的。

　　从《圆明园四十景图》还可以看到，在菜畦西南隅建有一座土地庙，庙前还立有旗杆。沿北山山路曲折上行，山腰间还建有一座六角亭，应是绿云酣。在东北部山峦顶端还建有一座小城关，城关南面石刻额曰"屏岩"，北面石刻额曰"渊镜"。

　　乾隆初年，乾隆帝有时也来此察农时，观天候，以表示他同样是尊重祖训——重农桑、体农情的。但因乾隆自幼受儒家思想教育和熏陶太深，所形成的哲学思想、治国理念和审美观念与雍正帝是有差异的，且二人的性格也不同，这都直接影响到他登基坐上大位之后，对圆明园总体规划的制定和对相关项目取舍的把控。具体到杏花春馆这个景点，他并不赞赏雍正帝在圆明园中打造出的"野田村落"景观，认为在皇家园林里展示"矮屋疏篱"和"小圃""菜畦"

有失大雅，更有失皇权与皇威，他骨子里还是崇尚和追求内圣外王的审美理想[①]，所以想把这个景点的景观调整、改变为具有皇家范儿的园林景观水准，以体现这座园林主人的身份和地位乃是主宰天下的大清皇帝，是天子，是圣人。只是他的这一想法，在雍正帝在位的时候并不敢说，而在雍正帝驾崩之后，他登基之初，更不能马上就做出改变，否则会被认为是不孝不义。故一直等了二十年，到乾隆二十年（1755年），大清帝国正值太平盛世，国库充盈之际，乾隆才开始出手，实施他在杏花春馆的大规模改、扩建工程。

首先，将"菜圃"全部铲除；然后于景区南部和略偏东北一隅挖掘一个平面呈"上"字形的人工湖；再在东南山口处开挖一条河渠，使其与后湖连通，将后湖的水通过这条河渠注入到新挖成的"上"字形人工湖中，这就给杏花春馆南部新造了一个河湖相连的平面呈"上"字形的曲折水景景观。然后将原景点中部的"矮屋"改建为一组院落。院落正北添建主殿春雨轩，面阔五间，后出三间抱厦；主殿南侧临湖处建涧壑余清宫门，五开间，带回廊。主殿与宫门之间以游廊相连，院内则修有"十"字甬路，方便自由通行。这一设计，使这组院落东西两面临水，俨然变成了一座水上宫殿建筑。

春雨轩的东北侧和西北侧，依山势分别添建了镜水斋、赏趣、吟籁亭、抑斋和翠微堂五座斋亭。

春雨轩西侧和西南侧由井亭、值房和库房等组成一个供后勤人员居住和负责看守的院落，仍称"杏花村"。唯有位于景点西南隅的土地庙，仍在原址原位未动。

经乾隆二十年改、扩建工程之后，杏花春馆的景观与康、雍时期和乾隆早期相比，已发生根本性的改变。早期朴素的田园式的自然景观——"菜圃""疏篱""矮屋""环植文杏"的"野田村落"景象已不复存在。从东南山口向西北眺望，原有的"牧童遥指杏花村"的景观已不见踪影。

乾隆三十五年（1770年），又在春雨轩后堆做山石高峰[②]，使杏花春馆东北部的山体提高到9.8米。

经乾隆三十五年在春雨轩后堆叠山石高峰，陡然将杏花春馆东北部山峰拔高9.8米，使这一带山体的平均高度提升到海拔54.6米，使隐身于一片洼地中的"菜圃"，骤然变成差序格局明显的皇家园林，并且由于将杏花春馆打造成后湖一带的制高点，而随之改变了九洲景区的山水格局和景观重心导向。

杏花春馆景观的前后变化，反映出雍正与乾隆在治园理念和审美取向上的明显差异。站在历史唯物主义的立场，从园林美学的角度衡量，雍正所苦心设计和经营的杏花春馆一景，具

---

① 见郭黛姮：《帝王审美对圆明园造园艺术的影响》，《纪念圆明园建园三百周年国际学术研讨会》，中国圆明园学会，2007年。

② 据中国第一历史档案馆：《清代档案史料——圆明园》上册，第一一八款，内务府奏销档，乾隆三十七年十二月二十六日，总管内务府奏覆查各处工程汇总摺，第174页：乾隆三十五年遵旨，一案，原办监督苑丞徵瑞等，承办春雨轩后堆做山石高峰，办买山石等，实净销银八千六百七十七两三钱。上海古籍出版社，1991年，第一版。

有返璞归真的美学价值，且寓意深远，值得肯定。在圆明园四十景中，也是上乘之作。乾隆挖除、废弃了"菜圃"，代之以皇家园林几大元素，极尽张扬与豪华，却与杏花春馆的原意背道而驰，背弃了此景的初衷与宗旨，完全改变了该景点的性质和作用，虽仍称"杏花春馆"，但已名不符实。所添加的皇家园林元素，虽有差序格局的特点，但并无任何创新价值可言，不过重复常见的一般皇家园林的造园手法和建筑形式而已。这使杏花春馆失去了个性特点，而沦为平庸无奇。所以，杏花春馆的改建，不是乾隆的成功之举，而恰恰是乾隆的败笔之作。

二、考古遗迹的年代

杏花春馆遗址南北是假山，中间是平地，南北高，中间低。遗迹多分布在中间的平地和北半部山腰处。存在5个自然地理差序区，可分别称为：北部山顶区，北部山腰区，中部平地区，南部山顶区，东南山口区。

北部山顶区建筑遗迹，揭示出来的城关遗址（屏岩与渊镜）；北部山腰区建筑遗迹，自西向东揭示出来的分别为：绿云酊、翠微堂、抑斋、赏趣、镜水斋和吟籁亭；中部平地区建筑遗迹，自西向东揭示出来的分别是：杏花村的值房和库房，西南隅的土地庙，以及分布于中轴线上的春雨轩和涧壑余清宫门；南部山顶区建筑遗迹，揭示出来的是得树亭；东南山口区的建筑遗迹，是杏花春馆方亭等。

将揭示出来的考古遗迹，对照成图于乾隆九年（1744年）的杏花春馆图可以确定，位于杏花春馆遗址西南隅的土地庙，位于东南山口处的杏花春馆亭和位于北部山顶区的屏岩与渊镜城关遗址，以及位于北部山腰区西侧的绿云酊六角亭基址，都是乾隆二十年（1755年）改、扩建工程之前的早期建筑遗存。除了这四处建筑基址之外的其他建筑基址，都毫无例外地属于乾隆二十年（1755年）改、扩建工程启动之后留下来的建筑遗迹。如南部山顶区的得树亭，中部平地区的春雨轩、涧壑余清宫门，杏花村及院内的值房、库房等，以及春雨轩东北和西北侧——北部山腰区的镜水斋、赏趣、吟籁亭、抑斋和翠微堂等，都是乾隆二十年（1755年）以后的建筑。

乾隆三十五年（1770年），于春雨轩后北侧土山上堆叠的山石高峰，虽然山峰已坍塌，但巨量的山石堆犹存。

这表明，考古揭示出来的遗迹，与成书于乾隆四十二年（1777年）或稍后的《日下旧闻考》所记载的杏花春馆当时的状况是相符的。这可证明《日下旧闻考》的记述是信史，记录的事实可靠；也可证明，杏花春馆的建筑格局，自乾隆二十年（1755年）和乾隆三十五年改、扩建工程之后，以后历朝再未做过任何改动，此格局一直维持到现在。也就是说，存留至今的杏花春馆的山形水系和建筑遗迹绝大部分都是乾隆中期——清朝鼎盛时期留下来的文化遗产。

三、弄清了几座保存较好的建筑基址的形制结构和基础工程做法特点

对杏花春馆遗址保存较好的几处建筑基址，如杏花春馆主殿——春雨轩，还有得树亭和绿云酣六角亭等，均通过实测和地层解剖，全面厘清了其形制结构和基础工程做法。从而为今后做复原保护、对外展示和利用提供了一份值得参考的第一手实证资料。

四、对出土瓷器标本的初步分析和认识

杏花春馆遗址出土各类瓷器残件和残片标本共480件，出土量比坦坦荡荡遗址瓷器的出土量要高出1倍半还多，瓷器种类也较为丰富。其中官窑器标本21件，占该遗址瓷器出土总数的4.37%；民窑瓷器标本459件，占该遗址瓷器出土总数的95.63%，从而为考察和研究清代圆明园皇家园林的用瓷问题又提供了一份重要的实证资料。

（一）官窑器

杏花春馆遗址出土的21件官窑器残件和残片标本，共包含五种瓷类，即青花、五彩、斗彩、杂彩与粉彩，种类较为丰富。

从出土数量看，粉彩瓷数量最多，共7件，占该遗址官窑器出土总数的1/3；青花瓷次之，共6件；五彩瓷再次之，共4件；斗彩和杂彩瓷出土数量最少，各2件。表明杏花春馆官窑瓷器在种类的配置上是以粉彩和青花为主，而以五彩、斗彩与杂彩为辅的。

从年代上看，属青花瓷时代最早，其较早的标本可早到明永乐晚期至宣德早期（1418～1428年），其较晚标本的年代下限可至清嘉道时期（1796～1850年），上下跨度达400余年。在杏花春馆五种官窑瓷类中，是最早被使用、也是使用年限最长的瓷类。其次，属杂彩瓷，其被使用的时间，始于清早期——康熙时期（1662～1722年），其延续使用至清中期——乾嘉时期（1736～1820年），前后有150余年。排第三位的是五彩瓷，其起始时间在清早期之际——雍乾时期（1723～1795年），其延续使用至清中期——乾嘉时期（1736～1820年），前后近百年。排第四位的是粉彩瓷，其起始时间在清中期早段——乾隆时期（1736～1795年），其延续使用至清晚期前段——道光时期（1821～1850年），前后有110余年。排第五位的是斗彩，其启用和使用的时间仅在清中期后段——嘉庆时期（1796～1820年），前后不过25年，这是启用年代最晚、使用年限最短的瓷类。

杏花春馆官窑瓷器中未见早于明代者，也未见晚于清道光以后者。

从杏花春馆遗址出土的官窑器种类与数量在不同历史时期的变化特点看，最早的官窑

瓷出现于明代，仅有青花瓷一种。出土数量最少，只有2件，仅占该遗址官窑器出土总数的9.525%。其次是清早期——康熙时期至清早中期之际——雍乾时期，并列出现了三种官窑瓷——青花、杂彩和五彩瓷，总共不过3件，占该遗址官窑器出土总数的14.29%。而到清中期——乾隆至嘉庆时期，官窑器种类骤然增至五种——青花、五彩、杂彩、粉彩和斗彩，数量总共达到了13件，占该遗址官窑器出土总数的61.9%。待到清中晚期——嘉道时期至清晚期前段——道光时期，官窑器种类和数量又明显呈现衰减趋势，种类只有2种，数量只有3件，仅占该遗址官窑器出土总数的14.29%。

以上统计结果表明，杏花春馆景点在建园之初，被带入并投入使用的明代和清代早期的官窑器种类和数量是很少的。直到清代中期，在这个景点使用官窑器的种类和数量才显著增多，达到五类俱全，出土数量的占比达到各历史时期的最高值——61.9%。这一个侧面反映出，杏花春馆在乾隆至嘉庆时期是处于最繁荣的阶段。而进入清中晚期——嘉道时期以后，便开始由盛转衰。不论是官窑的种类，还是出土数量，都是呈现大幅度递减状况，景象大不如前。这一境况与发展趋势，似与整个大清帝国和圆明园的总体发展趋势颇为一致，几乎就是整个大清帝国和圆明园总体国运情势的一个侧面缩影。

窑属问题，这21件官窑瓷器残件和残片标本，其原器皆为景德镇御用官窑烧造的产品，不存在例外情况，这一点是可以确定的。

（二）民窑器

杏花春馆遗址出土的459件民窑瓷器标本，含重点标本266件，一般标本193件。重点标本中，又分未分型重点标本（49）和可分型重点标本（217）。经统计、分析和归纳，其特点如下：

1. 未分型重点标本

49件，含瓷类3种：青花、杂彩和粉彩。

从出土数量看，青花瓷数量最多，共28件，占该遗址民窑未分型三类瓷器出土总数（49）的57.14%。超过一多半；其次是粉彩瓷，共20件，占该遗址民窑未分型三类瓷器出土总数的40.82%。而杂彩瓷只有1件，仅占该遗址民窑未分型三类瓷器出土总数的2.04%，占比很小。很明显，青花瓷在该遗址民窑未分型重点瓷器标本中是占主导地位的，而粉彩瓷居次要地位。

从器类及其数量看，青花瓷拥有的器类是最多的，共有13类，是三类瓷器中器类最丰富的瓷类。粉彩瓷拥有器类只有5类，相对较少，位居第二。杂彩瓷只有1件1类，是最少的。

值得注意的是，在青花瓷和粉彩瓷两类瓷器中，碗类都是出土数量最多的，前者为10件，后者为11件，合计为21件，占到了该遗址民窑未分型的三类瓷器出土总数（49）的42.86%。如此高的占比，表明民窑瓷器中碗类是主要器类，其需求量、生产量和损耗量也是最大的，在各类器物中居于首位。另外，在粉彩瓷中，盘类出土数量达到6件，表明盘类在粉彩瓷中的需求量和生产量也是仅次于碗类的一种主要器类。

从存续年代看，民窑青花瓷器早期标本年代上限可到明万历时期（1573年）；晚期标本年代下限可至清道光至同治，同治时期的年限在1862～1874年，中间不存在缺环问题，所以青花瓷在该遗址被使用或沿用的年限，前后有近300年时间。杂彩瓷只有1件，乾隆时期仿哥釉盆，不存在探讨其存续年代问题。民窑粉彩瓷早期标本年代上限可到清康熙时期（1662年），下限止于光绪时期（1908年）。但在康熙之后却出现了空白期，雍正、乾隆两朝（1723～1795年）均未见民窑粉彩瓷出土，直到嘉庆时期才再次出现，其后各历史阶段都延续下来，直到光绪时期。除去空白期，杏花春馆民窑粉彩瓷器实际存续年限前后不过160年左右。看来，在民窑瓷类中，还是青花瓷在该遗址被使用的时间早，延续使用的时间也相对较长，居三类瓷器之首。而粉彩次之，杂彩更次之。

从款识种类及数量看，民窑三类瓷器有款识者仅存9件，可确定是款识种类的共有5种：①清仿明伪托纪年款；②青花方形变体文字款；③朱书篆体纪年款；④"万字结"图案款；⑤青花植物纹样款。

从不同瓷类所存留的款识数量和款识种类看，只有青花瓷和粉彩瓷可作比较。青花瓷，现可确定款识种类的只有2种（一是青花方形变体文字款，1例；二是青花植物纹样款，1例）。粉彩瓷可确定款识种类的有4种（一是清仿明成化伪托纪年款，2例；二是"万字结"图案款，2例；三是青花方形变体文字款，1例；四是朱书篆体纪年款，1例）。粉彩瓷在款识种类和数量上均比青花瓷高出1倍。

从款识种类及年代看，因青花款识遗存缺环太多，现仅有乾嘉时期青花方形变体文字款1例，还有同治时期青花植物纹样款1例，所以对未分型重点标本中的青花瓷的款识种类和年代的考察受到了很大局限和影响，目前不能得出一个完整的概念。民窑粉彩瓷，最早的款识种类是清康熙时期仿明成化伪托纪年款（Xc-008号），以青花楷体六字三行款的形式呈现；其最晚的款识种类也是清仿明成化伪托纪年款（Xc-013号），是同治至光绪时期的，以朱书楷体四字双行款形式呈现。这一早一晚2例款识，采用的是同一种款识类型——清仿明成化伪托纪年款，反映出有清一代在瓷器行业以仿明成化为荣，竞相采用仿明成化的伪托纪年款，从早到晚已形成一种传统风气和习惯，表明清代社会对明代成化瓷器的品位与风格的赞赏、喜爱和仰慕。此外，粉彩瓷的款识种类还有一个特点，即3种款识种类都集中出现在清代晚期——道光至同治时期。一是"万字结"图案款，2例；二是青花方形变体文字款，1例；三是朱书篆体六字三行纪年款，1例。表明民窑粉彩瓷在清代晚期曾较为时兴，并曾有较大发展，比其他瓷类似显略繁荣。

总之，不论青花瓷还是粉彩瓷，清代早期与中期，有款识或有明确款识种类者均较稀缺，而多见道光以后的款识种类，这在粉彩瓷中反映得更为突出。这也是民窑未分型重点瓷器在款识种类和年代方面体现出来的一个特点。

2. 可分型的重点标本

217件，包含瓷类2种：青花与杂彩。

青花瓷，77件，包含器类3种：青花碗，64件；青花盘，10件；青花酒盅，3件。

杂彩瓷——豆青釉瓷器，140件，包含器类3种：豆青釉碗，94件；豆青釉盘，31件；豆青釉酒盅，15件。

这两种瓷器中，都是以碗类出土数量最多，最具代表性。现就以这两类瓷器中出土数量最多的碗类为例来分别归纳其主要特点。

（1）青花碗

64件。按花纹和碗底署款的特点，可将青花碗分为7种：其一为青花月华纹碗，12件；其二为碗心绘有植物纹样标记的碗，9件；其三为碗心绘有不同青花图案的碗，7件；其四为青花三多纹盖碗，10件；其五为青花"万字结"款碗，4件；其六为青花"万字结"盖碗，3件；其七为青花线描和白描纹碗，19件。总体看，青花碗的种类较为丰富。

从分型种类及数量看，凡出土数量较多的，其分型的种类与数量都较多，而出土数量少的，其分型种类与数量也相对较少，如第七种青花线描和白描纹碗，共19件，出土数量最多，其分型即为：A、B、C、D、E五型，在七种碗中，其分型种类即属最多的一种；其次如第一种，青花月华纹碗，12件，出土数量也是较多的，其分型即分为：A、B、C、D四种；再其次如第二种，碗心绘有植物纹标记的碗，9件，出土数量少于第七种和第一种，其分型即为：A、B、C三种。

从分型单项数量看，凡单项数值较高的器形，一般可视为是该种碗在某一历史阶段中，曾经较为时兴和较为流行的器形。如第一种碗中的A型有7件；第二种碗中的A型有4件；第四种碗中的B型有6件；第七种碗中的A型有5件，B型有7件。这些器形就都可以被认定为是那个时期较为时兴和较为流行的碗型。

从年代看，第一种碗和第二种碗，在七种青花碗中是年代最早的两种碗。A型碗的年代上限，均可早到明末清初；其晚期器型的年代下限均止于乾隆时期，其次为第三种和第四种碗，第三种碗的年代属于康乾时期；第四种碗的年代属于雍乾时期。再次为第五种和第六种碗，其年代均属乾隆时期。年代最晚的是第七种碗，其A、B两型均属嘉庆时期，而C、D、E型均属嘉道时期。由此可知，杏花春馆遗址出土的这64件民窑可分型的青花碗标本，其历史沿革和在这个景点被延续使用的年限，自明末清初起一直持续道光时期，前后经历了200余年时间。

从款识种类、数量占比和时代早晚看，以上杏花春馆遗址出土的64件民窑可分型的青花碗标本，现存有款识者共有45件，另有19件无款识（其中第四种青花三多纹碗10件，本来就无款识；另外9件属因残无款）。共有款识种类5种：其一为青花方形图记符号款，17例；其二为青花四字花押款，7例；其三为青花方形变体文字款，12例；其四为青花"万字结"款，8例；其五为青花仿外文款，1例。从数量看，青花方形图记符号款的数量最多，占该遗址民窑可分型青花碗有款识者总数（45）的37.8%；青花方形变体文字款次之，占26.7%；青花"万字结"

款再次之，占17.8%；青花四字花押款又次之，占15.5%；最少的孤例——青花仿外文款，仅占2.2%。从年代看，5种款识类型中，以青花方形图记符号款出现的时代最早，17例中有8例是属于明末清初的，8例属于康乾时期，只有1例属于嘉庆时期，表明青花方形图记符号款，是属于早期款识类型。其次为青花四字花押款，出现的时代也比较早，有3例是在清早期至清早中期之际；有1例属于康乾时期；另有3例属于雍乾和乾隆时期。再次为青花"万字结"款和青花方形变体文字款。青花"万字结"款中有7例是属于乾隆时期的，只有1例属于嘉庆时期。青花方形变体文字款，最早出现的时代不过清早中期之际，即雍乾时期，第二种碗有1例，另1例属于乾隆时期，也是第二种碗的款识；到嘉庆和嘉道时期，此种款识骤增，各占5例，合计10例，这在第七种碗的款识中尤为突出。至于青花仿外文款，仅发现1例，年代属于清代早中期之际，属于孤例，不具备讨论条件。总之，杏花春馆遗址出土的民窑可分型的青花碗所拥有的5种款识类型，青花方形图记符号款，当属于早期款识类型；青花四字花押款，是属于清早期至清中期前段的款识类型；青花"万字结"款和青花方形变体文字款应是清中期前段至清中晚期阶段的款识类型。

（2）豆青釉碗

94件。依据碗的形制、规格及款识等差异，可将这94件豆青釉碗分为A、B、C、D四型，为进一步探讨每型碗的演变特点，又于四型之下，再细分出2至3个亚型，总计分为11型。可见豆青釉碗的形制类型是很丰富的。A型碗（含Aa、Ab和Ac三个亚型）都是属于大侈口碗；B型碗（含Ba、Bb和Bc三个亚型）是属于微侈口或侈口碗；C型碗（含Ca和Cb两个亚型）属于敞口碗；D型碗（含Da、Db和Dc三个亚型）也是属于微侈口或侈口碗。

从年代看，以上这11型碗均属清中晚期，即嘉道时期，没有时代更早者，也无时代更晚者。其中年代属于嘉庆时期的有7型（Ab、Ac、Ba、Bc、Da、Db、Dc型），共计20件，仅占可分型豆青釉碗总数（94）的21.3%。年代上限晚于嘉庆时期、属于嘉道时期的，所占比例最大，覆盖全部11型，共计64件，占可分型豆青釉碗总数的68.1%。年代较晚、属于道光时期的，不论归属类型，还是各型出土数量，都是最少的，仅有5型（Ab、Ac、Ba、Bb、Bc），共计10件，仅占可分型豆青釉碗总数的10.6%。由此可见，杏花春馆遗址出土的可分型豆青釉碗，年代上限最早者不过嘉庆时期；最晚者不过道光时期。其中以嘉道时期所占比例最大。属于嘉道时期的豆青釉碗，不但出土数量多，而且类型全，这在各种清代瓷碗类别中都是绝无仅有的。可见豆青釉碗于清嘉道时期在杏花春馆的使用率和普及率已经达到了最高值。这也从一个侧面反映出，嘉道时期在杏花春馆从事下层服务的勤杂人员较多，景象较为繁荣。

从款识看，由于豆青釉碗圈足残损率较高，其中有42件标本因残无款，保存有款识者只有52件标本，占可分型豆青釉碗总数的55.32%。只有两种款识类型，一是青花方形变体文字款，二是青花方形图记符号款。青花方形变体文字款共33例，在数量上超过青花方形图记符号款几乎一倍，其中可辨识出属于"嘉庆"年号的，有20例；可辨别出属于"道光"年号的，有10例；另有4例辨识不清。青花方形图记符号款均不用于纪年，是专作商品标记符号使用的，在杏花春馆遗址出土19例。在可分型的豆青釉碗类标本中，在年代分期上，多将这一部分标本的年代推定在清嘉道时期。总之，通过款识的分辨与比较，不但有助于对这批豆青釉碗的断代，更使我们了解到清嘉庆时期圆明园曾从景德镇民窑购置了大量的豆青釉碗，并普遍在碗底特别署上青花方形变体文字款"大清嘉庆年制"，以作为特定标志，并成为当时的一种"时髦"。这种在民窑瓷器上大量采用青花方形变体文字款并署上变体"大清嘉庆年制"字样的行业风气，直到道光时期才最终画上了句号。

3. 不可分型的一般标本

杏花春馆遗址出土的民窑不能分型的一般瓷器残件和残片标本共193件，包括四类瓷器：青花瓷，116件；杂彩瓷，16件；粉彩瓷，59件；五彩瓷，2件。

（1）四种瓷类出土数量和占比方面

以青花瓷出土数量最多，共有116件，占杏花春馆遗址出土民窑不可分型的一般瓷器残件标本总数（193）的60.1%，超过一多半；其次为粉彩瓷，共有59件，占比为30.57%，近1/3；再次为杂彩瓷，共有16件，占比为8.29%，不足1/10；出土数量最少的是五彩瓷，只有2件，占比只有1.04%，属于个别发现。

（2）四种瓷类出土的器类种类及数量方面

也是青花瓷所含器类最多，种类最丰富。共有13种：碗、罐、盆、瓶、盘、杯、盒盖、酒盅、盏托、茶碗盖、器盖、鸟食罐、羹匙。粉彩瓷含有：碗、罐、杯、盘、折沿盆、瓶、盒7种，排第二。杂彩瓷则含有：碗、水盂、钉帽饰件、盆、茶碗盖、羹匙6种，排第三。五彩瓷只有罐类1种，数量最少，排名第四。

（3）四种瓷类所含器类单项出土数量方面

青花瓷，以碗类出土数量最大，共计58件，占该遗址出土的民窑不可分型的一般青花瓷器残件标本总数（116）的50%；其次是罐类，共计11件，占比为9.48%。粉彩瓷，也是以碗类出土数量最大，共计31件，占该遗址出土民窑不可分型的一般粉彩瓷器残件标本总数（59）的52.54%，超过一半；其次是盘类，共计15件，占比为25.4%。杂彩瓷，是以豆青釉羹匙出土数量最多，共计6件，占该遗址出土民窑不可分型的一般杂彩瓷器残件标本总数（16）的37.5%，超过1/3。总之，碗类不论在青花瓷中还是在粉彩瓷中，都是出土数量最大、占比最高的器类。这在杏花春馆遗址出土民窑不可分型的一般瓷器残件标本中，是特别突出的特点之一。

（4）年代方面

青花瓷在杏花春馆出现的年代最早。以青花碗为例，其年代上限可早到明末清初；其年代下限可延续至道光时期，前后延续使用达200余年时间。

五彩瓷，只出土2件罐的残片标本，时代属于清早期，可暂视为五彩瓷在杏花春馆存在的年代上限。

杂彩瓷在杏花春馆出现的年代略晚于青花瓷，但略早于粉彩瓷。杂彩瓷中的霁蓝釉碗属于康熙时期，代表了杂彩瓷在杏花春馆存在的年代上限；而杂彩瓷的豆青釉羹匙属于嘉道时期，可代表杂彩瓷在杏花春馆存在的年代下限。表明杂彩瓷在杏花春馆曾延续使用了180余年。

粉彩瓷在杏花春馆出现的年代，以粉彩碗为例，其早期标本的年代上限属雍正时期，其晚期标本的年代下限已至道光时期；而粉彩杯的早期标本的年代上限，在这里也可早到雍正时期，但晚期标本已晚到清晚期。这就是说，粉彩瓷在杏花春馆延续使用的年限，前后约170年，较杂彩瓷沿用的年限略短。

通过比较、归纳，可以看出，在杏花春馆出土的民窑四类不可分型的一般瓷器残件标本中，青花瓷的年代上限是最早的（可早到明末清初），沿用年代的下限是最晚的（延至清晚期），是延续年限最长的瓷类。而杂彩瓷次之，粉彩瓷再次之。五彩出因出数量太少，只出2件罐，目前只能知道其年代上限，当为清代早期，而其年代下限只能暂时空缺。

（5）款识种类、数量和年代方面

青花瓷含有款识种类11种，共38例。包括：青花鱼纹款，4例：青花植物纹样款，4例；青花方形图记符号款，7例；朱书楷体纪年款，1例；青花方形作坊款，1例；青花楷体伪托纪年款，4例；青花楷体纪年款，1例；青花"万字结"款，2例；青花方形变体文字款，10例；青花方形款（残，仅余一角），1例；青花动、植物寓意图案款，3例。青花瓷款识种类的数量以青花方形变体文字款数量最多，共10例，占青花瓷器有款识者总数（38）的26.3%，超过总数的1/4；其次是青花方形图记符号款，共7例，数量也是较多的，占比为18.4%。青花瓷款识种类的年代以青花鱼纹款最早，可早到明末清初；而以青花动、植物寓意图案款的年代最晚，已属道光时期。如此看来，青花瓷这11种款识种类，在杏花春馆前后延续存在了200余年时间。

五彩瓷仅出土2件罐残片，皆因残无款，故不参与款识种类的讨论。

粉彩瓷含有款识种类10种，共27例。包括：朱书楷体四字双行伪托纪年款"成化年制"，6例；朱书方形款（仅存一角），1例；青花方形变体文字款，字迹可辨识者3例（乾隆1，嘉庆1，道光1）；青花方形变体文字款，字迹不可辨识者2例；朱书篆体六字三行纪年款，1例（Xc-099号）；朱书篆体四字双行纪年款，4例；青花线描植物纹样款，1例；红色植物纹样款，4例；红色"万字"结款，4例；红色楷体四字双行人名款"熊□丰绘"，1例。粉彩瓷款识种类的数量，以朱书楷体四字双行伪托纪年款"成化年制"的数量最多，共6例，占粉彩瓷器有款识者总数（27）的22.2%，超过总数的1/5；其次是朱书篆体四字双行纪年款、红色植物纹样款和红色"万字"结款，各有4例，各占粉彩瓷有款识者总数的14.8%。粉彩瓷款识种类的年代以朱书楷体四字双行伪托纪年款最早，有2例可早到雍乾时期，有1例属乾隆时期；而以红色楷体四字双行人名款"熊□丰绘"的年代最晚，属清晚期。如此看来，粉彩瓷这10种款识种类，在杏花春馆前后延续存在了约170年时间。

杂彩瓷因8件标本无款识，故有款识者仅余8件。这8件有款识的标本只有2种款识类型，一是青花楷体伪托纪年款，2例，年代皆属清中期。其中1例为青花楷体六字双行伪托纪年款："大明成□□□"，外围青花双线圈；另1例为青花楷体四字双行纪年款："成化年制"。二是青花方形图记符号款，6例，年代皆属嘉道时期（均为豆青釉羹匙的款识类型）。如此看来，杂彩瓷这2种款识类型，在杏花春馆前后只持续存在了110年左右。

总之，从款识种类，数量和年代方面考察，杏花春馆遗址出土民窑不可分型的四种瓷类一般标本中，当以青花瓷含有的款识种类和数量最多，其早期款识种类——青花鱼纹款的年代可早到明末清初，这在该遗址出土的民窑不可分型的四种瓷类一般标本所遗有的诸多款识种类中，是年代最早的一种。从款识种类延续存在的年限看，青花瓷的晚期款识种类——青花动、植物寓意图案款的年代，已晚至道光时期。如此看来，青花瓷这11种款识种类，在四大瓷类款识种类中，也是延续年限最长的瓷类。其次属粉彩瓷，再次属杂彩瓷。

4. 窑属特点

杏花春馆遗址共出土各类瓷器残件和残片480件，其中民窑器459件，占该遗址瓷器出土总量的95.63%；官窑器只有21件，仅占该遗址瓷器出土总量的4.37%。可知民窑器的出土量是相当大的，而官窑器的出土数量是很少的，二者在数量的占比差是相当悬殊的。

从窑属看，杏花春馆遗址出土的21件官窑瓷器，全部都是景德镇清代御用官窑烧制的产品，无一例外。459件民窑中，有453件是属于景德镇民窑烧制的产品，占该遗址出土各类瓷器总数（480）的94.38%，占该遗址出土民窑瓷器总数（459）的98.7%。

另外有6件瓷器标本，属于德化窑的产品（4）和磁州窑的产品（2）。属于德化窑的4件产品，分别是：①Xc-431号，青花花卉纹碗底残片，1件，年代属明末清初；②Xc-224号，青花花叶纹碗残件，1件，年代属康熙时期；③Xc-258号，青花变体梵文（"寿"字）酒盅残件，1件，年代属乾隆时期；④Xc-336号，青花孔雀纹碗残片，1件，年代属嘉道时期。这4件德化窑瓷器标本，占该遗址出土各类瓷器总数（480）的0.83%，占该遗址出土民窑瓷器总数（459）的0.87%。属于磁州窑的2件产品，分别是：①Xc-206号，黄白釉铁花碗（完整），1件，年代属清中期；②Xc-011号，黄白釉铁花盆（口沿）残片，1件，年代属清中期。这2件磁州窑瓷器标本，占该遗址出土各类瓷器总数（480）的0.42%，占该遗址出土民窑瓷器总数（459）的0.44%。从以上占比数据可以明显看出，在杏花春馆民窑瓷器中，德化窑和磁州窑的产品数量和占比是很少和极小的，不能与景德镇民窑的产品数量和占比同日而语。但这一现象表明，杏花春馆在清代引进民窑瓷器中，除了选入大宗的景德镇民窑产品之外，也曾有少量的外系瓷品——如德化窑和磁州窑的产品被引进，客观地反映出皇家园林并不是完全封闭和与世隔绝的，其与外界民间市场之间也存在特定的交流和沟通的渠道。

五、对比1933年圆明园实测图的结果

民国二十二年（1933年）北平市政府工务局在圆明园三园进行了一次实地测绘，绘制出一幅二千分之一的《实测圆明园长春园万春园遗址形势图》，成为后来国内外学者研究圆明园历史的重要参考资料之一。我们来圆明园进行考古勘察和发掘时，曾将此图当作第一重要工具对待，因为此图毕竟是90年前的实测图，记录了当时圆明园遗址地面上尚存的遗迹情况，具有重

要的参考价值。由于当时对地面以下的遗迹未实施勘探和试掘，所以对于已被掩埋于地下的遗址和遗迹，就不可能在图中绘出。这样，就会出现该实测图与考古发掘的结果不完全一致的情况。对此，我们深为理解。我们对当年北平市政府工务局在圆明园开展的这项实测工作和取得的实测成果深表赞赏和肯定。

现将本次我们在杏花春馆遗址开展考古发掘所揭示出来的考古遗迹，与1933年实测图相对比，发现有五个方面存在差异：

1）虽然1933年实测图所测绘的杏花春馆几处主要建筑遗迹的基本形制和所在位置与发掘结果大致相符，但多项遗迹的规格尺寸都与发掘结果有所出入，有的出入还较大。

2）1933年实测图中，未绘出F3、F8、F10、F11及吟籁亭；涧壑余清宫门基址平面形状本为倒"凸"字形，但实测图中绘的是长方形，不准确。

3）1933年实测图中，未绘出遗址内3条主要甬路遗迹——L1、L2、L3，以及主殿春雨轩院内尚存的"十"字形甬路遗迹（该甬路的南端直接与涧壑余清宫门相连通）。

4）1933年实测图中，虽绘制了杏花春馆四周的山形，但山形的平面形状和尺寸与本次发掘测绘的结果有较大出入，而且实测图对所绘山形均缺少海拔实测数据。

5）1933实测图中，所绘驳岸线失之较直，其实经本次考古测绘，杏花春馆的驳岸线多为曲折波浪形，这也是二者的差异之处。

总之，本次考古发掘和实地测绘，纠正了1933年实测图中的若干偏差和失误，也填补了该实测图的多项空白。

第三章 上下天光遗址

第一节 遗址历史概述

上下天光为圆明园四十景之一，是一处依北宋文人范仲淹游洞庭湖所作《岳阳楼记》中"上下天光，一碧万顷"的诗意设计建造的临水赏景的园林景观。位于圆明园九洲景区后湖北岸。该景区也是九洲的九岛之一，四周环以河湖驳岸。南北长约130米，东西宽约105米，总占地面积约1.05公顷。北、东、西三面，以人工堆叠的土石假山围合，只在西南跨河建一三孔木桥，与杏花春馆相连，同时可由此进入本景区。南面临湖，地势平坦，修建一座主体建筑——二层各三间的歇山卷棚顶四面带回廊的上下天光观景阁楼。后面山谷内建有数间小屋，称"平安院"。院里院外皆栽花植竹，十分安静幽雅。东面跨河亦建一三孔木桥与慈云普护相接。

上下天光景点始建年代不详，或推测说始建于康熙后叶至雍正初年，由湖亭演变而来。

康熙年间，身为四皇子的胤禛曾作过《湖亭观荷》诗一首，诗云"馆宇清幽晓气凉，更宜澹荡对烟光。湖平水色涵天色，风过荷香带叶香。戏泳金鳞依密荇，低飞银练贴芳塘。兰桡折取怜双蒂，殊胜陈隋巧样妆"（据《钦定四库全书·世宗宪皇帝御制文集》卷二十五）。这里的"湖亭"与"观荷"一景，是否是指后来的上下天光景区，尚待考。关于"湖亭"，在胤禛当了皇帝之后，又写过两首诗。一首写于雍正五年（1727年），为《雨后湖亭看月》；另一首写于雍正十一年（1733年），为《立秋前二日游湖亭》。《雨后湖亭看月》云：

> 鄙听秦声却楚忧，每于山水暂淹留。翠含宿雨千竿竹，高出层云百尺楼。湖影远浮随棹月，柳塘斜系钓鱼舟。坐深暑退凡情爽，一片清光入镜流（《钦定四库全书·世宗皇帝御制文集》卷二十九）。

《立秋前二日游湖亭》云：

> 放情幽兴付渔蓑，潇洒林亭乐太和。每踏芳丛寻古句，闲乘小艇泛清波。烟凝翠黛山疑雾，风皱斜纹水似罗。深砌蛩鸣残暑退，高梧蝉噪晚凉多。炎云渐敛秋将近，

霁景才看夏欲过。静听菱歌音韵好，何须箫鼓济汾河（《钦定四库全书·世宗皇帝御制文集》卷三十）。

雍正诗中的"湖亭"，是否就是乾隆命名的"上下天光"一景，迄今尚无确证。

据雍正四年（1726年）六月十五日《内务府造办处各作成做活计清档》（简称《活计档》）记载：传旨做御笔匾额26面，其中除了有序天伦之乐事、静明居、天真可佳长、芰河深处、双鹤斋、知鱼、杏花春馆等景点外，还包括饮和亭的匾额。这26块匾额"于雍正五年（1727年）二月初七日做得，并由催总马尔汉持去，送至圆明园交催总吴花子，领催李三、周二等悬挂讫"。表明饮和亭最迟已于雍正五年（1727年）二月初建成。

据成书于乾隆四十二年（1777年）或稍后的《日下旧闻考》记载"慈云普护之西有楼，上下各三楹，为上下天光。左右各有六方亭，后为平安院。（臣等谨按）上下天光，四十景之一也。额为皇上御书，联曰：云水澄鲜，一幅波光开罨画；烟岚杳霭，四围山色浸分奁。亦御书。右六方亭额饮和，及平安院额，皆世宗御书。左六方亭额奇赏，皇上御书"（据于敏中等编纂《日下旧闻考》卷八十，国朝苑囿，等1339、1340页）。这段记载不但再次印证了饮和亭是建于雍正时期的，而且还同时证明平安院也是建于雍正时期的。而上下天光楼和奇赏亭等则是乾隆时期添建和扩建的。

据《清代档案史料》记载，饮和亭一景及平安院于雍正时期已投入使用。尽管平安院外貌简朴，但里面却安置有"宝座"，并备有"银耳挖"等，以便皇帝来游赏消遣时，临时歇憩享用[1]。

据《活计档》：乾隆三年（1738年）五月十一日，《圆明园全图》绘成，是日贴于九洲清晏之清晖阁北壁。图高八尺，宽三丈二尺。由沈源绘房舍，唐岱绘土山树石，郎世宁绘大宫门外卤簿銮驾随从人员和园内打扫地面人物等项。此图中，即有上下天光一景。表明到乾隆三年（1738年）时，上下天光一景的添建和扩建工程已基本告竣，此景已初具规模。

乾隆五年（1740年）"四月二十三日，七品首领萨木哈来说太监毛团传旨：将松下风匾挂在中湖北泊岸新添三间房，云岑匾挂在碧桐书院半山亭上，奇赏匾挂在后湖新添湾转桥过河亭上。此三面匾如做得时，俱按此地方安放，不必悬挂。钦此"（据《活计档》）。由此可知，坐落在上下天光楼阁前、后湖水中的曲桥，当时被称作"湾转桥"，奇赏亭在乾隆正式命名前曾被称为"过河亭"，二者都是乾隆初年新添建的项目，均于乾隆五年（1740年）四月前建成。

乾隆九年（1744年）六月，御制《圆明园四十景》诗告成（清高宗《御制诗初集》卷二十二）。其中上下天光诗序云："垂虹架湖，蜿蜒百尺。修栏夹翼，中为广亭。縠纹倒影，

---

[1]　见雍正十三年（1735年）三月初十日"撒花作"档案："据圆明园来帖内称，首领太监窦泰来说，总管太监王进玉传：平安院宝座上安银耳挖二枝。记此。于本日将备用银耳挖二枝交首领太监窦泰持去讫。"——《清代档案史料——圆明园》，第1240页。

溔漾楣槛间。凌空俯瞰，一碧万顷，不啻胸吞云梦。诗云：上下天水一色，水天上下相连。河伯夙朝玉阙，浑忘望若昔年。"七月十六日，乾隆帝御书"上下天光"匾额①。

同年九月，制成绢本彩绘《圆明园四十景图咏》，全图分为上下两册，配楠木木匣盛装，首册画页前分裱乾隆御书雍正帝《圆明园记》、乾隆《圆明园后记》。至乾隆十一年（1746年）四月，裱成呈进。乾隆十二年（1747年）六月，奉旨正式安设于圆明园奉三无私殿呈览（据《活计档》）。

《圆明园四十景图咏》中的上下天光一景，构图精致，景象素雅。南面占1/3画面的是后湖开阔的水面，主体建筑上下天光楼阁位于画面正中，画面的西、北、东三面为青山翠柏围屏，上下天光楼阁后面的平安院，数座青瓦白墙的房屋坐落在山谷之间，房前屋后都植有苍松、翠竹或其他树木，山坡上、沟谷间还有杏花盛开，一派春催桃李的气象。上下天光是一座二层敞厅式楼阁，殿顶为歇山卷棚顶，上、下两层均有回廊，二楼回廊外又特设汉白玉观景围栏一周。楼阁的前半挑，基础伸进湖水中，露出的部分有三排整齐的柏木柱桩。楼阁南侧月台正中设有木码头②，左、右则建有"蜿蜒百尺"的曲桥。西端向南连接坦坦荡荡。中间建有三间桥亭，名曰"饮和"。此桥亭亦为柏木桩支撑，顶为灰瓦卷棚顶，四周均为廊柱，廊柱外面再围以观景围栏。东端终点折回本岛南岸，中间建有六边形桥亭，名曰"奇赏"。此亭为青瓦六角形攒尖式屋顶，下由六根廊柱支撑，廊柱之间有平板坐凳相联。奇赏与饮和二桥亭以上下天光楼阁为中心，基本上呈东、西对称布局（图八五）。再结合曲桥的形制设计与布局特点，足见当时上下天光一景的设计者所具备的审美素养。东桥口北侧还建有三间观景敞厅，亦为青瓦卷棚式屋顶。上下天光景观的设计与建造代表了乾隆盛期园林设计与建造的风格与水平。

乾隆三十五年（1770年），将西侧的曲桥改建成与东侧曲桥相对称的形式，原建于西侧曲桥上的三间青瓦歇山卷棚顶桥亭饮和，也改为与东侧曲桥上六边形攒尖顶桥亭奇赏形制相同的六方亭③。所以，《日下旧闻考》便有如下记载："左右各有六方亭……右六方亭额曰饮和，及平安院额，皆世宗御书。左六方亭额曰奇赏，皇上御书。"（据《日下旧闻考》卷八十）

嘉庆三年（1798年），嘉庆帝作《上下天光》诗一首，诗云："碧澈澄空敞，清光印水宽。风回叠绿绮，日射漾金澜。波阔虚奁展，尘消明镜观。安心欲如是，鉴物得其端。"（《清仁宗御制诗》初集卷十八）

嘉庆八年（1803年），嘉庆帝又作《湖亭午眺》诗一首，诗云："波光千顷槛前收，水面风来夏似秋。鸟语蝉声相唱和，浪花云影互沉浮。授时农事年祈稔，廑念民艰政茂修。景物清佳何暇咏，慎思操楫喻行舟。"（《清仁宗御制诗》初集卷四十六）

道光六年（1826年），上下天光进行了改建，主楼上下两层都改为大间，更名为"涵月楼"。从此，在道光一朝，此景便改称为"涵月楼"（图八六），而不叫"上下天光"，并

---

① 据《清代档案史料——圆明园》，第1299页，内务府造办处各作成做活计清档，第291款，裱作。

② 据《清代档案史料——圆明园》，第380～383页，第196款。

③ 据《清代档案史料——圆明园》，第144、145页，第109款，《总管内务府奏上下天光六方亭亭柱歪扭议处管工官员折》："乾隆三十五年七月初九，上下天光两边六方亭湾转桥栏杆实属歪扭……"

图八五　四十景图之上下天光

在楼的东北添建了一座四合院，原来乾隆九年四十景之一"上下天光"图中北部的几组建筑已不复存在。改建工程于道光七年（1827年）五月竣工，后于当年八月初十，举行皇太后诞辰庆典活动；八月十五，接着在此举行中秋节酒宴；道光八年（1828年）五月初五端午节，又在此举行庆端午酒宴；八月初十，再次在这里举行庆贺皇太后生日酒宴等。涵月楼成了皇室举办酒宴、听戏、赏月、供月的重要场所（据《清昇平署存档事例漫抄》《道光七年恩赏旨意承应档》《道光八年恩赏档》）。这两年，道光帝连着写了两首关于涵月楼的诗。其一为《涵月楼对月即事》，云："澄霁秋中碧落宽，波涵明镜浸光寒。烟开岸角银千顷，风定湖心玉一

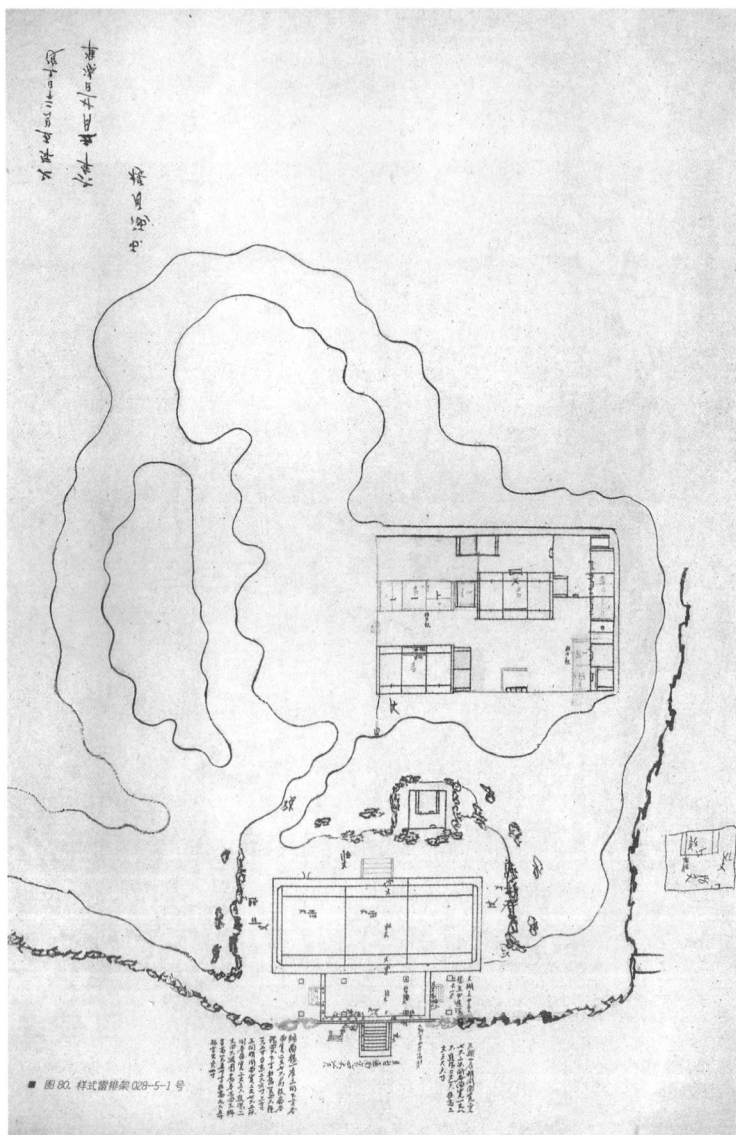

图八六　涵月楼总平面图

盘。偶凭高楼看月朗，还欣九曲庆澜安。"其二为《涵月楼对月述怀》，云："澄清玉宇逢
三五，一鉴悬空映绮楼。树影苍茫云影净，湖光皎洁月光浮。丝纶宜慎期无悔，稼穑全登庆有
秋。瞻仰琼输殷戒满，乂安率土荷天休。"（《清宣宗御制诗》初集卷二十、卷二十四）。

　　咸丰年间，此景区又改回原名"上下天光"，而不再称"涵月楼"。咸丰帝仍常来赏月，
并作过几首诗。

　　咸丰五年（1855年），咸丰帝作诗两首，其一为《上下天光即景述感》，诗云："远望高
楼峙镜中，平湖放棹御微风。天光上下云光合，波影东西雾影笼。愁绾长杨犹得得，泪添秋雨
更蒙蒙。六如漫拟平生叹，回忆庚年信怆衷。"其二为《泛舟至上下天光即景》，诗云："御苑
秋来似画图，晚凉好泛月波舻。扬舲清浅波生渚，倚槛澄华月满湖。饶有清飔天末起，可无佳咏
静中娱。疏林雨后山争出，粉本经营倩手摹。"（以上两首皆见于《清文宗御制诗集》卷五）

咸丰六年（1856年），咸丰帝又作过《上下天光对雨》诗一首。诗云："平湖鹜望夏如秋，竟日滂沱洒未休。烟色四围迷远岸，泉声万斛泻高楼。云飞南浦情无极，帘卷西山句好酬。千里阴晴虽有异，久征将士使子愁。"（见《清文宗御制诗集》卷六）

咸丰十年农历八月二十三日（1860年10月18日），上下天光惨遭英、法联军焚毁[①]。

同治年间，朝廷虽曾计划对上下天光大殿进行重修改建，如同治十二年（1873年），皇帝曾责成雷思起重修设计了上下天光楼的重建图样（图八七），还清理了原基址上的渣土，并支供了大梁，但终因国库空虚、财力不支，而不得不于同治十三年（1874年）叫停[②]。

光绪元年（1875年），将上下天光已供大梁撤下，收存于圆明园殿内[③]。

民国八年至民国十五年（1919～1926年）期间，圆明园管理机构名存实亡。京畿卫戍司令、军阀王怀庆率先监守自盗，拆、盗、运走圆明园大批山石建材，修建自己的私园——"达园"，耗时三年建成；其后，军阀曹锟、徐世昌、张作霖、刘京兆尹，以及燕京大学翟牧师等，也纷纷大肆拆、盗、运圆明园各种建筑材料。光绪元年（1875年）曾存放于圆明园殿内的包括上下天光大殿正梁在内的所有准备用于重修工程的重要建材，就在这一期间均被盗掠一空，不知去向。

图八七 同治时期上下天光楼烫样照片

---

① 据《清代档案史料——圆明园》，第573、574页，咸丰十年十月，内务府大臣明善奏：九洲清晏各殿、长春仙馆、上下天光、山高水长、同乐园、大东门，均于八月二十三日焚烧。

② 据《已做活计做法清册》，转引自刘敦桢《同治重修圆明园史料》，《中国营造学社汇刊》第4卷第3～4期。

③ 据《清代档案史料——圆明园》，第753、754页，《总管内务府奏遵旨收存圆明园殿宇正梁摺》：光绪元年四月初五，崇纶、魁龄赴园查看，其未修殿宇所供正梁支搭席棚架木，既已停工，诚恐日久雨水淋濯，易致损坏，即使随时保护，亦属不易。臣等拟将……正大光明殿、奉三无私、九洲清晏慎德堂、上下天光、思顺堂前后殿正梁七架，安奉在圆明园殿内，敬谨收存。

2000年10月，我们到上下天光遗址调查，荒芜的遗址上长满了很多杂树和蒿草，只在临湖的岸上，已被掩埋的上下天光大殿遗址上露出几块青石陡板石遗迹（图版一二二；图版一二三；图版一二四；图版一二六，1）。

2004年初，北京市文物研究所圆明园考古队对上下天光遗址进行了考古勘察。2003年4月~2004年11月，对该遗址进行了有计划的考古发掘。

本报告发表的是北京市物文物研究所圆明园考古队于2004年度在圆明园上下天光遗址进行考古勘探和科学发掘所获得的全部考古资料。

第二节　考古勘察与发掘

一、考古勘察

为了了解上下天光遗址建筑遗迹分布的四至、保存状况，并为正式考古发掘布方提供参考依据，2004年2月27~3月31日，圆明园考古队在上下天光遗址以开挖探沟的方式实施了重点考古勘探。共涉及建筑基址10项：①平安院房址F1（勘探房址的编号，与后来正式发掘时房址的编号保持统一）；②平安院东墙基；③平安院北墙基；④房址F5；⑤房址F6；⑥房址F8；⑦房址F9；⑧房址F10；⑨房址F11；⑩F11西侧甬路等。共挖掘探沟27条，编号TG1~TG27（图八八）。现将此次考古勘探的项目和勘探结果依次介绍如下。

1. 平安院内房址F1

为了了解F1的保存状况和结构特点，在探知该房址尚存四面墙基的情况下，分别在四面墙基的中间各布设探沟1条，北面的探沟编号为TG9，西面的探沟编号为TG10，南面的探沟编号为TG11，东面的探沟编号为TG12。

TG9，位于F1北墙基中间。南北向，呈长方形，南北长2、东西宽0.8、深0.75~0.85米。探沟内暴露的遗迹有：石墙基、散水和房基内的三合土面。

石墙基，宽0.8米，用大小不等、形状不一的红色砂岩石块砌成，保存较完整，距现存地面深0.75米。

散水，宽0.4米，用大小不等的卵石铺砌而成，外边以立砖镶边，牙砖长26、宽6厘米，保存完整，距现存地表深0.85米。

三合土面，保存较好，距现存地表深0.8米。

经解剖，房基内三合土厚0.15米。三合土下为夯土层，厚0.4米，分两层，第一层厚0.15米；第二层厚0.25米。石墙基高0.6米。散水下夯土厚0.42米。其下为灰土基础，厚0.15米。灰土基础下为柏木桩基础，柏木桩全部被打入生土内。柏木桩直径0.07~0.1米，长0.94~1.1米，

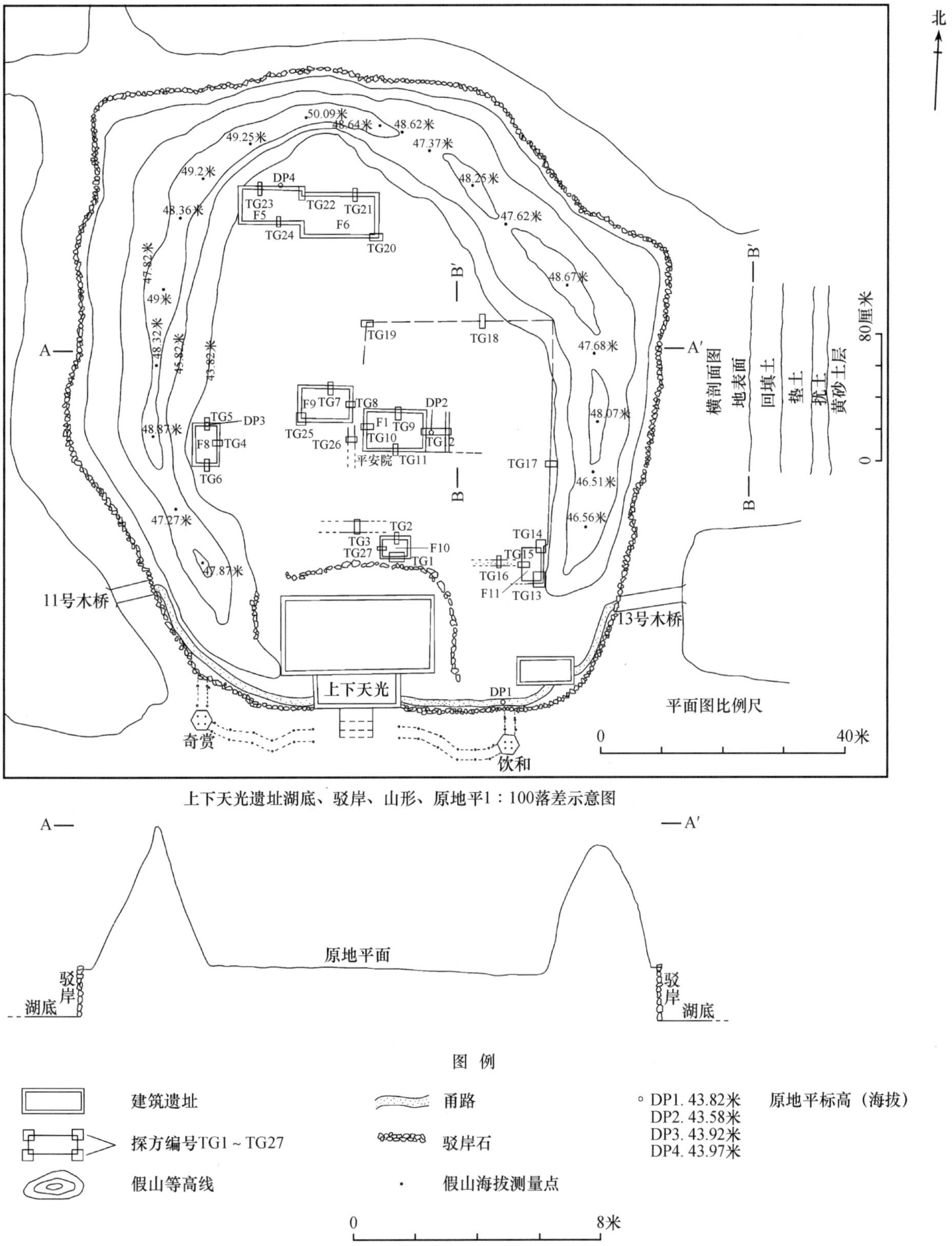

北

50.09米 48.64米 48.62米
49.25米 47.37米
49.2米
DP4 48.26米
48.36米 TG23 TG22 TG21
F5 47.62米
TG24 F6
47.82米 TG20
48.67米
B'
A 48.32米 TG19 TG18 47.68米 A' 横剖面面图
45.82米 地表面
43.82米 回填土
F9 TG7 TG8 垫土
48.87米 TG5 DP3 F1 TG9 DP2 48.07米 抚土
F8 TG4 TG25 TG26 TG10 TG12 黄砂土层
TG6 平安院 TG11
TG17 46.51米
47.27米
46.56米
47.87米 TG2
TG3 F10 TG14
TG27 TG1 TG15
TG16 TG13
F11

11号木桥

13号木桥

上下天光 DP1 平面图比例尺

奇赏 饮和 0 40米

上下天光遗址湖底、驳岸、山形、原地平1：100落差示意图

A A'

原地平面

驳岸 驳岸
湖底 湖底

图 例

建筑遗址 甬路 ◦DP1.43.82米 原地平标高（海拔）
DP2.43.58米
探方编号TG1～TG27 驳岸石 DP3.43.92米
DP4.43.97米
假山等高线 假山海拔测量点

0 8米

图八八 上下天光遗址2004年考古勘探平、剖面图

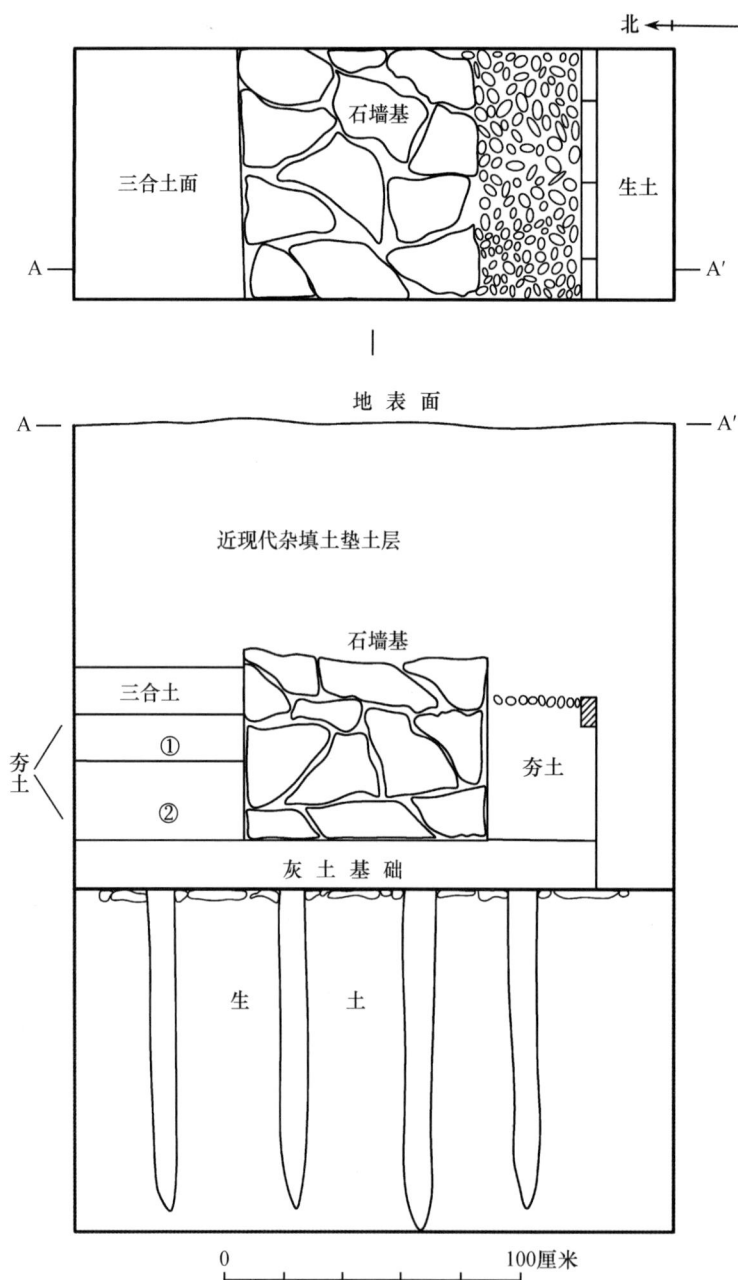

图八九　上下天光遗址F1北墙基中间探沟TG9平、剖面图

间隔0.23～0.35米，作纵横排列。上部空隙填充一层掏当山石，石块规格，大的长0.25、宽0.18、厚0.1米；小的规格为0.05米×0.04米×0.02米（图八九）。

TG10，位于F1西墙基中间。东西向，呈长方形，东西长2、南北宽0.8、深0.6～0.8米。探沟内暴露的遗迹有：石墙基、散水和房基内的三合土面。

石墙基，宽0.6米，用大小不等、形状不一的红色砂岩石块砌成，保存状况一般，距现存地表深0.7米。

散水，用大小不等的河卵石铺砌而成，宽0.4米，散水边立置的牙砖全被破坏，距现存地表深0.8米。

三合土面，房基内的三合土面保存较好，距现存地表深0.6米。

经解剖，石墙基残高0.6米。散水卵石下的夯土厚0.45米。房基内三合土厚0.2米。三合土下为夯土，厚0.5米，分两层，均厚0.25米。夯土下为灰土基础，厚0.15米。灰土基础下为柏木桩基础，柏木地钉皆被打入生土内，柏木桩直径0.08～0.1米，长1～1.15米，间距0.28～0.34米，以梅花桩的形式排列。上部空隙处填充一层掏当山石，石块大的长0.2、宽0.18、厚0.1米；小的长0.05、宽0.03、厚0.02米（图九〇）。

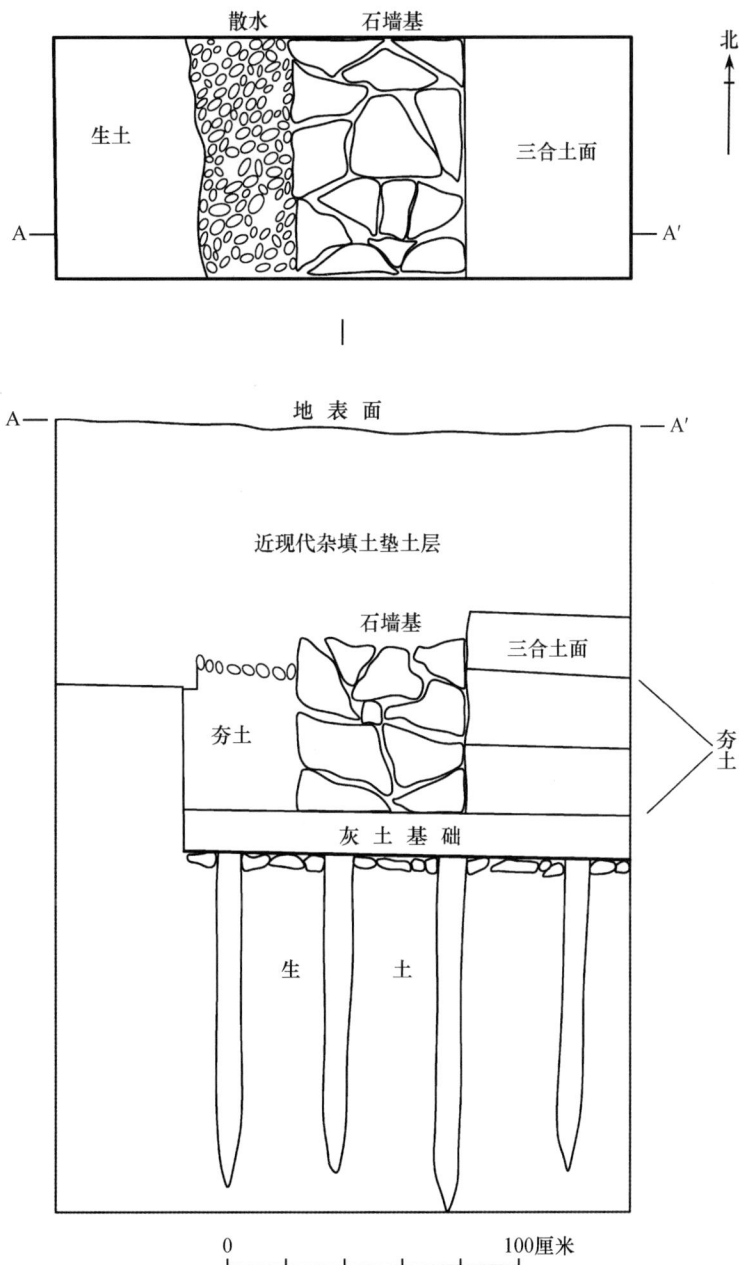

图九〇　上下天光遗址F1西墙基中间探沟TG10平、剖面图

TG11，位于F1南墙基中间。南北向，呈长方形，南北长2、东西宽0.8、深0.6～0.65米。探沟内暴露的遗迹有石墙基和散水。

石墙基，宽0.8米，用大小不等、形状不一的红色砂岩石块砌成，保存完整，距现存地表深0.77米。

散水，宽0.4米，用大小不等的河卵石铺砌而成，外边用立砖镶边，牙砖长26、宽6厘米。保存完整，距现存地表深0.6米。

经解剖，散水的卵石下三合土厚0.08米。三合土下为夯土，厚0.5米。石墙基残高0.4米。房基内夯土残存厚度为0.26米。其下为灰土基础，厚0.15米。灰土基础之下为柏木桩基础，柏木桩全被打进生土内，柏木桩直径0.08～0.1米，长0.9～1.05米，间距0.38～0.41米，以梅花桩的形式排列。上部空隙处填充一层掏当山石，石块大者长0.25、宽0.18、厚0.12米，小者长0.08、宽0.05、厚0.02米（图九一）。

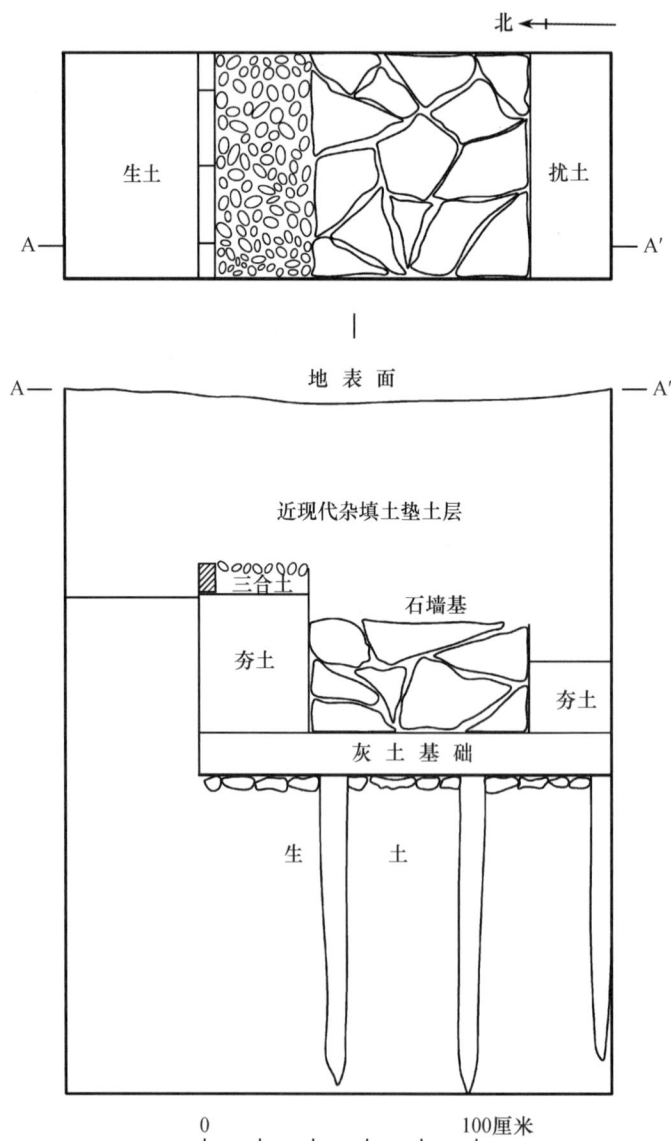

图九一　上下天光遗址F1南墙基中间探沟TG11平、剖面图

TG12，位于F1东墙基中间，并向东侧跨出一部分。东西向，呈长方形。东西长4、南北宽0.8、深0.94～1.12米。探沟内暴露的遗迹有：东、西两端各有石墙基一道，河卵石散水一道，以及砖铺地面。

石墙基，东西两端暴露的石墙基宽度均为0.6米，均以大小不等的红色砂岩石块砌成，均保存完整，西端墙基距现存地表深0.94米，东端墙基距现存地表深1.06米。

散水，东西两端散水均以河卵石铺砌而成，外边皆以立砖镶边，牙砖规格均为26厘米×12厘米×6厘米。西端散水宽0.42米（含右边牙砖厚度），东端散水宽0.36米（含左边牙砖厚度）。散水面距现存地表深均为1.12米。

砖铺地面，东西宽2.006米，全部以青砖错缝平铺砌成，青砖规格为25厘米×12厘米×6厘米。东、西两边，分别与东、西两端散水牙砖衔接，保存完整，距现存地表深1.12米，砖铺地面下面为三合土，厚0.28米，三合土层下面为夯土层，厚0.15米。夯土层下为生土。在砖铺地面范围的生土中，没有柏木桩。

经解剖，西端墙基残高0.5米。散水厚0.06厘米。散水下面的三合土层厚0.28米。东端石墙基残高0.36米。两石墙基下面为灰土基础，厚0.15米。在东、西两部分灰土之间为夯土层，厚0.15米。在灰土基础和夯土层之下为柏木桩基础，柏木地钉全部被打入生土内。柏木桩直径0.075～0.09米，长0.84～0.91米，间距0.2～0.31米，纵横排列。上部空隙处填充一层掏当山石，石块大的长0.25、宽0.2、厚0.15米；小的长0.08、宽0.04、厚0.02米（图九二）。

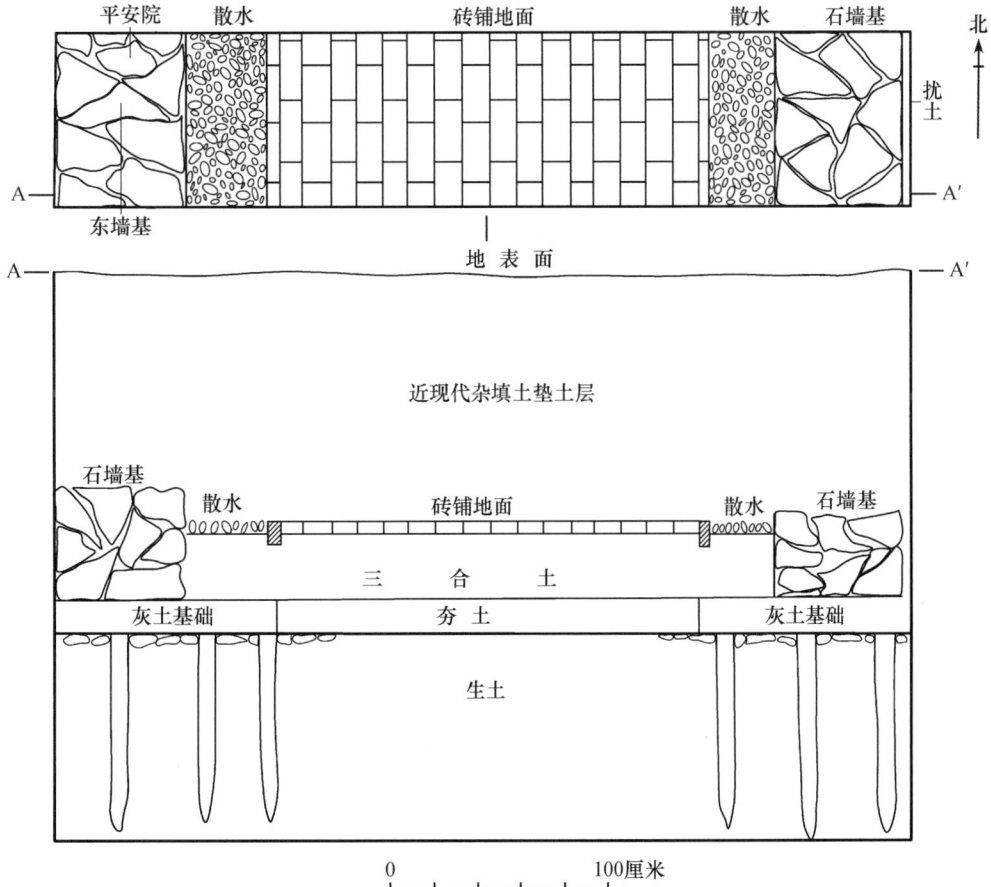

图九二 上下天光遗址F1东墙基探沟TG12平、剖面图

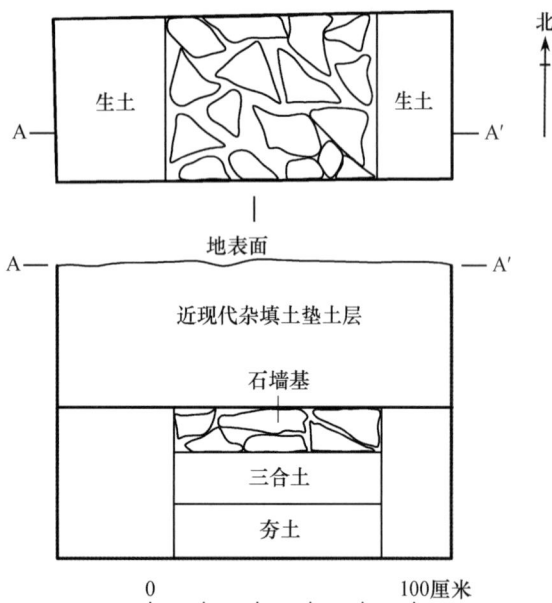

图九三　上下天光遗址平安院东墙基探沟TG17
平、剖面图

2. 平安院东墙基

　　为了了解平安院东墙基的保存状况和结构特点，特布设探沟1条，编号为TG17。

　　TG17，位于上下天光遗址东部假山西侧，F11北侧。东西向，呈长方形，东西长1.5、南北宽0.6、深1.3米。探沟内暴露的遗迹有：石墙基，即平安院的东墙基。

　　石墙基，宽0.8米，用大小不等、形状不一的红色砂岩石块砌成，保存状况较差，距现存地表深1.3米。

　　经解剖，石墙基残高0.16米，仅余最下层部分。墙基以下为三合土，厚0.2米。三合土下为夯土，厚0.2米。夯土之下为生土（图九三）。

3. 平安院北墙基

　　为了了解平安院北墙基的保存状况和结构特点，布设探沟2条，编号为TG18和TG19。

　　TG18，位于上下天光遗址东部，平安院北部，北墙基中段略偏东侧。南北向，呈长方形，南北长1.5、东西宽1、深0.3米。探沟内暴露的遗迹有：石墙基。

　　石墙基，宽0.5米，用大小不等、形状不一的红色砂岩石块砌成，比较规整，保存较好，距现存地表深0.3米。

　　经解剖，石墙基残高0.76米，上部宽0.5米，下部宽0.8米。上部垒砌较整齐，残高0.26米；下部垒砌不规矩，比较错乱，下部高0.5米。石墙基下面为三合土，厚0.15米。三合土下面为夯土，厚0.2米。夯土下面为黑褐色生土（图九四）。

　　TG19，位于平安院北部，北墙基西北角拐角处。东西向，呈长方形，东西长2、南北宽1、深0.7米。探沟内暴露的遗迹有：西北角石墙基。

　　西北角石墙基，宽0.8米，用大小不等、形状不一的红色砂岩石块砌成，底部保存较好，距现存地表深0.7米。墙基平面拐角处由北向西呈倾斜状折拐。

　　经解剖，石墙基残高0.2米。之下有一层三合土，厚0.15米。三合土之下为夯土，厚0.2米。夯土之下为黄褐色生土（图九五）。

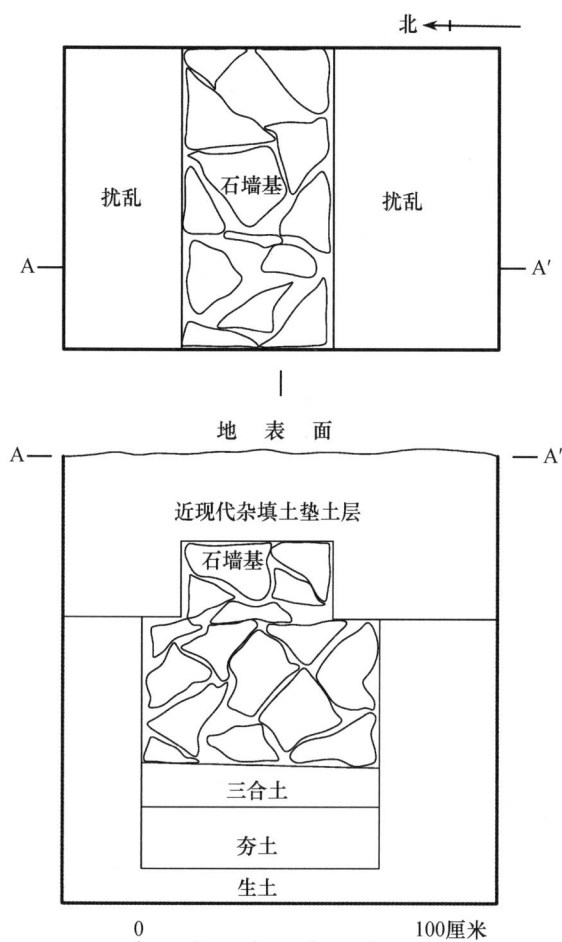

图九四 上下天光遗址平安院北墙基中段偏东探沟TG18
平、剖面图

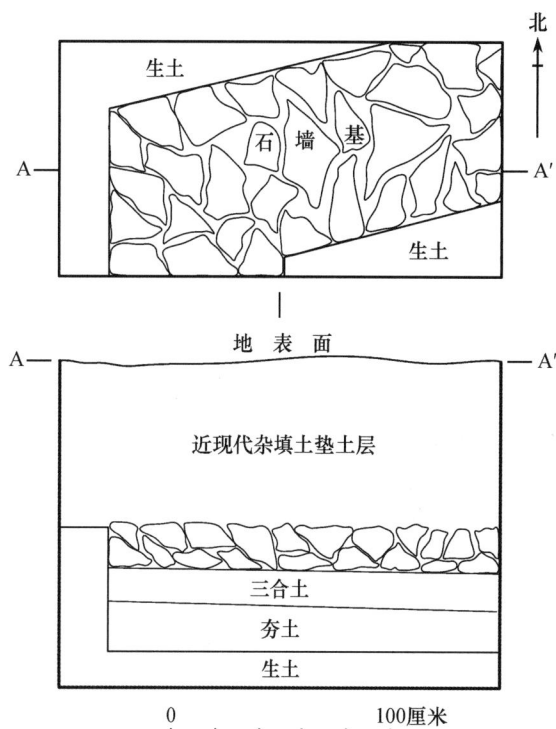

图九五 上下天光遗址平安院北墙基西北角探沟TG19
平、剖面图

4. 房址F5

为了了解房址F5的保存状况和墙基结构特点，布设探沟3条，编号为TG22、TG23和TG24。

TG22，位于上下天光遗址西北部，F5东北角。南北向，呈长方形，南北长2、东西宽0.5、深0.65～0.8米。探沟内暴露的遗迹有：散水和灰土基础。石墙基墙体已被破坏无存，只剩下散水和灰土基础。

散水，宽0.4米，用大小不等的河卵石铺砌而成，外边以立砖镶边，牙砖长26、宽12、厚6厘米。保存较完整，距现存地表深0.6米。

灰土基础，分布于散水两侧，保存较好，距现存地面深0.85米。

经解剖，散水的卵石层厚0.04米，卵石下面为三合土层，厚0.06米，三合土层下面为夯土层，厚0.3米。夯土层下面为灰土基础，厚0.4米，分两层，均厚0.2米。灰土基础下面为柏木桩基础，柏木桩皆被打入生土内，柏木桩直径为0.08～0.5米，长0.75～0.9米，间距0.3～0.35米，以梅花桩的形式排列。上部空隙处填充一层碎石块，碎石块大的长0.2、宽0.17、厚0.12米；小的长0.05、宽0.03、厚0.02米（图九六）。

北 ←

灰土基础　　　　　　　生土

A ━━━━━━━━━━━━━━━ A′

地　表　面

A ━━━━━━━━━━━━━━━ A′

近现代杂填土垫土层

三合土

夯土

灰
土
基
础

生　　　　土

0　　　　　　　100厘米

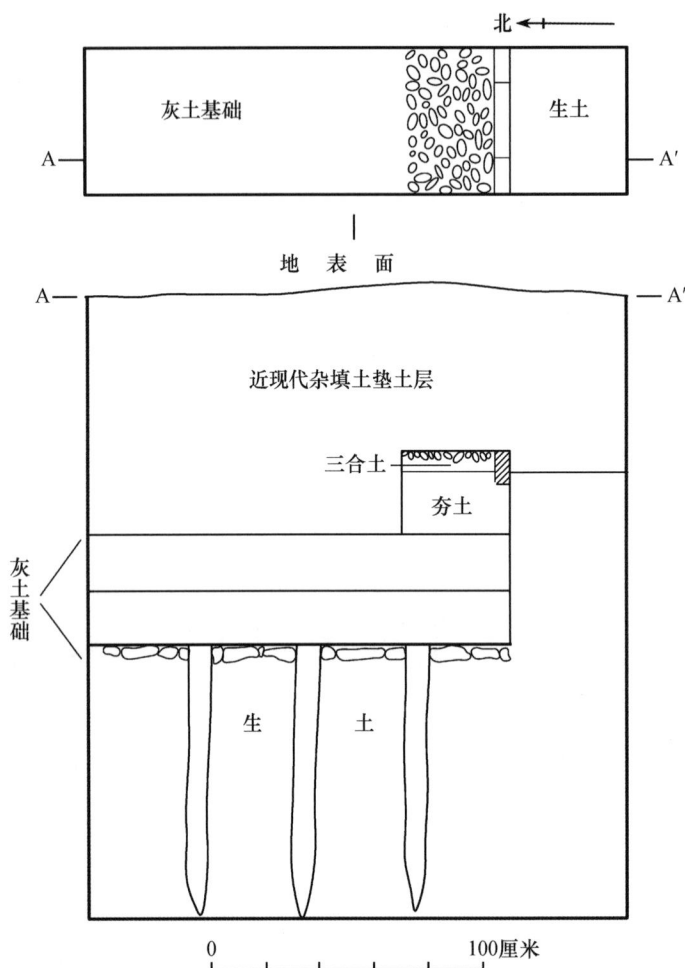

图九六　上下天光遗址F5东北角探沟TG22平、剖面图

TG23，位于F5北墙基略偏西处。南北向，呈长方形，南北长2、东西宽0.5、深0.75～1米。探沟内暴露的遗迹有：散水和底部灰土基础。北墙基墙体部分已遭破坏无存。

散水，宽0.5米，用大小不等的河卵石铺砌而成，外边以立砖镶边，牙砖长26、宽12、厚6厘米，保存较完整，距现存地表深0.75米。

灰土基础，分布于散水南侧，保存完整，距现存地面深1米。

经解剖，散水的卵石下面是三合土，卵石与三合土总厚度为0.1米，其中卵石厚0.04～0.045、三合土厚0.055～0.06米。三合土下面为夯土，夯土厚0.16米。夯土下面为灰土基础，厚0.4米，分两层，均厚0.2米。灰土基础之下为柏木桩基础，柏木桩皆被打入生土内，柏木桩直径0.07～0.08米，长0.8～0.85米，间距0.28米，以梅花桩的形式排列。上部空隙处填充一层掏当山石，石块大的长0.24、宽0.18、厚0.13米；小的长0.08、宽0.05、厚0.02米（图九七）。

TG24，位于F5南墙基中段。南北向，呈长方形，南北长1.5、东西宽0.5、深1.2米。探沟内暴露的遗迹为灰土基础面。表明南墙基墙体部分遭破坏无存。

灰土基础面，保存较完整，距现存地表深1.2米。

经解剖，此灰土基础厚0.4米，分为两层，均厚0.2米。灰土基础下面为柏木桩基础，柏木桩皆被打入生土内，柏木桩直径0.07～0.1米，长0.8～0.95米，间距0.25～0.3米，以梅花桩形式排列。上部空隙处填充一层掏当山石，石块大的长0.18、宽0.12、厚0.09米；小的长0.06、宽0.03、厚0.02米（图九八）。

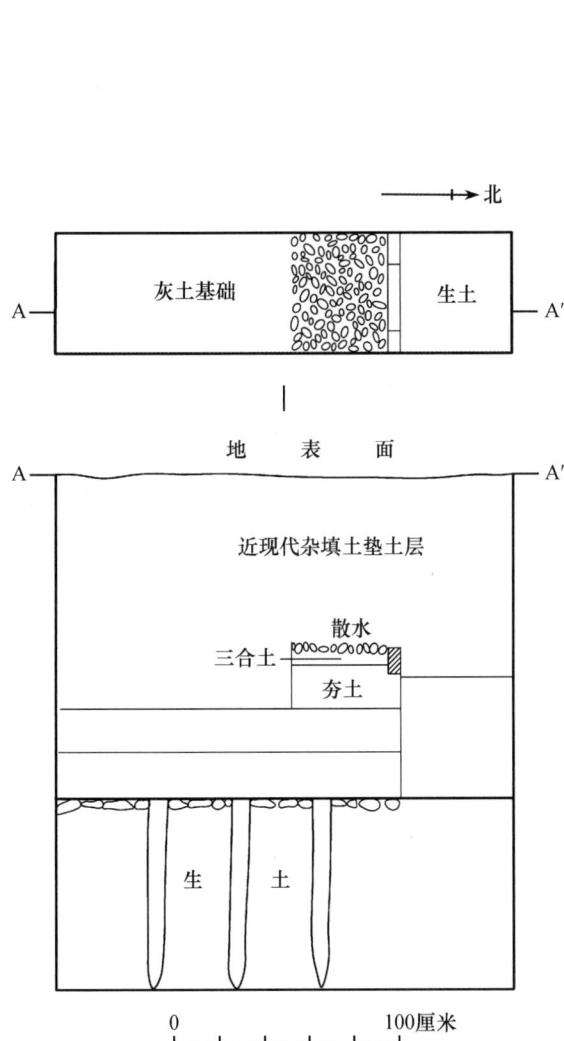

图九七　上下天光遗址F5北墙基略偏西探沟TG23
平、剖面图

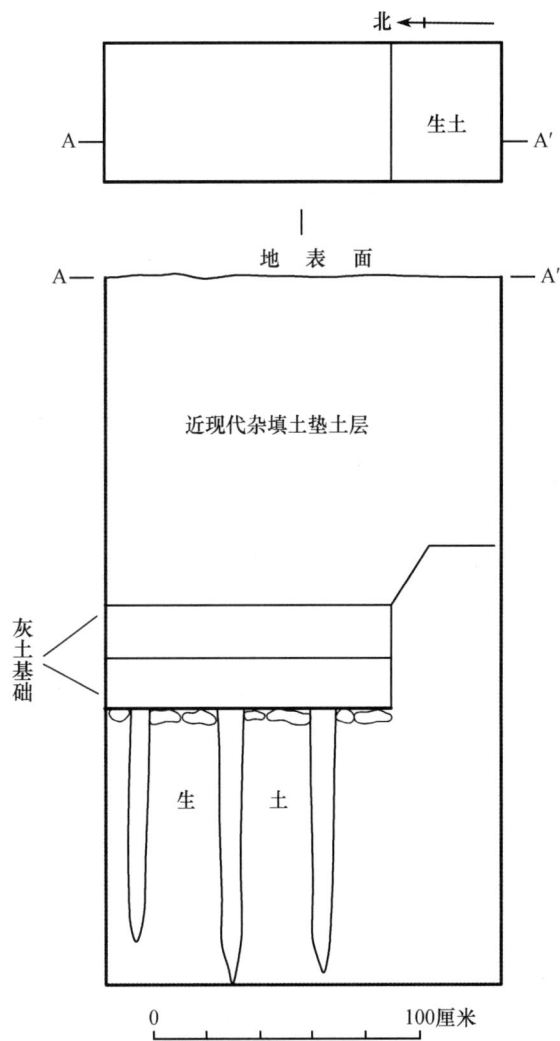

图九八　上下天光遗址F5南墙基中段探沟TG24
平、剖面图

5. 房址F6

为了了解F6的保存状况和墙基的结构特点，布设探沟2条，编号为TG20和TG21。

TG20，位于F6东南角拐角处。东西向，呈长方形，东西长1.5、南北宽1、深0.9～1.05米。探沟内暴露的遗迹有：散水和灰土基础。

散水，宽0.4米，用大小不等的河卵石铺砌而成，外边用立砖镶边，牙砖长26、宽12、厚6厘米。散水南北向的一段保存尚完整，但东南拐角处已被破坏无存，距现存地表深0.9米。

灰土基础，分布于散水西侧，保存完整，距现存地表深1.05米。表明这里的石墙基墙体已被破坏无存。

　　经解剖，散水的卵石厚0.04米，下面的三合土厚0.1米。三合土下面为灰土基础，厚0.4米，分两层，均厚0.2米。灰土基础下面为柏木桩基础，柏木桩皆被打入生土内，直径0.08～0.1米，长0.98～1.08米，间距0.26～0.3米，以梅花桩形式排列。上部空隙处填充一层掏当山石，石块大的长0.25、宽0.18、厚0.08米，小的长0.06、宽0.04、厚0.02米（图九九）。

　　TG21，位于F6北墙基略偏东处。南北向，呈长方形，南北长2、东西宽0.5、深1米。探沟内暴露的遗迹只余灰土基础，石墙基已被破坏无存。

　　灰土基础，保存尚完整，距现存地表深1米。

　　经解剖，灰土基础厚0.4米，分两层，均厚0.2米。灰土基础下面为柏木桩基础。柏木桩全部被打入生土内，柏木桩直径0.08～0.09米，长0.88～0.92米，间距0.4～0.45米，以梅花桩的形式排列。上部空隙处填充一层掏当山石，石块大的长0.25、宽0.22、厚0.18米；小的长0.08、宽0.05、厚0.02米（图一〇〇）。

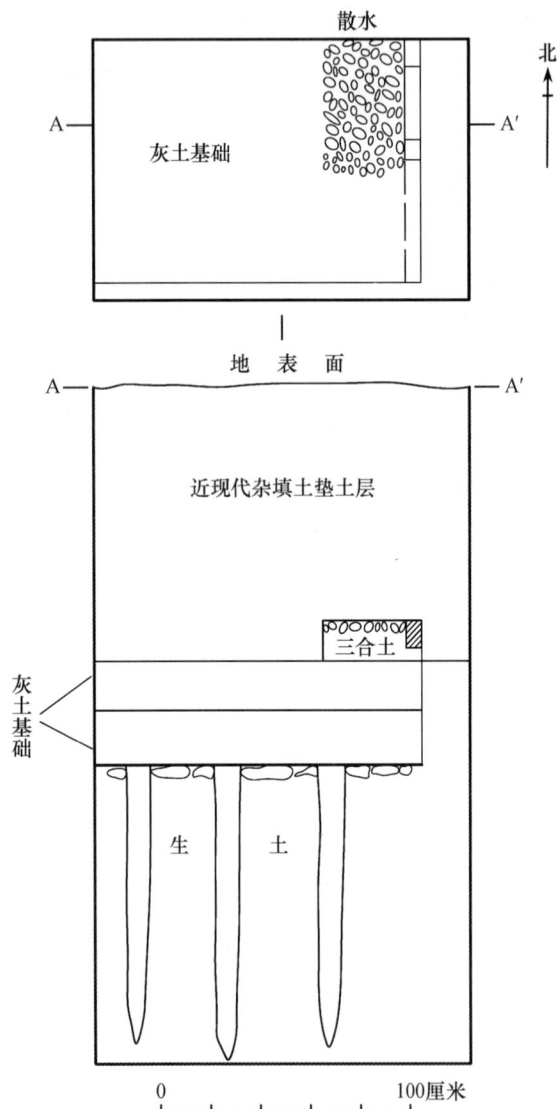

图九九　上下天光遗址F6东南角探沟TG20
平、剖面图

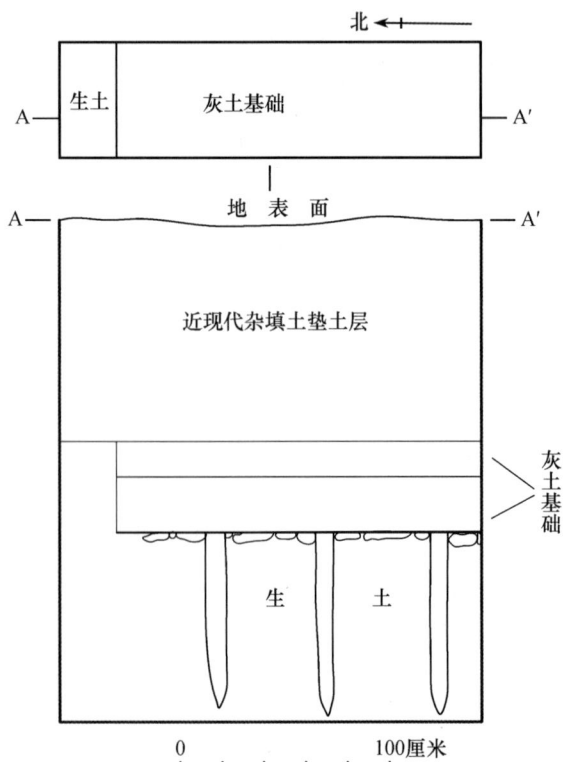

图一〇〇　上下天光遗址F6北墙基略偏东探沟TG21
平、剖面图

6. 房址F8

房址F8位于上下天光大殿西北、西部假山东侧山脚下。为了了解F8的保存状况和墙基结构特点，于F8东、北、南三面墙基的中段布设探沟3条，编号为TG4、TG5、TG6。

TG4，位于F8东墙基中段。东西向，呈长方形，东西长1.5、南北宽0.8、深1.6～1.64米。探沟内暴露的遗迹有：石墙基和散水。

石墙基，宽0.8米，用大小不等、形状不一的红色砂岩虎皮石垒砌，底部保存较完整，距现在地表深1.6米。

散水，宽0.4米，用青砖加卵石铺砌而成，外边用立砖镶边。铺砖和牙砖规格一致，均为26厘米×12厘米×6厘米。铺砖与牙砖之间的卵石面，宽0.08米。该散水保存完整，距现存地表深1.64米。

经解剖，石墙基残高0.22米。散水铺砖厚6厘米，牙砖立面高12厘米（即砖的宽度）。卵石厚0.04米。下部为夯土，厚0.14米。夯土之下为灰土基础，厚0.35米，分两层，第一层厚0.15米，第二层厚0.2米。灰土基础下面为柏木桩基础，柏木桩皆被打入生土内，柏木桩直径0.06～0.1米，长0.88～0.98米，间距0.28～0.3米，以梅花桩的形式排列。上部空隙处填充一层掏当山石，石块大的长0.18、宽0.12、厚0.06米；小的长0.08、宽0.05、厚0.02米（图一〇一）。

TG5，位于F8北墙基中段。南北向，呈长方形，南北长2、东西宽0.8、深1.65～1.95米。探沟内暴露的遗迹有：砖石墙基和散水。

砖石墙基，墙体总宽0.8米，该墙以内砖外石两种建材合砌而成，内侧用整块和半块青砖交错单砖跑条垒砌，保持内壁平整；外侧则用红色砂岩石块堵空包砌，也保持外墙面大致平整。该砖石墙基保存较完整，距现存地表深1.65米。

散水，宽0.4米。内侧用青砖、外侧用河卵石铺砌而成，东侧外边以立置青砖镶边。内侧所用青砖和牙砖规格一致，均为26厘米×12厘米×6厘米。卵石面宽0.08米。散水保存完整，

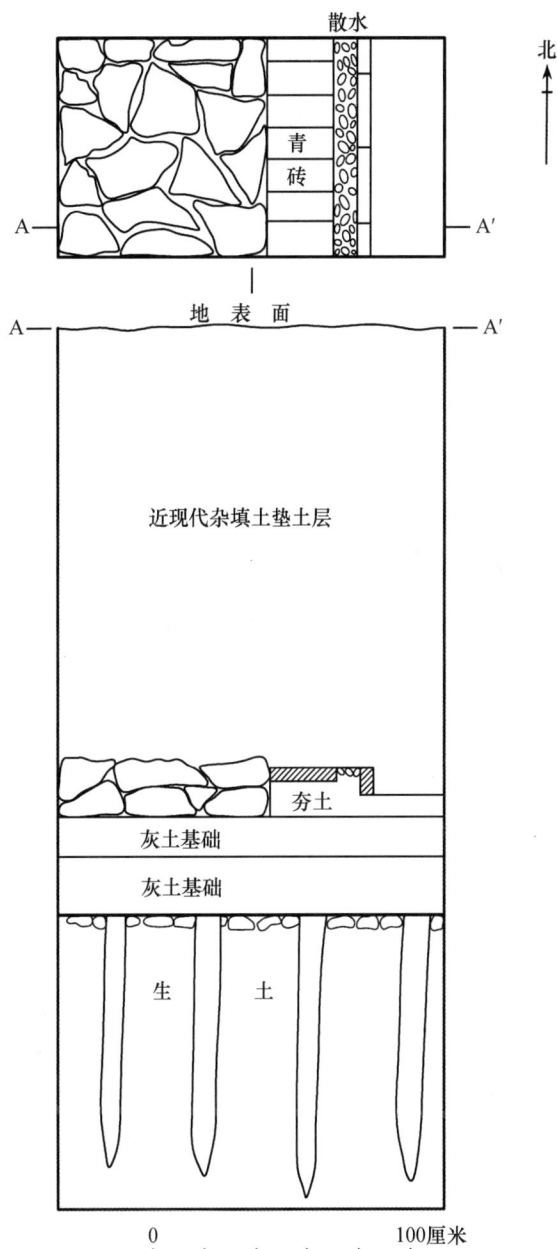

图一〇一　上下天光遗址F8东墙基中段探沟TG4
平、剖面图

距现存地表深1.64米。

　　灰土基础，面较平整，距现存地表深1.82米。

　　经解剖，石墙基残高0.32米。散水铺砖厚6厘米。散水卵石厚0.04米。散水铺砖与卵石下面为夯土层，厚度为0.13～0.15米。夯土层下面为灰土基础，厚0.35米，分两层，第一层厚0.15米；第二层厚为0.2米。灰土基础下面为柏木桩基础，柏木桩全部被打入生土内，柏木桩直径0.08～0.11米，长0.86～1米，间距0.18～0.3米，以梅花桩的形式排列。上部空隙处填充一层掏当山石，石块大的长0.15、宽0.12、厚0.08米；小的长0.06、宽0.03、厚0.02米（图一〇二）。

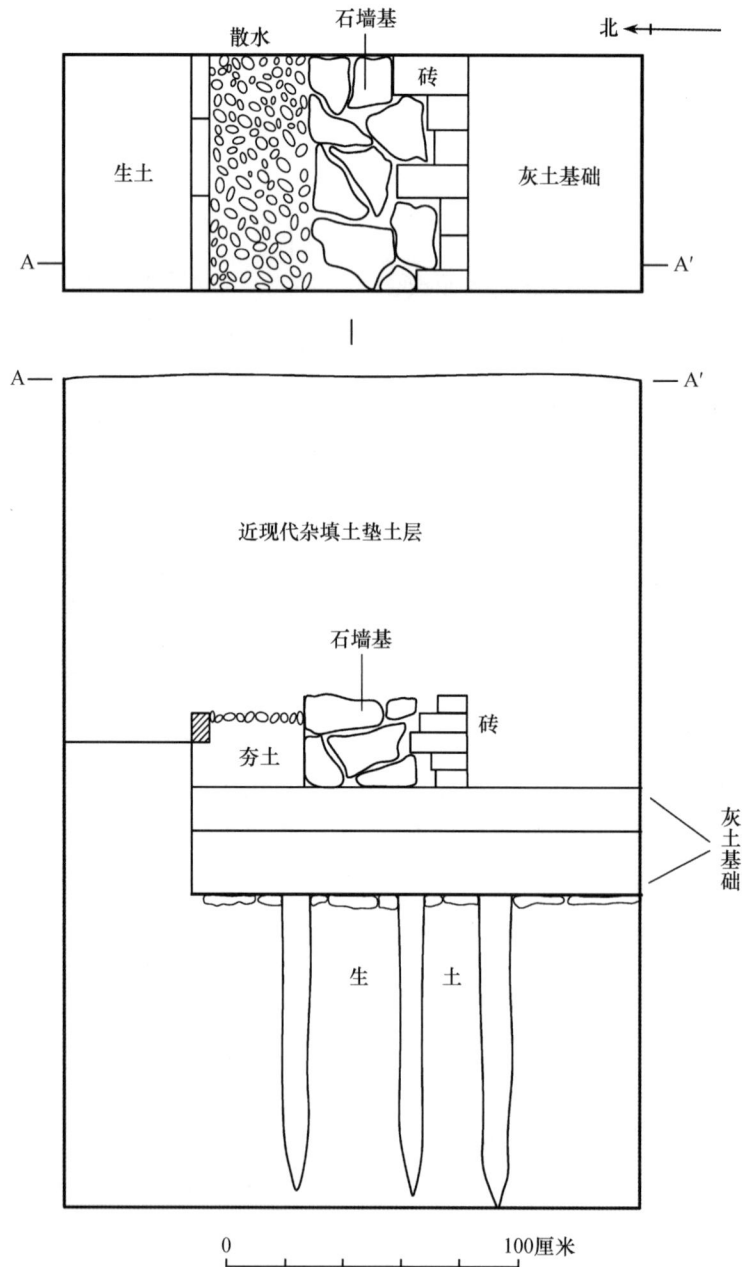

图一〇二　上下天光遗址F8北墙基中段探沟TG5平、剖面图

TG6，位于F8南墙基中段。南北向，呈长方形，南北长2、东西宽0.8、深1.1米。探沟内暴露的遗迹有：石墙基。

石墙基，宽0.8米，用大小不等、形状不一的红色砂岩石块垒砌而成，底部保存完整，距现存地表深1.1米。

经解剖，石墙基残高0.36米，底部灰土基础厚0.35米，分两层，第一层厚0.15米；第二层厚0.2米。灰土基础之下为柏木桩基础，柏木桩皆被打进生土内，柏木桩直径0.08～0.1米，长0.88～0.96米，间距0.28～0.38米，以梅花桩的形式排列。上部空隙处填充一层掏当山石，石块大的长0.25、宽0.18、厚0.12米；小的长0.06、宽0.03、厚0.02米（图一〇三）。

7. 房址F9

房址F9位于上下天光大殿北侧，平安院F1略偏西北侧，相距较近。为了了解F9墙基的保存状况和结构特点，于F9北、东两面墙基的中段和西南角拐角处布设探沟3条，编号为TG7、TG8和TG25。

TG7，位于F9北墙基中段。南北向，呈长方形，南北长2、东西宽0.8、深0.75～1.1米。探沟内暴露的遗迹有：墙基基槽和散水。

墙基基槽，宽0.8米，底部即为灰土基础表面，保存状况一般，原石墙已被破坏，石块无存。

散水，用大小不等的河卵石铺砌而成，外边以立置青砖镶边，牙砖规格为26厘米×12厘米×6厘米。保存较好，距现存地表深0.75米。

经解剖，散水河卵石下面为夯土层，厚0.3米。夯土层下为灰土基础，厚0.15米。灰土基础下面为柏木桩基础，柏木桩全部被打入生土内，柏木桩直径0.08～0.1米，长0.88～0.96米，间距0.3～0.34米，以梅花桩的形式排列。上部空隙处填充一层掏当山石，石块大的长0.2、宽0.16、厚0.12米；小的长0.06、宽0.04、厚0.02米（图一〇四）。

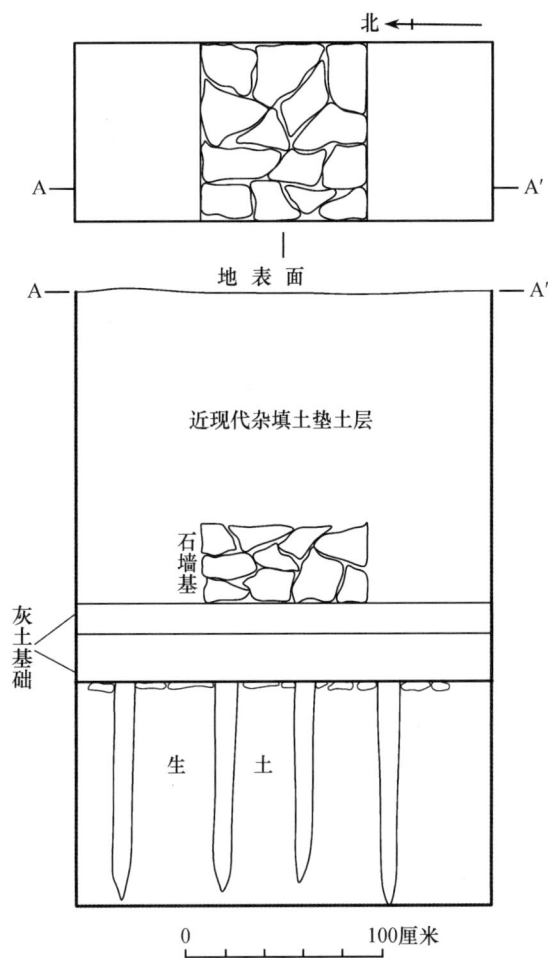

图一〇三 上下天光遗址F8南墙基中段探沟TG6平、剖面图

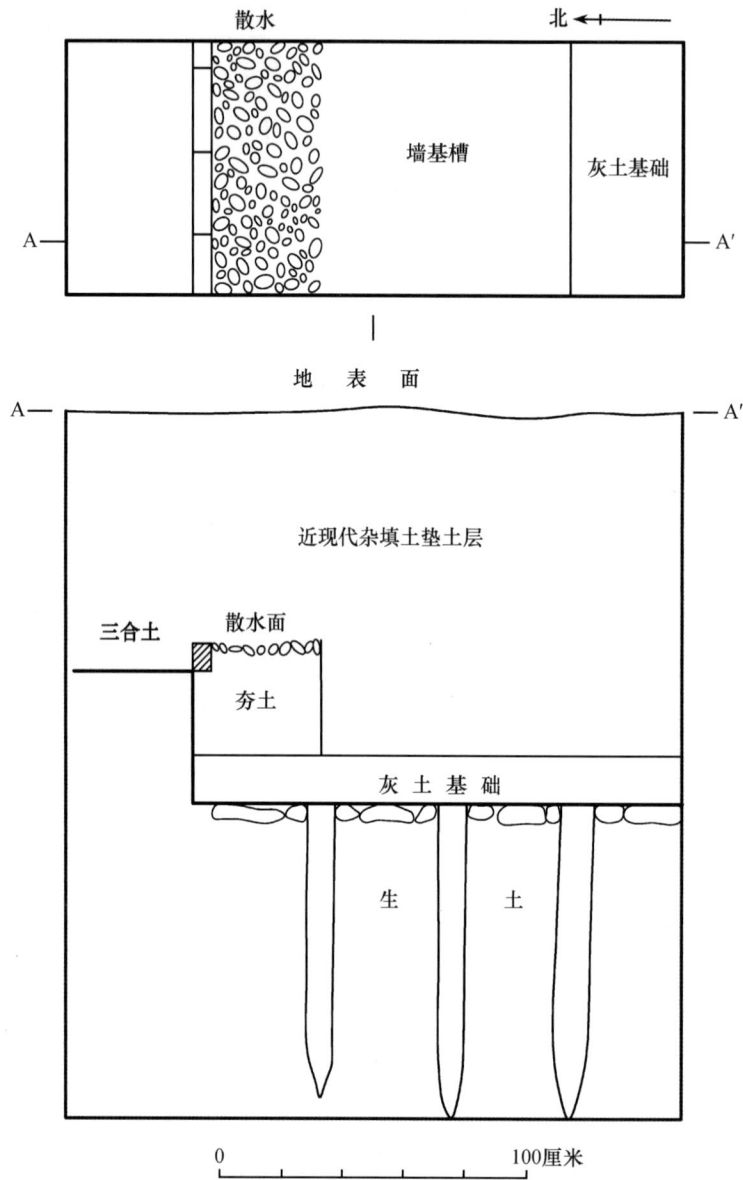

图一〇四 上下天光遗址F9北墙基中段探沟TG7平、剖面图

TG8，位于F9东墙基中段。东西向，呈长方形，东西长1.5、南北宽0.8、深0.95~1.2米。探沟内暴露的遗迹有：灰土面和散水。

灰土面，较平整，保存较好，距现存地表深1.2米。原石墙基已被破坏无存。

散水，用大小不等的河卵石铺砌而成，宽0.4米，外边以立置青砖镶边，牙砖规格为26厘米×12厘米×6厘米。保存完整，距现存地表深0.95米。

经解剖，散水卵石厚0.04米。下面为夯土，厚0.2米。夯土层下面为灰土基础，厚0.15米。灰土基础下面为柏木桩基础，柏木桩皆被打入生土内，柏木桩直径0.09~0.1米，长0.92~1米，间距0.28~0.3米，以梅花桩的形式排列。上部空隙处填充一层抵掏当山石，石块大的长0.22、宽0.18、厚0.12米；小的长0.08、宽0.05、厚0.03米（图一〇五）。

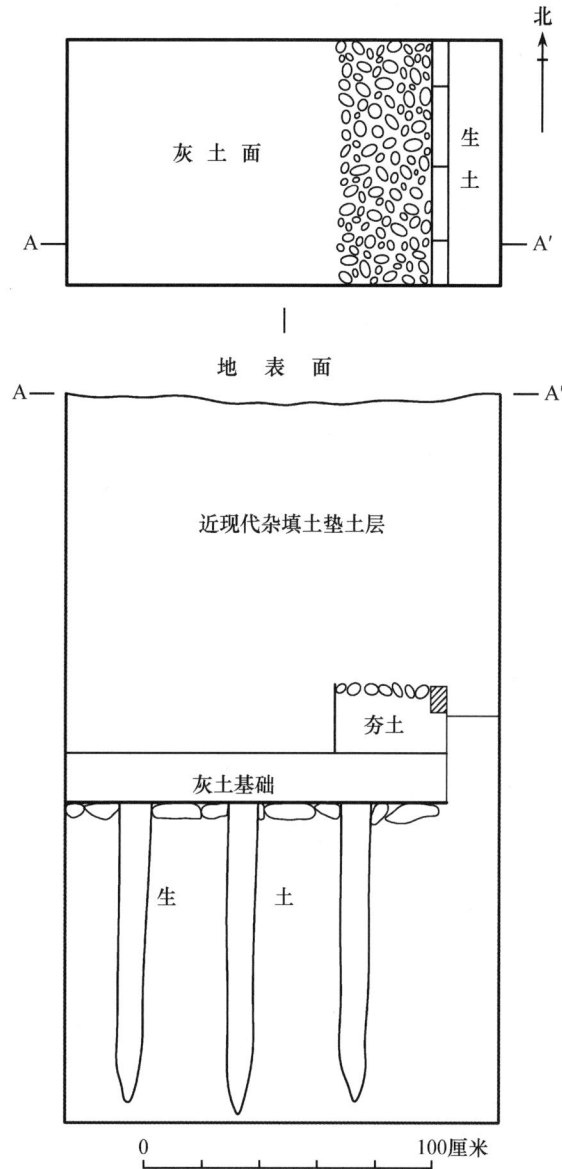

图一〇五　上下天光遗址F9东墙基中段探沟TG8平、剖面图

TG25，位于F9西南角拐角处。南北向，呈长方形，南北长2、东西宽1.2、深0.88~1.3米。探沟内暴露的遗迹有：灰土基础、散水和挡土墙。

灰土基础，剩下的灰土基础保存完整，距现存地表深1.3米。上面原有的石墙基已被破坏无存。

散水，宽0.4米，与内侧的灰土基础衔接，用大小不等的河卵石铺砌而成，外边均以立置青砖镶边，牙砖规格为26厘米×12厘米×6厘米。南边的散水保存较完整，距现存地表深1米；西边的散水拐角处被挡土墙砖墙基打破，遭到毁坏，遗迹残缺。

挡土墙，南北最长部分长1.3米，底部暴露部分宽0.63米，上部青砖宽0.22米。挡土墙石墙基保存状况较好，距现存地表深1米；砖墙基保存状况一般，距现存地表深0.88米。此挡土墙打破了F9西南角散水，其年代晚于F9。

　　经解剖，散水的卵石厚0.04米。卵石下面为三合土，厚0.12米，挡土墙上部的青砖厚0.12米，底部石墙基厚0.2米。散水下面的三合土层和挡土墙下部的石墙基之下为灰土基础，厚0.15米。灰土基础下面为柏木桩基础，柏木桩皆被打进生土内，柏木桩直径0.08~0.1米，长1~1.1米，间距0.3~0.35米，以梅花桩的形式排列。上部空隙处填充一层掏当山石，石块大的长0.27、宽0.22、厚0.1米；小的长0.08、宽0.05、厚0.03米（图一〇六）。

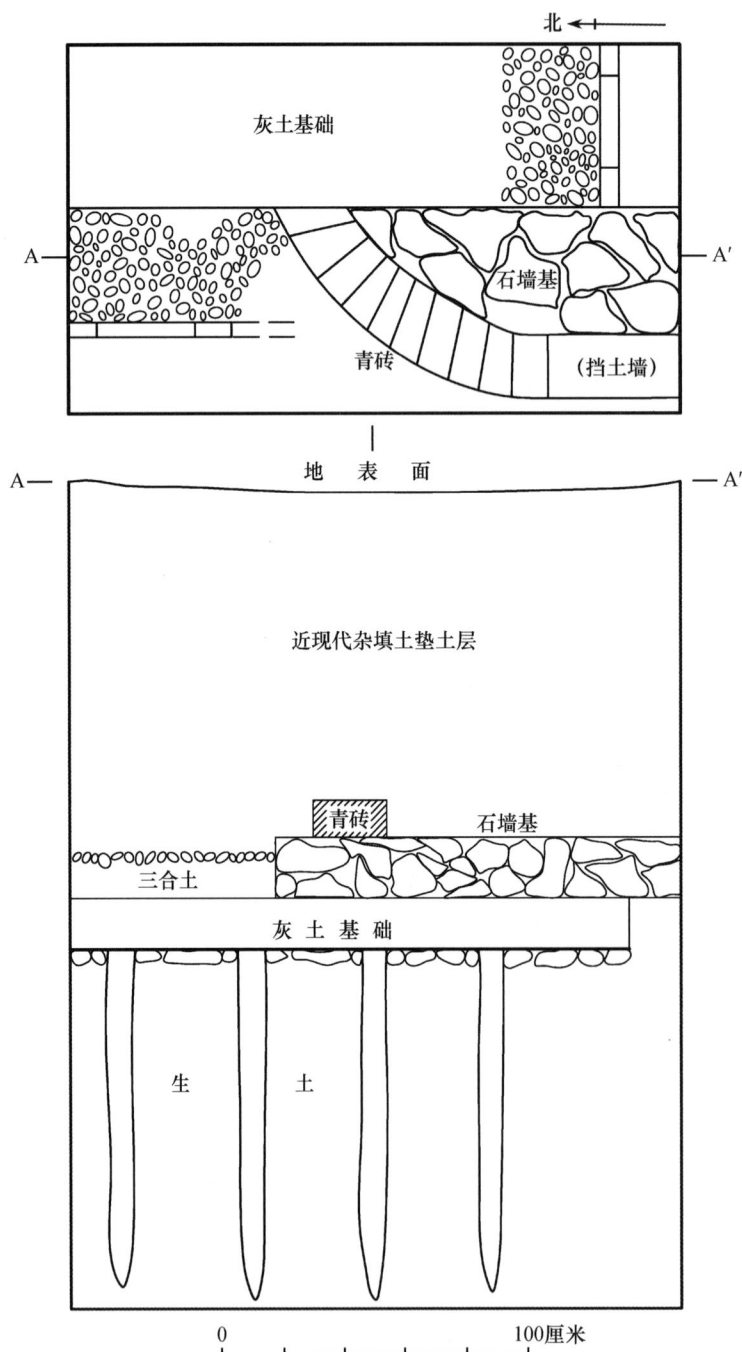

图一〇六　上下天光遗址F9西南角探沟TG25平、剖面图

8. 房址F10

房址F10位于上下天光大殿北侧，F1南侧，为了了解房址F10的保存状况和墙基结构特点，于F10南墙基中段偏东处、北墙基中段和西墙基中段布设探沟3条，编号为TG1、TG2和TG27。

TG1，位于F10南墙中段偏东处。东西向，呈长方形，东西长2.5、南北宽1.6、深0.7～0.9米，探沟内暴露的遗迹有：砖石墙基、铺地砖和甬路。

砖石墙基，石条为青石质，宽0.51米，暴露部分的石条长1.18、厚0.1米，保存完整，距现存地表深0.7米。砖墙基宽0.45米，用青砖砌成，砖长44、宽22、厚6厘米，部分被破坏，距现存地表深0.8米。

铺地砖，用方砖铺砌，方砖规格为32厘米×32厘米×5厘米，保存完整，距现存地表深0.82米。

甬路，宽1.1米，用四道立置牙砖镶边，牙砖的规格为26厘米×12厘米×6厘米。两边铺卵石，每条卵石铺面宽为0.27米。中间铺方砖，方砖的规格为32厘米×32厘米×5厘米。保存完整，距现存地表深0.9米。

经解剖，甬路的方砖厚5厘米。方砖下面为三合土层，厚0.07米。三合土层下面为夯土层，厚0.46米，分两层，第一层厚0.18米，第二层厚0.28米。石墙基上部的石条厚0.1米，石墙基残高0.7米，用大小不等、形状不一的红色砂岩石块垒砌。铺地砖厚5厘米。铺地砖下面为夯土层，厚0.64米，分为三层，第一层厚0.22米，第二层厚0.2米，第三层厚0.22米。其下为灰土基础，厚0.15米。灰土基础下面为柏木桩基础，柏木桩皆被打入生土内，柏木桩直径0.08～0.12米，长0.95～1.08米，间距0.3～0.37米，作纵横排列。上部空隙处填充一层掏当山石，石块大的长0.2、宽0.18、厚0.08米；小的长0.08、宽0.05、厚0.03米（图一〇七）。

TG2，位于F10北墙中段。南北向，呈长方形，南北长2、东西宽0.6、深0.8～1米。探沟内暴露的遗迹只有石墙基。

该墙基宽0.6米，用大小不等、形状不一的红色砂岩石块砌筑，保存较差，距现存地表深1米。另外，在该石墙基南侧还紧挨着一道后期石墙基遗存。这道后期石墙基上部宽0.2、下部宽0.6米，保存一般，距现存地表深0.8米。

经解剖，石墙基残高0.52米。后期石墙基残高0.7、底部宽0.6米，墙基内（南侧）尚残存夯土层，厚0.28米。其下为灰土基础，厚0.16米。灰土基础下面为柏木桩基础，柏木桩全部被打入生土内，柏木桩直径0.1～0.12米，长0.92～1米，间距0.28～0.38米。上部空隙处填充一层掏当山石，石块大的长0.3、宽0.18、厚0.1米；小的长0.08、宽0.04、厚0.02米（图一〇八）。

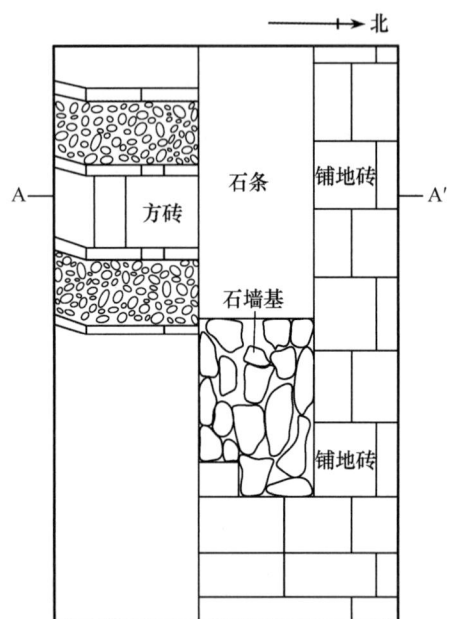

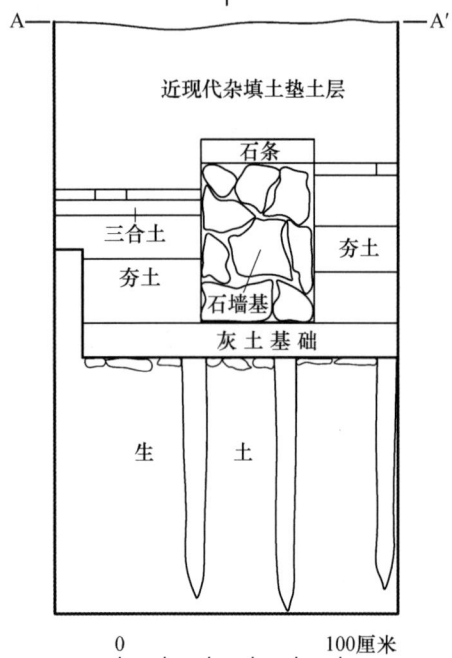

图一○七　上下天光遗址F10南墙基中段
偏东探沟TG1平、剖面图

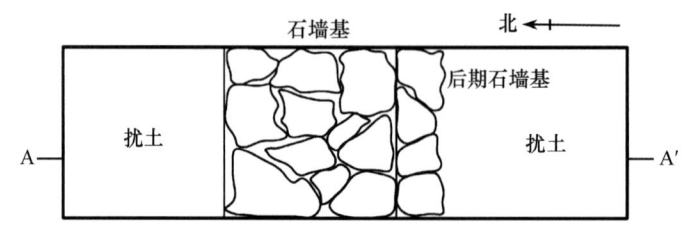

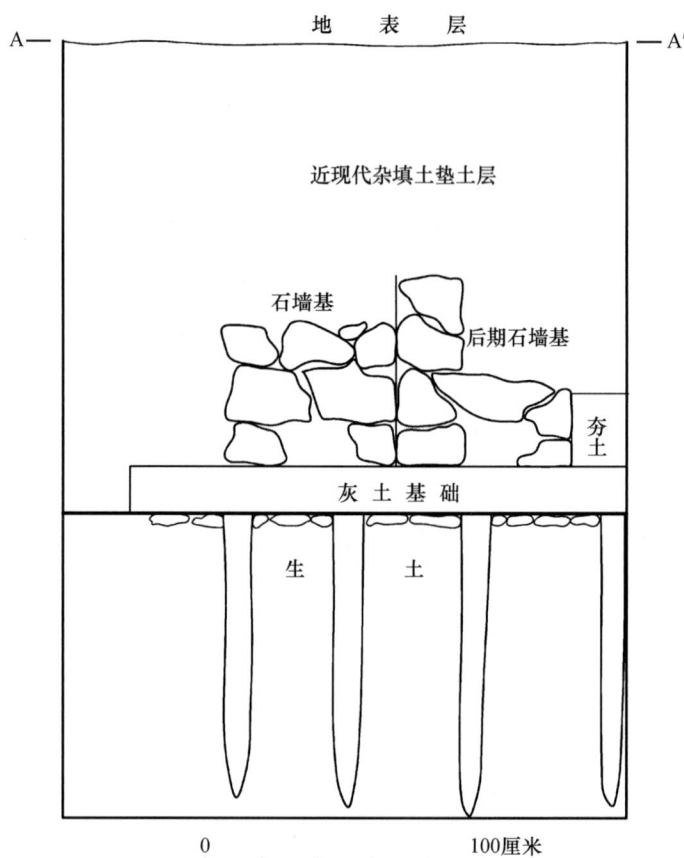

图一○八　上下天光遗址F10北墙基中段探沟TG2
平、剖面图

　　TG27，位于F10西墙基中段。东西向，呈长方形，东西长1.5、南北宽0.5、深0.9米。探沟内暴露的遗迹只有石墙基。

　　此石墙基已遭破坏，残余部分宽0.16～0.2米，距现存地表深只有0.1米。

　　经解剖，此石墙基残存高度为0.9米。石墙基下面为灰土基础，厚0.15米。灰土基础下面为柏木桩基础，柏木桩皆被打入黑褐色生土内，柏木桩直径0.7～0.1米，长0.78～0.96米，间距0.28～0.3米，以梅花桩的形式排列。上部空隙处填充一层掏当山石，石块大的长0.18、宽0.15、厚0.12米；小的长0.06、宽0.04、厚0.02米（图一○九）。

生土

灰土基础

石墙基

扰乱

北

A —— 地　表　面 —— A′

近现代杂填土垫土层

残存墙基

灰　土　基　础

黑　褐　色　生　土

0　　　　　　　　　　　　100厘米

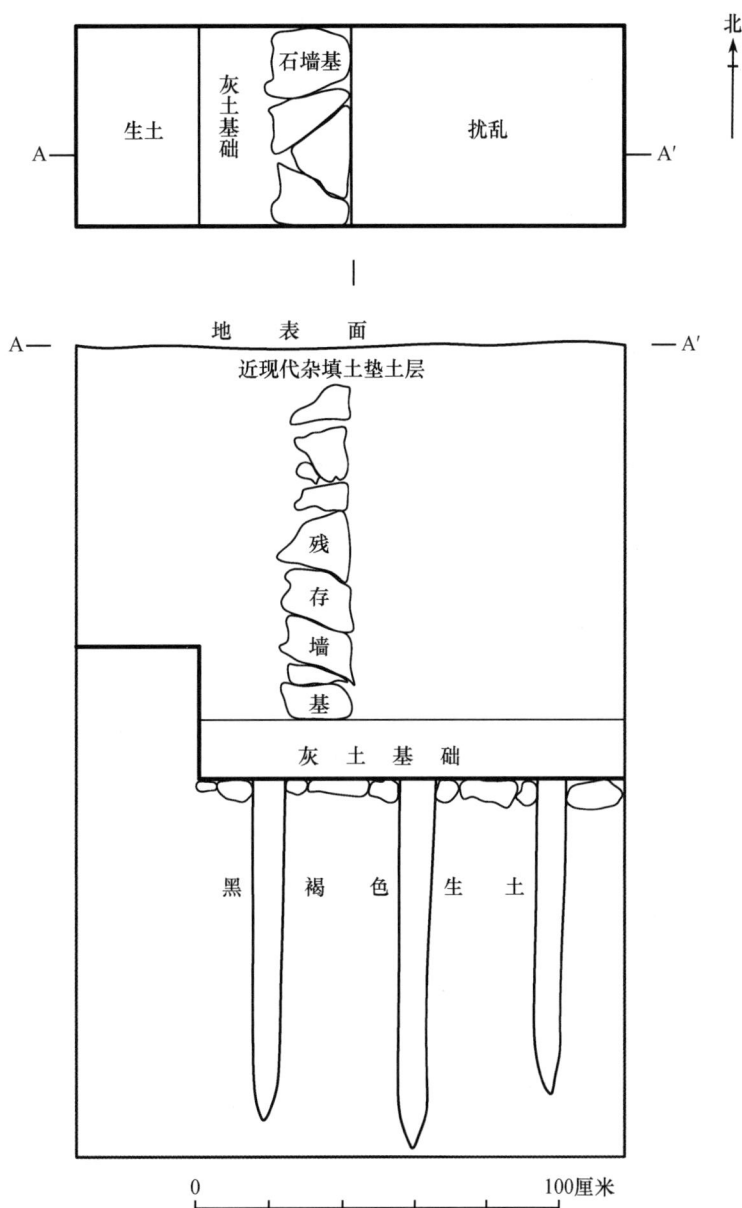

图一〇九　上下天光遗址F10西墙基中段探沟TG27平、剖面图

9. 房址F11

房址F11位于上下天光大殿东北侧，F10东侧，上下天光遗址东部假山南段西侧山脚下。为了了解F11的保存状况和墙基结构特点，于F11东南角、东北角和西墙中段布设探沟3条，编号为TG13、TG14和TG15。

TG13，位于F11东南角拐角处。南北向，呈长方形，南北长2.5、东西宽2、深0.4~1.05米。探沟内暴露的遗迹有：石墙基、砖墙基和三合土面。

石墙基，宽0.25~0.3米，用大小不等、形状不一的红色砂岩石块砌筑，底部未用三合土和夯土，只是作为挡土墙使用，残存部分保存较完整，距现存地表深0.4米。

　　砖墙基，宽0.46米（南墙宽0.23米），全部用青砖砌成，底部青砖规格为25厘米×12厘米×6厘米，上部青砖规格为46厘米×13厘米×11厘米。保存一般，距现存地表深0.55米。

　　三合土面，房基内的三合土面保存完整，距现存地表深0.55米。两墙基间的三合土面宽0.32米，保存完整，距现存地表深1.05米。

　　经解剖，石墙基残高0.68米，一面为齐边，另一面为毛边。砖墙基残高0.52米。三合土面厚0.15米。三合土下面为夯土层，厚0.35米，分两层，第一层厚0.15米，第二层厚0.2米。夯土层下面为灰土基础，厚0.35米，分两层，第一层厚0.15米，第二层厚0.2米。灰土基础下面为黄褐色生土（图一一○）。

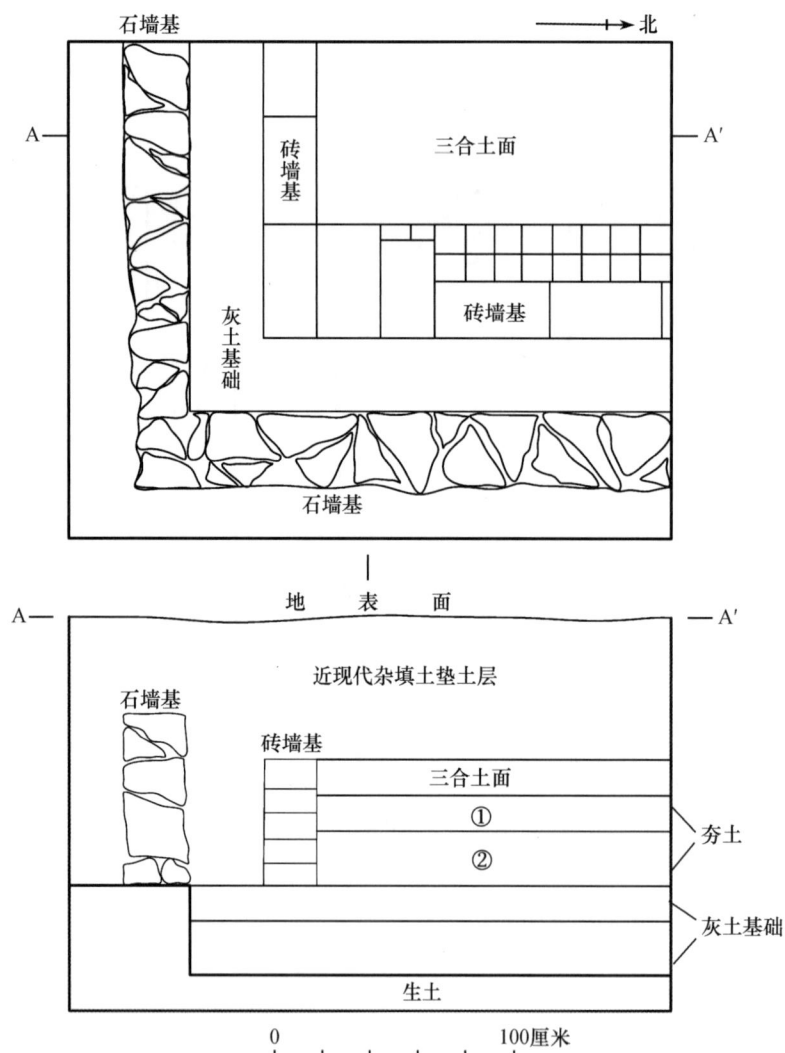

图一一○　上下天光遗址F11东南角探沟TG13平、剖面图

TG14，位于F11东北角拐角处。南北向，呈长方形，南北长2.5、东西宽1.5、深0.55～1.2米。探沟内暴露的遗迹有：石墙基、砖墙基和三合土面。

石墙基，已残缺，残宽0.35～0.4米，用大小不等、形状不一的红色砂岩石块砌筑而成，距现存地表深0.55米。

砖墙基，宽0.4米，全部用青砖砌成，底部青砖的规格为26厘米×12厘米×6厘米，上部青砖为单砖跑条垒砌，青砖规格为46厘米×23厘米×11厘米，保存一般，距现存地表深0.7米。

三合土面，分布在石墙基和砖墙基之间，宽0.35米，中间有块薄石板，长0.6、宽0.29～0.32、厚0.02～0.03米。三合土面保存较好，距现存地表深1.2米。

房基内的三合土面，保存完整，距现存地表深0.75米。

经解剖，砖墙基残高0.5米，砖与砖之间为错缝垒砌。房基内三合土层厚0.15米。三合土层下面为夯土层，厚0.3米。夯土层下面为灰土基础，厚0.35米，分两层，第一层厚0.15米，第二层厚0.2米。灰土基础下面为黄褐色生土（图一一一）。

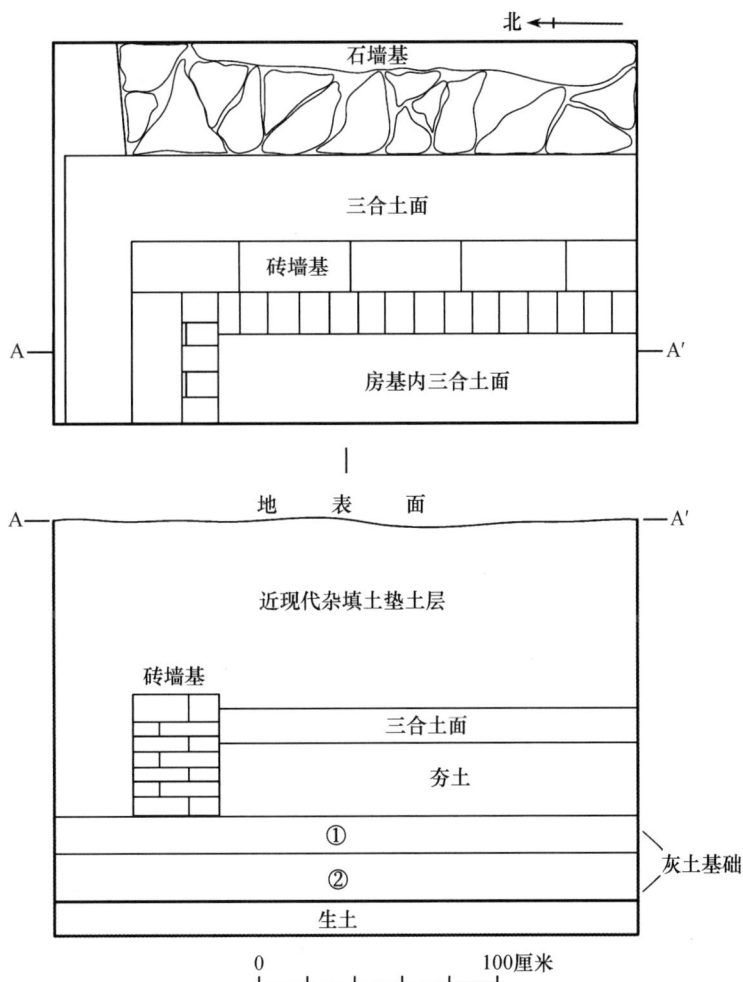

图一一一　上下天光遗址F11东北角探沟TG14平、剖面图

　　TG15，位于F11西墙基中段。东西向，呈长方形，东西长2、南北宽0.8、深0.75～1.1米。探沟内暴露的遗迹有：砖墙基和三合土面。

　　砖墙基，宽0.4米，用青砖砌筑而成，青砖规格为26厘米×12厘米×6厘米，或用其半块砖补缺，保存状况一般，距现存地表深1米。

　　三合土面，房基内三合土面保存完整，厚0.13米，距现存地表深0.74米。三合土下面为夯土层，厚0.41米，分两层，第一层厚0.16米，第二层厚0.25米。其下为灰土基础，厚0.36米，分两层，第一层厚0.16米，第二层厚0.25米。灰土基础下面为黑褐色生土。砖墙基外三合土面厚0.187米，此处三合土面距地表深1.1米。三合土下面的夯土层厚0.147米（图一一二）。

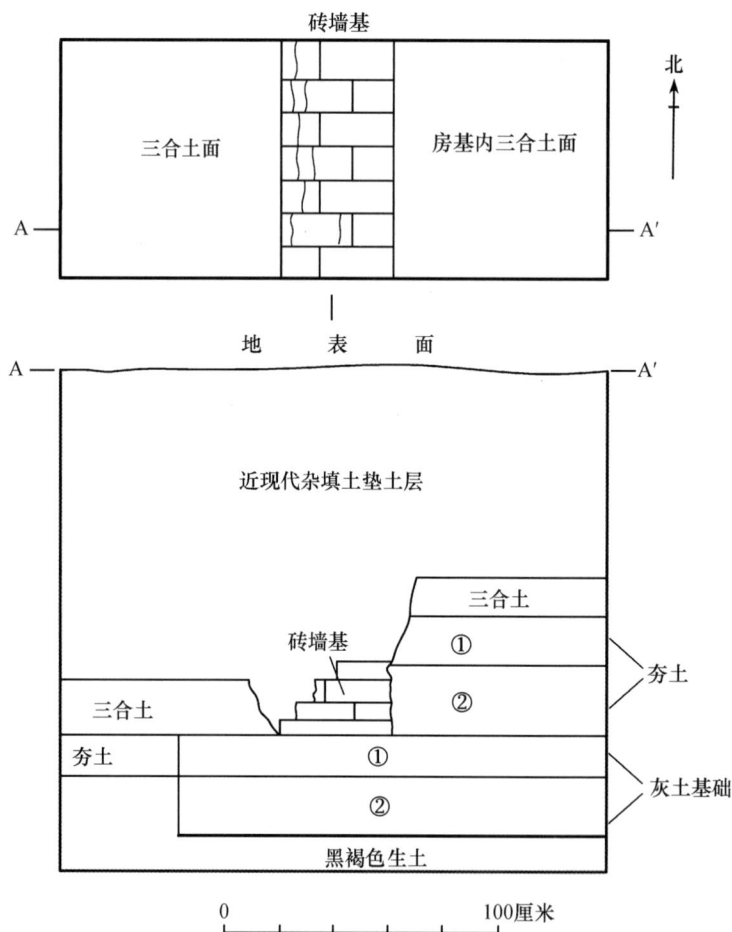

图一一二　上下天光遗址F11西墙基中段探沟TG15平、剖面图

10. F11西侧甬路

　　为了了解F11西侧甬路的保存状况和结构特点，于TG15探沟西侧又布设探沟1条，编号TG16。

　　TG16，位于F11西墙基中段西侧3米处，与TG15相邻。南北向，呈长方形，南北长1.5、东西宽0.6、深1.05米。探沟内暴露的遗迹有：甬路一段。

　　甬路，呈东西向，探沟范围内东西一段长0.6、南北宽0.9米。中间铺方砖，方砖的规格为30厘米×30厘米×5厘米。西边铺卵石，卵石面各宽0.18米。在卵石与方砖之间分别以立置青砖镶边。在两条卵石面的外侧，也同样用立置青砖镶边。用于镶边的牙砖规格为26厘米×12厘米×6厘米。有的方砖被破坏。甬路面距现存地面深1.05米。

经解剖，甬路卵石厚0.04米，方砖厚5厘米。卵石和方砖下面为三合土层，厚0.06～0.08米。三合土层下面为夯土层，厚0.2米。夯土层下面为黑褐色生土（图一一三）。

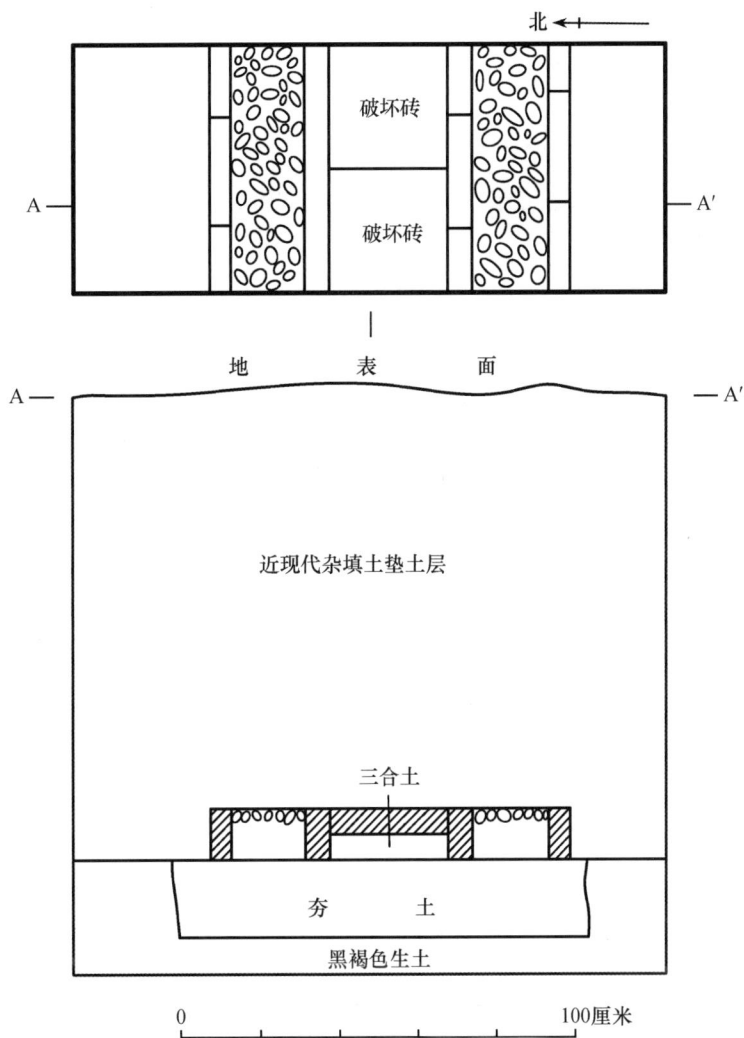

图一一三　上下天光遗址F11西侧甬路探沟TG16平、剖面图

11. F10西北侧石墙基

为探寻F10西北侧是否存在石墙基，以及其保存状况和结构特点如何，于F10西北侧3.5米处布设探沟一条，编号TG3。

TG3，南北向，呈长方形，南北长2、东西宽0.8、深0.85～1米。探沟内暴露的遗迹有：石墙基和散水。

石墙基，宽0.5米，用大小不等、形状不一的红色砂岩石块垒砌，保存完整，距现存地表深0.85米。

散水，分布在石墙基左、右两侧，各有一道，形状规格完全一致，为左右对称结构。散水面均用河卵石铺砌而成，内侧与石墙基紧密衔接，宽各为0.34米，外边用立置青砖镶边，牙砖规格为27厘米×12厘米×6厘米。故加上牙砖厚度在内，这两道散水宽度均为0.4米。散水保存完整，距现存地表深为1米。

经解剖，石墙基残高0.28米。散水卵石厚0.04米，卵石下面的三合土层厚0.08米。石墙基和三合土层下面为灰土基础，厚0.2米。灰土基础下面即黑褐色生土（图一一四）。

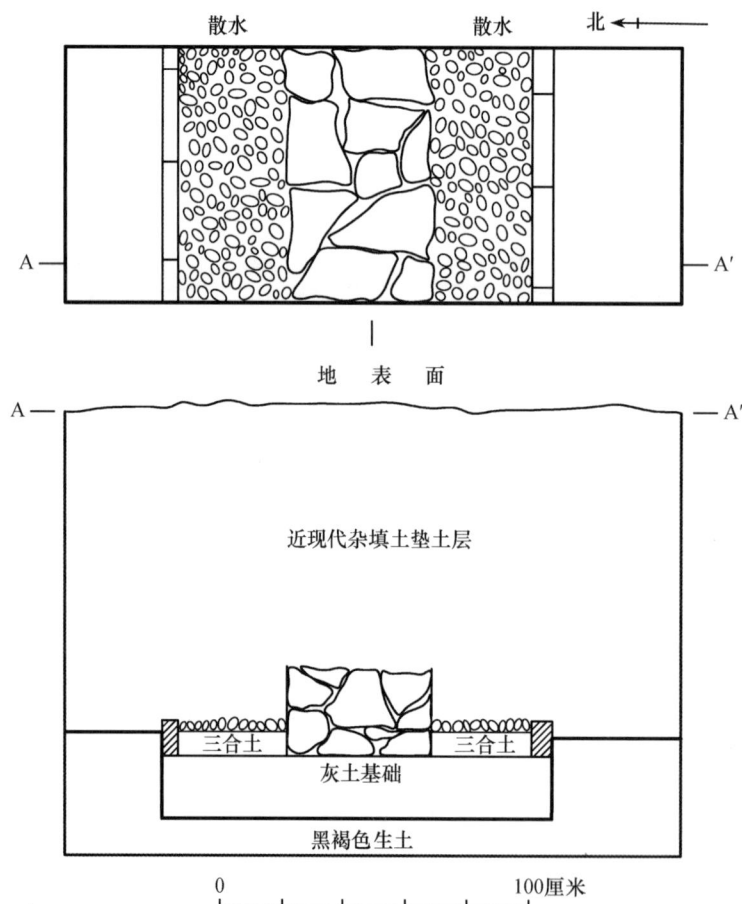

图一一四　上下天光遗址F10西北侧石墙基探沟TG3平、剖面图

12. F9东南侧，平安院F1西侧，下水道遗迹

为了了解和确定F9东南侧、平安院F1西侧是否有下水道设施，于F9东南角南侧2米、F1西侧1.5米处布设探沟一条，编号TG26。

TG26，东西向，呈长方形，东西长1.5、南北宽1、深0.94米。探沟内暴露的遗迹有：花岗岩石板砌筑的下水道遗迹。

下水道甬道，用大块厚实的花岗岩石板砌筑，石板顶盖板平面形状呈梯形，暴露的部分共有两块，中间以小头对接。北面的一块，大边长1.05、小边长0.82米，左、右两侧各宽0.53、厚0.22米；南面的一块，大边长1.06、小边长0.9米，左、右两侧各宽0.42（露出的部分）、厚0.23米。保存完整，石板盖板距现存地表深0.94～0.95米。

经解剖，该下水道整体坐槽于生土内。在挖好下水道基槽后，用上、下、左、右四块花岗岩石板垒砌成一个箱形长方口通道。即先铺底板一块，东西宽度为0.66米，厚度为0.08米；然后用两块侧板立置，从左、右两侧夹住底板两侧边，侧板高均为0.64米。厚度，东侧的一块厚0.24米，西侧的一块厚0.2米。最后以盖板压住两侧板上端边沿，盖板厚0.23米，便形成内口径为上下各长0.64米，左、右各高0.54米的过水通道。从槽底，即铺底石板底边，至现存地表深度为1.8米（图一一五）。

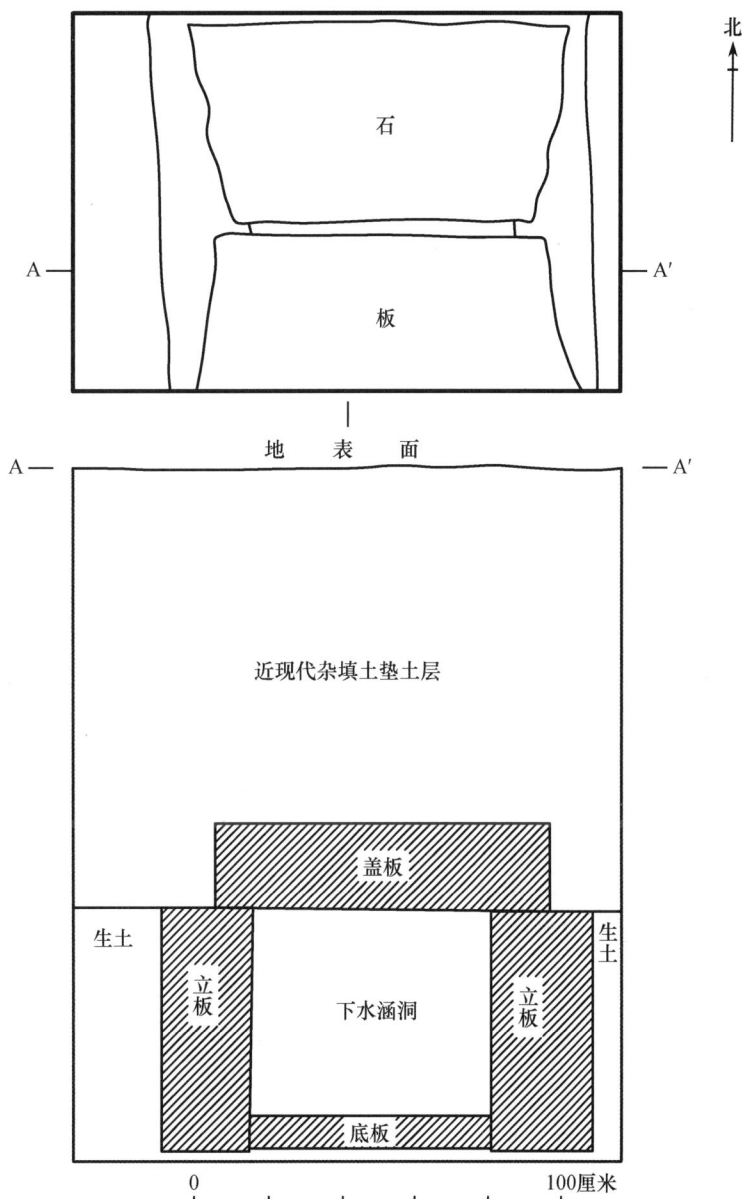

图一一五　上下天光遗址F9东南侧下水道探沟TG26平、剖面图

现将上下天光遗址2004年考古勘探（打探沟项目）相关资料归纳成表五九，谨供参考。

表五九　上下天光遗址2004年考古勘探（打探沟项目）登记表　（2004年2月27日～3月31日）

探沟编号	探沟位置	探沟规格［长×宽×深（米）］	目的	探沟内发现的遗迹	基础解剖结果	土方量（平方米）
TG9	F1北墙基中间	2×0.8×（0.75～0.85）	了解F1北墙基保存状况和结构特点	石墙基、散水和房基内的三合土面	房基内自上而下基础做法为：三合土厚0.15米；夯土层厚0.4米；灰土基础厚0.15米；柏木桩长0.94～1.1米	1.66
TG10	F1西墙基中间	2×0.8×（0.6～0.8）	了解F1西墙基保存状况和结构特点	石墙基、散水和房基内的三合土面	房基内自上而下基础做法为：三合土层厚0.2米；夯土层厚0.5米；灰土基础厚0.15米；柏木桩长1～1.15米	1.46
TG11	F1南墙基中间	2×0.8×（0.6～0.65）	了解F1南墙基保存状况和结构特点	石墙基和散水	房基内自上而下基础做法为：散水卵石下三合土层厚0.08米；夯土层厚0.5米；灰土基础厚0.15米；柏木桩长0.9～1.05米	1.3
TG12	F1东墙基中间，并跨东侧一部分	4×0.8×（0.94～1.12）	了解F1东墙基保存状况及东侧有无遗迹	东西两端均有石墙基、散水，中间还有砖铺地面	东西两端基础做法一致：散水层厚0.06米；三合土层厚0.28米；灰土基础厚0.15米；柏木桩长0.84～0.91米。砖铺地面东西宽2.006米，其下的三合土层与散水下的三合土层连成一片，厚度也是0.28米，三合土层下为夯土层，厚度与东西两侧的灰土基础一致，均为0.15米；夯土层下为生土。在砖铺地面范围内的生土中无柏木桩	3.3
TG17	平安院东墙基	1.5×0.6×1.3	了解平安院东墙基保存状况及结构特点	石墙基	石墙基宽0.8、残高0.16米。墙以下，三合土层厚0.2米；夯土层厚0.2米，其下为生土	1.17
TG18	平安院北墙基中段偏东	1.5×1×0.3	了解平安院北墙基保存状况及结构特点	石墙基	石墙基上部宽0.5、下部宽0.8、残高0.76米。墙基以下，三合土层厚0.15米；夯土层厚0.2米，其下为黄褐色生土	0.45
TG19	平安院北墙基西北角	2×1×0.7	了解平安院北墙基西北角保存状况及结构特点	西北角石墙基，拐角处呈倾斜状	石墙基宽0.8、残高0.2米。墙基以下，三合土层厚0.15米；夯土层厚0.2米，其下为黄褐色生土	1.4
TG22	F5东北角	2×0.5×（0.65～0.8）	了解F5东北角石墙基保存状况及结构特点	仅遗有散水和灰土基础，石墙基墙体已遭破坏无存	自上而下基础做法为：散水卵石层厚0.04米；三合土层厚0.06米；夯土层厚0.3米；灰土基础厚0.4米；柏木桩长0.75～0.9米	0.73
TG23	F5北墙基略偏西	2×0.5×（0.75～1）	了解F5北墙基偏西段保存状况及结构特点	仅见散水和灰土基础，石墙基墙体已遭破坏无存	自上而下基础做法为：散水卵石层厚0.04～0.45米；三合土层厚0.055～0.06米；夯土层厚0.16米；灰土基础厚0.4米；柏木桩长0.8～0.85米	0.88

续表

探沟编号	探沟位置	探沟规格[长×宽×深（米）]	目的	探沟内发现的遗迹	基础解剖结果	土方量（平方米）
TG24	F5南墙基中段	1.5×0.5×1.2	了解F5南墙基保存状况及结构特点	仅见灰土基础面，表明F5南墙基墙体部分已遭破坏无存	灰土基础厚0.4米，柏木桩长0.8~0.95米	0.9
TG20	F6东南角	1.5×1×（0.9~1.05）	了解F6东南角墙基保存状况及结构特点	仅存散水和灰土基础，F6东南角墙体部分已遭破坏无存	自上而下基础做法为：散水卵石层厚0.04米；三合土层厚0.1米；灰土基础厚0.4米；柏木桩长0.98~1.08米	1.46
TG21	F6北墙基略偏东处	2×0.5×1	了解F6北墙基保存状况及结构特点	仅存灰土基础，表明F6北墙基墙体已被破坏无存	自上而下的基础做法为：剩下的灰土基础厚0.4米，柏木桩长0.88~0.92米	1
TG4	F8东墙基中段	1.5×0.8×（1.6~1.64）	了解F8东墙基保存状况及结构特点	石墙基和散水	自上而下的基础做法为：石墙基宽0.8米，残高0.22米。散水0.4米，散水铺砖6厘米，卵石厚0.04米。散水下面的夯土层厚0.14米；灰土基础厚0.35米；柏木桩长0.88~0.98米	1.94
TG5	F8北墙基中段	2×0.8×（1.65~1.95）	了解F8北墙基和散水	砖石墙基和散水	自上而下的基础做法为：石墙基宽0.8、残高0.32米。散水宽0.4米，散水铺砖6厘米，卵石厚0.04米，夯土层厚0.13~0.15米；灰土基础厚0.35米；柏木桩长0.86~1米	2.72
TG6	F8南墙基中段	2×0.8×1.1	了解F8南墙基保存状况和结构特点	石墙基	自上而下的基础做法为：石墙基宽0.8、残高0.36米。石墙之下为灰土基础，厚0.35米；柏木桩长0.88~0.96米	1.76
TG7	F9北墙基中段	2×0.8×（0.75~1.1）	了解F9北墙基保存状况及结构特点	墙基基槽和散水，F9北墙墙体已遭破坏无存	自上而下的基础做法为：散水河卵石下面为夯土层，厚0.3米；灰土层基础厚0.15米；柏木桩长0.88~0.96米	1.48
TG8	F9东墙基中段	1.5×0.8×（0.95~1.2）	了解F9东墙基保存状况及结构特点	灰土面和散水，F9东墙基墙体已遭破坏无存	自上而下的基础做法为：散水卵石厚0.04米；其下为夯土层，厚0.2米；灰土基础厚0.15米；柏木桩长0.92~1米	1.29
TG25	F9西南角	2×1.2×（0.88~1.3）	了解F9西南角墙基保存状况及结构特点	灰土基础、散水和挡土墙	自上而下的基础做法为：挡土墙上部的青砖厚12厘米；挡土墙石墙基厚0.2米；散水的卵石层厚0.04米，其下三合土层厚0.12米；石墙基与三合土之下为灰土基础，厚0.15米；柏木桩长1~1.1米	2.62
TG1	F10南墙基中段偏东处	2.5×1.6×（0.7~0.9）	了解F10南墙基保存状况及结构特点	砖石墙基、铺地砖、甬路	自上而下的基础做法为：甬路方砖厚5厘米；之下三合土厚0.07米；三合土之下为夯土，厚0.46米。石条厚0.1米；石墙基残高0.7米；铺地砖厚5厘米；其下为夯土层，厚0.64米；夯土层与石墙基之下为灰土基础，厚0.15米；柏木桩长0.95~1.08米	3.2

续表

探沟编号	探沟位置	探沟规格[长×宽×深（米）]	目的	探沟内发现的遗迹	基础解剖结果	土方量（平方米）
TG2	F10北墙基中段	2×0.6×（0.8~1）	了解F10北墙基保存状况及结构特点	石墙基，另有后期石墙基一道	自上而下的基础做法为：石墙基宽0.6、残高0.52米。后期石墙基紧贴在原石墙之南侧，上部宽0.2、下部宽0.6米。在墙基内（南侧）尚残存夯土层，厚0.28米，在上述两道石墙基和残存夯土之下为灰土基础，厚0.16米；柏木桩长0.92~1米	1.08
TG27	F10西墙基中段	1.5×0.5×0.9	了解F10西墙基保存状况及结构特点	石墙基，已遭破坏，墙体残存一条	自上而下的基础做法为：墙基残宽0.16~0.2、残高0.9米；墙基之下为灰土基础，厚0.15米；柏木桩长0.78~0.96米	0.68
TG13	F11东南角	2.5×2×（0.4~1.05）	了解F11东南角墙基保存状况及结构特点	石墙基、砖墙基、三合土面	自上而下的基础做法为：石墙基残宽0.25~0.3、残高0.68米；砖墙基宽0.46米（南墙宽0.23米），残高0.52米；三合土面厚0.15米；其下夯土层厚0.35米；灰土基础厚0.35米；之下为黄褐色生土	3.63
TG14	F11东北角	2.5×1.5×（0.55~1.2）	了解F11东北角墙基保存状况及结构特点	石墙基、砖墙基、三合土面（石墙基已残缺）	自上而下的基础做法为：石墙基残宽0.35~0.4米；砖墙基宽0.4、残高0.5米；房基内三合土层厚0.15米；其下夯土层厚0.3米；灰土基础厚0.35米；之下为黄褐色生土	3.28
TG15	F11西墙基中段	2×0.8×（0.75~1.1）	了解F11西墙基保存状况及结构特点	砖墙基和三合土面	自上而下的基础做法为：砖墙基外三合土厚0.187米，距现地表深1.1米。砖墙基内三合土厚0.13米，距现地表深0.74米；其下夯土层厚0.41米；灰土基础厚0.36米；之下为黑褐色生土	1.48
TG16	F11西墙基中段西侧3米处	1.5×0.6×1.05	了解F11西侧甬路的保存状况及结构特点	甬路一段	自上而下的基础做法为：甬路路面南北宽0.9米，卵石厚0.04米，方砖厚5厘米。其下三合土层厚0.06~0.08米；夯土层厚0.2米，之下为黑褐色生土	0.95
TG3	F10西北侧3.5米处	2×0.8×（0.85~1）	了解F10西北侧是否有石墙基，以及其保存状况和结构特点	石墙基和散水	自上而下的基础做法为：石墙基宽0.5、残高0.28米，两侧各有卵石散水一道，作对称布局；卵石厚0.04米；其下三合土层厚0.08米；灰土基础厚0.2米；之下为黑褐色生土	1.48
TG26	F9东南侧2米处	1.5×1×（0.94~0.95）	了解和确定F9东南侧是否有下水道遗迹	花岗岩石板砌筑的下水道遗迹	下水道内径呈长方形，由上、下、左、右四块花岗岩石板堆砌组成，为箱式结构，内径规格为0.64米×0.54米，底板厚度为0.08米，两侧板与盖板厚度都在0.2~0.24米，盖板顶面距地表深0.94~0.95米，底板底边距地表深1.8米	1.42

二、地层堆积

上下天光遗迹的地层堆积，总体上与杏花春馆遗址近似，也比较简单。可以上下天光遗址南部探沟TG2、中部探沟TG9和北部探沟TG23这三处地层剖面为例，作出说明。

（1）上下天光遗址南部F10北墙中段（偏东）探沟TG2地层剖面，地层堆积自上而下的层次是：①为现代地表面；②为近、现代杂填土垫土层，厚1.65米；③为生土，厚2～3米以上（往下再未作解剖）。清代建筑基础即开口于第2层下，打破生土。探沟TG2所揭示出来的清代石墙基、灰土基础（厚0.16米），以及下面的柏木桩基础（深0.92～1米），即是打破生土并扎根于生土内打造完成的（图一一六）。

（2）上下天光遗址中部平安院内F1北墙基中间探沟TG9地层剖面，地层堆积自上而下的层次是：①为现代地表面；②为近现代杂填土垫土层，厚1.5米；③为生土，厚2～3米以上（往下再未作解剖）。清代建筑基础即开口于第2层下，打破生土。探沟TG9所揭示出来的清代石墙基、灰土基础（厚0.15米），以及下面的柏木桩基础（深0.94～1.1米），即是打破生土并扎根于生土内打造而成的（图一一七）。

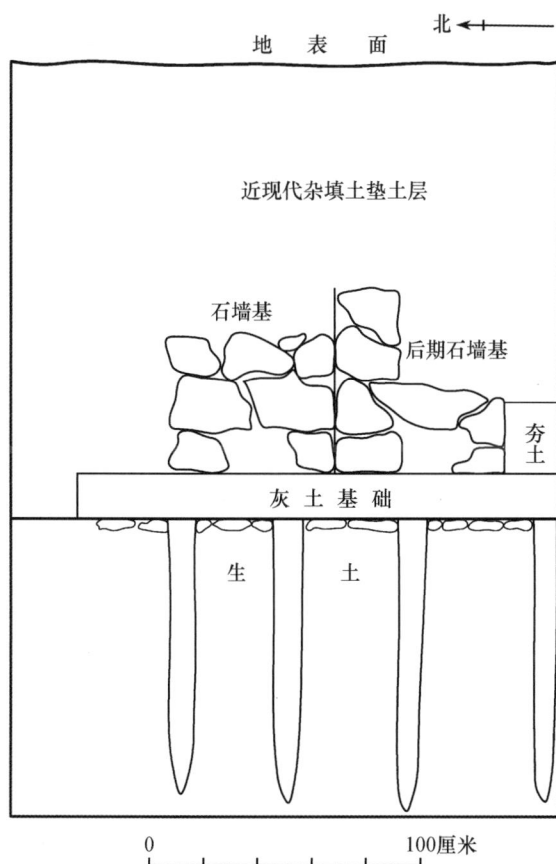

图一一六　上下天光遗址探沟TG2地层剖面图　　　　　　图一一七　上下天光遗址探沟TG9地层剖面图

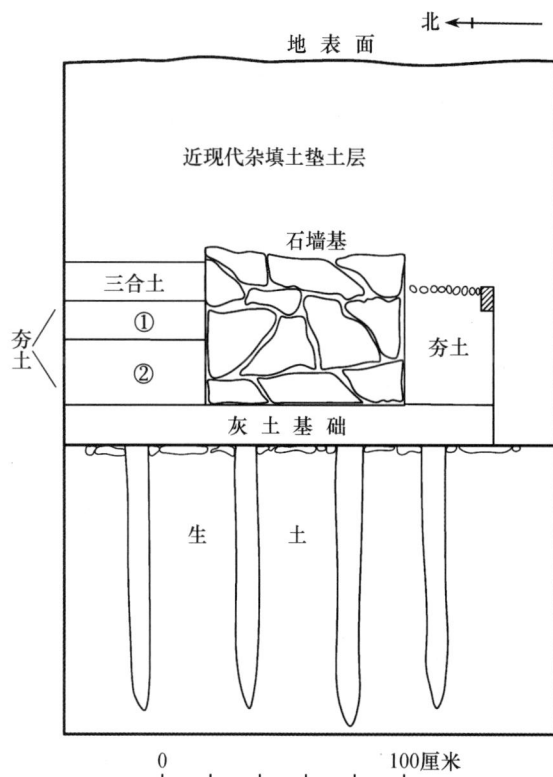

（3）上下天光遗址北部F5北墙基（略偏西处）探沟TG23地层剖面，地层堆积自上而下的层次是：①为现代地表面；②为近现代杂填土垫土层，厚1.38米；③为生土，厚2～3米以上（往下再未作解剖）。清代建筑基础即开口于第2层下，打破生土。探沟TG23所揭示出来的清代建筑F5的灰土基础（厚0.4米）和下面的柏木桩基础（深0.8～0.85米），即是打破生土并扎根于生土内打造完成的（图一一八）。

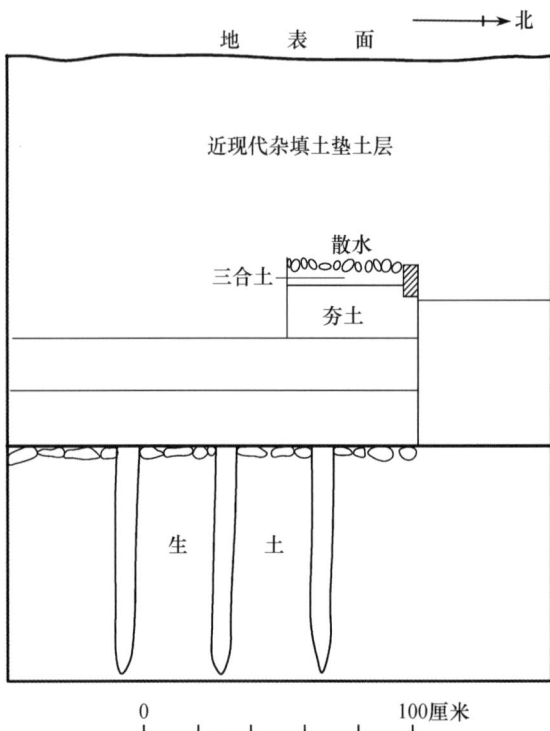

图一一八　上下天光遗址探沟TG23地层剖面图

三、考古发掘

根据2004年2～3月在上下天光遗址开展的考古勘探结果，我们于2004年4月15日至11月29日，对上下天光遗址进行了有计划的考古发掘。

（一）布方

根据上下天光遗址的地貌特点、建筑遗迹分布的四至范围，首先在遗址的西南角确定了坐标轴"○"的方位。然后以"○"点为基准，分别向北、向东布10米×10米的探方60个，其中西南侧和西南角、东南角以及东北角，因有土石假山，有3个方未能进行考古发掘，故实际发掘的探方为57个，发掘总面积5700平方米。实挖探方编号自南而北、自西向东的次序为：

南数第一排，TB1、TC1、TD1、TE1、TF1、TG1；南数第二排，TB2、TC2、TD2、TE2、TF2、TG2、TH2；南数第三排，TB3、TC3、TD3、TE3、TF3、TG3；南数第四排，TA4、TB4、TC4、TD4、TE4、TF4、TG4；南数第五排，TA5、TB5、TC5、TD5、TE5、TF5、TG5；南数第六排，TA6、TB6、TC6、TD6、TE6、TF6、TG6；南数第七排，TA7、TB7、TC7、TD7、TE7、TF7；南数第八排，TA8、TB8、TC8、TD8；南数第九排，TA9、TB9、TC9、TD9；南数第十排，TA10、TB10、TC10（图一一九；图版一二五，1）。

（二）发掘

发掘过程，由南而北依次分三个阶段逐步推进。

第一阶段，先发掘南一排至南四排；第二阶段，接续发掘南五排至南七排；第三阶段，再接续发掘南八排至南十排。

在以上发掘的57个探方区域内，揭示出上下天光景区陆地上迄今尚存的清代建筑基址14处，包括上下天光大殿基址，平安院院内房址3处（编号F1～F3），以及平安院以外的各处房址10处（编号F4～F13）等。如上下天光大殿基址，分布于TC1、TC2、TD1、TD2、TD3、TE1、TE2、TE3这8个探方内；平安院分布于TD5、TD6、TD7、TE5、TE6、TE7、TF5、TF6、TF7、TG5、TG6这11个探方内，其中包括F1～F3这3处房址；平安院以外，处于遗址南部的房址F10，分布于TD4、TE4两个探方内；处于遗址中部的房址F9，分布于TB5、TB6、TC5、TC6这4个探方内；处于遗址东南部的房址F11，分布于TG4探方内；处于遗址东南角的敞厅基址F12，分布于TG2和TH2探方内；处于遗址西部的房址F13，分布于TA7、TA8这2个探方内；处于遗址西部偏南侧的房址F8，分布于TA5探方内；处于平安院北侧的房址F4，分布于TE7探方内；处于遗址西北部的房址F5，分布于TA9、TA10、TB9、TB10这4个探方内；处于遗址北部的房址F6和F7，分别分布于TC9和TD9探方内，等等（图一二〇；图版一二五，2）。

在完成以上14项大殿基址、房址和敞厅基址发掘任务的同时，在发掘区内还清理、发掘出形制、规格、用材和铺砌方式不尽一致的甬路遗迹8条，编号为L1～L8；下水道排水设施遗迹一处；还有上下天光大殿前方（南侧）湖内曲桥基址一处（编号Y-qiao—12号，此项发掘内容将被收入《圆明园桥涵遗址发掘报告》，本报告从略）。另外，还对上下天光遗址内现存的3座人工堆叠的土石假山遗迹进行了实测踏勘。

现将2004年度在上下天光遗址发掘的各单项建筑基址、甬路、下水道排水设施，以及对现存的土石假山现状所做的实测踏勘情况（图一二一），依次介绍如下。

北

TA10	TB10	TC10				
TA9	TB9	TC9	TD9			
TA8	TB8	TC8	TD8			
TA7	TB7	TC7	TD7	TE7	TF7	
TA6	TB6	TC6	TD6	TE6	TF6	TG6
TA5	TB5	TC5	TD5	TE5	TF5	TG5
TA4	TB4	TC4	TD4	TE4	TF4	TG4
	TB3	TC3	TD3	TE3	TF3	TG3
	TB2	TC2	TD2	TE2	TF2	TG2	TH2
	TB1	TC1	TD1	TE1	TF1	TG1

0 ——————— 10米

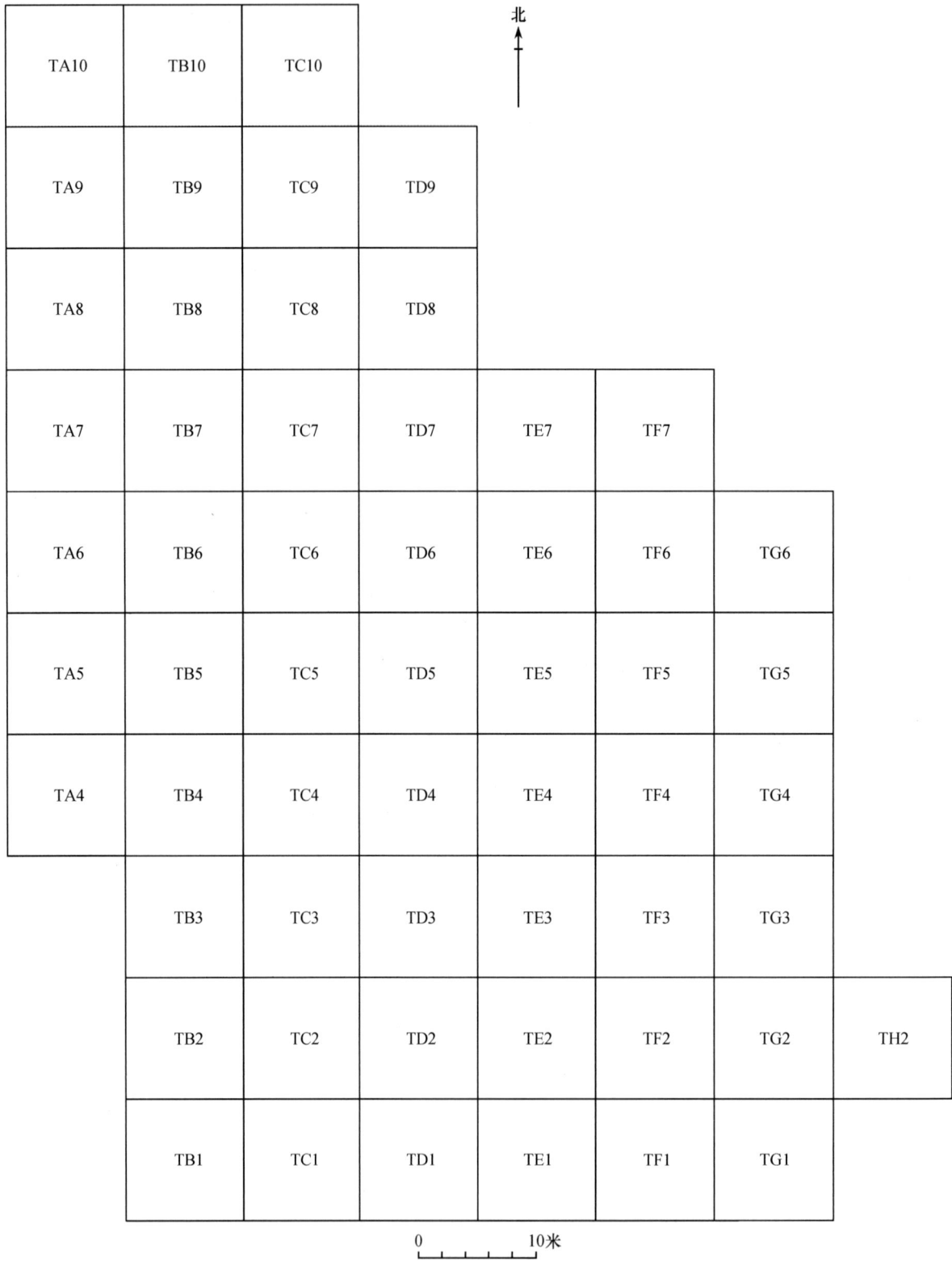

图一一九　上下天光遗址探方分布图

5号柱础坑，位于4号柱础坑的东部，间距1.48米。柱础坑长2、宽0.7、深0.25米。柱础坑底部的石块，北侧的石块长0.77、宽0.58、厚0.3米；南侧的石块长0.83、宽0.59、厚0.3米。

6号柱础坑，位于5号柱础坑的东部，间距3.2米。柱础坑长1.97、宽0.71、深0.22米。柱础坑底部的石块，北侧的石块长0.77、宽0.58、厚0.3米；南侧的石块长0.83、宽0.59、厚0.3米。

7号柱础坑，位于6号柱础坑的东部，间距1.46米。柱础坑长2.24、宽1.13、深0.21米。柱础坑底部的石块，北侧的石块长1.1、宽1.02、厚0.31米；南侧的石块长1.1、宽1.03、厚0.32米。

8号柱础坑，位于7号柱础坑的东部，间距1.95米。柱础坑长1.95、宽0.65、深0.23米。柱础坑底部的石块，北侧的石块长0.8、宽0.56、厚0.29米；南侧的石块长0.76、宽0.55、厚0.28米。

9号柱础坑，位于8号柱础坑的东部，间距2.26米。柱础坑长1.95、宽0.65、深0.21米。柱础坑底部的石块，北侧的石块长0.78、宽0.6、厚0.3米；南侧的石块长0.73、宽0.59、厚0.3米。

10号柱础坑，位于大殿的东南角、9号柱础坑的东部，间距2.25米。柱础坑长1.99、宽0.6、深0.51米。因破坏严重，未发现石块（磉墩）。

11号柱础坑，位于大殿的西北角，1号柱础坑的北部，南北间距7.08米。柱础坑长2.13、宽0.65、深0.5米，未保存石块（磉墩）。

12号柱础坑，位于11号柱础坑的东部，间距2.26米。柱础坑长2.2、宽0.69、深0.22米。柱础坑底的石块，北侧的石块长0.7、宽0.56、厚0.28米；南侧的石块长1、宽0.6、厚0.3米。

13号柱础坑，位于12号柱础坑的东部，间距2.23米。13号柱础坑长2.1、宽0.7、深0.21米。柱础坑底的石块，北侧的石块长0.85、宽0.59、厚0.3米；南侧的石块长0.8、宽0.61、厚0.29米。

14号柱础坑，位于13号柱础坑的东部，间距1.98米。柱础坑长2.35、宽1.06、深0.2米。柱础坑底的石块，北侧的石块长1.16、宽1、厚0.32米；南侧的石块长1.13、宽1.01、厚0.31米。

15号柱础坑，位于14号柱础坑的东部，间距1.47米。柱础坑长2.1、宽0.69、深0.22米。柱础坑底的石块，北侧的石块长0.88、宽0.6、厚0.29米；南侧的石块长0.7、宽0.59、厚0.29米。

16号柱础坑，位于15号柱础坑的东部，间距3.23米。柱础坑长2.12、宽0.65、深0.21米。柱础坑底部的石块，北侧的石块长0.7、宽0.58、厚0.3米；南侧的石块长0.8、宽0.6、厚0.29米。

17号柱础坑，位于16号柱础坑的东部，间距1.46米。柱础坑长2.32、宽1.13、深0.2米。柱础坑底的石块，北侧的石块长1.15、宽1.06、厚0.32米；南侧的石块长1.12、宽1.05、厚0.31米。

18号柱础坑，位于17号柱础坑东部，间距1.96米。柱础坑长2.1、宽0.68、深0.22～0.51米。柱础坑内，仅在南侧残留一块长方形石块，长0.8、宽0.61、厚0.29米。

19号柱础坑，位于18号柱础坑的东部，间距2.23米。柱础坑长2.11、宽0.7、深0.53米。破坏严重，坑底部无石块。

20号柱础坑，位于大殿东北角，19号柱础坑的东部，间距2.25米。柱础坑长2.13、宽0.6、深0.52米。破坏严重，柱础坑底部无石块。

（4）陡板石

大殿的前后墙共残存10块陡板石，皆由青石打制而成。后墙残存3块，分别位于明间，西边次间和西梢间的北部。前墙中部与月台相接处共6块，东梢间南部一块。陡板石的长度也不尽相同，最长的陡板石长3.02米，最短的残长1.35米，宽度均为0.6、高0.7米。陡板石外面光滑，内侧和底面粗糙，大部分陡板石的边缘已风化。

（5）土衬石

现存的陡板石下和殿址的东部保存有部分土衬石。保存完整的土衬石长0.9～1.6米，宽度基本相同，宽0.8米，厚0.2米。土衬石外边缘有宽近0.1米的金边，并有打制时留下的细小斜道纹。土衬石是用红色砂岩加工而成的石板。

月台和码头台阶保存状况，简述如下〔注：上下天光总平面图（1∶50）中的月台和码头台阶均以修复后的尺寸绘制〕。

（6）月台

位于大殿的正前面（中轴线），与大殿的陡板石相连。东西面阔14.1、南北进深5.75米，东西墙基以青砖立砌，宽0.45米，南台基用尚存的汉白玉石条砌筑，残缺部分以青砖填补，宽0.65米。基底部东、南、西三面以砖作土衬石，暴露部分宽0.09～0.1米。月台前面东西两侧各有一长方形平台，与土衬石（砖）相接且等高，平台相互对应，规格相同，台面东西长1.3、南北宽1.2米。平面分别与两侧的驳岸石相连接。

（7）码头台阶

位于月台的正前面（中轴线），除踏跺左右两侧的垂带为汉白玉材料外，其余均以长方形青砖砌筑。垂带宽0.6米，坡度为25°。垂带中间各有一条宽0.18米的凹槽，槽深0.01米。踏跺共10层，每层宽0.3、高0.15米，东西跨度为2.5米。踏跺最下一级的砚窝石以砖代之。平面东西长3.86、南北宽1.05米，与台阶左右两侧的土衬齐平。台阶整体坐落在湖内。

（8）柱础石

分布于月台的东西两侧，共4块，每侧各2块，南北排列，相互对应，均为砂岩粒石打制。表面有经打制留下的斜道纹。柱础石编号为1、2、3、4号，叙述如下：

1号柱础石，位于月台西侧南部，南靠驳岸石，与月台间距2.1米。柱础石为长方形，长0.8、宽0.7、厚0.33米。中心有一柱孔，直径0.3、深0.33米，保存较好。

2号柱础石，位于月台西侧北部，与1号柱础石间距4.05米。柱础石为长方形，长0.85、宽0.65、厚0.32米。中间的柱孔直径0.29、深0.29米，保存较差。

3号柱础石，位于月台的东侧南部，南靠驳岸石，与月台间距2.1米。柱础石为长方形，长0.8、宽0.7、厚0.32米。中间的柱孔直径0.3、深0.32米，保存较好。

4号柱础石，位于月台东侧北部，南距1号柱础石4.15米。柱础石为长方形，长0.86、宽0.65、厚0.31米。柱孔直径0.3、深0.31米，保存较好。

从月台两侧保存的柱础石判断，月台东、西两侧应各有一附属建筑，由沿湖路进入该建筑并登上月台。

经解剖，大殿台基厚0.5米，共分三层，第一层厚0.15米，第二层厚0.15米，第三层厚0.2米。台基底部为灰土基础，厚0.8米，共分四层，第一层厚0.1米，第二层厚0.2米，第三层厚0.25米，第四层厚0.25米。灰土基础下为柏木桩基础，柏木桩全部打入生土内，柏木桩直径0.08～0.12米，长1.05～1.4米，间距0.22～0.25米，纵横排列。上部填充掏当山石，石块大小形状不等，最大的石块规格为0.22米×0.18米×0.11米，最小的石块规格为0.08米×0.05米×0.02米。

二、房址F1

1. 位置

F1位于上下天光遗址中部，平安院的西南角，基址分布于探方TD5、TD6、TE5、TD6、TB6中。

2. 形制规格

F1平面形状呈长方形，坐南朝北以散水立砖的边缘计算，房址东西长11.3、南北宽8.35米，面阔三间（图一二三）。

3. 保存状况

该房址保存较差，现存遗迹有：①转角石；②石墙基；③三合土面；④柱础坑；⑤柱础石；⑥散水；⑦引路。叙述如下：

（1）转角石

共有4块，分别位于房基的4个角，其规格分别为：西南角0.4米×0.14米，西北角0.4米×0.11米，东北角0.45米×0.19米，东南角0.4米×0.15米。转角石用青石块打制而成，顶部距散水高0.12米，散水以下的尺寸不详。

（2）石墙基

分布于房址台基的周围。保存较差，现存部分用大小形状不等的红色砂岩石砌筑，并用白灰相互黏合。石墙基宽0.65米，散水以上残存高度为0.12米。在位于西墙中部和北墙的西部内侧，有一层用青砖垒在石墙基上的砖墙，青砖共有两种，其一规格为：25厘米×12厘米×5厘米；其二规格为：26厘米×15厘米×5厘米。墙基的西墙北端和南墙东端，与平安院墙角墙体相接。

（3）三合土面

位于石墙基的内侧，保存一般，三合土面东西长9.2、南北宽6.25米，中心部位的三合土保存较好，三合土的表面清理出正方形铺地砖下残留的白灰痕迹，根据白灰痕迹测得，铺地砖的边长为33厘米，厚度不详。

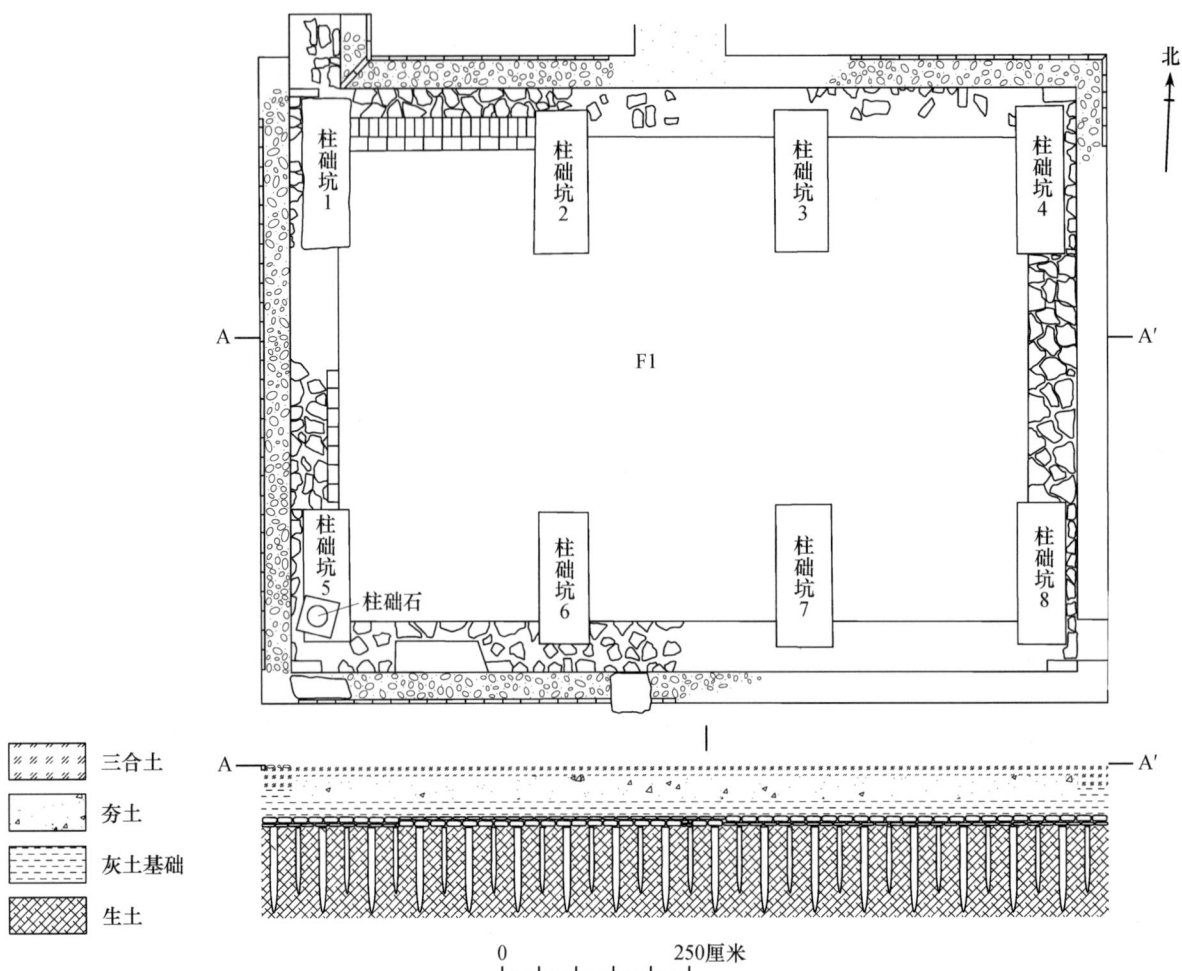

图一二三　上下天光遗址F1基址平、剖面图

（4）柱础坑

该房址内清理出南、北两排共8个柱础坑，均为南北向双连柱础坑，编号为：1～8号。

1号柱础坑，位于房址的西北部。柱础坑长1.92、宽0.66米，距三合土面深0.4米。

2号柱础坑，位于1号柱础坑的东部，间距2.58米。柱础坑长1.85、宽0.72米，距三合土面深0.42米。

3号柱础坑，位于2号柱础坑的东部，间距2.5米。柱础坑长1.83、宽0.7米，距三合土面深0.4米。

4号柱础坑，位于房址的东北角，3号柱础坑的东部，间距2.51米。柱础坑长1.9、宽0.64米，距三合土面深0.41米。

5号柱础坑，位于房址的西南角，与北部的1号柱础坑相对应，间距3.38米。柱础坑长1.7、宽0.63米，距三合土面深0.41米。

6号柱础坑，位于5号柱础坑的东部，间距2.55米。柱础坑长1.7、宽0.6米，距三合土面深0.4米。

7号柱础坑，位于6号柱础坑的东部，间距2.5米。柱础坑长1.8、宽0.72米，距三合土面深0.41米。

8号柱础坑，位于该房址的东南角，7号柱础坑的东部，间距2.5米。柱础坑长1.8、宽0.7米，距三合土面深0.4米。

（5）柱础石

仅存一块柱础石，位于房址的西南角，5号柱础坑的南部，被后期移动。形状呈正方形，边长0.48、厚0.13米，中间有一圆形鼓镜，直径28、高2厘米。无柱窝，为青石打制，保存一般。

（6）散水

分布于房基的四周，石墙基的外侧，保存一般，散水是先打好三合土后，再用大小不等的卵石铺砌，外围以立砖镶边，所用立砖的规格为25厘米×6厘米×5厘米。墙基四周的散水宽0.4米。

（7）引路

位于房址北（前）墙中部，形状呈"Z"形走向，编号L2。引路保存较差，东部仅剩下三合土基础，宽1.18米，引路基础与散水下的三合土基础相接，引路东端与甬路L3相交会。

经解剖，房址内的三合土厚0.15米。三合土下为夯土层，厚0.3米，分两层，均厚0.15米。墙基外侧的散水平铺卵石，厚为0.04米。卵石下为甬路基础，厚0.28米，分两层，第一层为三合土，残厚0.05米，第二层为夯土层，厚0.23米。夯土层以下为黄褐色生土。

三、房址F2

1. 位置

F2位于平安院东部，西邻F3，基址分布在探方TE6、TE7、TF6、TF7内。

2. 形制规格

F2整体形状呈长方形，以散水立砖的边缘计算，房址东西长11.05、南北宽8.3米。为坐北朝南三开间正房，明间直对平安院南门。系平安院内主要建筑之一（图一二四）。

3. 保存状况

该房址保存较差，现存遗迹有：①转角石；②石墙基；③三合土面；④柱础坑；⑤灶；⑥炕；⑦散水；⑧台阶基础。详述如下：

（1）转角石

位于房址的东北角，保存较好，平面形状呈长方形，长0.49、宽0.26米，东西向砌筑。转角石为青石打制而成，外表有打制过程中留下的细密竖条纹。顶部距散水的高度为0.1米，散

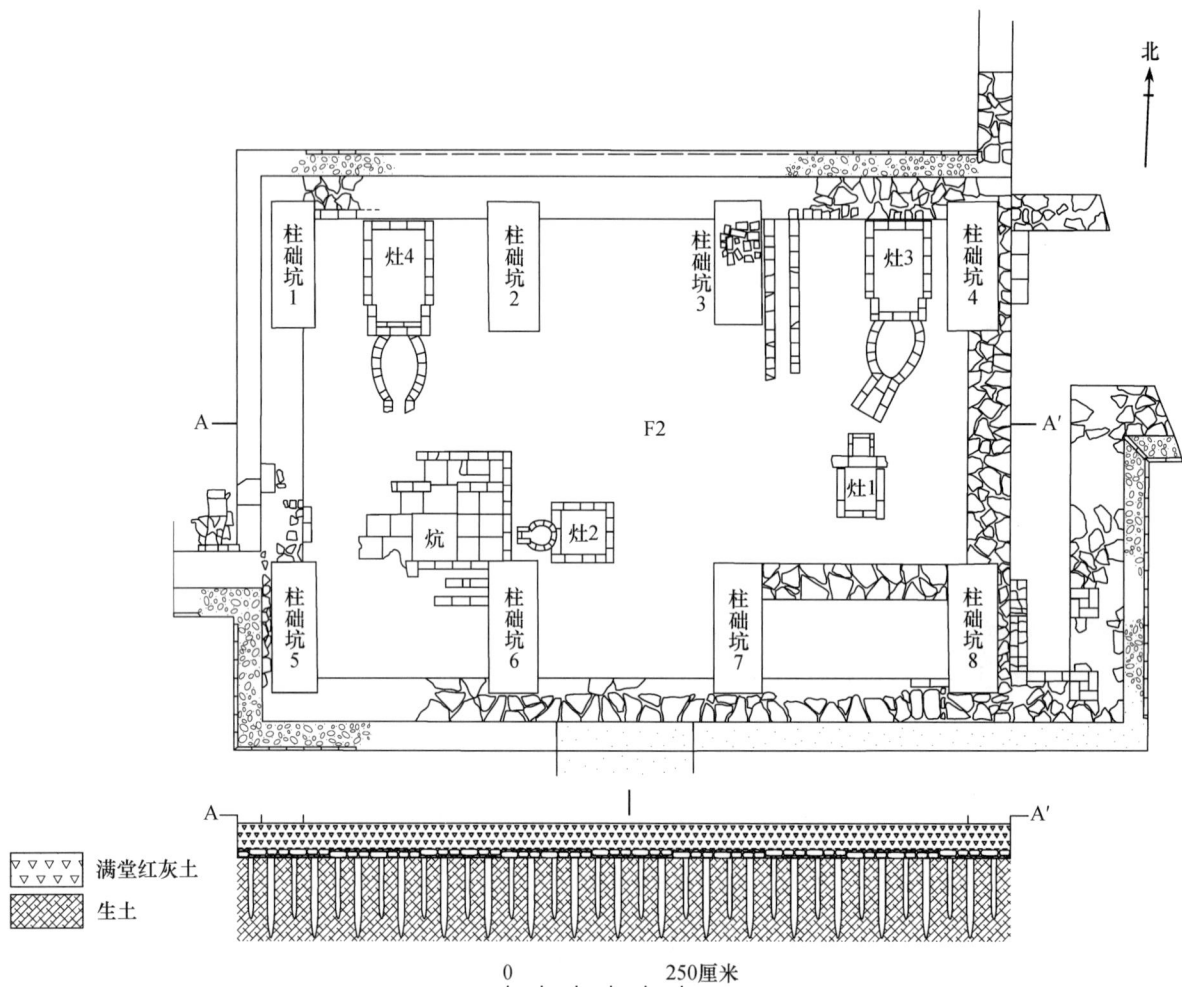

图一二四　上下天光遗址F2基址平、剖面图

水下转角石的尺寸不详。

（2）石墙基

分布于房址台基的周围，保存较差，石墙基是用大小形状不等的红色砂岩石砌筑，并用白灰黏合，石墙基宽0.6米，散水以上残留高度为0.02～0.11米。南墙东端有一道"厂"字形的石墙基向东部山下延伸，墙基宽0.75米，外侧散水宽0.33～0.37米，该遗迹可能是回廊基础，因未继续清理，具体情况不详。

（3）三合土面

位于石墙基的内侧，保存较好。三合土面东西长9.45、南北宽6.35米。根据柱础坑的剖面测量，三合土的厚度为0.4米，共分三层，第一层厚0.08米，第二层厚0.15米，第三层厚0.17米，其下为灰土基础。

（4）柱础坑

该房址内共清理出8个柱础坑，南北两排相对应，均为双连柱础坑。柱础坑为长方形，南北向，编号为：1～8号。

1号柱础坑，位于房址的西北部。柱础坑长1.75、宽0.6米，上口距底部的灰土基础深0.4米。

2号柱础坑，位于1号柱础坑的东部，间距2.5米。柱础坑长1.8、宽0.66米，上口距底部的灰土基础深0.4米。

3号柱础坑，位于2号柱础坑的东部，间距2.5米。柱础坑长1.7、宽0.66米，上口距底部的灰土基础深0.4米，在该柱础坑的北部有一层凌乱平铺的碎砖块，并用大量的白灰黏合。

4号柱础坑，位于房址的东北部，与3号柱础坑的间距为2.58米。柱础坑长1.77、宽0.71米，上口距底部的灰土基础深0.4米。

5号柱础坑，位于房址的西南角，与1号柱础坑南北对应，柱础坑长1.8、宽0.65米，上口距底部的灰土基础深0.4米。

6号柱础坑，位于5号柱础坑的东部，间距2.5米。柱础坑长1.82、宽0.7米，上口距底部的灰土基础深0.4米。

7号柱础坑，位于6号柱础坑的东部，间距2.5米。柱础坑长1.8、宽0.68米，上口距底部的灰土基础深0.4米。

8号柱础坑，位于房址的东南角，7号柱础坑的东部，间距2.6米。柱础坑长1.79、宽0.7米，上口距底部的灰土基础深0.4米。

（5）灶

房址内共发现4个灶，编号为：1~4号。

1号灶，位于房址东部，保存一般，形状呈"凸"字形，由灶坑和火膛两部分组成。灶坑为长方形，南北长0.6、东西宽0.38、深0.72米，底部用灰土夯实。火膛位于灶坑的北侧，呈正方形，边长0.25米，火膛内残存大量烧土。

2号灶，位于房址西南部，6号柱础坑的东北角处，保存较好。现存部分由灶坑、火膛和烟道组成。灶坑平面形状呈正方形，边长0.63、深0.7米。内存大量草木灰，灶坑外围用青砖单砖条，砖宽0.125米。火膛位于灶坑西侧，形状大致呈圆形，斜壁内收，口径0.26、深0.48米，火膛内有大量红烧土。烟道位于火膛的西侧，与火膛相连接，烟道长0.14、宽0.1米，北、西、南三面用碎砖立砌，底部用残砖斜铺。

3号灶，位于房址东北角，4号柱础坑的西侧，大致呈南北向。是由灶坑、火膛和火道三部分组成，保存一般，灶坑位于灶体的北部。形状呈倒"凸"字形，南北长0.95~1.08、东西宽0.7、现存深度0.75~0.81米。是用长方形青砖或砖块砌成，共残留12~13层，每层（含灰缝）厚6~7厘米，完整的青砖规格为25厘米×12厘米×5厘米，与底部所铺青砖规格相同。灶坑内西壁的中部有一脚窝，高0.15、宽0.17、进深0.12米。南壁下部留有火门，门高0.31、宽0.28米，用4块厚0.05米的铁板筑成"Ⅱ"形。火膛位于灶体中部，呈椭圆形，南部稍偏西。火膛南北最大直径0.79、东西最大直径0.55、现存深度0.63~0.7米，采用碎砖块砌筑，共残留11~12层，每层厚0.6米左右。最大砖块长21、宽12、厚5厘米；最小砖块长12、宽7、厚5厘米。火膛底部为三合土面。火道位于灶体南部，北与火膛相连接。南端偏西。火道宽0.17~0.25米，用长方形青砖筑成。青砖规格与灶坑所用青砖规格相同，底部为两块青砖斜铺。坡度为42°。

4号灶，位于房址西北部，总体呈南北向，保存较差。现存部分是由灶坑和火膛组成。灶坑呈倒"凸"字形。南北长1.05~1.27、东西宽0.75、现存深度0.84~0.9米。用长方形青砖或砖块砌筑，共残留14~15层，每层厚0.06米左右。完整的青砖规格为25厘米×12厘米×5厘米，灶坑底部平铺青砖，砖长25、宽12.5、厚5厘米。火膛形状呈椭圆形。南北最大直径0.89、东西最大直径0.55、现存深度为0.65米，用碎砖块砌筑。最大砖块长23、宽12、厚5厘米；最小砖块长12、宽8、厚5厘米。共残留10层，每层厚0.065米。火膛底部为三合土面。火膛和灶坑之间的砖墙宽0.18米，下部有一火门，门高0.33、宽0.28米，用四块厚0.045米的铁板筑成"Ⅱ"形，火膛南部的火道全部破坏。上残存一火道口，宽0.2米。火膛内残存大量烧土。

（6）炕

位于房址的西南部，2号灶的西侧。破坏严重，现仅存部分底部的铺砖。根据残存部分的现状判断，该炕应为东西向，残长0.96~2.2、宽2.15米。所铺青砖共分两种，一种为长方形，长25、宽12、厚5厘米；另一种为正方形，边长33、厚5厘米。部分青砖因风化而破碎。

（7）散水

分布于房址的四周，石墙基的外侧，保存较差，北、南、西三面残存一部分，用大小不等的卵石铺成，外侧用立砖镶边，立砖长25、宽6、厚5厘米。房基东面散水残留部分为长方形青砖铺砌，散水宽0.25米，青砖规格为33厘米×25厘米×6厘米。其他三面散水宽均为0.4米。

（8）台阶基础

位于房址前墙的正中间，因上部被破坏，只剩底部的三合土基础。东西长1.95、南北宽1.1米，台阶基础的东西两侧与被破坏后散水的三合土基础相衔接，可能属一次性夯成。台阶基础南接三合土路面（L3）。三合土路面的宽度为1.25米。

经解剖，房基底部为满堂红灰土基础，厚0.35米，共分两层，第一层厚0.15米，第二层厚0.2米。其下为柏木桩基础，柏木桩全部打入生土内，柏木桩的直径一般在0.08~0.1米，长0.85~1.12米，间距0.2~0.25米，以梅花桩的形式排列。木桩上部填充一层掏当山石，大小、形状不等，最大石块尺寸为0.25米×0.15米×0.8米，最小石块尺寸为0.08米×0.05米×0.03米。

四、房址F3

1. 位置

F3位于平安院西部，东邻F2，南与F1相对应。房址分布在探方TD6、TD7、TE6和TE7内。

2. 形制规格

F3平面形状呈长方形，坐北朝南，总面阔9、进深4.1米，根据房址的总体规格及与F1相对应的状况判断，房址应为东西三间（图一二五）。基址的西山墙和平安院西围墙为同一墙体。

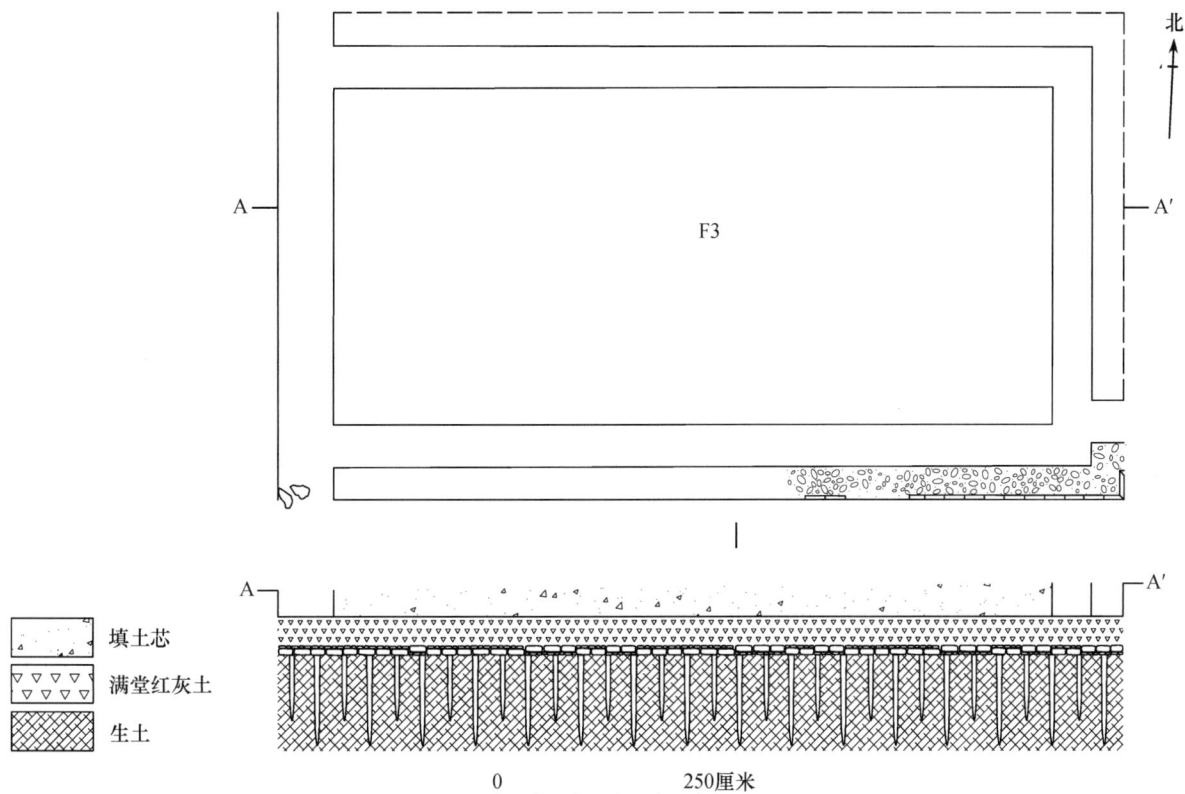

图一二五 上下天光遗址F3基址平、剖面图

3. 保存状况

该房址破坏甚为严重，残留的遗迹有：①基槽；②散水；③填土芯。分别叙述如下：

（1）基槽

分布于房址内，夯土芯的周围，因破坏严重，只能以散水下的三合土基础边缘作为基槽的外口边线，并以其槽内侧填土芯的边，作为基槽的内口边线。宽度也不尽相同，北、东、南三面基槽宽0.5米，西墙基槽宽0.7米，与两端向相对方向延伸的墙院基槽宽度相等。基槽上口距底部的灰土基础深0.32～0.4米。

（2）散水

保存极差，仅在房基南墙东部的外侧残存一小部分，散水是用大小不等的卵石铺成，并以立砖镶边。立砖长25、宽6、厚5厘米。散水宽0.4米。底部的三合土基础宽0.42～0.48米。北、东两面已全部被破坏，西墙外侧也未发现有散水残留的痕迹。

（3）填土芯

分布于基槽的内侧，土色呈灰褐色，土质较硬，经夯实而成。填土芯平面东西长9、南北宽4.1米，以基槽的剖面测得填土芯的厚度为0.32～0.4米，共分两层，第一层厚0.09～0.17米，第二层厚0.23米。第二层下为灰土基础。

经解剖，灰土基础为满堂红基础，厚0.35米，共分三层，第一、二层均厚0.1米，第三层厚0.15米。灰土基础下为柏木桩基础，柏木桩全部被打入生土内，柏木桩的直径0.06～0.08米，长0.8～1.1米，间距0.25～0.28米，纵横排列。上部填充掏当山石，石块大的为0.21米×0.17米×0.08米，小的为0.08米×0.05米×0.03米。

五、房址F4

1. 位置

F4位于平安院的北部，南靠平安院北墙，北部大部分压在土山下，分布在探方TE7内。

2. 保存状况

该房址保存较差，上部已全部被破坏，现存遗迹有：①砖墙基；②三合土。分别叙述如下：

（1）砖墙基

保存一般，因北部压在山下，仅暴露出东、南、西三面砖墙。砖墙的上部与内侧的三合土等平。南墙整体长4.03、宽0.47米，东墙暴露部分长1.85、宽0.35米，西墙暴露部分长1.94、宽0.5米。砖墙基均采用长方形青砖或砖块砌成，完整的青砖长25、宽12.5、厚6厘米。

（2）三合土

分布于砖墙基的内侧，暴露部分东西长3.15、南北宽1.3～1.48米，保存一般，平面较粗糙，由此可见上部已被破坏，该房址是先砌砖墙基，后填三合土夯实而成。

该房址东西两面砖墙基的外侧都有石墙基。东侧破坏严重，仅残留部分红色砂岩石块。西侧石墙基保存较好，宽0.58米。往北砖墙向土山下延伸，南部被平安院院墙打破。由此分析，该房址应属清代早期建筑。建平安院时被废弃（图一二六）。

经解剖，砖墙基的残留高度为0.18米，完整的青砖规格为25厘米×12.5厘米×6厘米。房址内残存部分的三合土厚0.15～0.18米，分不出层次。以下为灰土基础，厚0.25米，共分两层，第一层厚0.1米，第二层厚0.15米。灰土基础下为柏木桩基础，柏木桩全部被打入生土内，柏木桩的直径为0.06～0.08米，长0.86～1米，间距0.18～0.25米，以梅花桩的形式排列。上部填充掏当山石，石块大者0.15米×0.12米×0.8米，小者0.06米×0.03米×0.02米。

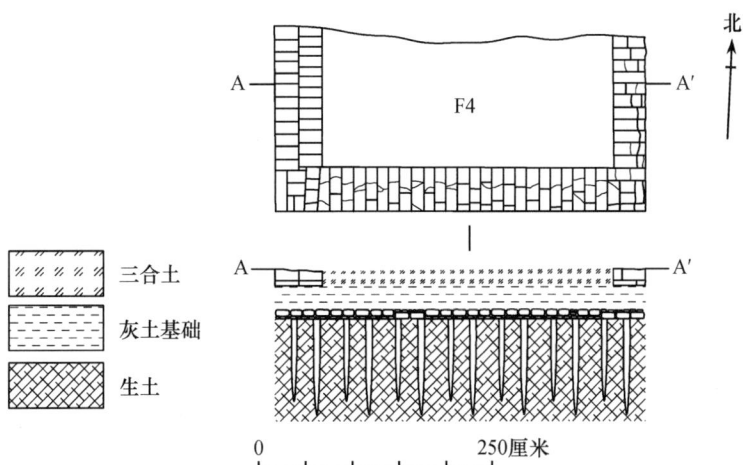

图一二六　上下天光遗址F4基址平、剖面图

六、房址F5

1. 位置

F5位于上下天光遗址的西北角，与土山相邻，基址分布在探方TA9、TA10、TB9、TB10内。

2. 形制规格

F5基址平面形状呈长方形，坐北朝南，以散水立砖的边缘计算，房址东西长11.6、南北宽7.25米，方向为北偏西3°（图一二七）。

3. 保存状况

该房址整体破坏甚为严重，保存的遗迹有：①基槽；②散水；③夯土芯；④台阶基础。现详述如下：

（1）基槽

遭严重破坏，只能以散水下的三合土基础边缘作为基槽的外口边线，并根据基槽内侧夯土芯的边测得基槽的宽度，为0.6米，基槽东西长10.7、南北宽6.45米，距底部的灰土基础深0.4米。

（2）散水

该房址的四周都有散水，基槽南侧的散水保存较完整，北、东、西三面各残留一小部分，散水是先打好三合土基础后，再用大小不等的鹅卵石铺砌，并以立砖镶边，所用立砖的规格为25厘米×6厘米×5厘米，房基西面散水宽0.49米，其余三面散水宽度均为0.4米。

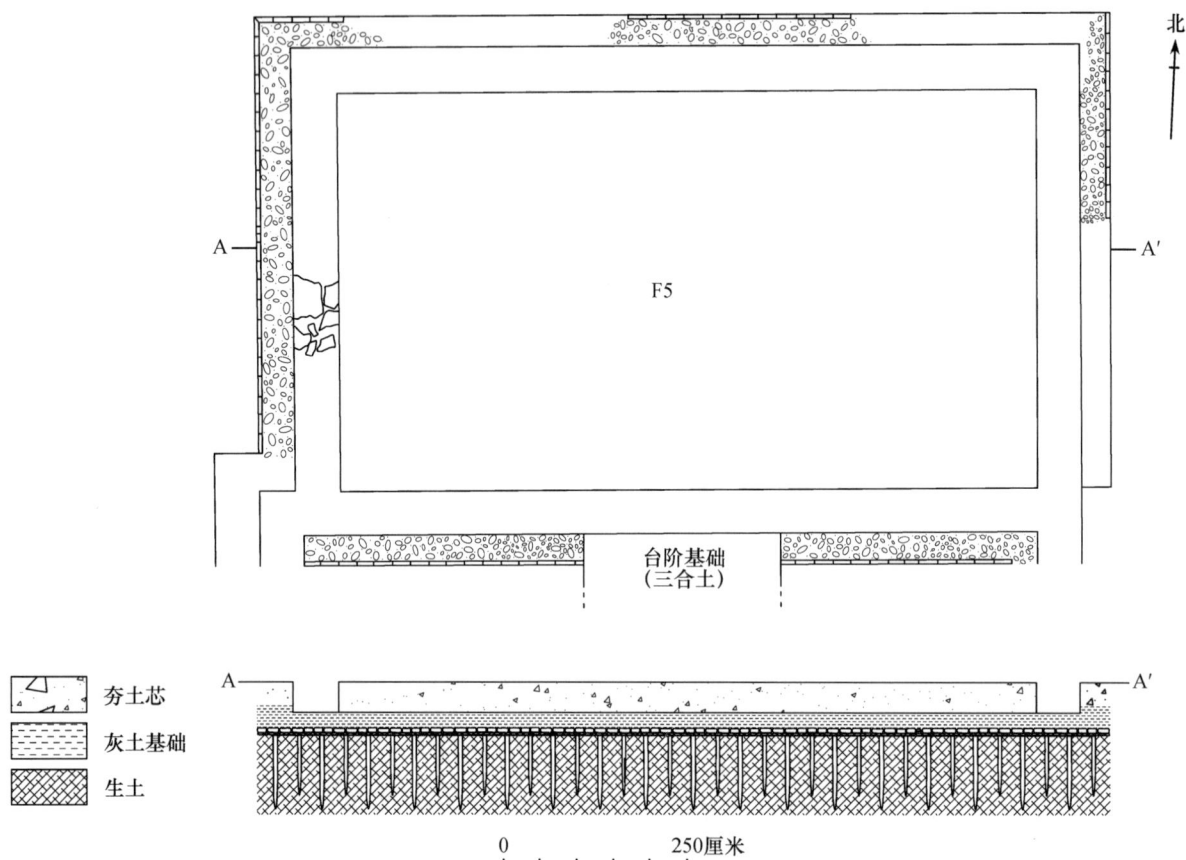

夯土芯

灰土基础

生土

0　　　　　250厘米

图一二七　上下天光遗址F5基址平、剖面图

（3）夯土芯

位于基槽内侧，土色呈浅灰褐色，因上部破坏严重，现存高度与散水及原地平基本等高，夯土芯平面形状呈长方形，东西长9.5、南北宽5.25米，灰土基础以上残存高度为0.4米。

（4）台阶基础

位于房址的前墙基槽中间南侧，由于被破坏，只剩下三合土基础，基础东西长2.65、南北残宽0.9米。台阶基础的东西两侧与散水下的三合土基础衔接，应属一次性夯成。

经解剖，散水完整部分为卵石平铺，厚0.04米。底部为夯土，厚0.3米，分两层，第一层厚0.12米，第二层厚0.18米。以下为灰土基础，厚0.3米，分两层，第一层厚0.1米，第二层厚0.2米。灰土基础下为柏木桩基础，柏木桩全部被打入生土内，柏木桩直径0.05～0.07米，长0.8～0.98米，间距0.25～0.28米。上部填充掏当山石，石块大的为0.15米×0.12米×0.06米，小的为0.08米×0.05米×0.03米。

七、房址F6

1. 位置

F6位于上下天光遗址北部，北邻土山，西邻F5，东部将一清代早期建筑打破，房址分布在探方TC9内。

2. 形制规格

F6平面形状呈长方形，面阔5.75、进深2.7米，房址前部有檐廊。以散水边缘计算，房址整体东西长7.85、南北宽（至前檐廊外侧散水）6.45米，为一间坐北朝南的建筑遗迹（图一二八）。

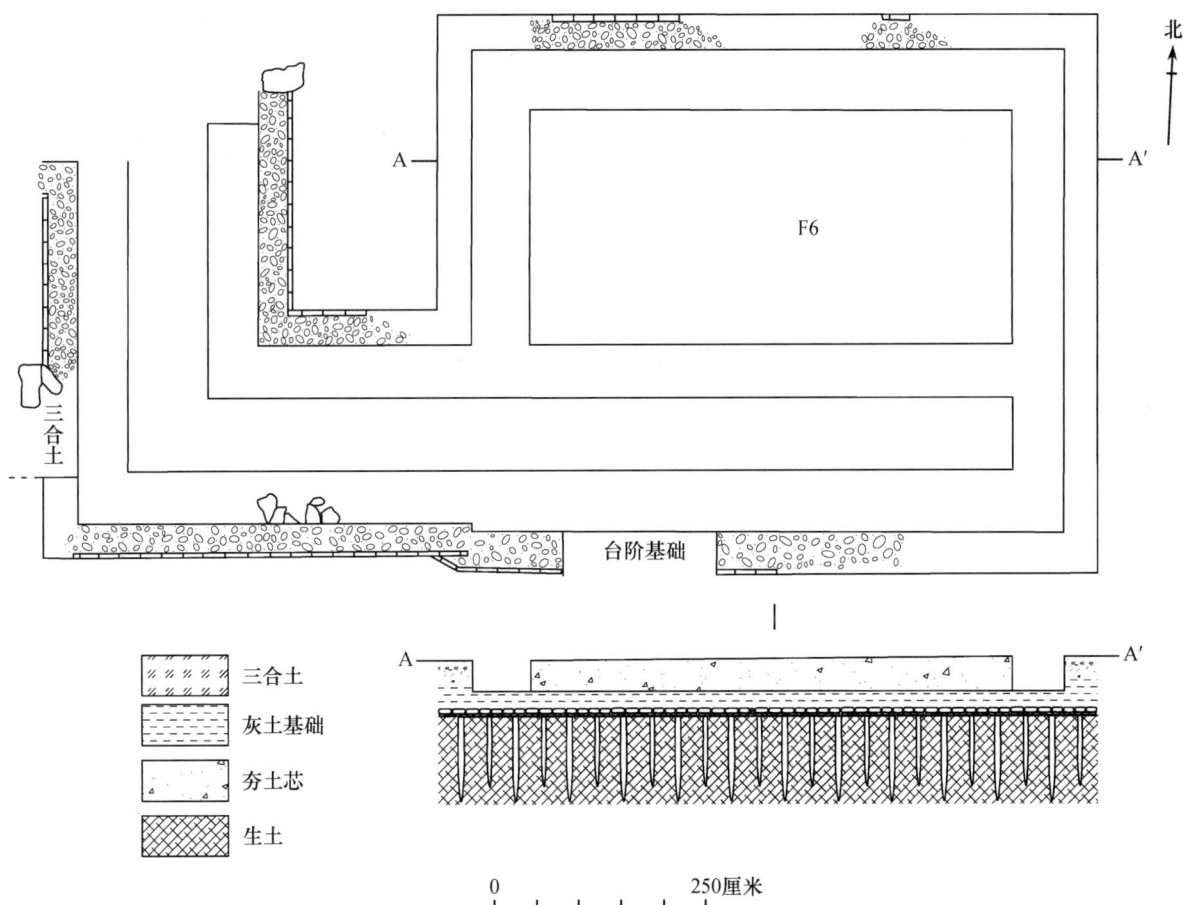

图一二八　上下天光遗址F6基址平、剖面图

3. 保存状况

该房址保存较差，现存遗迹有：①基槽；②散水；③夯土芯；④台阶基础。分述如下：

（1）基槽

分布于房基内，夯土芯的周围。经清理，房址的西墙基槽和北墙基槽宽0.7米，东墙基槽和南墙基槽（即檐廊北墙基槽）宽0.6米，檐廊南墙基槽宽0.68米，檐廊内径宽0.85米。西端与通往F5的回廊相连接，回廊基槽宽0.6米。

（2）散水

分布在房址的周围，基槽的外侧。保存较差。残存部分用大小不等的卵石铺成，外围用立砖镶边。牙砖规格为25厘米×6厘米×5厘米。破坏部分仅剩散水下的三合土基础，宽0.4米左右。

（3）夯土芯

位于基槽内侧，破坏比较严重，根据基槽的剖面，测得夯土芯的厚度为0.37～0.4米，分两层，第一层残厚0.12～0.15米，第二层厚0.25米，夯土芯平面东西长5.75、南北宽2.7米。

（4）台阶基础

位于房址前檐面南侧偏西，由于破坏，只剩下三合土基础。基础东西长1.82、南北宽1.55米，台阶基础与散水下的三合土基础相连，南接一条通往平安院的甬路（L1），路宽1.35米。

经解剖，散水铺面的卵石厚0.04米，底部基础厚0.25米，分两层，第一层为三合土，厚0.1米，第二层为夯土层，厚0.15米。再下为灰土基础，厚0.3米，共两层，第一层厚0.12米，第二层厚0.18米。灰土基础下为柏木桩基础，柏木桩全部被打入生土内，柏木桩直径为0.05～0.07米，长0.8～0.98米，间距0.25～0.28米。其上部填充碎石块，石块大的为0.15米×0.12米×0.06米，小的为0.08米×0.05米×0.03米。

八、房址F7

1. 位置

F7位于上下天光遗址北部，东邻土山，西部被清代晚期建筑F6打破，分布在探方TC9和TD9内。

2. 形制规格

该房址因被F6打破，整体形状不详，暴露部分以散水边缘计算，南北长5.45、东西残宽2.35米，根据F7的分布位置和现存部分的状况来判断，该遗址应为坐北朝南的建筑（图一二九）。

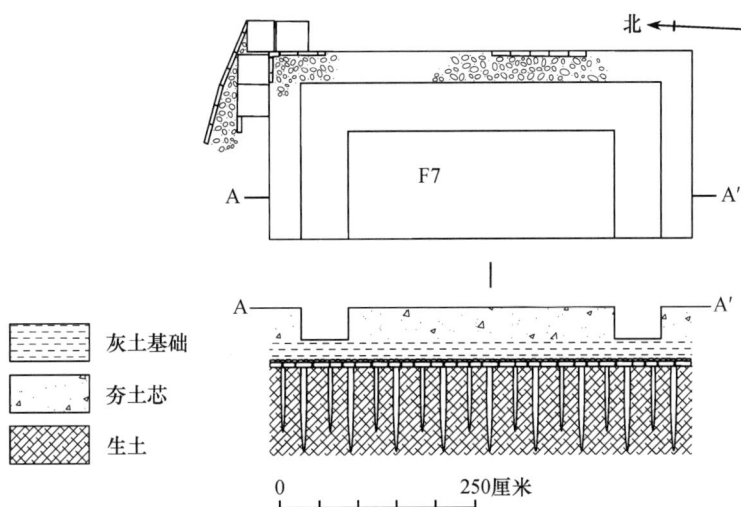

图一二九 上下天光遗址F7基址平、剖面图

3. 保存状况

F7保存极差，残留下来的遗迹有：①基槽；②散水；③夯土芯。叙述如下：

（1）基槽

破坏严重，只能以散水的边缘作为基槽的外口边缘，并根据基槽内侧夯土芯的边，测得基槽的宽度为0.6米，东墙基槽南北长4.65米，南北墙两道基槽东西残长1.95、槽深0.4米。

（2）散水

分布于基槽的北、东、南三面，保存较差，仅在位于东墙基槽的外侧残存一少部分散水（完整），宽0.4米，是用大小不等的卵石铺成。卵石的外侧用立砖镶边，立砖的规格为25厘米×6厘米×5厘米。破坏部分的散水仅剩下底部的三合土基础，三合土宽0.4米左右。在东北角散水外侧，有小部分早于该遗址的建筑遗迹，有铺地砖和卵石，铺地砖为正方形。边长0.38、厚0.05米。卵石位于铺地砖北侧，呈东西向，宽0.05～0.35米，具体建筑内容不详。

（3）夯土芯

位于基槽的内侧，暴露部分南北长3.45、东西宽1.35米，基槽夯土芯的厚度为0.4米，共分两层，第一层厚0.17米，第二层厚0.23米。第二层下为灰土基础，厚0.25米，分两层，第一层厚0.1米，第二层厚0.15米。灰土基础下为柏木桩基础，柏木桩全部被打入生土内，柏木桩的直径为0.05～0.08米，长0.8～1.05米，间距0.2～0.28米。上部填充掏当山石，石块大的为0.22米×0.15米×0.07米，小的为0.07米×0.05米×0.03米。

九、房址F8

1. 位置

F8位于上下天光遗址西部，背靠土山，分布在探方TA5内。

2. 形制规格

F8基址平面形状呈长方形，南北总长6.8、东西宽4.25米，为坐西朝东的单间建筑（图一三〇）。

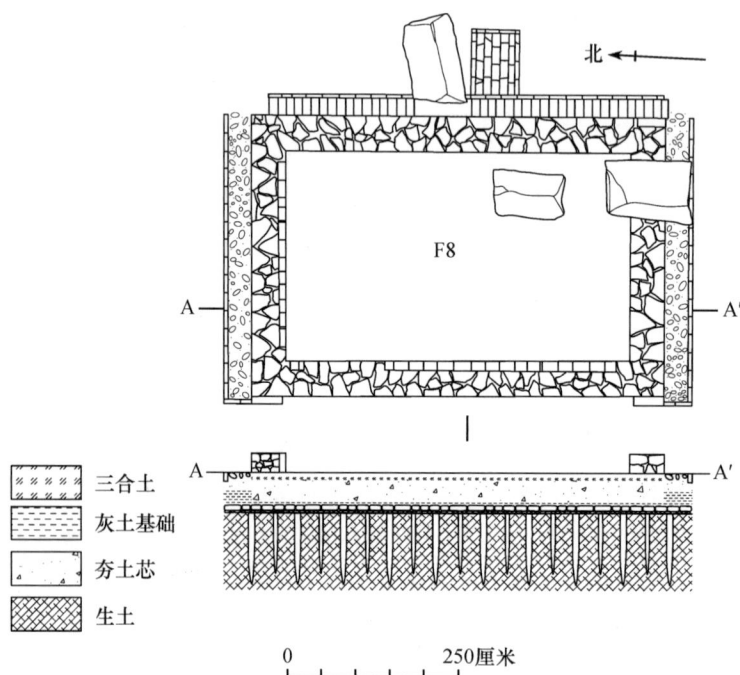

图一三〇　上下天光遗址F8基址平、剖面图

3. 保存状况

该房址保存较差，其东北角砖铺散水，被L5路面打破，故铺砖无存。现存遗迹有：①石墙基；②三合土面；③抱角砖；④散水；⑤引路。详述如下：

（1）石墙基

分布于房址台基的周围，保存较差，现存部分由大小形状不等的红色砂岩石砌筑，并用白灰相互黏合，石墙基宽0.5米，散水以上残存高度为0.22米。在位于西墙和北墙的内侧，有一层用青砖垒在墙基上的砖墙，青砖为长方形，规格为25厘米×12厘米×5厘米。

（2）三合土面

位于石墙基的内侧，保存较好。表面可隐约看出铺砖的痕迹，但无法辨认铺地砖的具体尺寸。三合土面南北长5、东西宽2.95米，因未解剖，厚度不详。

（3）抱角砖

共两块，分别位于房址的南、北墙基两端外侧，为立砖，南北向，紧靠墙基摆放，两块砖的尺寸相等，规格是45厘米×22厘米×10.5厘米。

（4）散水

分布于房基的北、东、南三面，西面没有散水。南、北两面的散水，是用大小不等的鹅卵石铺成，外围用立砖镶边，总宽0.4米。东面的散水，是用长方形青砖铺砌，青砖的规格为26厘米×13厘米×6厘米。青砖的外侧也用立砖镶边，总宽0.31米，立砖规格相同，均为25厘米×6厘米×5厘米。散水东北角的铺砖，因被L5路面打破，铺砖无存。

（5）引路

位于该房址的前墙中部偏南，与散水相接，引路平面形状呈长方形，东西残长0.72、南北宽0.36米，系采用长方形的青砖铺砌，部分青砖已破碎，完整的青砖规格为26厘米×13厘米×6厘米。砖的外围用立砖作砖牙，立砖的规格为25厘米×6厘米×5厘米。

经解剖，房址内的三合土面厚0.1米。三合土下为夯土，厚0.3米，分两层，均厚0.15米。墙基外侧的散水厚0.05～0.08米（长方形砖或卵石）。其下为夯土基础，厚0.25米。再下为灰土基础，厚0.2米，共两层，均厚0.1米。灰土基础下为柏木桩基础，柏木桩全部被打入生土内，柏木桩直径0.06～0.09米，长0.85～1米，间距0.25～0.28米，以梅花桩的形式排列。其上部填充掏当山石，大小形状不等，石块大的规格为（0.12～0.25）米×（0.15～0.18）米×0.08米，小的规格为0.09米×0.05米×0.03米。

十、房址F9

1. 位置

F9位于上下天光遗址中部，东邻平安院、西靠清代晚期山形遗迹，基址分布在探方TC5和TC6内，以及TB5和TB6的部分隔梁内。

2. 形制规格

F9平面形状呈长方形，东西向，以散水立砖的边缘计算，房址东西长8.1、南北宽7米。在该房址的东南角与东墙基继续往南延伸，成为一回廊，该回廊呈长方形，南北长6、东西宽2.9米（图一三一）。

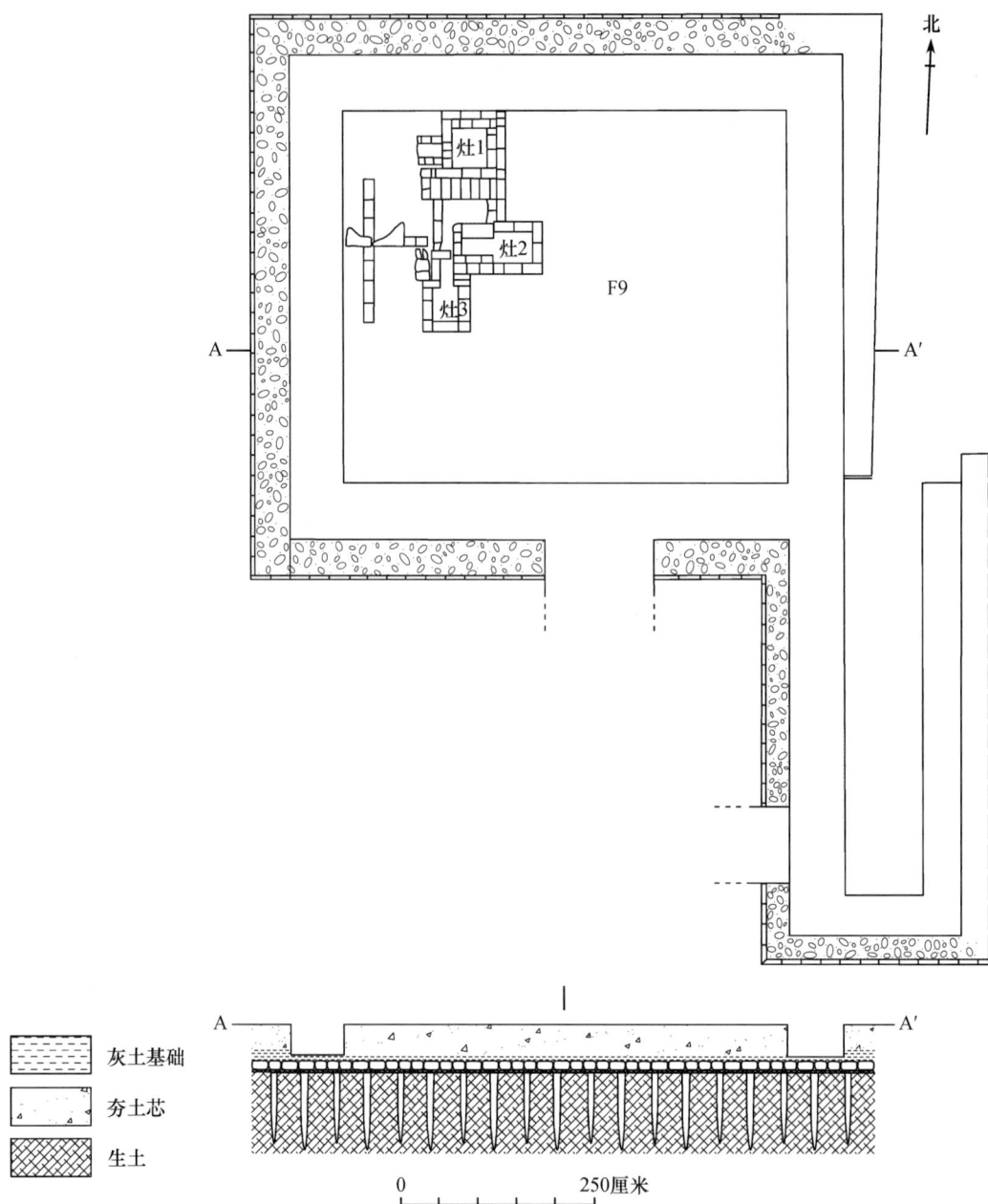

图一三一　上下天光遗址F9基址平、剖面图

3. 保存状况

该房址保存较差，残留下来的遗迹有：①基槽；②夯土芯；③散水；④台阶基础；⑤灶。
分别叙述如下：

（1）基槽

分布于三合土面和夯土芯的周围。破坏严重，只能以散水的内口边缘作基槽的外边线，并
以基槽内三合土面各夯土芯的边，作为基槽的内边线。房址东西长7.1、南北宽6、基槽宽0.7、
深0.37～0.4米。回廊的西墙基与房址的东墙基宽度相同，回廊的南墙基和东墙基相同，宽0.5

米，回廊的南墙基与房址的东墙基宽度相同，回廊的南墙基和东墙基相同，宽0.5米，回廊基槽南北长5.6、东西宽2.2、深0.35米。

（2）夯土芯（注：房址内为三合土面）

位于基槽的内侧，房址内三合土面保存较好，东西长5.7、南北宽4.6米，以基槽的剖面测量，三合土面基础的厚度为0.37~0.4米，分两层，第一层为三合土面，残厚0.12~0.15米，第二层为夯土层，厚0.25米，回廊夯土芯保存较差。土色呈浅灰褐色，土质较硬，经夯实而成。根据基槽测量，夯土芯的残存厚度为0.35米，分两层，第一层残厚0.15米，第二层厚0.2米，夯土芯南北长5.1、东西宽1米。

（3）散水

房址的散水保存较差，东墙基的散水上部全部被破坏，仅剩下底部的部分三合土基础。三合土基础残宽0.35~0.5米，其余三面保有完整部分的散水，宽0.5米，用大小不等的卵石铺成。外侧用立砖镶边，立砖的规格为25厘米×6厘米×5厘米。回廊的散水保存较差，东墙基的散水（包括散水基础）全部被破坏掉，只能以南墙完整部分的散水来推定东墙基的散水。南墙基保存完整部分的散水宽0.35米，用大小不等的卵石铺成，外侧并用立砖镶边，立砖规格为25厘米×6厘米×5厘米。回廊的北面东西无墙基。

（4）台阶基础

房址的台阶基础位于南墙基偏西的外侧，保存较差，仅剩底部三合土，台阶基础东西长1.4、南北宽0.75米，台阶基础的东西两侧与散水下的三合土基础相衔接，属一次性夯成。

回廊的台阶基础：位于回廊的西墙基偏南的外侧，保存较差，该台阶基础南北长0.95、东西宽0.5米，台阶基础的南北两侧与散水下的三合土相衔接，属一次性夯成。因破坏严重，房址和回廊的台阶基础与甬路相连接的迹象不详。

（5）灶

该房址共清理出灶3个，编号为：1、2、3号灶。均位于基槽内侧，三合土面的西北部，叙述如下：

1号灶，保存较差，现存部分由灶坑和火膛组成。东西向，形状呈横卧"凸"字形，灶坑为长方形，南北向，南北长0.5、东西宽0.46、残深0.37米。该灶共残留6层长方形青砖或砖块砌层，完整的青砖规格为25厘米×12厘米×6厘米。火膛位于灶坑的西边，呈长方形，东西长0.42、南北宽0.16、残深0.28米，火膛内残有大量红烧土。

2号灶，位于1号灶的东南部，保存较差，形状与1号灶近似，现存部分由灶坑和火膛两部分组成，灶坑为东西向长方形，东西长0.5、南北宽0.42、残深0.42米。火膛位于灶坑西边，长方形，东西长0.4、南北宽0.2、残深0.36~0.42米。灶坑和火膛均采用长方形青砖和砖块筑成，残存7~8层。完整的青砖规格有大小两种，大号砖的规格为42厘米×21厘米×10厘米，小号砖的规格为25厘米×12厘米×5厘米。

3号灶，位于2号灶的西南部，方向为南北向，形状呈"凸"字形，保存较差，现存部分由灶坑和火膛两部分组成。灶坑为长方形，南北向，南北长0.45、东西宽0.34、残深

0.48～0.5米。火膛位于灶坑北边。南北向，长0.35、宽0.16、残深0.38～0.5米。火膛和灶坑均采用长方形青砖砌成，共残存6～8层，用砖规格有大小两种，大号者规格为39厘米×13厘米×6厘米，小号者规格为25厘米×12厘米×4.5厘米。

经解剖，散水下夯土厚0.3米。夯土下为灰土基础，厚0.15米。灰土基础以下为柏木桩基础，柏木桩全部被打入生土内，柏木桩的直径为0.08～0.1米，长0.88～0.96米，间距0.3～0.34米，以梅花桩的形式排列。其上部填充掏当山石，石块大的规格为0.2米×0.16米×0.12米，小的规格为0.06米×0.04米×0.02米。

十一、房址F10

1. 位置

F10位于上下天光遗址中南部，西、南两侧与假山相邻，南望上下天光大殿，基础坐落在清代早期建筑基址上，东、北、西三面用挡山墙镶护。基址分布在探方TD4和TE4内。

2. 形制规格

F10形状呈长方形，面阔4.8、进深3.4米，根据房址位置和底部露出的遗迹判断，该房址应为清代晚期坐北朝南的单间建筑遗迹（图一三二）。

3. 保存状况

该房址地势偏高。其西南部已全被破坏，残存遗迹仅有：①石墙基；②填土芯；③散水；④外侧挡山墙。详述如下：

（1）石墙基

保存较差，现存部分为大小形状不等的红色砂岩石砌筑，并用白灰相互黏合，石墙基宽0.52米，散水以上残存高度为0.02～0.07米。在位于东墙基南部和北墙基中部的外侧及西墙残存部分的内侧，有一层用长方形青砖垒在石墙基上的砖墙，青砖规格有大小两种，大号的规格为45厘米×25厘米×5厘米，小号的规格为26厘米×13厘米×6厘米。

（2）填土芯

分布于石墙基的内侧，保存较差，土色呈浅灰褐色，土质较硬，经夯实而成。填土芯现存部分东西长4.8、南北残宽2.5～3.4米。根据破坏部分的剖面测量，填土芯的厚度为0.32米，分两层，第一层厚0.12米，第二层厚0.2米。

（3）散水

在东墙基的外侧，清理出一段保存较好的散水，散水宽0.4米，用大小不等的卵石铺成。外侧用立砖镶边，立砖的规格为25厘米×12厘米×5厘米。其余部分已全部被破坏掉，仅在北

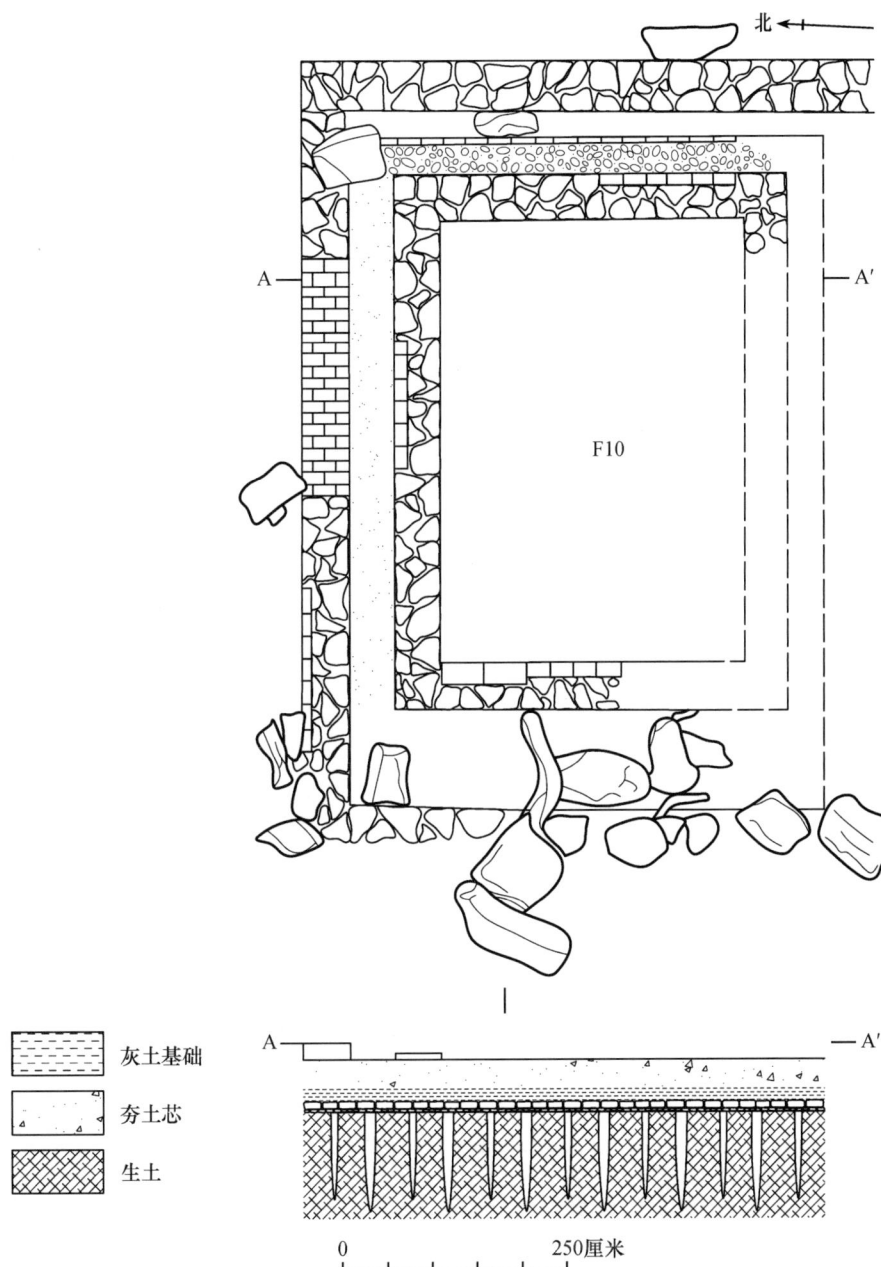

图一三二　上下天光遗址F10基址平、剖面图

墙基的外侧残存部分三合土基础，三合土基础残宽0.38~0.5米。

（4）外侧挡山墙

分布于房址的东、北、西三面。北面的挡山墙与石墙基的间距为0.5米，东面和西面挡山墙的间距为0.55~0.68米。挡山墙是用白灰黏合红色砂岩石砌筑，宽0.53米，现存高度0.06~0.18米，北面挡山墙的上部用一层长方形青砖及砖块错缝砌筑，青砖的规格为25厘米×12厘米×5厘米。

经解剖，墙基外侧的散水，平铺卵石厚0.04米。卵石下夯土厚0.3米，分两层，第一层厚0.1米，第二层厚0.2米。散水下石墙基高0.35米。其下为灰土基础，厚0.15米。灰土基础下为柏木桩基础，柏木桩全部被打入生土内，柏木桩直径0.08～0.12米，长0.95～1.08米，间距0.3～0.37米。其上部填充掏当山石，大小形状不等，石块大的规格为0.2米×0.18米×0.08米，小的规格为0.8米×0.05米×0.03米。

十二、房址F11

1. 位置

F11位于平安院东南部，东、南两面与土山相邻，并用挡山墙作护山。基址北部被清代晚期山形遗存覆盖，该房址分布在探方TG4内。

2. 形制规格

F11平面形状呈长方形，南北向。南北面阔5.1、进深2.65米（不含砖墙基），为坐东朝西的一间独立的早期建筑基址（图一三三）。

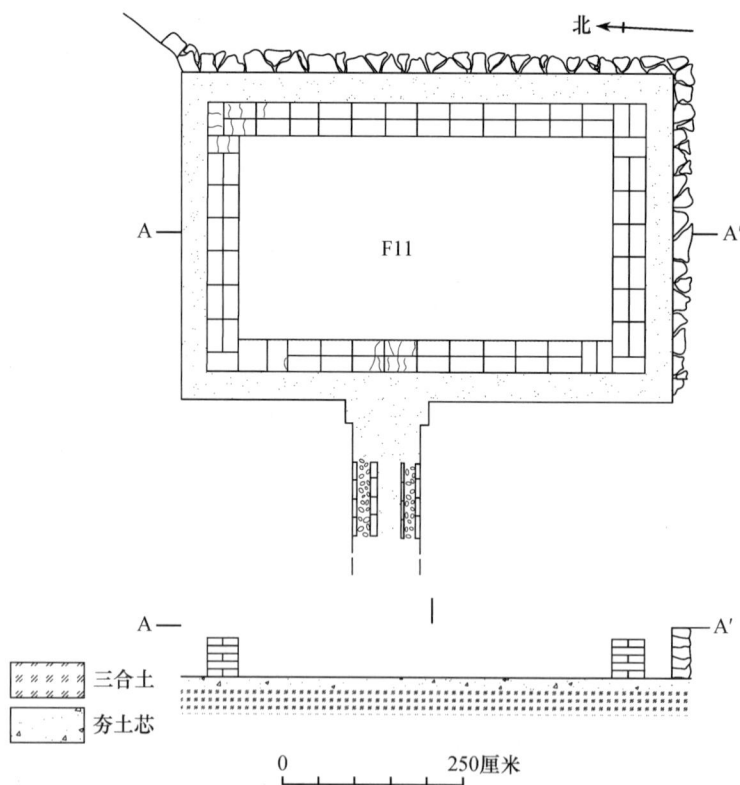

图一三三　上下天光遗址F11基址平、剖面图

3. 保存状况

该房址保存一般，残留的遗迹有：①砖墙基；②三合土面；③散水基础；④台阶基础，叙述如下：

（1）砖墙基

分布于房内三合土台面的周围，上部被破坏，现存部分与三合土台面等平。砖墙基宽0.45米，是用长方形青砖或丁或顺，错缝砌筑，青砖的规格为45厘米×22厘米×11厘米。

（2）三合土面

位于房基中部，砖墙基内侧，保存一般，三合土平面形状呈长方形，南北长5.15、东西宽2.65米，因未解剖，厚度不详。

（3）散水基础

分布于砖墙基的周围，西、北两面破坏严重，现存部分的散水基础残宽0.32～0.43米；东、南两面的散水基础保存较好，分布于砖墙基和挡山墙之间，东面的散水基础宽0.4米，南面的散水基础宽0.25～0.28米，厚度不详。

（4）台阶基础

位于该房址的前墙偏北部外侧，因上部遭严重破坏，只剩下底部的少部分三合土基础，基础南北长1.16、东西残宽0.3米。基础往西，与一条被清代后期堆山覆盖的甬路相接，甬路宽0.9米，两边铺卵石，中间铺方砖。卵石和方砖的两侧用立砖镶边，立砖的规格为25厘米×6厘米×5厘米，方砖的规格为35厘米×35厘米×6厘米。

经解剖，挡山石墙基残高0.68米，一面（侧）是齐边，另一面（侧）是毛边。砖墙基残高0.52米。房址内三合土面厚0.15米。三合土下为夯土层，厚0.35米，分两层，第一层厚0.15米，第二层厚0.2米。灰土基础下为生土。

十三、房址F12

1. 位置

F12位于上下天光遗址东南角，背靠土山，西望大殿，南面和西面与沿湖甬路相接，该房址分布于TG2和TH2内。

2. 形制规格

F12整体形状呈长方形，以散水立砖的边缘计算，房址东西长10.9、南北宽5.75米。根据现存迹象和通面阔的尺寸判断，该房址应为面阔三间、坐北朝南的建筑遗迹，有可能是敞厅（图一三四）。

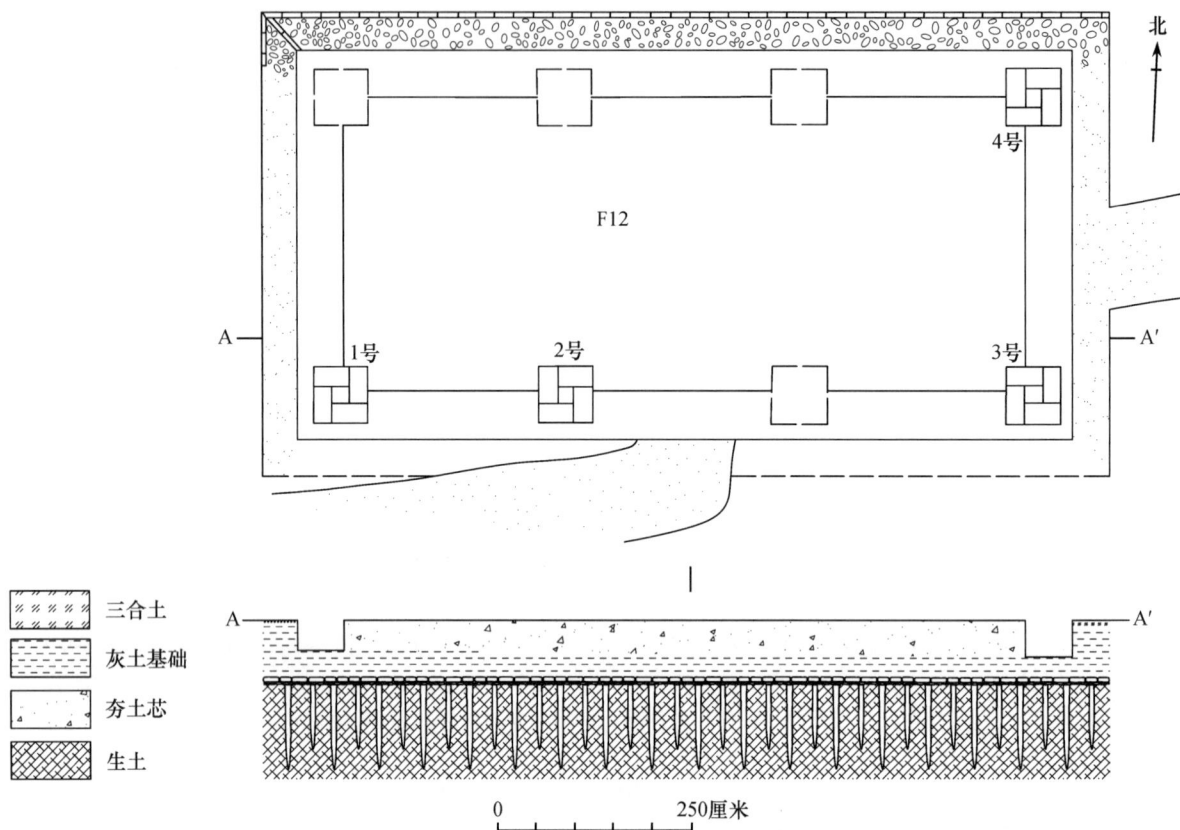

图一三四　上下天光遗址F12基址平、剖面图

3. 保存状况

该房址保存很差，残留下来的遗迹有：①散水；②基槽；③填土芯；④礤墩；⑤引路。详述如下：

（1）散水

房址的四周都有散水，北面的散水保存较完整，散水是先打好三合土后，再用大小不等的卵石铺成，散水宽0.45米，外侧用立砖镶边，立砖规格为25厘米×6厘米×5厘米。东、南、西三面散水保存较差，仅残存部分三合土基础，散水基础宽0.28～0.45、厚0.03～0.08米。

（2）基槽

位于散水内侧，填土芯的周围，破坏严重，只能以散水下的三合土基础边缘作为基槽的外口边线，并根据基槽内侧填土芯的边，测得基槽的宽度为0.6米，基槽东西长10、南北宽4.85、深0.38～0.46米。

（3）填土芯

分布于基槽的内侧，保存较差，土色呈浅灰褐色，土质较硬，经夯实而成。根据基槽的剖面测量，填土芯的残厚度为0.38～0.46米，分为三层，第一层残厚0.05～0.13米，第二层厚0.15米，第三层厚0.18米，填土芯平面东西长8.8、南北宽3.65米。

（4）磉墩

共发现4座，编号为：1~4号。叙述如下：

1号磉墩，位于房址的西南角，保存一般，用长方形方砖砌筑，用白灰黏合，每层用4块完整的青砖交错平砌，中间用半块砖填芯。磉墩平面呈正方形，边长0.7、残高0.4米，青砖的规格为45厘米×25厘米×10厘米。

2号磉墩，位于1号磉墩的东侧，间距为2.2米，其平面形状边长、砌筑方法和用砖规格均同于1号磉墩，磉墩残高0.4米。

3号磉墩，位于该房址的东南角，保存一般，与2号磉墩的间距为5.3米，其平面形状、边长、砌筑方法和青砖规格均同于1号和2号磉墩。

4号磉墩，位于该房址的东北角，3号磉墩的北侧。保存较差，部分青砖被破坏，该磉墩的平面形状、边长、砌筑方法和青砖的规格，均与以上三座磉墩相同，4号磉墩的残存高度为0.1~0.4米。

（5）引路

房址的前墙和东墙都有引路，保存较差，仅剩底部的灰土基础。东墙中部的引路，向东与该房址通往遗址区东南部的13号木桥的沿湖甬路L7基础三合土面相接；前墙中部的引路，向西与通往上下天光大殿月台的甬路（编号也是L7）相连。据此推断，该房址可能为敞厅。

经解剖，该房址底部的基础厚0.25米，分两层，第一层厚0.1米，第二层厚0.15米。灰土基础下为柏木桩基础，柏木桩全部被打入生土内，柏木桩直径0.06~0.08米，长0.8~1.05米，间距0.2~0.25米。其上部填充掏当山石并夯实，石块大小形状不等，大的规格为0.2米×0.15米×0.07米，小的规格为0.08米×0.05米×0.03米。

十四、房址F13

1. 位置

F13位于上下天光遗址的西部偏北，东、北两面与清代晚期山形遗迹相邻，往西向现堆山体下延伸，共分布在TA7和TA8两个探方内。

2. 保存状况

F13整体破坏严重，残留遗迹仅有：①砖石墙基；②柱础石；③铺地砖；④散水。分述如下：

（1）砖石墙基

共清理出两道墙基，为东墙和北墙的一部分，南部全被破坏掉。墙基的底部是用大小形状不等的红色砂岩石块砌筑，并用白灰黏合，上部用长方形青砖或砖块垒砌。完整的青砖规格为25厘米×12.5厘米×5厘米，北墙墙基宽0.55米，东墙墙基宽0.4米，墙基现存高度为0.08~0.2米。

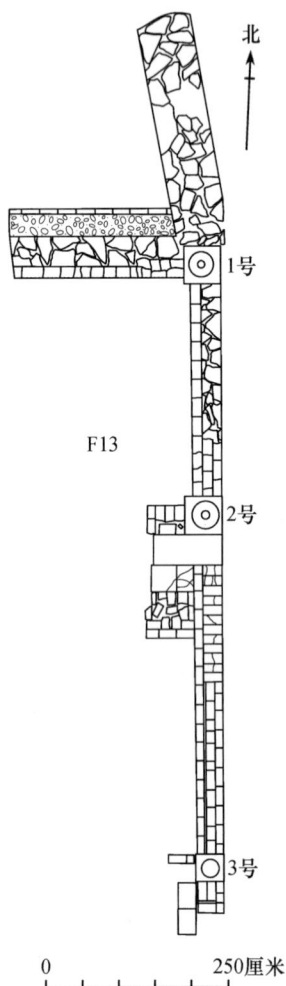

图一三五　上下天光遗址F13基址平面图

（2）柱础石

房址内暴露的柱础石有3个，编号为：1～3号。

1号柱础石，位于房址的东北角，保存较好。形状呈正方形，边长0.51、厚0.19米，石鼓镜直径34、高2.5厘米。中间有一柱窝，直径10、柱窝深10厘米。为青石打制。

2号柱础石，位于东墙基中部，1号柱础石南部，间距为2.8米，保存较好。柱础为正方形，边长0.52、厚0.2米，石鼓镜直径36、高2.5厘米。中间有一柱窝，柱窝直径10、深12厘米。为青石打制。

3号柱础石，位于东墙南部，2号柱础石的南部，与2号柱础石的间距为4.25米，保存一般。呈正方形，边长0.37、厚0.15米，石鼓镜直径28、高2.5厘米，无柱窝。为青石打制。

（3）铺地砖

保存极差，仅在东墙中间内侧三合土台面上残存一少部分青砖（大部分为残砖）。从现状看，铺地砖的规格大致可分三种，一种为正方形，边长34、厚5厘米，其余两种均为长方形，其中大号规格为32厘米×22厘米×5厘米，小号规格为25厘米×12厘米×5厘米。

（4）散水

位于北墙基外侧，保存一般，散水是用大小不等的卵石铺成，外侧用立砖镶边，立砖的规格为25厘米×6厘米×5厘米，散水宽0.4米。东部被一座清代晚期的挡山墙打破，往西随墙基向土山山体下延伸。

从保存状况看，该房址为东西向，残存部分为南北两间，南间较大（图一三五）。由于清代堆山覆盖，没有发现甬路和延伸方向。根据房基东北角与挡山墙的打破关系判断，该房址应为清代早期建筑残迹（因整体破坏严重，未作解剖）。

十五、平安院基址

1. 位置

平安院位于上下天光遗址东部，北、东两面环山，院址的东北角被压在山下（图版一二七）。分布在探方TD5、TE5、TF5、TG5、TD6、TD7、TE6、TF6、TG6、TE7、TF7共11个探方中。

2. 保存状况

平安院内共发现三座房屋基址（F1~F3）和与该遗址相关的甬路两条（L1、L2）。平安院院墙的整体结构及保存状况如下。

平安院为一个相对封闭的院落。南墙偏东部留门，该门直对院内F2，为明间正门。南墙西部和西墙南部，与F1的后墙和西山墙为同一墙体遗存，院墙东北角外拐处与F2的东北角相衔接。墙基整体破坏严重。南墙残存部分是用白灰黏合红色砂岩石砌筑。南墙基的两侧有卵石铺砌的散水，保存较好。东墙基仅在内侧发现有散水，保存较差。两道墙基的宽度为0.5米，散水宽0.4米。散水的外侧用立砖镶边，立砖规格为25厘米×6厘米×5厘米。北墙基中、东部已全被破坏。西半部分只剩基槽。基槽内残存有石墙基，石墙基距基槽上口深0.08~0.12米，槽宽0.8米。西墙基槽宽0.7、残深0.05~0.18米。因破坏严重，北墙和西墙的两侧未发现有散水（或散水底部遗迹）（图一三六）。

十六、甬　　路

上下天光遗址内共发现8条甬路，编号为L1~L8（图一三七）。分别叙述如下：

1. L1

位于上下天光遗址区北部，呈"L"形走向，北起F6南侧回廊的台阶基础，南段东部被平安院西围墙基础和院内的F3打破。该甬路分布在5个探方内，由北向南分别为TC9、TC8、TC7、TC6和TD6。甬路破坏严重，仅在TC8内清理出一段南北向保存较好的路面，完整部分用卵石、方砖和牙砖组成。甬路的中间用方砖铺砌。方砖的规格为35厘米×35厘米×5厘米，两边用大小不等的卵石铺成，方砖和卵石的外侧均采用立砖镶边。牙砖的规格为25厘米×6厘米×5厘米。甬路总宽1.35米。其余部分因被破坏，仅剩底部的三合土，保存较差，现存宽度为1.2~1.4米。卵石下甬路基础厚0.3米，分两层，第一层为三合土基础，厚0.1米，第二层为夯土层，厚0.2米。夯土层下是生土（黄褐色砂土）（图一三八）。

2. L2

位于上下天光遗址平安院的中部，形状呈"Z"形，西与平安院西南角F1北墙（前墙）中部散水基础相接。东端与由平安院内的F2出南门的南北向甬路L3相交汇。该甬路整体保存状况较差。除中部残留部分卵石和立砖外，其余部分均破坏至三合土基础。根据甬路保存较好的部分，该路是由卵石、方砖和四道牙砖组成。两边用大小不等的卵石铺砌，中间用方砖平铺。方砖和卵石的外侧采用立砖镶边。总宽1.18米。仅在甬路南部拐角处残留一块方砖，规格为34厘米×

北

F2

柱础坑 4

灶3

柱础坑 8

灶1

柱础坑 3

柱础坑 7

柱础坑 2

灶2

柱础坑 6

灶4

坑

柱础坑 5

柱础坑 1

L2

柱础坑 5

平安院

柱础坑 4

柱础坑 8

F3

柱础坑 3

柱础坑 7

柱础坑 2

柱础坑 6

柱础坑 1

柱础坑 5

柱础石

柱础石 7

0　　　250厘米

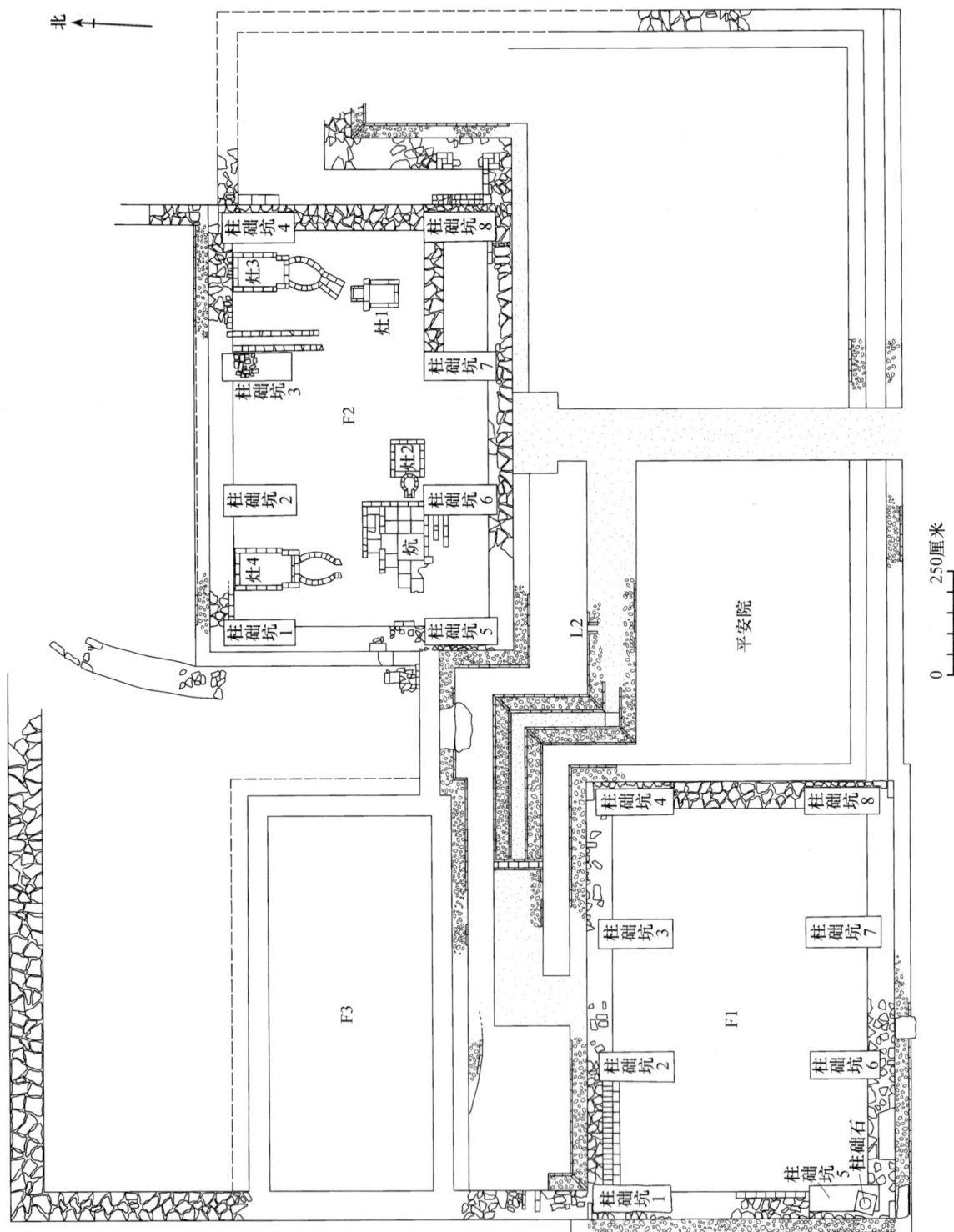

图一三六　上下天光遗址平安院基址平面图

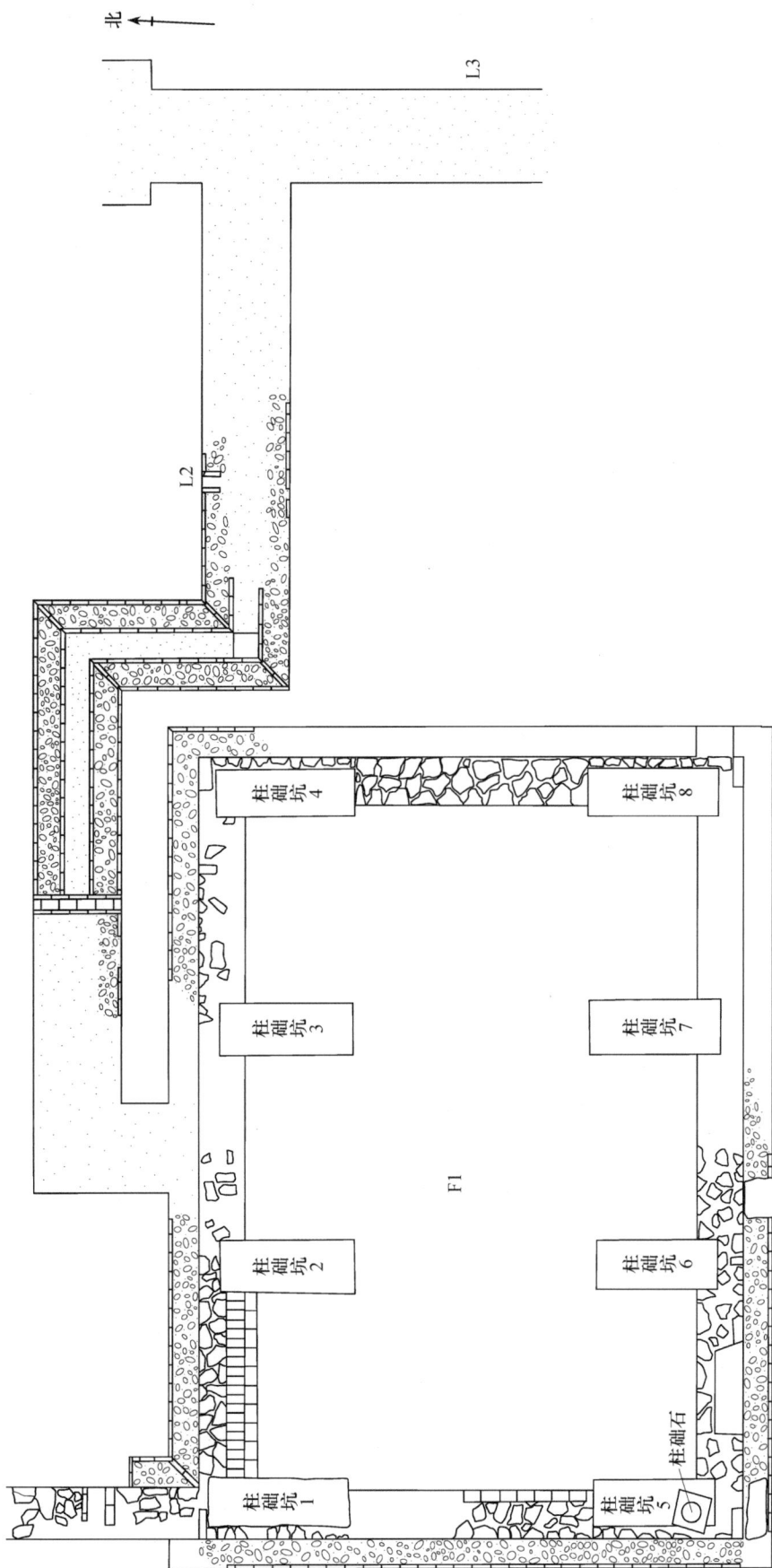

北

L3

L2

柱础坑4

柱础坑8

柱础坑3

柱础坑7

F1

柱础坑2

柱础坑6

柱础坑1

柱础坑5

柱础石

0　　　　250厘米

图一三九　上下天光遗址甬路L2平面图

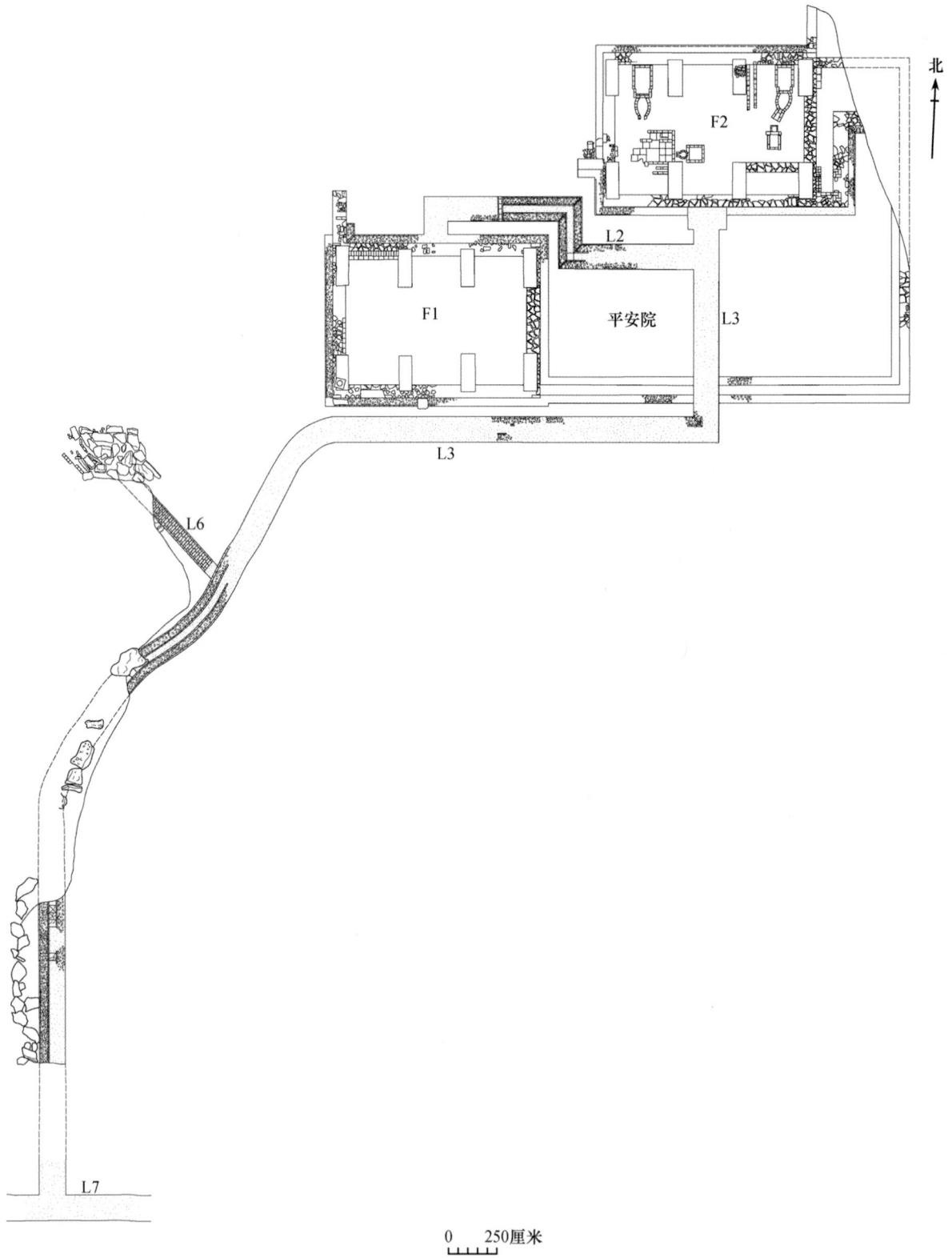

图一四〇　上下天光遗址甬路L3平面图

北

S3

砖石墙基

L4

0　　　　　　　250厘米

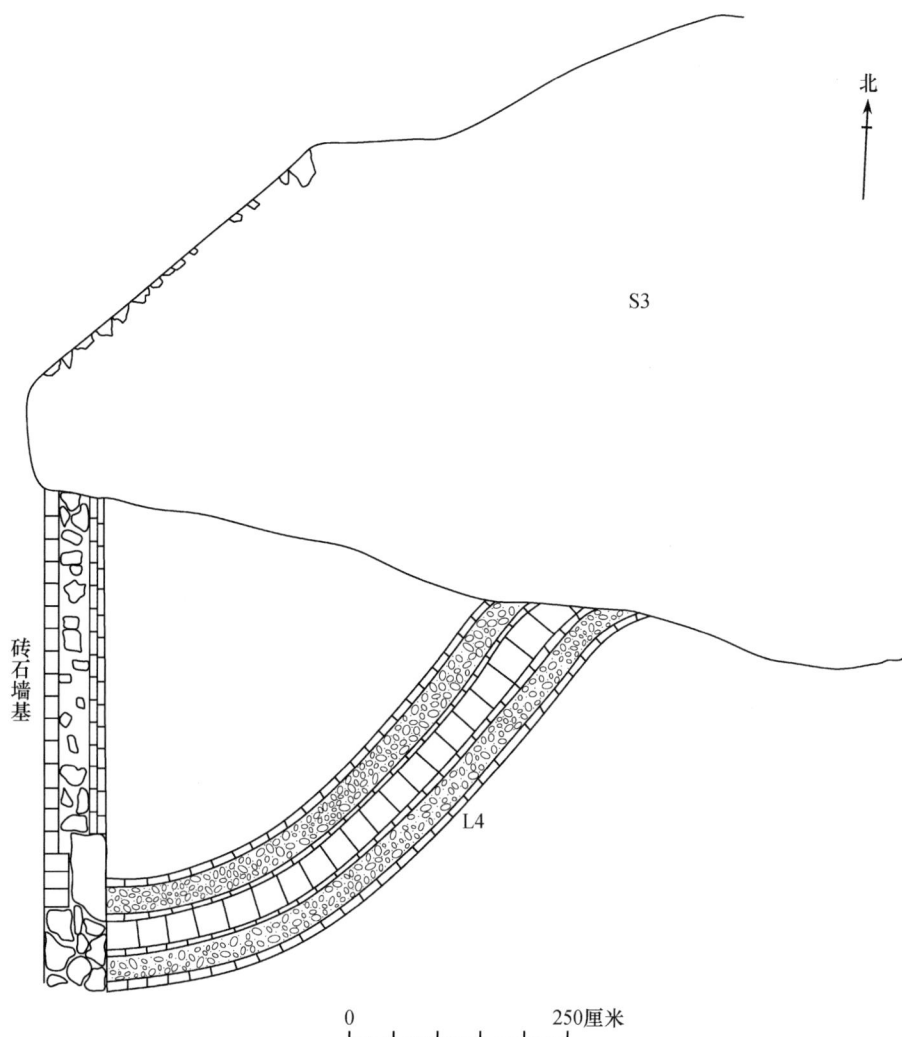

图一四一　上下天光遗址甬路L4平面图

米×5厘米，甬路的两边用立砖镶边，牙砖规格为25厘米×6厘米×5厘米。甬路宽0.71米。甬路的铺砖下为三合土基础，厚0.25米，分两层，第一层为三合土，厚0.1米，第二层为夯土层，厚0.15米。夯土层下为黄褐色生土（图一四三）。

7. L7

为沿湖甬路。甬路整体破坏严重，仅存底部的三合土基础。根据甬路残留的痕迹，甬路的东端与遗址区东南角13号木桥相连，往西进F12（敞厅）东门。出南门后，仍向西沿湖，经上下天光大殿的月台，与遗址区西南角的11号木桥相连接。在与该桥的连接处，残留部分卵石和立砖。甬路宽1.25米。立砖共四道，分别镶于两排卵石的外侧，牙砖规格为25厘米×6厘米×5厘米。其余部分的三合土基础残宽0.85～1.4米。三合土基础残厚0.32米，分两层，第一层为三合土，残厚0.07米，第2层是夯土层，厚0.25米。夯土层下为浅黄褐生土（图一四四）。

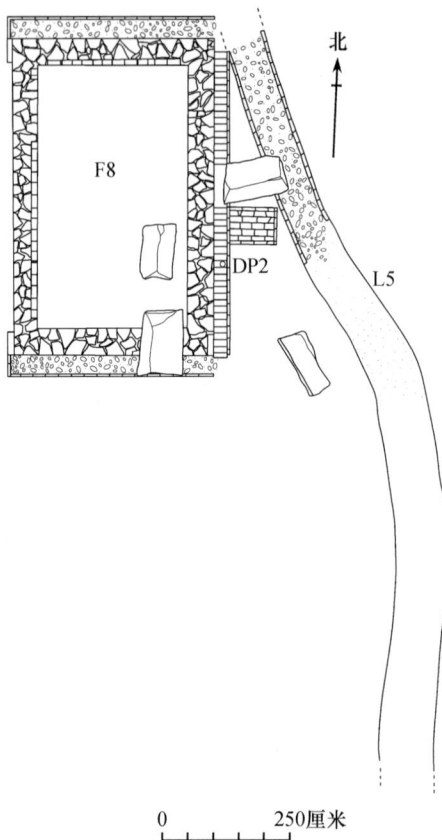

0　　　　　250厘米

图一四二　上下天光遗址甬路L5平面图

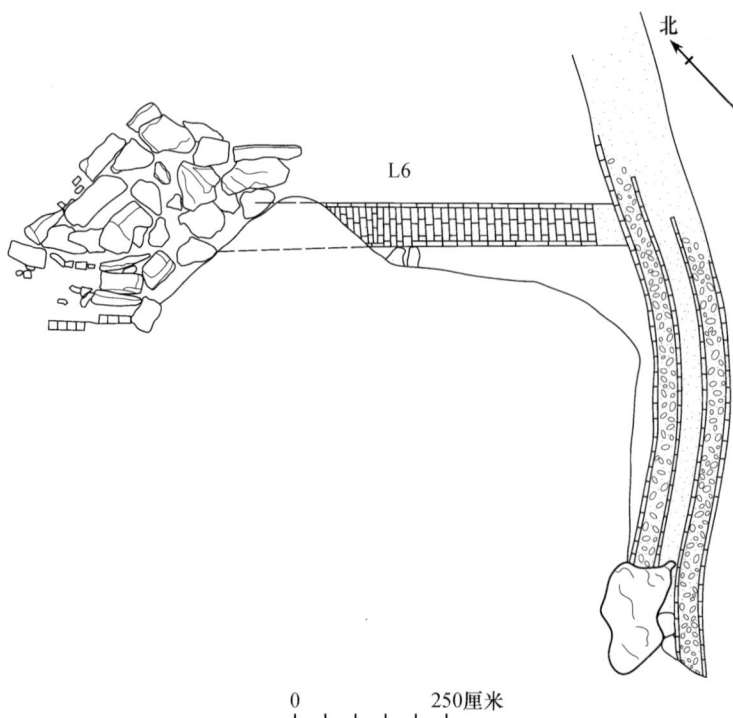

0　　　　　250厘米

图一四三　上下天光遗址甬路L6平面图

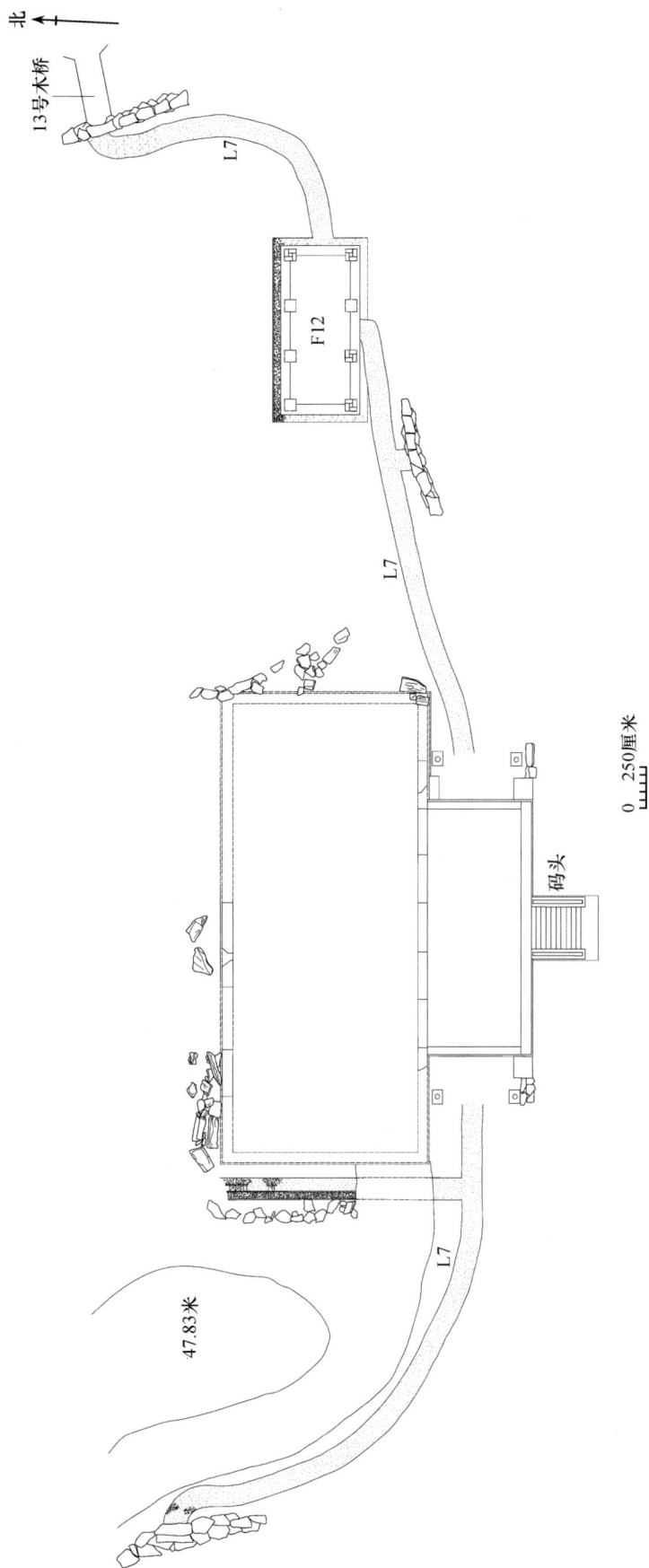

图一四四　上下天光遗址甬路L7平面图

8. L8

位于上下天光大殿的北部，F10南侧，上部被清代晚期山形遗迹覆盖，故该甬路应为清代早期遗迹。经改建后将该甬路废弃，因此未作详细清理。该甬路的暴露部分长1.8、宽1.3米，北接清代早期房基的踏步石，西南部向土石假山下延伸（图一四五）。该甬路因被作废，未作解剖。

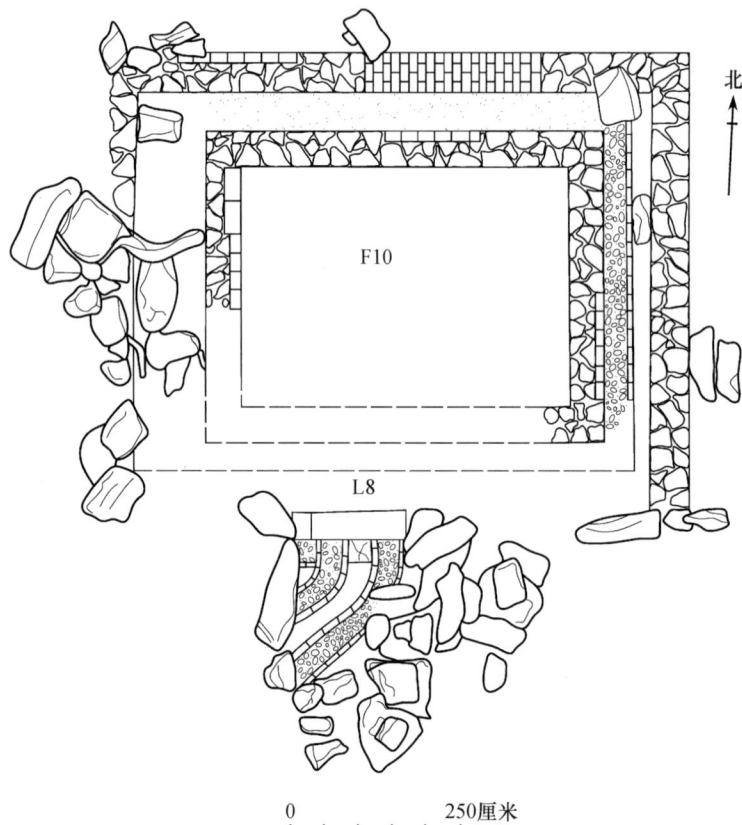

图一四五　上下天光遗址甬路L8平面图

十七、下水道排水设施

位于上下天光遗址区中部，与F9相连接的回廊东南角处，发掘出有下水道的排水设施，保存较差，现存部分为南北走向。用形状不甚规则的石条或石板作盖板，下水道南北残长3.45、宽约1.1米。最北部有一块近长方形的盖板。盖板中部偏东有一圆形凹槽，直径0.46、深0.5厘米，凹槽的中央有一圆形排水口，直径0.18米。排水口所在的凹槽面距原地平深0.1米。下水道残留部分往北已到头。残留部分往南继续延伸（图一四六）。此下水道地层剖面及排水涵洞的结构情况可参见图一一五（探沟TG26平、剖面图）。

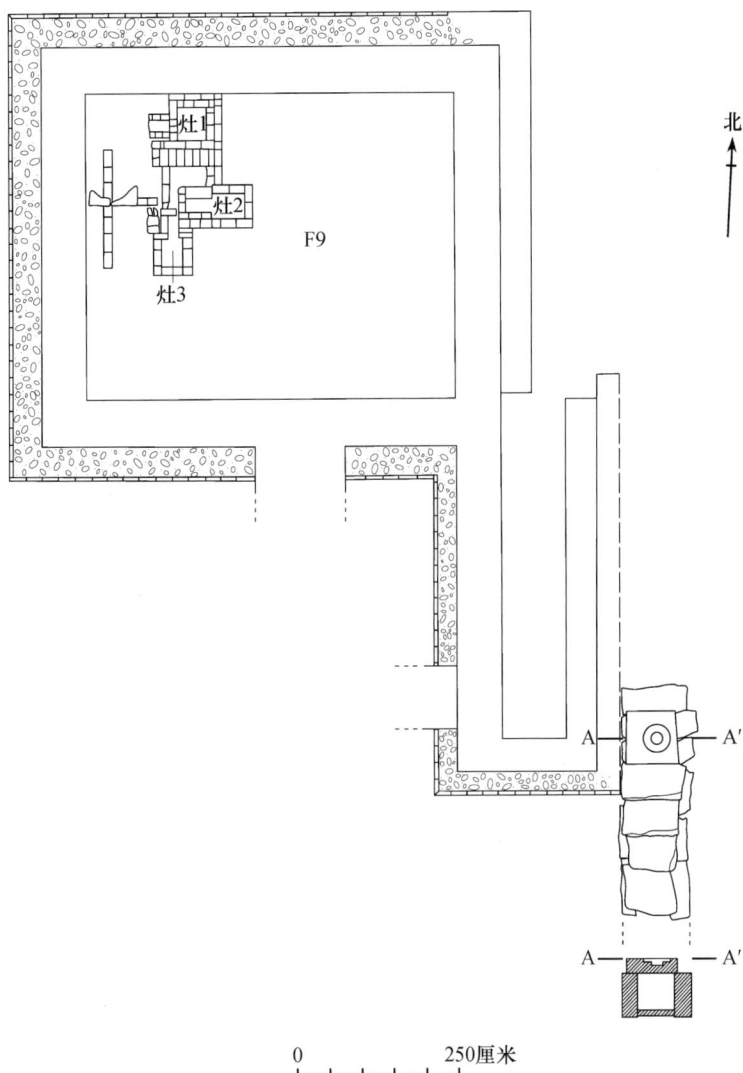

图一四六 上下天光遗址下水道排水设施平、剖面图

第四节 山形勘察

上下天光遗址区内共有人工堆叠的土石假山3座。其中包括现代土山1座，编号为S1；还有清代晚期人工堆叠的土石假山2座，编号为S2、S3（参见图一二一）。

1. 现代土山S1

分布在上下天光遗址西、北、东三面外围，平面形状呈倒"U"形。

西面：山的外侧距驳岸0.15～4.3米，内侧中部叠压在F13遗址的西半部之上，山体最南部与上下天光大殿的西南角相连接。山顶最高点海拔49.2米，山体高5.23米（注：山体高度均以遗址区北部F5后墙散水海拔43.97米为原地平的相对高度）；最低海拔47.27米，山体高3.3米；中等处海拔48.32米，山体高4.35米；山体最宽部分宽24米，最窄部分宽9.1米。

北面：山的外侧距驳岸0.6～3米，内侧西部紧靠F5，中部距F6遗址后墙17.5米。山顶最高点海拔50.09米，山体高6.12米；最低点海拔47.37米，山体高3.4米；中等处海拔48.62米，山体高4.67米；最宽部分宽27米，最窄部分宽23.2米。

东面：山的外侧北部为石包土，山脚与驳岸石相连接。南部距驳岸0.2～12.3米，内侧中部压在平安院围墙的东北部墙基上。山顶最高点海拔48.67米，山体高4.7米；最低点海拔46.56米，山体高2.59米；中等处海拔47.68米，山体高3.71米；最宽部分宽21.4米，最窄部分宽14.7米（图一二一）。

2. 清代晚期人工堆叠的土石假山——S2、S3

S2分布于上下天光遗址区西部，现堆土山的内侧，走向大致呈南北向。S2的南北两端与现堆土山接壤，中间形成一山坳，将F9和F13包围在内。压在该山下的遗迹有L3、L5和L6。S2上部距地表0.05～0.2米，现存最高点海拔45.4米，山体高1.43米；最低点海拔44.88米，山体高0.91米；山体最宽部分宽14.9米，最窄部分宽2米（图一二一）。

S3分布于上下天光遗址区东南部，东部与现堆山形相连，该山形大致呈东西向。山形往西渐窄，西端与S2形成一山口，山口宽1.5～2.25米，中间有一条通往平安院的甬路（L3），S3上部距现地表0.1～0.35米，现存高度最高点海拔45.27米，山体最宽部分宽24.2米，最窄部分宽1.25米（图一二一）。坐落在此山上部的遗迹有F10，压在山下的遗迹有F11、L4和L8。

现将上下天光遗址出土的石材、柱础石、青砖、柏木桩相关资料分别归纳成表六〇～表六三，谨供参考。

表六〇　上下天光遗址出土石材（或构件）统计表

编号	石材质地	出土位置	功用	规格（米）			保存状况
				长	宽	高	
北侧者	砂岩	上下天光大殿基址2号磉墩	底部石材	0.7	0.54	0.28	完整
南侧者	砂岩	上下天光大殿基址2号磉墩	底部石材	0.83	0.59	0.3	完整
北侧者	砂岩	上下天光大殿基址3号磉墩	底部石材	0.78	0.61	0.3	完整
南侧者	砂岩	上下天光大殿基址3号磉墩	底部石材	0.84	0.6	0.29	完整
北侧者	砂岩	上下天光大殿基址4号磉墩	底部石材	1.08	1	0.32	完整
南侧者	砂岩	上下天光大殿基址4号磉墩	底部石材	1.05	1	0.32	完整
北侧者	砂岩	上下天光大殿基址5号磉墩	底部石材	0.77	0.58	0.3	完整
南侧者	砂岩	上下天光大殿基址5号磉墩	底部石材	0.83	0.59	0.3	完整
北侧者	砂岩	上下天光大殿基址6号磉墩	底部石材	0.77	0.58	0.3	完整
南侧者	砂岩	上下天光大殿基址6号磉墩	底部石材	0.83	0.59	0.3	完整
北侧者	砂岩	上下天光大殿基址7号磉墩	底部石材	1.1	1.02	0.31	完整
南侧者	砂岩	上下天光大殿基址7号磉墩	底部石材	1.1	1.03	0.32	完整
北侧者	砂岩	上下天光大殿基址8号磉墩	底部石材	0.8	0.56	0.29	完整
南侧者	砂岩	上下天光大殿基址8号磉墩	底部石材	0.76	0.55	0.28	完整

编号	石材质地	出土位置	功用	规格（米）			保存状况
				长	宽	高	
北侧者	砂岩	上下天光大殿基址9号磉墩	底部石材	0.78	0.6	0.3	完整
南侧者	砂岩	上下天光大殿基址9号磉墩	底部石材	0.73	0.59	0.3	完整
北侧者	砂岩	上下天光大殿基址12号磉墩	底部石材	0.7	0.56	0.28	完整
南侧者	砂岩	上下天光大殿基址12号磉墩	底部石材	1	0.6	0.3	完整
北侧者	砂岩	上下天光大殿基址13号磉墩	底部石材	0.85	0.59	0.3	完整
南侧者	砂岩	上下天光大殿基址13号磉墩	底部石材	0.8	0.61	0.29	完整
北侧者	砂岩	上下天光大殿基址14号磉墩	底部石材	1.16	1	0.32	完整
南侧者	砂岩	上下天光大殿基址14号磉墩	底部石材	1.13	1.01	0.31	完整
北侧者	砂岩	上下天光大殿基址15号磉墩	底部石材	0.88	0.6	0.29	完整
南侧者	砂岩	上下天光大殿基址15号磉墩	底部石材	0.78	0.59	0.29	完整
北侧者	砂岩	上下天光大殿基址16号磉墩	底部石材	0.7	0.58	0.3	完整
南侧者	砂岩	上下天光大殿基址16号磉墩	底部石材	0.8	0.6	0.29	完整
北侧者	砂岩	上下天光大殿基址17号磉墩	底部石材	1.15	1.06	0.32	完整
南侧者	砂岩	上下天光大殿基址17号磉墩	底部石材	1.12	1.05	0.31	完整
南侧者	砂岩	上下天光大殿基址18号磉墩	底部石材	0.8	0.61	0.29	完整
最长者	青石	上下天光大殿基址前、后墙	陡板石	3.02	0.6	0.7	完整
最短者	青石	上下天光大殿基址前、后墙	陡板石	残长1.35	0.6	0.7	残
未编号	红色砂岩	上下天光大殿基址前、后墙	土衬石	0.9～1.6	0.8	0.2	完整
西南角	青石	平安院西南角F1	转角石	0.4	0.14	散水以上高0.12	散水以下尺寸不详
西北角	青石	平安院西南角F1	转角石	0.4	0.11	散水以上高0.12	散水以下尺寸不详
东北角	青石	平安院西南角F1	转角石	0.45	0.19	散水以上高0.12	散水以下尺寸不详
东南角	青石	平安院西南角F1	转角石	0.4	0.15	散水以上高0.12	散水以下尺寸不详
东北角	青石	平安院东部F2	转角石	0.49	0.26	散水以上高0.1	散水以下尺寸不详

表六一　上下天光遗址出土柱础石统计表

编号	出土位置	用项	石材质地	形状	规格（厘米）			鼓镜（厘米）			柱窝		保存状况
					长	宽	厚	形状	直径	凸出高度	直径	深	
1号	上下天光大殿月台西侧南部	月台西南侧柱础石	砂岩	长方形	80	70	33				30	33	较好
2号	上下天光大殿月台西侧北部	月台西北侧柱础石	砂岩	长方形	85	65	32				29	29	较差
3号	上下天光大殿月台东侧南部	月台东南侧柱础石	砂岩	长方形	80	70	32				30	32	较好
4号	上下天光大殿月台东侧北部	月台东北侧柱础石	砂岩	长方形	86	65	31				30	31	较好
仅存1块	F1西南角	房址西南角柱础石	青石	方形	48	48	13	圆形	28	2			被移位
1号	上下天光遗址西部偏北F13	房址东北角柱础石	青石	方形	51	51	19	圆形	34	2.5	10	10	较好
2号	上下天光遗址西部偏北F13	东墙基中部柱础石	青石	方形	52	52	20	圆形	36	2.5	10	12	较好
3号	上下天光遗址西部偏北F13	东墙南部柱础石	青石	方形	37	37	15	圆形	28	2.5			较好

表六二　上下天光遗址出土青砖统计表

出土位置	功用	规格（厘米）			保存状况
		长	宽	厚	
上下天光大殿基址	铺地金砖	55	55	5	已龟裂
平安院西南角F1	石墙基上的砖墙砌砖	25	12	5	完整
平安院西南角F1	石墙基上的砖墙砌砖	26	15	5	完整
平安院西南角F1	房基四周卵石散水牙砖	25	6	5	完整
平安院东部F2	3号灶砌砖	25	12	5	完整
平安院东部F2	4号灶砌砖	25	12	5	完整
平安院东部F2	4号灶底部铺砖	25	12.5	5	完整
平安院东部F2	F2火炕铺砖	25	12	5	完整
平安院东部F2	F2火炕铺砖	33	33	5	完整
平安院东部F2	F2北、南、西三面卵石散水牙砖	25	6	5	完整
平安院东部F2	F2东面铺砖散水用砖	33	25	6	完整
平安院西部F3	房基南墙东部外侧卵石散水牙砖	25	6	5	完整
平安院北部F4	砖墙基用砖	25	12.5	6	完整
上下天光遗址西北角F5	房址四周卵石散水牙砖	25	6	5	完整
上下天光遗址北部F6	回廊基槽外侧卵石散水牙砖	25	6	5	完整
上下天光遗址北部F6	房址周围卵石散水牙砖	25	6	5	完整
上下天光遗址北部F7	房址东墙外侧卵石散水牙砖	25	6	5	完整
东北角早于F7的建筑遗迹	铺地砖	38	38	5	完整
上下天光遗址西部F8	房址石墙基上的砖墙砌砖	25	12	5	较好
上下天光遗址西部F8	抱角砖	45	22	10.5	较好
上下天光遗址西部F8	东面砖铺散水铺砖	26	13	6	较好
上下天光遗址西部F8	东面砖铺散水牙砖	25	6	5	较好
上下天光遗址中部F9	房址四周卵石散水牙砖	25	6	5	较好
上下天光遗址中部F9　1号灶	灶坑砌砖	25	12	6	较好
上下天光遗址中部F9　2号灶	灶坑与火膛砌砖	42	21	10	较好
上下天光遗址中部F9　2号灶	灶坑与火膛砌砖	25	12	5	较好
上下天光遗址中部F9　3号灶	灶坑与火膛砌砖	39	13	6	较好
上下天光遗址中部F9　3号灶	灶坑与火膛砌砖	25	12	4.5	较好
上下天光遗址中南部F10	石墙基上的砖墙砌砖	45	25	5	较好
上下天光遗址中南部F10	石墙基上的砖墙砌砖	26	13	6	较好
上下天光遗址中南部F10	东墙基外侧卵石散水牙砖	25	12	5	较好
上下天光遗址中南部F10	外侧北面挡山墙砌砖	25	12	5	较好
平安院东南部F11	房址砖墙基砌砖	45	22	11	较好
平安院东南部F11	台阶前甬路铺砖	35	35	6	较好
平安院东南部F11	台阶前甬路牙砖	25	6	5	较好

续表

出土位置	功用	规格（厘米）			保存状况
		长	宽	厚	
上下天光遗址东南角F12	房址北面卵石散水牙砖	25	6	5	较好
上下天光遗址东南角F12	1～4号磉墩砌砖	45	25	10	一般
上下天光遗址西部偏北F13	砖石墙基砌砖	25	12.5	5	较好
上下天光遗址西部偏北F13	铺地砖	34	34	5	较好
上下天光遗址西部偏北F13	铺地砖	32	22	5	较好
上下天光遗址西部偏北F13	铺地砖	25	12	5	较好
上下天光遗址西部偏北F13	北墙基外侧卵石散水牙砖	25	6	5	较好
平安院	卵石散水牙砖	25	6	5	较好

表六三　上下天光遗址出土柏木桩统计表

出土位置	用项	规格（米）		保存状况
		长	直径	
上下天光大殿	台基底部加固地基	1.05～1.4	0.08～0.12	较好
平安院西南角F1	墙基底部灰土基础下，加固地基	0.85～1.1	0.06～0.1	较好
平安院东部F2	墙基底部灰土基础下，加固地基	0.85～1.12	0.08～0.1	较好
平安院西部F3	墙基底部灰土基础下，加固地基	0.8～1.1	0.06～0.08	较好
平安院北部F4	墙基底部灰土基础下，加固地基	0.86～1	0.06～0.08	较好
上下天光遗址西北角F5	墙基底部灰土基础下，加固地基	0.8～0.98	0.05～0.07	较好
上下天光遗址北部F6	墙基底部灰土基础下，加固地基	0.8～0.98	0.05～0.07	较好
上下天光遗址北部F7	墙基底部灰土基础下，加固地基	0.8～1.05	0.05～0.08	较好
上下天光遗址西部F8	墙基底部灰土基础下，加固地基	0.85～1	0.06～0.09	较好
上下天光遗址中部F9	墙基底部灰土基础下，加固地基	0.88～0.96	0.08～0.1	较好
上下天光遗址中南部F10	墙基底部灰土基础下，加固地基	0.95～1.08	0.08～0.12	较好
上下天光遗址东南角F12	墙基底部灰土基础下，加固地基	0.8～1.05	0.06～0.08	较好

第五节　出土器物

上下天光遗址出土器物种类和数量，比杏花春馆遗址出土数量少。器物种类只有石刻、灰瓦当和瓷器残片（件）三类，三类器物出土总数为232件。其中石刻4件，仅占该遗址三类器物出土总数的1.72%；灰瓦当1件，仅占该遗址三类器物出土总数的0.43%；瓷器残件和残片227件，占该遗址三类器物出土总数的97.85%。瓷器出土数量的占比是最高的，这一点，与杏花春馆遗址是一致的。现按器类，依次予以介绍。

一、石　　刻

4件。

（1）汉白玉缠枝莲纹石鼓磴残件

1件，编号SHSK：1。此件石鼓磴上、下鼓面和大部分鼓身已残失无存，现仅存鼓磴侧面下半部分，约不足原大的1/5。磴体石料厚实，质地坚致，无杂质。此鼓磴虽然上部鼓身和鼓面已残失，但尚存下半截鼓身、鼓沿和鼓底。从这类石鼓磴的形制、结构的一般规律特点考察，其上、下形制的结构多是对称的。因此，知道了其下半截的形制、结构和施纹特点，也就知道了其上部缺失部分的形制、结构与纹饰特点。下半截鼓底面是平齐的；在平齐的底面之上，有一周斜坡式的折沿，此折沿宽4.55厘米，折沿表面横向浮雕连珠一周，折沿下缘阴刻弦线两道，作为折沿的边饰，也是作为折沿与鼓肩的分界线。肩部与腹部为弧肩、鼓腹。肩、腹表面以减地凸雕技法雕出构图较为疏朗的凸雕缠枝莲纹。线条自然流畅，遒劲而沉稳。上边残长25.5、腹径残长32.7、立面残高34.8厘米。上部壁厚7.7、下部壁厚12.3厘米（图一四七；图版一二八，1）。

（2）汉白玉缠枝莲纹石鼓磴残件

1件，编号SHSK：2。此件石鼓磴的保存状况与SHSK：1号标本差不多，其上、下鼓面和大部分鼓身均已残失无存，现仅存鼓磴侧面很少一部分，约相当原大的1/5。磴体石料厚实。质地坚致，无杂质。残存的上部"鼓皮"残损不齐，底部"鼓皮"底边平齐。上、下"鼓皮"折沿的形制、纹饰呈对称布局，均呈斜坡式折沿，折沿宽4.58厘米，表面各横向浮雕连珠纹一周。折沿下缘各阴刻弦线纹两道。肩部与腹部均为弧肩、鼓腹。肩、腹表面，以减地凸雕技法雕出线条较为繁缛的凸雕缠枝莲纹图案，雕工娴熟，线条流畅、准确，构图精致。鼓磴地面，为增大摩擦力及防滑，特意用凿子打出排列较为密集的纵向直线糙道浅沟。SHSK：2号石磴底边残长18.54、腹径残长27.08、立面残高35.83厘米，上、下壁厚均为9.17、腹部厚为12.08厘米（图一四八；图版一二八，2）。

（3）青石缠枝莲纹石鼓磴残件

1件，编号SHSK：3。整个鼓形磴体大部分已残失，现仅存石鼓磴上半部的一少半，鼓体石料厚实，质地坚致。俯视上部"鼓皮"中间，为圆形开光，鼓腔中空，外圈呈环形，表面光平、素面，已残断，仅存少半，另一半无存，"开光"直径为31厘米。"鼓皮"折沿，平齐，为弧面斜坡式，上面横向浮雕连珠纹一周，折沿部分宽4.74厘米。肩、腹部为外弧鼓面，表面以减地凸雕技法雕刻构图较为疏朗的山石缠枝莲纹图案。因残，图案仅保存上半局部，下半截无存。石雕线条舒展流畅，雕工精致，原是一件石刻精品。顶部"鼓皮"直径44.74、腹径58.42、立面残高31.68厘米，环形石壁厚17.9厘米（图一四九；图版一二九，1）。

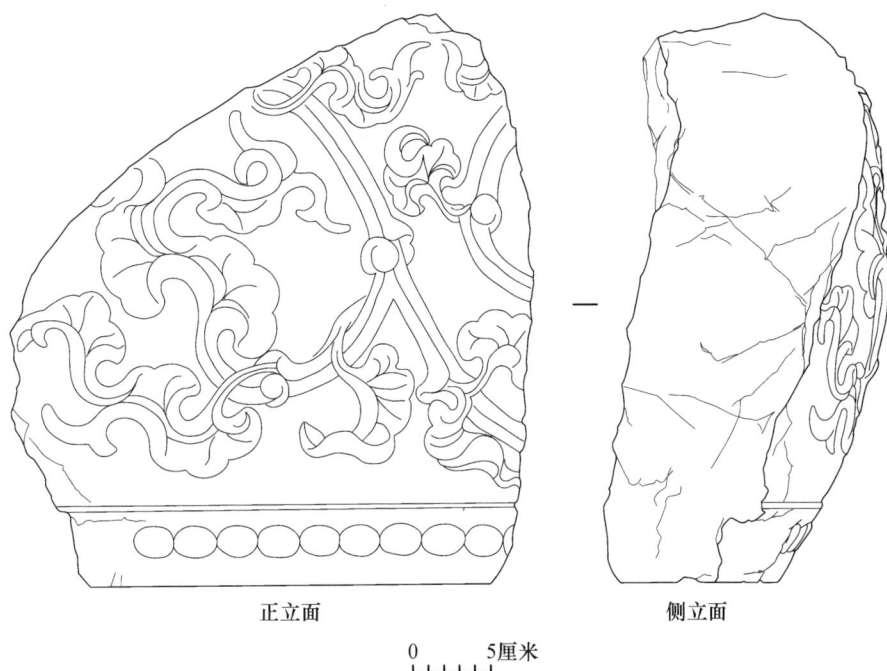

正立面　　　　　　　　　　　　侧立面

0　　　5厘米

图一四七　上下天光遗址出土汉白玉缠枝莲纹石鼓礅残件（SHSK：1）

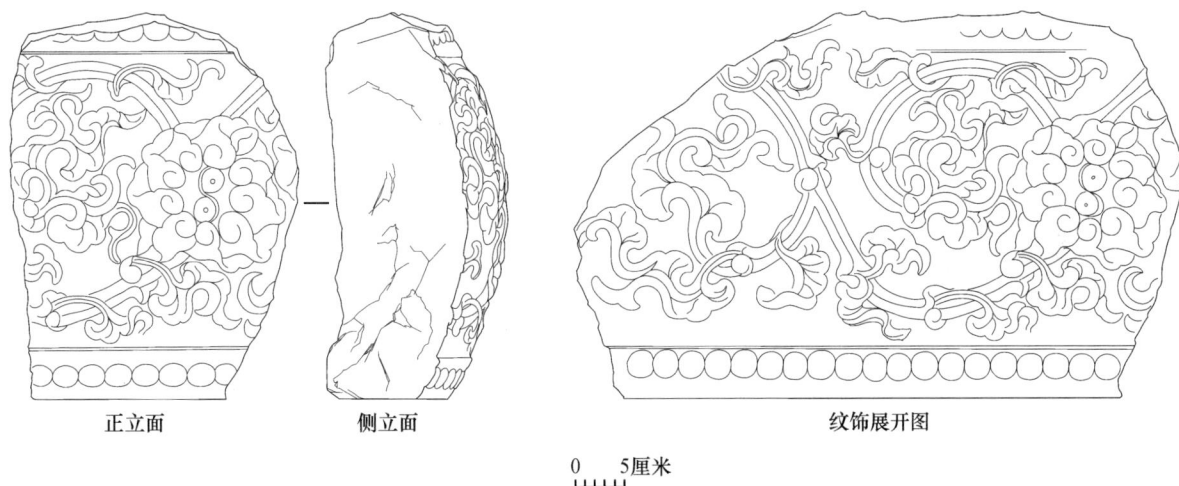

正立面　　　　　　侧立面　　　　　　　　纹饰展开图

0　　5厘米

图一四八　上下天光遗址出土汉白玉缠枝莲纹石鼓礅残件（SHSK：2）

（4）青石如意云纹石刻残件

1件，编号SHSK：4。此件石刻中上部已残失，现仅存底盘局部。底盘原状为圆形，因残，仅存局部，圆弧形边缘。底部裙边，以减地凸雕技法凸雕八达马如意云纹一周，现仅残存三组半。如意云纹均以双轮廓线雕饰，线条精细流畅，构图工整对称。如意云头纹裙边宽13.85厘米，裙边上、下边缘各阴刻弦线两道，作为裙边的装饰线。整个底盘残径长74.2、上部残宽28.1、立面残高19.2厘米（图一五〇；图版一二九，2）。

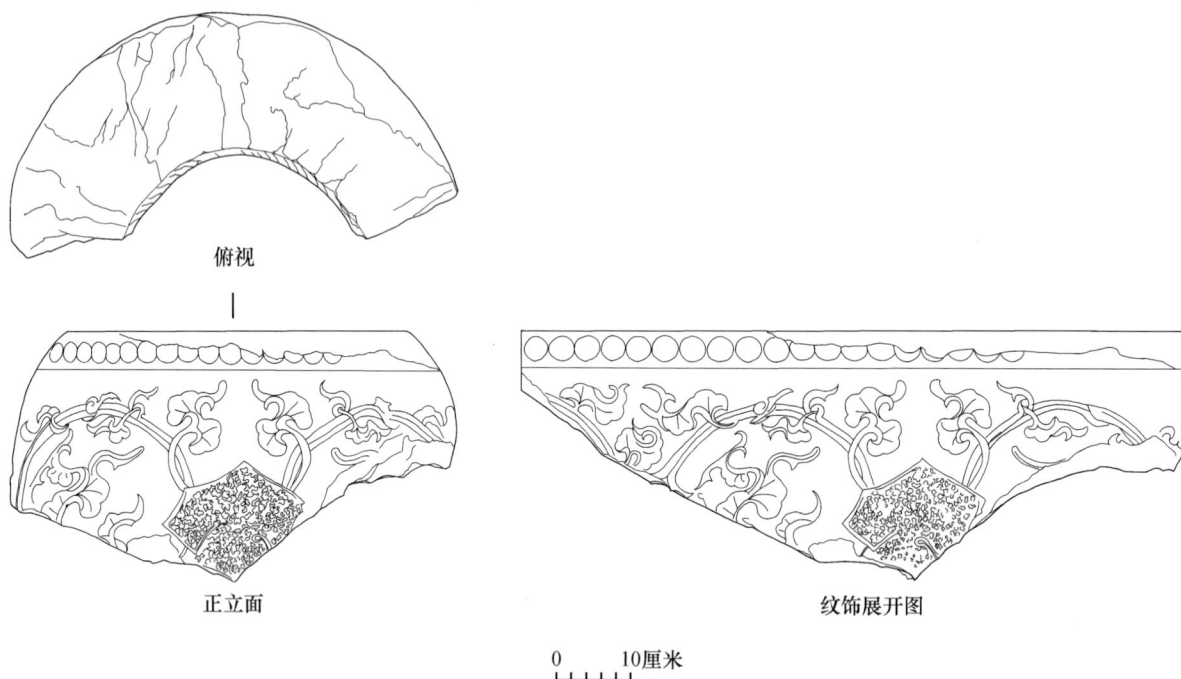

图一四九　上下天光遗址出土青石缠枝莲纹石鼓礅残件（SHSK：3）

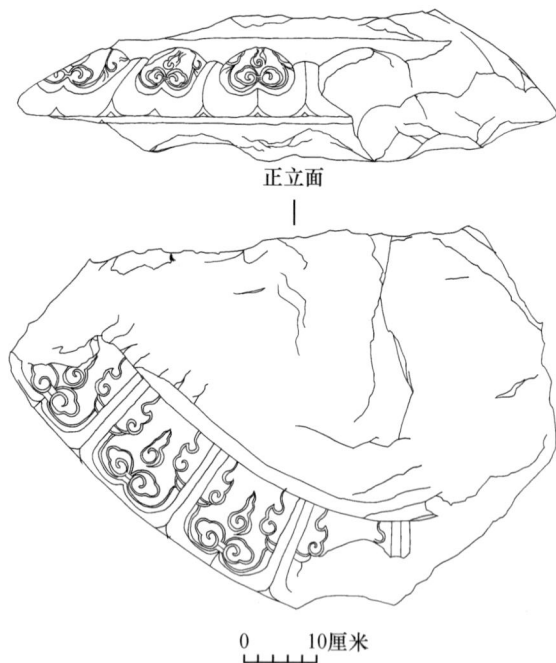

图一五〇　上下天光遗址出土青石如意云纹石刻残件（SHSK：4）

　　从这4件石刻的选材、构图设计——主题纹饰的主旨意涵、表现形式及艺术风格，减地凸雕技法功夫之深厚与纯熟，石雕线条雕工之精美与流畅等特点判断，这4件石刻的年代应属清乾隆时期，且应出自当时宫廷御匠之手。

二、瓷 器

227件。

上下天光遗址出土各类瓷器残件和残片共227件，其中属于官窑器残片5件，占该遗址出土瓷器总数的2.2%；属于民窑瓷器残件和残片者222件，占该遗址出土瓷器总数的97.8%。民窑瓷器标本中，包括重点瓷器残件标本180件，占该遗址出土民窑瓷器残件和残片标本总数的81.08%，其中包括未分型的重点标本21件，还有可分型的重点标本159件。其余一般瓷器残件和残件标本为42件，占该遗址出土民窑器残件和残片标本总数的18.92%。下面，先介绍官窑器标本，然后介绍民窑器中的重点标本，最后再以统计表的方式介绍民窑器中的一般标本。

（一）官窑器标本

5件。

1. 青花瓷

4件（表六四）。

（1）Sc-105号

青花海水波浪纹碗底残片，1件。此碗口沿完全残失，腹壁大部分残失，碗底少部分残失。从断茬剖面可以看出，胎为白"糯米胎"，胎质十分细腻、坚致，无任何杂质。残存的腹部胎厚0.25厘米，碗底胎厚0.4厘米，腹壁下端与衔接部位胎厚0.5～0.6厘米。圈足墙上宽下窄，上端胎厚0.3、下端胎厚0.2厘米。圈足内墙作垂直内凹，高1厘米，外墙高0.7厘米。腹壁下部呈弧线急收，与圈足衔接。内、外壁均施白釉，釉层虽较薄，但釉面莹润发亮，无疵点。只有圈足底边不挂釉，保持涩面。碗内壁，包括碗底，均素面无纹。碗外壁下部与圈足衔接部分绘青花海水波浪纹。圈足外墙上施青花双线圈。圈足内底中央署青花篆体六字三行纪年款："□清乾隆年制"，其中"大"字残失。六字外围无青花单方栏。

Sc-105号青花海水波浪纹碗底残片，残长8.2、残宽4.6、残高3.5、圈足直径4.9厘米。从胎质、制作工艺、青花用料、图案设计，特别是圈足内底中央所署的青花篆体六字三行纪年款"□清乾隆年制"的戳记格式，均符合乾隆官窑戳记的规格特点，可证明此碗原件应属清乾隆时期景德镇官窑烧制的产品无疑（图一五一，1；图版一三〇，1）。

（2）Sc-013号

青花八宝（暗八仙）纹碗残片，1件。此碗口沿、腹壁大部分已残失，碗底完全无存，现仅存口沿和腹壁约1/4的局部。从断茬剖面可以看出，此碗口沿呈尖圆唇，折沿，腹壁作斜弧内收，深腹。胎质洁白、纯净、细腻、坚致。胎壁较薄，上部近口沿处厚0.1、下腹部厚0.45厘米。内、外壁均施白釉，釉面润洁光亮。内壁素面，外壁折沿下施青花双线圈纹，腹部绘青花八宝（暗八仙）纹，下腹部饰青花变形莲瓣纹。青花用料为国产青料，青花呈色鲜艳、靓丽。

Sc-013号青花八宝（暗八仙）纹碗残片，上部口沿部分残宽9.8、口径约11.6、残高6.8、胎壁厚0.1～0.45厘米。从胎质、施釉、碗的形制、青花图案设计、青花用料和青花呈色等特点判断，此件标本的原器应属清嘉庆时期景德镇官窑烧制的产品（图一五一，2；图版一三〇，2）。

（3）Sc-032号

青花缠枝牡丹纹与莲瓣纹碗底残片，1件。此碗口沿已残失无存，腹壁与碗底大部分残失无存，现仅存约1/4的腹部和约1/3的碗底。从断茬剖面可以看出，胎为白"糯米胎"，胎质极为细腻，坚致，无任何杂质。残存的腹部及碗底胎厚均为0.3厘米。腹壁下端与圈足衔接部位，胎厚0.5～0.6厘米。圈足墙上宽下窄，上端胎厚0.6、下端胎厚0.3厘米。圈足内墙作垂直内凹，高1厘米，外墙高0.8厘米。腹壁下部呈弧线急收，与圈足衔接。内、外壁均施白釉，釉层虽较薄，但釉面特别匀净，光亮，无任何疵点。仅有圈足底边未挂釉，保持涩面。碗内壁，包括碗底，均素面无纹，只有碗外壁和圈足外墙及圈足内底才施青花图案和青花戳记。如碗外壁上半部绘制青花缠枝牡丹纹，下部与圈足衔接部位，绘有一周仰莲瓣纹。仰莲瓣纹之下与圈足交接处，施青花单线圈纹一周，作为碗底与圈足之间的分界装饰线。圈足外墙中间施青花双线圈两周。圈足内底中央署有青花篆体六字三行纪年款"大清道□年□"，其中"光"字和"制"字残失，六字外围无青花单方栏。

Sc-032号青花缠枝牡丹纹与莲瓣纹碗底残片，残长6.9、残宽6.7、残高4.8、圈足直径8.7厘米。从胎质、制作工艺、青花用料、构图设计，特别是圈足内底中央所署的青花篆体六字三行纪年款"大清道□年□"的戳记格式和字体等，均符合道光官窑戳记的规范特点（图一五一，3；图版一三〇，3）。另外经比较，这件残片标本的形制、纹饰特点，与一件传世的"大清道光年制"官窑款真品碗——白地青花缠枝牡丹纹碗[①]的形制、纹饰相同（图版一三一，1）。由此不但证明了Sc-032号碗残片标本的原件确属清道光时期景德镇官窑烧制的产品，而且还可以据此将Sc-032号残片标本的原器实现全面复原。

（4）Sc-173-174号

青花缠枝牡丹纹与莲瓣纹碗底残片，1件。此碗残片原为两片，原编号为Sc-173和Sc-174号，后在整理过程中，经对比这两片瓷片的断茬，其能严丝合缝地对接到一起，可共同组成一件带纪年的碗底残片。为便于整理，同时不发生空号，我们遂将原编号都继续保留，此件由两片瓷片粘接在一起的碗底残片标本的现编号暂被定为Sc-173-174号。

经观察、比较Sc-173-174号标本，其形制、规格、胎质、胎色、施釉、青花用料、构图设计、花纹样式、绘画技法，以及圈足内底纪年款识等各项特点，都与前述的Sc-032号标本完全一致。应属一炉烧制的同一套碗具。故器物描述内容也与Sc-032号标本相同，无须重复。唯需

---

① 参见铁源主编：《老古董丛书·清代道光瓷器——青花釉里红卷》，北京华龄出版社，2006年，第40页，图2。

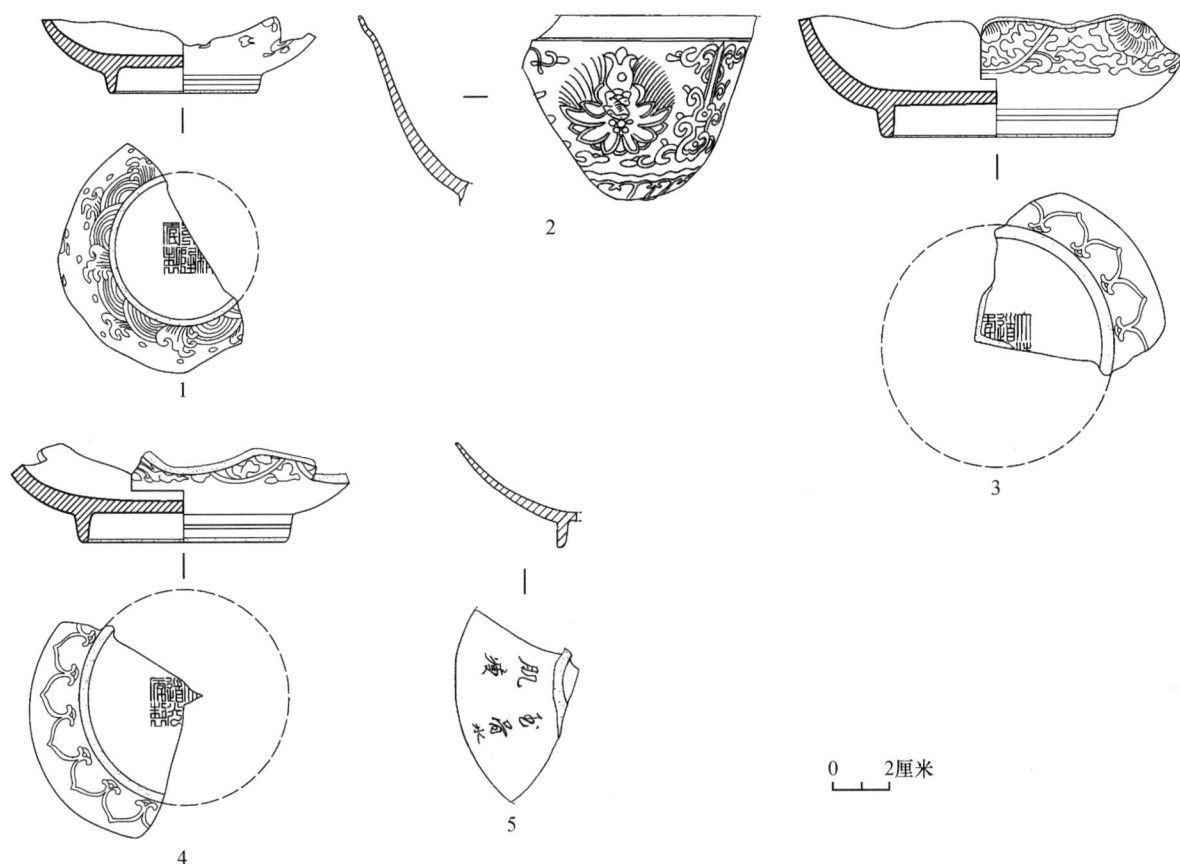

图一五一 上下天光遗址出土官窑器

1.青花海水波浪纹碗底残片（Sc-105） 2.青花八宝（暗八仙）纹碗残片（Sc-013） 3.青花缠枝牡丹纹与莲瓣纹碗底残片（Sc-032）
4.青花缠枝牡丹纹与莲瓣纹碗底残片（Sc-173-174） 5.黄釉诗文茶碗盖残片（Sc-021）

说明的是，因Sc-173-174号标本与Sc-032号标本残损的部位和残失的程度略有不同，故现存的纹饰和款识，二者所剩部位存在一定差异，如腹部残存的青花缠枝牡丹纹，Sc-032号标本保存得多一些，尚能看出上面的牡丹花瓣；而Sc-173-174号标本保存得少一些，看不到牡丹花瓣。又如腹壁下部与圈足相衔接部位所装饰的一周青花莲花瓣纹，Sc-032号保存得少些，只有5瓣；而Sc-173-174号标本保存得多一些，保存有7瓣。再如圈足内底所署的青花篆体六字三行纪年款，Sc-173-174号标本保存了其中的五个字（大、道、光、年、制），只缺少了一个"清"字。

粘接后的Sc-173-174号标本，总体残长9.8、残宽7.8、残高3.4、圈足直径7.8、胎壁厚0.4～0.7厘米（图一五一，4；图版一三一，3）。

据以上所述，可以判定Sc-173-174号青花缠枝牡丹纹与莲瓣纹碗底残片标本，其原件应与Sc-032号标本一样，不但应属清道光时期景德镇官窑烧制的青花碗具产品，而且还应是与Sc-032号同一炉同一套的青花碗制品。

2. 杂彩瓷

1件。

（5）Sc-021号

黄釉诗文茶碗盖残片，1件。捉手绝大部分已残失，碗盖肩、腹部及口沿也大部分残失，现仅存口沿和肩、腹部很小的局部及捉手的一点残痕。从断茬剖面可以看出，胎为白胎，胎质纯净、细腻、坚致、无杂质。胎壁很轻薄，口沿处厚度仅为0.1厘米，肩部与捉手交接处厚0.3厘米。捉手外侈，呈斜面立置，因残，高度不详。肩、腹呈膨肩、鼓腹，然后缓弧下收接口沿，口沿稍外撇，尖圆唇。内壁和捉手内底施白釉，釉层较厚，釉面光洁发亮。外壁施土黄色釉，釉层较厚，釉面也匀净、莹润、有光泽。在肩、腹部土黄釉表面，自右至左纵排墨笔楷书两行诗句："玉骨冰肌瘦"。字迹娟秀，似出自一位女子之手。"玉骨冰肌"系汉语成语，用于形容身段苗条、肌肤白净光润的美女，源自宋代词人扬无咎写的一首《柳梢青》词，"玉骨冰肌，为谁偏好，特地相宜，一段风流"。将此诗句写在这茶碗盖上，烧成后当作一份特别的礼物送人，表明了往茶碗盖上写诗的人，是诚心以赠此茶具的方式来表达自己对这位美人的赞美之意。反映出二人关系亲近，且友情深厚。仔细观察茶碗盖内壁，还有暗刻文字痕迹，因残，仅能看出一个"无"字的左半截，其余信息不详。

表六四　　上下天光遗址出土官窑器残片统计表

序号	标本编号	器物名称	数量	瓷类	年代	窑属性质 官	窑属性质 民	用项	规格（厘米）	款识 种类	款识 图示	图版
1	Sc-105	青花海水波浪纹碗底残片	1	青花	乾隆时期	√		日用	残长8.2、残宽4.6、残高3.5、圈足直径4.9	青花篆体六字纪年款"□清乾隆年制"		图版一三〇，1
2	Sc-013	青花八宝（暗八仙）纹碗残片	1	青花	嘉庆时期	√		日用	口径约11.6、残宽9.8、残高6.8、胎壁厚0.1～0.45	因残无款		图版一三〇，2
3	Sc-032	青花缠枝牡丹纹与莲瓣纹碗底残片	1	青花	道光时期	√		日用	残长6.9、残宽6.7、残高4.8、圈足直径约8.7、胎壁厚0.3～0.6	青花篆体六字纪年款"大清道□年□"		图版一三〇，3
4	Sc-173-174	青花缠枝牡丹纹与莲瓣纹碗底残片	1	青花	道光时期	√		日用	残长9.8、残宽7.8、残高3.4、圈足直径7.8、胎壁厚0.4～0.7	青花篆体六字纪年款"大□道光年制"		图版一三一，3
5	Sc-021	黄釉诗文茶碗盖残片	1	杂彩	乾嘉时期	√		日用	口径约12、残长7.4、残宽4.9、残高3.3、胎壁厚0.1～0.3	因残无款		图版一三一，2
	合计		5									

Sc-021黄釉诗文茶碗盖残片，口径约12厘米（根据残存口沿弧度和长度测量、推算得出）、残长7.4、残宽4.9、残高3.3、胎壁厚0.1~0.3厘米。从形制、胎质、施釉、构图设计、诗词内容、书法风格等特点判断，此标本原器应属清乾嘉时期景德镇官窑烧制的产品（图一五一，5；图版一三一，2）。

从表六四的统计结果中可以清楚地看出，官窑器在上下天光遗址出土的数量是很少的，只有5件，仅占该遗址出土瓷器总数（227）的2.2%。而出土数量最多，占比最大的，还是属民窑瓷器，总量为222件，占比达到97.8%。

从官窑包含的瓷类看，主要是以青花瓷为主，共出土4件，占该遗址出土官窑瓷器总数的80%；而其他瓷类只有杂彩瓷一种（黄釉诗文茶碗盖1件），仅占该遗址出土官窑瓷器总数的20%。

从5件官窑器的年代看，以清代中期——乾嘉时期为主，共出3件，包括乾隆时期1件（Sc-105）、嘉庆时期1件（Sc-013），还有乾嘉时期1件（Sc-021），占该出土官窑器器总数的60%；而以清代晚期前段——道光时期次之，只出2件（Sc-032、Sc-173-174），仅占出土官窑器总数的40%。未见年代更早者，也未见年代更晚者。似乎透露出，在乾隆至道光年间，皇帝和皇室贵族，曾常来上下天光活动，尤其在乾嘉时期，来此活动的机会显得更多一些。而在早期和咸丰之后，则来此活动的时候相对较少或很少。

从款识看，仅存的3例带款标本，皆属青花篆体六字三行纪年款，一例属"大清乾隆年制"（Sc-105）；2例属"大清道光年制"（Sc-032、Sc-173-174）。从这3例款识的格式、字体、笔画及风格考察，这3个款识确属当时景德镇御用官窑所署的官窑款识无疑。除此种款识类型之外，再未见其他款识类型。

因官窑器标本出土实例较少，其中还有因残无款者，故留下的历史信息相当有限。

（二）民窑器标本

共222件。

重点标本

180件。包括：未分型的重点标本21件，还有可分型的重点标本159件。先介绍未分型的重点标本，再介绍可分型的重点标本。

未分型的重点标本

21件。包括：青花瓷15件，粉彩瓷4件，杂彩瓷——白釉瓷2件。现依次介绍如下。

1. 青花瓷

15件。

（1）Sc-006号

青花酱釉口骏马纹粗瓷碗残件，1件。此碗口沿和腹部已大部分残失，现仅存口沿、腹壁约1/4和圈足碗底约2/3的局部。从断茬剖面可以看出，胎为灰白胎，胎质较细腻、坚致，但内含少量小灰点和杂质。胎壁厚度适中，近口沿处厚0.15厘米，下腹部与圈足交接处厚0.5厘米，碗底厚0.4厘米。口沿外撇，小圆唇，施酱釉一周。腹壁较深，作斜弧内收，下接高圈足，圈足外墙直壁下垂，高0.85厘米，圈足内墙下凹，高1厘米。圈足底边不施釉，素胎裸露，触之涩手。圈足内墙表面尚粘一层薄薄的细砂，表明这是一件"砂底碗"。内、外壁表面均施青白釉，釉层不厚，釉面不光洁，里、外面和碗底都遗有小气泡和不少小灰点及小棕眼。内、外壁口沿下，下腹部与碗底交接部位及外壁圈足外墙上均施青花弦线两道，分别作为口沿边饰、碗底边饰和圈足边饰。内壁腹壁素面，碗心中央绘一片青花草叶纹。外壁腹壁表面绘青花骏马纹和草叶纹。现存画面上尚存骏马三匹，皆作向前奔跑姿态（原图可能是"八骏图"）。前边的两匹全身完整，后边的一匹后半截残失。马蹄和马身上的斑块皆以毛笔头戳捺一下，留下一大块深蓝色或蓝黑色墨斑示之，马腿皆以两条斜直线表示，马尾皆以一条长长的曲线表示，马嘴画成尖嘴，头不似马头，而像是狗头，草叶纹没有画在马群下方和中间，而是随便在马的上方抹了一笔，并未顾及衬地纹的效果。总之，绘工过于草率和粗糙，但这正是明代晚期景德镇民窑普通瓷碗图案的风格与特点。此碗青花用料为国产青料，青花呈色为暗蓝色。圈足内底署青花草叶纹植物纹样款"⌒"，外围青花双线圈。

Sc-006号青花酱釉口骏马纹粗瓷碗残件，口径约13.6、底径约7、高7.6厘米（口径与底径数据根据残存的口沿和圈足的弧度与长度测量、推算得出），胎壁厚0.15～0.5厘米。从该碗的形制、胎质、施釉、酱口边、构图设计、绘工、绘画作风、青花用料、青花呈色、粘砂底以及圈足内底所署的青花草叶纹植物纹样款等特点判断，此标本原器应属明代晚期景德镇民窑烧制的普通百姓使用的粗瓷碗具产品（图一五二，1；图版一三二，1）。

（2）Sc-017号

青花酱釉口葡萄纹碗残片，1件。口沿、腹壁大部分已残失，碗底完全无存，现仅存口沿和腹壁约1/4的局部。从断茬剖面可以看出，胎为白胎，胎质较细腻，坚致，但含有少量杂质。胎壁厚度适中，口沿处厚0.2厘米，腹壁下部厚0.5厘米。内、外壁施青白釉，釉层较薄，釉面虽有光泽，但发暗不亮。内壁表面遗留少量小气泡和小棕眼，外壁表面也有几处小棕眼。口沿外撇，小圆唇，上施酱釉边一周。腹壁作弧曲内收。内、外口沿下各施青花双线圈一周，作为口沿边饰。内壁腹壁下面，近碗底处也施青花双线圈一周。外壁腹部绘青花葡萄纹，残存画面中，上面是葡萄架伸出来的一根弯曲的葡萄藤，藤上长着肥大的葡萄叶并缠绕葡萄蔓，藤下悬垂着两串已经成熟的葡萄，葡萄串两侧也倒悬着下垂的葡萄蔓。青花颜料为国产青料，青花呈色暗蓝，发色不充分。笔法娴熟，但绘工较为草率。

Sc-017号青花酱釉口葡萄纹碗残片，口径约13.4（以口沿残存弧度和长度测量、推算得出）、残宽5.4、胎壁厚0.2～0.5厘米。从胎质、施釉、酱釉口沿、构图设计、青花用料和青花呈色等特点判断，此件标本的原器应属清初顺治时期景德镇民窑烧制的青花碗产品（图一五二，2；图版一三四，4）。

（3）Sc-015号

青花瑞兽（貔貅）纹碗残片，1件。口沿、腹壁、碗底大部分已残失，圈足残失无存，现仅存口沿和腹壁不足1/4、碗底不足1/3的局部。从断茬剖面可以看出，胎为白胎，胎质细腻、坚致，内含少量小灰点。胎壁厚度适中，口沿部分厚0.15厘米，腹壁下部与圈足衔接部位厚0.5厘米。口沿外撇，唇为小圆唇。浅腹，腹壁弧曲内收，下接圈足，圈足已残缺。内、外壁均施青白釉，釉层较厚，釉面润泽发亮，但内壁和碗底有数个小棕眼。内、外口沿下，内壁腹部绘青花瑞兽（貔貅）训戏图，瑞兽头顶长鬃毛，下颌长胡须，双目圆睁，头朝左上方看，左前肢举起，爪伸出欲抓空中圆环，右前肢弯曲，用力撑地，踏背、撅臀。两后肢叉开，长尾朝后弯卷。碗心绘青花灵芝果。圈足内底无款识。青花用料为国产青料，青花呈色暗蓝，发色不充分。但绘画线条流畅，笔法娴熟，功力不俗。

Sc-015号青花瑞兽（貔貅）纹碗残片，口径约12.1（根据残存口沿弧度和长度测量、推算得出）、残高5.3、胎壁厚0.15～0.5厘米。从形制、胎质、施釉、绘工、青花用料及青花呈色等特点判断，此件标本的原器应属清康熙时期景德镇民窑烧制的产品（图一五二，3；图版一三二，2）。

（4）Sc-014号

青花海水江崖仙鹤纹碗残件，1件。口沿、腹壁已大部分残失，现仅存口沿约1/6、腹壁约1/3的局部，只有圈足保存完整。从断茬剖面看，胎为白胎，胎质较细密、坚致，仅含少量小灰点。胎壁厚度适中，口沿处厚0.2厘米，腹壁下部厚0.5厘米。口沿为宽折沿，斜敞口，唇为尖圆唇，腹壁深度适中，作弧壁内敛，下接圈足。圈足外墙略作斜坡式内敛，高0.9厘米，内墙直壁下凹，高1厘米。内、外壁均施白釉，内壁釉层略薄，虽匀净，但不亮泽；外壁釉层较厚，光润发亮。圈足底边未施釉，素胎裸露。内壁素面，有少数灰点和棕眼，圈足外墙有内凹变形和疵点。内、外壁均绘有青花图案。内壁口沿饰暗蓝青花宽带纹和弦线纹一周，宽带纹中间还以留白方式装点花果纹。碗心绘暗蓝色青花灵芝纹，外围青花双线圈。外壁，口沿上、下各施青花弦线一道和两道，上、下弦线中间再绘青花草叶纹。腹壁表面，上部绘青花仙鹤、仙果纹四组；下部绘青花海水江崖纹一周。四只仙鹤与四个仙果作间隔布局，即每两只仙鹤中间都悬着一个仙果，或每两个仙果之间都有一只仙鹤。仙鹤皆朝左侧一个方向昂首展翅飞翔。仙果有枝叶衬托。看仙果形象，应为灵芝。画面中的仙鹤形象把握得很准确，笔法虽简捷，但把仙鹤高洁超凡的品格和气质表达得很到位、很传神。因为本图的主题是仙鹤，所以对下面的铺衬纹饰海水江崖，便以简笔法一笔带过（海水波浪仅用一条波浪曲线和数道短斜线表示，江崖也只用两三笔画出三块立石），从而更加突出了仙鹤的形象。体现出这位瓷艺匠人不俗的专业素养。圈足外墙上部施青花弦线三道，圈足内底中央署青花方形纹样款："𝍌"，外围青花双线圈。本图案的青花用料采用的是国产青料，青花呈色皆为暗蓝色。

Sc-014号青花海水江崖仙鹤纹碗残件，口径14.7（根据残存口沿的弧度和长度测量、推算得知）、底径6.2、高7、胎壁厚0.2～0.5厘米。从碗的形制、胎质、施釉、构图设计、绘画风格、青花用料、青花呈色以及圈足内底所署的青花方形纹样款等特点判断，此标本原器应属清康熙时期景德镇民窑烧制的产品（图一五二，4；图版一三二，3）。

（5）Sc-009号

青花凤鸟纹小碗残件，1件。此碗口沿、腹壁和碗底大部分已残失，现仅存口沿约1/7、腹壁约1/4、碗底和圈足约1/3的局部。从断茬剖面可以看出，胎为白胎，胎质纯净、细腻、坚致、无杂质。胎壁较厚实，口沿部分厚0.25、下腹与圈足衔接处厚0.5厘米。尖圆唇，口沿外撇。沿边略外展，腹壁曲腹，斜壁下收，下接圈足，圈足外墙稍内敛，高0.8厘米，内墙内凹，高1厘米。内、外壁均施青白釉，釉层较厚，釉面莹润发亮，圈足底边不施釉，素胎裸露。内、外壁均绘青花图案。内、外壁口沿下各施青花弦线两道，作为口沿边饰。内壁下腹部施青花弦线两道，碗心绘青花云朵纹，因残，仅存一半。外壁腹部绘青花"壬"字凤鸟纹，凤鸟周围衬以云纹。凤鸟作俯身弯颈昂首向左前方飞翔状，两翅展开，口衔仙草，长尾随风飞扬。因残，画中存在一只半凤鸟。圈足外墙上部施青花弦线三道，作为圈足的装饰。圈足内底中央署青花方形纹样款，因残，只剩下半截"▨"，外围青花双线圈。图案青花用料为国产青料，青花呈色深蓝、青翠。

Sc-009号青花凤鸟纹小碗残件，口径约12.8、底径约5.2（根据口沿和圈足残存弧度和长度测量、推算得出）、高6.2、胎壁厚0.25～0.5厘米。从形制、胎质、施釉、构图、绘工、青花用料、青花呈色以及圈足内底所署的青花方形纹样款的形式等特点判断，此标本原器应属清雍正时期景德镇民窑烧制的产品（图一五二，5；图版一三三，1）。

（6）Sc-007号

青花缠枝莲纹碗残件，1件。此碗口沿和腹壁已大部分残失，碗底和圈足也有少部分残缺，现仅存口沿不足1/3、腹壁不足1/2、碗底和圈足约3/4的部分。从断茬剖面可以看出，胎为白胎，胎质纯净、细腻、坚致。胎壁厚度适中，口沿部分厚0.2厘米，下腹部与圈足衔接处厚0.55厘米。唇为小圆唇，口沿外撇，深腹，腹壁作弧曲下收，接圈足，圈足外墙稍有内敛，高0.9厘米，内墙直壁内凹，高1厘米。内、外壁均施白釉，釉层较厚，釉面莹润发亮。圈足底边未施釉，素胎裸露。内、外壁均施青花图案。内壁口沿下绘青花锯齿纹一周，作为内沿边饰，碗心绘青花莲花朵花纹。外壁口沿下施青花弦线两道，作为外沿边饰；腹壁绘主题纹饰——青花缠枝莲纹，构图丰满，线条流畅；下腹部近碗底处绘青花仰莲瓣纹一周，作为碗底边饰。圈足外墙中上部施青花弦线三道，作为圈足表面装饰。圈足内底素面，无款识。此碗纹饰所用青花颜料为国产青料，青花呈色深翠、鲜艳。

Sc-007号青花缠枝莲纹碗残件，口径约13.5（根据残存口沿弧度和长度测量、推算得出）、底径6.5、高7.2、胎壁厚0.2～0.55厘米。从形制、胎壁、施釉、构图设计、绘工、青花用料和青花呈色等特点判断，此件标本的原器应属清乾隆时期景德镇民窑烧制的产品（图一五二，6；图版一三三，2）。

图一五二 上下天光遗址出土民窑器

1.青花酱釉口骏马纹粗瓷碗残件（Sc-006） 2.青花酱釉口葡萄纹碗残片（Sc-017） 3.青花瑞兽（貔貅）纹碗残片（Sc-015）

4.青花海水江崖仙鹤纹碗残件（Sc-014） 5.青花凤鸟纹小碗残件（Sc-009） 6.青花缠枝莲纹碗残件（Sc-007）

7.青花留白龙纹盘残件（Sc-016） 8.青花五福捧寿纹小盘残件（Sc-008）

（7）Sc-016号

青花留白龙纹盘残件，1件。此盘口沿、腹壁已大部分残失，盘底也少半残失无存，现仅存口沿和腹壁约1/3的局部和盘底大半。从断茬剖面可以看出，胎为白胎，胎质细腻、坚致，但盘底含少量杂质。胎壁较薄，口沿处厚0.15厘米，下腹部与圈足交接处厚0.3厘米。盘底宽边折沿（折沿虽不特别显著，但仍有圆折棱一圈），斜敞口，小圆唇，浅腹，浅底，矮圈足，圈足外墙呈斜坡式，高0.25厘米，内墙内凹，高0.3厘米。内、外壁均施青白釉，釉层较厚，釉面润泽，但外壁个别处显露灰点。圈足内底釉层较薄，露出一些小棕眼。圈足底边未施釉，素胎裸露。内壁在宽折沿饰青花宽带纹一周，宽条带底缘还加附青花弦线一道。碗心绘青花留白龙纹，因残，龙身后半截缺失，只剩下龙头和前半截龙身。龙在空中飞腾，龙头上长有龙角和鬣毛，鬣毛朝后飘扬，龙双目圆睁，口衔一株又粗又长的仙莲，两端各有一朵莲花。龙身上未画龙鳞。龙和莲花均以留白技法描出其轮廓线，周围的天空均填以深蓝色，深蓝色的背景衬托这幅留白的龙纹和莲花，色彩反差强烈，使龙纹和莲花更加突出和醒目，进一步突出了主题。外壁，仅在口沿下和宽折沿表面绘青花草叶纹一组，线条自然、潇洒，显得很清雅。此盘图案的青花用料为国产青料，青花呈色深翠。

Sc-016号青花留白龙纹盘残件，口径11.8（根据残存口径的弧度和长度测量、推算得出）、底径6.2、高2.8、胎壁厚0.15～0.3厘米。从形制、胎质、施釉、构图、绘工、青花用料及青花呈色等特点判断，此件标本的原器应属清乾隆时期景德镇民窑烧制的产品（图一五二，7；图版一三三，3）。

（8）Sc-008号

青花五福捧寿纹小盘残件，1件。此盘口沿与腹壁已大半残失，盘底和圈足小半残失，现仅存口沿和腹壁一少半，盘底和圈足一多半。从断茬剖面可以看出，胎为白胎，胎质较为细腻、坚致，但内含少量小灰点。胎壁较厚实，口沿处厚0.25厘米，下腹部与圈足衔接处厚0.45厘米。口沿圆唇，斜敞口，浅腹，浅底，腹壁斜弧下收，矮圈足。圈足外墙呈斜坡式内敛，高0.25厘米，下腹部与圈足衔接处厚0.45厘米。口沿圆唇，斜敞口，浅腹，浅底，腹壁斜弧下收，接矮圈足。圈足外墙呈斜坡式内敛，高0.25厘米，内墙内凹，高0.35厘米。内、外壁均施青白釉，釉层较厚，釉面光润。圈足底边不施釉，素胎裸露。内、外壁均绘青花图案。内壁口沿下施青花弦线一道，作为口沿边饰。下腹部与盘底交接部位施青花弦线两道，作为盘底边饰。盘心绘青花篆体"寿"字纹，外围绘青花蝙蝠纹五只，五只蝙蝠的头皆朝内，即朝向盘心"寿"字方向，展翅飞舞，以表达"五福捧寿"的祝福寓意。外壁口沿下，腹壁上部，绘青花蝙蝠纹三只，因残，现仅存两只，此处的蝙蝠头皆朝外，即朝向口沿的方向展翅飞舞，也同样在表达祝寿的寓意。圈足内底署青花方形纹样款"同"，外围青花双线圈。此盘图案的青花用料为国产青料，青花呈色深蓝。在"寿"字和蝙蝠身上多有深蓝或近蓝黑色斑点，这是意在模仿进口青料，人为地用国产青料刻意点染的深蓝色或蓝黑色斑点，以充作是明代瓷器上的"铁锈疤"痕迹，并不是真的氧化铁结晶斑。

Sc-008号青花五福捧寿纹小盘残件，口径11.6、底径6.1、高2.7、胎壁厚0.25～0.45厘米。从形制、胎质、施釉、构图设计、绘工、青花用料、青花呈色以及圈足内底所署的青花方形纹样款等特点判断，此标本原器应属清乾隆时期景德镇民窑烧制的产品（图一五二，8；图版一三四，1）。

（9）Sc-001号

青花婴戏图器盖残件，1件。此器盖顶面大部分已残失，腹壁和底沿也有一半残失，现仅存顶面约1/3、腹壁和底沿约1/2的局部。从断茬剖面可以看出，胎为白胎，胎质较为细腻、坚致，但内含少量小灰点。胎壁较厚，顶面厚0.2、底沿厚0.4厘米。内、外壁施白釉，内壁施釉较薄，虽有光泽，但不及外表光亮；外壁釉层较厚，釉面光洁发亮。器盖顶面为平顶，四面为圆折肩，腹壁为短弧壁下垂，底沿为抹棱平沿。底沿和内壁的一圈底边不施釉，而是加附一圈宽条带箍，均不施釉，保持素胎，目的是保护器盖底沿不易被磕损，也可以加大摩擦力，不易滑落。这圈宽条带箍宽0.8厘米，凸出于内底面的高度约0.15厘米。盖内壁残存有少量棕眼和灰点痕迹，外壁表面也有一两处棕眼痕迹。器盖顶面和肩、腹部分别绘青花婴戏图两幅。这两幅图以顶面和肩部衔接处的青花双线圈纹为界加以区分，顶面的一幅因大部分残失，只剩下一人，具体动作已无法判断。空隙处均填以细密的青花网纹。肩、腹部的一幅还保留七个儿童在做各种游戏。这七个儿童被画面中的两棵树干自然地区隔成左、中、右三幅画面。左侧画面现仅存一个儿童，他正张开双臂，兴高采烈地从远处跑来。中间画面完整地保存了五个儿童，其中三人正围在一张圆桌边玩掷骰子的游戏；左边的一个，站在后边头戴牛头面具，正在手舞足蹈；右边的一个正闻讯从外边赶来，欲加入这里的游戏。右侧画面残存一人，似扮作"货郎"，肩担两个装着东西的布袋子，正在叫卖。肩、腹空隙处亦填以细密的青花网纹。该图案青花用料为国产青料，青花呈色深翠。

Sc-001号青花婴戏图器盖残件，底沿直径约10（根据器盖底沿残存弧度和长度测量、推算得出）、高3.1、胎壁厚0.2～0.4厘米。从形制、胎质、施釉、构图、青花用料与青花呈色等特点判断，此件标本的原器应属清乾隆时期景德镇民窑烧制的产品（图一五三，1；图版一三四，2）。

（10）Sc-010号

青花缠枝菊花纹印泥盒残件，1件。此盒器盖已失，口沿、腹壁和器底大部分也已残失，现仅存盒身口沿、腹壁和圈足底部一少半。从断茬剖面可以看出，胎为白胎，胎质纯净、细腻、坚致。胎壁较厚实，口沿与肩部交接处厚0.5、腹壁厚0.35、下腹部与圈足交接处厚0.6厘米。口沿为子母口，剖面呈三角形尖棱唇，肩出一圈窄台沿，折肩，以下作弧曲线内收，下接矮圈足。圈足外墙作斜坡内敛，高0.3厘米，内墙内凹，高0.4厘米。内外壁均施青白釉，内壁釉层较薄，显露出制胎过程中慢轮加工留下的旋纹痕迹，还有小气泡和一两处小疵点。外壁釉层较厚，釉面润洁发亮。但子母口、平折沿和圈足底边均不施釉，素胎裸露，目的是增强摩擦力，防止器盖滑动。内壁素面无纹。外壁饰青花图案。外壁口沿下和下腹部各施青花弦线一道，作为盒身口沿和腹底的边饰。在这两道青花弦线纹之间，即盒的腹壁表面，绘青花缠枝菊花纹四组（一周），因残，现仅存其中两组。画面中的菊花正值盛开之际，茎叶繁茂、旺盛，一片生机盎然的景象。笔法熟练，线条流畅，绘工比较细致。青花用料为国产青料，青花呈色深翠、鲜艳。圈足外墙上缘施青花弦线一道，作为圈足边饰。圈足内底素面无款识。

Sc-010号青花缠枝菊花纹印泥盒残件，子母口尖棱唇直径9.4、折肩直径10.5（根据子母口和折肩残存弧度和长度测量得出）、圈足底径6.7（根据圈足残存弧度和长度测量得出）、高3.7、胎壁厚0.35～0.6厘米。从形制、胎质、施釉、构图、绘工、青花用料和青花呈色等特点判断，此件标本的原器应属清乾隆时期景德镇民窑烧制的产品（图一五三，2；图版一三四，3）。

（11）Sc-005号

青花缠枝莲纹粗瓷碗残件，1件。此碗口沿和腹壁已大部分残失，碗底也少部分残失，现仅存口沿约1/4、腹壁约1/3、碗底约2/3的局部。从断茬剖面可以看出，胎为白胎，胎质较细密、坚致，但内含少量小灰点和杂质。胎壁厚度适中，口沿处厚0.25厘米，下腹部与圈足交接部位厚0.5厘米。斜敞口，口沿为小圆唇，腹壁作斜直壁下弧内收，腹壁深度适中，下接高圈足，圈足外墙作直壁下垂，高0.9厘米，内墙内凹，高1厘米。内外壁施青白釉，釉层略薄，釉面不太光洁，碗心和圈足内底均遗有小灰点和小棕眼，外壁也有少量气泡和疵点。圈足底边未施釉，素胎裸露。内、外壁口沿下各施青花弦线两道，分别作为内、外口沿的边饰，这也是内、外呼应，对称的装饰手法。内壁下腹部与碗底交接部位亦施青花弦线两道，这是作为碗底边饰。碗心处绘青花洞石兰花纹。外壁腹部满绘青花缠枝莲纹四组，因残，现存两组，另外两组残失无存。近碗底处绘青花仰莲瓣纹一周，作为碗底边饰。青花图案线条流畅，笔法娴熟，尽管底边仰莲瓣纹有些草率，但主题纹饰——缠枝莲纹绘技不俗，颇见功力。圈足外墙上部施浅蓝色弦线三道，作为圈足的装饰。圈足内底署青花方形纹样款"▦"，外围青花双线圈。青花用料为国产青料，青花呈色比较青翠、鲜艳。

Sc-005号青花缠枝莲纹粗瓷碗残件，口径约12.9（根据口沿残存弧度和长度测量、推算得出）、底径6、高6.6、胎壁厚0.25～0.5厘米。从形制、胎质、施釉、构图设计、绘工、青花用料、青花呈色以及圈足内底所署的青花方形纹样款的形式等特点判断，此碗原器应属清乾嘉时期景德镇民窑烧制的产品（图一五三，3；图版一三五，1）。

（12）Sc-018号

青花缠枝莲纹碗残件，1件。此碗口沿、腹壁和碗底大部分已残失，现仅存约1/4的局部。从断茬剖面可以看出，胎为白胎，胎质纯净、细腻、坚致。胎壁厚度适中，口沿厚0.2、腹壁下部厚0.4厘米。口沿为尖圆唇，外撇，腹壁弧曲内收，下接圈足，圈足外墙略内敛，高0.6厘米，内墙直壁内凹，高0.7厘米。圈足底边不施釉，素胎裸露。内、外壁均施白釉，釉层较厚，釉面莹润发亮。内壁素面。外壁满施青花图案。口沿下和圈足外墙上缘分别施青花弦线两道，以作为口沿和圈足上缘的边饰。腹壁绘青花缠枝莲纹，构图内容丰富，线条较为繁缛。下腹部与圈足交接部位绘青花变形仰莲纹一周，作为底边边饰。圈足内底署青花伪托楷体"□□成□□制"六字双行款，外围青花双线圈。"大""明""化""年"四字缺失，

"成""制"二字仅残存下半截一点"＂。青花用料为国产青料，青花呈色深蓝，虽然在莲花花瓣和枝叶上也呈现有蓝黑色斑点，但那是用国产青料人为点染的结果，并不是用进口青料产生的自然发色——"铁锈疤"。

Sc-018号青花缠枝莲纹碗残件，口径约10.3、底径约4.4（根据残存的口沿和圈足的弧度和长度测量、推算得出）、高5.6、胎壁厚0.2～0.4厘米。从形制、胎质、施釉、构图设计、青花用料、青花呈色以及圈足内底所署的青花伪托楷体"大明成化年制"六字双行款等特点判断，此件标本的原器应属清嘉道时期景德镇民窑为仿明成化瓷器而烧制的产品（图一五三，4；图版一三五，2）。

（13）Sc-004号

青花缠枝纹瓶残片，1件。此瓶口沿、腹壁已大部分残失，瓶底完全无存，颈部和肩部有少部分残失，现仅存口沿和腹壁约1/3、颈部约3/4、肩部约3/5的局部。从断茬剖面可以看出，胎为白胎，胎质较为细密、坚致，但内含少量小灰点和杂质。胎壁厚度适中，口沿部分厚0.3、肩部厚0.45、下腹部厚0.6厘米。口沿外撇，小圆唇，呈喇叭形，长颈，直筒形，鼓肩外弧，腹壁斜弧下垂。内、外壁施青白釉。内壁釉层较薄，显露制胎时慢轮加工留下的横向旋线痕、小灰点和小棕眼。外壁釉层较厚，釉面匀净，莹润有光泽，但遗有一两个小灰点。内壁素面。外壁满绘青花缠枝纹。外壁口沿下和颈、肩交接处各施青花弦线两道，分别作为口沿和肩部的边饰。颈部绘大朵青花莲花缠枝纹两组，呈前后对称布局，空隙处填绘细小青花朵花纹。肩、腹部因残，只残存半个大朵青花莲花缠枝纹和周围的细小青花朵花纹，是否也与颈部那样呈前后对称布局，难以判定。整个画面纹饰繁密，线条流畅，绘工较为细致。青花用料为国产青料，青花呈色青翠、鲜艳。

Sc-004号青花缠枝纹瓶残片，口径10.3、颈径6.3、腹径8.3、残高14.5、胎壁厚0.3～0.6厘米。从形制、胎质、施釉、构图设计、绘工、青花用料及青花呈色等特点判断，此件标本的原器应属清嘉道时期景德镇民窑烧制的产品（图一五三，5；图版一三五，3）。

（14）Sc-002号

青花冰梅纹茶壶残件，1件。茶壶嘴和把手已失，口沿、肩、腹部、器底大部分也已残失，现仅存口沿不足1/7，肩、腹部一少半，器底约1/5的局部和壶嘴根部的一点残痕。从断茬剖面看，胎为白胎，胎质较细密、坚致，但内含少量小灰点。胎壁厚度适中，近口沿处厚0.2、肩部厚0.3、腹壁与圈足交接处厚0.6、器底厚0.5厘米。此壶为小口，短直径，膨肩，鼓腹，弧壁下收，接矮圈足，是一件小口矮身鼓腹矮圈足茶壶。圈足直壁下垂，外墙高0.5厘米，内墙内凹较浅，高0.4厘米。除口沿顶面、口沿内壁短颈部分和圈足底边不施釉，素胎裸露以外，其余内、外壁均施白釉。内壁釉层较薄，显露制胎过程中慢轮加工留下的横向旋痕及少数小棕眼。外壁釉层较厚，釉面光润发亮。在腹壁偏上部位，从剖面中可以看到有一贯通壶嘴的圆形流孔，孔径为0.6厘米。外壁表面尚遗留一点壶嘴根部的突出残痕。内壁素面。外壁，口径底边与肩部交接处和圈足外墙上缘各施青花弦线一道及留白弦线一道，分别作为口径与肩部的分界边饰和碗底与圈足之间的分界边饰。在这两道边饰之间的肩、腹部表面则满绘青

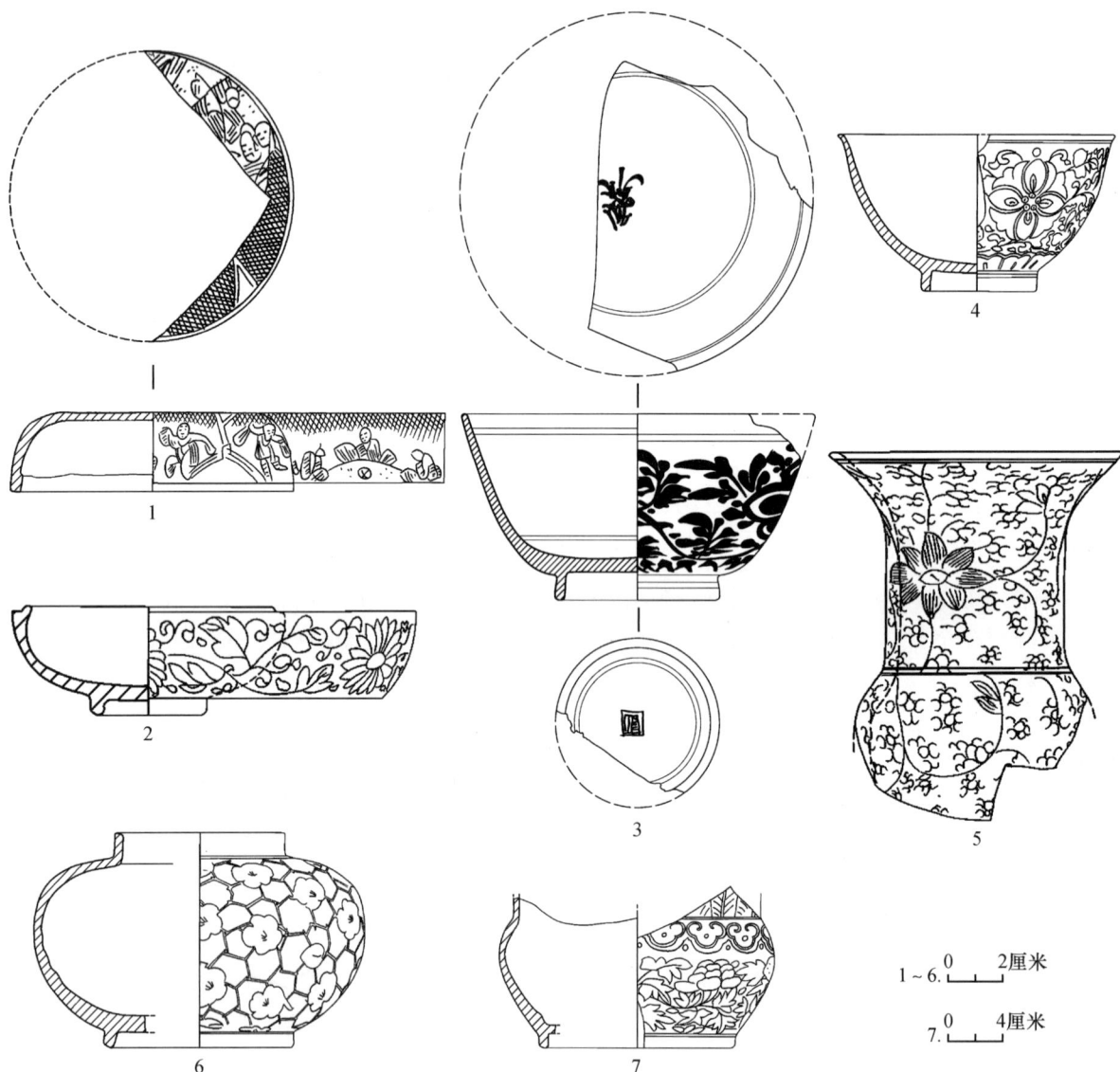

图一五三　上下天光遗址出土民窑器

1. 青花婴戏图器盖残件（Sc-001）　2. 青花缠枝菊花纹印泥盒残件（Sc-010）　3. 青花缠枝莲纹粗瓷碗残件（Sc-005）

4. 青花缠枝莲纹碗残件（Sc-018）　5. 青花缠枝纹瓶残片（Sc-004）　6. 青花冰梅纹茶壶残件（Sc-002）

7. 青花缠枝牡丹纹罐残片（Sc-003）

花冰梅纹。地子为青翠的蓝釉，冰裂纹和梅花均以留白技法，呈现出一朵朵洁白的五瓣梅花和六角形的冰裂纹纹理，颜色对比鲜明，反差强烈，画面十分艳丽。涂釉和线条描绘虽不算精细，但艺术效果还算不错。圈足内底素面无款识。绘画所用青花用料为国产青料，青花呈色青翠、鲜艳。

Sc-002号青花冰梅纹茶壶残件，口径约6.9、腹径约11.1、底径约7.9、高7.6、胎壁厚0.2～0.6厘米。从形制、胎质、施釉、构图设计、色彩搭配、绘工技法、青花用料和青花呈色等特点判断，此标本原器应属清道光时期景德镇民窑烧制的青花茶壶产品（图一五三，6；图版一三五，4）。

（15）Sc-003号

青花缠枝牡丹纹罐残片，1件。此罐口沿已无存，颈部绝大部分残失，肩、腹部和器底大部分残失。现仅存颈部很小的一块残迹、肩腹部不足1/6、器底不足1/9的局部。从断茬剖面可以看出，胎为白胎，胎质较细密、坚致，但内含较多小灰点。胎壁较厚，残存的颈部厚0.3厘米，肩、腹壁厚0.5厘米，下腹部与圈足交接部位厚0.7厘米。从残存的形制可以看出，罐的颈部较粗，下接短膨肩，鼓腹，向下斜直收，接圈足。圈足不高，但较粗厚。圈足外墙略作内敛，高0.8厘米，内墙内凹，高0.9厘米。圈足上缘厚0.8、下缘厚0.6厘米。内壁，包括罐内底、圈足内墙和内底，均施一层透明清釉，使胎壁原来制胎时留下的旋痕、胎泥上带的灰点等都清晰地显露出来。圈足底边素胎裸露不涂清釉。外壁施白釉，釉层较厚，釉面光润发亮。残存的颈部表面还能看出曾绘有青花蕉叶纹一周；肩部绘青花如意云头纹一周，作为肩部的装饰。腹壁则绘主题纹饰——青花缠枝牡丹纹。残存的画面中间绘有正在盛开的大朵牡丹花，左、右和下面则绘缠枝和繁茂的牡丹花叶，一派繁荣、吉祥、昌盛的景象。圈足上缘施青花弦线两道，作为罐底的边饰。构图丰满和谐，白地青花颜色对比鲜明，线条准确、流畅，绘工精细。青花用料为国产青料，青花呈色青翠、艳丽。

Sc-003号青花缠枝牡丹纹罐残片，底径约16.7（根据底径残存的弧度和长度测量、推算得出）、残高8.8、胎壁厚0.3～0.7厘米。从残存的形制、胎质、施釉、构图、绘工、青花用料和青花呈色等特点判断，此件标本的原器应属清道光时期景德镇民窑烧制的青花罐类瓷器中的佳品之一（图一五三，7；图版一三五，5）。

2. 粉彩瓷 4件。序号接续。

（16）Sc-019号

粉彩凤穿牡丹纹盘残件，1件。此盘口沿、腹壁和盘底已大部分残失，口沿、腹壁仅存不足1/6、盘底不足1/2的部分。从断茬剖面可以看出，胎为白胎，胎质较细腻、坚致，但含有少量小灰点。胎壁较薄，口沿部分厚0.1、腹壁下部与盘底交接处厚0.4厘米。此盘为浅盘，宽折沿，尖圆唇，侈口斜敞，口沿局部略有残损，边缘不太齐整。腹壁短而浅，呈弧线急内收，下接一圈矮圈足。圈足外墙呈斜坡式内敛，高仅有0.2厘米，内墙内凹，高也仅有0.35厘米。内、外壁施青白釉，内壁和外壁釉层均较厚，釉面光洁发亮。圈足内底釉层较薄，釉面虽有光泽，但不发亮，且露出少量小灰点和小棕眼。外壁素面。内壁于折沿上、下各施红色弦线一道；口沿与红色弦线之间绘粉彩草叶纹一周，作为口沿的边饰。盘心及外围绘主题纹饰——粉彩凤穿牡丹纹。因遭火烤，画面中的粉彩已脱落和褪色，只剩下轮廓线。凤头、凤身、凤尾、凤腿和凤爪，以及凤嘴中所衔的仙草均以红彩线条勾画其轮廓线，翅膀和羽毛均以墨彩线勾画其轮廓。牡丹花花瓣及整个花形都以红彩线条勾画其轮廓，而花枝与花叶则均以墨彩线条勾画其轮廓。画面中的凤凰居于中心部位，作曲颈昂首向左前方飞翔状，口中衔一根弯曲缠绕的仙草，细长的凤眼注视着前方，高高的凤冠迎风耸立，两只翅膀正作滑翔姿态，从两株牡丹花中穿过。因残，凤尾只剩下一点，牡丹花也只保存有两朵。构图主题突出，形象清晰，线条准确、流畅，绘工娴熟、老练。圈足内底中央署青花方形纹样款"￼"，外围青花双线圈。

Sc-019号粉彩凤穿牡丹纹盘残件，口径约16.5、底径8.8（分别根据残存口沿和圈足的弧度和长度测量、推算得出）、高2.9、胎壁厚0.1～0.4厘米。从形制、胎质、施釉、构图设计、主题表达、绘工，以及圈足内底所署的青花方形纹样款的形式等特点判断，此件标本原器应属清康雍时期景德镇民窑烧制的产品无疑（图一五四，1；图版一三六，1）。

（17）Sc-028号

粉彩松柏蝙蝠纹茶碗盖残件，1件。此茶碗盖捉手和盖体大部分已残失，现仅存捉手和碗盖肩、腹部及口沿约1/3的局部。从断茬剖面可以看出，胎为白胎，胎质细腻、坚致。胎壁很薄，口沿处厚0.1厘米，肩、腹部厚0.2厘米，捉手与肩部交接处厚0.3厘米。捉手直壁下垂，外墙高0.7厘米，内墙内凹，高0.8厘米。肩为膨肩，腹壁外弧，缓慢下垂，敞口，口沿为小尖圆唇，边缘平齐。内、外壁施白釉，釉层较厚，釉面莹润发亮。捉手顶沿不施釉，素胎裸露。内壁素面。外壁绘粉彩松柏、蝙蝠纹及残失的结带纹，寓意是福寿长青。松柏原为墨绿彩，蝙蝠原为朱红彩，因遭火烤，颜色多已脱落和褪去，松叶变成了很淡的黄绿色，蝙蝠变成了浅橙色。构图设计疏朗清雅，线条细腻、准确、流畅，绘工精致。捉手内底署青花伪托款楷体六字双行款"￼"（大明成化年制），外围青花双线圈。

Sc-028号粉彩松柏蝙蝠纹茶碗盖残件，捉手直径约4.7、口径约10.6（根据茶碗盖捉手和口沿残存弧度和长度测量、推算得出）、通高3.44、胎壁厚0.1～0.3厘米。从形制、胎质、施釉、构图设计、绘工，以及捉手内底所署的青花伪托款的形式和内容等特点判断，此件标本的原器应为清道光时期景德镇民窑为仿明成化瓷器而烧制的一件品相不俗的产品（图一五四，2；图版一三六，2）。

（18）Sc-020号

粉彩莲池纹碗残片，1件。口沿、腹壁大部分已残失，碗底完全无存。现仅存口沿和腹壁不足1/6的局部。从断茬剖面可以看出，胎为白胎，胎质纯净、细腻、坚致，无任何杂质。胎壁厚度适中，口沿处厚0.1厘米，腹壁由上而下逐渐加厚，中部厚0.2、下部厚0.6厘米，口沿为尖圆唇，腹壁弧线缓收，因残，圈足无存。内、外壁均施白釉，釉层较厚，釉面润泽光亮。内、外壁口沿下各施青花弦线两道，这是作为内、外口沿的边饰，也是内外呼应、对称装饰的手法。内壁素面无纹。外壁绘粉彩莲池纹。画面中，残存的荷花为大朵荷花，由七八片花瓣组成，正在盛开。这朵荷花本来为红彩，因遭火烤，红色脱落、褪去，只余花瓣的轮廓线和一点红彩的印迹；大片的荷叶为翠绿色，正向四面舒展开来；在荷花、荷叶周围，还长着青翠的水草，长长的草叶正迎风飘动。这幅粉彩莲池图，构图自然和谐，线条准确流畅，绘工精细，色彩搭配既艳丽又雅致，是一幅不俗之作。

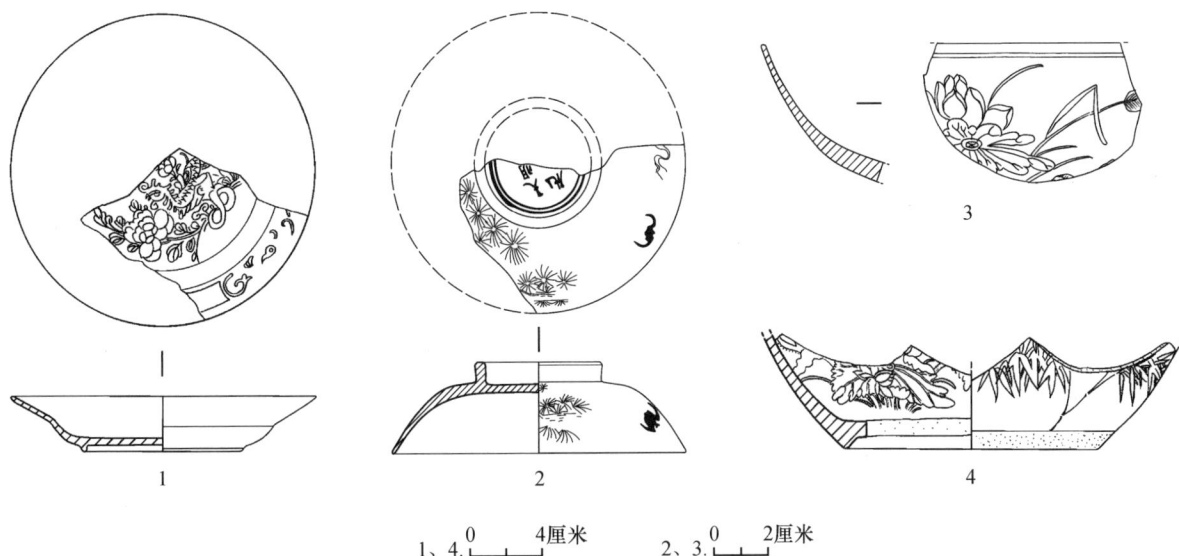

1、4.　0　　　4厘米　　　2、3.　0　　2厘米

图一五四　上下天光遗址出土民窑器

1. 粉彩凤穿牡丹纹盘残件（Sc-019）　　2. 粉彩松柏蝙蝠纹茶碗盖残件（Sc-028）　　3. 粉彩莲池纹碗残片（Sc-020）
4. 粉彩莲花竹叶纹盆残片（Sc-012）

Sc-020号粉彩莲池纹碗残片，口径约12.5（根据口沿残存弧度和长度测量、推算得出）、残长8.3、残宽5、胎壁厚0.1～0.6厘米。从胎质、施釉、构图、设色、绘工等特点判断，此标本原器应属清道光时期民窑烧制的一件粉彩瓷碗佳品（图一五四，3；图版一三六，3）。

（19）Sc-012号

粉彩莲花竹叶纹盆残片，1件。此盆口沿和肩部已无存，腹壁、器底大部分已残失，现仅存腹壁下半截不足1/5和盆底不足1/6的局部。从断茬剖面可以看出，胎为白胎，胎质较细密、坚致，但内含少量小灰点。胎壁较厚，残存腹壁上部厚0.46、下部与圈足衔接处厚0.9、器底厚0.7厘米。腹壁下半部呈斜弧内收，接矮圈足，圈足墙整体横剖面呈倒三角形立置，素胎裸露，高0.4厘米，上边厚1.3、中间厚1.1厘米。内、外壁均施青白釉，釉层较厚，釉面匀净发亮。内壁腹壁下半截绘粉彩莲池纹。画面中，一丛茎叶茂盛的大荷叶簇拥着一大朵红艳艳的荷花，亭亭玉立于静静的池水上，虽经过火，粉彩荷花和荷叶的颜色已经褪色很多，但仍能看清绿色的大荷叶及其叶脉，还有一根根水草叶十分舒展地在迎风摆动，盛开的荷花瓣鲜嫩如滴，一派充满活力和繁荣的气象。盆心外围施红色弦线一道，弦线内的空间也绘有粉彩花卉纹。因残，所绘内容不详。外壁下腹部残存一组红色竹叶纹，线条、施彩都较精细。

Sc-012号粉彩莲花竹叶纹盆残片，底径约15.2（根据圈足残存弧度和长度测量、推算得出）、残高7、胎壁厚0.46～0.9厘米。从残存形制、胎质、施釉、构图设计、色彩搭配、绘工等特点判断，此标本的原器应属清道光至同治时期景德镇民窑烧制的产品（图一五四，4；图版一三七，1）。

3. 白釉瓷　2件。序号接续。

（20）Sc-170号

白釉碗底残片，1件。此碗口已残失无存，腹壁与碗底也大部分残失，腹壁现仅存约1/6，碗底现仅存约1/3。从断茬剖面看，胎为白胎，胎质细腻、坚致，无杂质。胎壁较薄，腹壁上部厚度仅为0.1厘米，中部厚度为0.2厘米，腹壁下部与圈足相衔接的部位厚度为0.35厘米。腹壁作斜弧缓收，与圈足衔接，圈足内外墙作垂直下垂，内、外墙等高，高度均为1厘米。内、外壁及圈足内底均施白釉，釉层虽较薄，但釉面十分润洁、光亮。釉色白里微泛黄，业内或称这类白釉为"甜白釉"。只有圈足底边不挂釉，保持涩面。在碗底釉面上遗有一个黄褐色斑点；在腹部外壁下方的釉面上遗有刀尖划过的刀痕；在圈足内底表面发现一个突出的气泡。由于这三点瑕疵的存在，已注定这件"甜白釉"碗不属于官窑器。此碗内、外壁及圈足外墙表面均素面无纹。只是在圈足内底中央署有青花楷体六字双行伪托纪年款"□明成化年制"，其中第一字"大"字残失，第四字"化"字，上半大部残失，只存下部。六字外围青花双线圈，此青花戳记的书法字体与笔划不够规范，与正规的明代官窑"大明成化年制"纪年款区别明显，一眼即可分辨出这是后世的伪托款。

Sc-170号白釉碗底残片，残长8.2、残宽5.1、残高5.3、底径约7.6、胎壁厚0.1～0.35厘米。从形制、胎质、釉色、制作工艺（存在瑕疵）以及圈足内底所署的青花楷体六字双行伪托纪年款等特点判断，此件标本的原器应属清道光时期景德镇民窑为仿明成化官窑器而专意烧制的仿品（图一五五，1；图版一三七，2）。

（21）Sc-171号

白釉碗底残片，1件。经观察、比较，这件标本从形制、规格，特别是圈足直径、胎质、胎色、施釉、釉色以及圈足内底也署有青花楷体六字双行伪托款"□明□化年制"等特点看，均与前述Sc-170号白釉碗底残片标本一致。由此可以断定，Sc-171号与Sc-170号，这两件标本

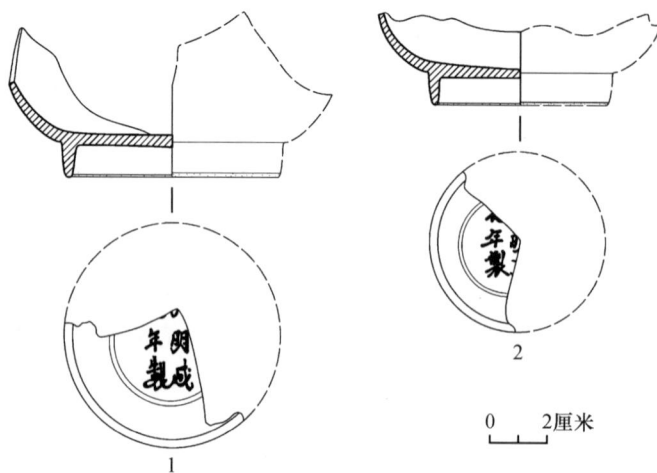

图一五五　上下天光遗址出土民窑器

1、2. 白釉碗底残片（Sc-170、Sc-171）

原应属一炉烧制的同一套碗具留下的残片。故关于器物形制、胎质、施釉等方面的描述，已不需赘述。

现仅对二者略有差异之处作点补充说明。

Sc-171号白釉碗底残片，残长8.9、残宽5.7、残高3.2、底径6、残存胎壁厚0.2～0.35厘米。在圈足内底和圈足内墙上有少量小砂眼和小灰点，在腹壁外侧表面也遗有小灰点瑕疵，在圈足内底的青花楷体六字双行伪托款中，不但第一个字"大"字完全残失，而且第二个字"明"字，第三个字"成"字，第四个字"化"字，也各残缺了一半，只是还能看懂，能读出来，只有第五个字"年"和第六字"制"是完整无损的（图一五五，2；图版一三七，3）。

鉴于Sc-171号标本与Sc-170号标本属于同炉烧制的同一套碗具，故Sc-171号标本的原器亦属清道光时期景德镇民窑为仿明成化官窑器而专意烧制的仿品。

将上下天光遗址出土民窑器未分型的重点标本统计如表六五。

表六五　上下天光遗址出土民窑瓷器未分型的重要残件和残片标本统计表

序号	标本编号	器物名称	数量	瓷类	年代	窑属性质		用项	规格（厘米）	款识		图版
						官	民			种类	图示	
1	Sc-006	青花酱釉口骏马纹粗瓷碗残件	1	青花	明晚期		√	日用	口径约13.6、底径约7、高7.6、胎壁厚0.15～0.5	青花草叶纹植物纹样款		图版一三二，1
2	Sc-017	青花酱釉口葡萄纹碗残片	1	青花	顺治时期		√	日用	口径约13.4、残宽5.4、胎壁厚0.2～0.5	因残无款		图版一三四，4
3	Sc-015	青花瑞兽（貔貅）纹碗残片	1	青花	康熙时期		√	日用	口径约12.1、残高5.3、胎壁厚0.15～0.5	无款		图版一三二，2
4	Sc-014	青花海水江崖仙鹤纹碗残件	1	青花	康熙时期		√	日用	口径14.7、底径6.2、高7、胎壁厚0.2～0.5	青花方形纹样款		图版一三二，3
5	Sc-009	青花凤鸟纹小碗残件	1	青花	雍正时期		√	日用	口径约12.8、底径约5.2、高6.2、胎壁厚0.25～0.5	青花方形纹样款		图版一三三，1
6	Sc-007	青花缠枝莲纹碗残件	1	青花	乾隆时期		√	日用	口径13.5、底径6.5、高7.2、胎壁厚0.2～0.55	无款		图版一三三，2
7	Sc-016	青花留白龙纹盘残件	1	青花	乾隆时期		√	日用	口径11.8、底径6.2、高2.8、胎壁厚0.15～0.3	无款		图版一三三，3
8	Sc-008	青花五福捧寿纹小盘残件	1	青花	乾隆时期		√	日用	口径11.6、底径6.1、高2.7、胎壁厚0.25～0.45	青花方形纹样款		图版一三四，1

序号	标本编号	器物名称	数量	瓷类	年代	窑属性质 官	窑属性质 民	用项	规格（厘米）	款识 种类	款识 图示	图版
9	Sc-001	青花婴戏图器盖残件	1	青花	乾隆时期		√	日用	底径直径约10、高3.1、胎壁厚0.2~0.4	无款		图版一三四，2
10	Sc-010	青花缠枝菊花纹印泥盒残件	1	青花	乾隆时期		√	日用	盒口直径9.4、折肩直径10.5、底径6.7、高3.7、胎壁厚0.35~0.6	无款		图版一三四，3
11	Sc-005	青花缠枝莲纹粗瓷碗残件	1	青花	乾嘉时期		√	日用	口径约12.9、底径6、高6.6、胎壁厚0.25~0.5	青花方形纹样款		图版一三五，1
12	Sc-018	青花缠枝莲纹碗残件	1	青花	嘉道时期		√	日用	口径约10.3、底径约4.4、高5.6、胎壁厚0.2~0.4	青花伪托楷体六字双行款："□□成□□制"		图版一三五，2
13	Sc-004	青花缠枝纹瓶残片	1	青花	嘉道时期		√	陈设	口径10.3、颈径6.3、腹径8.3、残高14.5、腹壁厚0.3~0.6	因残无款		图版一三五，3
14	Sc-002	青花冰梅纹茶壶残件	1	青花	道光时期		√	日用	口径约6.9、腹径约11.1、底径约7.9、高7.6、胎壁厚0.2~0.6	无款		图版一三五，4
15	Sc-003	青花缠枝牡丹纹罐残片	1	青花	道光时期		√	日用	底径16.7、残高8.8、胎壁厚0.3~0.7	因残无款		图版一三五，5
16	Sc-019	粉彩凤穿牡丹纹盘残件	1	粉彩	康雍时期		√	日用	口径约16.5、底径8.8、高2.9、胎壁厚0.1~0.4	青花方形纹样款		图版一三六，1
17	Sc-028	粉彩松柏蝙蝠纹茶碗盖残件	1	粉彩	道光时期仿明成化		√	日用	捉手直径约4.7、口径10.6、通高3.44、胎壁厚0.1~0.3	青花伪托楷体六字双行款"大明□化年□"		图版一三六，2
18	Sc-020	粉彩莲池纹碗残片	1	粉彩	道光时期		√	日用	口径约12.5、残长8.3、残宽5、胎壁厚0.1~0.6	因残无款		图版一三六，3
19	Sc-012	粉彩莲花竹叶纹盆残片	1	粉彩	道光至同治时期		√	日用	底径约15.2、残高7、胎壁厚0.46~0.9	因残无款		图版一三七，1

序号	标本编号	器物名称	数量	瓷类	年代	窑属性质 官	窑属性质 民	用项	规格（厘米）	款识 种类	款识 图示	图版
20	Sc-170	白釉碗底残片	1	杂彩	道光时期		√	日用	残长8.2、残宽5.1、残高5.3、底径约7.6、胎壁厚0.1～0.35	青花楷体六字双行伪托纪年款"□明成化年制"		图版一三七，2
21	Sc-171	白釉碗底残片	1	杂彩	道光时期		√	日用	残长8.9、残宽5.7、残高3.2、底径6、残存胎壁厚0.2～0.35	青花楷体六字双行伪托纪年款"□明□化年制"		图版一三七，3
合计			21	青花15；粉彩4；白釉瓷2								

可分型的重点标本

159件。包括：青花瓷126件，杂彩瓷——豆青釉瓷30件，粉彩瓷3件。现依次介绍：

1. 青花瓷

126件。包括七类器形：碗、盖碗、盘、印泥盒盖、盒底、茶碗盖、酒杯（酒盅）。

（1）碗

73件。包括：Aa型8件；Ab型1件；Ba型11件；Bb型18件；C型2件；Da型1件；Db型2件；E型3件；Fa型6件；Fb型6件；Ga型9件；Gb型6件。

Aa型 8件。标本编号分别为Sc-027，Sc-025，Sc-041，Sc-065，Sc-097，Sc-098，Sc-132，Sc-135号（表六六）。

Aa型碗的基本特征是：敞口，宽折沿，宽折沿饰青花深蓝色宽带纹一周，高圈足，圈足底边粘砂。可以Sc-027号标本为例作具体说明。

Sc-027号，青花宽折沿龙纹碗残件，1件。斜敞口，小圆唇，宽折沿，折沿表面施深蓝色宽带纹一周，斜曲腹，下接高圈足。圈足外墙高1.2、内墙高1.1厘米。挖足较深，但因圈足外墙较高，故内墙挖足未及肩。圈足底边内、外粘有一层细砂，这层细砂已被烧结变得很坚实，触碰也不会脱落，是典型的"砂底碗"。口沿、腹壁大部分已残失，仅存少半，圈足保存完整。从断茬剖面可以看出，此碗胎为白胎，胎质较粗，虽坚致，但含有不少杂质和小灰点。内、外壁均施青白釉，釉层较薄，釉面发暗不亮。口沿内壁施深蓝色青花宽带纹一周，条带涂抹草率，着色不匀，边缘凸凹不齐。碗心绘青花火珠纹，外围青花双线圈。口沿外壁下沿施青花单弦线一周，在口沿折沿与肩部衔接处施青花弦线两周，在上、下青花弦线纹之间绘青花草叶纹。外侧腹壁表面绘青花龙纹及火珠纹，圈足外墙表面施青花弦线三道。圈足内底中心署青花方形图记符号款，意义不详，外围青花双线圈。此碗的青花用料为国产青料，青花呈色为较暗淡的蓝灰色。

Sc-027号青花宽折沿龙纹碗残件，口径14.5、底径6.2、通高7.2、胎壁厚0.2～0.4厘米。从该碗的形制、胎质、施釉、青花用料及呈色、青花图案的设计、绘画风格、碗底所署的青花方形图记符号款的样式以及碗底粘砂等工艺特点判断，其应属明末清初景德镇民窑制作的产品（图一五六，1；图版一三八，1）。

Sc-027号标本形制和年代，基本上可以代表Aa型碗其余7件标本的形制与年代特点。

Sc-025号，青花宽折沿火珠纹碗残片，1件（图版一三八，2）。

Sc-041号，青花宽折沿双龙戏珠纹碗残片，1件（图版一三八，3）。

Sc-065号，青花宽折沿凤纹碗残片，1件（图版一三八，4）。

Sc-097号，青花宽折沿龙纹碗残片，1件（图版一三八，5）。

Sc-098号，青花宽折沿花卉纹碗残片，1件（图版一三九，1）。

Sc-132号，青花宽折沿凤纹碗残片，1件（图版一三九，2）。

Sc-135号，青花宽折沿凤纹碗残片，1件（图版一三九，3）。

Ab型　1件（表六六）。

标本编号为：Sc-127号，青花火珠纹碗残片，1件。Ab型碗残片的主要特征是：斜敞口，宽沿，作斜弧缓折肩（不同于Aa型的硬折沿）。腹部中腰以下及碗底已完全残失。白胎，胎质较坚致，但含有杂质和小灰点。胎壁较薄，近口沿处厚0.15、腹部厚0.3厘米。小圆唇，唇边施凸酱釉一圈。内、外壁均施青白釉，釉层较薄，釉面略有光泽。口沿内壁施深蓝色青花海浪宽带纹，宽带纹之下至腹壁施划线暗纹三道。外壁口沿下施青花弦线纹两道，弦线纹之下至腹壁绘青花火珠纹。青花用料为国产青料，青花呈色为蓝灰色。

Sc-127号青花火珠纹碗残片，腹壁残长7.9、口沿残宽6.7、胎壁厚0.15～0.3厘米。因圈足已残失无存，故无款识，根据此碗残片的形制、胎质、施釉、青花图案的设计构图、火珠纹的绘画风格等特点可初步判定，其原器的年代应与Aa型碗基本同时，即亦应属明末清初之际（图一五六，6；图版一三九，4）。

Ba型　11件（表六七）。

标本分别为：Sc-084、Sc-101、Sc-152、Sc-157、Sc-158、Sc-148、Sc-057、Sc-147、Sc-151、Sc-022、Sc-221号。

Ba型碗的基本特征是，侈口，小圆唇上腹斜直，下腹斜曲，圈足较矮（外墙高度均矮于内墙深度），外壁饰青花纹饰，以草率的奔马或葡萄纹为主题纹饰。保留有圈足的标本，圈足底边大多都粘有细砂，即多属"砂底碗"类型。可以Sc-084号标本为例作具体说明。

Sc-084号，青花骏马纹碗残件，1件。口沿、腹壁大部分残失，仅保存有1/3，所幸下面的圈足保存完整，侈口，小圆唇，唇沿涂酱釉一周。胎为白胎，胎质较坚致，内含少量杂质和小灰点。胎壁较薄，近口沿处厚为0.15、近碗底处厚为0.35厘米。上腹斜直，下腹斜曲，下接矮

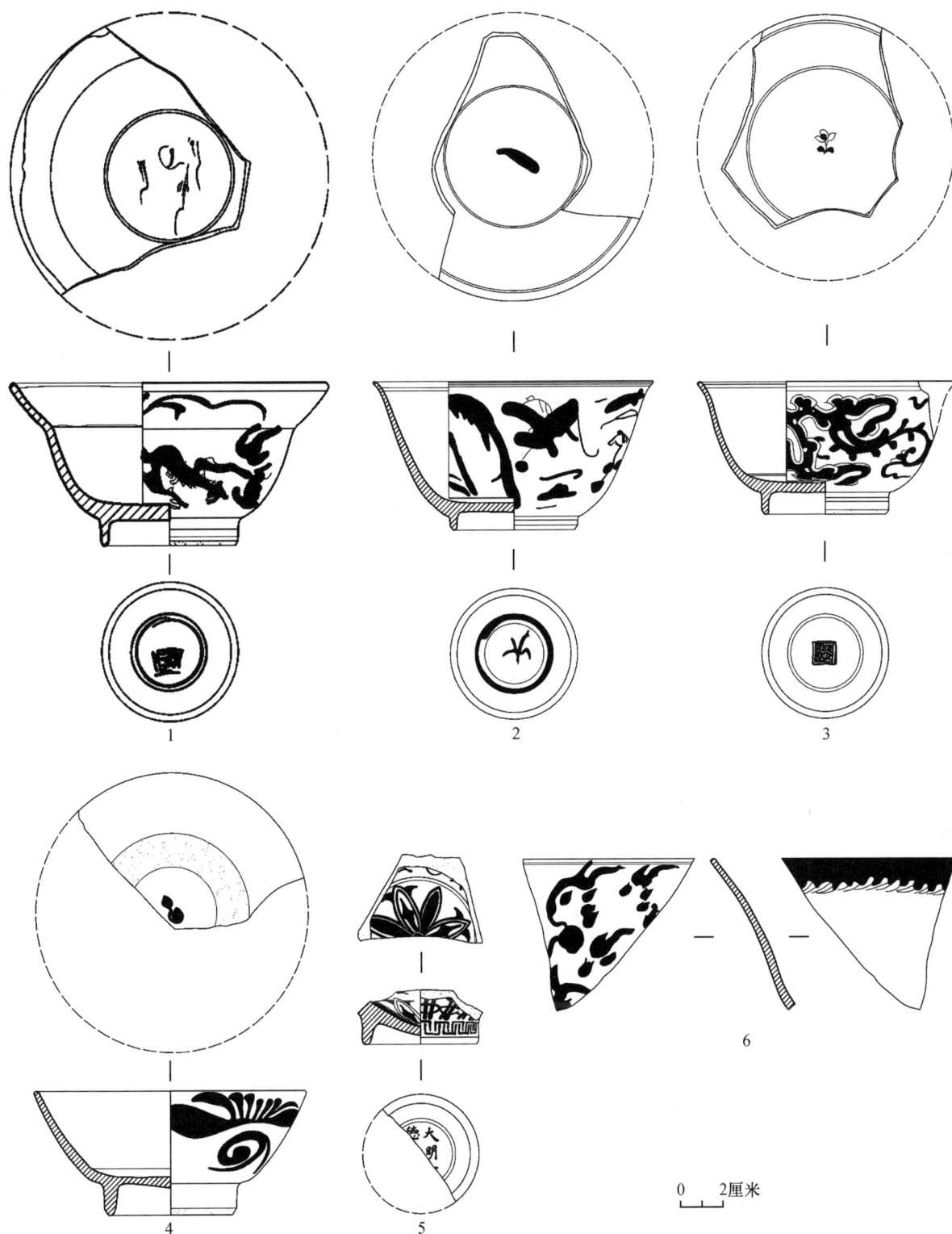

图一五六 上下天光遗址出土民窑器

1.青花宽折沿龙纹碗残件（砂底）（Sc-027） 2.青花骏马纹碗残件（Sc-084） 3.青花夔龙纹碗残件（Sc-180）

4.青花卷草纹碗残件（Sc-068） 5.青花莲瓣纹碗底残片（Sc-043） 6.青花火珠纹碗残片（Sc-127）

表六六　　上下天光遗址出土民窑瓷器可分型的重点标本——A型青花碗残件及残片统计表

序号	标本编号	器物名称	数量	瓷类	分型	年代	窑属性质		用项	规格（厘米）	款识		图版
							官	民			种类	图示	
1	Sc-027	青花宽折沿龙纹碗残件（砂底）	1	青花	Aa	明末清初		√	日用	口径14.5、底径6.2、通高7.2、胎壁厚0.2～0.4	青花方形图记符号	圐	图版一三八，1
2	Sc-025	青花宽折沿火珠纹碗残片	1	青花	Aa	明末清初		√	日用	口径14.7、残长7.9、残宽5.9、胎壁厚0.2～0.3	因残无款		图版一三八，2
3	Sc-041	青花宽折沿双龙戏珠纹碗残片	1	青花	Aa	明末清初		√	日用	口径14、残长8.8、残宽7.7、胎壁厚0.2～0.5	因残无款		图版一三八，3
4	Sc-065	青花宽折沿凤纹碗残片	1	青花	Aa	明末清初		√	日用	口径15.7、残长7.6、残宽5.4、胎壁厚0.2～0.3	因残无款		图版一三八，4
5	Sc-097	青花宽折沿龙纹碗残片	1	青花	Aa	明末清初		√	日用	口径14.1、残长9.3、残宽5.6、胎壁厚0.2～0.3	因残无款		图版一三八，5
6	Sc-098	青花宽折沿花卉纹碗残片	1	青花	Aa	明末清初		√	日用	残长8.4、残宽3.5、胎壁厚0.2～0.5	因残无款		图版一三九，1
7	Sc-132	青花宽折沿凤纹碗残片	1	青花	Aa	明末清初		√	日用	口径16.6、残长7.3、残宽6.3、胎壁厚0.2～0.3	因残无款		图版一三九，2
8	Sc-135	青花宽折沿凤纹碗残片	1	青花	Aa	明末清初		√	日用	残长6、残宽4.3、胎壁厚0.3～0.8	因残无款		图版一三九，3
9	Sc-127	青花火珠纹碗残片	1	青花	Ab	明末清初		√	日用	腹壁残长7.9、口沿残宽6.7、胎壁厚0.15～0.3	因残无款		图版一三九，4
合计			9										

圈足。圈足外墙高0.6、内墙下挖深（高）0.8厘米，外墙矮于内墙，挖足过肩。圈足底边素胎裸露不施釉。内、外壁表面均施青白釉，釉层较薄，仅略有光泽，釉面现有少量小气泡和小灰点。内、外壁口沿下均施青花弦线两道，近碗底处施青花双线圈一周，碗心中央绘青花草叶纹一片。外壁腹部表面绘青花骏马纹，马皆作奔跑状，绘画笔法简练、草率。圈足内底中央署青花植物纹样款，外围青花双线圈。此碗的青花用料为国产青料。青花呈色与上述Aa型和Ab型基本一致，皆为较暗淡的蓝灰色。

Sc-084号青花骏马纹碗残件，口径12.8、底径5.8、通高6.6、胎壁厚0.15～0.35厘米。从该碗的形制、胎质、施釉、青花用料、青花呈色、青花图案设计、绘画风格，以及所署的青花植

表六七 上下天光遗址出土民窑瓷器可分型的重点标本——Ba型青花碗残件和残片统计表

序号	标本编号	器物名称	数量	瓷类	分型	年代	窑属性质 官	窑属性质 民	用项	规格（厘米）	款识 种类	款识 图示	图版
1	Sc-084	青花骏马纹碗残件	1	青花	Ba	明末清初		√	日用	口径12.8、底径5.8、通高6.6、胎壁厚0.15～0.35	青花植物纹样款		图版一三九，5
2	Sc-101	青花骏马纹碗残件（砂底）	1	青花	Ba	明末清初		√	日用	口径13.7、底径7、通高6.7、胎壁厚0.2～0.5	青花植物纹样款		图版一四〇，1
3	Sc-152	青花骏马纹碗残片（砂底）	1	青花	Ba	明末清初		√	日用	底径6.4、残长9.9、残宽8.6、胎壁厚0.2～0.5	青花植物纹样款		图版一四〇，2
4	Sc-157	青花骏马纹碗残片	1	青花	Ba	明末清初		√	日用	口径16.4、残长7、残宽6.4、胎壁厚0.15～0.4	因残无款		图版一四〇，3
5	Sc-158	青花骏马纹碗残片	1	青花	Ba	明末清初		√	日用	口径13.1、残长5.9、残宽5.5、胎壁厚0.2～0.4	因残无款		图版一四〇，4
6	Sc-148	青花葡萄纹碗底残片（砂底）	1	青花	Ba	明末清初		√	日用	残长11.6、残宽10.6、残高6.6、底径6.7、胎壁厚0.3～0.5	青花图记符号款		图版一四一，1
7	Sc-057	青花葡萄纹碗残片	1	青花	Ba	明末清初		√	日用	口径14.1、残长6.8、残宽6、胎壁厚0.2～0.3	因残无款		图版一四一，2
8	Sc-147	青花火珠纹碗底残片（砂底）	1	青花	Ba	明末清初		√	日用	底径6.3、残长9.4、残宽6、胎壁厚0.3～0.6	青花植物纹样款		图版一四一，3
9	Sc-151	青花凤穿牡丹纹碗底残片（砂底）	1	青花	Ba	明末清初		√	日用	底径5.3、残长9、残宽6.5、胎壁厚0.4～0.7	青花方形图记符号款		图版一四二，1
10	Sc-022	青花花卉纹碗底残片（砂底）	1	青花	Ba	明末清初		√	日用	底径7、残长11.4、残宽9.8、胎壁厚0.3～0.6	无款		图版一四二，2
11	Sc-221	青花花卉纹碗底残片（砂底）	1	青花	Ba	明末清初		√	日用	底径6.3、残长9.8、残高4.5、胎壁厚0.4～0.7	青花图记符号款		图版一四二，3
合计			11										

物纹样款识等特点判断，其所代表的Ba型碗的年代应与Aa型和Ab型处于同一时期，即Ba型碗均应属明末清初之际景德镇民窑烧制的产品（图一五六，2；图版一三九，5）。

Sc-101号，青花骏马纹碗残件（砂底），1件（图版一四〇，1）。

Sc-152号，青花骏马纹碗残片（砂底），1件（图版一四〇，2）。

Sc-157号，青花骏马纹碗残片，1件（图版一四〇，3）。

Sc-158号，青花骏马纹碗残片，1件（图版一四〇，4）。

Sc-148号，青花葡萄纹碗底残片（砂底），1件（图版一四一，1）。

Sc-057号，青花葡萄纹碗残片，1件（图版一四一，2）。

Sc-147号，青花火珠纹碗底残片（砂底），1件（图版一四一，3）。

Sc-151号，青花凤穿牡丹纹碗底残片（砂底），1件（图版一四二，1）。

Sc-022号，青花花卉纹碗底残片（砂底），1件（图版一四二，2）。

Sc-221号，青花花卉纹碗底残片（砂底），1件（图版一四二，3）。

Bb型　18件（表六八）。

标本编号分别为：Sc-180、Sc-188、Sc-201、Sc-187、Sc-026、Sc-224、Sc-073、Sc-209、Sc-066、Sc-061、Sc-072、Sc-107、Sc-048、Sc-031、Sc-040、Sc-052、Sc-056、Sc-077号。

Bb型碗的基本特征是：侈口，唇沿不涂酱釉，上腹斜直，下腹圆曲，腹较浅，圈足底边未粘砂。可以Sc-180号标本为例作具体说明。

Sc-180号，青花夔龙纹碗残件，1件。口沿、腹部已大部分残失无存，仅保存约1/4，与下腹部衔接的碗底保存完整。侈口，小圆唇，唇边不涂酱釉。胎为白胎，胎质较坚致，内含少量杂质和小灰点。胎壁较薄，近口沿处不足0.2、下腹部不足0.4厘米。上腹斜直，下腹圆曲，腹较浅。内外壁均施青白釉，釉层较薄，釉面发暗不亮。口沿内、外表面，各施青花弦线两周，内壁近碗底处施青花双线圈一周。碗心中央绘青花朵花纹一株。外壁，腹部满绘深蓝色青花夔龙纹，作为此碗的主题纹饰。青花用料为国产青料，青花呈色深翠。圈足外墙表面施青花弦线三道。圈足高度适中，挖足平肩，内外墙高均为0.8厘米。圈足底边素胎裸露，不施釉，未粘砂。圈足内底中央署青花方形图记符号款，外围青花双线圈。

Sc-180号青花夔龙纹碗残件，口径11.8、底径5.8、通高5.9厘米。从该碗的形制、胎质、施釉、青花用料、青花呈色、青花图案构图、绘画风格及碗底所署的青花方形图记符号款的特点判断，此标本及其所代表的Bb型碗，均应属清代早期景德镇民窑烧制的产品（图一五六，3；图版一四三，1）。

Sc-188号，青花花卉纹碗残片，1件（图版一四三，2）。

Sc-201号，青花花卉纹碗残片，1件（图版一四三，3）。

Sc-187号，青花缠枝花卉纹碗残片，1件（图版一四四，1）。

Sc-026号，青花凤纹碗残件，1件（图版一四四，4）。

Sc-224号，青花火珠纹碗底残片，1件（图版一四四，3）。

Sc-073号，青花龙纹碗残片，1件（图版一四四，2）。

表六八　上下天光遗址出土民窑瓷器可分型的重点标本——Bb型青花碗残件和残片统计表

序号	标本编号	器物名称	数量	瓷类	分型	年代	窑属性质 官	窑属性质 民	用项	规格（厘米）	款识 种类	款识 图示	图版
1	Sc-180	青花夔龙纹碗残件	1	青花	Bb	清早期		√	日用	口径11.8、底径5.8、通高5.9	青花方形图记符号款	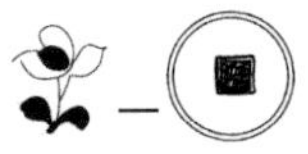	图版一四三，1
2	Sc-188	青花花卉纹碗残片	1	青花	Bb	清早期		√	日用	底径6.5、残长7.2、残宽4.6、胎壁厚0.2~0.6	青花方形图记符号款		图版一四三，2
3	Sc-201	青花花卉纹碗残片	1	青花	Bb	清早期		√	日用	底径4.9、残长5.8、残宽4.3、碗底厚0.35	青花方形图记符号款	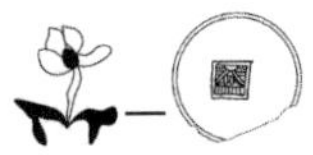	图版一四三，3
4	Sc-187	青花缠枝花卉纹碗残片	1	青花	Bb	清早期		√	日用	底径7、残长11、残宽5.3、下腹胎壁厚0.3~0.4	青花方形图记符号款	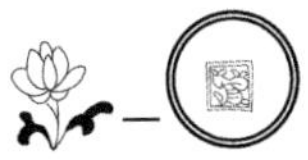	图版一四四，1
5	Sc-026	青花凤纹碗残件	1	青花	Bb	清早期		√	日用	口径12.3、底径5.6、通高5.9、胎壁厚0.15~0.4	因残无款		图版一四四，4
6	Sc-224	青花火珠纹碗底残片	1	青花	Bb	清早期		√	日用	底径7、残长7.2、残宽4.2、下腹胎壁厚0.25~0.3	青花方形图记符号款		图版一四四，3
7	Sc-073	青花龙纹碗残片	1	青花	Bb	清早期		√	日用	底径4.2、残长6.4、残宽4.5、腹部胎壁厚0.2~0.3	因残无款		图版一四四，2
8	Sc-209	青花碗底残片	1	青花	Bb	清早期		√	日用	底径6.3、残长8、残宽6.8、碗底厚0.4	青花方形图记符号款		图版一四五，1
9	Sc-061	青花莲（连）生贵子碗残件	1	青花	Bb	清早期		√	日用	口径11.3、底径6.3、通高6.4、胎壁厚0.2~0.7	无款		图版一四五，2
10	Sc-072	青花杂宝纹碗残件	1	青花	Bb	清早期		√	日用	口径15.7、底径7.7、通高6.5、胎壁厚0.2~0.4	因残无款		图版一四五，3
11	Sc-066	青花缠枝花卉纹及变形莲瓣纹碗底残片	1	青花	Bb	清早期		√	日用	底径6.4、残长6.4、残宽6、下腹胎壁厚0.25~0.4	无款		图版一四五，4

续表

序号	标本编号	器物名称	数量	瓷类	分型	年代	窑属性质 官	窑属性质 民	用项	规格（厘米）	款识 种类	款识 图示	图版
12	Sc-107	青花缠枝花卉纹及变形莲瓣纹碗底残件	1	青花	Bb	清早期		√	日用	底径6.4、残长6.2、残宽6.2、胎壁厚0.15～0.45	无款		图版一四六，3
13	Sc-031	青花缠枝莲托杂宝纹碗残件	1	青花	Bb	清早期		√	日用	口径13.2、底径5.9、通高6、胎壁厚0.1～0.4	青花楷体六字双行纪年款："大□□熙□□"		图版一四六，1
14	Sc-048	青花凤纹碗残片	1	青花	Bb	清早期		√	日用	口径12.4、残长9.4、残宽4.9、胎壁厚0.2～0.4	因残无款		图版一四六，2
15	Sc-077	青花缠枝花卉纹碗残片	1	青花	Bb	清早期		√	日用	底径6.2、残长6.8、残宽6、胎壁厚0.15～0.25	康熙仿明宣德六字双行伪托纪年款："大明宣德年制"		图版一四六，4
16	Sc-040	青花花卉纹碗底残片	1	青花	Bb	清早期		√	日用	底径5.4、残长8.9、残宽7、下腹胎壁厚0.2～0.5	青花楷体四字双行康熙伪托纪年款"宣德年制"		图版一四七，1
17	Sc-052	青花海水江崖龙纹碗底残片	1	青花	Bb	清早期		√	日用	底径4.4、残长5.9、残宽4.2、下腹及碗底厚0.2～0.5	青花楷体四字双行康熙伪托纪年款"宣德年制"		图版一四七，2
18	Sc-056	青花缠枝花卉纹碗残片	1	青花	Bb	清早期		√	日用	残长6.8、残宽5.5、胎壁厚0.2～0.4	因残无款		图版一四七，3
合计			18										

Sc-209号，青花碗底残片，1件（图版一四五，1）。

Sc-061号，青花莲（连）生贵子碗残件，1件（图版一四五，2）。

Sc-072号，青花杂宝纹碗残件，1件（图版一四五，3）。

Sc-066号，青花缠枝花卉纹及变形莲瓣纹碗底残片，1件（图版一四五，4）。

Sc-107号，青花缠枝花卉纹及变形莲瓣纹碗底残件，1件（图版一四六，3）。

Sc-031号，青花缠枝莲托杂宝纹碗残件，1件（图版一四六，1）。

Sc-048号，青花凤纹碗残片，1件（图版一四六，2）。

Sc-077号，青花缠枝花卉纹碗残片，1件（图版一四六，4）。

Sc-040号，青花花卉纹碗底残片，1件（图版一四七，1）。

Sc-052号，青花海水江崖龙纹碗底残片，1件（图版一四七，2）。

Sc-056号，青花缠枝花卉纹碗残片，1件（图版一四七，3）。

C型 2件（表六九）。

标本编号分别为：Sc-068、Sc-088号。可以Sc-068号标本为例，来说明此型碗的基本特征。

Sc-068号，青花卷草纹碗残件，1件。敞口，圆唇，斜直腹，微曲，腹较浅，内涩圈，高圈足，挖足平肩。内、外墙高均为1.6厘米，墙厚0.5～0.65厘米。胎为青白胎，质地坚致，内含细小灰点。胎壁较厚，近口沿处厚0.25、近碗底处厚0.45厘米。内、外壁施青釉，釉层较厚，虽润泽但不光亮，内侧腹壁素面，碗底与碗心交接处留一圈宽带素胎"涩圈"，"涩圈"宽1.5厘米。碗心用毛笔蘸青花青料点绘两朵花苞纹。外壁腹部绘青花卷草纹，青花呈色为淡蓝灰色，画风简朴，笔法老练，圈足底边素胎裸露不施釉，粘有一圈釉胶和细砂粒。很坚硬，不脱落，涩手，圈足内底光素无纹，无款识。

Sc-068号青花卷草纹碗残件，口径12.4、底径6、通高5.5、胎壁厚0.25～0.45厘米。从该碗的形制、胎质、施釉、釉色、青花用料和青花呈色，画风简朴、草率、笔法老道等特点判断，以Sc-068号标本为代表的C型碗应属清代早期德化窑烧造的产品（图一五六，4；图版一四八，1）。

Sc-088号，青花花卉纹碗残片，1件（图版一四八，2）。

Da型 1件（表六九）。

标本编号为：Sc-043号，青花莲瓣纹碗底残片，1件。仅存半个碗底，其余部分已残失无存。此型碗底的基本特征是，胎为白胎，胎质坚致，胎壁较厚，下腹部与圈足衔接处厚为0.6厘米，碗底外圈厚0.4、碗心厚0.3厘米。碗心呈向下凹陷的"⌣"形，碗心较碗底周围平面下凹1.1厘米。圈足外墙高于内墙，内墙挖足不及肩，外墙高1.2、内墙高1.2厘米。内、外壁均施白釉，釉面光洁发亮。碗心绘青花莲瓣纹，外围青花双线圈。外壁下腹部绘青花变形莲瓣纹（因残，上部样式不详，这为推测，不一定准确），圈足外墙表面绘青花回纹一周。青花用料为国产青料，青花呈色深翠。圈足底边素胎裸露未施釉。圈足内底中心署青花楷体六字双行康熙伪托款"大明□德□□"，外围青花双线圈。

Sc-043号青花莲瓣纹碗底残片，底径5.3、残长5.9、残宽5.4、残高2.4、胎壁厚0.6厘米。从该碗底的形制、胎质、施釉、青花用料和青花呈色、青花图案的绘画风格，以及碗底所署的青花伪托纪年款的款识格式与书写字迹特点判断，该标本的原器应属清康熙时期景德镇民窑专意仿明宣德青花碗而烧制的仿品。所署款识系清代早期——康熙时期伪托款无疑（图一五六，5；图版一四八，3）。

Db型 2件（表六九）。

标本编号分别为：Sc-143、Sc-229号。

Sc-143号，青花缠枝莲纹碗残件，1件。口沿、腹壁、圈足大部分已残失无存，仅存少部分残件。此型碗敞口，小圆唇，上腹斜直，下腹圆曲，腹较浅，圈足较高，挖足过肩。胎为灰白胎，胎质较坚致，内较多杂质和小灰点，胎壁较厚，近口沿处厚0.2、下腹近底处厚0.6厘米。内、外壁施青白釉，釉层较薄，釉面发暗，内壁多见疵点和小气泡。内、外壁口沿下均施青花弦线两道。内壁碗底与碗心交接处施青花双线圈一周，碗心绘青花草叶纹，因残仅存一片叶片。外壁绘青花缠枝莲纹。圈足内墙下挖深（高）1.2、外墙高1.1厘米，外墙表面施青花弦线三道。圈足内底因绝大部分已残失，未见款识痕迹。采用国产青料，青花呈色暗蓝。

Sc-143号青花缠枝莲纹碗残件，口径14.1、底径7.5、通高6.4、胎壁厚0.2～0.6厘米。从该碗的形制、胎质、施釉、青花用料、青花呈色、青花图案的设计与绘画风格等特点判断，以该标本为代表的Db型碗应属康熙时期景德镇民窑烧制的产品（图一五七，1；图版一四九，1）。

Sc-229号，青花缠枝莲纹碗残片，1件（图版一四九，2）。

E型　3件（表六九）。

标本编号分别为：Sc-030、Sc-182、Sc-217号。可以Sc-030号标本为例来说明此型碗的基本特征。

Sc-030号，青花灵芝月华纹碗残件，1件。敞口，圆唇，上腹斜直，下腹斜曲，圈足，挖足过肩，圈足底边素胎裸露，粘有一层细砂，此碗属于"砂底碗"。胎为灰白胎，质地坚致，内含杂质和灰点，还有小砂眼。胎壁较厚，近口沿处厚0.2、近碗底处厚0.9厘米。内、外壁施青白釉，釉面发暗不光亮，表面有不少气泡和疵点。口沿唇部涂以青花蓝边，内壁碗底外围施青花双线圈一周，碗心中央绘青花植物纹。外壁绘青花灵芝月华纹。圈足内墙素面，下挖深（高）1.2厘米，外墙矮于内墙，高为1厘米，表面施青花弦线两道。圈足内底中央署青花方形图记符号款，因残仅存上角，外围青花双线圈。青花用料为国产青料，青花成色深蓝、发暗。

Sc-030号青花灵芝月华纹碗残件，口径15.6、底径6.2、通高7.6、胎壁厚0.2～0.9厘米。从该碗的形制、质地、施釉、青花用料、青花呈色、纹饰主题、绘画技法、碗底款识以及圈足底边粘有细砂（属于"砂底碗"）等特点判断，以Sc-030号标本为代表的E型碗亦应属清康熙时期景德镇民窑烧制的产品（图一五七，2；图版一四九，3）。

Sc-182号，青花灵芝月华纹碗底残片，1件，碗底署青花方形图记符号款（图版一四九，4）。

Sc-217号，青花灵芝月华纹碗残片，1件，碗底署青花方形图记符号款（图版一五〇，1）。

Fa型　6件（表七〇）。

标本编号分别为：Sc-059、Sc-146、Sc-203、Sc-106、Sc-122、Sc-104号。可以Sc-059号标本为例来说明此型碗的基本特征。

Sc-059号，青花花间寿纹碗残件，1件，口沿、腹壁已大半残失，圈足也有少半残失。侈口，圆唇，上腹斜直，下腹圆曲，腹较浅，圈足高矮适中，挖足平肩，内、外墙等高，均为1厘米。胎为白胎，质地坚硬，内含较多小灰点，胎壁较厚，近口沿处厚0.25、近碗底处厚0.6厘米。内、外壁均施青白釉，釉层较薄，釉面发暗不亮。内、外口沿下各施青花弦线两道。内壁近碗底处施青花双线圈一周。碗心中央绘青花团寿字。外壁腹部绘青花花间寿主题花纹。圈

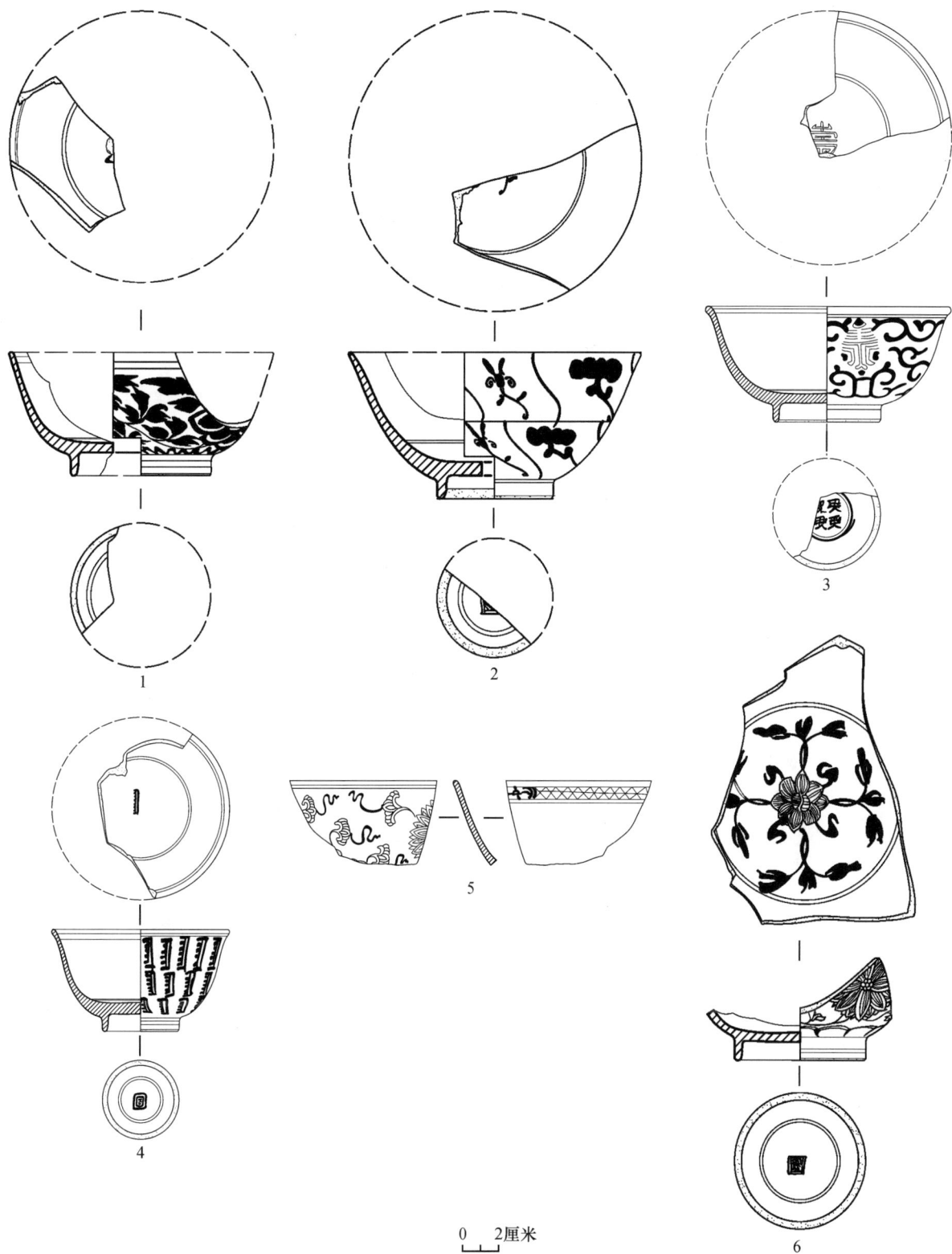

图一五七　上下天光遗址出土民窑器

1. 青花缠枝莲纹碗残件（Sc-143）　2. 青花灵芝月华纹碗残件（Sc-030）　3. 青花花间寿纹碗残件（Sc-059）

4. 青花梵文百寿碗残件（Sc-186）　5. 青花缠枝莲纹碗残片（Sc-078）　6. 青花缠枝莲纹碗残片（Sc-179）

0　2厘米

表六九　上下天光遗址出入民窑瓷器可分型的重点标本——C至E型青花碗残件和残片统计表

序号	标本编号	器物名称	数量	瓷类	分型	年代	窑属性质 官	窑属性质 民	用项	规格（厘米）	款识 种类	款识 图示	图版
1	Sc-068	青花卷草纹碗残件	1	青花	C	清早期		√	日用	口径12.4、底径6、通高5.5、胎壁厚0.25~0.45	无款		图版一四八，1
2	Sc-088	青花花卉纹碗残片	1	青花	C	清早期		√	日用	残长6.5、残宽6.1、胎壁厚0.2~0.5	无款		图版一四八，2
3	Sc-043	青花莲瓣纹碗底残片	1	青花	Da	康熙时期		√	日用	底径5.3、残长5.9、残宽4、残高2.4、胎壁厚0.6	青花楷体六字康熙伪托纪年款"大明□德□□"	大明德	图版一四八，3
4	Sc-143	青花缠枝莲纹碗残件	1	青花	Db	康熙时期		√	日用	口径14.1、底径7.5、通高6.4、胎壁厚0.2~0.6	因残无款		图版一四九，1
5	Sc-229	青花缠枝莲纹碗残片	1	青花	Db	康熙时期		√	日用	残长10.2、残宽6.2、胎壁厚0.2~0.6	因残无款		图版一四九，2
6	Sc-030	青花灵芝月华纹碗残件	1	青花	E	康熙时期		√	日用	口径15.6、底径6.2、通高7.6、胎壁厚0.2~0.9	青花方形图记符号款，残		图版一四九，3
7	Sc-182	青花灵芝月华纹碗底残片	1	青花	E	康熙时期		√	日用	底径6.3、残长10.6、残宽9.8、腹下部及碗底胎壁厚0.3~0.5	青花方形图记符号款		图版一四九，4
8	Sc-217	青花灵芝月华纹碗残片	1	青花	E	康熙时期		√	日用	底径8、残长7.9、残宽6、腹下部胎壁厚0.4~0.7	青花方形图记符号款		图版一五〇，1
合计			8										

足底边素胎裸露不施釉，外墙表面施青花弦线两道。圈足内底中央署青花四字花押款，外围青花双线圈。青花用料为国产青料，呈色深翠。

Sc-059号青花花间寿纹碗残件，口径13.2、底径5.8、通高6、胎壁厚0.25~0.6厘米。从该碗的形制、胎质、施釉、青花用料、青花呈色、图案设计、绘画工艺，以及碗底所署的青花四字花押款等特点判断，此标本的原器及其所代表的Fa型碗应属清雍乾时期景德镇民窑烧制的产品（图一五七，3；图版一五〇，2）。

Sc-146号，青花花间寿纹碗底残片，1件，碗底署青花楷体六字双行清雍乾时期仿明成化伪托纪年款："□□成□□制"（图版一五〇，3）。

Sc-203号，青花花间寿纹碗底残片，1件（图版一五一，1）。

Sc-106号，青花花间寿纹碗残片，1件（图版一五一，2）。

Sc-122号，青花花卉纹碗残片，1件（图版一五一，3）。

Sc-104号，青花莲纹碗残片，1件（图版一五一，4）。

Fb型　6件（表七〇）。

标本编号分别：Sc-186、Sc-011、Sc-232、Sc-080、Sc-208、Sc-095号。可以Sc-186号标本为例来说明此型碗的基本特征。

表七〇　上下天光遗址出土民窑瓷器可分型的重点标本——F型青花碗残件和残片统计表

序号	标本编号	器物名称	数量	瓷类	分型	年代	窑属性质 官	窑属性质 民	用项	规格（厘米）	款识 种类	款识 图示	图版
1	Sc-059	青花花间寿纹碗残件	1	青花	Fa	雍乾时期		√	日用	口径13.2、底径5.8、通高6、胎壁厚0.25～0.6	青花四字花押款		图版一五〇，2
2	Sc-146	青花花间寿纹碗底残片	1	青花	Fa	雍乾时期		√	日用	底径9.5、残长6、残宽3.8、下腹胎壁厚0.25～0.6	青花楷体六字伪托纪年款："□□成□□制"		图版一五〇，3
3	Sc-203	青花花间寿纹碗底残片	1	青花	Fa	雍乾时期		√	日用	底径6.1、残长9.3、残宽4.8、下腹胎壁厚0.25～0.5	青花方形图记符号款		图版一五一，1
4	Sc-106	青花花间寿纹碗残片	1	青花	Fa	雍乾时期		√	日用	口径4、残长5.7、残宽5.4、胎壁厚0.3～0.4	因残无款		图版一五一，2
5	Sc-122	青花花卉纹碗残片	1	青花	Fa	雍乾时期		√	日用	口径18、残长7.9、残宽4.8、胎壁厚0.3	因残无款		图版一五一，3
6	Sc-104	青花莲纹碗残片	1	青花	Fa	雍乾时期		√	日用	口径15.2、残长7.5、残宽5.1、胎壁厚0.2～0.4	因残无款		图版一五一，4
7	Sc-186	青花梵文百寿碗残件	1	青花	Fb	雍乾时期		√	日用	口径9.5、底径4.1、通高5.3、胎壁厚0.15～0.5	青花方形图记符号款		图版一五二，1

续表

序号	标本编号	器物名称	数量	瓷类	分型	年代	窑属性质 官	窑属性质 民	用项	规格（厘米）	款识 种类	款识 图示	图版
8	Sc-011	青花梵文百寿碗残片	1	青花	Fb	雍乾时期		√	日用	口径12.2、残长10.7、残宽6.4、胎壁厚0.2~0.5	因残无款		图版一五二，2
9	Sc-232	青花梵文百寿碗残片	1	青花	Fb	雍乾时期		√	日用	底径5.9、残长7.7、残宽4.3、下腹胎壁厚0.4~0.5	青花方形图记符号款		图版一五二，3
10	Sc-080	青花梵文百寿碗残片	1	青花	Fb	雍乾时期		√	日用	底径4、残长8、残宽7.3、胎壁厚0.2~0.3	青花四字花押款		图版一五三，1
11	Sc-208	青花梵文百寿碗残片	1	青花	Fb	雍乾时期		√	日用	底径7、残长12.4、残宽8.1、胎壁厚0.2~0.6	青花方形图记符号款		图版一五三，2
12	Sc-095	青花百寿纹碗残片	1	青花	Fb	雍乾时期		√	日用	残长7.2、残宽3.8、胎壁厚0.25~0.5	因残无款		图版一五三，3
合计			12										

Sc-186号，青花梵文百寿碗残件，1件。口沿、腹部已大半残失无存，现仅存少半口沿和腹部，圈足完整保留。口略作外侈，圆唇，斜曲腹，腹较浅，下接小圈足。腹壁厚度适中，近口沿处厚0.15、近碗底处厚0.5厘米。圈足挖足过肩，外墙低于内墙，外墙高0.7厘米，内墙下凹，深（高）0.9厘米。胎为白胎，质地略粗疏，有砂眼和较多小灰点。内、外壁均施青白釉，釉面发暗不亮。内、外壁口沿下均施青花弦线两道。内壁碗底外围施青花双线圈一周。碗心中央绘青花梵文寿字。外壁腹部绘横向三排梵文百寿图案。圈足外墙表面施青花弦线三道。圈足底边素胎裸露，不施釉。圈足内底中央署青花方形图记符号款，外围青花双线圈。青花用料为国产青料，青花呈色深翠。

Sc-186号青花梵文百寿碗残件，口径9.5、底径4.1、通高5.3、胎壁厚0.15~0.5厘米。从该碗的形制、胎质、施釉、青花用料、青花呈色、构图设计、绘画工艺，以及碗底所署的青花方形图记符号款的形式特点判断，Sc-186号标本及其所代表的Fb型青花碗，应与上述Fa型青花碗处于同一时期，即亦应属清雍乾时期景德镇民窑烧造的产品（图一五七，4；图版一五二，1）。

Sc-011号，青花梵文百寿碗残件，1件（图版一五二，2）。

Sc-232号，青花梵文百寿碗残片，1件（图版一五二，3）。

Sc-080号，青花梵文百寿碗残片，1件（图版一五三，1）。

Sc-208号，青花梵文百寿碗残片，1件（图版一五三，2）。

Sc-095号，青花百寿纹碗残片，1件（图版一五三，3）。

Ga型 9件（表七一）。

标本编号分别为：Sc-078、Sc-179、Sc-140、Sc-184、Sc-214、Sc-230、Sc-111、Sc-142、Sc-136号。

以上9件标本皆属残片，没有一件既有口沿、又有腹壁和圈足局部，可以复原的残件标本。所以，只好将其中两件可以互补的标本（Sc-078号和Sc-179号）结合起来，而以保存部位较多，面积较大的Sc-179号为主，作为Ga型碗的代表来说明此型碗的基本特征。

表七一 上下天光遗址出土民窑瓷器可分型的重点标本——Ga型青花碗残片统计表

序号	标本编号	器物名称	数量	瓷类	分型	年代	窑属性质 官	窑属性质 民	用项	规格（厘米）	款识 种类	款识 图示	图版
1	Sc-078	青花缠枝莲纹碗残片	1	青花	Ga	清中期		√	日用	残长7.8、残宽4.4、胎壁厚0.15~0.4	因残无款		图版一五三，4
2	Sc-179	青花缠枝莲纹碗残片	1	青花	Ga	清中期		√	日用	残长11.5、残宽9.7、残高5.3、底径7.1、胎壁厚0.2~0.4	青花方形图记符号款		图版一五四，1
3	Sc-140	青花缠枝花卉纹碗残片	1	青花	Ga	清中期		√	日用	残长7.8、残宽6.7、底径8、胎壁厚0.2~0.6	青花方形图记符号款		图版一五四，2
4	Sc-184	青花花卉纹碗残片	1	青花	Ga	清中期		√	日用	残长8.5、残宽4.4、底径约7、胎壁厚0.2~0.6	青花方形图记符号款		图版一五四，3
5	Sc-214	青花花卉纹碗残片	1	青花	Ga	清中期		√	日用	残长7.8、残宽5.7、底径5.5、胎壁厚0.3~0.6	青花方形图记符号款		图版一五五，1
6	Sc-230	青花团寿纹碗残片	1	青花	Ga	清中期		√	日用	残长8、残宽5.4、底径6.7、胎壁厚0.3~0.5	青花方形图记符号款		图版一五五，2
7	Sc-111	青花鱼藻纹碗残片	1	青花	Ga	清中期		√	日用	残长7、残宽5、胎壁厚0.2~0.35	因残无款		图版一五五，3
8	Sc-142	青花缠枝钱纹碗残片	1	青花	Ga	清中期		√	日用	残长5.1、残宽4.5、胎壁厚0.2~0.35	因残无款		图版一五五，4
9	Sc-136	青花花卉纹碗残片	1	青花	Ga	清中期		√	日用	残长5.8、残宽5.6、胎壁厚0.2~0.3	因残无款		图版一五六，1
合计			9										

经观察Sc-078和Sc-179号两件标本，可以看出Ga型碗具有以下几个基本特征：敞口，上腹斜直，下腹圆曲，腹较浅，圈足较高，挖足平肩，保存有圈足内底的署款均为青花方形图记符号款。

下面具体介绍Sc-078号和Sc-179号两件标本的相关特征。

Sc-078号，青花缠枝莲纹碗残片，1件。仅存口沿和腹壁一小块局部残片，其余部分皆已残失无存。碗口为敞口，小圆唇，上腹斜直。胎为白胎，质地坚致。胎壁较薄，近口沿处厚0.15、下腹部厚0.4厘米。内、外壁皆施青白釉，釉面光洁、发亮。内壁口沿下施青花弦线三道，在三道弦线之上再绘青花菱格纹。外壁口沿下施青花弦线两道，腹壁表面绘青花缠枝莲纹。采用的青料为国产青料，呈色深翠。

Sc-078号青花缠枝莲纹碗残片，残长7.8、残宽4.4、胎壁厚0.15～0.4厘米（图一五七，5；图版一五三，4）。

Sc-179号，青花缠枝莲纹碗残片，1件。口沿完全无存，腹壁上部无存，下部有局部存留，与圈足衔接，圈足完整无损。从残损的部分可以看出，此碗下腹作圆曲收敛，腹部较浅，圈足较高，外墙高于内墙，挖足不及肩。圈足外墙高1.2、内墙内凹深（高）1厘米。胎为白胎，质地坚致，杂质很少。胎壁厚度适中，偏腹壁上部厚0.2、下腹部厚0.4厘米。内、外壁皆施青白釉，釉面润泽发亮。内壁近碗底处施青花双线圈一周。碗心绘青花莲苞托大朵莲花纹。外壁腹部绘青花缠枝莲纹，近碗底处绘青花变形莲瓣纹一周。圈足外墙上施青花弦线三道。圈足内底中央署青花方形图记符号款，外围青花双线圈。所用青料为国产青料，呈色深翠。

Sc-179号青花缠枝莲纹碗残片，残长11.5、残宽9.7、残高5.3、底径7.1、胎壁厚0.2～0.4厘米（图一五七，6；图版一五四，1）。

从Sc-078和Sc-179号两件标本所体现的形制特点、施釉、所用青料和呈色，以及青花图案的构图、所署底款的种类及样式等特点判断，Sc-078号和Sc-179号这两件标本的原器及其所代表的Ga型青花碗应属清中期景德镇民窑烧制的产品。

Sc-140号，青花缠枝花卉纹碗残片，1件，碗底署青花方形图记符号款，残，仅存上角（图版一五四，2）。

Sc-184号，青花花卉纹碗残片，1件，碗底署青花方形图记符号款（图版一五四，3）。

Sc-214号，青花花卉纹碗残片，1件，碗底署青花方形图记符号款（图版一五五，1）。

Sc-230号，青花团寿纹碗残片，1件，碗底署青花方形图记符号款（图版一五五，2）。

Sc-111号，青花鱼藻纹碗残片，1件（图版一五五，3）。

Sc-142号，青花缠枝钱纹碗残片，1件（图版一五五，4）。

Sc-136号，青花花卉纹碗残片，1件（图版一五六，1）。

Gb型　6件（表七二）。

标本编号分别为：Sc-081、Sc-167、Sc-231、Sc-219、Sc-207、Sc-183号。

以上6件标本虽皆属残片，但每件标本都保留有大半或完整的圈足，且都带款识。以Sc-081号和Sc-167号两件标本为例来说明Gb型碗的基本特征。

Sc-081号，青花变形莲瓣纹碗底残片，1件。此碗口沿完全无存，腹部大部分残失，仅存下腹部和大半圈足。白胎，质地坚致，胎壁厚度适中，下腹偏上部位厚0.25、偏下部位厚0.6厘米。内、外壁均施青白釉，釉面润泽光亮。矮圈足，挖足平肩，内、外墙高均为0.7厘米。下腹部至碗底以上部位绘一周青花变形莲瓣纹。圈足外墙上施三道青花弦线。圈足底边素胎裸露，不施釉。圈足内底中央署青花方形篆体六字三行纪年款"大清道光年制"，外无青花单方栏。

Sc-081号青花变形莲瓣纹碗底残片，残长9.8、残宽6.6、底径4.9、残高3.3、下腹部胎壁厚0.25～0.6厘米（图一五八，1；图版一五六，3）。

Sc-167号，青花折枝花卉纹碗底残片，1件。此碗保存状况与Sc-081号标本相似，也是仅存下腹局部和圈足大部。胎质、施釉、圈足等特点也与Sc-081号标本一致。有差别的是纹饰和底款，Sc-167号外侧腹部绘青花折枝花卉纹，也署青花篆体六字三行纪年款"大清道光年制"，但外围增加了一圈青花单方栏。

Sc-167号青花折枝花卉纹碗底残片，残长10.3、残宽5.5、底径5.4、残高3.7、下腹部胎壁厚0.25～0.6厘米（图一五八，2；图版一五六，2）。

表七二　上下天光遗址出土民窑瓷器可分型的重点标本——Gb型青花碗残片统计表

序号	标本编号	器物名称	数量	瓷类	分型	年代	窑属性质 官	窑属性质 民	用项	规格（厘米）	款识 种类	款识 图示	图版
1	Sc-081	青花变形莲瓣纹碗底残片	1	青花	Gb	道光		√	日用	残长9.8、残宽6.6、底径4.9、残高3.3、下腹胎壁厚0.25～0.6	青花方形篆体六字三行纪年款"大清道光年制"		图版一五六，3
2	Sc-167	青花折枝花卉纹碗底残片	1	青花	Gb	道光		√	日用	残长10.3、残宽5.5、底径5.4、残高3.7、下腹胎壁厚0.25～0.6	青花篆体六字三行纪年款"大清道光年制"		图版一五六，2
3	Sc-231	青花折枝花卉纹碗底残片	1	青花	Gb	道光		√	日用	残长9.4、残宽6.5、底径5.1、下腹胎壁厚0.3～0.7	青花方形图记符号款		图版一五六，4
4	Sc-219	青花缠枝莲及变形莲瓣纹碗底残片	1	青花	Gb	道光		√	日用	残长6.8、残宽5.5、底径4.4、下腹胎壁厚0.2～0.5	青花方形图记符号款		图版一五七，1
5	Sc-207	青花缠枝莲纹碗底残片	1	青花	Gb	道光		√	日用	残长7.5、残宽6、底径4.6、下腹胎壁厚0.25～0.6	青花方形图记符号款		图版一五七，2
6	Sc-183	青花鱼藻纹（？）碗底残片	1	青花	Gb	道光		√	日用	残长10.3、残宽7.5、底径5.5、下腹胎壁厚0.2～0.5	青花方形图记符号款		图版一五七，3
合计			6										

Sc-081号和Sc-167号标本的年代，鉴于此两件标本碗底均有明确的青花篆体六字三行纪年款“大清道光年制”，故可判定此两件标本以及它们所代表的Gb型青花碗均应属清道光时期景德镇民窑烧制的产品。

Sc-231号，青花折枝花卉纹碗底残片，1件，碗底署青花方形图记符号款（图版一五六，4）。

Sc-219号，青花缠枝莲及变形莲瓣纹碗底残片，1件，碗底署青花方形图记符号款（图版一五七，1）。

Sc-207号，青花缠枝莲纹碗底残片，1件，碗底署青花方形图记符号款（图版一五七，2）。

Sc-183号，青花鱼藻纹（？）碗底残片，1件，碗底署青花方形图记符号款（图版一五七，3）。

（2）盖碗

11件。包括：A型1件；B型1件；C型1件；D型2件；E型6件（表七三）。

A型　1件。标本编号为：Sc-046号。

Sc-046号，青花山水图盖碗残件，1件。子母口，上腹近直，下腹斜曲，腹较浅，矮圈足。胎为白胎，质地坚致，胎壁厚度适中，近口沿处厚0.2、近碗底处厚0.5厘米。内、外壁均施白釉，釉面光洁发亮。内壁素面，外壁绘青花山水风景，画面清雅。青花用料为国产青料，青花呈色深翠。圈足很矮，挖足平肩，内、外墙素面、等高，高度均为0.5厘米。圈足底边素胎裸露，不施釉。圈足内底光素无纹，无款识。

Sc-046号青花山水图盖碗残件，口径9.8、底径4.7、通高5、胎壁厚0.2～0.5厘米。从该碗的形制、胎质、施釉、青花用料与呈色、图案设计、绘画风格等特点判断，此标本原器应属清康熙时期景德镇民窑烧制的产品（图一五八，3；图版一五七，4）。

B型　1件。标本编号为：Sc-070号。

Sc-070号，青花夔龙纹盖碗残件，1件。盘口，上腹斜直，下腹斜曲，腹较深，圈足，高度适中。胎为白胎，胎质纯净，较细腻、坚致，胎壁厚度适中，近口沿处厚0.5厘米。内、外壁均施乳白釉，釉面匀净亮泽。内壁素面，外壁口沿下绘一周青花回纹作为口沿边饰。腹壁表面绘青花夔龙纹作为该碗的主题花纹，下腹与碗底交接部位绘一周青花变形莲瓣纹，作为碗底边饰。青花用料为国产青料，青花呈色深蓝色。圈足挖足平肩，内、外墙高度均为0.8厘米。圈足外墙上施三道青花弦线。圈足内底光素无纹，无款识。

Sc-070号青花夔龙纹盖碗残件，口径10.9、底径4.9、通高6.2、胎壁厚0.2～0.5。从该碗的形制、胎质、施釉、青花用料和青花呈色、图案设计、绘画工艺特点等方面判断，此标本原器应属清乾隆时期景德镇民窑烧制的产品（图一五八，4；图版一五八，1）。

C型　1件。标本编号为：Sc-062号。

Sc-062号，青花山水纹盖碗底残片，1件。碗口完全无存，腹部大部分残失，仅存下腹部和圈足局部。从标本残存状况看，此碗下腹亦作斜曲，腹部较浅，下接圈足。胎为白胎，细腻、坚致而纯净，胎壁厚度适中，中部厚0.2、下部厚0.4厘米。内、外壁均施白釉，釉面光洁、发亮。外壁下腹部遗有青花山水纹和云纹。圈足很矮，挖足平肩，内、外墙素面，等高，高度均为0.5厘米。圈足底边素胎裸露，不施釉。圈足内底中央署青花植物纹样款（因残，仅存两片叶片和两个果实的下半截）。青花用料为国产青料，呈色青翠。

Sc-062号青花山水纹盖碗底残片，残长5.9、残宽3.5、残高2.8、下腹胎壁厚0.2～0.4厘米。从该碗的形制、胎质、施釉、青花用料和青花呈色、图案主题、构图与绘画工艺等特点判断，此件标本原器亦应属清乾隆时期景德镇民窑烧制的产品（图一五八，5；图版一五八，2）。

D型 2件。标本编号分别为：Sc-150、Sc-159号，均为残片，无可复原器。可以Sc-150号标本为例来说明D型盖碗残件的基本特征。

Sc-150号，青花兰草纹盖碗底残片，1件。碗口和腹上部残失无存，只残存下半部和圈足，圈足保存完整。下腹呈折曲形，下接矮圈足。圈足挖足平肩，内、外墙素面，等高，高度仅为0.5厘米。圈足底边素胎裸露，不施釉。胎为白胎，质地坚致，胎壁较薄，下腹壁厚0.15～0.3厘米。内、外壁均施青白釉，釉面光洁发亮，内壁素面，外壁绘青花兰草纹。圈足内底中央署青花"万字结"款。青花用料为国产青料，呈色青翠、鲜艳。

Sc-150号青花兰草纹盖碗底残片，残长5.3、残宽4.9、底径3.3、下腹胎壁厚0.15～0.3厘米。从该标本残存的形制、胎质、施釉、青花用料和青花呈色、青花纹饰的主题和绘画风格，以及碗底所署的青花"万字结"款识等特点判断，此件标本的原器及其所代表的D型青花盖碗应属清中期景德镇民窑烧制的产品（图一五八，6；图版一五八，3）。

Sc-159号，青花万寿纹盖碗底残片，1件。下腹折曲，圈足内底署青花"万字结"款

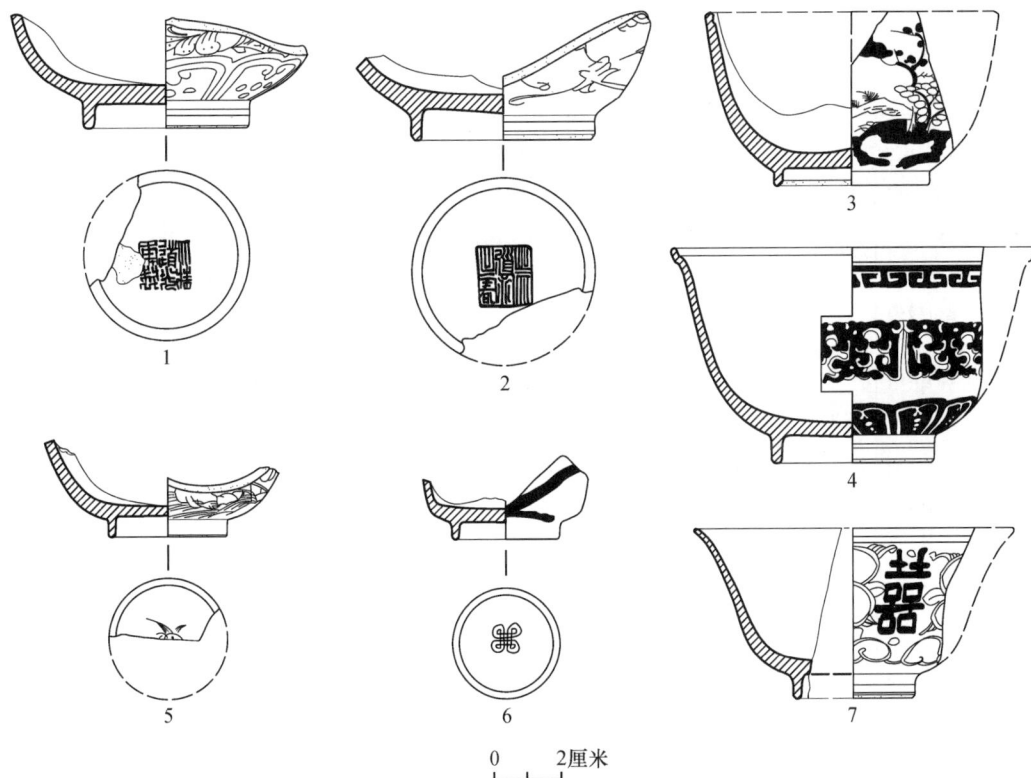

图一五八 上下天光遗址出土民窑器

1.青花变形莲瓣纹碗底残片（Sc-081） 2.青花折枝花卉纹碗底残片（Sc-167） 3.青花山水图盖碗残件（Sc-046）
4.青花夔龙纹盖碗残件（Sc-070） 5.青花山水纹盖碗底残片（Sc-062） 6.青花兰草纹盖碗残件（Sc-150）
7.青花缠枝双喜纹盖碗残件（Sc-037）

表七三　上下天光遗址出土民窑瓷器可分型的重点标本——A至E型青花盖碗残件和残片统计表

序号	标本编号	器物名称	数量	瓷类	分型	年代	窑属性质 官	窑属性质 民	用项	规格（厘米）	款识 种类	款识 图示	图版
1	Sc-046	青花山水图盖碗残件	1	青花	A	康熙		√	日用	口径9.8、底径4.7、通高5、胎壁厚0.2~0.5	无款		图版一五七，4
2	Sc-070	青花夔龙纹盖碗残件	1	青花	B	乾隆		√	日用	口径10.9、底径4.9、通高6.2、胎壁厚0.2~0.5	无款		图版一五八，1
3	Sc-062	青花山水纹盖碗底残片	1	青花	C	乾隆		√	日用	残长5.9、残宽3.5、残高2.8、底径3.5、下腹胎壁厚0.2~0.4	青花植物纹样款		图版一五八，2
4	Sc-150	青花兰草纹盖碗底残片	1	青花	D	清中期		√	日用	残长5.3、残宽4.9、底径3.3、下腹胎壁厚0.15~0.3	青花"万字结"款		图版一五八，3
5	Sc-159	青花万寿纹盖碗底残片	1	青花	D	清中期		√	日用	残长6.3、残宽5.8、底径4.2、碗底厚0.4	青花"万字结"款		图版一五八，4
6	Sc-037	青花缠枝双喜纹盖碗残件	1	青花	E	嘉道时期		√	日用	口径9.6、底径3.7、通高4.9、胎壁厚0.1~0.4	因残无款		图版一五九，1
7	Sc-197	青花折枝莲花纹盖碗底残片	1	青花	E	嘉道时期		√	日用	残长8、残宽7.4、残高3.9、底径3.6、下腹胎壁厚0.2~0.3	青花方形图记符号款		图版一五九，2
8	Sc-195	青花折枝莲花纹盖碗底残片	1	青花	E	嘉道时期		√	日用	残长7、残宽3.5、残高3.2、底径3.7、下腹胎壁厚0.15~0.5	青花方形图记符号款		图版一五九，3
9	Sc-091	青花缠枝双喜纹盖碗底残片	1	青花	E	嘉道时期		√	日用	残长7.3、残宽3.2、残高3、底径3.9、下腹胎壁厚0.2~0.5	青花方形图记符号款		图版一六〇，1
10	Sc-154	青花缠枝双喜纹盖碗底残片	1	青花	E	嘉道时期		√	日用	残长7、残宽5.8、残高3.2、底径3.9、下腹胎壁厚0.15~0.45	青花"万字结"款		图版一六〇，2
11	Sc-213	青花缠枝双喜纹盖碗底残片	1	青花	E	嘉道时期		√	日用	残长6.9、残宽5.5、残高3.2、底径3.3、下腹胎壁厚0.2~0.4	青花方形图记符号款		图版一六〇，3
	合计		11										

（图版一五八，4）。

E型　6件。标本编号分别为：Sc-037、Sc-197、Sc-195、Sc-091、Sc-154、Sc-213号。可以Sc-037号标本为例来说明E型青花盖碗的基本特征。

Sc-037号，青花缠枝双喜纹盖碗残件，1件。侈口，尖圆唇，上腹斜曲，下腹圆曲，下接矮圈足。胎为白胎，质地细腻、坚致，胎壁较薄，近口沿处厚0.1、近碗底处厚0.4厘米。内、外壁均施青白釉，釉面润泽光亮。内壁素面，外壁口沿下施两道青花弦线作为口沿边饰，腹壁表面绘青花缠枝双喜纹。圈足外墙表面施三道青花弦线。圈足很矮，挖足平肩，内、外墙等高，高度仅为0.5厘米。青花用料为国产青料，青花呈色青翠悦目。

Sc-037号青花缠枝双喜纹盖碗残件，口径9.6、底径3.7、通高4.9、胎壁厚0.1～0.4厘米。从该标本的形制、胎质、施釉、青花用料和青花呈色、图案设计、绘画线条、工艺特点等判断，Sc-037号标本及其所代表的E型青花盖碗其余标本应属于清嘉道时期景德镇民窑烧制的产品（图一五八，7；图版一五九，1）。

Sc-197号，青花折枝莲花纹盖碗底残片，1件，碗底署青花方形图记符号款（图版一五九，2）。

Sc-195号，青花折枝莲花纹盖碗底残片，1件，碗底署青花方形图记符号款（图版一五九，3）。

Sc-091号，青花缠枝双喜纹盖碗底残片，1件，碗底署青花方形图记符号款（图版一六○，1）。

Sc-154号，青花缠枝双喜纹盖碗底残片，1件，碗底署青花"万字结"款（图版一六○，2）。

Sc-213号，青花缠枝双喜纹盖碗底残片，1件，碗底署青花方形图记符号款（图版一六○，3）。

（3）盘

12件。可分为A、B、C、D、E五型。其中A型2件，可细分为Aa和Ab2个亚型，各1件；B型3件，可细分为Ba、Bb和Bc 3个亚型，各1件；C型2件；D型1件；E型4件（表七四、表七五）。现依次介绍如下：

Aa型　1件。标本编号为：Sc-085号。

Sc-085号，青花缠枝花卉纹盘残件，1件。圆唇，敞口，圆曲腹，深腹，平底，圈足较高，足跟圆润，挖足平肩。此盘口沿、腹壁、圈足大部分已残失，现仅存约1/4。从断茬剖面可以看出，胎为白胎，质地细腻、坚致、纯净，厚度适中，近口沿处厚0.2、近盘底处厚0.4、盘底厚0.5厘米。内、外壁施青白釉，釉面有光泽，但不亮。内、外口沿下均施两道青花弦线作为口沿边饰。外壁素面，内壁外墙表面施两道青花弦线。圈足底边素胎裸露，不施釉。内、外壁等高，均高0.8厘米。圈足内底未见有文字或其他款识，只见外围署有青花双线圈款。

Sc-085号青花缠枝花卉纹盘残件，口径20.7、底径13.9、通高4、胎壁厚0.2～0.4厘米。从形制、胎质、施釉、青花用料和青花呈色、主题图案设计、绘画工艺风格，盘底所署的青花双线圈款识等特点判断，该标本原器应属清康熙时期景德镇民窑烧制的产品（图一五九，1；图版一六一，1）。

Ab型　1件。标本编号为：Sc-074号。

Sc-074号，青花皮球花纹盘残片，1件。口沿完全残失，腹壁和盘底也大部无存，腹壁只剩下一小块与盘底衔接。从保存现状看，此型盘的腹壁较Aa型盘更加斜敞，腹部变浅，是一件敞口浅腹盘。其胎质、施釉均同于Aa型，但胎壁较Aa型略厚，其腹壁厚0.25～0.5厘米。内壁（腹壁和盘心）满绘青花皮球花卉。外壁上腹部遗有青花花草纹。圈足矮于Aa型，挖足稍过肩，外墙高0.5、内墙内凹深（高）0.6厘米。足跟圆顿，素胎裸露，不施釉。圈足内底中央署青花方形图记符号款，因残只保存一半，外围青花双线圈。青料为国产青料，呈色深蓝、发暗。

Sc-074号青花皮球花纹盘残片，残长8.8、残宽4.7、底径12.5、残高2.4、胎壁厚0.25～0.5厘米。从形制、胎质、施釉、青花用料及青花呈色、主题纹饰的设计、绘画工艺，以及盘底所署的青花图记符号款和外围青花双线圈的特点判断，此标本原器应属清雍正时期景德镇民窑烧制的产品（图一五九，7；图版一六一，2）。

Ba型　1件。标本编号为：Sc-060号。

Sc-060号，青花提篮花卉纹盘残件，1件。斜敞口，宽折沿，小圆唇，下腹圆曲，腹较浅，圈足，挖足过肩较深。胎为白胎，胎质坚致、纯净，胎壁厚度适中。内、外壁均施青白釉，釉面发暗不亮。宽折沿上绘一周青花深蓝色宽带纹。盘心内绘青花提篮花卉纹，外围青花双线圈。外壁素面，圈足外墙低于内墙，外墙高仅0.4、内墙内凹深（高）0.6厘米。圈足内底中心署青花双线圈款。青花用料为国产青料，呈色深翠。

Sc-060号青花提篮花卉纹盘残件，口径20.5、底径11、通高2.8、胎壁厚0.2～0.4厘米。从Sc-060号标本的形制、胎质、施釉、青花用料和青花呈色、主题图案设计、绘画风格，以及盘底所署的青花双线圈款等特点判断，此标本应属清康熙时期景德镇民窑烧制的产品（图一五九，2；图版一六一，3）。

Bb型　1件。标本编号为：Sc-133号。

Sc-133号，青花杂宝纹盘残片，1件。口沿、腹壁和圈足绝大部分已残失无存，口沿和腹壁只剩下一小块与圈足相衔接，观察残存状况，其口沿形制（指宽折沿）、胎质、施釉等特点均与Ba型盘一致，不需要赘述。其与Ba型有差别的地方主要有五点：一是盘口沿斜敞度加大，盘腹变得更浅；二是下腹虽呈圆曲形，但此型的圆曲度很小，程度很轻，不像Ba型圆曲度那样显著；三是圈足变矮，尤其是外墙，高度甚至不足0.3厘米，内墙虽然挖足过肩，但过肩较浅，凹深（内墙高）只有0.4厘米；四是盘心纹饰不同，此型所绘主题纹饰是青花杂宝纹，所用青料为国产青料，青花呈色暗蓝，而Ba型为青花提篮花卉纹；五是圈足内底款识类型不同，此型内底中央署青花方形图记符号款，外围青花双线圈，而Ba型只有外围双线圈，而无内底中央的青花方形图记符号款。

Sc-133号青花杂宝纹盘残片，残长11.5、残宽7.4、底径11.5、残高2.2、残存口沿和下腹部胎壁厚0.2～0.5厘米。从形制、胎质、釉色、青花用料和青花呈色、主题花纹的设计、绘画风格，以及盘底所署的青花方形图记符号款和外围双线圈的标识等特点判断，该标本原器应属清康熙时期景德镇民窑烧制的产品（图一五九，8；图版一六二，1）。

Bc型　1件。标本编号为：Sc-181号。

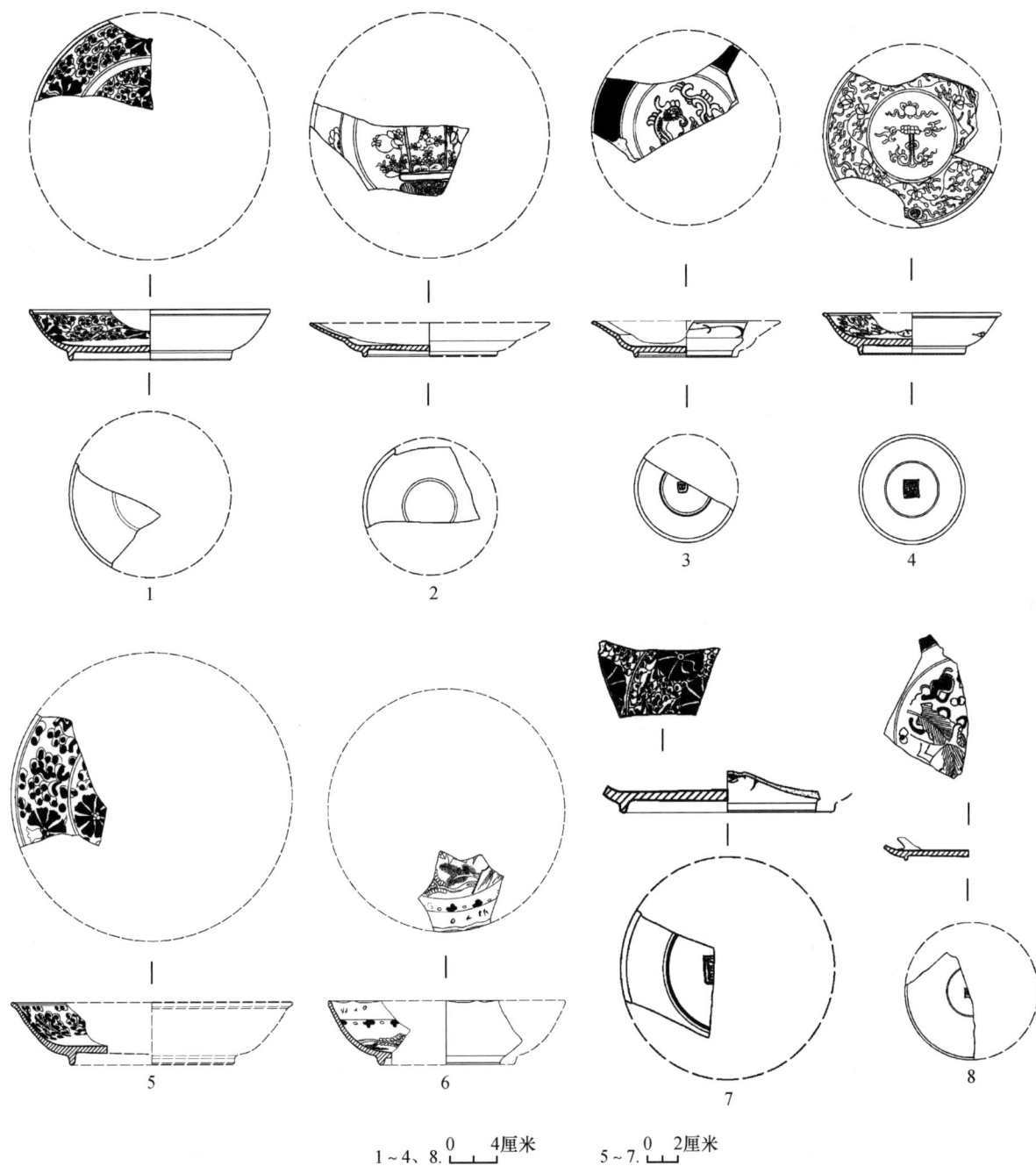

图一五九　上下天光遗址出土民窑器

1.青花缠枝花卉纹盘残件（Sc-085）　　2.青花提篮花卉纹盘残件（Sc-060）　　3.青花夔龙纹盘残件（Sc-181）

4.青花莲托杂宝纹盘残件（Sc-177）　　5.青花花卉纹盘残件（Sc-064）　　6.青花花口山石树木纹盘残件（Sc-137）

7.青花皮球花纹盘残片（Sc-074）　　8.青花杂宝纹盘残片（Sc-133）

Sc-181号，青花夔龙纹盘残件，1件。口沿、腹壁大半残失，圈足少半残失。幸好盘底款识得以保留。口沿、胎质、施釉等基本特点都与Ba、Bb型保持一致，但在以下几点又有与Ba、Bb型不同的特点：一是此型口沿和上腹部的斜敞度较Ba型和Bb型都明显减小，口沿向斜上方呈翘起状；二是下腹部圆曲度加大，比Ba型和Bb型都明显向外鼓出；三是盘腹变深；四是圈足高度取中，既不像Ba型挖足那么深，也不像Bb型挖足那么浅，而是选取挖足平肩形式，内、外墙等高，高度均为0.4厘米；五是盘心主题纹饰为青花夔龙纹，青花用料为国产青料，青花呈色深蓝，而不是Ba型的青花提篮花卉纹和Bb型的青花杂宝纹；六是盘外壁增绘了青花草叶纹，而不同于Ba型和Bb型的外壁都是素面；七是盘底款识种类，此型与Bb型一致，都是中心为青花方形图记符号款，外围青花双线圈，与Ba型不同。

Sc-181号青花夔龙纹盘残件，口径16.3、底径9、通高3、胎壁厚0.2～0.4厘米。从形制、胎质、施釉、青花用料和青花呈色、主题纹饰设计、绘画风格，以及盘底署款的特点等判断，该标本原器应属清康熙时期景德镇民窑烧制的产品（图一五九，3；图版一六二，2）。

表七四　上下天光遗址出土民窑瓷器可分型的重点标本——A、B型青花盘残件和残片统计表

序号	标本编号	器物名称	数量	瓷类	分型	年代	窑属性质 官	窑属性质 民	用项	规格（厘米）	款识 种类	款识 图示	图版
1	Sc-085	青花缠枝花卉纹盘残件	1	青花	Aa	康熙		√	日用	口径20.7、底径13.9、通高4、胎壁厚0.2～0.4	青花双线圈款		图版一六一，1
2	Sc-074	青花皮球花纹盘残片	1	青花	Ab	雍正		√	日用	残长8.8、残宽4.7、底径12.5、胎壁厚0.25～0.5	青花方形图记符号款（残半）		图版一六一，2
3	Sc-060	青花提篮花卉纹盘残件	1	青花	Ba	康熙		√	日用	口径20.5、底径11、通高2.8、胎壁厚0.2～0.4	青花双线圈款		图版一六一，3
4	Sc-133	青花杂宝纹盘残片	1	青花	Bb	康熙		√	日用	残长11.5、残宽7.4、底径11.5、残高2.2、胎壁厚0.2～0.5	青花方形图记符号款，外围青花双线圈		图版一六二，1
5	Sc-181	青花夔龙纹盘残件	1	青花	Bc	康熙		√	日用	口径16.3、底径9、通高3、胎壁厚0.2～0.4	青花方形图记符号款，外围青花双线圈		图版一六二，2
合计			5										

C型 2件。标本编号分别为：Sc-064、Sc-086号。可以标本Sc-064号为例来说明C型青花盘的基本特征。

表七五 上下天光遗址出土民窑瓷器可以分型的重点标本——C至E型青花盘残件和残片统计表

序号	标本编号	器物名称	数量	瓷类	分型	年代	窑属性质 官	窑属性质 民	用项	规格（厘米）	款识 种类	款识 图示	图版
1	Sc-064	青花花卉纹盘残件	1	青花	C	康雍时期		√	日用	口径16.2、底径9.5、通高3.5、残长7.5、残宽6、胎壁厚0.15~0.4	因残无款		图版一六二，3
2	Sc-086	青花百寿纹盘残片	1	青花	C	康雍时期		√	日用	口径17、残长7、残宽3.4、胎壁厚0.15~0.4	因残无款		图版一六三，2
3	Sc-137	青花花口山石树木纹盘残件	1	青花	D	乾隆		√	日用	口径13.6、底径7.8、通高3.6、残长5.7、残宽5、胎壁厚0.1~0.3	因残无款		图版一六三，3
4	Sc-177	青花莲托杂宝纹盘残件	1	青花	E	嘉庆		√	日用	口径15.4、底径9.2、通高3.5、胎壁厚0.15~0.5	青花方形图记符号款		图版一六三，1
5	Sc-185	青花花间寿纹盘底残片	1	青花	E	嘉庆		√	日用	残长10.6、残宽2~5.6、盘底厚0.25~0.4	青花方形图记符号款		图版一六四，1
6	Sc-155	青花石榴纹盘底残片	1	青花	E	嘉庆		√	日用	残长10.8、残宽5.5、底径10.2、下腹胎壁厚0.3、盘底厚0.5	青花方形图记符号款		图版一六四，2
7	Sc-083	青花缠枝莲纹盘残片	1	青花	E	嘉庆		√	日用	残长7.5、残宽6.6、底径10.4、盘底厚0.45	青花方形变体文字款"大清嘉庆年制"		图版一六四，3
	合计		7										

Sc-064号，青花花卉纹盘残件，1件。属侈口盘，侈口小圆唇，斜曲腹，腹略深，圈足较矮，挖足过肩。白胎，质地坚致，内含少量小灰点，胎壁较薄，近口沿处厚0.4厘米。内、外壁均施青白釉，釉层较薄，釉面虽有光泽，但不发亮。内、外壁口沿下各施两道青花弦线作为盘口边饰。盘外壁和圈足内底均素面无纹，无款识。内侧腹壁和盘心均绘青花花卉纹。在盘心与下腹交接处施两道青花弦线，作为盘底与盘心的分界边饰。圈足外墙表面施两道青花弦线。外墙矮于内墙，外墙高0.4厘米，内墙内凹，深（高）0.6厘米。圈足底边素胎裸露，不施釉。所用青料为国产青料，呈色深翠。

Sc-064号青花花卉纹盘残件，口径16.2、底径9.5、通高3.5、残长7.5、残宽6、胎壁厚0.15~0.4厘米。从形制、胎质、施釉、青花用料和青花呈色、主题纹饰设计，以及绘画风格等特点判断，这件标本的原器及其所代表的C型青花盘应属清康雍时期景德镇民窑烧制的产品（图一五九，5；图版一六二，3）。

Sc-086号，青花百寿纹盘残片，1件（图版一六三，2）。

D型　1件。标本编号为：Sc-137号。

Sc-137号，青花花口山石树木纹盘残件，1件。敞口，小圆唇，薄壁，上腹斜直，下腹斜曲，深腹，圈足，但挖足不及肩。胎为白胎，胎质坚致，胎壁很薄，近口沿处厚0.1、近盘底处厚0.3厘米。口沿、腹壁和圈足大部分已残失，现仅存原器不足1/5的一小块，残存的盘口为花式口。因内、外壁均施白釉，所以花式口边缘十分光滑。盘外壁和圈足内外均素面无纹，盘内壁的口沿下施一周深蓝色的青花宽带纹，盘底周边施一周青花弦线。青花弦线以内的盘心部分绘主题纹饰——青花山石树木纹，圈足较矮，足根圆顿，底边涂一周酱色釉，挖足不过肩，内墙低于外墙，内墙凹深（高）0.4、外墙高0.5厘米。

Sc-137号青花花口山石树木纹盘残件，口径13.6、底径7.8、通高3.6、残长5.7、残宽5、胎壁厚0.1~0.3厘米。从形制、胎质、施釉、纹饰设计和绘画风格，以及制作工艺特点等方面判断，此件标本原器应属清乾隆时期景德镇民窑烧制的产品（图一五九，6；图版一六三，3）。

E型　4件。标本编号分别为：Sc-177、Sc-185、Sc-155、Sc-083号。可以Sc-177号标本为例，来说明E型青花盘的基本特征。

Sc-177号，青花莲托杂宝纹盘残件，1件。口沿和腹壁已大半残失，盘底圈足完整。微侈口，斜曲腹，腹较深，圈足较高，挖足过肩，内墙高于外墙，足根圆润。素胎裸露，白胎，质地细腻、坚致，无杂质，胎壁厚度适中，近口沿处厚0.15、近盘底处厚0.5厘米。内、外壁均施青白釉，釉面润泽但发暗。内、外口沿下，盘底外围，圈足外墙上部，均施两道青花弦线。外壁仅遗有一朵青花云气纹。内壁盘心和腹壁绘青花莲托杂宝纹，绘工较粗糙，线条不流畅。青花用料为国产青料，呈色深蓝，多处有深蓝色斑沉着。圈足内底署青花方形图记符号款，外围青花双线圈。

Sc-177号青花莲托杂宝纹盘残件，口径15.4、底径9.2、通高3.5、胎壁厚0.15~0.5厘米。从形制、胎质、施釉、青花用料和青花呈色、主题纹饰设计、绘画风格，以及盘底所署的青花图记符号款的样式等特点判断，此标本及其所代表的E型青花盘应属嘉庆时期景德镇民窑烧制的产品（图一五九，4；图版一六三，1）。

Sc-185号，青花花间寿纹盘底残片，1件（图版一六四，1）。

Sc-155号，青花石榴纹盘底残片，1件（图版一六四，2）。

Sc-083号，青花缠枝莲纹盘残片，1件（图版一六四，3）。

（4）印泥盒盖

13件。包括：A型1件；B型7件；C型1件；D型2件；E型1件；F型1件（表七六）。

A型　1件。标本编号为：Sc-044号。

Sc-044号，青花缠枝莲纹印泥盒盖残件，1件。鼓形，平顶，边缘起棱、折沿。肩、腹部作弧面外鼓，底边圆形，平底，内沿涩圈一周。肩、腹部交接部位装饰一周突起的连珠式鼓钉纹。胎为白胎，质地细腻、坚致，无杂质。胎壁厚度适中，侧面厚0.25、"鼓面"厚0.4厘米。内、外壁均施白釉，釉层较厚，釉面匀净光亮。"鼓面"上满绘青花缠枝纹，构图精致，线条流畅。所用青料为国产青料，青花呈色青翠、鲜艳。

Sc-044号青花缠枝莲纹印泥盒盖残件，上部"鼓面"直径5.7、下部底沿直径6.6、通高2.4厘米。从形制、胎质、施釉、青花用料和青花呈色、主题纹饰的设计与绘画风格，以及制作工艺等特点判断，此标本原器应属清乾隆时期景德镇民窑烧制的产品（图一六〇，1；图版一六五，1）。

B型　7件。标本编号分别为：Sc-126、Sc-141、Sc-102、Sc-118、Sc-094、Sc-123、Sc-109号。此型盒盖的基本特征是：外形呈圆鼓形，顶面微上弧，折沿弧垂，沿边圆润无棱，肩、腹部微外鼓，底内沿涩圈一周。可以Sc-126号标本为例来说明该型盒盖的具体特征。

Sc-126号，青花麒麟送子印泥盒盖残件，1件。此盒盖顶面、折沿和底边已大部分残失，仅剩余约1/3。从断茬剖面可以看出，胎为白胎，较坚致，内含少量小灰点。胎壁厚度适中，近下沿底边稍薄，厚0.25厘米，折沿处和顶盖中间渐厚，为0.4厘米。盖面、折沿、底边平面均呈圆形。顶面微鼓，折沿弧垂，肩、腹外鼓，底边平沿，素胎裸露，内沿做出涩圈一周，涩圈边宽0.5厘米。内、外壁均施青白釉，釉层虽很薄，但釉面莹润发亮。内壁素面，有个别疵点。外壁盖面绘青花主题花纹——麒麟送子图。折沿表面绘有青花人物、房舍等景物，已残缺不全。青花用料为国产青料，青花呈色深翠。

Sc-126号青花麒麟送子印泥盒盖残件，底沿直径7.7、残长4.84、残宽2.86、残高2.2、胎壁厚0.25～0.4厘米。从形制、胎质、施釉、青花用料及呈色、主题图案的设计、绘画风格等特点判断，该标本原器及其所代表的B型盒盖应属清中期景德镇民窑烧制的产品（图一六〇，2；图版一六五，2）。

Sc-141号，青花婴戏图印泥盒盖残件，1件（图版一六五，3）。

Sc-102号，青花婴戏图印泥盒盖残件，1件（图版一六六，1）。

Sc-118号，青花婴戏图印泥盒盖残件，1件（图版一六六，3）。

Sc-094号，青花婴戏图印泥盒盖残件，1件（图版一六六，2）。

Sc-123号，青花婴戏图印泥盒盖残件，1件（图版一六六，4）。

Sc-109号，青花婴戏图印泥盒盖残件，1件（图版一六七，1）。

C型　1件。标本编号为：Sc-063号。

Sc-063号，青花花卉纹印泥盒盖残件，1件。其形制、胎质、施釉、青花用料和呈色等特点基本上同于B型盒盖。其与B型不同之处有三点：一是底沿涩圈内出沿突出，涩圈变厚，突沿处厚0.4厘米；二是胎壁自侧面看，从腹部至折沿再到顶盖都变薄，厚度仅为0.25厘米；三是折沿以下的肩、腹部表面纹饰变为青花花卉纹，而不是B型的人物或婴戏图。

Sc-063号标本的盒盖盖面、折沿、肩腹部和底边已大部残失，只残存不足1/3的局部。底沿直径7.7、残长6、残宽2.2、残高2.1、胎壁厚0.25～0.4厘米（图一六〇，3；图版一六七，2）。

C型盒盖应与B型盒盖属于同一时期，即清中期景德镇民窑烧制的产品。

D型　2件。标本编号分别为：Sc-116、Sc-069号。D型盒盖的形制、胎质、施釉、青花用料和呈色等特点基本上同于B型和C型盒盖。其与C型不同之处主要在于盒盖和折沿以下肩、腹部表面纹饰的不同。C型者折沿以下肩、腹部的纹饰是青花花卉纹，D型在该部位是青花如意云纹，而在盖面上绘青花花卉纹。Sc-116号标本保存的面积略大，花纹展现得稍多，可以此为例来具体说明D型盒盖的基本特征。

Sc-116号，青花缠枝花卉及如意云纹印泥盒盖残件，1件。此盒盖已有3/4残失无存，现仅存约1/4。在残存的盖面上尚遗有较清晰的青花缠枝花卉纹。在盖面与折沿交界处施两道青花弦线，作为盖面与折沿的界饰边线，在折沿以下的肩、腹部表面绘有一周青花如意云纹，在近盒盖底沿处施一周青花弦线作为底边边饰。

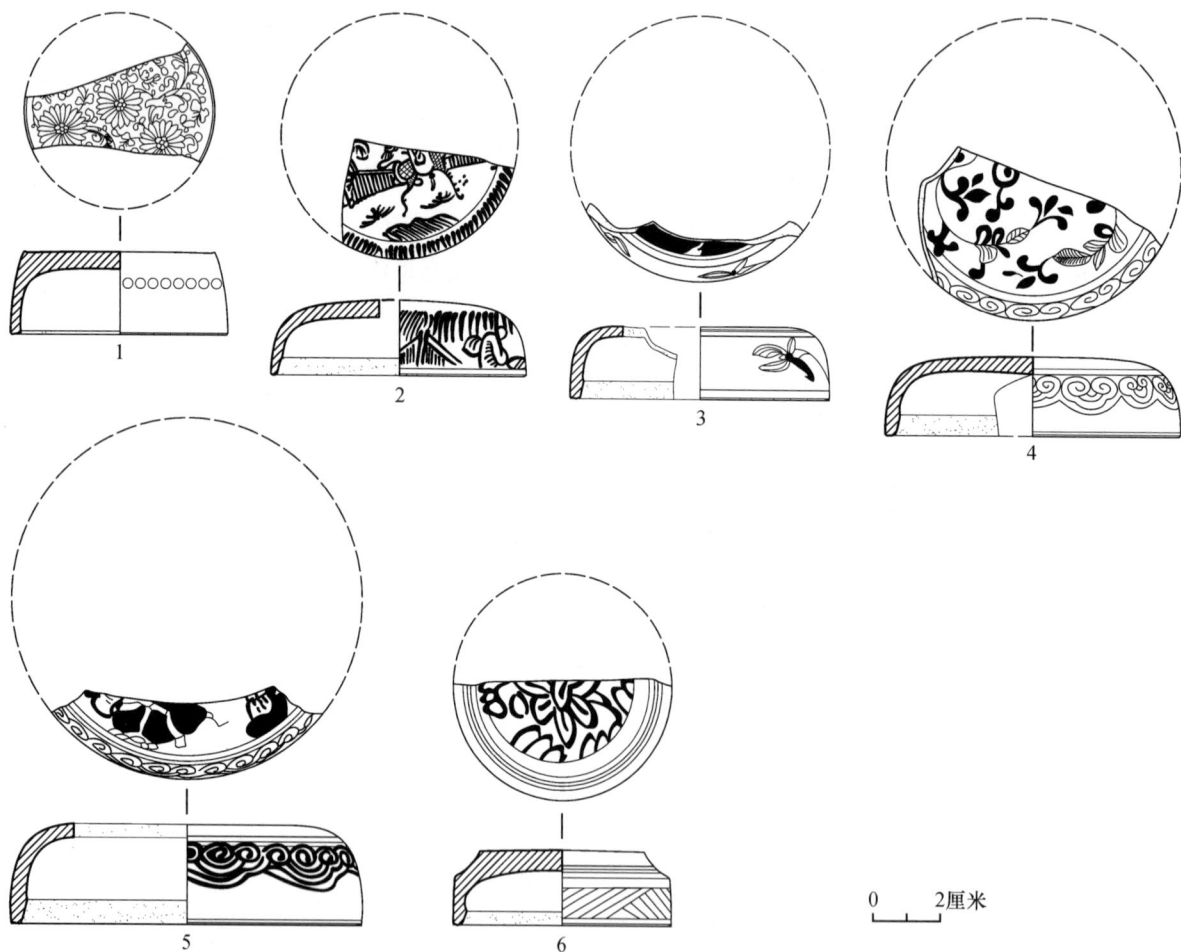

图一六〇　上下天光遗址出土民窑器

1.青花缠枝莲纹印泥盒盖残件（Sc-044）　2.青花麒麟送子印泥盒盖残件（Sc-126）　3.青花花卉纹印泥盒盖残件（Sc-063）
4.青花缠枝花卉及如意云纹印泥盒盖残件（Sc-116）　5.青花婴戏图及如意云纹印泥盒盖（Sc-090）
6.青花花卉纹"鼓凳形"印泥盒盖残件（Sc-036）

表七六　上下天光遗址出土民窑瓷器可分型的重点标本——A至F型青花印泥盒盖残件统计表

序号	标本编号	器物名称	数量	瓷类	分型	年代	窑属性质 官	窑属性质 民	用项	规格（厘米）	款识 种类	款识 图示	图版
1	Sc-044	青花缠枝莲纹印泥盒盖残件	1	青花	A	乾隆		√	日用	上部"鼓面"直径5.7、底沿直径6.6、通高2.4、胎壁厚0.25~0.4	无		图版一六五，1
2	Sc-126	青花麒麟送子印泥盒盖残件	1	青花	B	清中期		√	日用	底沿直径7.7、残高2.2、残长4.84、残宽2.86、胎壁厚0.25~0.4	无		图版一六五，2
3	Sc-141	青花婴戏图印泥盒盖残件	1	青花	B	清中期		√	日用	底沿直径7.8、残长7.5、残宽4、高2.3、胎壁厚0.25~0.4	无		图版一六五，3
4	Sc-102	青花婴戏图印泥盒盖残件	1	青花	B	清中期		√	日用	底径直沿10.1、高2.7、胎壁厚0.3~0.5	无		图版一六六，1
5	Sc-118	青花婴戏图印泥盒盖残件	1	青花	B	清中期		√	日用	底沿直径6.6、高2.3、胎壁厚0.25~0.4	无		图版一六六，3
6	Sc-094	青花婴戏图印泥盒盖残件	1	青花	B	清中期		√	日用	底沿直径10.9、高2.5、胎壁厚0.3~0.4	无		图版一六六，2
7	Sc-123	青花婴戏图印泥盒盖残件	1	青花	B	清中期		√	日用	底沿直径9.8、高2.5、胎壁厚0.2~0.4	无		图版一六六，4
8	Sc-109	青花婴戏图印泥盒盖残件	1	青花	B	清中期		√	日用	底沿直径10.3、高2.9、胎壁厚0.3~0.4	无		图版一六七，1
9	Sc-063	青花花卉纹印泥盒盖残件	1	青花	C	清中期		√	日用	底沿直径7.7、残长6、残宽2.2、残高2.1、胎壁厚0.25~0.4	无		图版一六七，2
10	Sc-116	青花缠枝花卉及如意云纹印泥盒盖残件	1	青花	D	清中期		√	日用	底沿直径8.8、残长6.2、残宽3.9、高2.3、胎壁厚0.25~0.4	无		图版一六七，3
11	Sc-069	青花团花及如意云纹印泥盒盖残件	1	青花	D	清中期		√	日用	底沿直径8.2、高2.2、胎壁厚0.3~0.4	无		图版一六七，4
12	Sc-090	青花婴戏图及如意云纹印泥盒盖残件	1	青花	E	清中期		√	日用	底沿直径10.5、高2.9、胎壁厚0.4~0.5	无		图版一六八，1
13	Sc-036	青花花卉纹"鼓凳形"印泥盒盖残件	1	青花	F	清中期		√	日用	顶面直径4.9、底沿直径6.6、通高2.3、胎壁厚0.3~0.6	无		图版一六八，2
合计			13										

Sc-116号青花缠枝花卉及如意云纹印泥盒盖残件，底沿直径8.8、残长6.2、残宽3.9、高2.3、胎壁厚0.25~0.4厘米（图一六〇，4；图版一六七，3）。

Sc-069号，青花团花及如意云纹印泥盒盖残件，1件（图版一六七，4）。

D型盒盖与B型和C型盒盖属于同期，即清代中期景德镇民窑烧制的产品。

E型　1件。标本编号为：Sc-090号。

Sc-090号，青花婴戏图及如意云纹印泥盒盖残件，1件。基本特征：其外形、结构、胎质、施釉、青花用料和呈色等特点与B、C、D型盒盖基本一致。唯在三处存在差异：一是本型体量和规格大于上述三型，本型底沿口径为10.5、高为2.9厘米，属于大号盒盖；二是随着盒体整个体量和规格的增大，本型的涩圈也随之相应加宽、加厚，涩圈宽为0.7厘米，涩圈突起厚度为0.5厘米，肩、腹和顶盖胎壁厚度普遍为0.4厘米；三是盒盖与折沿以下肩、腹部分纹饰与上述三型不完全一致，本型盒盖表面绘青花婴戏图（残缺不全），肩、腹部表面绘大朵青花如意云纹（图一六〇，5；图版一六八，1）。

Sc-090号标本与以上B、C、D型三型盒盖应属同一时期，即清中期景德镇民窑烧制的产品。

F型　1件。标本编号为：Sc-036号，青花花卉纹"鼓凳形"印泥盒盖残件，1件。基本特征是：顶盖与盖体呈圆形。台面分两级，顶面为平面，是一级台面。往下是肩部，呈斜弧线内曲，下接腹壁折棱，是二级台面。折棱以下的腹壁垂直至底边。整个盒盖外形如同柱础石上面的"鼓凳"，所以将此型盒盖称为"鼓凳形"印泥盒盖。

Sc-036号标本已残失一半，还残存一半。从剖面看，整个盒盖的形状呈"凸"字形，胎为白胎，内含较多杂质和小灰点。胎壁较厚实，以顶盖最厚，厚度为0.6厘米，肩部次之，厚为0.5厘米，垂直的腹壁最薄，厚为0.3厘米。底边为平沿，素胎，厚0.2厘米，内壁涩圈宽0.5厘米，涩圈上端突出的棱边厚为0.4厘米。"鼓凳"顶面直径4.9、底沿直径6.6、通高2.3厘米。内、外壁均施青白釉，釉面较厚，釉面光洁。"鼓凳"顶面绘青花花卉纹，"鼓凳"边缘和腹壁折棱处各施一周酱色釉。肩部施青花弦线一道，再绘青花双弧线连续断线纹一周。腹壁左右两侧分别绘青花斜线纹。所用青料为国产青料，青花呈色深蓝，线条比较粗糙，不细致（图一六〇，6；图版一六八，2）。

Sc-036号标本，从形制、胎质、施釉、青花用料和青花呈色、花纹的设计、绘画工艺等特点判断，其与以上B、C、D、E型应属同一时期，即清中期景德镇民窑烧制的产品。

（5）盒底残件和残片

10件。包括A型1件；B型1件；C型3件；D型3件；E型1件；F型1件（表七七）。

A型　1件。标本编号为：Sc-119号。

Sc-119号，青花冰梅纹盒底残件，1件。口沿、腹壁和盒底圈足已大部分残失无存，现仅余约1/3的部分。从断荐剖面可以看出，胎为白胎，质地非常细腻、坚致、无杂质。子母口，凸出部分高出口沿0.3厘米。胎壁厚度，口沿部分和腹壁厚于盒底，口沿部分厚0.6、腹壁厚0.4~0.5、底厚0.3~0.5厘米（中间薄，周边渐厚）。子母口，直壁，圆筒形，腹较深，卧足，盒体规格较大。内壁和底心施青白釉，釉面细润光洁。圈足内墙内挖，深0.4厘米。底边素胎裸露，不施釉。圈足内底周边做涩圈一圈，宽0.55厘米。圈足内底施白釉，素面，无款识。腹壁表面绘主题纹饰——青花冰梅纹。青花用料为国产青料，青花呈色青翠、鲜艳。

Sc-119号青花冰梅纹盒底残件，口径11.8、底径12.6、通高3.7、胎壁厚0.4～0.6厘米。从形制、胎质、施釉、青花用料和呈色、主题纹饰的设计及绘画风格等特点判断，该标本原器应属清康雍时期景德镇民窑烧制的产品（图一六一，1；图版一六八，3）。

B型 1件。标本编号为：Sc-075号。

Sc-075号，青花莲瓣纹印泥盒底残件，1件。口沿、腹壁和圈足、两侧边均已残失无存，仅剩下中间一条。胎为白胎，质地坚致，但内含少量杂质。子母口，内唇矮，斜曲腹急内收，接卧足。子母口，内唇很矮，凸出部分近高出口沿0.15厘米。胎壁厚度，口沿处最厚0.4厘米，盒底厚0.3厘米，腹壁厚0.2厘米，卧足内挖较浅，内墙下凹深（内墙高）仅有0.2厘米。内、外壁均施白釉，釉面光洁亮泽，内壁素面。圈足内底也素面无纹，无款识，腹壁表面绘主题纹饰——青花莲瓣纹。青花用料为国产青料，青花呈色青翠。

Sc-075号青花莲瓣纹印泥盒底残件，口径6.7、底径4、通高2.6、胎壁厚0.2～0.4厘米。从该标本的形制、胎质、施釉、青花用料和青花呈色、主题纹饰的设计和绘画风格等特点判断，该标本原器应属清乾隆时期景德镇民窑烧制的产品（图一六一，2；图版一六八，4）。

C型 3件。标本编号分别为：Sc-103、Sc-034、Sc-129号。基本特征是：子母口，圆曲腹，大圈足。可以Sc-103号标本为例来说明该型盒底的具体特征。

Sc-103号，青花婴戏图印泥盒底残件，1件。此盒底的口沿、腹壁和圈足大部分已残失，现仅剩下口沿很小的一块及腹壁与圈足不足1/4的局部。从断茬剖面可以看出，胎为白胎，胎质坚致，但内含少量小灰点。子母口内唇较矮，凸出部分高出口沿仅0.15厘米。胎壁较薄，最厚处在口沿处，为0.5厘米，腹壁厚为0.2厘米，盒底厚为0.3厘米。内、外壁施青白釉，釉层较薄，内壁和圈足内底光洁度较差，但外壁较润洁光亮。内壁与圈足内底均素面，外壁表面绘主题纹饰——青花婴戏图。青花用料为国产青料，青花呈色青翠。

Sc-103号青花婴戏图印泥盒底残件，口径11、底径7.6、通高3.2、胎壁厚0.2～0.5厘米。从形制、胎质、施釉、青花用料和青花呈色、主题纹饰的设计、绘画风格等特点判断，该标本原器及其所代表的C型青花盒应属清中期景德镇民窑烧制的产品（图一六一，3；图版一六九，1）。

Sc-034号，青花婴戏图印泥盒底残件，1件（图版一六九，2）。

Sc-129号，青花婴戏图印泥盒底残片，1件（图版一六九，3）。

D型 3件。标本编号分别为：Sc-110、Sc-100、Sc-049号。基本特征是：子母口，圆曲腹，腹较深，小圈足。可以Sc-110号标本为例来说明该型盒的具体特征。

Sc-110号，青花花卉纹印泥盒底残件，1件。此盒的口沿、腹壁和圈足已残失一大半，现仅存一少半。从断茬剖面可以看出，胎为白胎，胎质较坚致，内含杂质并含较多小灰点。子母口，内唇高度适中，凸出部分高出口沿0.2厘米。胎壁厚度偏厚，近口沿处最厚，为0.6厘米，胎壁厚0.3～0.4厘米，盒底厚0.4厘米。圈足高度适中，内墙内挖稍过肩，内墙内凹深（高）0.4厘米，外墙矮于内墙，高0.3厘米，圈足底边涂一圈酱色釉。内、外壁均施青白釉，釉层较薄，但釉面光洁。圈足内底素面无纹，无款识。外壁口沿下和下腹部与圈足交界处各施一道青花粗条带纹，在两道青花粗条带纹之间的腹壁表面绘主题纹饰——青花花卉纹。青花用料为国产青料，青花呈色青翠。

Sc-110号青花花卉纹印泥盒底残件，口径8.1、底径5.7、通高3、胎壁厚0.3～0.6厘米。从形制、胎质、施釉、青花用料和青花呈色、主题纹饰的设计，以及绘画风格等特点判断，该标本原器及其所代表的D型青花盒底应属清中期景德镇民窑烧制的产品（图一六一，4；图版一六九，4）。

Sc-100号，青花花卉纹印泥盒底残件，1件（图版一六九，5）。

Sc-049号，青花花卉纹印泥盒底残件，1件（图版一六九，6）。

E型　1件。标本编号为：Sc-035号。

Sc-035号，青花灵芝纹印泥盒底残件，1件。口沿、腹壁、圈足已残失一半，现仅存一半。从断茬剖面可以看出，胎为白胎，胎质坚致，但内含较多小灰点。胎壁厚度适中，口沿与盒底较厚，厚均为0.4厘米，腹壁中部最薄，厚度仅为0.15厘米。子母口内唇高度适中，凸出部分高出口沿0.2厘米。子母口沿表面和圈足底边各施酱釉一圈。口沿稍内敛，腹壁作斜曲内收，矮圈足，圈足挖足相对较深，内墙下挖深度（高）为0.4厘米，外墙矮于内墙，高度为0.3厘米。内、外壁均施白釉，微泛灰，釉层较薄，但釉面光洁发亮。内壁和圈足内底均素面无纹，无款识。外壁口沿下和盒底与圈足交接处各施一道青花弦线，在两道青花弦线之间的腹壁表面绘主题纹饰——青花灵芝纹，线条粗率，绘工不细。青花用料为国产青料，呈色深蓝。

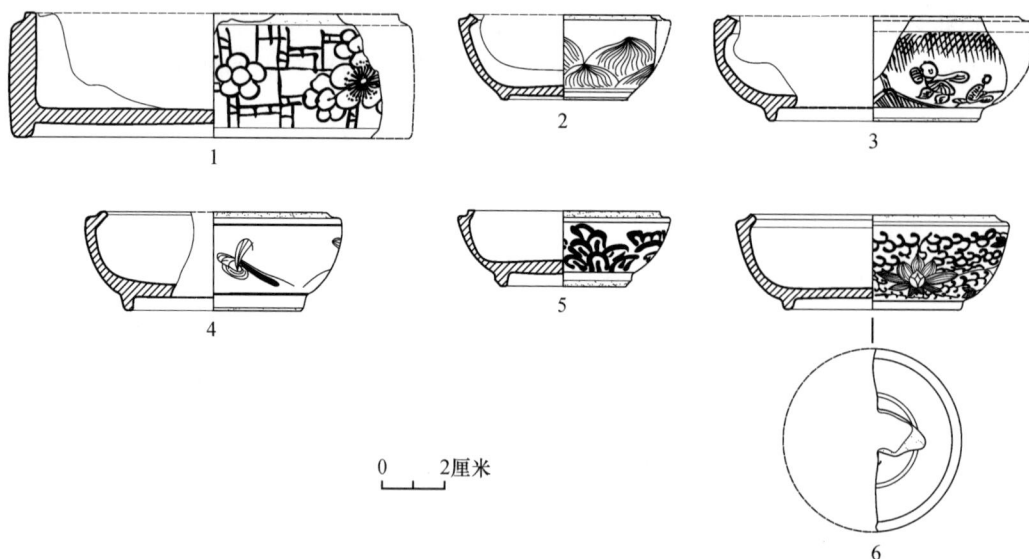

0　　2厘米

图一六一　上下天光遗址出土民窑器

1. 青花冰梅纹盒底残件（Sc-119）　2. 青花莲瓣纹印泥盒底残件（Sc-075）　3. 青花婴戏图印泥盒底残件（Sc-103）
4. 青花花卉纹印泥盒底残件（Sc-110）　5. 青花灵芝纹印泥盒底残件（Sc-035）　6. 青花缠枝莲纹印泥盒底残件（Sc-054）

表七七　上下天光遗址出土民窑瓷器可分型的重点标本——A至F型青花盒底残件和残片统计表

序号	标本编号	器物名称	数量	瓷类	分型	年代	窑属性质 官	窑属性质 民	用项	规格（厘米）	款识 种类	款识 图示	图版
1	Sc-119	青花冰梅纹盒底残件	1	青花	A	康雍		√	日用	口径11.8、底径12.6、通高3.7、胎壁厚0.4~0.6	无		图版一六八，3
2	Sc-075	青花莲瓣纹印泥盒底残件	1	青花	B	乾隆		√	日用	口径6.7、底径4、通高2.6、胎壁厚0.2~0.4	无		图版一六八，4
3	Sc-103	青花婴戏图印泥盒底残件	1	青花	C	清中期		√	日用	口径11、底径7.6、通高3.2、胎壁厚0.2~0.5	无		图版一六九，1
4	Sc-034	青花婴戏图印泥盒底残件	1	青花	C	清中期		√	日用	口径10.5、底径7.4、通高3.3、胎壁厚0.3~0.5	无		图版一六九，2
5	Sc-129	青花婴戏图印泥盒底残片	1	青花	C	清中期		√	日用	口径10、残长7.9、残宽2.2、胎壁厚0.3~0.5	无		图版一六九，3
6	Sc-110	青花花卉纹印泥盒底残件	1	青花	D	清中期		√	日用	口径8.1、底径5.7、通高3、胎壁厚0.3~0.6	无		图版一六九，4
7	Sc-100	青花花卉纹印泥盒底残件	1	青花	D	清中期		√	日用	口径6.8、底径6、通高2.5、胎壁厚0.35~0.5	无		图版一六九，5
8	Sc-049	青花花卉纹印泥盒底残件	1	青花	D	清中期		√	日用	口径7.7、底径5.4、通高2.7、胎壁厚0.3~0.5	无		图版一六九，6
9	Sc-035	青花灵芝纹印泥盒底残件	1	青花	E	清中期		√	日用	口径6.7、底径4.3、通高2.3、胎壁厚0.15~0.4	无		图版一七〇，1
10	Sc-054	青花缠枝莲纹印泥盒底残件	1	青花	F	清中期		√	日用	口径8.5、底径5.5、通高2.8、胎壁厚0.3~0.55	青花文字款，外围青花双线圈，已残		图版一七〇，2
	合计		10										

　　Sc-035号青花灵芝纹印泥盒底残件，口径6.7、底径4.3、通高2.3、胎壁厚0.15~0.4厘米。从该标本的形制、胎质、施釉、青花用料和青花呈色、主题纹饰的设计、绘画风格，以及整体制作工艺等特点判断，此标本原器应属清中期景德镇民窑烧制的产品（图一六一，5；图版一七〇，1）。

F型　1件。标本编号为：Sc-054号。

Sc-054号，青花缠枝莲纹印泥盒底残件，1件。口沿、腹壁到圈足已残失大半，现只残存少半部。白胎，胎质较坚致，内含杂质和较多小灰点。胎壁口沿处较厚，腹壁次之，盒底最薄。口沿处厚为0.3厘米，盒底处厚为0.2厘米。内、外壁均施青白釉，釉层较薄，但较光亮。子母口，内唇高度适中，凸出部分高出口沿0.2厘米。口沿内壁内敛度较大。口沿外侧边缘涂一圈酱色釉。腹壁斜曲、内收，腹较深，圈足较矮，足内挖，但挖足不深，内墙凹深（高）只有0.35厘米，外墙高仅有0.25厘米，圈足底边素胎裸露，不施釉，圆圈不规整，有的地方有弯曲，不是正圆形。圈足内底中央遗有青花双线圈款识，双线圈内尚遗有残损字迹，但因仅余一点笔划痕迹，原字已无从知晓。外壁口沿下和盒底边与圈足交接处各施一道青花弦线，在两道弦线之间的腹壁表面满绘主题纹饰——青花缠枝莲纹，线条细密，构图饱满。青花用料为国产青料，青花呈色深翠。

Sc-054号青花缠枝莲纹印泥盒底残件，口径8.5、底径5.5、通高2.8、胎壁厚0.3～0.55厘米。从形制、胎质、施釉、青花用料和青花呈色、主题纹饰的设计、绘画风格，以及盒底遗留的青花双线圈款识等特点判断，该标本原器亦属清中期景德镇民窑烧制的产品（图一六一，6；图版一七〇，2）。

（6）茶碗盖

4件。包括：A型1件；B型1件；C型2件（表七八）。

A型　1件。标本编号为：Sc-194号。

Sc-194号，青花缠枝花卉纹茶碗盖残片，1件。该标本残损严重。肩、腹壁已大部残失，底边已完全无存，捉手也有一部分残缺，现仅存肩部局部和捉手大部。从断茬剖面可以看出，胎为白胎，质地细腻、坚致、无杂质，胎壁厚度适中，肩腹交接处厚0.2、肩与捉手交接处厚0.5厘米。捉手外墙较矮，但挖足较深，捉手上端外撇明显，捉手直径2.9、外墙高0.6、内墙内凹（高）0.9厘米。内、外壁，包括捉手内壁，全施青白釉，釉面晶莹发亮。内壁和捉手内、外墙素面，外壁表面绘青花缠枝花卉纹。捉手内底署青花方形图记符号款。青花用料为国产青料，青花呈色青翠、雅致。

Sc-194号青花缠枝花卉纹茶碗盖残片，残长5.6、残宽4.3、捉手直径2.9、胎壁厚0.2～0.5厘米。从形制、胎质、施釉、青花用料和青花呈色、主题纹饰设计、绘制工艺，以及捉手内底所署的青花图记符号款等特点判断，该标本应属清嘉道时期景德镇民窑烧制的产品（图一六二，1；图版一七〇，3）。

B型　1件。标本编号为：Sc-096号。

Sc-096号，青花凤纹茶碗盖残片，1件。该标本捉手残失无存，只剩下约1/3的肩腹部和底边口沿。胎为白胎，无杂质，质地细腻、坚致。胎壁较厚，近底沿口径处厚0.2厘米，靠近捉手、上端肩部厚0.5厘米。内、外壁均施青白釉，釉层较厚，釉面光润发亮，外壁近底口沿边缘处施两道青花弦线，外壁腹部表面绘主题纹饰——青花凤纹。凤作迎风飞舞状，头向上（朝捉手方向）昂起，凤尾上扬，周围空隙间填绘青花火焰纹。线条流畅，绘工细致。青花图案所用青料为国产青料，呈色青翠、悦目。

Sc-096号青花凤纹茶碗盖残片，残长7.5、残宽3.2、底沿直径9.8、胎壁厚0.2～0.5厘米。从形制、胎质、施釉、青花用料和青花呈色、绘画风格和绘制工艺等特点判断，该标本原器应与上述A型茶碗盖属同一时期，即清嘉道时期景德镇民窑烧制的产品（图一六二，2；图版一七〇，4）。

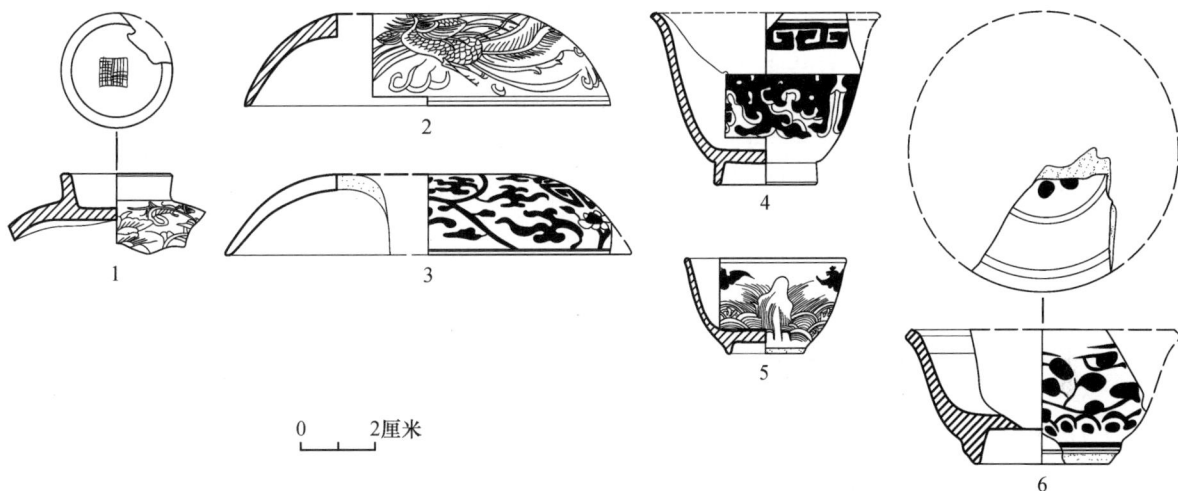

0　　　2厘米

图一六二　上下天光遗址出土民窑器

1. 青花缠枝花卉纹茶碗盖残片（Sc-194）　2. 青花凤纹茶碗盖残片（Sc-096）　3. 青花缠枝花卉团寿纹茶碗盖残片（Sc-125）
4. 青花夔龙纹杯残件（Sc-076）　5. 青花海水江崖纹酒盅残件（Sc-067）　6. 青花花卉纹杯残件（Sc-131）

C型　2件。标本编号分别为：Sc-125、Sc-115号。

这两件残片标本的基本特征是：捉手均已残失无存，仅剩下茶碗盖的肩、腹和底沿局部。肩为膨肩，腹壁外鼓，然后向下急收，接底沿。胎壁变薄，底径规格大于上述A、B二型茶碗盖的规格。可以Sc-125号标本为例来说明C型茶碗盖的基本特征。

Sc-125号，青花缠枝花卉团寿纹茶碗盖残片，1件。盖身已大半残失，捉手无存，现仅存约1/4的盖身与下端口沿。胎为白胎，胎质坚致，胎壁较薄，近底边口沿处厚0.1、肩部厚0.4厘米。膨肩，腹壁弧面下垂，底边口沿为尖圆唇。内、外壁均施白釉，釉层较薄，但釉面光洁发亮。内壁素面，外壁表面绘主题纹饰——青花缠枝花卉团寿纹。青花用料为国产青料，青花呈色翠蓝、鲜艳。

Sc-125号青花缠枝花卉团寿纹茶碗盖残片，残长7.7、残宽3.3、底沿直径10.9、胎壁厚0.1～0.4厘米。从残存形制、胎质、施釉、青花用料和青花呈色、主题纹饰设计、绘画风格等特点判断，此标本及其所代表的C型青花茶碗盖亦应属清嘉道时期景德镇民窑烧制的产品（图一六二，3；图版一七〇，5）。

Sc-115号，青花缠枝花卉纹茶碗盖残片，1件（图版一七〇，6）。

表七八　上下天光遗址出土民窑瓷器可分型的重点标本——A至C型青花茶碗盖残片统计表

序号	标本编号	器物名称	数量	瓷类	分型	年代	窑属性质		用项	规格（厘米）	款识		图版
							官	民			种类	图示	
1	Sc-194	青花缠枝花卉纹茶碗盖残片	1	青花	A	嘉道		√	日用	残长5.6、残宽4.3、捉手径2.9、捉手高0.6、胎壁厚0.15～0.4	青花方形图记符号款		图版一七〇，3
2	Sc-096	青花凤纹茶碗盖残片	1	青花	B	嘉道		√	日用	残长7.5、残宽3.2、底沿直径9.8、胎壁厚0.2～0.5	因残无款		图版一七〇，4
3	Sc-125	青花缠枝花卉团寿纹茶碗盖残片	1	青花	C	嘉道		√	日用	残长7.7、残宽3.3、底沿直径10.9、胎壁厚0.1～0.4	因残无款		图版一七〇，5
4	Sc-115	青花缠枝花卉纹茶碗盖残片	1	青花	C	嘉道		√	日用	残长6、残宽3、底沿直径10.2、胎壁厚0.1～0.3	因残无款		图版一七〇，6
合计			4										

（7）酒杯（酒盅）

共3件（表七九）。可分为A、B、C三型。

A型　标本编号为：Sc-076号。

Sc-076号，青花夔龙纹杯残件，1件。微侈口，大口径，斜曲腹，深腹，圈足较高，足跟外撇。此杯口沿、腹壁大部分已残失，现仅存少部分口沿、腹壁和完整圈足。从断茬剖面可以看出，此杯为白胎，胎质较坚致，无杂质，胎壁较薄。近口沿处厚度仅为0.1厘米，下腹部近杯底处厚度仅为0.2厘米。侈口。小圆唇，口径较大，经测量，杯口径为6.2厘米，斜曲腹，腹壁较深，从口沿处至杯心的垂直深度为3.6厘米。内、外壁均施白釉，釉层较薄，但匀净、略见光泽。圈足直径较小，仅2.8厘米。足跟外撇，挖足过肩，圈足墙显得瘦高，内墙内凹，深（高）0.6厘米，外墙高为0.5厘米。底边素胎裸露，不施釉。内壁和圈足内底均素面无纹。无款识。外壁口沿下和圈足上缘各施一道青花弦线，分别作为杯子的口沿和杯底的边饰。在口沿弦线之下绘有一周青花回纹带，作为口沿部位的第二重边饰。在腹壁表面绘有主题纹饰——青花夔龙纹，这是仿古代青铜器上的纹饰，体现出一种素雅和庄重之感。青花用料为国产青料，呈色深蓝。

Sc-076号青花夔龙纹杯残件，口径6.2、底径2.8、通高4.5、胎壁厚0.1～0.2厘米。从形制、胎质、施釉、青花用料和青花呈色、主题纹饰的设计、绘画风格，以及制作工艺等特点判断，该标本原器应属清乾隆时期景德镇民窑烧制的产品（图一六二，4；图版一七一，1）。

B型　标本编号为：Sc-131号。

Sc-131号，青花花卉纹杯残件，1件。此杯口沿、腹壁和圈足已大部分残失，现仅存约1/5的口沿、腹壁和圈足。其胎质和施釉特点基本上同于A型杯，胎壁比A型者厚实很多。此杯胎壁近口沿处厚0.2厘米，腹壁自上而下逐渐加厚，由0.25厘米渐变至0.5厘米（下腹部最厚处），杯底厚0.4厘米，口沿侈口显著。圆唇，腹壁斜曲内收，腹部较A型杯浅，从口沿至杯心垂直深度为2.9厘米。高圈足，足跟稍外撇。圈足外墙底边素胎裸露，不施釉，因残，无款识。内墙挖足过肩，内墙凹深（高）0.8、外墙高0.7厘米。内壁口沿下和杯底外围各施两道青花弦线作为口沿和杯底的边饰。杯心和外壁腹部表面绘青花花卉纹。碗心图案因残，仅遗有青花花瓣。青花用料为国产青料，青花呈色暗蓝。

Sc-131号青花花卉纹杯残件，口径7.6、底径4、通高3.5、胎壁厚0.2～0.5厘米。从该标本的形制、胎质、施釉、青花用料和青花呈色、主题纹饰的设计、绘画风格，以及制作工艺等特点判断，该标本原器应属清乾隆至嘉道时期景德镇民窑烧制的产品（图一六二，6；图版一七一，2）。

C型 标本编号为：Sc-067号。

基本特征是：敞口，薄壁，斜曲腹，腹较浅，卧足。

Sc-067号，青花海水江崖纹酒盅残件，1件。该标本口沿、腹壁大部分已残失，现仅存不足1/3的口沿和腹壁，以及完整卧足。从断茬剖面可以看出，胎为白胎，质地坚致，基本上无杂质。敞口，小卧足。薄壁，近口沿处厚0.1、近腹底处厚0.2厘米。腹壁斜曲，腹部较浅，从口沿至盅心垂直深度为1.9厘米。卧足，直径小，仅2.2厘米，挖足深只有0.3厘米。内、外壁均施白釉，釉层虽薄，但釉面晶莹发亮。内壁和卧足内底均素面无纹，无款识。卧足底边素胎裸露，涂一圈黑色圈。外壁口沿下施一道青花弦线作为口沿边饰。腹壁表面绘主题纹饰——青花海水江崖纹，线条细致、流畅。青花用料为国产青料，青花呈色青翠、鲜艳。

Sc-067号青花海水江崖纹酒盅残件，口径4.6、底径2.2、通高2.4、胎壁厚0.1～0.2厘米。从形制、胎质、施釉、青花用料和青花呈色、主题纹饰的设计、绘画风格，以及制作工艺等特点判断，该标本原器应属清乾隆时期景德镇民窑烧制的产品（图一六二，5；图版一七一，3）。

表七九 上下天光遗址出土民窑瓷器可分型的重点标本——A至C型青花酒杯与酒盅残件统计表

序号	标本编号	器物名称	数量	瓷类	分型	年代	窑属性质		用项	规格（厘米）	款识		图版
							官	民			种类	图示	
1	Sc-076	青花夔龙纹杯残件	1	青花	A	乾隆		√	日用	口径6.2、底径2.8、通高4.5、胎壁厚0.1～0.2	无		图版一七一，1
2	Sc-131	青花花卉纹杯残件	1	青花	B	乾隆至嘉道		√	日用	口径7.6、底径4、通高3.5、胎壁厚0.2～0.5	因残无款		图版一七一，2
3	Sc-067	青花海水江崖纹酒盅残件	1	青花	C	乾隆		√	日用	口径4.6、底径2.2、通高2.4、胎壁厚0.1～0.2	无		图版一七一，3
合计			3										

　　通过上述文字介绍和所附相关项目的统计表，对上下天光遗址出土的民窑瓷器可分型的重点标本资料情况已有基本了解，为进一步探讨其中主要瓷类（如青花瓷和杂彩瓷中的豆青釉瓷）及几个出土数量相对较多的主要器形，如青花碗、盘、器盖、印泥盒、盒底五种器形，以及杂彩瓷中的豆青釉碗和豆青釉盘两种器形，它们在分型种类与数量上存在何种差异？分型与年代之间的关系是怎样的？不同型式在不同历史时期的数量占比方面有何变化和差异？在分型的器类中是否存在流行器与款式？等等。为了能对这些问题做出初步探索，现对以上所列举的民窑可分型的青花瓷器中的五种主要器形分别归纳出表八〇至表八四（青花瓷主要器类），然后对每个归纳表反映的问题做出分析，提出初步认识。

表八〇　上下天光遗址出土民窑瓷器可分型的重点标本——青花碗的分型、年代及数量占比情况归纳表

分型及每型数量	年代	合计（件）	占可分型的青花瓷器总数（126）的百分比	占可分型的青花碗总数（73）的百分比
Aa8，Ab1，Ba11	明末清初	20	15.87%	27.4%
Bb18，C2	清早期	20	15.87%	27.4%
Da1，Db2，E3	康熙	6	4.76%	8.22%
Fa6，Fb6	雍乾时期	12	9.53%	16.44%
Ga9	清中期	9	7.14%	12.32%
Gb6	道光	6	4.76%	8.22%
总计		73	57.93%	100%

　　从表八〇的归纳结果中可以看出：

　　第一，通过前面对上下天光遗址出土民窑青花瓷器的叙述和相关统计表介绍，明确青花瓷是该遗址民窑瓷器中出土数量最多、占比最高的瓷器，其中可分型的民窑重点青花瓷残件和残片标本就有126件，占该遗址可分型的民窑重点瓷器标本总数（159）的79.24%，近3/4。而青花碗又是青花瓷类中的大宗器形，该遗址共出土73件，在诸种青花器形中占比最高，占该遗址可分型的民窑青花瓷器总数（126）的57.93%，超过一半，在7种可分型的民窑青花瓷器中独占鳌头。

　　第二，延续年代长。这73件青花碗，早期器形始于明末清初，约当17世纪初期，晚期器形一直延续至道光时期，即19世纪早中期，前后延续发展了200余年。

　　第三，从分型种类与数量看，因为民窑青花碗出土数量多，持续发展和使用的时间长，所以分型丰富、款式多样、分为Aa至Gb型，共12型，是青花瓷诸种器形中分型种类与数量最多、型式最为丰富和多样的器形。

　　第四，从分型种类、数量占比和年代关系考察，青花碗早期器形是从明末清初、清早期至康熙时期——Aa型、Ab型、Ba型、Bb型、C型、Da型、Db型和E型，共8型，不仅型式多，占该遗址可分型的民窑青花碗分型总数（12型）的66.7%，即2/3，而且数量也多，共计46件，占该遗址可分型民窑青花碗总数（73）的63%，接近2/3。

清早中期之际——雍乾时期，只新增2型——Fa型和Fb型，共计12件，占该遗址民窑可分型青花碗总数（73）的16.44%，不到1/5。

清中期，只新增1型——Ga型，共9件，占该遗址可分型民窑青花碗总数（73）的12.32%，刚超过1/10。

清中晚期——道光时期，也是只新增1型——Gb型，共6件，仅占该遗址可分型民窑青花碗总数（73）的8.22%。

从上下天光遗址出土的民窑瓷器可分型的青花碗早、中、晚三期的分型种类数量，从其占比结果中可以看出，民窑青花碗的造型设计早在明末清初、清代早期和康熙时期基本上已成定局，不但格局已成规模，烧制技术也较为成熟，分型烧制、多型并举的发展体系已然形成。故留给后世开发、创造出新型式的空间已经比较有限。因此，至清早中期之际——雍乾盛世时期，也才新增了2型（Fa型和Fb型），至清中期和清晚期前段——道光时期，也只各增添了1型（即Ga型与Gb型）。

第五，从单型出土数量联系所属时代来分析，凡单型出土数量较多者，基本上可视为是那一历史时期较为普及和流行的器类。如果这一认识无误的话，那么以表八〇统计的具体数据来看，Aa型（8）、Ba型（11），这二型碗显然是明末清初时期较为普及和流行的器形。而Bb型（18）显然应是清早期阶段较为普及和流行的器形。Ga型（9）则应是清中期较为普及和流行的器形。

以上五点认识就是目前我们对表八〇的理解和初步解读，也是前述上下天光遗址出土的这73件可分型的民窑青花碗资料所透露出来的部分历史信息和基本特点。

表八一　上下天光遗址出土民窑瓷器可分型的重点标本——青花盘的分型、年代及数量占比情况归纳表

分型及每型数量	年代	合计	占可分型的青花瓷器总数（126）的百分比	占可分型的青花盘总数（12）的百分比
Aa1、Ba1、Bb1、Bc1	康熙	4	3.18%	33.33%
C2	康雍时期	2	1.59%	16.66%
Ab1	雍正	1	0.79%	8.34%
D1	乾隆	1	0.79%	8.34%
E4	嘉庆	4	3.18%	33.33%
总计		12	9.53%	100%

从表八一的归纳结果中可以看出：

第一，从出土数量和占比上看，上下天光遗址出土的民窑可分型的青花盘重点标本只有12件，出土数量较少，占比较低，与青花碗的数量和占比不可同日而语。青花盘的数量还不及青花碗数量的1/6，仅占该遗址可分型的青花瓷器出土总数（126）的9.53%，尚不足1/10。

第二，从青花盘存续的年代看，早期标本始自清康熙时期，晚期标本止于嘉庆时期，前后相继发展和使用的时间大致在150年，比青花碗存续的年限短了数十年。

第三，从分型种类与数量看，青花盘出土数量少，延续发展和使用的时间相对较短，所以其分型种类的数量也不如青花碗那样多、那样丰富，只有8个型别，在该遗址出土的7种可分型的民窑青花瓷器的器物类型与数量的排序中，是处于居中的位置。

第四，从分型、数量占比与年代关系分析，青花盘的早期器形，指自清康熙至雍正时期——Aa型、Ba型、Bb型、Bc型、C型、Ab型，共6型，占该遗址民窑可分型的青花盘分型总数（8型）的75%，即3/4。表明青花盘的主要形式在清早期阶段已经定型，民窑烧制青花盘的发展框架与体系此时已经形成，制作工艺也已经比较成熟，主要器形已臻普及程度。

青花盘的中期器形，指清乾隆、嘉庆时期所拥有和新增添的2型——D型和E型。从型式种类数量方面看，清中期阶段青花盘的型式、种类、数量比清早期阶段减少了较多，只占该遗址民窑可分型的青花盘分型总数（8型）的1/4。这表明，清中期阶段民窑青花盘的生产状况，不如清早期阶段那样繁盛。这一特点，与前述青花碗的型式种类发展变化趋势雷同。

第五，从各型出土数量并联系其所属时代来分析，以表八一统计的具体数据来看，只有清中期后段嘉庆时期的E型盘出土数量较多（4），可算作该遗址民窑可分型青花瓷盘5个型别中较具有普及与流行特点的器形。其余清早期的6种型式，还有清中期前段——乾隆时期的1种型式（D型），绝大多数都只出1件，只有C型出2件，都不具备普及和流行的特点。

以上五点认识便是对表八一的理解和初步解读，也是前述上下天光遗址出土的这12件可分型的民窑青花盘资料所透露出来的部分历史信息和基本特点。

表八二　上下天光遗址出土民窑瓷器可分型的重点标本——青花盖碗的分型、年代及数量占比情况归纳表

分型及每型数量	年代	合计	占可分型的青花瓷器总数（126）的百分比	占可分型的青花盖碗总数（11）的百分比
A1	康熙	1	0.79%	9.1%
B1、C1	乾隆	2	1.59%	18.2%
D2	清中期	2	1.59%	18.2%
E6	嘉道	6	4.76%	54.5%
总计		11	8.73%	100%

从表八二的归纳结果中可以看出：

第一，从出土数量和占比上看，上下天光遗址出土的民窑可分型青花盖碗重点标本只有11件，出土数量也较少，占比同样较低。只占该遗址可分型的青花瓷器出土总数（126）的8.73%，既大大地低于青花碗的占比，又略低于青花盘的占比。

第二，从青花盖碗存续的年代看，其早期标本始于清康熙时期，晚期标本止于嘉道时期，前后相继发展和使用的年限大致与青花盘近似，或向后又延续了一段时间，总体年限不超过180年。

第三，从分型种类与数量看，由于青花盖碗出土数量少，延续发展和使用时间有限，所以其分型种类的数量，在青花瓷器的分型种类与数量的排序中仅能居于中下等的位置。

第四，从分型、数量占比与年代关系考察，青花盖碗的早期器形只有1种，指的是清康熙

时期的A型；中期器形有3种，指的是乾隆时期的B型和C型，以及清中期的D型；晚期器形也只有1种，指的是嘉道时期的E型。共5种型别。

从5种型别的出土数量上看，早期A型者只有1例；中期B、C二型也各有1例，唯D型为2例，故中期B、C、D三型合计出土数量为4例，比早期的分型种类增加了3倍。晚期分型种类只有1型——E型，6例。这表明，民窑青花盖碗在早期阶段种类和型式单一，数量很少，使用的人也很少；到中期阶段，其分型种类和数量开始增加，使用的人也逐渐增多，较早期阶段有较大发展；晚期阶段，虽然在分型种类上未继续增加，只定型于1型（E型），但其出土数量却超过早、中期阶段任何一型的出土数量，甚至超过了早、中期的总和。表明在晚期阶段，民窑青花盖碗的制作有定型化和扩大再生产的势头与特点。

第五，从单型出土数量并联系其所属时代来分析，至清代晚期前段——嘉道时期，民窑青花盖碗的生产均集中于E型这一个型式上，出土数量为6例，超过了早、中期出土数量的总和，更具定型化及扩大再生产的势头与特点。据此，有理由认为E型民窑可分型的青花盖碗在清代晚期前段——嘉道时期，应是较为流行的青花盖碗型式。

以上五点便是对表八二的理解和初步解读，也是前述上下天光遗址出土的这11件可分型的民窑青花盖碗资料所透露出来的部分历史信息和基本特点。

表八三　上下天光遗址出土民窑瓷器可分型的重点标本——青花印泥盒盖的分型、年代及数量占比情况归纳表

分型及每型数量	年代	合计	占可分型的青花瓷器总数（126）的百分比	占可分型的青花印泥盒盖总数（13）的百分比
A1	乾隆	1	0.79%	7.69%
B7，C1，D2，E1，F1	清中期	12	9.53%	92.31%
总计		13	10.32%	100%

从表八三的归纳结果中可以看出：

第一，上下天光遗址出土的民窑可分型的青花印泥盒共13件，数量较少，占比较低。仅占该遗址可分型的民窑青花瓷总数（126）的10.32%。这一占比与前述青花盘和青花盖碗较为相近，差距不大，但仍与青花碗的数量差距悬殊。

第二，从出土的青花印泥盒的存续年代看，较早的标本始于清乾隆时期，稍晚或略晚的标本则至于清中期，即不晚于清嘉庆时期，其总的存续年限前后不过84年。未发现时代更早者，也未见时代更晚者。

第三，从分型种类和数量看，共分为6型，比青花碗的分型少了一半，比青花盘少了1/4，只比青花盖碗多出1型。这在该遗址出土的7种可分型的民窑青花瓷器的分型种类与数量排序中，也是只能居于中下等位置。

第四，从分型、数量占比与年代关系考察，青花印泥盒较早的标本只见有1型——A型，1件，属清乾隆时期；其余12件均稍晚或略晚于A型，皆划归于清中期，其型式分别定为：B型7件；C型1件；D型2件；E型1件；F型1件。其中比较特别的是，年代属于清中期的B型出土了7件，

超过了民窑可分型的青花印泥盒盖其余5个型别出土数量的总和。

第五，鉴于B型单型出土数量达到7件之多，联系其所属时代，有理由认为B型民窑青花印泥盒盖在清中期阶段当是较为流行的器类和器形之一。

表八四　　上下天光遗址出土民窑瓷器可分型的重点标本——青花盒底的分型、年代及数量占比情况归纳表

分型及每型数量	年代	合计	占可分型的青花瓷器总数（126）的百分比	占可分型的青花盒底总数（10）的百分比
A1	康雍	1	0.79%	10%
B1	乾隆	1	0.79%	10%
C3、D3、E1、F1	清中期	8	6.35%	80%
总计		10	7.93%	100%

从表八四的归纳结果可以看出：

第一，上下天光遗址出土的民窑可分型的青花盒底的出土数量共10件，数量少，占比较低。仅占该遗址可分型的民窑青花瓷总数（126）的7.93%，不到1/10。这一占比是以上所做过的5项可分型的民窑青花瓷器归纳统计中占比最低的一项。

第二，从出土青花盒底的存续年代看，其早期标本始于清早期——康雍时期；中期前段标本属于乾隆时期；中期后段标本属于清中期。其年代跨度大致自康熙晚期至嘉庆时期，前后存续约120年。除此之外，再未发现年代更早者，也未见年代更晚者。

第三，从分型种类和数量看，共分为6型，此项占比同于前述的青花印泥盒盖，在该遗址出土的7种可分型的民窑青花瓷器的分型种类与数量排序中也属中下等之列。

第四，从分型、数量占比与年代关系考察，青花盒底较早的标本只见有1型——A型，1件，属清康雍时期；其后就是属于清中期前段——乾隆时期的标本，也只有1型——B型，1件；再往后就是属于清中期（主要指清中期后段）的标本，出现了4个型别：C型3件；D型3件；E型1件；F型1件。

这表明在清早期（康雍时期）和清中期前段（乾隆时期），在上下天光这处景点，出现青花盒底的器形种类和数量的几率是极小的，均各有1型和1例。直至清中期（主要指清中期后段，即嘉庆时期），此类器形的型式种类和数量才开始增多，变得"时髦"起来。此时期不但出现了4个新的型别，而且合计数量达到8件，占到可分型的青花盒底总数（10）的80%，较清早期和乾隆时期有了很大的拓展和变化。

第五，是否有流行器形问题，虽然清中期阶段的青花盒底C型和D型各出有3件，比其他型别都多出2件，但还不能算是较多和量大，亦不能据此就认为C型和D型是清中期阶段青花盒底这类器形的流行器形，至少目前依据尚不够充分。期待有更多的资料积累之后，再来回答这一问题。

2. 杂彩瓷——豆青釉瓷

30件。包括三类器形：碗、盘、酒盅。

（1）碗

22件。包括：Aa型1件；Ab型1件；B型8件；C型1件；D型1件；Ea型1件；Eb型1件；Ec型4件；Fa型2件；Fb型2件。

Aa型　1件（表八五）。标本编号为：Sc-162号。

Sc-162号，豆青釉碗残件，1件。该标本口沿、腹壁、圈足大部分已残失，现仅存很小一点口沿，一窄条腹壁和约1/4的圈足。从断茬剖面可以看出，胎为白胎，质地细腻、坚致，胎质较纯净，胎壁较厚实。侈口，方圆唇，唇边涂一圈酱色釉。胎壁近口沿处厚0.2、近底处厚0.8厘米。斜曲腹，器形较高，腹较深。从口沿至碗心垂直深度为6.1厘米。下接圈足，挖足过肩，外墙高0.9、内墙下凹深（高）1.3厘米。圈足底边素胎裸露，不施釉。内壁和圈足内底均施青白釉，外壁和圈足外墙均施豆青釉，釉层较厚，釉面润泽光亮。内、外壁皆光素无纹，只在圈足内底署青花方形篆体六字三行纪年款"大清嘉庆年制"，外无青花单方栏。

Sc-162号豆青釉碗残件，口径17.2、底径5.9、通高7.4、胎壁厚0.2~0.8厘米。从形制、胎质、施釉、制作工艺，以及碗底所署的青花方形篆体六字三行纪年款的内容和字迹等特点判断，此标本原器应属清嘉庆时期景德镇民窑烧制的产品无疑（图一六三，1；图版一七一，4）。

Ab型　1件（表八五）。标本编号为：Sc-215号。

Sc-215号，豆青釉碗残件，1件。该标本口沿、腹壁大部分残失，口沿现存不足1/4，腹壁尚存约1/3，圈足完整。从断茬剖面可以看出，胎为白胎，质地坚致，但内含少量杂质和小灰点。胎壁厚度适中，近口沿处厚0.2、近碗底处厚0.6厘米。侈口，尖圆唇，唇沿涂一圈酱色釉，口径较大，直径17厘米。曲腹，腹较深，从口沿至碗心的垂直深度为6.4厘米。下接圈足，圈足高度中等，挖足过肩。外墙高0.7、内墙凹深（高）0.85厘米。圈足直径为6厘米。圈足底边素胎裸露，不施釉。内壁和圈足内底均施青白釉；外壁和圈足外墙均施豆青釉，釉层较厚，釉面细腻、润泽，圈足内底署青花方形变体篆书六字三行款"大清嘉庆年制"，外围青花单方栏。

Sc-215号豆青釉碗残件，口径17、底径6、通高7.6、胎壁厚0.2~0.6厘米。从形制、胎质、施釉、制作工艺，以及碗底所署的青花方形变体文字款"大清嘉庆年制"等特点判断，该标本原器应属清嘉庆时期景德镇民窑烧制的产品无疑（图一六三，2；图版一七一，5）。

B型　8件（表八五）。标本编号分别为：Sc-176、Sc-199、Sc-233、Sc-166、Sc-218、Sc-206、Sc-196、Sc-191号。

基本特征是：侈口。弧方唇，唇沿涂一圈酱色釉，斜曲腹，腹深度适中，圈足较矮，挖足过肩，圈足内底均署有青花方形变体篆书六字三行款"大清嘉庆年制"，或四字双行款"嘉庆年制"，外围青花单方栏。可以Sc-176号标本为例来说明B型碗的基本特征。

Sc-176号，豆青釉碗残件，1件。口沿、腹壁已有一半残失，现存有一半，圈足大部分得以保留。此型碗为侈口，弧方唇，唇沿涂一圈酱色釉。从断荐剖面可以看出，胎为纯白胎，质地坚致，无杂质。胎壁近口沿处较薄，厚度为0.25（含釉层）厘米，腹壁自上而下渐厚，厚度在0.3~0.8厘米，碗底最厚，碗心处厚1厘米。斜曲腹，下接圈足，腹深度适中，从口沿至碗心垂直深度为5.4厘米。圈足较矮，挖足稍过肩，外墙高0.6、内墙凹深（高）0.7厘米。内壁（含圈足内底）均施青白釉；外壁（含圈足外墙表面）均施豆青釉，釉层较厚，尤其是外壁，自口沿以下至腹壁到碗底，釉层厚达0.1厘米，釉面莹润光洁。只有圈足底边素胎裸露，不施釉。内、外壁皆素面无纹，只在圈足内底署有青花方形变体篆书六字三行款："大清嘉庆年制"，外围青花单方栏。

Sc-176号豆青釉碗残件，口径13.8、底径5.4、通高6.7、胎壁厚0.25~0.8厘米。从该标本的形制、胎质、施釉、制作工艺和碗底所署的青花方形变体文字款"大清嘉庆年制"等特点判断，该标本原器及其所代表的B型豆青釉碗应属清嘉庆时期景德镇民窑烧制的产品无疑（图一六三，3；图版一七二，1）。

Sc-199号，豆青釉碗残件，1件，碗底署有青花方形变体篆书六字三行款："大清嘉庆年制"，外围青花单方栏（图版一七二，2）。

Sc-233号，豆青釉碗底残片，1件，碗底署有青花方形变体篆书六字三行款："大清嘉庆年制"，外围青花单方栏（图版一七二，3）。

Sc-166号，豆青釉碗残片，1件，碗底署有青花方形变体篆书六字三行款："大清嘉庆年制"，外围青花单方栏（图版一七二，4）。

Sc-218号，豆青釉碗底残片，1件，碗底署有青花方形变体篆书六字三行款："大清嘉庆年制"，外围青花单方栏（图版一七二，5）。

Sc-206号，豆青釉碗残件，1件，碗底署有青花方形变体篆书六字三行款："大清□庆年制"，外围青花单方栏（图版一七二，6）。

Sc-196号，豆青釉碗底残片，1件，碗底署有青花方形变体篆书六字三行款："大清嘉□年制"，外围青花单方栏（图版一七三，1）。

Sc-191号，豆青釉碗底残片，1件，碗底署有青花方形变体篆书六字三行款："嘉庆年制"，外围青花单方栏（图版一七三，2）。

C型　1件（表八五）。标本编号为：Sc-211号。

Sc-211号，豆青釉碗底残片，1件，口沿和腹壁上半部均已残失无存，仅存下腹部局部和圈足大部。从断荐剖面可以看出，胎为白胎，胎质较坚硬，但含少量杂质。胎壁厚度适中，下腹厚度适中，下腹部偏上部位厚0.2、近碗底处厚0.5厘米。圈足既矮且小，挖足稍过肩。外围高0.5、内墙凹深（高）0.6厘米。圈足底边素胎裸露，不施釉。圈足直径仅3.5厘米。内壁及圈足内底施青白釉，外壁及圈足外墙均施豆青釉。圈足内底中央署青花方形变体篆书四字双行款"大清嘉庆"，外围青花单方栏。

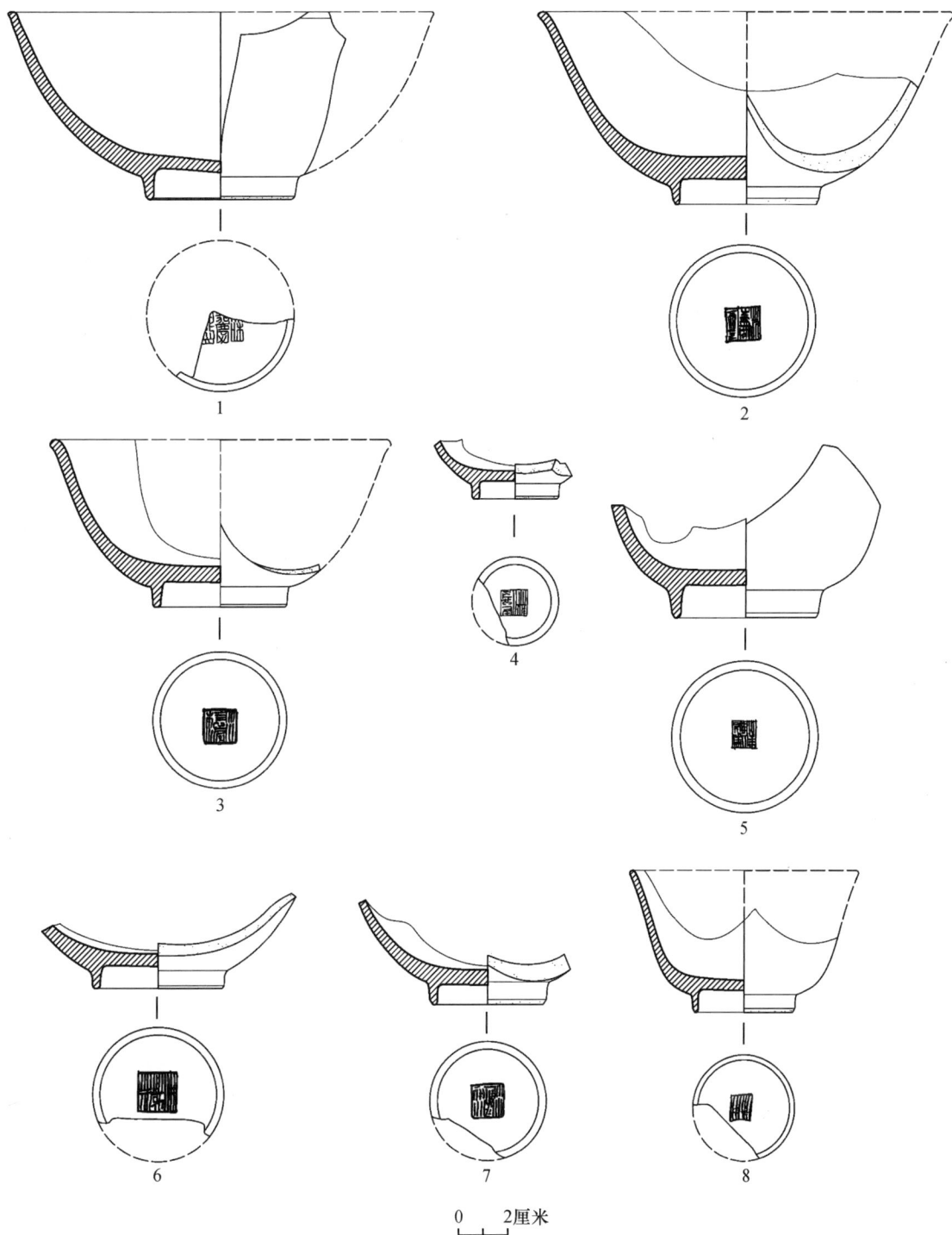

0　　2厘米

图一六三　上下天光遗址出土民窑器

1. 豆青釉碗残件（Sc-162）　　2. 豆青釉碗残件（Sc-215）　　3. 豆青釉碗残件（Sc-176）　　4. 豆青釉碗底残片（Sc-211）
5. 豆青釉碗底残片（Sc-178）　　6. 豆青釉碗底残片（Sc-227）　　7. 豆青釉碗底残片（Sc-222）　　8. 豆青釉碗残件（Sc-223）

Sc-211号豆青釉碗底残片，残长5.8、残宽4.7、底径3.5、下腹胎壁厚0.2～0.5厘米。从形制、胎质、施釉、制作工艺，以及碗底所署的青花方形变体篆书四字双行款"大清嘉庆"的样式等特点判断，Sc-211号标本原器应属清嘉庆时期景德镇民窑烧制的产品无疑（图一六三，4；图版一七三，3）。

表八五　上下天光遗址出土民窑瓷器可分型的重点标本——A至C型豆青釉碗残件和残片统计表

| 序号 | 标本编号 | 器物名称 | 数量 | 瓷类 | 分型 | 年代 | 窑属性质 | | 用项 | 规格（厘米） | 款识 | | 图版 |
							官	民			种类	图示	
1	Sc-162	豆青釉碗残件	1	杂彩	Aa	嘉庆		√	日用	口径17.2、底径5.9、通高7.4、胎壁厚0.25～0.8	青花方形篆体六字三行纪年款"大清嘉庆年制"		图版一七一，4
2	Sc-215	豆青釉碗残件	1	杂彩	Ab	嘉庆		√	日用	口径17、底径6、通高7.6、胎壁0.2～0.6	青花方形变体文字六字三行款"大清嘉庆年制"		图版一七一，5
3	Sc-176	豆青釉碗残件	1	杂彩	B	嘉庆		√	日用	口径13.8、底径5.4、通高6.7、胎壁厚0.25～0.8	青花方形变体文字六字三行款"大清嘉庆年制"		图版一七二，1
4	Sc-199	豆青釉碗残件	1	杂彩	B	嘉庆		√	日用	口径14.6、底径5.7、通高6.6、胎壁厚0.15～0.7	青花方形变体文字六字三行款"大清嘉庆年制"		图版一七二，2
5	Sc-233	豆青釉碗底残片	1	杂彩	B	嘉庆		√	日用	残长7.3、残宽6.6、底径5.9、下腹胎壁厚0.4～0.7	青花方形变体文字六字三行款"大清嘉庆年制"		图版一七二，3
6	Sc-166	豆青釉碗残片	1	杂彩	B	嘉庆		√	日用	残长11.9、残宽6.3、底径5.4、下腹胎壁厚0.3～0.7	青花方形变体文字六字三行款"大清嘉庆年制"		图版一七二，4
7	Sc-218	豆青釉碗底残片	1	杂彩	B	嘉庆		√	日用	残长9.7、残宽6.5、底径5.4、下腹胎壁厚0.3～0.7	青花方形变体文字六字三行款"大清嘉庆年制"		图版一七二，5
8	Sc-206	豆青釉碗残件	1	杂彩	B	嘉庆		√	日用	口径10.6、底径5.8、通高6.4、胎壁厚0.2～0.5	青花方形变体文字六字三行款"大清□庆年制"		图版一七二，6
9	Sc-196	豆青釉碗底残片	1	杂彩	B	嘉庆		√	日用	残长10、残宽6.1、底径4.8、胎壁厚0.2～0.7	青花方形变体文字六字三行款"大清嘉□年制"		图版一七三，1

序号	标本编号	器物名称	数量	瓷类	分型	年代	窑属性质 官	窑属性质 民	用项	规格（厘米）	款识 种类	款识 图示	图版
10	Sc-191	豆青釉碗底残片	1	杂彩	B	嘉庆		√	日用	残长8、残宽6.4、底径4.5、下腹胎壁厚0.2～0.6	青花方形变体文字六字三行款"嘉庆年制"		图版一七三，2
11	Sc-211	豆青釉碗底残片	1	杂彩	C	嘉庆		√	日用	残长5.8、残宽4.7、底径3.5、下腹胎壁厚0.2～0.5	青花方形变体文字四字双行款"大清嘉庆"		图版一七三，3
合计			11										

D型　1件（表八六）。标本编号为：Sc-178号。

Sc-178号，豆青釉碗底残片，1件。从断茬剖面可以看出，胎为纯白胎，胎质细腻、坚致，无杂质。胎壁厚度适中，腹壁上部厚0.15、下部厚0.4厘米。敞口。深腹，下腹圆曲，底部急收接圈足。圈足挖足显著，内、外墙比前述Aa型和Ab型的内、外墙都高出不少，其内墙下凹深（高）为1.3、外墙高为1厘米。内、外壁均施豆青釉，只有圈足内底施白釉。釉层较厚，釉面莹润亮泽，均素面无纹。圈足底边素胎裸露，不施釉，唯在圈足内底中央署青花方形变体文字六字三行款，外围青花单方栏，款识字义不识。

Sc-178号豆青釉碗底残片，残长11.8、残宽11.4、底径6、残高7、腹部胎壁厚0.15～0.4厘米。从标本形制、胎质、施釉、制作工艺，以及碗底所署的青花方形文字款的样式等特点判断，该标本原器应属清嘉道时期景德镇民窑烧制的产品（图一六三，5；图版一七三，4）。

Ea型　1件（表八六）。标本编号为：Sc-227号。

Sc-227号，豆青釉碗底残片，1件。胎为白胎，质地坚致，胎内杂有少量小灰点。胎壁较厚，下腹上部厚0.4、下部厚0.8厘米。斜曲腹，圈足较矮，挖足稍过肩，外墙高0.6、内墙凹深（高）0.8厘米。圈足直径较大，为5.3厘米。圈足底边素胎裸露，不施釉。内壁和圈足内底均施青白釉；外壁和圈足外墙均施豆青釉，釉层较厚，釉面莹润有光泽，但碗心有气泡疵点。内外壁皆光素无纹，只在圈足内底署青花方形图记符号款，外围青花单方栏。

Sc-227号豆青釉碗底残片，残长9.9、残宽6、底径5.3、下腹胎壁厚0.4～0.8厘米。从形制、胎质、施釉、制作工艺，以及碗底所署的青花方形图记符号款的样式等特点判断，该标本原器应属清嘉道时期景德镇民窑烧制的产品（图一六三，6；图版一七三，5）。

Eb型　1件（表八六）。标本编号为：Sc-222号。

Sc-222号，豆青釉碗底残片，1件。胎为白胎，质地坚致，内含杂质和小灰点，胎壁厚度适中，下腹部偏上部分厚0.3、偏下部分厚0.5厘米。内壁碗心有一个疵点。下腹部作曲腹，下接矮圈足，挖足平肩，内、外墙均高0.7厘米。圈足直径为4.5厘米，较前述Aa型、Ab型和B型变小。圈足底边素胎裸露，不施釉。内壁（含圈足内底）施白釉；外壁（腹壁及圈足外墙）施豆青釉，釉层较厚，润泽发亮。内、外壁表面皆光素无纹，只在圈足内底署青花方形变体文字六字三行款，外围青花单方栏，字义不识。

Sc-222号豆青釉碗底残片，残长8.7、残宽6.4、底径4.5、下半部胎壁厚0.3～0.5厘米。从形制、胎质、施釉、制作工艺，以及碗底所署的青花方形变体文字款的样式等特点判断，该标本原器应属清嘉道时期景德镇民窑烧制的产品（图一六三，7；图版一七三，6）。

Ec型　4件（表八六）。标本编号分别为：Sc-223、Sc-228、Sc-189、Sc-210号。

基本特征是：微侈口，小圆唇，唇沿涂一圈酱色釉。上腹斜曲，下腹圆曲，腹深变浅，下接矮圈足，挖足过肩。可以Sc-223号标本为例来说明Ec型碗的基本特征。

Sc-223号，豆青釉碗残件，1件。口沿、腹壁大部分已残失无存，仅存少部分口沿和腹壁及多半圈足。微侈口，小圈足，唇沿涂一圈酱色釉。白胎，质地坚致，含少量小灰点。胎壁稍薄，近口沿处厚0.2、近碗底处厚0.5厘米。上腹斜曲，下腹圆曲，腹深较Aa型变浅，从口沿至碗心垂直深度为4.5厘米。圈足较矮，挖足稍过肩，外墙高0.7、内墙凹深（高）0.8厘米。圈足底边素胎裸露，不施釉。除圈足内底施青白釉外，内、外壁，包括圈足外墙均施豆青釉。釉层较厚，釉面不润洁光亮。内外壁均光素无纹。只在圈足内底署青花方形图记符号款，外围青花单方栏。

Sc-223号豆青釉碗残件，口径9.4、底径4.2、通高5.6、胎壁厚0.2～0.5厘米。从形制、胎质、施釉、制作工艺，以及碗底所署的青花方形图记符号款的样式等特点判断，该标本及其所代表的Ec型碗应属清嘉道时期景德镇民窑烧制的产品（图一六三，8；图版一七四，1）。

Sc-228号，豆青釉碗残件，1件，碗底署青花方形图记符号款，外围青花单方栏（图版一七四，2）。

Sc-189号，豆青釉碗底残片，1件，碗底署青花方形图记符号款，外围青花单方栏（图版一七四，3）。

Sc-210号，豆青釉碗底残片，1件，碗底署青花方形变体文字款，字义不识，外围青花单方栏（图版一七四，4）。

Fa型　2件（表八六）。标本编号分别为：Sc-160、Sc-164号。

基本特征是：侈口，斜曲腹，胎壁较厚，口径和底径较大，圈足较高，挖足过肩，内墙下凹较深。可以Sc-160号标本为例来说明Fa型碗的基本特征。

Sc-160号，豆青釉碗底残片，1件。口沿和腹壁上部残失，仅存腹壁下部和圈足大部。从断茬剖面可以看出，胎为白胎，质地坚致，内含少量杂质。胎壁较厚，下腹部自上而下的厚度为0.2～0.9厘米。侈口，斜曲腹，口径和底径较大，圈足较高，挖足过肩，内墙下凹较深。圈足直径为6.5厘米，圈足外墙高0.8、内墙下凹深（高）1.2厘米。内壁和圈足内底均施青白釉，外壁和圈足外墙均施豆青釉，釉层较厚，釉面匀净润泽。内、外壁皆素面无纹。只在圈足内底署青花方形变体篆书六字三行款"大清道光年制"，外围青花单方栏。

表八六 上下天光遗址出土民窑瓷器可分型的重点标本——D至F型豆青釉碗残件和残片统计表

序号	标本编号	器物名称	数量	瓷类	分型	年代	窑属性质 官	窑属性质 民	用项	规格（厘米）	款识 种类	款识 图示	图版
1	Sc-178	豆青釉碗底残片	1	杂彩	D	嘉道		√	日用	残长11.8、残宽11.4、底径6、残高7、腹部胎壁厚0.15～0.4	青花方形变体文字六字三行款，字义不识		图版一七三，4
2	Sc-227	豆青釉碗底残片	1	杂彩	Ea	嘉道		√	日用	残长9.9、残宽6、底径5.3、下腹壁厚0.4～0.8	青花方形图记符号款		图版一七三，5
3	Sc-222	豆青釉碗底残片	1	杂彩	Eb	嘉道		√	日用	残长8.7、残宽6.4、底径4.5、下腹胎壁厚0.3～0.5	青花方形变体文字六字三行款，字义不识		图版一七三，6
4	Sc-223	豆青釉碗残件	1	杂彩	Ec	嘉道		√	日用	口径9.4、底径4.2、通高5.6、胎壁厚0.2～0.5	青花方形图记符号款		图版一七四，1
5	Sc-228	豆青釉碗残件	1	杂彩	Ec	嘉道		√	日用	口径9.9、底径4.3、通高5.8、胎壁厚0.2～0.5	青花方形图记符号款		图版一七四，2
6	Sc-189	豆青釉碗底残片	1	杂彩	Ec	嘉道		√	日用	底径4.5、下腹胎壁厚0.3～0.5	青花方形图记符号款		图版一七四，3
7	Sc-210	豆青釉碗底残片	1	杂彩	Ec	嘉道		√	日用	残长7.9、残宽6.8、底径4.7、下腹胎壁厚0.3～07	青花方形变体文字款，字义不识		图版一七四，4
8	Sc-160	豆青釉碗底残片	1	杂彩	Fa	道光		√	日用	残长12.3、残宽9.2、底径6.5、下腹胎壁厚0.2～0.9	青花方形变体文字六字三行款"大清道光年制"		图版一七四，5
9	Sc-164	豆青釉碗底残片	1	杂彩	Fa	道光		√	日用	残长12.1、残宽6.9、底径6.5、下腹胎壁厚0.3～0.9	青花方形变体文字六字三行款"大清道光年制"		图版一七五，1
10	Sc-168	豆青釉碗底残片	1	杂彩	Fb	道光		√	日用	残长8.8、残宽4.3、底径5、下腹胎壁厚0.4～0.8	青花方形变体六字三行文字款"大清道光年制"		图版一七五，2
11	Sc-161	豆青釉碗底残片	1	杂彩	Fb	道光		√	日用	残长10、残宽6、底径5.1、下腹胎壁厚0.3～0.7	青花方形变体文字六字三行款"大清道光年制"		图版一七五，3
合计			11										

Sc-160号豆青釉碗底残片，残长12.3、残宽9.2、底径6.5、下腹胎壁厚0.2～0.9厘米。从形制、胎质、施釉、制作工艺，以及碗底所署的青花方形变体文字款"大清道光年制"等特点判断，该标本原器及其所代表的Fb型豆青釉碗应属清道光时期景德镇民窑烧制的产品无疑（图一六四，1；图版一七四，5）。

Sc-164号，豆青釉碗底残片，1件，碗底署青花方形变体篆书六字三行款"大清道光年制"，外围青花单方栏（图版一七五，1）。

Fb型　2件（表八六）。标本编号分别为：Sc-168、Sc-161号。

基本特征是：均无较完整器形，皆为碗底残片，圈足较矮，挖足稍过肩，圈足直径较小，碗底署款与Fa型一致，亦为"大清道光年制"。可以Sc-168号标本为例来说明Fb型豆青釉碗的基本特征。

Sc-168号，豆青釉碗底残片，1件。口沿已完全无存，腹部大部残失，仅残存下腹部局部与圈足连接。圈足大部分尚存，并有完整的款识。从断茬剖面可以看出，胎为灰白胎，内含较多杂质和小灰点。下腹部和碗底胎壁较厚，下腹部胎壁厚0.4～0.8、碗底厚0.7厘米。圈足底径为4.9厘米。圈足较深，挖足稍过肩，外墙高0.6、内墙内凹（高）0.8厘米。圈足底边素胎裸露，不施釉。内、外壁均施豆青釉，釉层较厚，釉面润泽发亮，光素无纹。圈足内底中央署有青花方形变体文字六字三行款"大清道光年制"，外围青花单方栏。

Sc-168号豆青釉碗底残片，残长8.8、残宽4.3、底径5、下腹胎壁厚0.4～0.8厘米。从形制、胎质、施釉、制作工艺和碗底所署的青花方形变体文字款等特点判断，该标本原器及其所代表的C型豆青釉碗应属清道光时期景德镇民窑烧制的产品无疑（图一六四，2；图版一七五，2）。

Sc-161号，豆青釉碗底残片，1件，碗底署有青花方形变体篆书六字三行款"大清道光年制"，外围青花单方栏（图版一七五，3）。

（2）盘

6件（表八七）。包括：A型1件；B型2件；Ca型2件；Cb型1件。

A型　1件。标本编号为：Sc-163号。

Sc-163号，豆青釉盘底残片，1件。胎为白胎，质地坚致，内含少量小灰点。下腹部近盘底处胎壁厚0.4～0.8厘米。除圈足内底施青白釉外，其余内、外壁和圈足外墙表面均施豆青釉。釉层较厚，釉面细润亮泽。内、外壁均素面无纹。只在圈足内底署青花方形篆体六字三行纪年款"大清嘉庆年制"，外围青花单方栏。

Sc-163号豆青釉盘底残片，残长18.6、残宽10.5、底径14、下腹胎壁厚0.4～0.8厘米。从残存的形制、胎质、施釉、制作工艺，以及盘底所署的青花方形篆体六字三行纪年款"大清嘉庆年制"的格式和字迹等特点判断，该标本原器应属清嘉庆时期景德镇民窑烧制的产品无疑（图一六四，3；图版一七五，4）。

B型　2件。标本编号分别为：Sc-169、Sc-193号。

基本特征是：这是一款小号浅腹盘。侈口，斜曲腹，浅腹，矮圈足，足底尖圆。可以Sc-169

号标本为例来说明B型豆青釉盘的基本特征。

Sc-169号，豆青釉盘残件，1件。该标本口沿、腹壁已大部残失，现仅存口沿不足1/6、腹壁不足1/5、圈足约3/5的部位。侈口，方圆唇，唇沿涂一圈酱色釉。斜曲腹，浅腹，下接矮圈足，挖足平肩，内、外墙高均为0.5厘米。胎为白胎，质地坚致，较纯净。胎壁厚度适中，近口沿处厚0.2、近盘底处厚0.5厘米。除圈足内底施青白釉外，内、外壁皆素面。唯在圈足内底署青花方形篆体六字三行纪年款"大清嘉庆年制"，外围青花单方栏。

Sc-169号豆青釉盘残件，口径14、底径7.4、通高2.5、残长9.9、残宽7.3、胎壁厚0.2~0.5厘米。从残存的形制、胎质、施釉、制作工艺，以及盘底所署的青花方形篆体六字三行纪年款"大清嘉庆年制"的格式和字迹等特点判断，该标本原器及其所代表的B型豆青釉盘应属清嘉庆时期景德镇民窑烧制的产品（图一六四，4；图版一七五，5）。

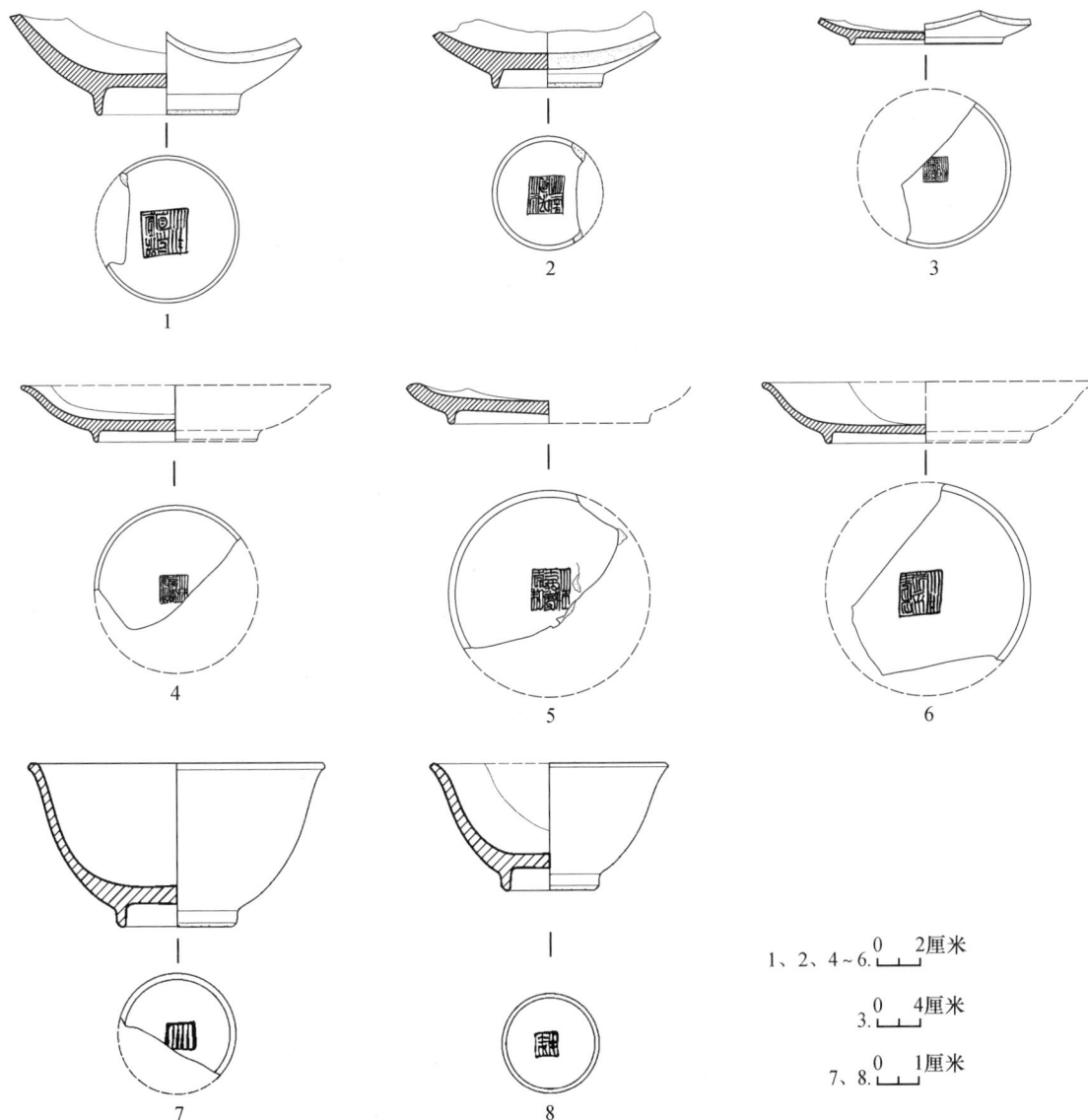

图一六四 上下天光遗址出土民窑器

1. 豆青釉碗底残片（Sc-160） 2. 豆青釉碗底残片（Sc-168） 3. 豆青釉盘底残片（Sc-163） 4. 豆青釉盘残件（Sc-169）
5. 豆青釉盘底残片（Sc-165） 6. 豆青釉盘残件（Sc-190） 7. 豆青釉酒盅残件（Sc-205） 8. 豆青釉酒盅残件（Sc-212）

Sc-193号，豆青釉盘底残片，1件，盘底署青花方形篆体六字三行纪年款"大清嘉庆年制"，外围青花单方栏（图版一七六，1）。

Ca型　2件。标本编号分别为：Sc-165、Sc-198号。

基本特征是：微侈口，小号浅腹盘。斜曲腹，浅腹近平，矮圈足，捉手平肩。可以Sc-165号标本为例来说明Ca型豆青釉盘的基本特征。

Sc-165号，豆青釉盘底残片，1件。口沿已无存，腹壁上部也大部残失，现仅存腹壁下半部与2/3的圈足。从残存部分可以看出，此盘为小号浅腹盘，斜曲腹，接矮圈足，挖足平肩，内、外墙同高，均为0.5厘米。底边素胎裸露，不施釉。圈足直径为9.1厘米。胎为白胎，质地坚致，胎壁较厚，下腹部胎壁厚0.4～0.7厘米。除圈足内底施青白釉外，其余内、外壁和圈足外墙表面均施豆青釉，釉层较厚，釉面光洁，但圈足内底有开裂疵点。内、外壁均素面，唯在圈足内底署青花方形篆体六字三行纪年款"大清嘉庆年制"，外无青花单方栏。

Sc-165号豆青釉盘底残片，残长9.5、残宽7.8、底径9.1、下腹部胎壁厚0.4～0.7厘米。从形制、胎质、施釉、制作工艺，以及盘底所署的青花方形篆体六字三行纪年款的格式和字迹等特点判断，该标本原器及其所代表的Ca型豆青釉盘应属清嘉庆时期景德镇民窑烧制的产品（图一六四，5；图版一七六，2）。

Sc-198号，豆青釉盘底残片，1件，盘底署青花方形变体文字六字三行纪年款"大清嘉庆年制"，外围青花单方栏（图版一七六，3）。

Cb型　1件。标本编号为：Sc-190号。

基本特征是：侈口，尖圆唇，唇沿涂一圈酱色釉，口沿外刻槽一圈。斜曲腹，腹较浅。圈足较矮，挖足平肩。

Sc-190号，豆青釉盘残件，1件。该标本口沿、腹壁已残失2/3，尚保留1/3，还留有多半圈足。胎为白胎，质地纯净、坚致。胎壁较薄，近口沿处厚0.2、近盘底处厚0.4厘米。圈足内、外墙等高，均为0.5厘米。圈足内底施青白釉，内、外壁和圈足外墙均施豆青釉，釉层较厚，釉面光洁润泽。圈足内底署青花方形变体文字三行款，字义不识，外围青花单方栏。

Sc-190号豆青釉盘残件，口径15、底径9.4、通高3.1、胎壁厚0.2～0.4厘米。从形制、胎质、施釉、制作工艺，以及盘底所署青花方形变体文字款识的样式等特点判断，该标本原器应属清嘉道时期景德镇民窑烧制的产品（图一六四，6；图版一七六，4）。

（3）酒盅

2件（表八七）。包括：A型1件；B型1件。

A型　1件。标本编号为：Sc-205号。

Sc-205号，豆青釉酒盅残件，1件。该标本从口沿、腹壁至圈足已残失一半，尚保留一多半。大侈口，口径7厘米。尖圆唇，唇沿涂一圈酱色釉，口沿外刻槽一圈。体形较高，通高3.6厘米。斜曲腹，深腹，从口沿至盅心垂直深度为2.8厘米。圈足较小，直径为2.7厘米。挖足过肩，外墙较矮，高度仅为0.4厘米，内墙下凹（高）为0.6厘米。胎为白胎，质地细腻、坚致、纯净、无杂质。胎壁厚度适中，近口沿处厚0.15、近圈足处厚0.5厘米。圈足底边素胎裸露，不施釉。内壁和圈足内底均施青白釉，外壁和圈足外墙均施豆青釉。内、外壁均素面无纹。唯在圈足内底署青花方形图记符号款。

Sc-205号豆青釉酒盅残件，口径7、底径2.7、通高3.6、胎壁厚0.15～0.5厘米。从形制、胎质、施釉、制作工艺，以及圈足内底所署的青花方形图记符号款的样式等特点判断，该标本原器应属清中期景德镇民窑烧制的产品（图一六四，7；图版一七六，5）。

B型　1件。标本编号为：Sc-212号。

Sc-212号，豆青釉酒盅残件，1件。该标本口沿、腹壁大部分已残失无存。现仅存约2/5，圈足尚得保持完整。侈口特点虽然保留，但不如A型侈口程度大，口径也不及A型的大。该型口径只有5.4厘米。器高只有3.1厘米，也比A型者矮了不少，圈足直径只有2.2厘米，也比A型者缩小了一些。总之，B型虽然在形制、胎质、施釉、制作工艺，甚至在款识类型上，都与A型者大致相同，也在圈足内底署有青花方形图记符号款，但在规格上却比A型者小了一号。所以将其举例为B型，以示与A型者有所区别。

Sc-212号豆青釉酒盅残件，口径5.4、底径2.2、通高3.1、胎壁厚0.15～0.5厘米。从标本形制特征与其所署青花方形图记符号款样式特点的考察可以初步判定，该标本原器应与A型者属于同一时期，同一窑属，即也是清中期景德镇民窑烧制的产品（图一六四，8；图版一七六，6）。

表八七　上下天光遗址出土民窑瓷器可分型的重点标本——A至C型豆青釉盘与A、B型豆青釉酒盅残件和残片统计表

序号	标本编号	器物名称	数量	瓷类	分型	年代	窑属性质 官	窑属性质 民	用项	规格（厘米）	款识 种类	款识 图示	图版
1	Sc-163	豆青釉盘底残片	1	杂彩	A	嘉庆		√	日用	残长18.6、残宽10.5、底径14、下腹胎壁厚0.4～0.8	青花篆体六字三行纪年款"大清嘉庆年制"		图版一七五，4
2	Sc-169	豆青釉盘残件	1	杂彩	B	嘉庆		√	日用	口径14、底径7.4、通高2.5、残长9.9、残宽7.3、胎壁厚0.2～0.5	青花篆体六字三行纪年款"大清嘉庆年制"		图版一七五，5
3	Sc-193	豆青釉盘底残片	1	杂彩	B	嘉庆		√	日用	残长8.1、残宽4.5、底径8.9、下腹胎壁厚0.5～0.6	青花篆体六字三行纪年款"大清嘉庆年制"		图版一七六，1
4	Sc-165	豆青釉盘底残片	1	杂彩	Ca	嘉庆		√	日用	残长9.5、残宽7.8、底径9.1、下腹胎壁厚0.4～0.7	青花篆体六字三行纪年款"大清嘉庆年制"		图版一七六，2

序号	标本编号	器物名称	数量	瓷类	分型	年代	窑属性质 官	窑属性质 民	用项	规格（厘米）	款识 种类	款识 图示	图版
5	Sc-198	豆青釉盘底残片	1	杂彩	Ca	嘉庆		√	日用	残长8.8、残宽5.6、底径8.1、下腹胎壁厚0.5~0.6	青花方形变体文字六字三行款"大清嘉庆年制"		图版一七六，3
6	Sc-190	豆青釉盘残件	1	杂彩	Cb	嘉道		√	日用	口径15、底径9.4、通高3.1、胎壁厚0.2~0.4	青花方形变体文字款，字义不识		图版一七六，4
7	Sc-205	豆青釉酒盅残件	1	杂彩	A	清中期		√	日用	口径7、底径2.7、通高3.6、胎壁厚0.15~0.5	青花方形图记符号款	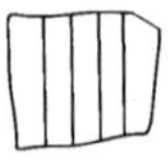	图版一七六，5
8	Sc-212	豆青釉酒盅残件	1	杂彩	B	清中期		√	日用	口径5.4、底径2.2、通高3.1、胎壁厚0.15~0.5	青花方形图记符号款	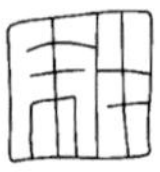	图版一七六，6
合计			8		盘A1，B2、Ca2、Cb1；酒盅A1，B1								

下面分别对上下天光遗址出土的民窑瓷器可分型的杂彩瓷豆青釉碗和盘两种主要器类进行分析，列出表八八和表八九，以对相关问题再做进一步讨论。

表八八　上下天光遗址出土民窑瓷器可分型的重点标本——豆青釉碗的分型、年代及数量占比情况归纳表

分型及每型数量	年代	合计（件）	占可分型豆青釉瓷器总数（30）的百分比	占可分型的豆青釉碗总数（22）的百分比
Aa1，Ab1，B8，C1	嘉庆	11	36.67%	50%
D1，Ea1，Eb1，Ec4	嘉道	7	23.33%	31.82%
Fa2，Fb2	道光	4	13.33%	18.18%
合计		22	73.33%	100%

从表八八的归纳结果可以看出：

第一，上下天光遗址出土的民窑可分型的杂彩瓷豆青釉碗的出土数量为22件，出土量较大，占比较高，占该遗址可分型豆青釉瓷器总数（30）的73.33%，近3/4。

第二，从出土的豆青釉碗的存续年代看，其早期标本始于清嘉庆时期，晚期标本止于道光

时期，存续年限只经历清代中晚期两朝，前后不过54年（1796～1850年），时限相对较短。

第三，从分型种类和数量看，共分为10型，种类丰富，是上下天光遗址可分型的3类民窑豆青釉瓷器中分型种类与数量最丰富，占比也最高的器形。

第四，从分型、数量占比与年代关系考察，豆青釉碗较早的标本在嘉庆时期就出现4型11件，包括：Aa型1件，Ab型1件，B型8件，C型1件。已占到该遗址可分型的民窑豆青釉碗总数（22）的50%。较此略晚属嘉道之际的标本，又有4型7件，包括：D型1件，Ea型1件，Eb型1件，Ec型4件。晚期（清晚期前段）——道光时期又有2型4件：Fa型2件，Fb型2件。

这表明，豆青釉碗在嘉庆时期和嘉道之际的这段时间曾获得空前的发展和很多创新。单在这一时期，就涌现出8个型别，占到该遗址可分型的民窑豆青釉碗分型种类总数（10型）的80%。这种情况在其他瓷类中都是罕见的。但到道光时期，豆青釉碗只存在2型4件，比嘉庆和嘉道之际减少了很多，明显呈现出开始走下坡路的衰落之势。

第五，在上下天光遗址出土的22件可分型的民窑豆青釉碗的10种分型中，出土数量最多的属嘉庆时期的B型，共有8件，比其他型别的出土数量分别高出2至7倍，据此可认为，B型豆青釉碗应是嘉庆时期民窑豆青釉碗中较为普及和流行的器形。另外，嘉道时期，Ec型豆青釉碗出土数量为4件，这在嘉道之际4个型别中是出土数量最高、最突出的一个型别，故也有理由认为，Ec型可能是嘉道之际民窑豆青釉碗另一个较为普及和流行的器形。

表八九　上下天光遗址出土民窑瓷器可分型的重点标本——豆青釉盘的分型、年代及数量占比情况归纳表

分型及每型数量	年代	合计	占可分型豆青釉瓷器总数（30）的百分比	占可分型的豆青釉盘总数（6）的百分比
A1，B2，Ca2	嘉庆	5	16.67%	83.33%
Cb1	嘉道	1	3.33%	16.67%
总计		6	20%	100%

从表八九的归纳结果可以看出：

第一，上下天光遗址出土的民窑可分型的豆青釉盘的出土数量为6件，这在可分型的瓷器类别中出土数量是较少的，其仅占上下天光遗址可分型豆青釉瓷器出土总数（30）的20%，即1/5。按理说，该出土量和占比是不具备为"归纳"和讨论资质的，但由于该遗址出土的豆青釉瓷器可分型的器类较少，只有三种：碗、盘、酒盅。碗已讨论过，豆青釉酒盅的数量比豆青釉盘更少，只有2件，更不具备讨论资质。为尽量多捕捉到一点历史信息，还原考古资料本来应有的历史价值，我们还是以一种珍惜和敬畏的心情，重新拿起了本已放弃的豆青釉盘这项资料，尝试做一下归纳。

第二，豆青釉盘的存续年代在清嘉庆时期至嘉道之际，前后不过50年左右，时限相对较短。

第三，从分型种类和数量看，共分4型，总体看不算丰富，但也不算太少，属于一般情况。

第四，从分型、数量占比与年代关系考察，豆青釉盘较早的标本在嘉庆时期，出现了3型5件，包括：A型1件，B型2件，Ca型2件。在型别种类上占到该遗址可分型豆青釉盘分型种类总数（4型）的3/4；在型别数量上占到该遗址可分型豆青釉盘出土总数（6）的83.33%，这个

占比是相当高的。而到嘉道之际，其分型种类和数量只有1型1件（即Cb型1件），这较嘉庆时期的占比明显减少，只占到该遗址可分型豆青釉盘分型种类总数的1/4。

这表明民窑可分型的豆青釉盘在嘉庆时期是处于上升和发展时期；但到了嘉道之际，形势却发生了变化，豆青釉盘的设计和生产开始走下坡路，并由此跌入衰落。

第五，民窑可分型的豆青釉盘是否存在流行器形问题。因为民窑可分型的豆青釉盘在上下天光遗址出土数量较少，已发现的4个型别加在一起才6件，其中只有2型各出2件，另外2型只各出1件。在这样的出土总量和单项数值占比的情况下，很难看出其中哪一型是属于流行器形。很明显，这项基础资料的条件，目前还不能满足讨论问题的需要。

3. 粉彩瓷

3件。皆为豆青釉粉彩寿桃纹碗残件或残片，可分为三型（表九○）。包括：A型1件；B型1件；C型1件。

A型　1件。标本编号为：Sc-117号。

Sc-117号，豆青釉粉彩寿桃纹碗底残片，1件。口沿、腹壁上部已残失无存，仅存腹壁下半部局部和圈足局部，下腹圆曲，圈足较高，挖足过肩。其圈足规格是现存A、B、C三型碗中最大的。从断茬剖面可以看出，胎为白胎，内含少量小灰点。胎壁较薄，腹壁偏上部厚0.35、近碗底处厚0.6厘米。下腹圆曲，接高圈足。圈足挖足过肩，外墙高0.8、内墙下凹（高）1.2厘米。内壁和圈足内底均施青白釉；外壁和圈足外墙均施豆青釉，釉层较厚，釉面润洁亮泽。圈足底边素胎裸露，不施釉。内壁素面，外壁表面绘主题纹饰——粉彩寿桃纹。圈足内底署青花方形篆体六字三行纪年款"大清乾隆□制"，外无青花单方栏。

Sc-117号豆青釉粉彩寿桃纹碗底残片，底径5.43、残高5.43、胎壁厚0.35～0.6厘米。从形制、胎质、施釉、主题纹饰设计、绘画风格，以及碗底所署的青花方形篆体六字三行纪年款的格式和字迹特点判断，该标本原器应属清乾隆时期景德镇民窑烧制的产品无疑（图一六五，1；图版一七七，1）。

B型　1件。标本编号为：Sc-042号。

Sc-042号，豆青釉粉彩寿桃纹碗残件，1件。侈口，圆唇，唇沿涂一圈酱色釉，沿下外侧刻槽一圈。斜曲腹，腹深中等，从口沿至碗心的垂直深度为5.2厘米。圈足较高，挖足过肩，外墙高0.7、内墙下凹（高）0.9厘米。圈足直径为5.4厘米，规格小于A型，但又大于C型。圈足底边素胎裸露，不施釉。其胎质、施釉，包括主题纹饰设计内容和基本表现形式都与A型相似，不再赘述。有差异之处在于胎壁厚度和款识。Sc-042号标本的胎壁厚度在0.2～0.7厘米；圈足内底所署的款识是青花方形变体文字款（上部残失，根据下部遗留字迹，推测原款为六字三行款），具体文字应是"大清嘉庆年制"，外无青花单方栏。

Sc-042号豆青釉粉彩寿桃纹碗残件，口径14.4、底径5.4、通高6.4、胎壁厚0.2～0.7厘米。从形制、胎质、施釉、主题纹饰设计、绘画风格，以及碗底所署的青花方形变体文字款的格式和字迹等特点判断，该标本原器应属清嘉庆时期景德镇民窑烧制的产品无疑（图一六五，2；图一七七，2）。

C型　1件。标本编号为：Sc-200号。

Sc-200号，豆青釉粉彩寿桃纹碗残件，1件。规格上比B型者又小一号。虽然在形制特点上，如侈口，唇沿涂一圈酱色釉，口沿外侧刻槽一圈，斜曲腹，圈足略高，挖足过肩，还有施釉、主题纹饰设计等方面都与B型者相似，无须赘述；但口径、器高、腹深、圈足直径、圈足墙高等规格大小却均小于B型各项指数。如口径，本型为11、B型为14.4厘米；器高，本型为5.5、B型为6.4厘米；腹深，本型自口沿至碗心的垂直深度为4.4、而B型为5.2厘米；圈足直径，本型为3.7、B型为5.4、A型为5.43厘米；圈足内、外墙高，本型外墙高为0.6、B型外墙高0.7、A型外墙高为0.8厘米；内墙，本型内墙下凹（高）为0.8、B型下凹（高）为0.9、A型下凹（高）为1.2厘米。这就是说，C型碗是A、B、C三型碗中口径和底径最小，通高和圈足高度最矮，圈足内墙下凹最浅，腹深也最浅的一款小号碗。根据这些差别，将此型碗单独列为C型，以示其与A、B二型碗在型号、规格方面的不同。此外，本型圈足内底所署的款识类型和字迹内容也与A、B二型的不同。本型署的是规格很小的青花方形图记符号款，外围青花单方栏，青花单方栏内自左至右读有"道光"二字可识。

Sc-200号豆青釉粉彩寿桃纹碗残件，口径11、底径3.7、通高5.5、胎壁厚0.15～0.7厘米。从形制、规格、胎质、施釉、主题纹饰设计、绘画风格，以及碗底所署的青花方形图记符号款中有"道光"年号标识的字迹等特点判断，该标本原器应属道光时期景德镇民窑烧制的产品（图一六五，3；图版一七七，3）。

表九〇　上下天光遗址出土民窑瓷器可分型的重点标本——A至C型粉彩碗残件和残片统计表

序号	标本编号	器物名称	数量	瓷类	分型	年代	窑属性质		用项	规格（厘米）	款识		图版
							官	民			种类	图示	
1	Sc-117	豆青釉粉彩寿桃纹碗底残片	1	粉彩	A	乾隆		√	日用	底径5.43、残高5.43、胎壁厚0.35～0.6	青花方形篆体六字三行纪年款"大清乾隆□制"		图版一七七，1
2	Sc-042	豆青釉粉彩寿桃纹碗残件	1	粉彩	B	嘉庆		√	日用	口径14.4、底径5.4、通高6.4、胎壁厚0.2～0.7	青花方形变体文字款"大清嘉庆年制"		图版一七七，2
3	Sc-200	豆青釉粉彩寿桃纹碗残件	1	粉彩	C	道光		√	日用	口径11、底径3.7、通高5.5、胎壁厚0.15～0.7	青花方形图记符号款"道光"		图版一七七，3
	合计		3										

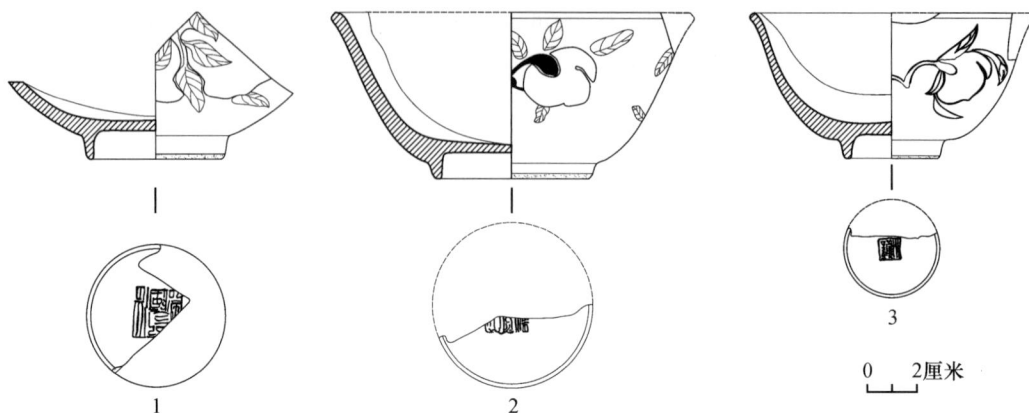

图一六五　上下天光遗址出土民窑器

1.豆青釉粉彩寿桃纹碗底残片（Sc-117）　2.豆青釉粉彩寿桃纹碗残件（Sc-042）　3.豆青釉粉彩寿桃纹碗残件（Sc-200）

不可分型的一般标本

42件。包括：青花瓷18件，杂彩瓷12件，粉彩瓷12件。这一部分瓷器残件和残片资料，将不再作具体文字描述，而是以统计表的方式，将每件标本的相关信息资料，包括款识插图及标本图版，均收录其中，以供再研究时查阅与参考。该统计表以瓷类、器类及其年代先后为序进行编排，以求条理清楚，方便查阅。

1.青花瓷

18件。共包括10种器形：①碗，3件；②罐，4件；③器盖，3件；④盘口瓶，1件；⑤杯，1件；⑥鸟食罐，1件；⑦盘，2件；⑧盆，1件；⑨瓶，1件；⑩盏托，1件。依次介绍如下。

（1）碗

3件（表九一）。

Sc-220号，青花花卉纹碗底残片，1件。年代为清雍乾时期，碗底署青花方形图记符号款（图版一七八，1）。

Sc-192号，青花花卉纹碗底残片，1件。年代为清雍乾时期，碗底署青花方形图记符号款（图版一七八，2）。

Sc-120号，青花蓝地莲瓣绿龙纹碗底残片，1件。年代为清乾隆时期（图版一七八，3）。

（2）罐

4件（表九一）。

Sc-121号，青花花卉纹罐残片，1件。年代为清乾隆时期（图版一七九，1）。

Sc-023号，青花凤纹罐残片，1件。年代为清中期（图版一七九，2）。

Sc-053号，青花缠枝莲纹罐残片，1件。年代为清嘉道时期（图版一七九，3）。

Sc-071号，青花花卉纹罐残片，1件。年代为清晚期（图版一七九，4）。

表九一　上下天光遗址出土民窑瓷器不可分型的一般标本——雍乾至嘉道时期青花瓷残片统计表

序号	标本编号	器物名称	数量	瓷类	年代	窑属性质 官	窑属性质 民	用项	规格（厘米）	款识 种类	款识 图示	图版
1	Sc-220	青花花卉纹碗底残片	1	青花	雍乾时期		√	日用	残长9.2、残宽5.9、底径7.1、下腹胎壁厚0.2～0.5	青花方形图记符号款		图版一七八，1
2	Sc-192	青花花卉纹碗底残片	1	青花	雍乾时期		√	日用	残长7.7、残宽5.5、底径6.7、下腹胎壁厚0.3～0.5	青花方形图记符号款		图版一七八，2
3	Sc-120	青花蓝地莲瓣绿龙纹碗底残片	1	青花	乾隆		√	日用	残长5、残宽4.2、底径6.1、下腹胎壁厚0.25～0.5	因残无款		图版一七八，3
4	Sc-121	青花花卉纹罐残片	1	青花	乾隆		√	日用	残长5.1、残宽3.2、胎壁厚0.3～0.4	因残无款		图版一七九，1
5	Sc-023	青花凤纹罐残片	1	青花	清中期		√	日用	残长9.8、残宽6.2、胎壁厚0.3～0.5	因残无款		图版一七九，2
6	Sc-053	青花缠枝莲纹罐残片	1	青花	嘉道时期		√	日用	残长11.3、残宽5、胎壁厚0.5～0.7	因残无款		图版一七九，3
7	Sc-071	青花花卉纹罐残片	1	青花	清晚期		√	日用	残长10.7、残宽6.5、胎壁厚0.3～0.6	因残无款		图版一七九，4
8	Sc-108	青花凤纹器盖残片	1	青花	雍乾时期		√	日用	残长8.5、残宽4.8、底径13、胎壁厚0.2～0.4	因残无款		图版一七九，5
9	Sc-128	青花凤纹器盖残片	1	青花	雍乾时期		√	日用	残长7.1、残宽4.2、底径14.2、胎壁厚0.2～0.4	因残无款		图版一七九，6
10	Sc-079	青花缠枝莲纹器盖残片	1	青花	雍乾时期		√	日用	残长10、残宽8.4、胎壁厚0.2～0.5	因残无款		图版一八〇，1
合计			10									

（3）器盖

3件（表九一）。

Sc-108号，青花凤纹器盖残片，1件。年代为清雍乾时期（图版一七九，5）。

Sc-128号，青花凤纹器盖残片，1件。年代为清雍乾时期（图版一七九，6）。

Sc-079号，青花缠枝莲纹器盖残片，1件。年代为清雍乾时期（图版一八〇，1）。

（4）盘口瓶

1件（表九二）。

Sc-050号，青花花卉回字纹盘口瓶残片，1件。年代为清乾隆时期（图版一八〇，2）。

（5）杯

1件（表九二）。

Sc-226号，青花鱼藻纹杯残件，1件。年代为清乾隆时期，杯底署青花"万字结"款（图版一八〇，3）。

（6）鸟食罐

1件（表九二）。

Sc-051号，青花鸟食罐残件，1件。年代为清中期（图版一八〇，4）。

（7）盘

2件（表九二）。

Sc-204号，青花盘底残片，1件。盘心原绘有青花纹饰，但因遭大火焚烧，将杂质和土锈等和盘心纹饰烧结在一起，无法剥离，故不知原纹饰的具体内容。年代为清嘉道时期，盘底署青花方形图记符号款（图版一八〇，5）。

Sc-145号，青花缠枝莲纹盘底残片，1件。年代为清嘉道时期（图版一八一，1）。

表九二　上下天光遗址出土民窑瓷器不可分型的一般标本——乾隆至嘉道时期青花瓷残件和残片统计表

序号	标本编号	器物名称	数量	瓷类	年代	窑属性质 官	窑属性质 民	用项	规格（厘米）	款识 种类	款识 图示	图版
1	Sc-050	青花花卉回字纹盘口瓶残片	1	青花	乾隆		√	日用	口径10.8、残高5.5、胎壁厚0.3～0.4	因残无款		图版一八〇，2
2	Sc-226	青花鱼藻纹杯残件	1	青花	乾隆		√	日用	口径6.9、底径3、通高3.2、胎壁厚0.1～0.5	青花"万字结"款		图版一八〇，3
3	Sc-051	青花花卉鸟食罐残件	1	青花	清中期		√	日用	口径6.1、底径5.9、通高4.1、胎壁厚0.25～0.3	无款		图版一八〇，4
4	Sc-204	青花盘底残片	1	青花	嘉道时期		√	日用	残长6.2、残宽5.3、盒底胎壁厚0.7	青花方形图记符号款		图版一八〇，5
5	Sc-145	青花缠枝莲纹盘底残片	1	青花	嘉道时期		√	日用	残长8.5、残宽6.4、盘底胎壁厚0.4～0.7	无款		图版一八一，1
6	Sc-138	青花缠枝牡丹纹盆残片	1	青花	嘉道时期		√	日用	残长8.3、残宽6.4、胎壁厚0.4～0.7	因残无款		图版一八一，2
7	Sc-092	青花缠枝莲纹瓶残片	1	青花	嘉道时期		√	日用	残长8、残宽6.7、胎壁厚0.4～0.7	因残无款		图版一八一，3
8	Sc-099	青花福山寿海盏托残件	1	青花	嘉道时期		√	日用	口径11、底径4.4、通高3.7、胎壁厚0.1～0.5	青花四字花押纹样款，大部残失		图版一八一，4
	合计		8									

（8）盆

1件（表九二）。

Sc-138号，青花缠枝牡丹纹盆残片，1件。年代为清嘉道时期（图版一八一，2）。

（9）瓶

1件（表九二）。

Sc-092号，青花缠枝莲纹瓶残片，1件。年代为清嘉道时期（图版一八一，3）。

（10）盏托

1件（表九二）。

Sc-099号，青花福山寿海盏托残件，1件。年代为清嘉道时期，圈足内底署青花四字花押纹样款，大部残失（图版一八一，4）。

2. 杂彩瓷

12件。共包括6类不同颜色釉和5种不同器形。6类不同颜色釉分别是：①豆青釉；②霁红釉；③酱釉；④仿哥釉；⑤霁蓝釉；⑥白釉。5种不同器形是：①碗；②羹匙；③盏托；④盂（？）；⑤盒。现按不同颜色釉的排序顺序，依次介绍如下。

（1）豆青釉

3件（表九三）。包括：碗底残片2件，羹匙残片1件。

Sc-156号，外豆青内青花团花纹碗底残片，1件。年代为明末清初，碗底粘砂，署青花植物纹样款，外围青花双线圈（图版一八一，5）。

Sc-139号，外豆青内青花阴阳鱼纹碗底残片，1件。年代为清康熙时期，碗底署青花方形图记符号款，外围青花双线圈，残失一半（图版一八二，1）。

Sc-153号，豆青釉羹匙残片，1件。年代为清嘉庆时期，匙底署青花图记符号款（图版一八二，2）。

（2）霁红釉

2件（表九三）。包括碗底残片1件；盏托底部残片1件。

Sc-024号，霁红釉碗底残片，1件。年代为清乾嘉时期（图版一八二，3）。

Sc-039号，霁红釉盏托底部残片，1件。年代为清乾嘉时期（图版一八二，4）。

（3）酱釉

1件（表九三）。

Sc-216号，酱釉碗底残片，1件。年代为清乾嘉时期，碗底署青花方形图记符号款，外围青花双线圈（图版一八三，2）。

（4）仿哥釉

1件（表九二）。

Sc-124号，仿哥釉盂（？）残片，1件。年代为清乾嘉时期（图版一八三，1）。

表九三　上下天光遗址出土民窑瓷器不可分型的一般标本——明末清初至清嘉庆时期杂彩瓷残片统计表

序号	标本编号	器物名称	数量	瓷类	年代	窑属性质 官	窑属性质 民	用项	规格（厘米）	款识 种类	款识 图示	图版
1	Sc-156	外豆青内青花团花纹碗底残片	1	杂彩	明末清初		√	日用	残长9.2、残宽5.7、底径6.2、下腹胎壁厚0.2～0.5	青花植物纹样款，外围青花双线圈		图版一八一，5
2	Sc-139	外豆青内青花阴阳鱼纹碗底残片	1	杂彩	康熙		√	日用	残长7.3、残宽3.6、底径5、下腹胎壁厚0.2～0.4	青花方形图记符号款，外围青花双线圈		图版一八二，1
3	Sc-153	豆青釉羹匙残片	1	杂彩	嘉庆时期		√	日用	口径5.3～5.5、残长8.4、残高3.1	青花图记符号款		图版一八二，2
4	Sc-024	霁红釉碗底残片	1	杂彩	乾嘉时期		√	日用	残长11.8、残宽10、底径5.6、下腹胎壁厚0.3～0.8	无款		图版一八二，3
5	Sc-039	霁红釉盏托底部残片	1	杂彩	乾嘉时期		√	日用	残长6.9、残宽6.6、底径3.8、下腹胎壁厚0.25～0.5	无款		图版一八二，4
6	Sc-216	酱釉碗底残片	1	杂彩	乾嘉时期		√	日用	残长8.6、残宽5.1、底径4.3、下腹部胎壁厚0.3～0.8	青花方形图记符号款，外围青花双线圈		图版一八三，3
7	Sc-124	仿哥釉盂（？）残片	1	杂彩	乾嘉时期		√	日用	残长5.1、残宽4.7、胎壁厚0.3～0.7	因残无款		图版一八三，1
8	Sc-112	霁蓝釉碗残片	1	杂彩	清中期		√	日用	口径11.5、残长8.6、残宽5.3、胎壁厚0.2～0.6	因残无款		图版一八三，4
	合计		8									

（5）霁蓝釉

1件（表九三）。

Sc-112号，霁蓝釉碗残片，1件。年代为清中期（图版一八三，4）。

（6）白釉

4件（表九四）。包括：淡黄白釉碗底残件1片；白釉碗底残片2件；白釉盒底残件1件。

Sc-172号，淡黄白釉碗底残片，1件。年代为清乾隆时期，碗底署有景德镇民窑于乾隆时期仿明成化青花楷体六字双行伪托纪年款“□□□化年制”，外围青花双线圈（图版一八三，2）。

Sc-038号，白釉碗底残片，1件。年代为清中期，碗底署有景德镇民窑于清中期仿明成化青花楷体六字双行伪托款纪年款“大明成化年制”，外围青花双线圈（图版一八四，1）。

Sc-175号，白釉碗底残片，1件。年代为清中期，碗底署有景德镇民窑于清中期仿明成化青花楷体六字双行伪托款“大明□化年□”，外围青花双线圈（图版一八四，2）。

Sc-093号，白釉盒底残件，1件。年代为清中期，盒底署有景德镇民窑于清中期仿明成化青花楷体四字双行伪托纪年款“成化年制”，外无青花双线圈（图版一八四，3）。

表九四 上下天光遗址出土民窑瓷器不可分型的一般标本——乾隆至道光时期杂彩瓷残件和残片统计表

序号	标本编号	器物名称	数量	瓷类	年代	窑属性质 官	窑属性质 民	用项	规格（厘米）	款识 种类	款识 图示	图版
1	Sc-172	淡黄白釉碗底残片	1	杂彩	乾隆		√	日用	残长5.5、残宽4.6、底径6.6、下腹部胎壁厚0.3～0.4	乾隆仿成化伪托纪年款"□□□化年制"		图版一八三，2
2	Sc-038	白釉碗底残片	1	杂彩	清中期		√	日用	残长5.7、残宽3.5、底径4.4、下腹部胎壁厚0.3～0.4	清中期仿成化伪托纪年款"大明成化年制"		图版一八四，1
3	Sc-175	白釉碗底残片	1	杂彩	清中期		√	日用	残长6.2、残宽3.3、底径5、下腹部胎壁厚0.3	清中期仿成化伪托纪年款"大明□化年□"		图版一八四，2
4	Sc-093	白釉盒底残件	1	杂彩	清中期		√	日用	口径6.2、底径6.5、通高2.1、胎壁厚0.4、底厚0.3	清中期仿成化四字伪托纪年款"成化年制"		图版一八四，3
合计			4									

3. 粉彩瓷

12件（表九五）。共包括4种器形：①碗，9件；②茶碗盖，1件；③盏托，1件；④杯，1件。现依次介绍如下。

（1）碗

9件。

Sc-089号，粉彩白地绿龙纹碗残片，1件。年代为清乾隆时期（图版一八五，1）。

Sc-134号，粉彩花卉纹碗底残片，1件。年代为清乾隆时期，碗底署清乾隆时期景德镇民窑仿明成化青花楷体六字双行纪年款"大□□化年□"，外围青花双线圈（图版一八五，2）。

Sc-055号，粉彩花卉婴戏图碗残件，1件。年代为清乾隆时期，碗底署乾隆时期景德镇民窑仿明成化青花楷体六字双行伪托纪年款"□□□化□□"，外围青花双线圈（图版一八五，3）。

Sc-202号，矾红粉彩花卉团寿纹碗残片，1件。年代为清乾隆时期（图版一八五，4）。

Sc-144号，粉彩梅花纹碗残片，1件。年代为清乾隆时期（图版一八五，5）。

Sc-082号，粉彩福寿纹碗残件，1件。年代为清乾隆时期，碗底署乾隆时期景德镇民窑朱书楷体四字双行堂名款"彩华堂制"（图版一八六，1）。

Sc-113号，粉彩竹叶纹碗残片，1件。年代为清乾隆时期，碗底署红色植物纹样款（图版一八六，2）。

Sc-058号，粉彩花间寿纹碗残片，1件。年代为清嘉庆时期，碗底署嘉庆时期景德镇民窑青花篆体三行纪年款"大清□庆□制"（图版一八七，2）。

Sc-047号，粉彩牡丹纹碗残片，1件。年代为清道光时期（图版一八七，1）。

（2）茶碗盖

1件。

Sc-130，粉彩福寿纹茶碗盖残件，1件。年代为清乾嘉时期（图版一八七，3）。

表九五　上下天光遗址出土民窑瓷器不可分型的一般标本——乾隆至道光时期粉彩瓷残件和残片统计表

序号	标本编号	器物名称	数量	瓷类	年代	官	民	用项	规格（厘米）	款识 种类	款识 图示	图版
1	Sc-089	粉彩白地绿龙纹碗残片	1	粉彩	乾隆		√	日用	残长6、残宽4.7、胎壁厚0.1~0.4	因残无款		图版一八五，1
2	Sc-134	粉彩花卉纹碗底残片	1	粉彩	乾隆		√	日用	残长6.4、残宽4.2、胎壁厚0.3~0.5	乾隆仿明成化青花楷体伪托纪年款"大□□化年□"		图版一八五，2
3	Sc-055	粉彩花卉婴戏图碗残件	1	粉彩	乾隆		√	日用	口径13.5、底径7、通高5.9、胎壁厚0.15~0.5	乾隆仿明成化青花楷体伪托纪年款"□□□化□□"		图版一八五，3
4	Sc-202	矾红粉彩花卉团寿纹碗残片	1	粉彩	乾隆		√	日用	口径11.7、胎壁厚0.1~0.3	因残无款		图版一八五，4
5	Sc-144	粉彩梅花纹碗残片	1	粉彩	乾隆		√	日用	口径14.2、残长7、残宽5.6、胎壁厚0.2~0.8	因残无款		图版一八五，5
6	Sc-082	粉彩福寿纹碗残件	1	粉彩	乾隆		√	日用	口径14.5、底径5.7、通高5.8、胎壁厚0.15~0.4	乾隆朱书楷体四字双行堂名款"彩华堂制"		图版一八六，1
7	Sc-113	粉彩竹叶纹碗残片	1	粉彩	乾隆		√	日用	底径4.2、残高3.7、胎壁厚0.2~0.4	红色植物纹样款		图版一八六，2
8	Sc-058	粉彩花间寿纹碗残片	1	粉彩	嘉庆		√	日用	残长6.2、残宽5、底径4.7、胎壁厚0.15~0.5	青花方形篆体六字三行纪年款"大清□庆□制"		图版一八七，2
9	Sc-047	粉彩牡丹纹碗残片	1	粉彩	道光		√	日用	口径12.9、残长6.2、残宽4.4、胎壁厚0.15~0.2	因残无款		图版一八七，1
10	Sc-130	粉彩福寿纹茶碗盖残件	1	粉彩	乾嘉时期		√	日用	上端捉手直径4.4、下端底沿口径12、通高2.9、胎壁厚0.1~0.4	无款		图版一八七，3
11	Sc-114	粉彩松鼠葡萄纹盏托残片	1	粉彩	乾嘉时期		√	日用	残长8.5、残宽6.5、圈足直径4.9、胎壁厚0.15~0.25	无款		图版一八八，1
12	Sc-033	粉彩描金花卉纹杯残片	1	粉彩	道光		√	日用	残高6.1、残宽5.1、底径3.7、胎壁厚0.1~0.6	朱书篆体四字双行纪年款"道光年制"		图版一八八，2
合计			12									

（3）盏托

1件。

Sc-114号，粉彩松鼠葡萄纹盏托残片，1件。年代为清乾嘉时期（图版一八八，1）。

（4）杯

1件。

Sc-033号，粉彩描金花卉纹杯残片，1件。年代为清道光时期，杯底署道光时期景德镇民窑朱书篆体四字双行纪年款"道光年制"（图版一八八，2）。

以上以统计表的方式介绍了上下天光遗址出土的民窑瓷器不可分型的一般瓷器标本，共三类（青花、杂彩和粉彩）42件资料的概况。为了从瓷类、器类、年代和款识种类及数量方面对该遗址出土的这批不可分型的一般瓷器资料获得进一步的历史信息，现综合每类瓷器的基础资料，再整理出一份三类瓷器主要项目可进行对比的数据归纳表（表九六），以期了解和掌握三类不可分型的民窑瓷器各自具有的特点。

表九六　上下天光遗址出土民窑瓷器不可分型的一般标本瓷类、器类、年代、款识种类及数量统计归纳表

瓷类	出土数量	器类及单项数量（件）	年代及数量	款识种类及数量
青花	18	10类 ①碗3；②罐4；③器盖3；④盘口瓶1；⑤杯1；⑥鸟食罐1；⑦盘2；⑧盆1；⑨瓶1；⑩盏托1	雍乾5 乾隆4 清中期2 嘉道6 清晚期1	①青花方形图记符号款3 ②青花"万字结"款1 ③青花四字花押款1
杂彩（包括6类颜色瓷）	12 （豆青3、霁红2、酱釉1、仿哥釉1、霁蓝1、白釉4）	5类 ①碗8；②羹匙1；③盏托1；④盒底1；⑤盂1	明末清初1 康熙1 乾隆1 乾嘉4 清中期4 嘉庆1	①青花植物纹样款1 ②青花图记符号款3 ③青花伪托纪年款4（含乾隆仿明成化伪托纪年款1；清中期仿明成化伪托纪年款3）
粉彩	12	4类 ①碗9；②茶碗盖1；③盏托1；④杯1	乾隆7 乾嘉2 嘉庆1 道光2	①青花楷体六字三行伪托纪年款2（皆为乾隆仿明成化伪托纪年款） ②乾隆朱书楷体四字双行堂名款"彩华堂制"1 ③乾隆民窑红色植物纹样款1 ④嘉庆青花方形篆体六字三行纪年款"大清□庆□制"1 ⑤道光朱书篆体四字双行纪年款"道光年制"1
合计	42			11种19件

从表九六的归纳结果中，可以得出以下几点初步认识：

第一，从瓷类出土数量上看，不可分型的民窑器一般标本中青花瓷的出土数量最多，其出土量（18）占该遗址出土不可分型民窑器一般标本总数（42）的42.86%；而其余两类瓷器（杂彩瓷和粉彩瓷）出土量相等，各12件，只各占该遗址出土不可分型民窑器一般标本总数（42）

的28.57%。

第二，从三类瓷器所包含的出土器类看，青花瓷共出土10种不同器类，杂彩瓷出土5种不同器类，而粉彩瓷只出土4种不同器类。在器类数量上，仍是青花瓷占据主导地位，其次是杂彩瓷，再次为粉彩瓷。

第三，从器类单项出土数量看，杂彩器和粉彩器中的碗类出土数量较多，前者8件，后者9件，分别占该遗址不可分型的民窑器一般标本总数（42）的19.05%和21.43%，青花瓷器中还未见哪一类器形有超过4件的。

第四，从年代方面考察，上下天光遗址不可分型的民窑器一般标本中，年代最早的并不是青花瓷器，而是杂彩瓷，Sc-156号外豆青内青花团花纹碗可早到明末清初；还有1例外豆青内青花阴阳鱼纹碗（Sc-139号），年代可早到康熙。而青花瓷年代较早的只到雍乾（共5例）；粉彩瓷年代较早的只到乾隆（共7例）。这就是说，三类不可分型的民窑器一般标本中，年代最早可到明末清初、康熙时期的首推杂彩瓷——外豆青内青花碗。

从三类瓷器延续的年限看，杂彩瓷年代上限起自明末清初，年代下限延至嘉庆时期，前后延续约200年。青花瓷年代上限起自清雍乾时期，下限可至清晚期，前后延续约170年。粉彩瓷年代上限起自清乾隆时期，下限延至道光时期，前后延续不过114年。延续年限较长的应属杂彩瓷，其次属青花瓷，年限较短的属粉彩瓷。

第五，从款识种类及数量看，三类瓷器除了因残无款者之外，现保留有款识者还剩19件，其中包含不同款识种类计11种。从拥有款识种类数量上看，以粉彩瓷拥有的数量最多，共5种，而杂彩瓷和青花瓷只各有3种。从出土有款识的器物数量上看，杂彩瓷占优，共8件；其次属粉彩瓷器，共6件；数量最少的为青花瓷，只有5件。

以上这五点，就是从表九六这份统计表能够看出来并能够归纳出来的几点初步认识，权且作为对上下天光遗址出土民窑瓷器不可分型的一般标本资料整理后的一个小结。

第六节　结　语

一、历　史　变　迁

上下天光位于圆明园九洲景区后湖北岸，是一处依北宋文人范仲淹游洞庭湖时所作的《岳阳楼记》"上下天光，一碧万顷"的诗境设计建造的临水赏景的园林景观。在圆明园四十景中占有重要地位，曾受到雍正、乾隆、嘉庆、道光、咸丰五代帝王的青睐和赞赏，他们每个人都曾多次来此游赏，并留下诗作。

上下天光景点始建年代不详，是否由"湖亭"演变而来尚无确证。唯雍正四年（1726年）六月十五日《活计档》披露，雍正曾御书匾额26面，其中包括饮和亭，由此可知，上下天光景点湖水中的饮和亭已于雍正五年（1727年）二月初建成。由此推测，上下天光岸上的相关建筑此时也应竣工。也就是说，上下天光景点的始建年代，最迟应在雍正初年至雍正四年（1723～1726年）之间，而不会再晚。

据成书于乾隆四十二年（1777年）或稍后的《日下旧闻考》有关上下天光的记载，上下天光前面的湖中，"左右各有六方亭，后为平安院""右六方亭额饮和，及平安院额，皆世宗御书"。"上下天光"额与"左六方亭额奇赏，皇上（指乾隆）御书"，这段记载清楚地证明，饮和亭与平安院在雍正帝时期已经建成。而上下天光楼和奇赏亭则是乾隆登基（1736年）之后添建和扩建的。

另据乾隆三年（1738年）五月十一日《活计档》记载，《圆明园全图》绘成，里面已绘出上下天光一景，表明到乾隆三年时，上下天光一景的添建和扩建项目已基本竣工。

又据乾隆五年（1740年）四月二十三日《活计档》记载，"奇赏"匾已被挂在后湖新添建的"湾转桥"过河亭上。表明到乾隆五年（1740年），新添建的奇赏亭等确已告竣。

乾隆九年（1744年）六月，御制《圆明园四十景》诗告成，其中包括上下天光诗和诗序。同年九月，又制成绢本彩绘《圆明园四十景图咏》，里面也收有上下天光一景。后于乾隆十二年（1747年）六月，将全部装裱好的绢本彩绘《圆明园四十景图咏》安设于圆明园奉三无私殿呈览（据《活计档》）。

乾隆三十五年（1770年），又将上下天光南侧湖中西侧的曲桥改建成与东侧曲桥相对称的形式，并将原建于西侧曲桥上的三间青瓦歇山卷棚顶桥亭——饮和，也改为与东侧曲桥上六角攒尖顶桥亭——奇赏样式相同的"六方亭"[①]。

道光六年（1826年），道光皇帝对上下天光进行了调整和改建，将乾隆时期修建的上下天光大殿主楼上下两层都改为大间，并更名为"涵月楼"。从此，在道光一朝，上下天光改称"涵月楼"。并在景点北部，拆掉了乾隆时期修建的几座房子，又重新建了几座房子。致使乾隆九年绢本彩绘《圆明园四十景图咏》之上下天光图中，平安院以外、景区北部已绘出的属于乾隆时期的房子不复存在。此项改建工程于道光七年（1827年）五月竣工。

咸丰年间，此景点又改回原名上下天光，而不再称"涵月楼"。咸丰十年（1860年）10月18日，上下天光被英法联军劫掠、焚毁，夷为一片废墟。

同治十二年（1873年），朝廷曾计划重修和改建上下天光大殿，但终因财力不支，不得不举起又放弃。

光绪元年（1875年），将上下天光已供大梁撤下，暂存于圆明园殿内。

---

① 据《清代档案史料·圆明园》上册，第144、145页，内务府奏销档第109款；《日下旧闻考》卷八十，第1339、1340页。

二、考古遗迹年代

本次发掘布方10×10米的探方60个，因受周边土石假山的影响，实挖探方52个，不算在南侧湖中发掘曲桥的面积，在陆地发掘区内，发掘面积总共为5200平方米。揭示出清代建筑基址14处，包括上下天光大殿基址、平安院内房址3处，平安院外房址9处，另在发掘区内还发掘出形制、规格、用材、铺砌方式不尽相同的甬路8条、下水道排水设施一处，同时还对遗址区内3座人工堆叠的土石假山进行了实地勘测。后应圆明园管理处要求，又对布方区以外的上下天光大殿南侧湖中已被淤泥掩埋的曲桥基址（编号qiao-12号）做了全面发掘（本报告暂未刊发12号曲桥发掘资料，这份资料将统一收入后续出版的《圆明园西部桥涵遗址发掘报告》中）。

从年代早晚考察，此次发掘所揭示出来的考古遗迹大致可分为早晚六个时期：①康熙后期遗迹；②雍正早期遗迹；③乾隆早期遗迹；④乾隆中期遗迹；⑤中晚期遗迹——道光时期遗迹；⑥清晚期至现代遗迹。

1）康熙后期遗迹（康熙四十六年至六十一年，1707~1722年，此景点还是胤禛赐园十二景之一时留下的建筑遗迹）——平安院北侧F4房址。

F4号房址位于平安院北侧，南靠平安院北墙，北部大部被压在土山下，南部基础被平安院墙打破。从地层叠压关系上可以判定，F4的年代早于平安院墙的年代。因平安院这组建筑是属于雍正早期（即雍正元年至雍正四年，1723~1726年间）的遗迹（见下文叙述），故有理由推断F4的年代应属康熙后期。

2）雍正早期遗迹（雍正元年至雍正四年，1723~1726年间遗迹）——平安院及院内3座房址（F1、F2、F3）。

这可从前文已述的雍正四年（1726年）六月十五日和雍正五年（1727年）二月《活计档》，以及成书于乾隆四十二年或稍后的《日下旧闻考》关于上下天光和平安院的记述内容中得到证明。

3）乾隆早期遗迹（乾隆元年至乾隆九年，1736~1744年间遗迹）——上下天光遗址东南角房址F12，临水三开间歇山敞厅基址，还有遗址北部的房址F7。

这可以乾隆九年（1744年）制成的绢本彩绘《圆明园四十景图咏》之上下天光图为证。此图在该景点东南角临水处，清楚地绘有三开间歇山顶敞厅一座。这个位置就是房址F12的位置。但到乾隆三十五年（1770年），将曲桥东、西两侧都改为呈对称布局的六角亭的时候，这座临水敞厅地面以上的建筑已经不存在了。这表明，房址F12——上下天光遗址东南角临水三间敞厅基址的年代应属早中期之际，即乾隆初年至乾隆九年（1736~1744年）间的遗迹。

房址F7，在《圆明园四十景图咏》之上下天光图中也有具体位置和形象。具体位置在上下天光景点北部，这与考古遗址F7的位置相合；所绘为坐北朝南的三间正房，屋顶为卷棚式。考古遗址F7因被晚期房址F6打破，故无法了解其具体间数和屋顶建筑形式，但其为坐北朝南的方位特点仍是明确的；另外，叠压其上的F6是压在F7中、西部约两间的面积上，东侧还露出F7近一间的面积，由此判断，F7的原间数正是三间的规格。所以，有理由推测房址F7的年代亦应属乾隆初年至乾隆九年（1736～1744年）间的遗迹。

4）乾隆中期遗迹（乾隆三十五年，1770年遗迹）——上下天光大殿前面平台及湖中曲桥基础遗迹。

本次发掘出来的上下大殿前平台及12号曲桥中东西两侧各遗有一六角亭的柏木桩柱遗迹，联系乾隆三十五年（1770年）内务府奏销档第109款《清代档案史料》（《圆明园》上册，第144、145页），以及《日下旧闻考》（卷八十，第1339、1340页）的记载，可以得到证明。

5）中晚期遗迹——道光时期遗迹（道光六年至七年，1826～1827年间遗迹）——涵月楼，即乾隆时期的上下天光大殿以及景区北部的F5与F6号等。

这可以道光六年（1826年）五月二十一日道光帝奏准的样式雷《涵月楼》改建设计底样和标记，并于道光七年（1827年）五月二十日竣工的日期为证（参见国家图书馆善本部藏，样式雷排架028-5-1号图档）。

6）清晚期至现代遗迹——遗址内人工堆叠的3座土石假山S2、S3和S1遗迹。分布于上下天光遗址西部的S2号假山和分布于该遗址东南部的S3号假山，是2座清代晚期的假山遗迹；分布于该遗址西、北、东部的S1号假山，是现代堆叠的假山遗迹。

S2呈南北走向，将F9和F13包围在内，L3、L5和L6均被压于该山下面。表明L3、L5和L6的年代均早于S2。S2现存高度最高点海拔45.4米，山体存宽最宽处14.9米，最窄处为2米。

S3呈东西走向，F11、L4和L8均被压在该山下面，而F10则坐落在此山上面。表明F11、L4和L8的年代均早于S3，而F10的年代则晚于S3。S3现存高度最高点海拔45.27米，山体现存最宽处24.2米，最窄处为1.25米。

S1是一座现代堆叠起来的假山。分布在上下天光遗址西、北、东三面外围，平面形状呈倒"U"形，其西部内侧中间叠压在F13西半部之上。山顶最高点海拔49.2米，山体最宽处24米，最窄处为9.1米。北面山顶最高点海拔50.09米，最宽处为27米，最窄处为23.2米。东面山脚与驳岸相连，南部内侧中部叠压在平安院围墙东北部的墙基之上。山顶最高点海拔48.67米，山体最宽处21.4米，最窄处为14.7米。

三、弄清了主要建筑基址的形制结构和基础工程的做法特点

通过发掘和解剖，不但揭示出上下天光遗址建筑景群的总体分布特点，而且弄清了其主体建筑——上下天光大殿和附属建筑平安院等的形制结构及其基础工程的做法特点。

这为今后进一步开展相关问题研究和做好文物保护与利用工作提供了一份有科学价值的第一手可靠的参考资料。

四、对出土瓷器标本的初步分析和认识

上下天光遗址出土各类瓷器残件和残片标本共227件，此出土量比杏花春馆遗址瓷器的出土量少1倍多。总体看，出土瓷器种类也比较丰富，其中官窑器5件，数量很少，占比很小，仅占该遗址出土瓷器总数（227）的2.2%；而出土数量较多、占比较大的还是民窑器，总量为222件，占比达97.8%。

（一）官窑器

从出土瓷类的数量和占比看，上下天光遗址出土的5件官窑器中，有4件是青花瓷，另有1件为杂彩瓷。青花瓷占比为4/5，杂彩瓷占比只有1/5。

从年代看，以清代中期——乾嘉时期为主，共出3件，占该遗址出土官窑器总数的3/5，而以清代晚期前段——道光时期次之，只出2件，占比为2/5。无年代更早者，也未见年代更晚者。似透露出，在清代中期至清代晚期前段这一时期，皇帝来此活动的机会较多一些，尤其在清代中期——乾嘉时期，显得更为频繁一些，而在早期和咸丰之后，皇帝来此活动的次数应很少。

从款识看，仅存的3例带款标本，皆属青花篆体六字三行纪年款，其中1例属"大清乾隆年制"（Sc-105）；另2例属"大清道光年制"（Sc-032、Sc-173-174）。从这3例款识的规格、格式、字体、笔划及风格考察，其确属当时江西景德镇御用官窑所署的官窑款无疑。除此种款识类型之外，再未见其他款识类型。

因官窑器出土实例较少，其中还有因残无款者，故留下的历史信息非常有限，目前只能得出这点初步认识。

（二）民窑器

上下天光遗址出土民窑瓷器残件和残片标本共222件，其中包括重点标本180件，占该遗址出土民窑瓷器总数（222）的81.08%；另外还包括一般标本42件，占该遗址出土民窑瓷器总数的18.92%。在180件重点标本中，又分为两部分，一部分是未分型的重点标本，21件，数量较少，仅占该遗址出土民窑重点标本总数（180）的11.67%；另一部分是可分型的重点标本，159件，数量较多，占该遗址出土民窑重点标本总数的88.33%。从出土数量和占比看，可分型的民窑重点标本在民窑重要标本中是占据主导地位且具有代表意义的。所以，现以可分型的民窑重点标本为代表，来分析和归纳民窑瓷器所具有的特点。

1. 可分型的民窑器重点标本

1）青花瓷是上下天光遗址可分型的民窑瓷器中出土数量最大、占比最高的瓷类。在上下天光遗址出土的可分型的民窑重点瓷器标本中，青花瓷为126件，占该遗址出土民窑可分型重点瓷器标本总数（159）的79.3%，近3/4，这一特点特别明显，也特别突出。

2）青花碗是青花瓷器中出土数量最大、占比最高的器类，超过其他任何器类。在青花瓷中这一特点也特别突出。可分型的民窑青花碗共73件，占该遗址可分型的民窑青花瓷器总数（126）的57.93%，超过一半，在7种可分型的民窑青花瓷器中独占鳌头。所以，以青花碗为例来考察该遗址可分型的民窑青花瓷发展变化的一般规律特点，要比用其他器类更具有代表性和典型性。

3）从年代考察，以青花碗为例，其早期器形始于明末清初，约17世纪初期，晚期器形一直延续至道光时期，即19世纪早中期，前后延续发展使用了200余年，代表了可分型的民窑青花瓷器在上下天光存续的年限。

4）从分型种类和数量看，可分型的民窑青花碗分为Aa至Gb共12个型别，是上下天光遗址出土的青花瓷和其他瓷类中分型种类与数量最多、款式最为丰富多样的唯一器类，是其他器类所不能相比的。足以体现出青花碗在清代是主导性瓷类的突出特点，不但出土数量最大，发展使用年限长，而且种类丰富，形式特别多样，需求量比其他瓷类大得多，整体状态显得比其他瓷类更繁荣、更发达。

5）从分型种类、数量占比与年代关系考察，青花碗的早期器形自明末清初、清早期至康熙时期——Aa型、Ab型、Ba型、Bb型、C型、Da型、Db型和E型，共8型，不仅型式多，占该遗址可分型的民窑青花碗分型总数（12型）的66.7%，接近2/3，而且数量也多，共计46件，占该遗址可分型青花碗总数（73）的63%，接近2/3。

清早中期之际——雍乾时期，只新增2型——Fa型和Fb型，共计12件，占该遗址可分型民窑青花碗总数（73）的16.44%，不到1/5。

清中期，只新增1型——Ga型，共9件，占该遗址民窑可分型青花碗总数（73）的12.32%。

清中晚期——道光时期，也是只新增1型——Gb型，共6件，仅占该遗址可分型民窑青花碗总数（73）的8.22%。

从上下天光遗址出土的民窑瓷器可分型的青花碗早、中、晚三期的分型种类数量，以及其占比结果中可以看出，民窑青花碗的造型设计早在明末清初、清早期和康熙时期基本上已成定局，不但格局已成规模，烧制技术也较为成熟，分型烧制、多型并举的发展体系已然形成。故留给后世开发、创造出新的型式的空间已经比较有限。因此，至清早中期之际——雍乾盛世时期也才新增了2型（Fa型和Fb型），至清中期和清晚期——道光时期，也只各新增了1型（即Ga型和Gb型）。

以上民窑可分型的青花碗的发展趋势和特点，不能局限地认为这只是青花碗单型器类的发展变化趋势。因为青花碗的出土数量在青花瓷中是最大的，是青花瓷中的主导器类，本身具有代表性，因此，青花碗的发展变化过程所体现出来的趋势特点，应视为清代民窑青花瓷总体发展变化趋势的规律特点之一。

2. 不可分型的民窑器一般标本

1）从三类瓷器出土数量看，上下天光遗址不可分型的民窑一般标本共计42件，包括青花、杂彩和粉彩三类瓷器。出土数量最多的属青花瓷，共18件，占该遗址出土不可分型的民窑一般标本总数（42）的42.86%；而杂彩瓷和粉彩瓷各出12件，分别占该遗址出土不可分型的民窑器一般标本总数的28.57%。

2）从三类瓷器出土的器类种类和总体数量看，青花瓷共出土10种不同器类，杂彩器出土5种不同器类，而粉彩瓷仅出土4种不同器类。在器类总体数量上，仍是青花瓷占据主导地位，其次属杂彩瓷，再次为粉彩瓷。

3）从各器类单项出土数量看，碗类在粉彩瓷和杂彩瓷中分别出9件和8件，而青花瓷中的碗类只出土3件，占比明显低于粉彩瓷与杂彩瓷。青花瓷中出土数量最多的罐类也只有4件，亦不及粉彩瓷和杂彩瓷的碗类占比高。这也是三类瓷器在器类单项比较中的一个特点。

4）从年代方面考察，上下天光遗址不可分型的民窑器一般标本，年代最早的并不是青花瓷，而是杂彩瓷，Sc-156号外豆青内青花团花纹碗可早到明末清初；还有1例外豆青内青花阴阳鱼纹碗（Sc-139号），年代可早到康熙。而青花瓷年代较早的只到雍乾（共5例）；粉彩瓷年代较早的只到乾隆（共7例）。这就是说，三类不可分型的民窑器一般标本，年代最早可到明末清初、康熙时期的，首推杂彩瓷——外豆青内青花碗。

从三类瓷器延续存在的年限看，杂彩瓷年代上限起自明末清初，年代下限延至嘉庆时期，前后延续约200年。青花瓷年代上限起自清雍乾时期，下限可至清晚期，前后延续约170年。粉彩瓷，年代上限起自清乾隆时期，下限延至道光时期，前后延续不过114年。延续年限较长的应属杂彩瓷，其次属青花瓷，年限较短的属粉彩瓷。

5）从款识种类及数量看，三类瓷器除了因残无款者之外，现保留有款识者只剩下19例，其中含有不同款识种类计11种。从拥有款识种类数量上看，杂彩瓷占优，共8件；其次属粉彩瓷，共6件；数量最少的为青花瓷，只有5件。

6）从窑属特点考察，经观察、梳理，上下天光遗址出土的227件瓷器残件和残片标本，不论属何瓷类，也不论是官窑器还是民窑器，其窑属均属江西景德镇窑，而无其他窑系产品掺杂现象。

五、对比1933年圆明园实测图的结果

此次发掘揭示出来的考古遗迹填补了此图的11项空白：

1）上下天光遗址东南角临水三间敞厅房址F12；

2）上下天光大殿基址北侧房址F10；

3）上下天光大殿基址东北侧房址F11；

4）上下天光大殿西北侧房址F8；

5）平安院西侧院墙外房址F9；

6）平安院北侧院墙打破早期房址F4南部基础；

7）平安院西北侧房址F13、F5、F6、F7；

8）分布于上下天光遗址内的8条甬路遗迹（L1～L8）；

9）上下天光遗址东侧的13号木桥遗迹；

10）上下天光大殿南侧湖中的曲桥遗迹；

11）上下天光遗址内3座人工堆叠的土石假山（S1、S2、S3）均缺漏山峰海拔实测数据，到2004年考古发掘时才补上，但这一数据较1933年毕竟延误了71年时间，且失去了对比基数。所以，还是很遗憾的。

后　记

在国家文物局和北京市文物局的关心、支持和领导下，2002～2004年，北京市文物研究所（现北京市考古研究院）圆明园考古队在圆明园杏花春馆和上下天光两处遗址开展了考古勘察和发掘工作。工作期间，自始至终都得到圆明园管理处和相关部门的大力支持和协作，使考古勘察和发掘工作得以顺利完成。

本课题考古领队和主持人为靳枫毅。参加2002年圆明园九洲景区杏花春馆、上下天光遗址考古勘察的人员有：靳枫毅、郁金城、王继红；参加2003年圆明园西部遗址（含杏花春馆和上下天光遗址）环境整治、清理地面和河湖驳岸堆积物的工作人员有：靳枫毅、王继红、孙勐；参加2004年杏花春馆和上下天光遗址发掘的工作人员有：靳枫毅、王继红。这项发掘工作结束后，靳枫毅、王继红便于2005～2006年抓紧完成了《圆明园长春园含经堂遗址发掘报告》（文物出版社，2006年）和《圆明园长春园宫门区遗址发掘报告》（科学出版社，2009年）两部发掘报告的编写任务。2007年伊始，靳枫毅、王继红便开始整理坦坦荡荡和万方安和两处遗址的考古勘察与发掘资料，但刚整理半年，便被叫停。从此圆明园西部遗址的考古资料便一直被搁置，再未获得整理的机会。在前期资料整理过程中，王继红曾付出了很多辛劳，所有出土器物的分类、统计、登记、做资料卡片，还有最后要将大量出土文物标本交予圆明园管理处，办理各项烦琐的移交手续等，这些工作全部都由王继红一人承担。2008年，圆明园考古队被撤销后，王继红担心发掘资料（大量的文字记录档案、图纸、照片资料等）丢失、损毁，她又默默地将20多箱资料从圆明园拉到琉璃河，因担心在琉璃河库房里会遭老鼠啃咬损坏，遂不得不将其中重要的图纸、文档和胶片，好大几箱，又转到其父母家中加以保管。后来琉璃河库房又进行清理、调整，她又不得不把存放在琉璃河的十几箱资料拉到通州工作站库房存放。一直等到2021年4月，本课题组才终于迎来了春天。北京市文物研究所领导班子调整，由刘文华任书记兼所长。刘所长上任后，根据业务工作需要，立即作出决定，重启圆明园西部遗址考古资料整理和发掘报告的编写工作，由靳枫毅承担此项任务，并配备了两名技工张莹莹和陈思雨协助工作。王继红又把存放在通州工作站库房和其父母家中的20多箱圆明园考古资料全部交到了靳枫毅手上。这样，靳枫毅才又能披挂上阵，再度承担起这项资料的整理和发掘报告的编写任务。

在项目进展过程中，对刘文华所长行事果断、雷厉风行、敢作敢为的工作作风，深为敬佩！对王继红同志把工作当事业干的那份难能可贵的执着与坚持，深为感动！

自2021年4月至2022年7月，本课题组完成了《坦坦荡荡、万方安和遗址发掘报告》的资料整理和发掘报告的编写任务。该报告已于2023年8月由科学出版社正式出版发行。

自2022年8月至2023年11月8日，本课题组又完成了《杏花春馆、上下天光遗址发掘报告》的资料整理与发掘报告的编写任务。

在这两年多的资料整理和编写过程中，本课题组一直得到北京市考古研究院郭京宁院长、张中华副院长、第三研究室负责人孙勐主任的关照和大力支持，科学出版社责任编辑王蕾为保证本书质量做了大量细致的审校、版式设计等烦琐的编辑工作，付出了很多辛苦，在此本课题组一并表示深切的感谢！

编　者

2023年11月6日

1. 东南部地貌（西—东）

2. 南部地貌（东南—西北）

杏花春馆遗址地貌

1.中部地貌（南—北）

2.北部地貌（东南—西北）

杏花春馆遗址地貌

1. 东北部堆石假山遗迹（南—北）

2. 春雨轩基址西北角探沟TB1（南—北）

杏花春馆遗址建筑基址

1. 春雨轩基址东南角探沟TB2（南—北）

2. 涧壑余清基址东北角探沟TB3
（北—南）

3. 涧壑余清基址西南角探沟TB4
（西—东）

4. 值房F2基址西南角探沟TB8（西—东）

杏花春馆遗址建筑基址

1. 值房F3基址西北角探沟TB6（南—北）

2. 值房F5基址东北角和东南角探沟TB5
（南—北）

杏花春馆遗址建筑基址

1. 值房F7基址西南角探沟TB10（南—东）

2. 库房F9基址东南角探沟TB12（北—南）

3. 探方布局全景（西南—东北）

杏花春馆遗址建筑基址、探方布局

杏花春馆遗址建筑基址

1. 春雨轩大殿基址（南—北）

2. 得树亭基址（西—东）

杏花春馆遗址建筑基址

1.绿云酣基址（西南—东北）

2.屏岩（城关）北侧踏步石与下山甬路
（南—北）

杏花春馆遗址建筑基址

1. XCZH：1

2. XCZH：2

3. 左：XCZH：2、右：XCZH：1

杏花春馆遗址出土砖雕构件

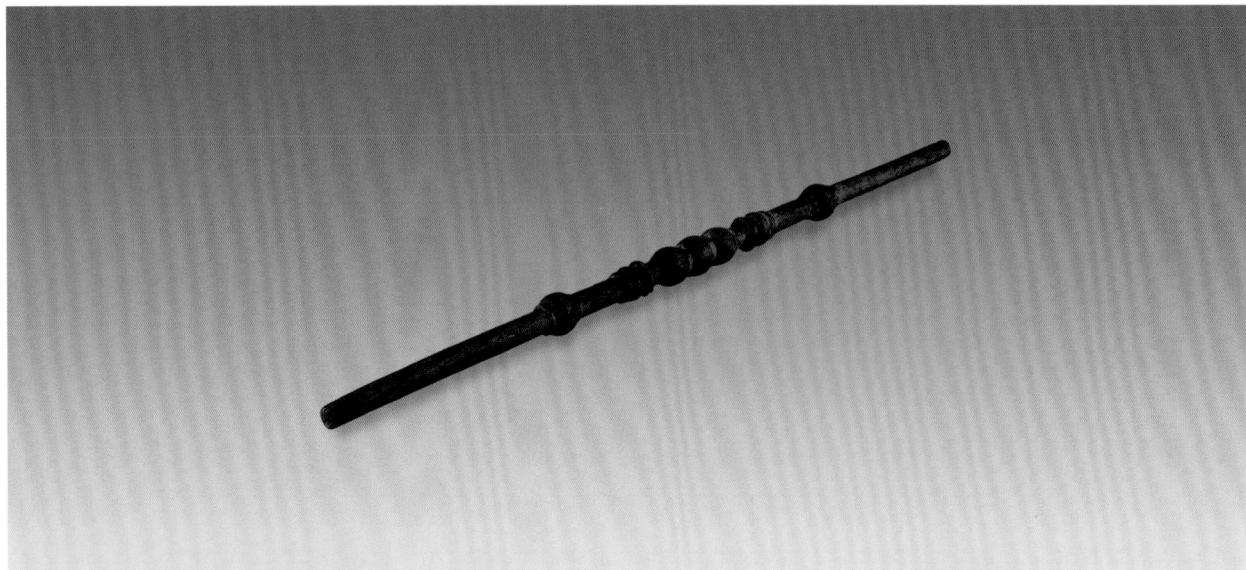

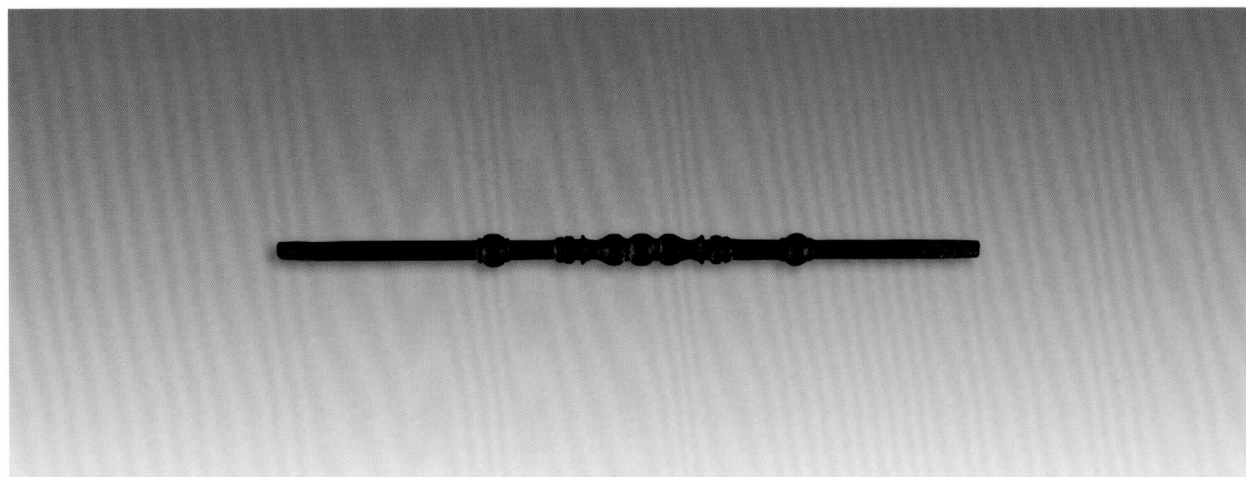

1. 长杆立柱木构饰件（XJM：1）

2. 透雕变体夔纹木构饰件（XJM：2）

杏花春馆遗址出土木构饰件

1. 镂空勾莲花枝纹木构饰件（XJM：3）

2. 两端抹边楔形窄条木构饰件（XJM：4）

3. 两端抹边楔形宽条木构饰件（XJM：5）

杏花春馆遗址出土木构饰件

1. 长方形镂空楔形木构饰件（XJM：6）

2. 踏腰翘尖透雕扁"口形"木构饰件（XJM：7）

3. 扁方锥体铁帽钉（XJt：1）

杏花春馆遗址出土木构饰件、铁帽钉

2.青花缠枝莲纹瓶残片（Xc-290）

1.青花山水人物纹胭脂盒盖残件（Xc-341）

3.青花团龙纹出戟花觚残片（Xc-036）

杏花春馆遗址出土官窑器

1. 青花八宝纹铺地瓷砖残件（Xc-043）

2. 青花龙纹碗残片（Xc-047）

3. 青花莲托八宝纹盘残件（Xc-022）

杏花春馆遗址出土官窑器

1. 青花五彩龙凤纹碗残片（Xc-166）

2. 青花五彩缠枝花卉纹碗残片（Xc-223）

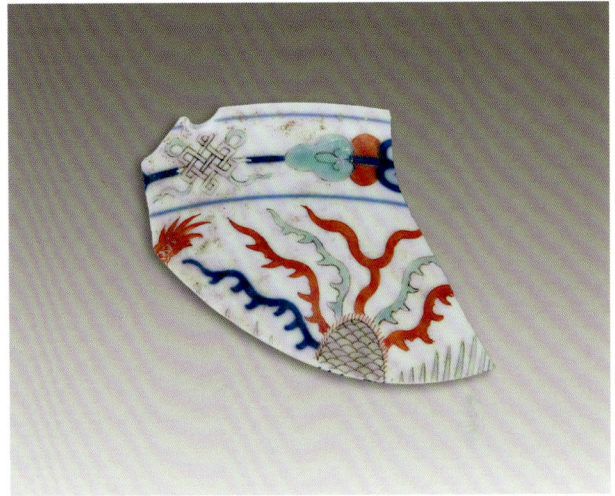

3. 青花五彩龙凤纹碗残片（Xc-141）

4. 釉上五彩红龙纹盘残片（Xc-016）

杏花春馆遗址出土官窑器

1. 斗彩花卉纹盘底残片（Xc-511）

2. 斗彩八宝纹折腰盘残片（Xc-211）

3. 铜红釉盘底残片（Xc-367）

杏花春馆遗址出土官窑器

1. 霁蓝描金瓶残片（Xc-059）

2. 粉彩描金刻莲瓣纹小花盆残片（Xc-012）

3. 粉青釉粉彩描金缠枝莲纹小罐残片（Xc-015）

4. 豆青釉粉彩描金花卉纹瓶残片（Xc-029）

5. 粉彩绿龙纹碗残片（Xc-005）

杏花春馆遗址出土官窑器

1. 粉彩缠枝莲纹碗残件（Xc-178）

2. 矾红留白缠枝团莲纹碗残片（Xc-004）

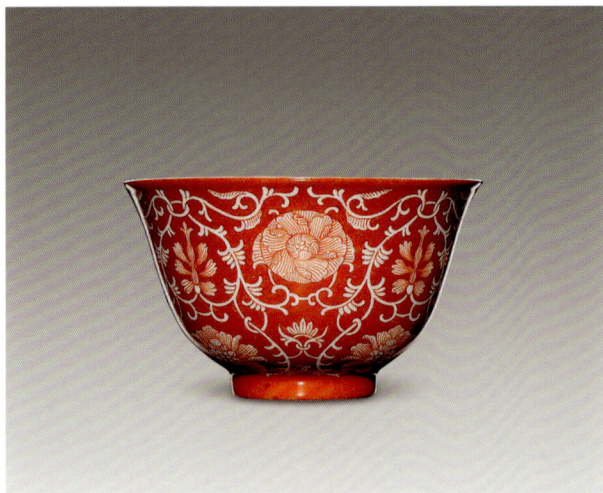

3. 吟古斋古玩收藏品"大清道光年制"珊瑚红地留白缠枝莲纹碗

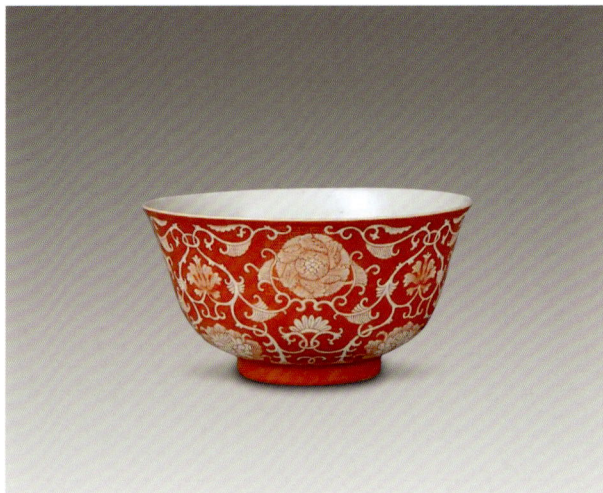

4. 重庆中国三峡博物馆藏清"道光"款矾红地拔白缠枝莲纹碗

5. 粉彩描金"喜寿"小杯残片（Xc-006）

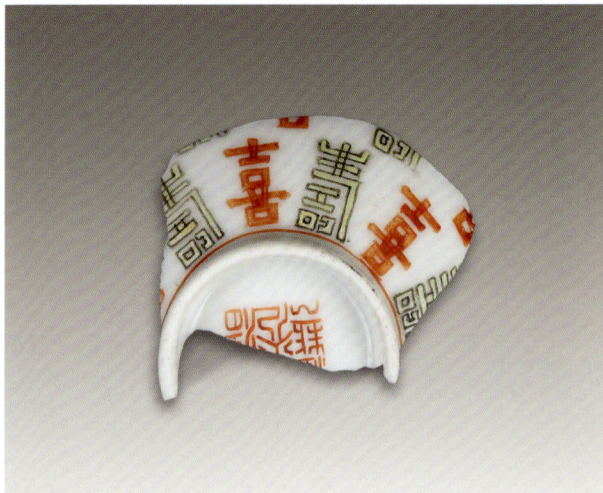

杏花春馆遗址出土官窑器

1. 青花缠枝莲纹罐残片（Xc-151）

2. 青花缠枝莲纹罐残片（Xc-274）

3. 青花龙纹碗残片（Xc-133）

4. 青花仙鹤纹小碗残片（Xc-049）

杏花春馆遗址出土民窑未分型重点青花瓷

1. 青花"福"字八棱变形莲瓣纹杯残件（Xc-056）

2. 青花龙纹碗残片（Xc-185）

3. 青花"卍"字宝杵纹碗底残片（Xc-057）

4. 青花海水波浪纹颜料盒残件（Xc-312）

杏花春馆遗址出土民窑未分型重点青花瓷

1. 青花缠枝花卉纹罐残片（Xc-236）

2. 青花石榴纹小碗残件（Xc-017）

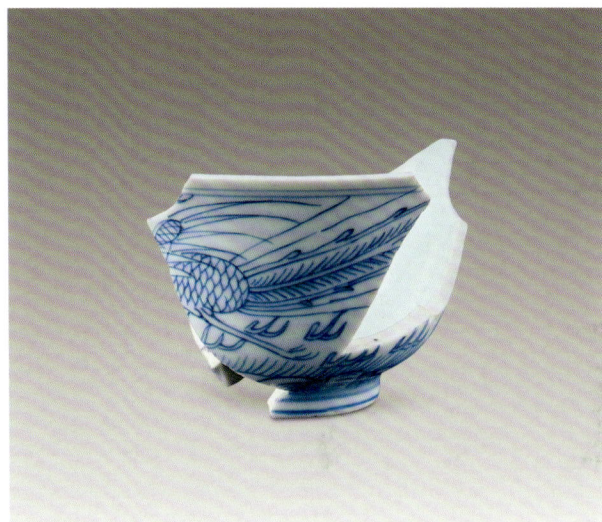

3. 青花白描龙凤纹碗残件（Xc-032）

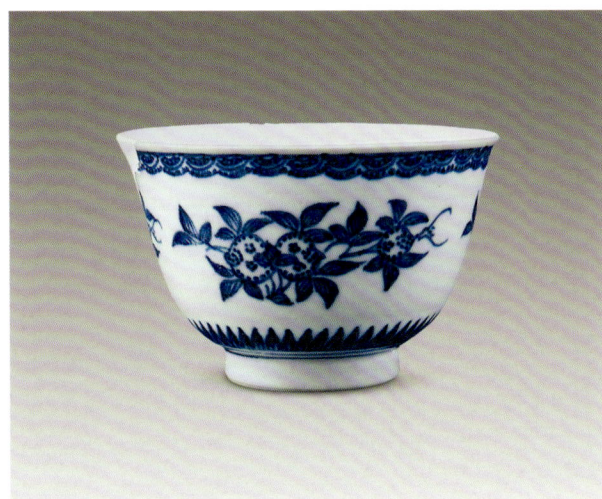

4. 青花白描龙凤纹碗残片（Xc-048）

杏花春馆遗址出土民窑未分型重点青花瓷

1. 青花团凤蝙蝠纹花盆残片（Xc-025）

2. 青花福寿如意纹杯残片（Xc-046）

3. 青花缠枝莲纹器盖残件（Xc-023）

4. 青花冰梅纹盖碗残片（Xc-058）

5. 青花菊花纹盆残片（Xc-018）

杏花春馆遗址出土民窑未分型重点青花瓷

1. 青花海水江崖龙纹碗残件（Xc-020）

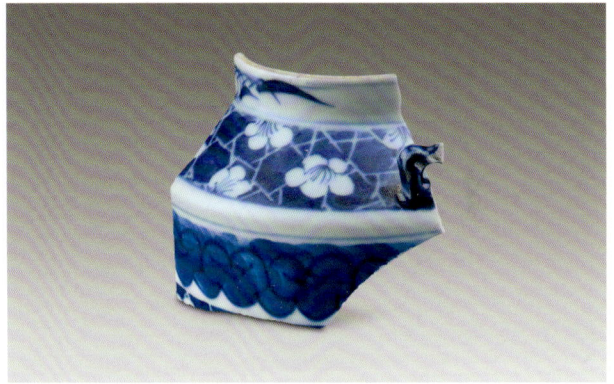

2. 青花冰梅纹执壶残片（Xc-055）

3. 青花牡丹纹罐残片（Xc-027）

4. 青花"壬"字云龙纹盘残件（Xc-108）

杏花春馆遗址出土民窑未分型重点青花瓷

1. 青花锦鸡牡丹纹瓶残片（Xc-044）

2. 青花锦鸡牡丹纹瓶残片（Xc-054）

3. 青花结带八宝纹大碗残片（Xc-115）

4. 青花福寿钱纹盘残片（Xc-053）

5. 青花山水纹胭脂盒残件（Xc-033）

杏花春馆遗址出土民窑未分型重点青花瓷

1. 青花竹叶蝴蝶纹茶碗盖残件（Xc-026）

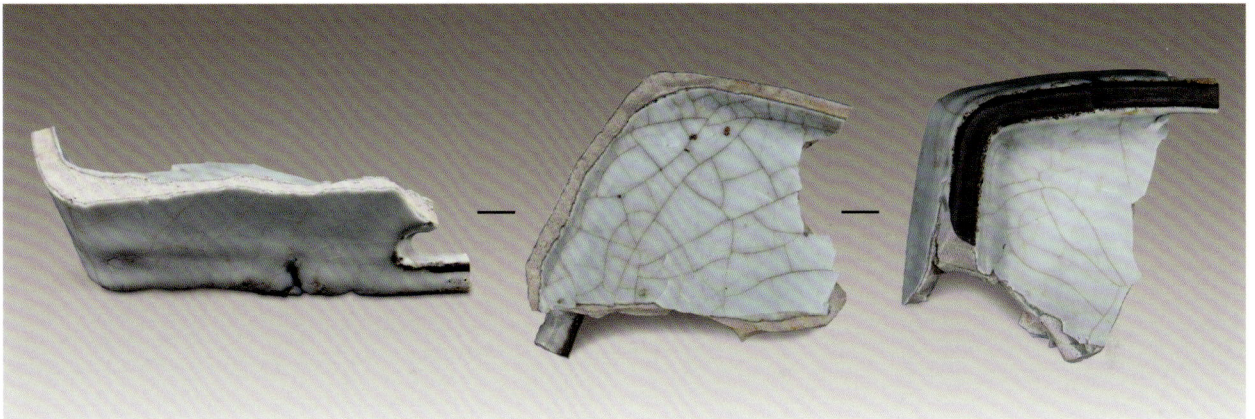

2. 仿哥釉（深豆青釉）盆底残片（Xc-370）

3. 青花海水莲花纹碗残片（Xc-179）

4. 粉彩鸡缸碗残件（Xc-008）

杏花春馆遗址出土民窑未分型重点瓷器

1.豆青地粉彩寿桃纹碗残片（Xc-125）

2.粉彩福寿花卉纹盘残件（Xc-167）

3.蓝地粉彩云龙纹碗残片（Xc-001）

4.粉彩葡萄纹碗残片（Xc-009）

杏花春馆遗址出土民窑未分型重点粉彩瓷

1. 粉彩菊花纹盘底残片（Xc-010）

2. 粉彩花卉纹盘残件（Xc-235）

3. 粉彩缠枝莲纹胭脂盒残件（Xc-002）

4. 粉彩竹叶纹碗残件（Xc-356）

5. 粉彩寿桃纹碗残片（Xc-136）

杏花春馆遗址出土民窑未分型重点粉彩瓷

2. 粉彩三多纹碗残片（Xc-176）

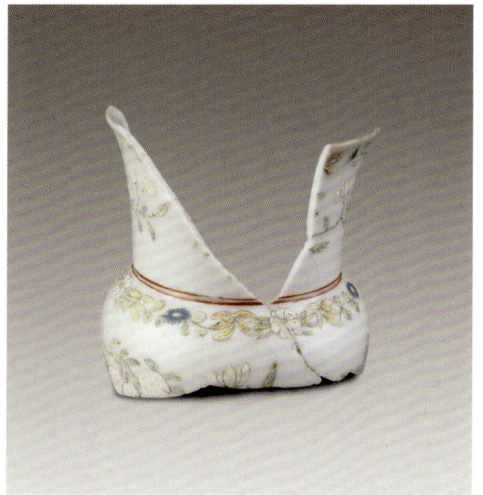

3. 粉彩三多纹渣斗残片（Xc-111）

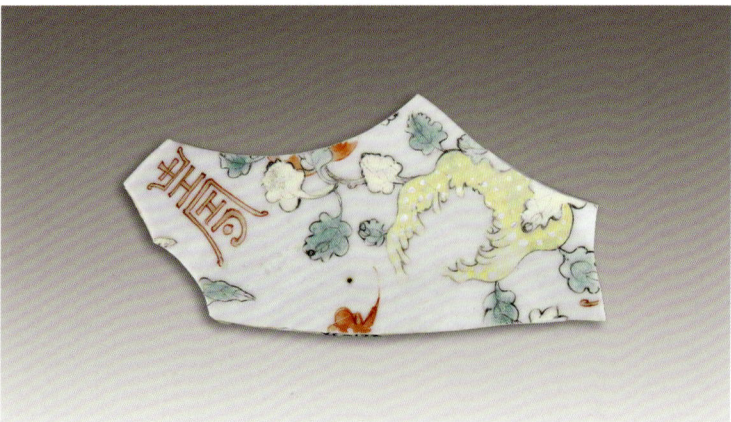

1. 粉彩人物纹茶碗盖残件（Xc-014）

4. 粉彩三多纹盘残件（Xc-122）

杏花春馆遗址出土民窑未分型重点粉彩瓷

1. 粉彩丝瓜双喜三多纹盘残件（Xc-040）

2. 粉彩三多纹碗残片（Xc-045）

3. 粉彩丝瓜双喜纹碗残件（Xc-007）

4. 粉彩茶梅纹碗残片（Xc-153）

5. 粉彩皮球花盘底残片（Xc-003）

杏花春馆遗址出土民窑未分型重点粉彩瓷

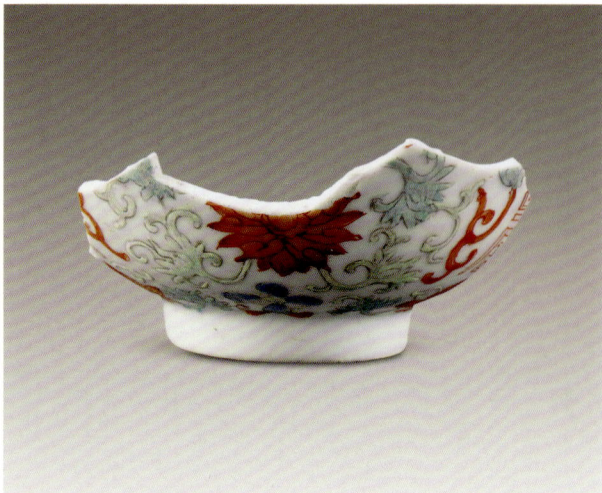

1. 粉彩缠枝莲纹"寿"字碗残片（Xc-013）

3. 青花花卉月华纹碗残件（Xc-119）

2. 青花花卉月华纹碗残件（Xc-207）

4. 青花花卉月华纹碗残片（Xc-421）

杏花春馆遗址出土民窑重点瓷碗

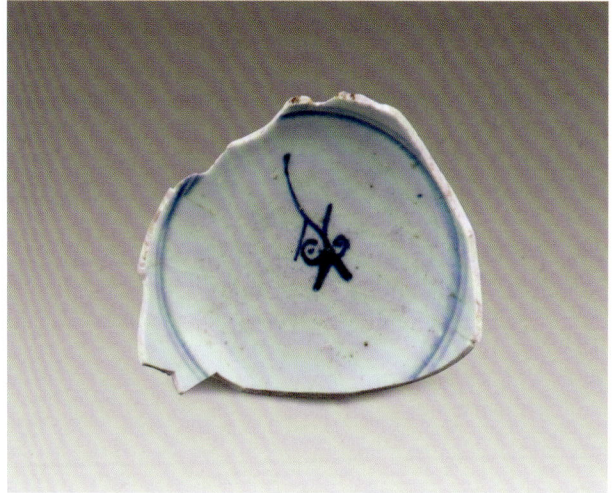

1. 青花花卉月华纹碗残片（Xc-429）

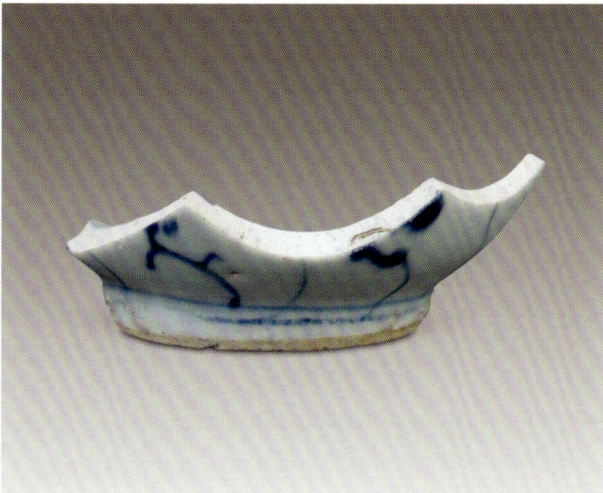

2. 青花花卉月华纹碗残片（Xc-432）

3. 青花花卉月华纹碗残片（Xc-434）

杏花春馆遗址出土民窑可分型重点青花碗

1.青花花卉月华纹碗残片（Xc-266）

2.青花花卉月华纹碗残片（Xc-453）

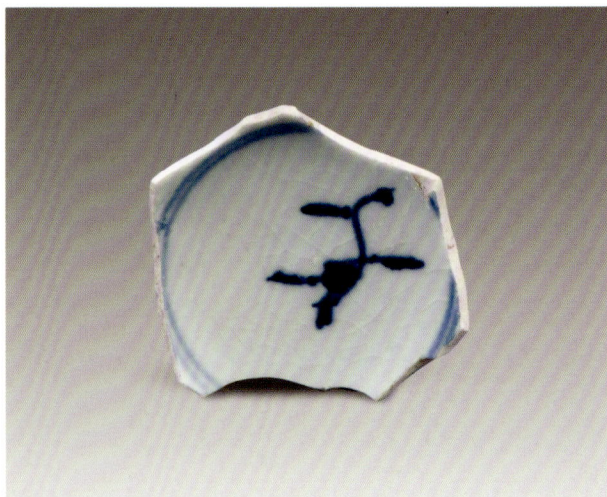

3.青花花卉月华纹碗残片（Xc-433）

杏花春馆遗址出土民窑可分型重点青花碗

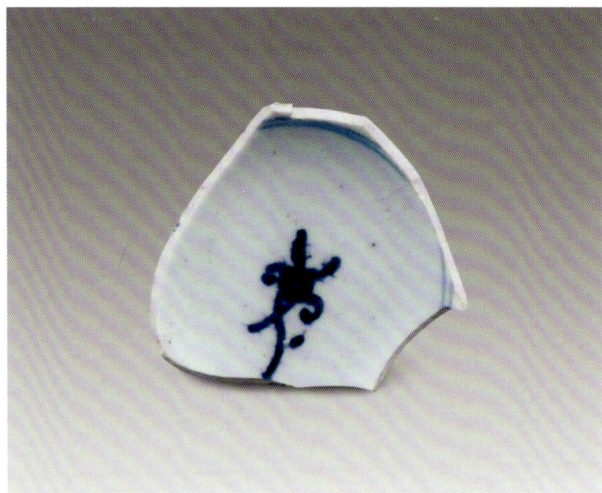

1. 青花花卉月华纹碗残片（Xc-427）

2. 青花花卉月华纹碗残片（Xc-443）

3. 青花花卉月华纹碗残片（Xc-229）

杏花春馆遗址出土民窑可分型重点青花碗

1.青花太阳花植物纹碗残片（Xc-428）

3.青花太阳花植物纹碗残片（Xc-430）

2.青花太阳花纹碗残片（Xc-326）

杏花春馆遗址出土民窑可分型重点青花碗

1.青花太阳花植物纹碗残片（Xc-390）

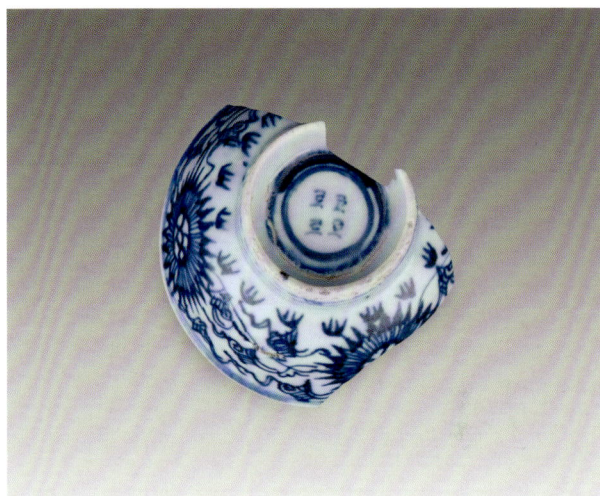

2.青花太阳花植物纹碗残片（Xc-031）

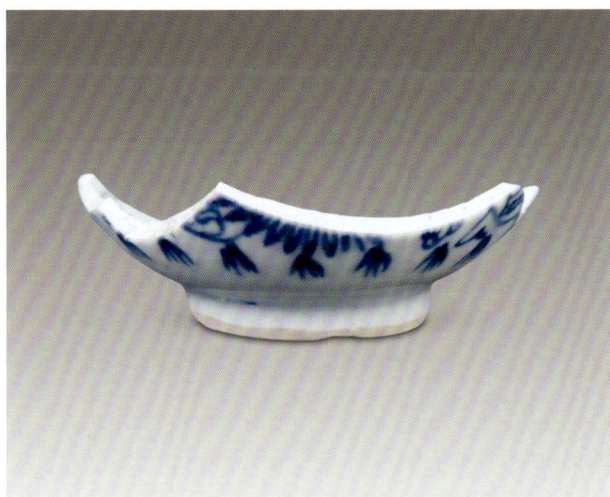

3.青花太阳花花卉纹碗残片（Xc-440）

杏花春馆遗址出土民窑可分型重点青花碗

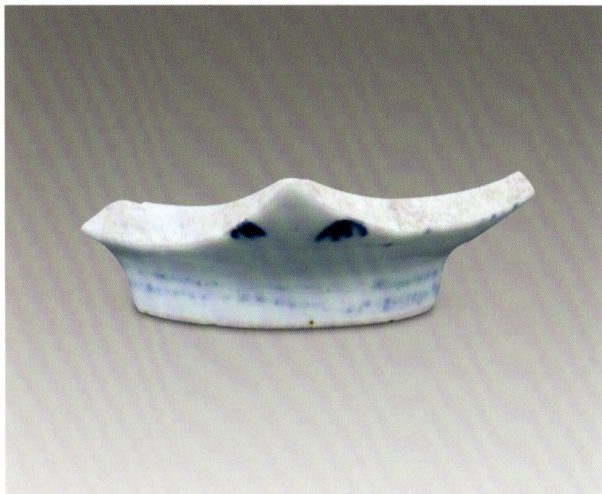

1. 青花太阳花花卉纹碗残片（Xc-414）

2. 青花太阳花花卉纹碗残片（Xc-452）

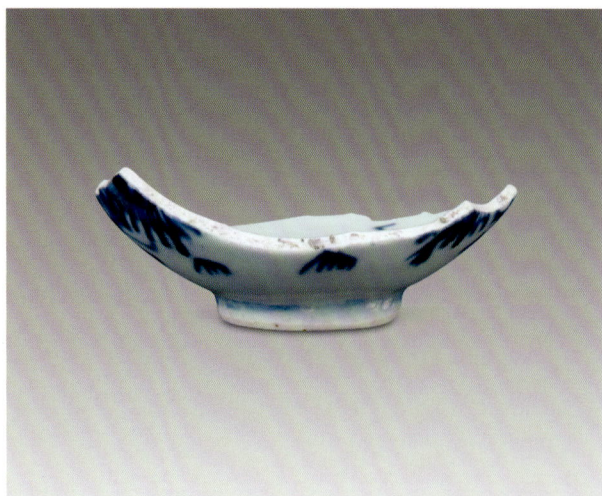

3. 青花太阳花花卉纹碗残片（Xc-391）

杏花春馆遗址出土民窑可分型重点青花碗

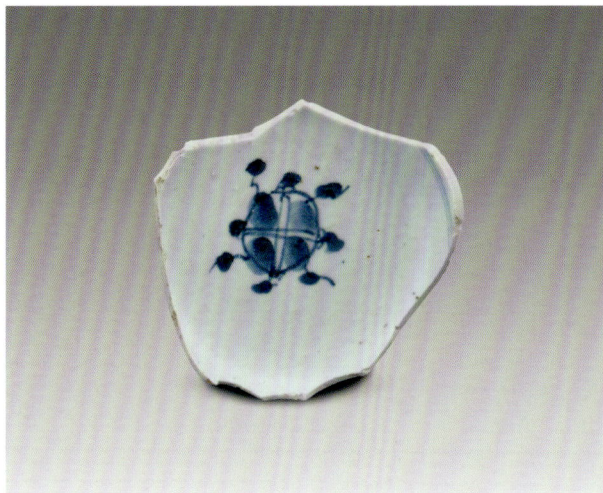

1. 青花龟纹碗残片（Xc-389）

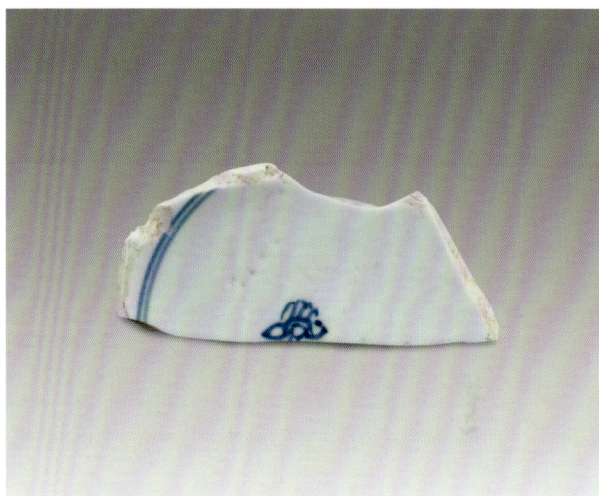

2. 青花花卉纹碗残片（Xc-242）

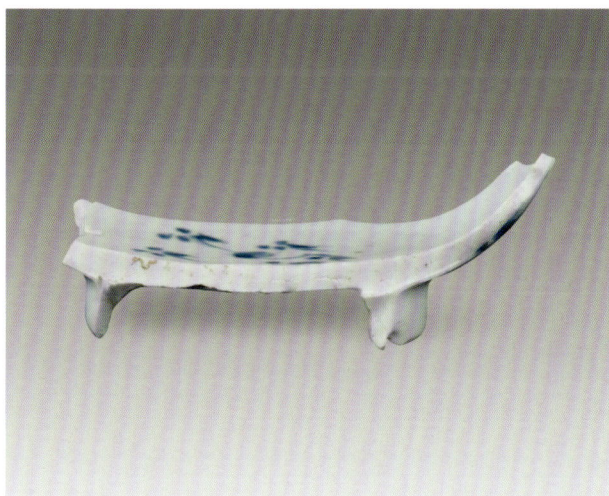

3. 青花火珠纹碗残片（Xc-304）

杏花春馆遗址出土民窑可分型重点青花碗

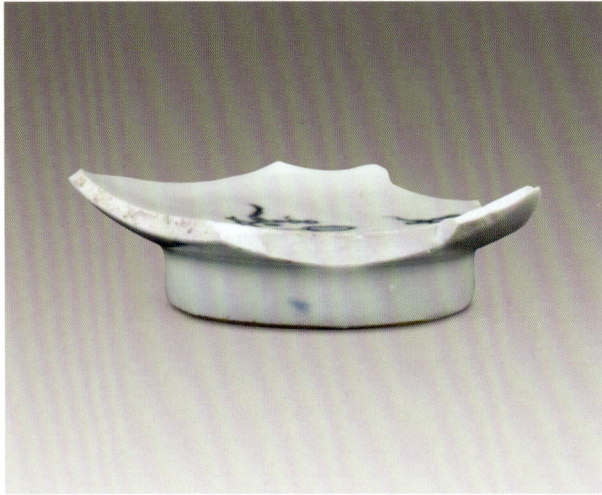

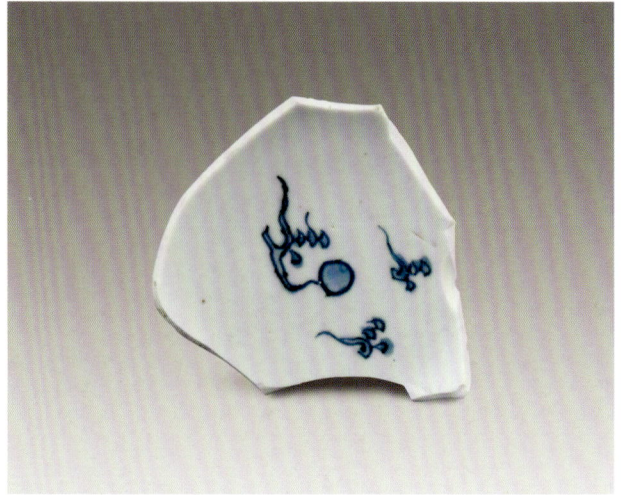

1. 青花火珠纹碗底残片（Xc-371）

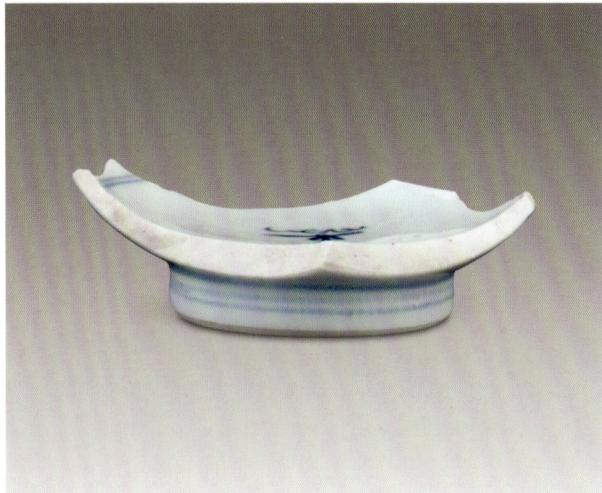

2. 青花花卉纹碗残片（Xc-406）

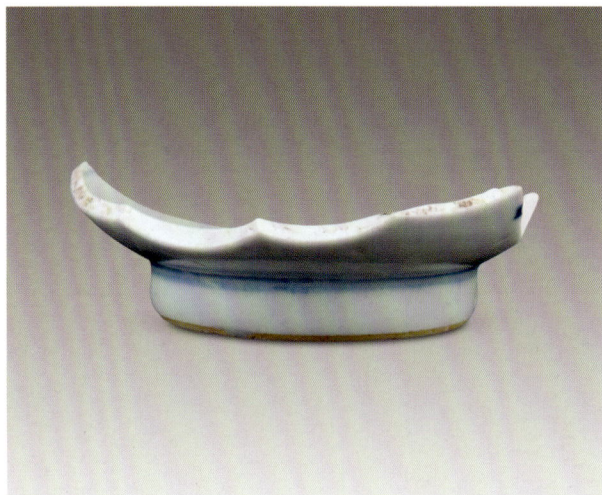

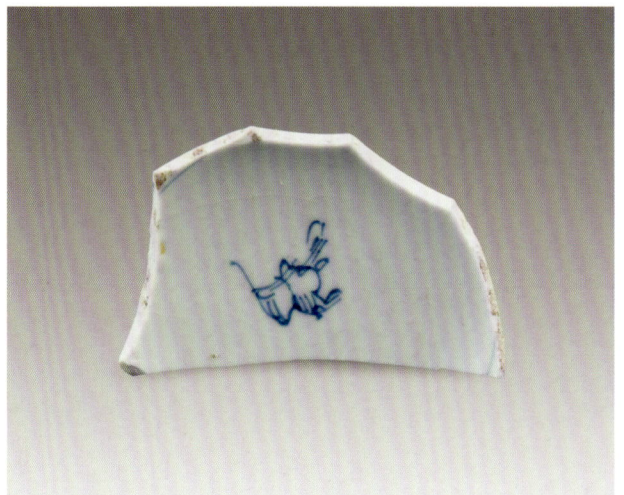

3. 青花奔马纹碗残片（Xc-436）

杏花春馆遗址出土民窑可分型重点青花碗

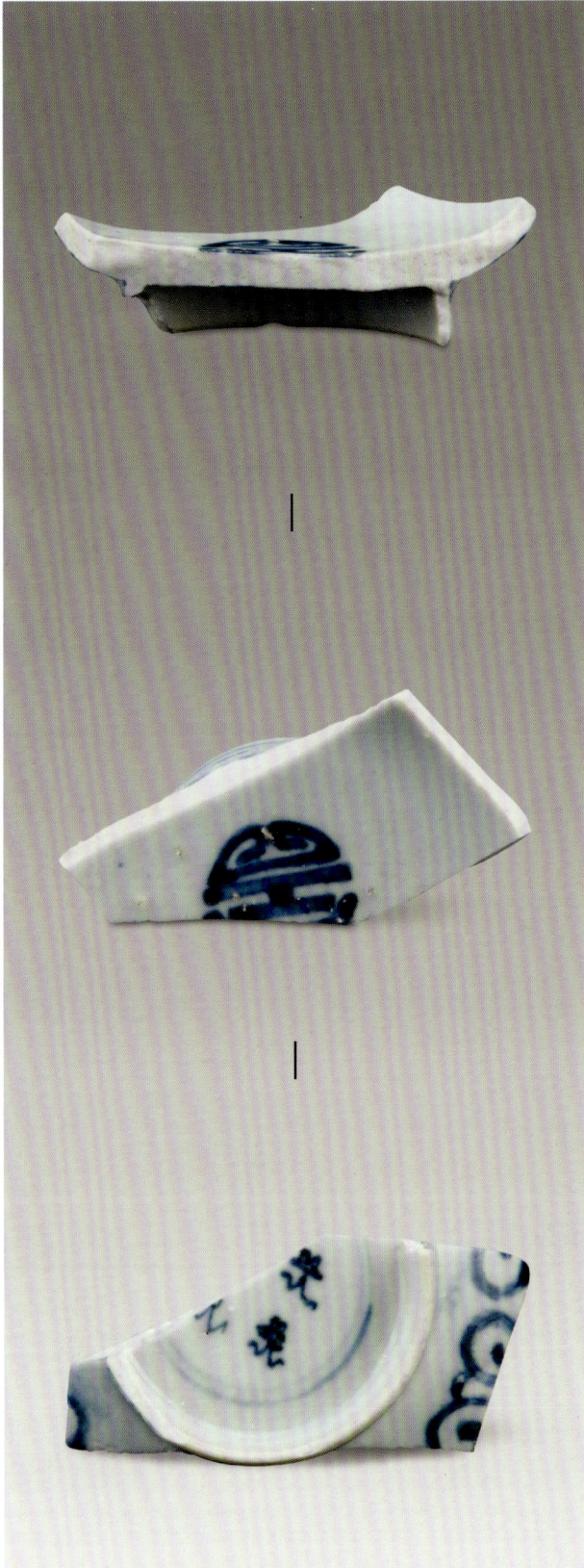

1. 青花寿字纹碗残片（Xc-442）

2. 青花三多纹盖碗残件（Xc-338）

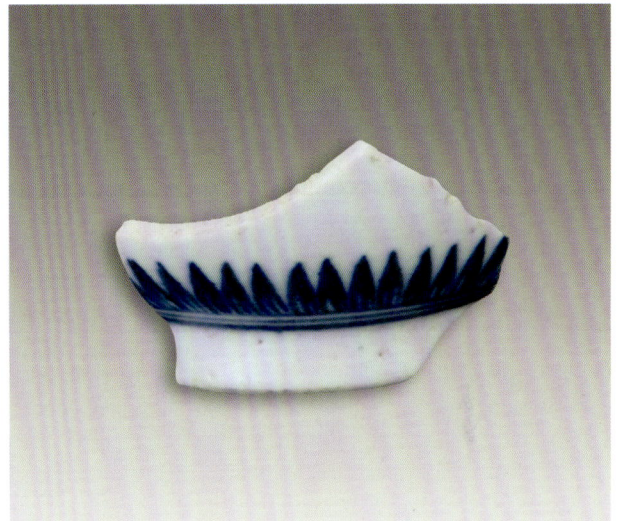

3. 青花三多纹盖碗残件（Xc-245）

杏花春馆遗址出土民窑可分型重点青花瓷

1. 青花三多纹盖碗残片（Xc-316）

3. 青花三多纹盖碗残件（Xc-255）

2. 青花三多纹盖碗残片（Xc-240）

杏花春馆遗址出土民窑可分型重点青花盖碗

1.青花三多纹盖碗残片（Xc-295）

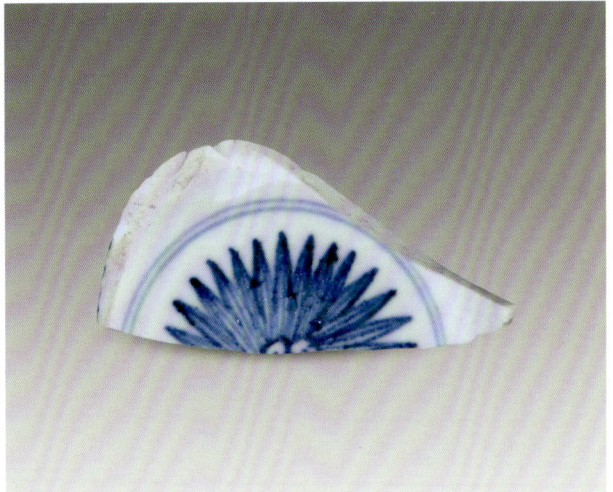

2.青花三多纹盖碗残片（Xc-248）

3.青花三多纹盖碗残片（Xc-249）

4.青花三多纹盖碗残片（Xc-331）

5.青花三多纹盖碗残片（Xc-231）

杏花春馆遗址出土民窑可分型重点青花盖碗

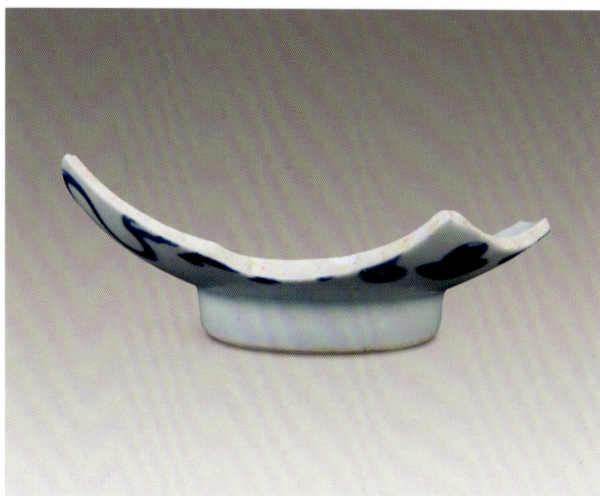

1.青花结带博古图碗底残片（Xc-209）

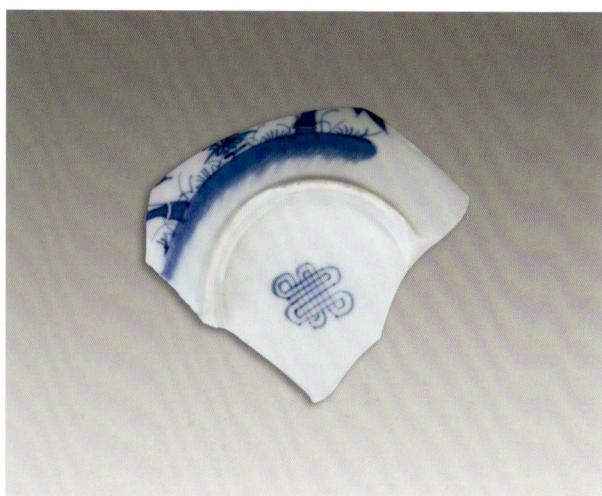

2.青花竹叶纹碗底残片（Xc-437）

3.青花鱼藻纹碗底残片（Xc-112）

杏花春馆遗址出土民窑可分型重点青花碗

1. 青花狮子绣球纹碗底残片（Xc-358）

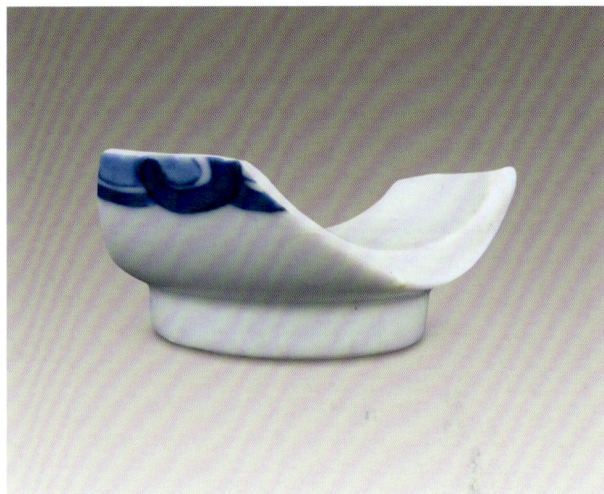

2. 青花山水纹盖碗残件（Xc-360）

3. 青花"万字结"款盖碗残片（Xc-454）

4. 青花花卉变形莲瓣纹盖碗残片（Xc-426）

杏花春馆遗址出土民窑可分型重点青花瓷

1. 青花线描海水江崖龙凤纹碗残片（Xc-239）

2. 青花线描海水江崖龙凤纹碗残片（Xc-292）

3. 青花线描海水江崖龙凤纹碗残片（Xc-319）

杏花春馆遗址出土民窑可分型重点青花碗

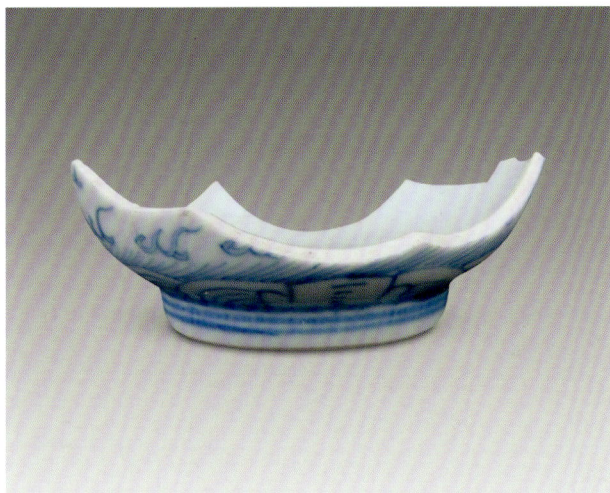

1. 青花线描海水江崖龙凤纹碗残片（Xc-382）

2. 青花线描海水江崖龙凤纹碗残片（Xc-407）

3. 青花白描缠枝双喜蝙蝠纹盖碗残件（Xc-021）

4. 青花白描缠枝双喜蝙蝠纹盖碗残件（Xc-052）

杏花春馆遗址出土民窑可分型重点青花瓷

1. 青花白描缠枝双喜蝙蝠纹盖碗残件（Xc-310）

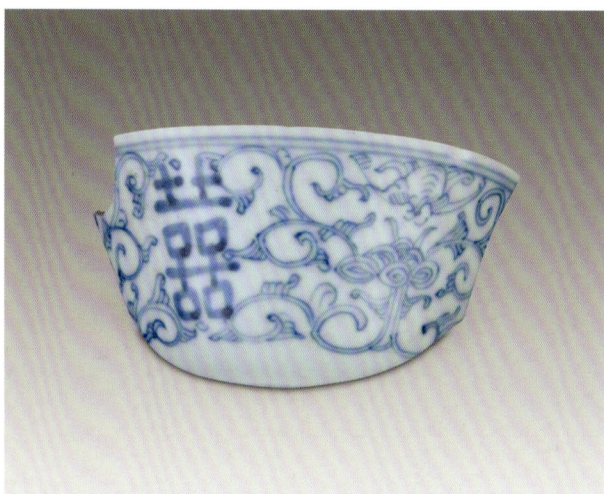

2. 青花白描缠枝双喜蝙蝠纹盖碗残片（Xc-321）

3. 青花白描缠枝双喜蝙蝠纹盖碗残片（Xc-333）

4. 青花白描缠枝双喜蝙蝠纹盖碗残件（Xc-388）

5. 青花白描缠枝双喜蝙蝠纹盖碗残件（Xc-422）

6. 青花线描瓜果吉祥如意纹碗残件（Xc-035）

杏花春馆遗址出土民窑可分型重点青花瓷

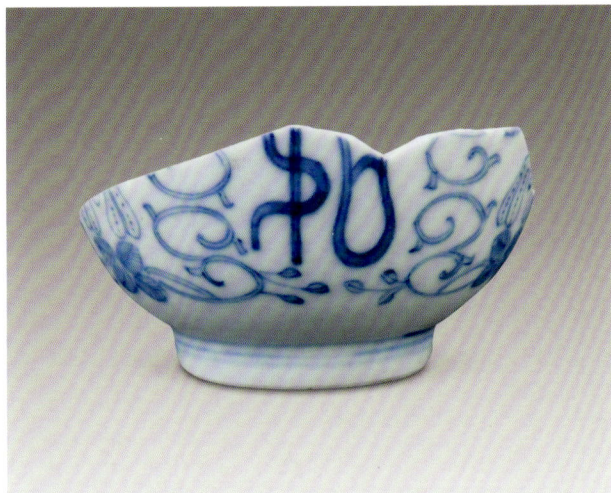

1. 青花线描瓜果吉祥如意纹碗残片（Xc-208）

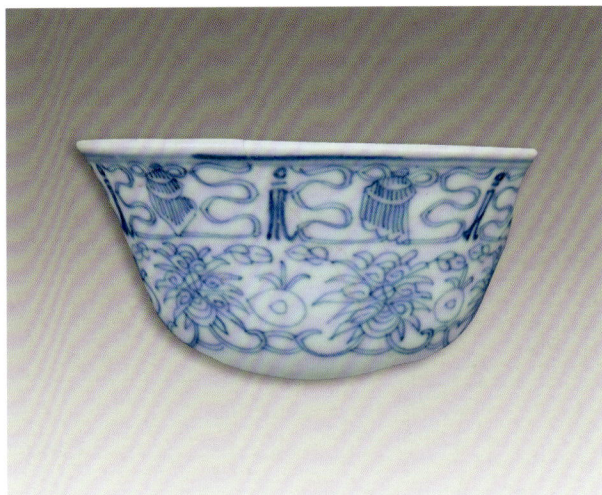

2. 青花线描莲托杂宝纹碗残片（Xc-051）

3. 青花线描莲托杂宝纹碗残片（Xc-317）

4. 青花线描莲托杂宝纹碗残片（？）（Xc-381）

5. 青花线描莲托杂宝纹碗残片（？）（Xc-419）

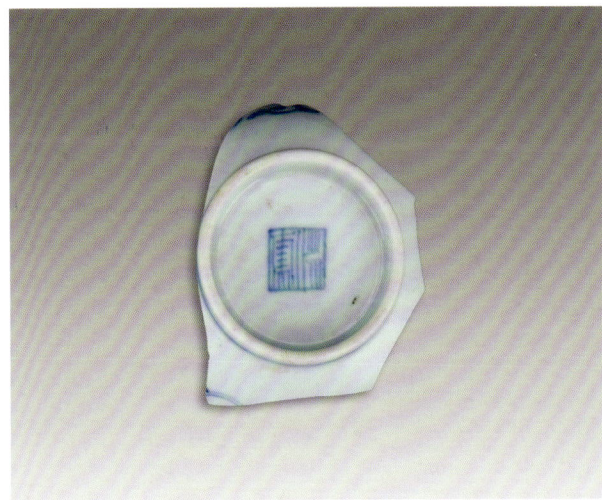

杏花春馆遗址出土民窑可分型重点青花碗

1. 青花线描缠枝莲纹碗底残片（Xc-400）

2. 青花团菊盘残件（Xc-050）

3. 青花提篮花卉纹盘残件（Xc-123）

4. 青花提篮花卉纹盘残片（Xc-302）

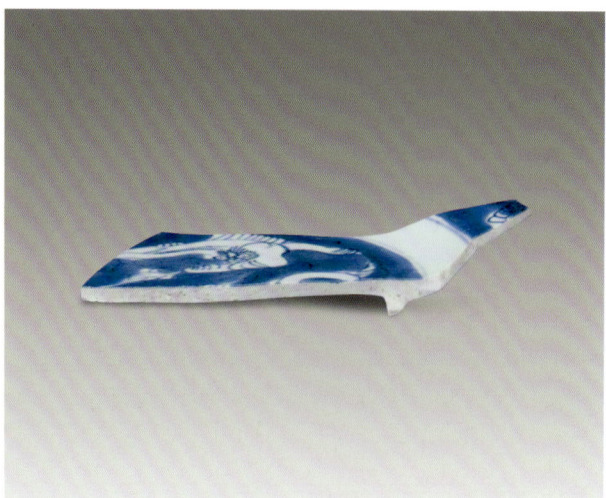

5. 青花宽折沿螭龙纹盘残片（Xc-263）

6. 青花宽折沿螭龙纹盘残件（Xc-252）

杏花春馆遗址出土民窑可分型重点青花瓷

1. 青花宽折沿螭龙纹盘残片（Xc-109）

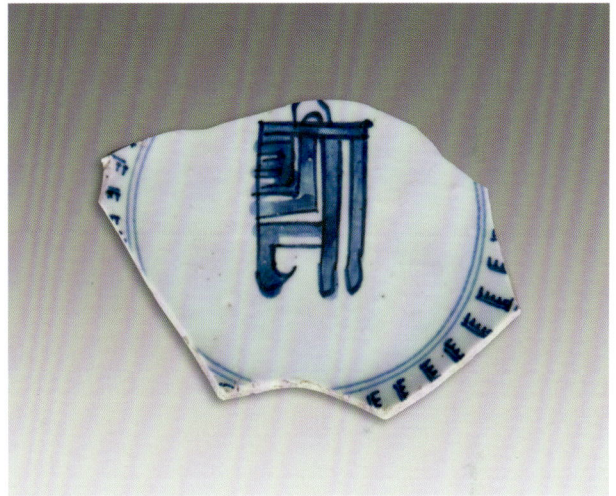

2. 青花梵文"寿"字盘残片（Xc-124）

3. 青花五福捧寿纹盘残件（Xc-128）

杏花春馆遗址出土民窑可分型重点青花盘

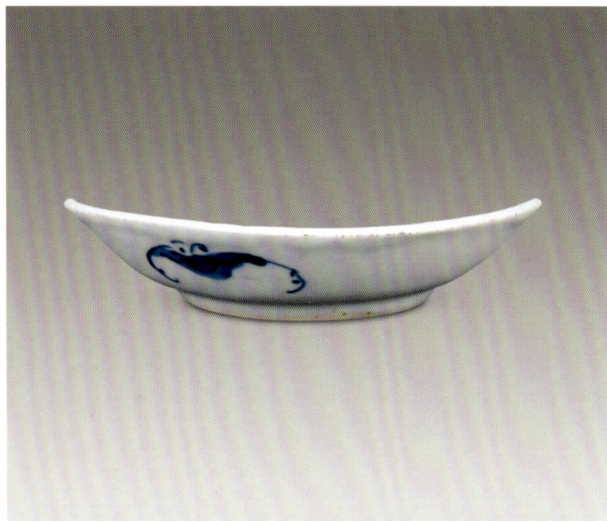

1.青花五福捧寿纹盘残件（Xc-172）

2.青花五福捧寿纹盘残片（Xc-220）

3.青花月华纹酒盅残件（Xc-279）

4.青花缠枝菊花纹酒盅残件（Xc-323）

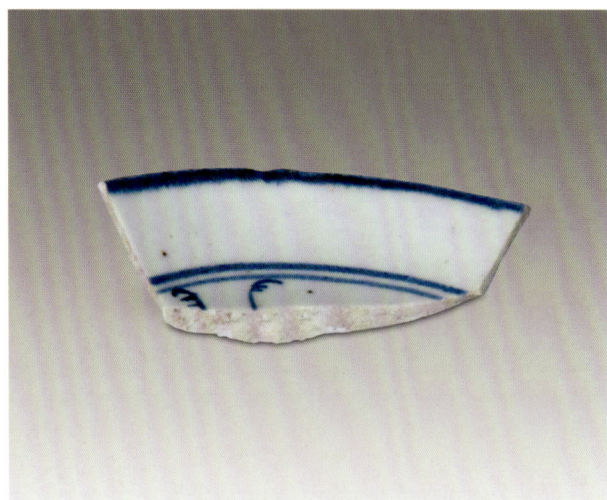

杏花春馆遗址出土民窑可分型重点青花瓷

1. 青花月华纹酒盅残件（Xc-283）

2. 豆青釉碗残件（Xc-084）

3. 豆青釉碗底残片（Xc-060）

4. 豆青釉碗底残片（Xc-386）

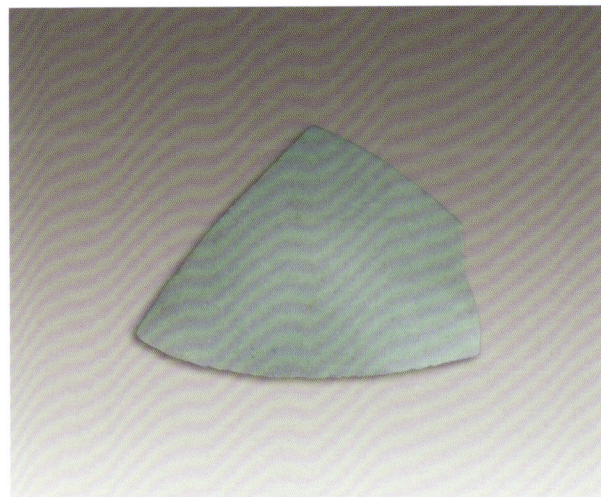

5. 豆青釉碗残片（Xc-189）

杏花春馆遗址出土民窑可分型重点瓷器

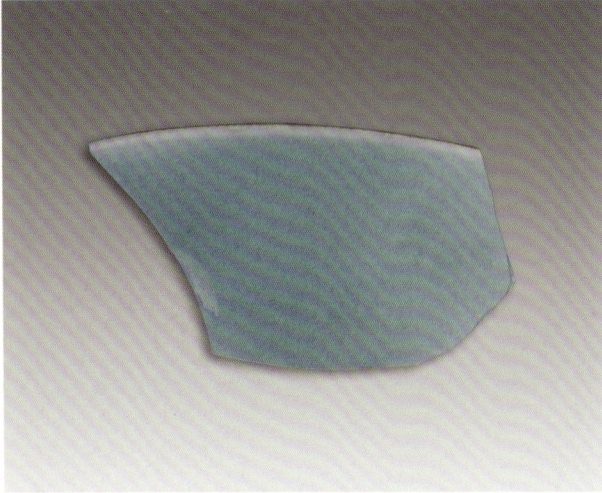

1. 豆青釉碗残片（Xc-230）

2. 豆青釉碗残片（Xc-238）

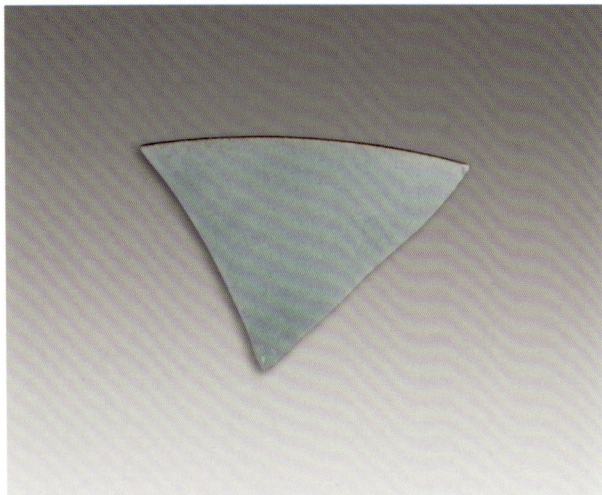

3. 豆青釉碗残片（Xc-250）

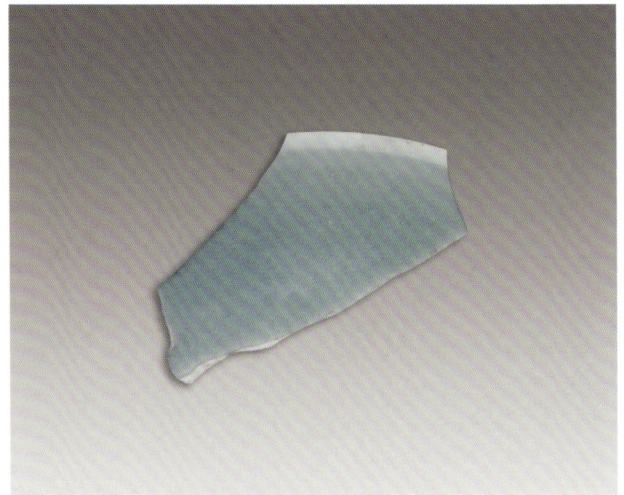

4. 豆青釉碗残片（Xc-492）

5. 豆青釉碗残件（Xc-091）

6. 豆青釉碗残件（Xc-126）

杏花春馆遗址出土民窑可分型重点豆青釉碗

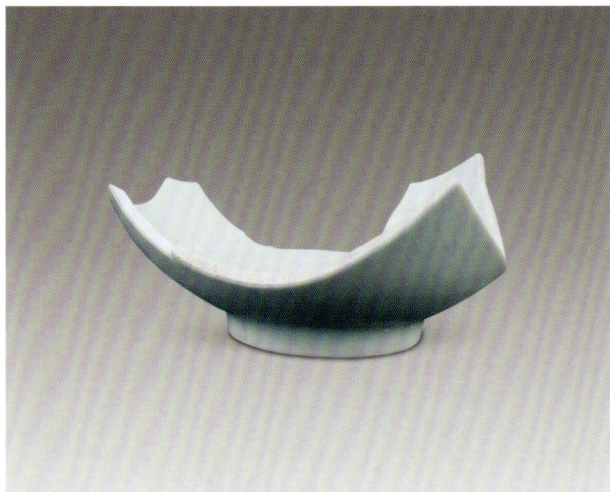

1. 豆青釉碗底残片（Xc-070）

2. 豆青釉碗底残片（Xc-075）

3. 豆青釉碗残件（Xc-479）

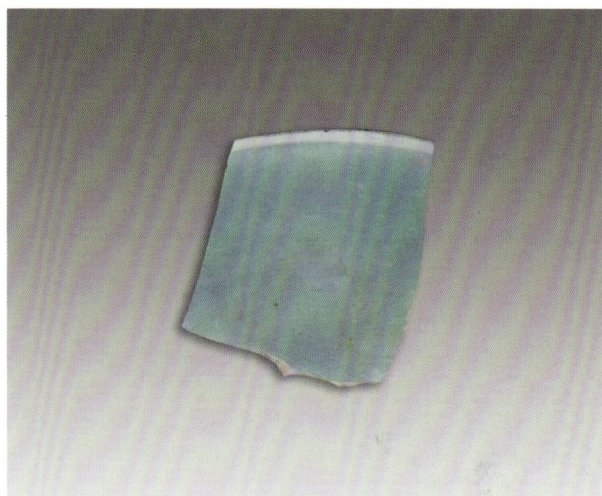

4. 豆青釉碗残片（Xc-508）

5. 豆青釉碗残片（Xc-457）

6. 豆青釉碗残片（Xc-458）

杏花春馆遗址出土民窑可分型重点豆青釉碗

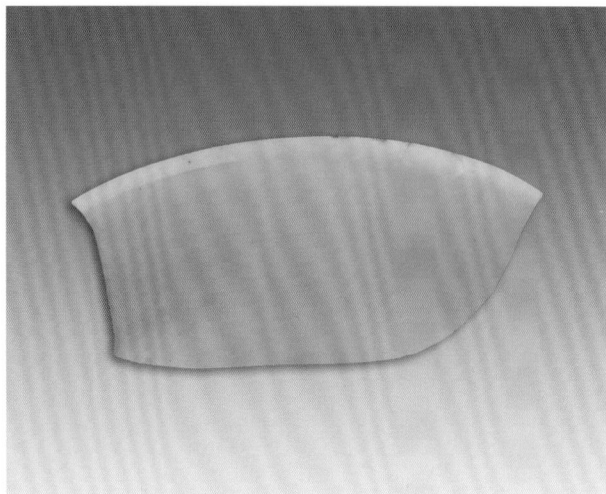

1. 豆青釉碗残片（Xc-488）

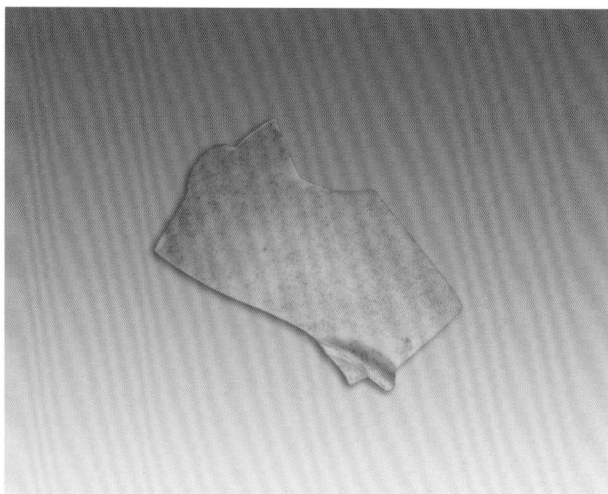

2. 豆青釉碗残片（Xc-466）

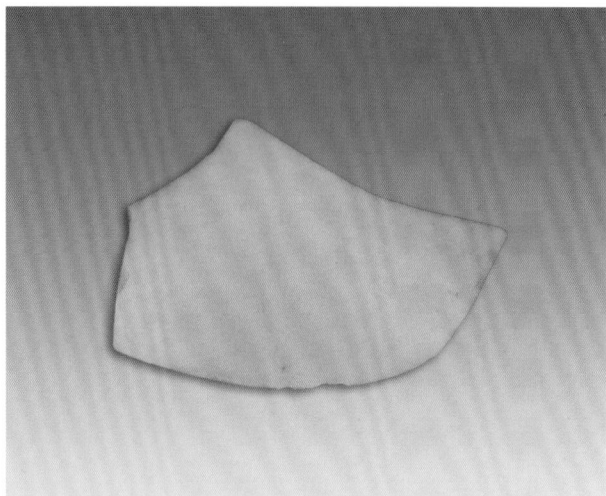

3. 豆青釉碗残片（Xc-267）

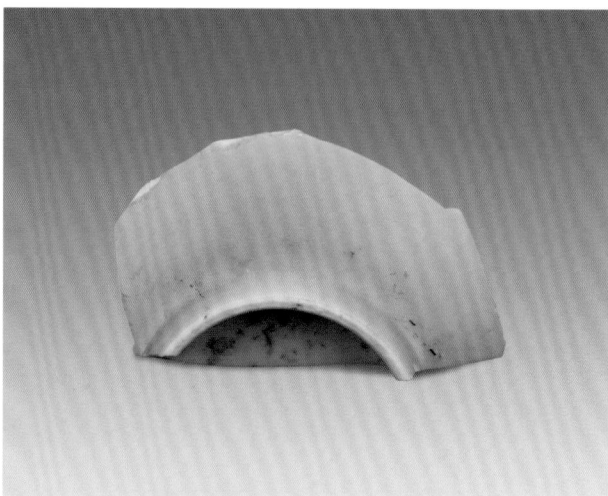

4. 豆青釉碗残片（Xc-469）

5. 豆青釉碗残片（Xc-504）

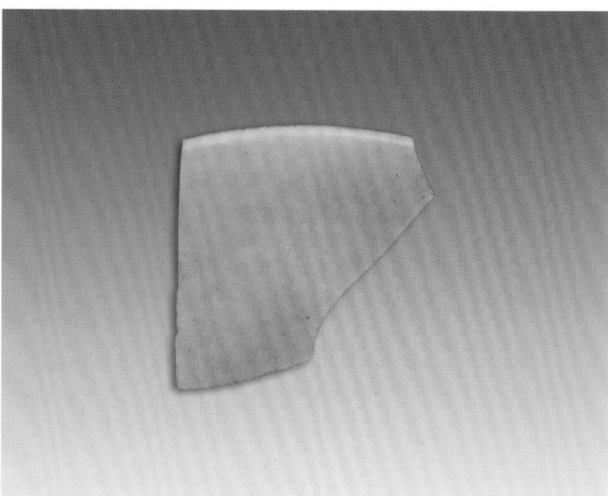

6. 豆青釉碗残片（Xc-486）

杏花春馆遗址出土民窑可分型重点豆青釉碗

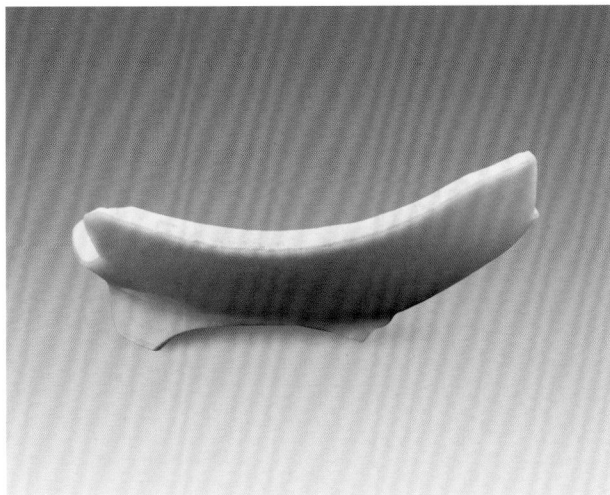

1. 豆青釉碗底残片（Xc-193）

2. 豆青釉碗残件（Xc-399）

3. 豆青釉碗底残片（Xc-403）

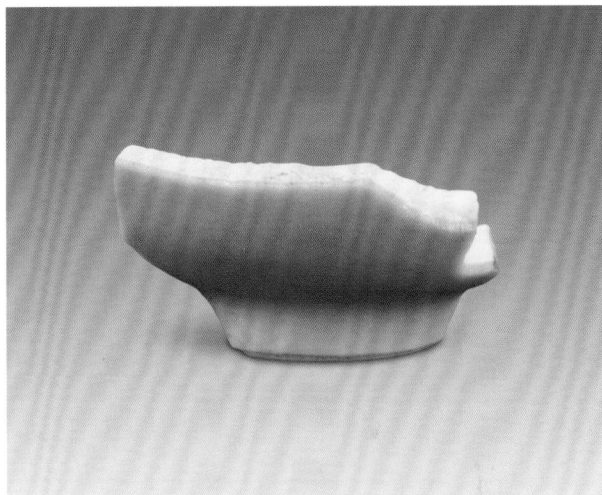

4. 豆青釉碗底残片（Xc-194）

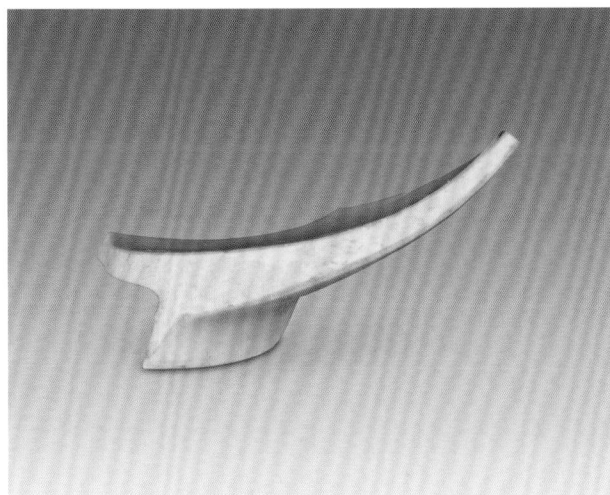

5. 豆青釉碗底残片（Xc-195）

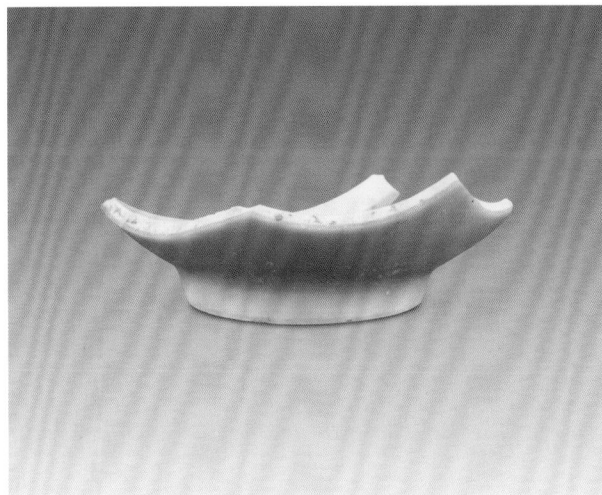

6. 豆青釉碗底残片（Xc-196）

杏花春馆遗址出土民窑可分型重点豆青釉碗

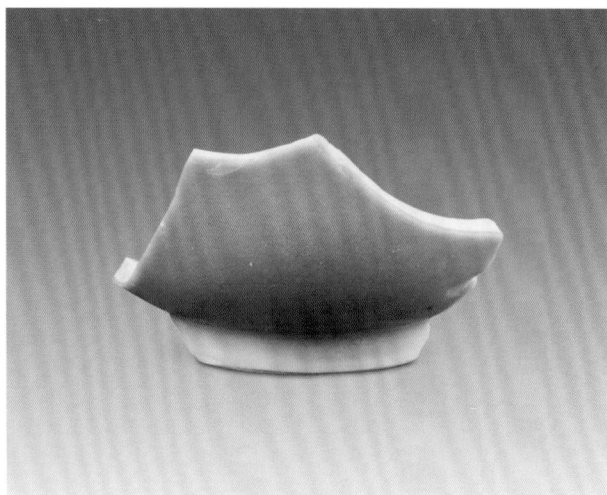

1. 豆青釉碗底残片（Xc-073）

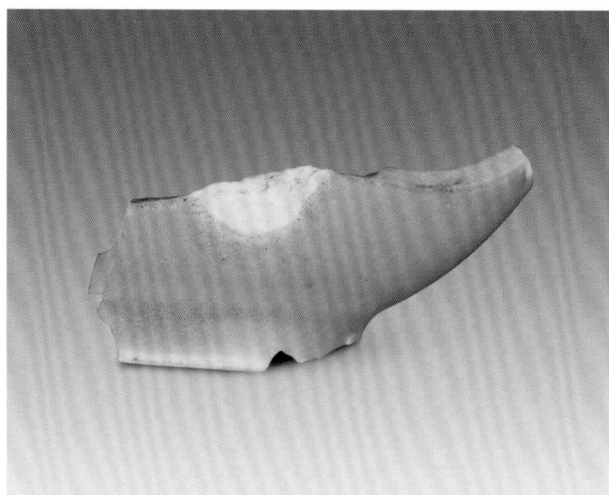

2. 豆青釉碗底残片（Xc-106）

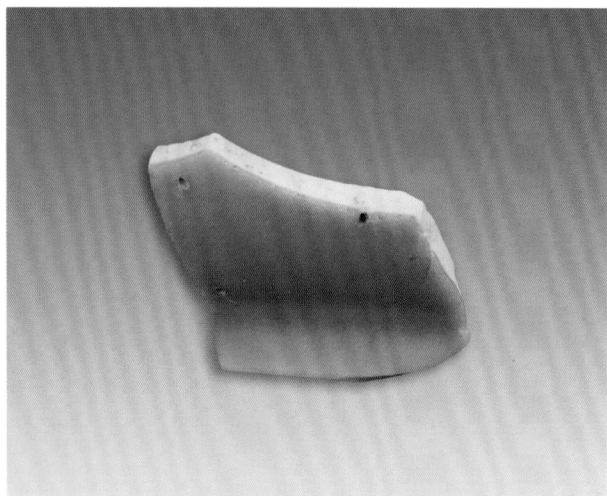

3. 豆青釉碗底残片（Xc-082）

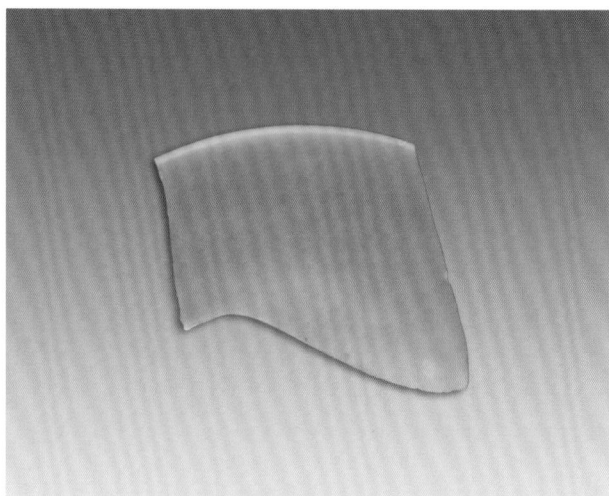

4. 豆青釉碗残片（Xc-201）

5. 豆青釉碗残片（Xc-467）

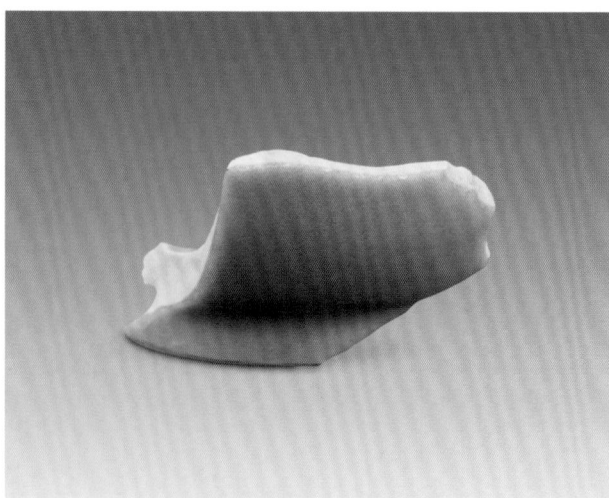

6. 豆青釉碗底残片（Xc-461）

杏花春馆遗址出土民窑可分型重点豆青釉碗

1. 豆青釉碗残件（Xc-062）

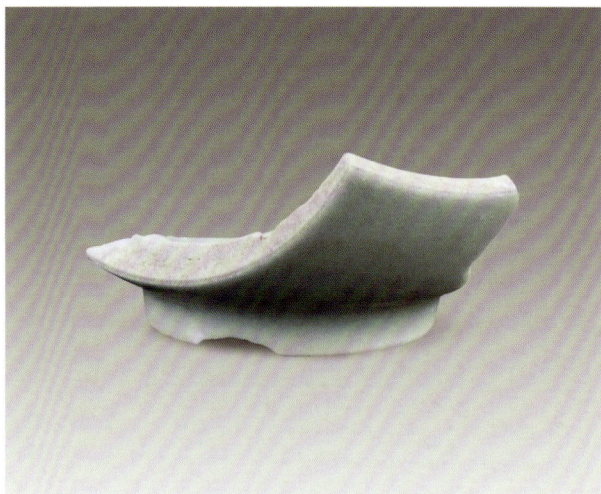

2. 豆青釉碗底残片（Xc-072）

3. 豆青釉碗底残片（Xc-286）

4. 豆青釉碗底残片（Xc-061）

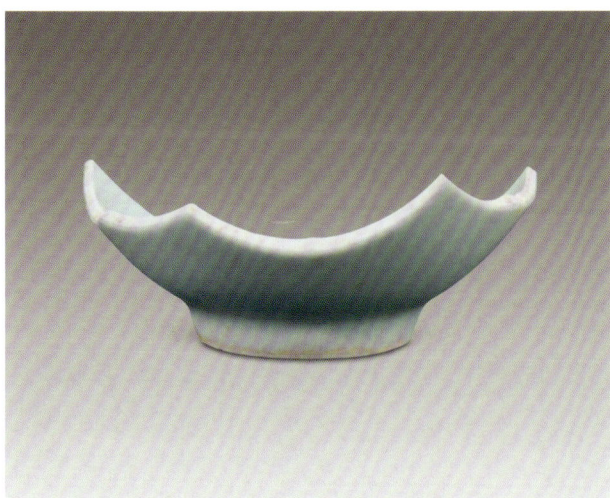

5. 豆青釉碗底残片（Xc-197）

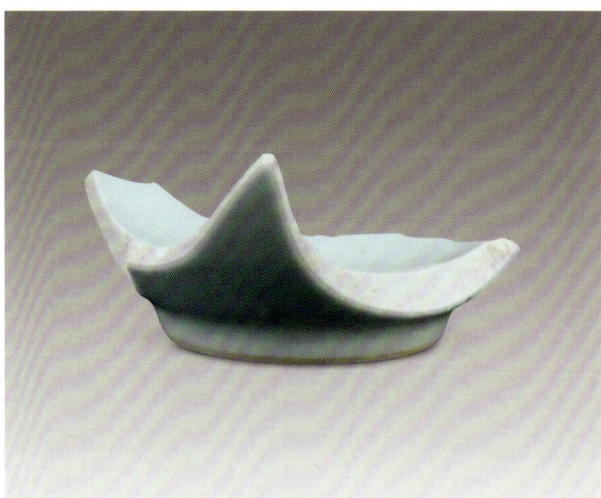

6. 豆青釉碗底残片（Xc-394）

杏花春馆遗址出土民窑可分型重点豆青釉碗

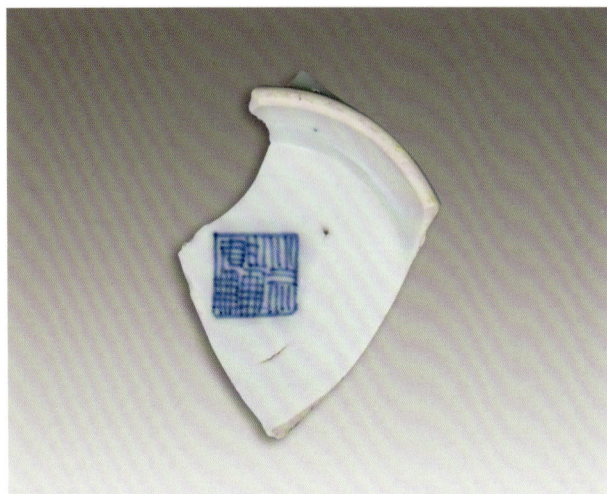

1. 豆青釉碗底残片（Xc-411）

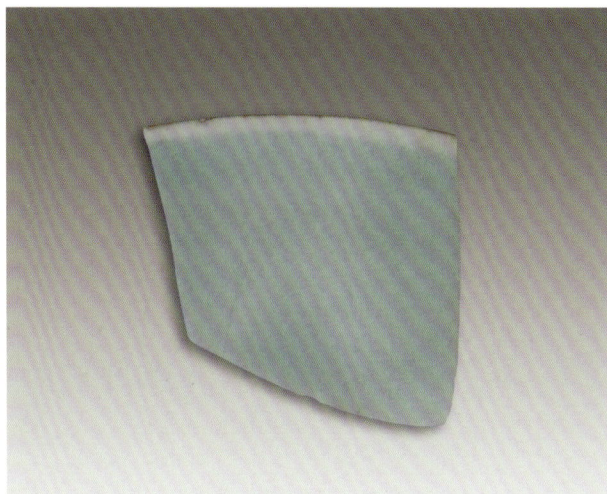

2. 豆青釉碗残片（Xc-139）

3. 豆青釉碗残片（Xc-487）

4. 豆青釉碗残件（Xc-383）

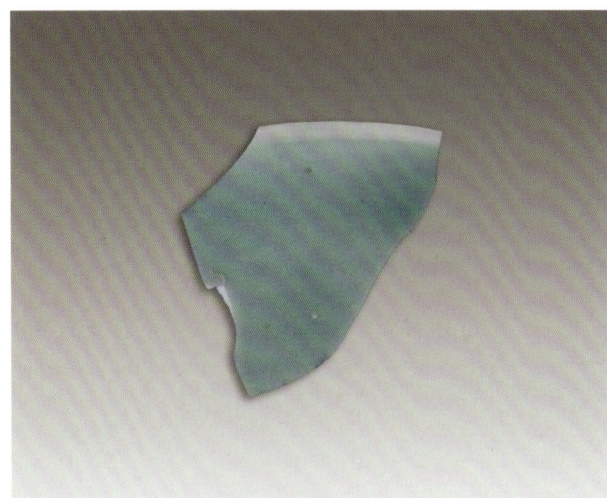

5. 豆青釉碗残件（Xc-145）

6. 豆青釉碗残件（Xc-462）

杏花春馆遗址出土民窑可分型重点豆青釉碗

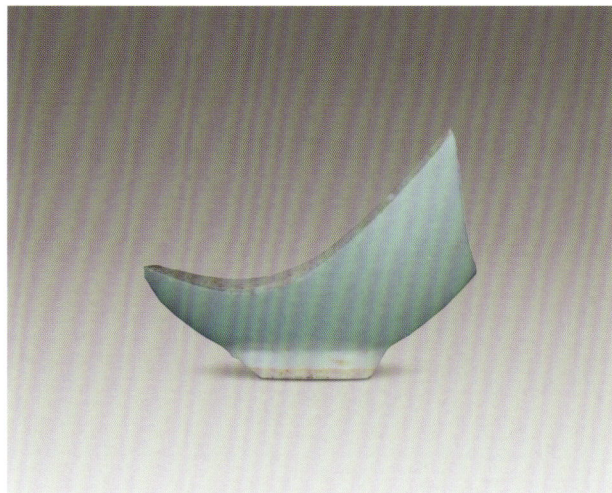

1. 豆青釉碗底残片（Xc-464）

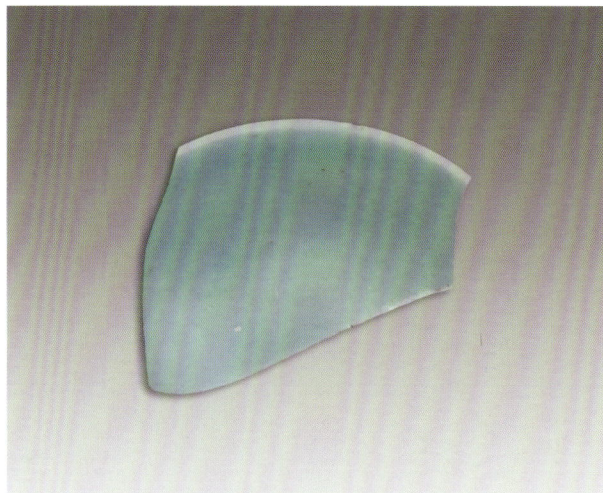

2. 豆青釉碗残片（Xc-465）

3. 豆青釉碗残片（Xc-472）

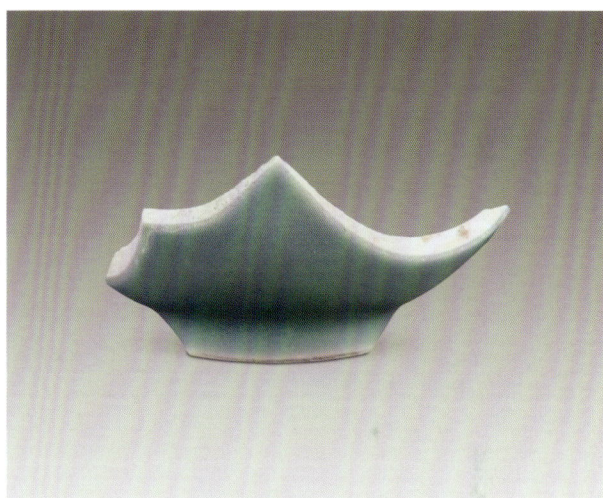

4. 豆青釉碗残片（Xc-481）

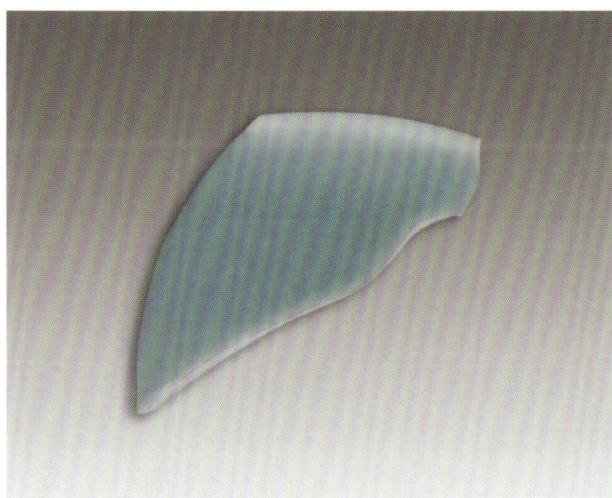

5. 豆青釉碗残片（Xc-505）

6. 豆青釉碗残件（Xc-092）

杏花春馆遗址出土民窑可分型重点豆青釉碗

1. 豆青釉碗残件（Xc-067）

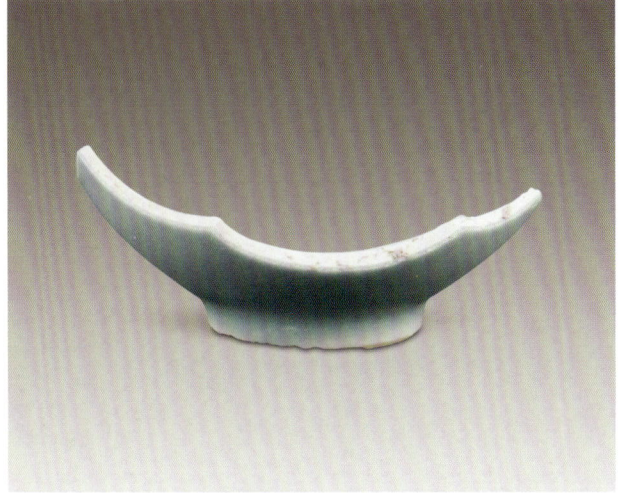

2. 豆青釉碗底残片（Xc-373）

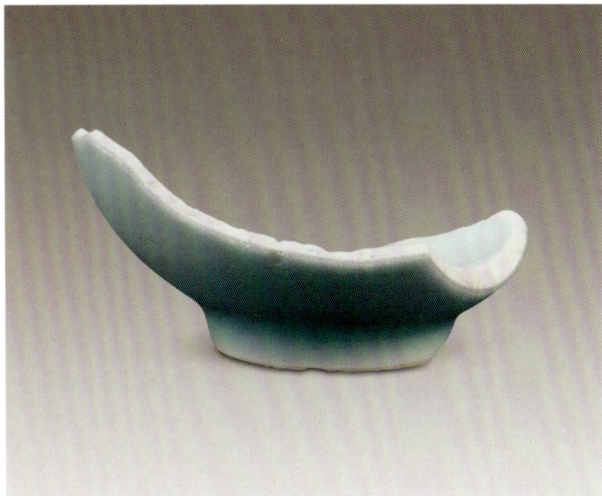

3. 豆青釉碗底残片（Xc-079）

4. 豆青釉碗残件（Xc-409）

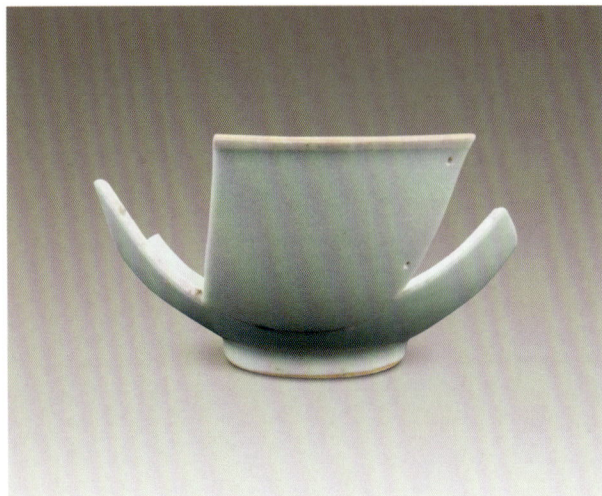

5. 豆青釉碗残件（Xc-410）

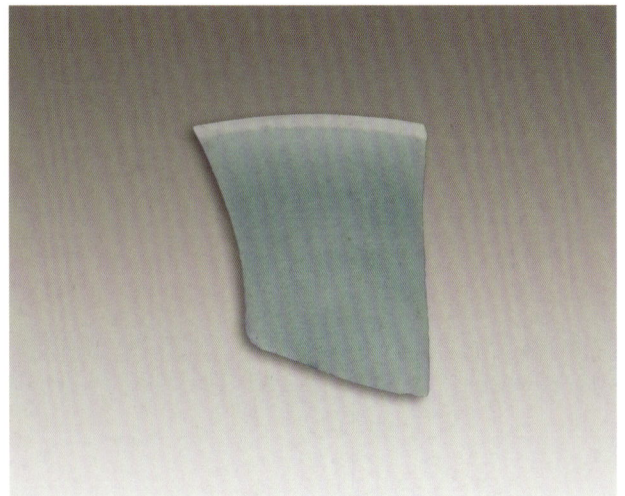

6. 豆青釉碗残片（Xc-161）

杏花春馆遗址出土民窑可分型重点豆青釉碗

1. 豆青釉碗残片（Xc-190）

2. 豆青釉碗残片（Xc-305）

3. 豆青釉碗残片（Xc-471）

4. 豆青釉碗残片（Xc-474）

5. 豆青釉碗底残片（Xc-490）

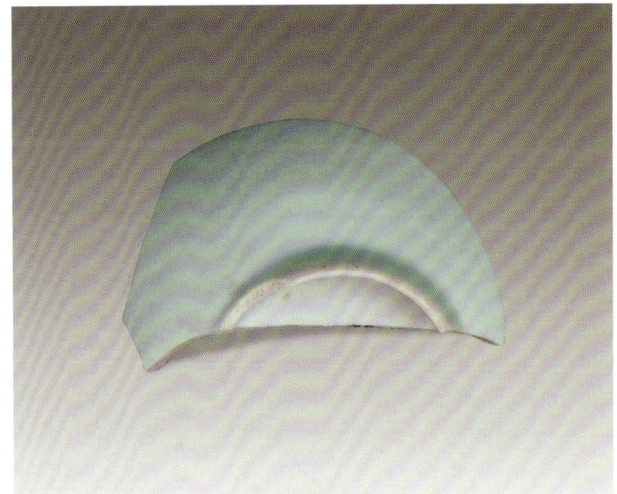

杏花春馆遗址出土民窑可分型重点豆青釉碗

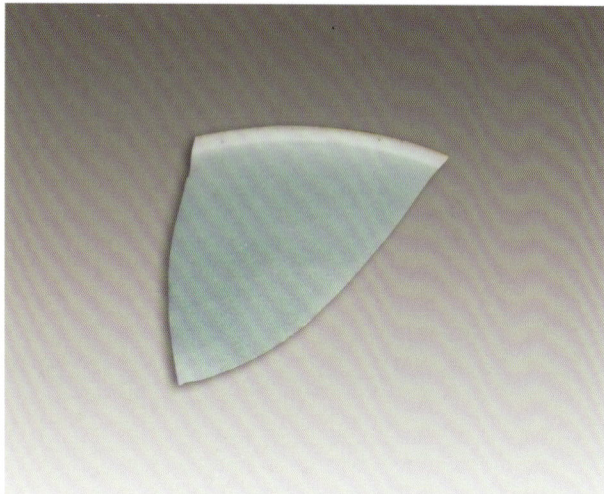

1. 豆青釉碗残片（Xc-496）

2. 豆青釉碗残片（Xc-509）

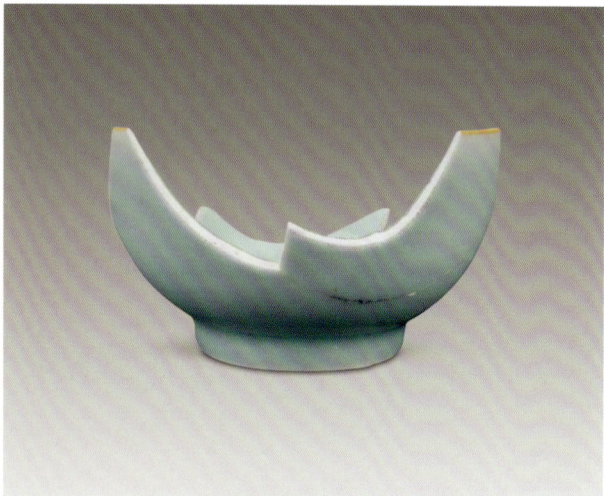

3. 豆青釉碗残件（Xc-100）

4. 豆青釉碗底残片（Xc-130）

5. 豆青釉碗底残片（Xc-170）

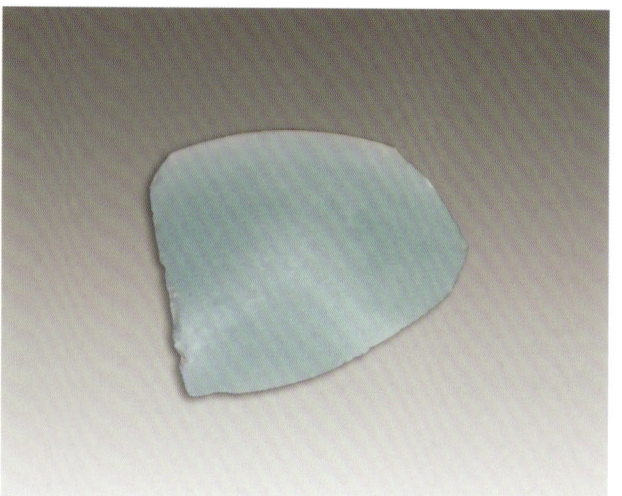

6. 豆青釉碗残片（Xc-217）

杏花春馆遗址出土民窑可分型重点豆青釉碗

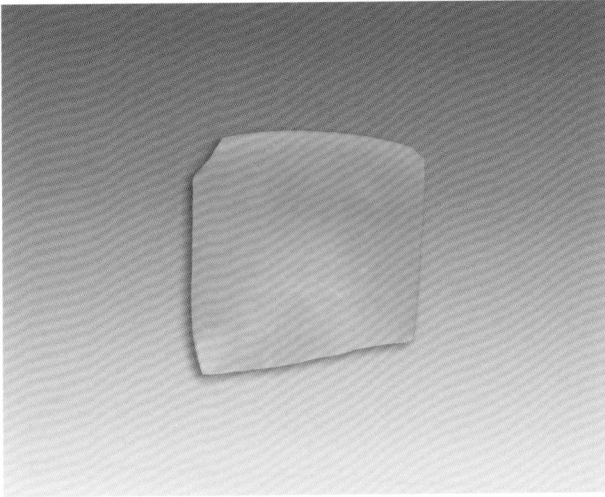

1. 豆青釉碗残片（Xc-483）

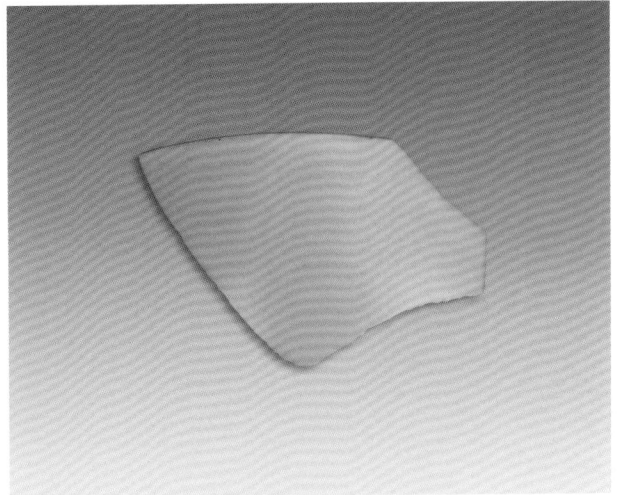

2. 豆青釉碗残片（Xc-489）

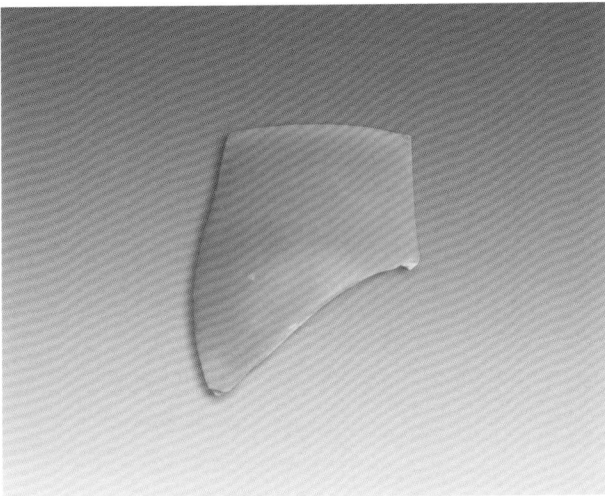

3. 豆青釉碗残片（Xc-506）

4. 豆青釉碗残片（Xc-507）

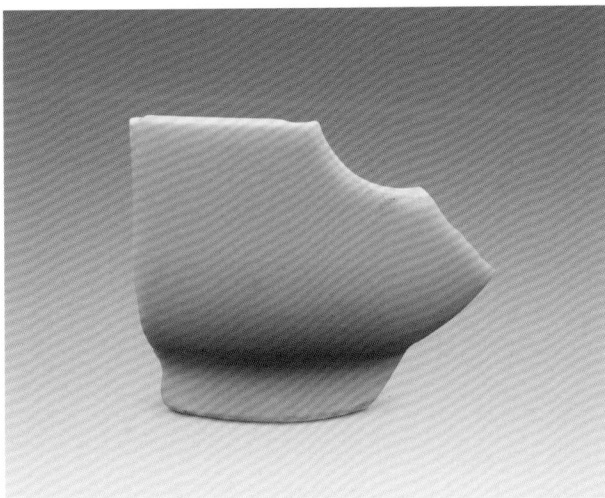

5. 豆青釉碗残件（Xc-260）

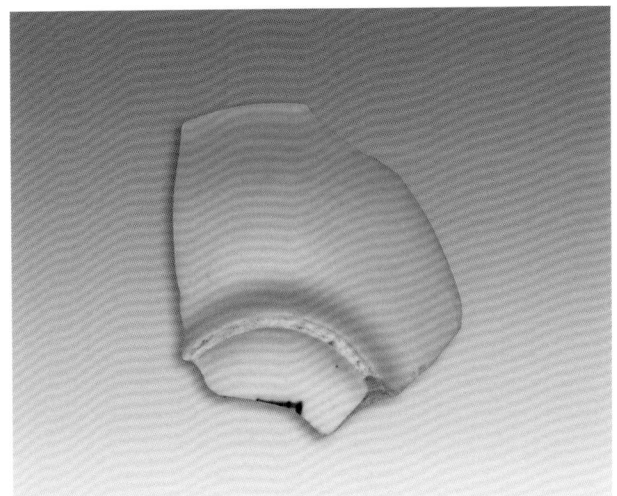

杏花春馆遗址出土民窑可分型重点豆青釉碗

1. 豆青釉碗残件（Xc-087）

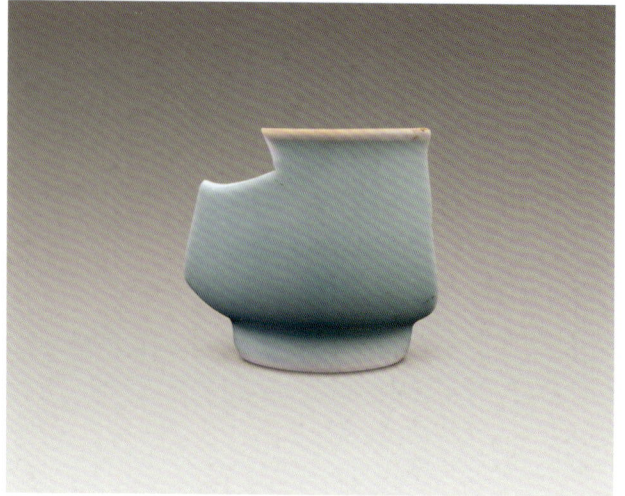

2. 豆青釉碗残件（Xc-374）

3. 豆青釉碗底残片（Xc-397）

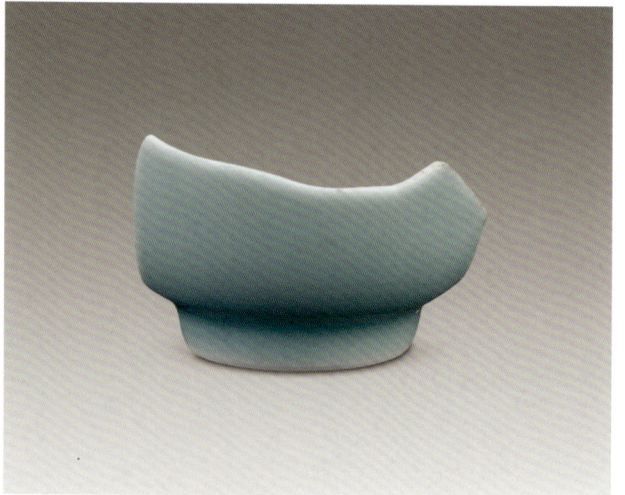

4. 豆青釉碗底残片（Xc-066）

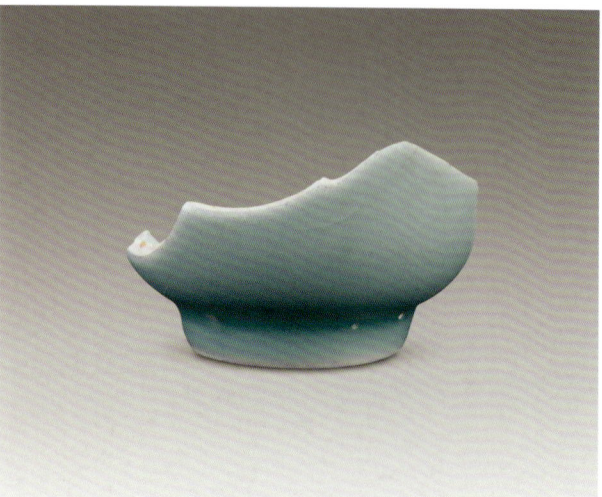

5. 豆青釉碗底残片（Xc-228）

6. 豆青釉碗底残片（Xc-090）

杏花春馆遗址出土民窑可分型重点豆青釉碗

1. 豆青釉碗底残片（Xc-372）

2. 豆青釉碗底残片（Xc-404）

3. 豆青釉碗残件（Xc-107）

4. 豆青釉碗底残片（Xc-216）

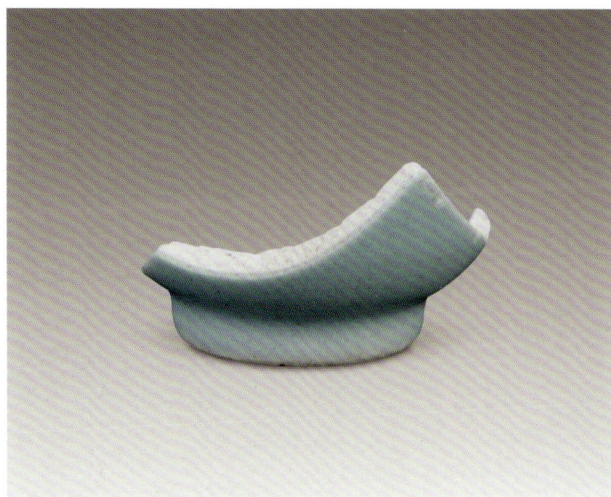

5. 豆青釉碗残片（Xc-081）

6. 豆青釉碗残片（Xc-089）

杏花春馆遗址出土民窑可分型重点豆青釉碗

1. 豆青釉碗底残片（Xc-401）

2. 豆青釉碗底残片（Xc-491）

3. 豆青釉碗底残片（Xc-080）

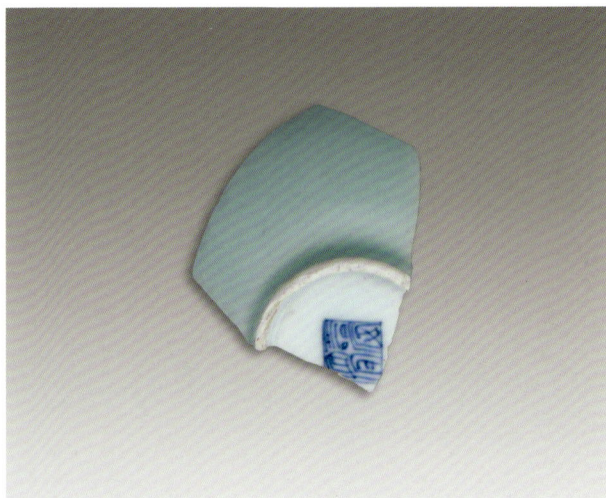

4. 豆青釉碗残件（Xc-086）

5. 豆青釉碗底残片（Xc-094）

杏花春馆遗址出土民窑可分型重点豆青釉碗

1. 豆青釉碗残件（Xc-101）

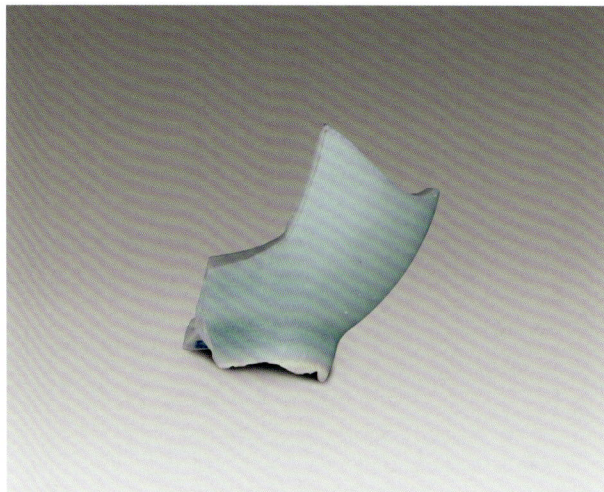

2. 豆青釉碗底残片（Xc-380）

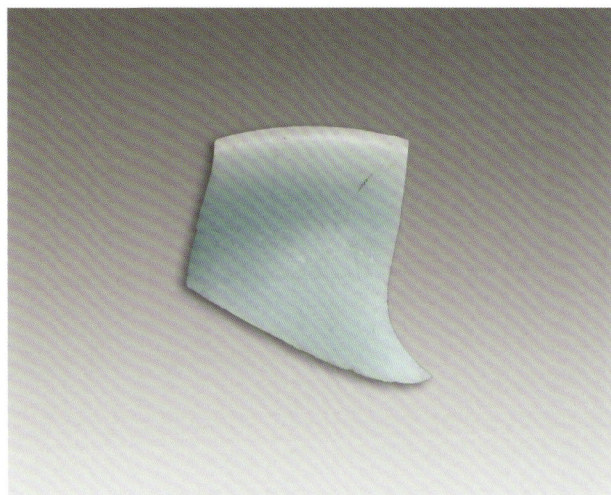

3. 豆青釉碗残片（Xc-501）

4. 豆青釉盘残件（Xc-408）

5. 豆青釉盘残件（Xc-212）

6. 豆青釉盘残件（Xc-063）

杏花春馆遗址出土民窑可分型重点豆青釉瓷

1. 豆青釉盘残件（Xc-064）

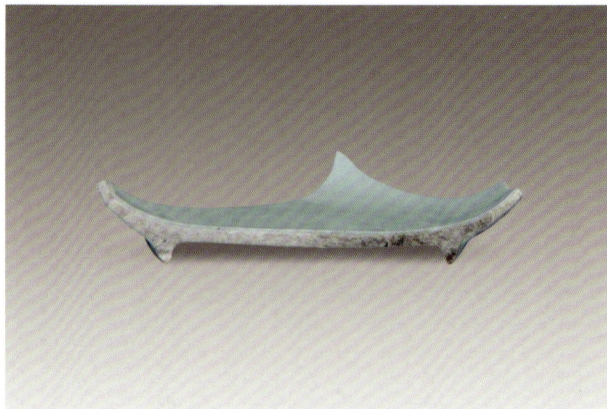

2. 豆青釉盘残片（Xc-065）

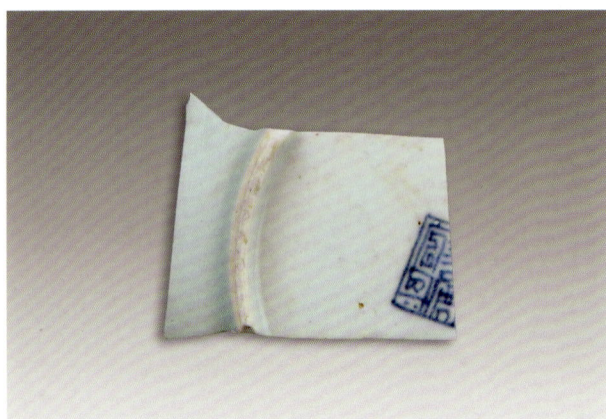

3. 豆青釉盘残片（Xc-077）

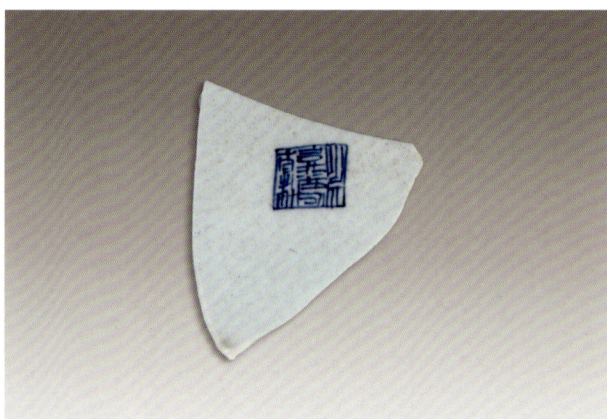

4. 豆青釉盘残片（Xc-085）

5. 豆青釉盘残片（Xc-088）

6. 豆青釉盘残片（Xc-102）

杏花春馆遗址出土民窑可分型重点豆青釉盘

1. 豆青釉盘残件（Xc-215）

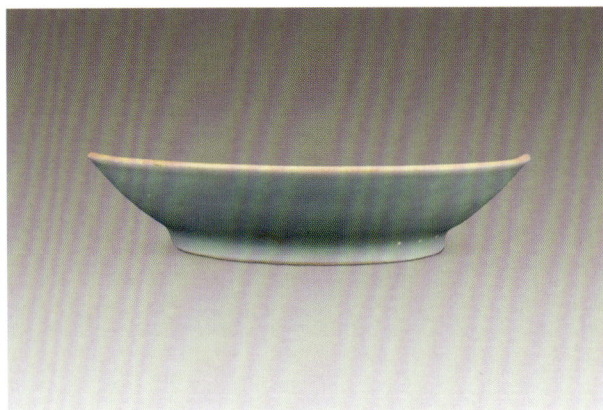

2. 豆青釉盘残件（Xc-232）

3. 豆青釉盘残片（Xc-395）

4. 豆青釉盘残件（Xc-074）

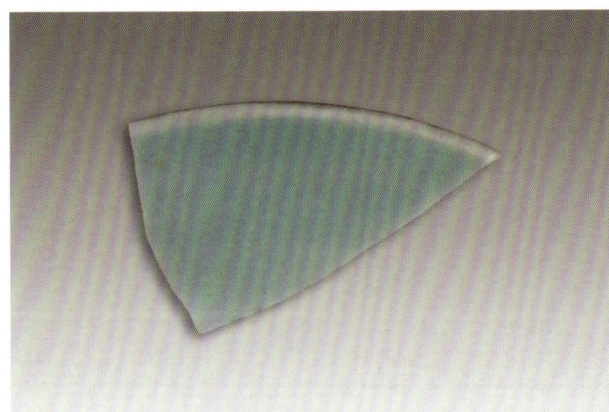

5. 豆青釉盘残件（Xc-330）

6. 豆青釉盘残件（Xc-459）

杏花春馆遗址出土民窑可分型重点豆青釉盘

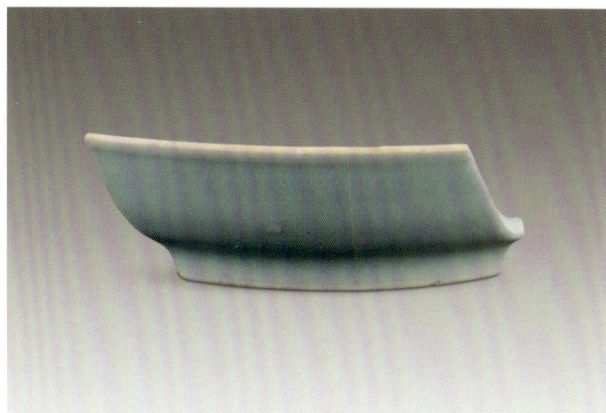

1. 豆青釉盘残件（Xc-468）

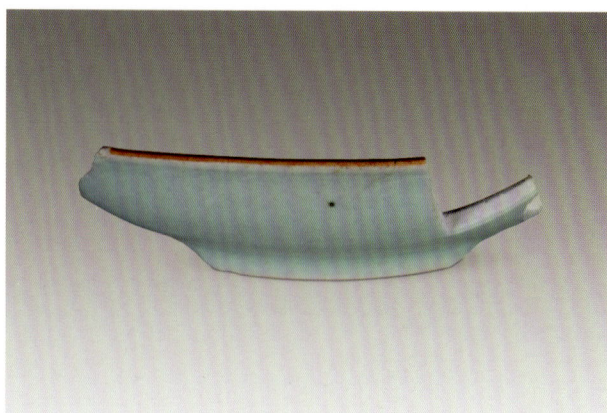

2. 豆青釉盘残件（Xc-477）

3. 豆青釉盘残件（Xc-480）

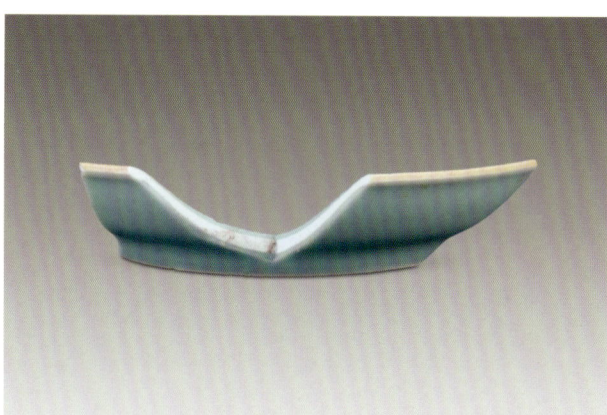

4. 豆青釉盘残件（Xc-482）

5. 豆青釉盘残片（Xc-495）

6. 豆青釉盘残件（Xc-510）

杏花春馆遗址出土民窑可分型重点豆青釉盘

1. 豆青釉盘残件（Xc-068）

3. 豆青釉盘残件（Xc-078）

4. 豆青釉盘残件（Xc-103）

2. 豆青釉盘残件（Xc-069）

5. 豆青釉盘残件（Xc-204）

杏花春馆遗址出土民窑可分型重点豆青釉盘

1. 豆青釉盘残片（Xc-493）

2. 豆青釉盘残件（Xc-497）

3. 豆青釉盘残件（Xc-500）

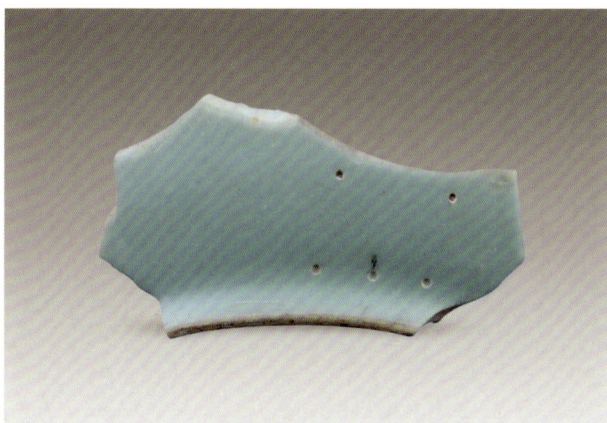

4. 豆青釉盘残片（Xc-503）

5. 豆青釉花口盘残件（Xc-198）

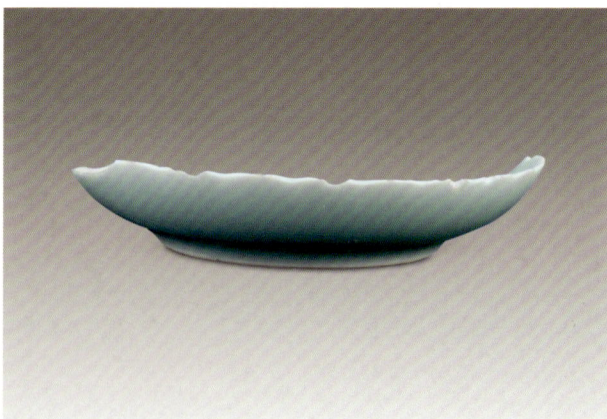

杏花春馆遗址出土民窑可分型重点豆青釉盘

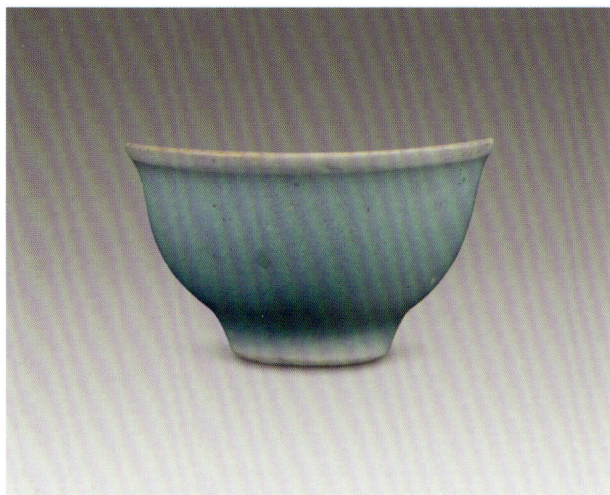

1.豆青釉酒盅残件（Xc-412）

2.豆青釉酒盅残件（Xc-105）

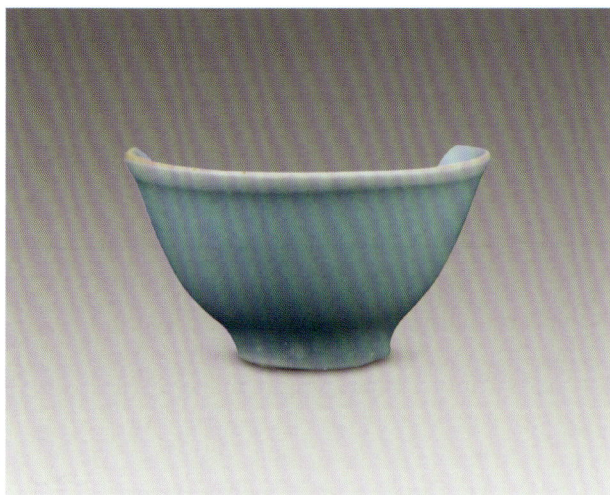

3.豆青釉酒盅残件（Xc-385）

4.豆青釉酒盅残件（Xc-405）

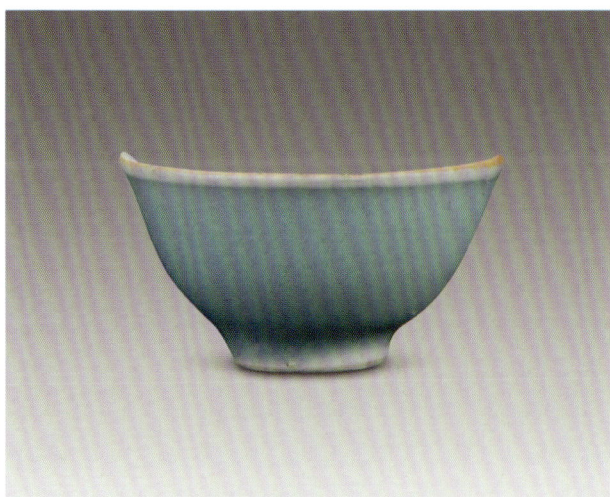

5.豆青釉酒盅残件（Xc-244）

6.豆青釉酒盅残件（Xc-340）

杏花春馆遗址出土民窑可分型重点豆青釉酒盅

1.豆青釉酒盅残件（Xc-071）

2.豆青釉酒盅残件（Xc-498）

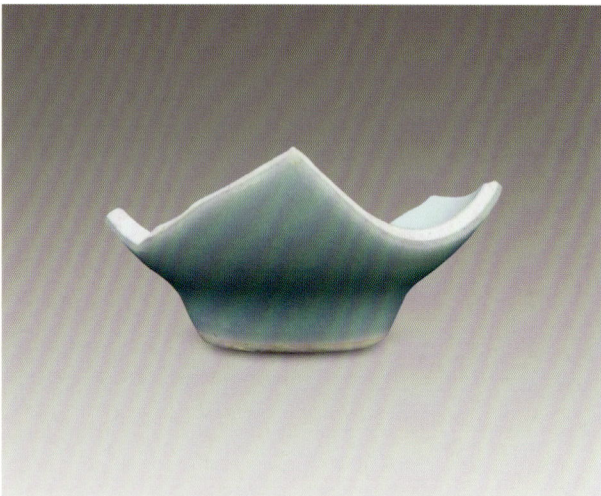

3.豆青釉酒盅残片（Xc-415）

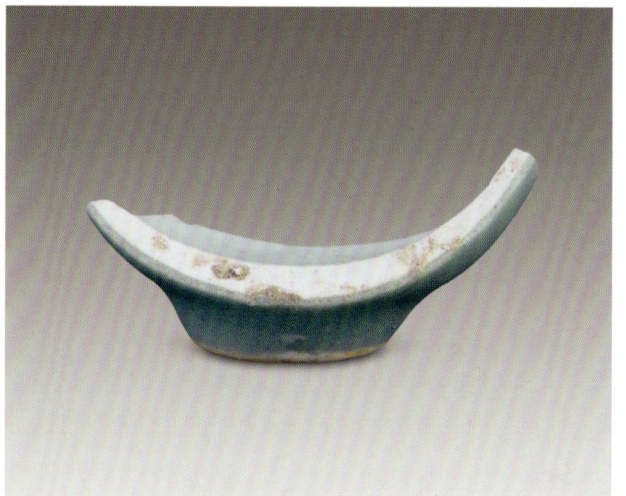

4.青釉酒盅残片（Xc-095）

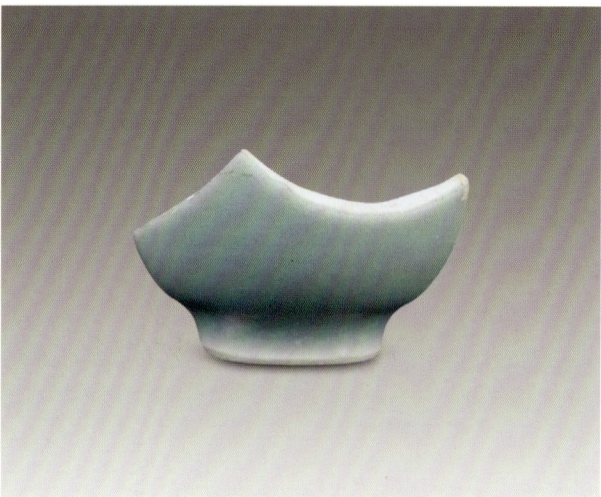

5.豆青釉酒盅残片（Xc-417）

6.豆青釉酒盅残片（Xc-446）

杏花春馆遗址出土民窑可分型重点豆青釉酒盅

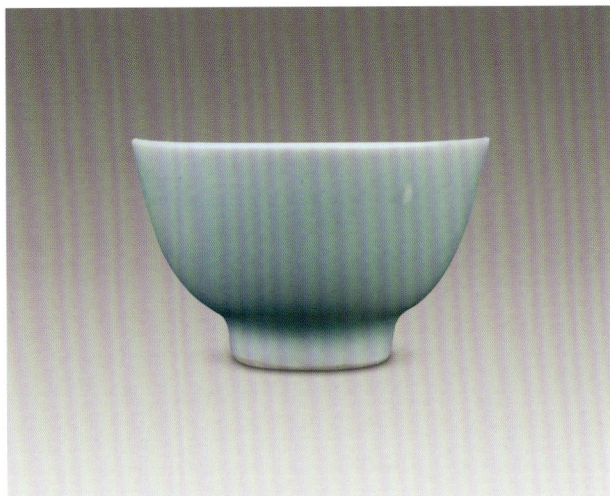

1. 豆青釉酒盅残件（Xc-396）

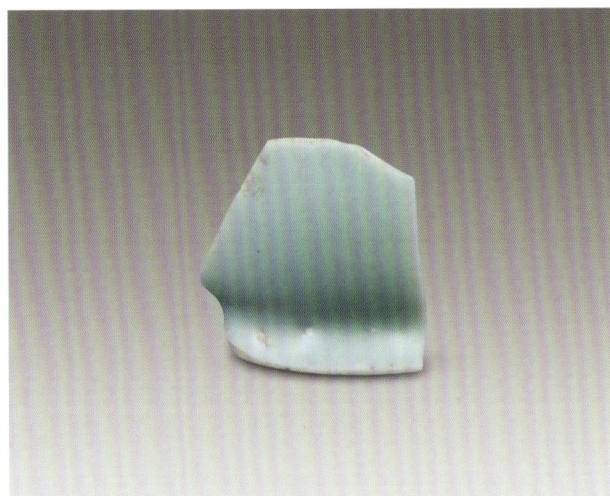

2. 豆青釉酒盅残片（Xc-093）

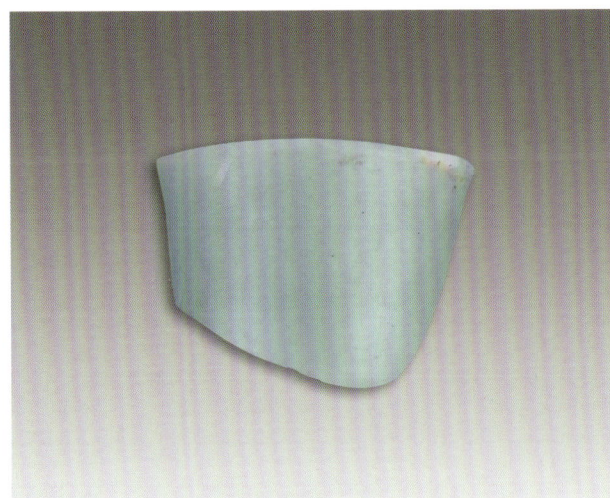

3. 豆青釉杯残片（Xc-364）

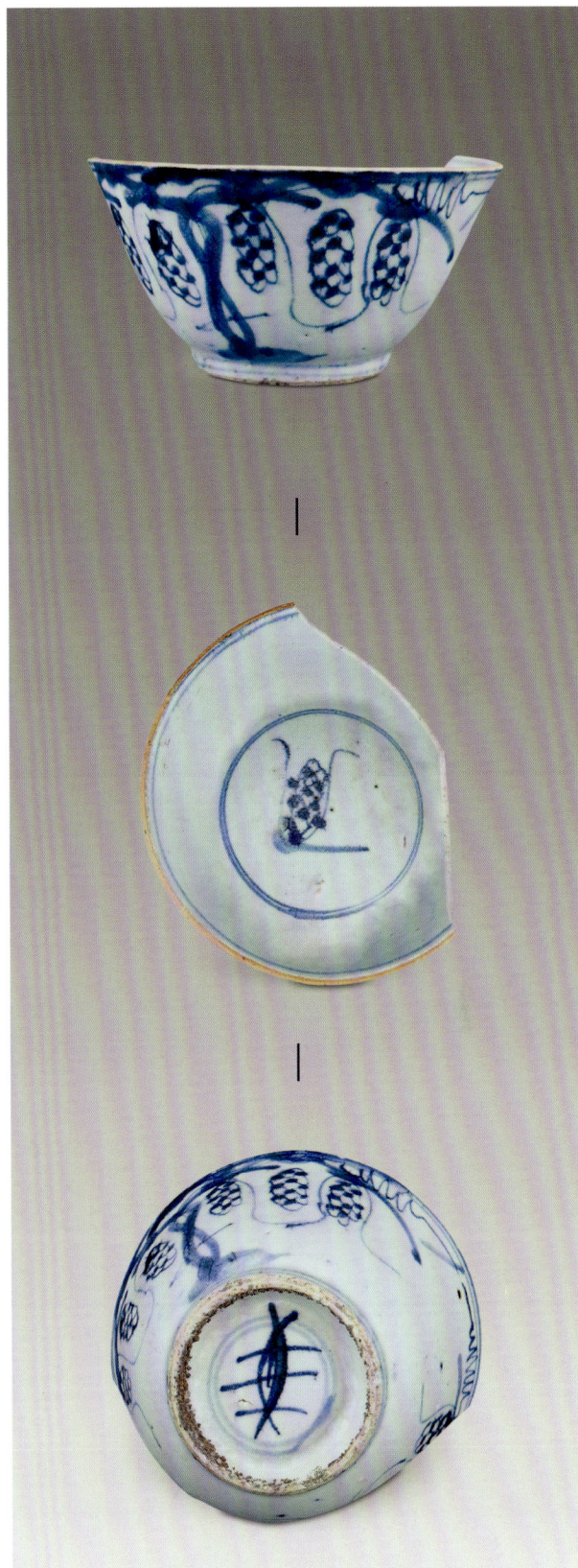

4. 青花葡萄纹碗残件（Xc-171）

杏花春馆遗址出土民窑瓷器

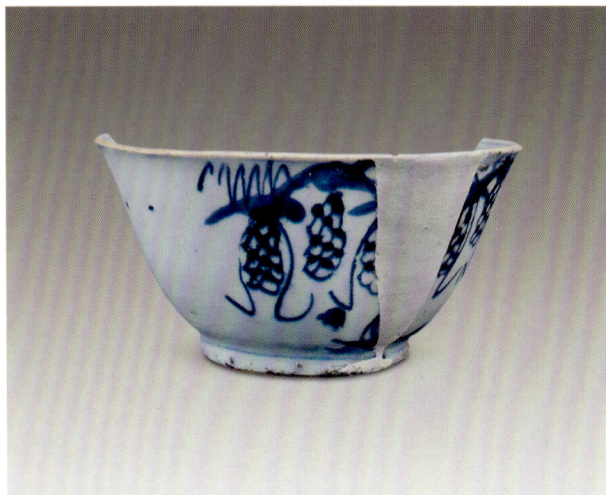

1. 青花葡萄纹碗残件（Xc-177）

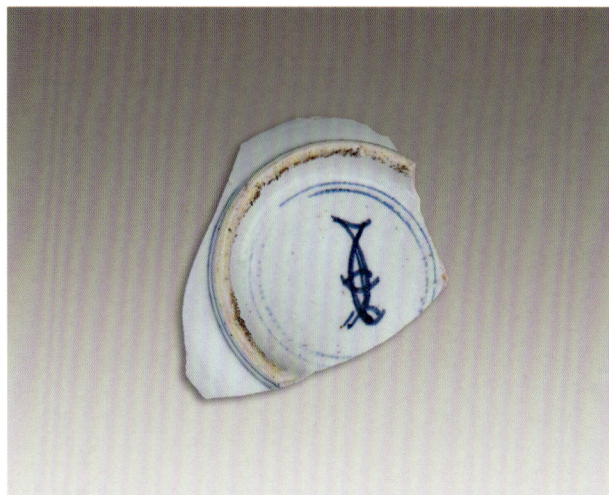

2. 青花葡萄纹碗残片（Xc-425）

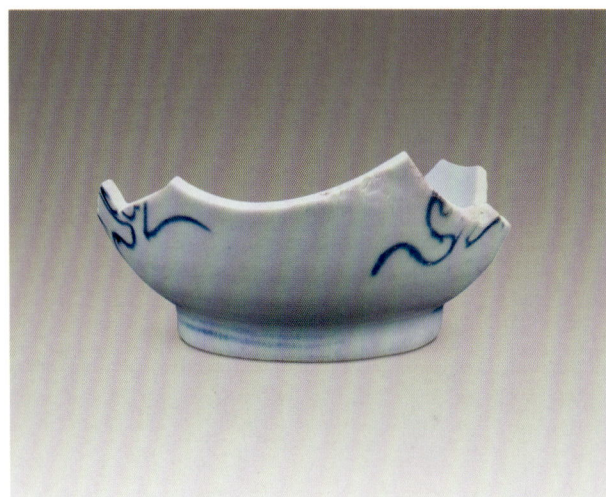

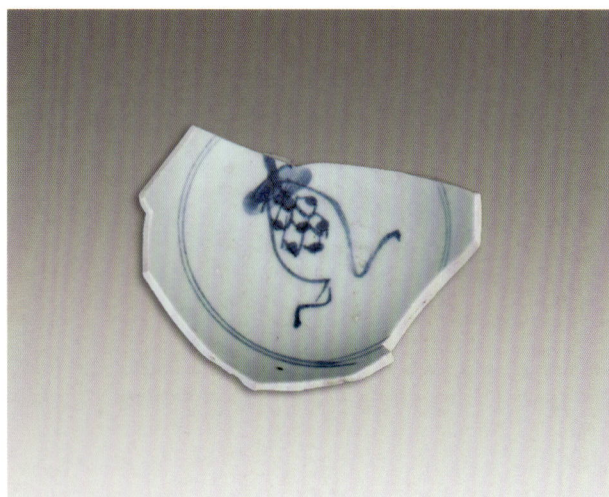

3. 青花葡萄纹碗残片（Xc-424）

杏花春馆遗址出土民窑不可分型青花碗

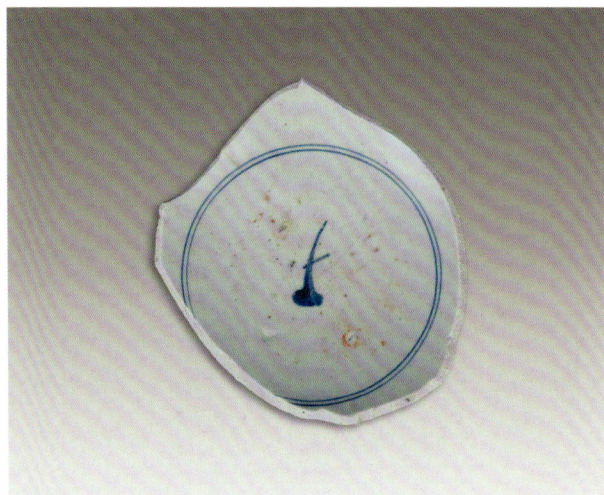

1. 青花花卉纹碗底残片（Xc-431）

2. 青花火珠纹碗底残片（Xc-451）

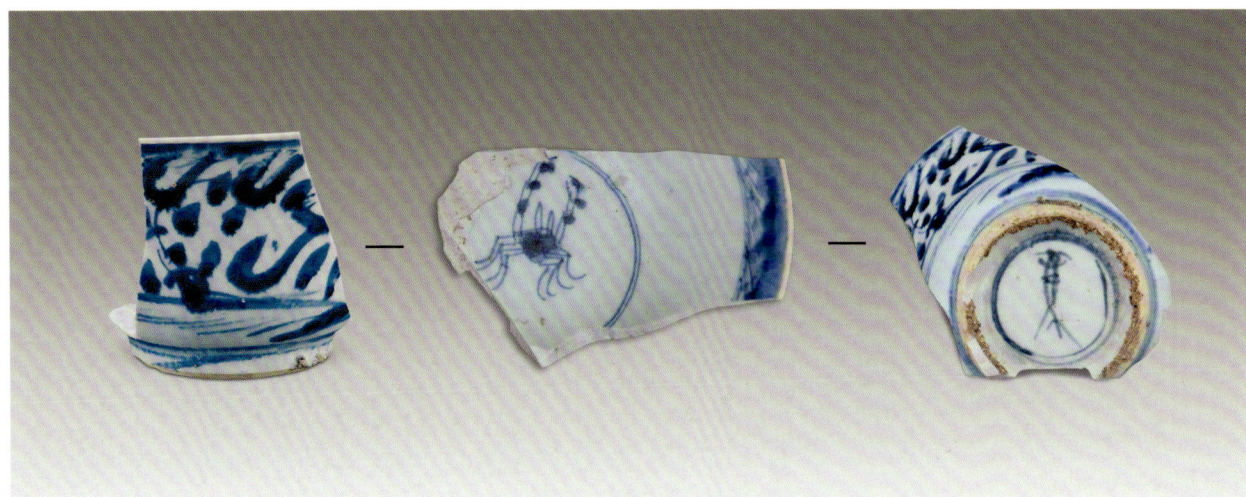

3. 青花螃蟹纹碗残件（Xc-039）

杏花春馆遗址出土民窑不可分型青花碗

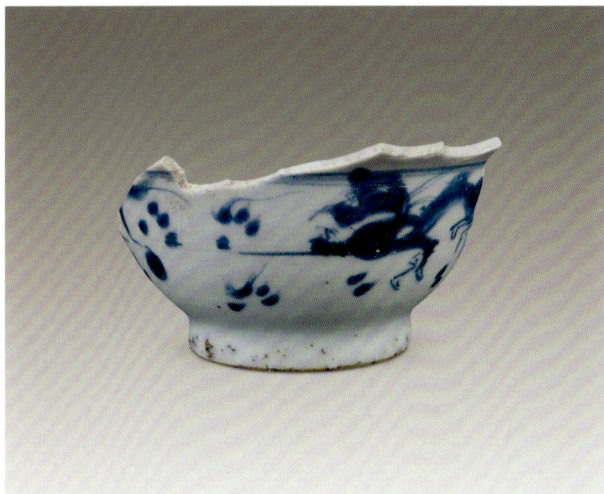

1. 青花双龙戏珠纹折沿碗残片（Xc-225）

2. 青花蜻蜓水藻纹碗底残片（Xc-254）

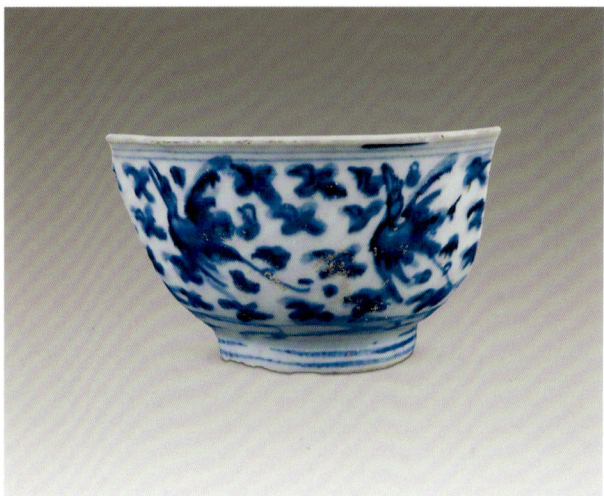

3. 青花飞鸟纹碗残件（Xc-165）

杏花春馆遗址出土民窑不可分型青花碗

1.青花飞鸟纹碗残片（Xc-202）

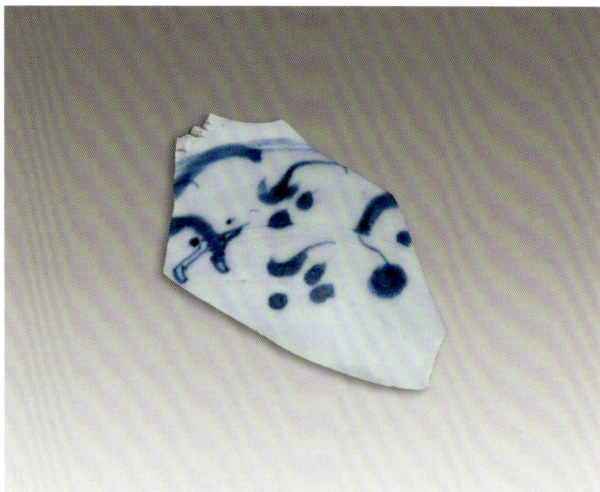

2.青花云龙纹碗残片（Xc-311）

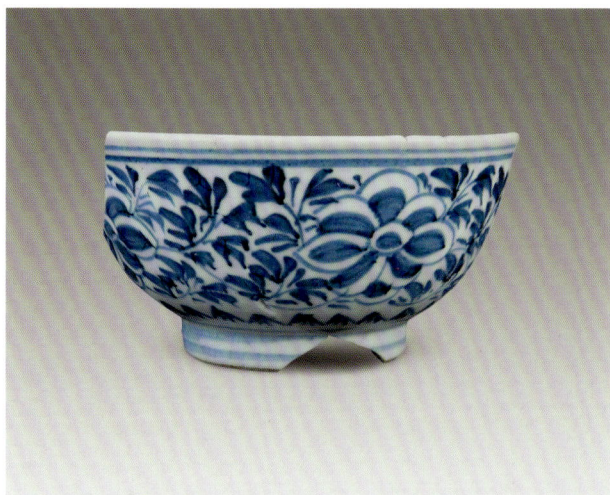

3.青花缠枝花卉纹碗残件（Xc-120）

4.青花缠枝花卉纹碗残片（Xc-335）

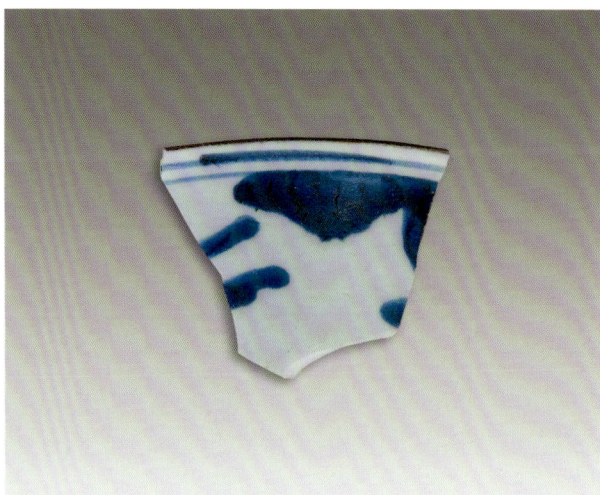

5.青花碗残片（Xc-247）

杏花春馆遗址出土民窑不可分型青花碗

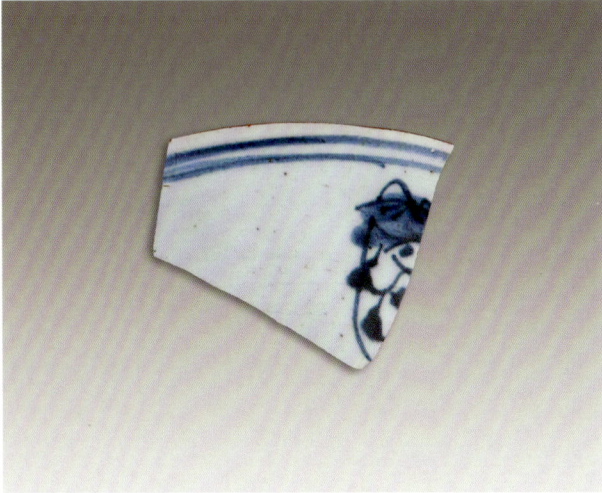

1. 青花花卉纹碗残片（Xc-344）

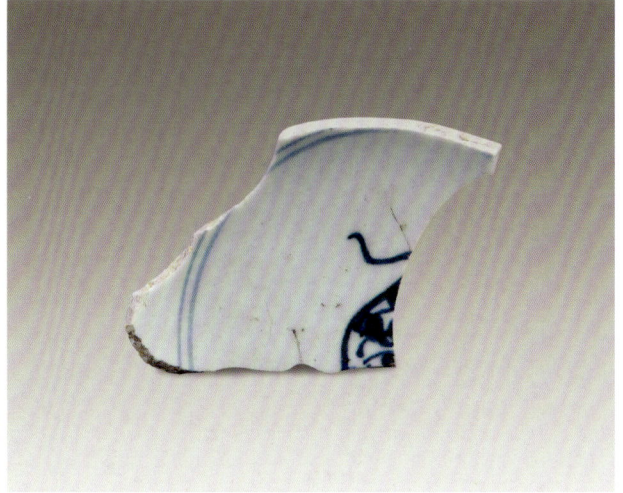

2. 青花花卉纹碗底残片（Xc-306）

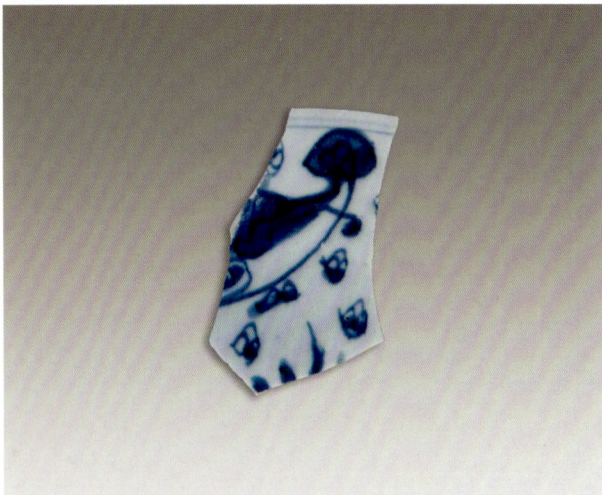

3. 青花鱼藻纹碗残片（Xc-246）

4. 青花花叶纹碗残件（Xc-224）

5. 青花骏马过河纹碗残片（Xc-366）

杏花春馆遗址出土民窑不可分型青花碗

1.青花海水蛟龙纹碗残片（Xc-121）

2.青花瓜蝶连绵纹碗残片（Xc-144）

3.青花瓜蝶连绵纹碗残片（Xc-300）

4.青花双喜瓜蝶连绵纹碗残片（Xc-281）

5.青花博古图碗残片（Xc-299）

6.青花花束纹碗残片（Xc-291）

杏花春馆遗址出土民窑不可分型青花碗

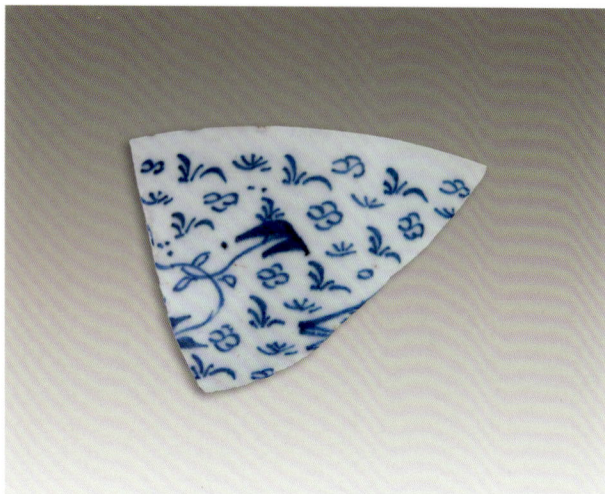

1.青花鱼藻纹碗口残片（Xc-301）

2.青花缠枝变形莲瓣纹碗残片（Xc-289）

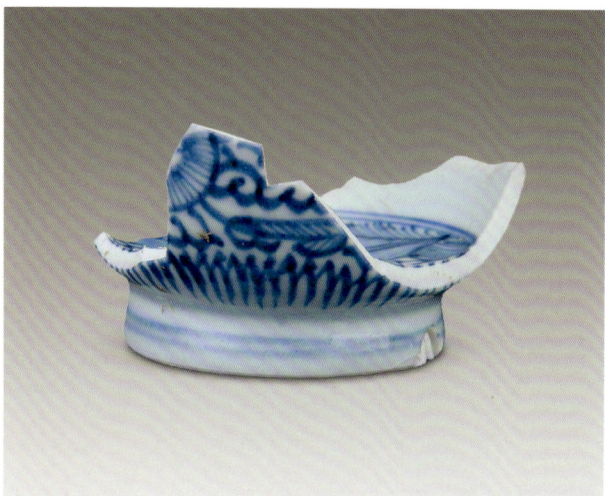

3.青花花卉纹碗底残片（Xc-037）

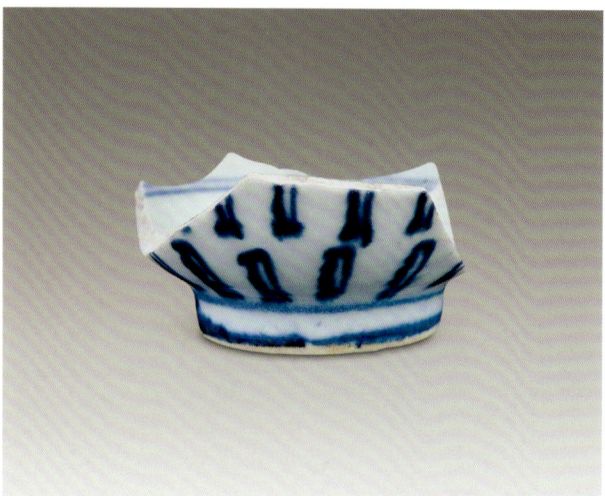

4.青花变体梵文（"寿"字）碗残片（Xc-398）

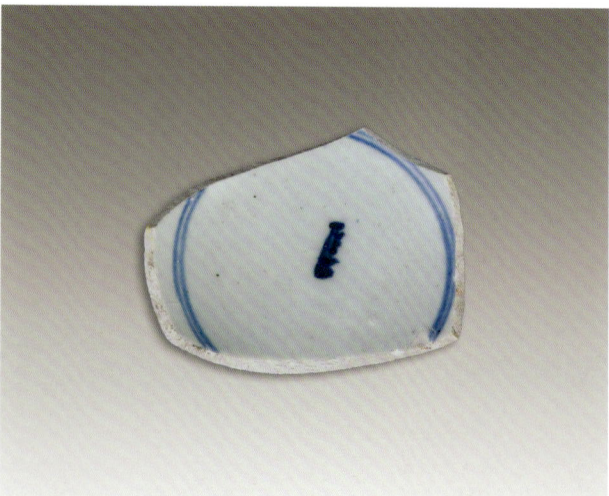

杏花春馆遗址出土民窑不可分型青花碗

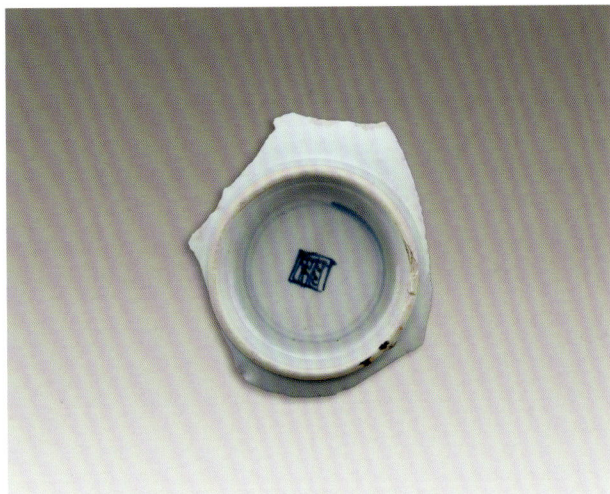

1. 青花方形变体文字款碗底残片（Xc-387）

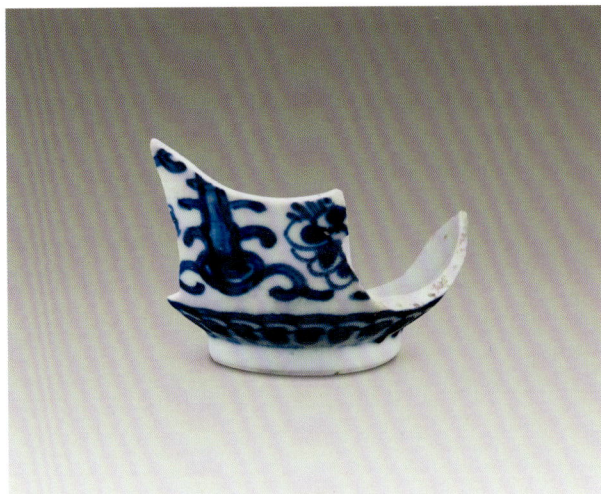

3. 青花福寿连绵纹碗残片（Xc-349）

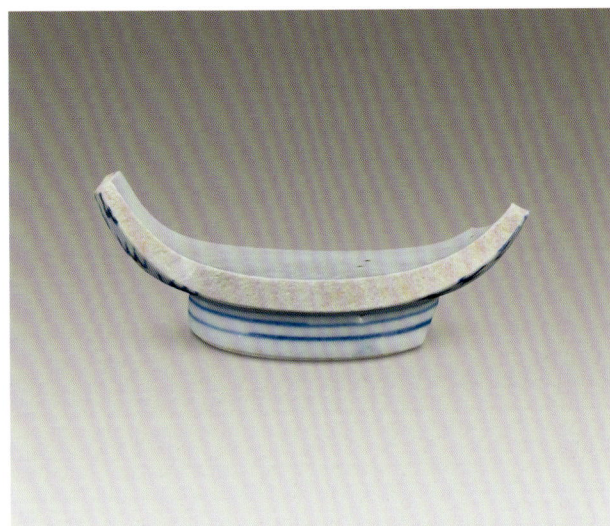

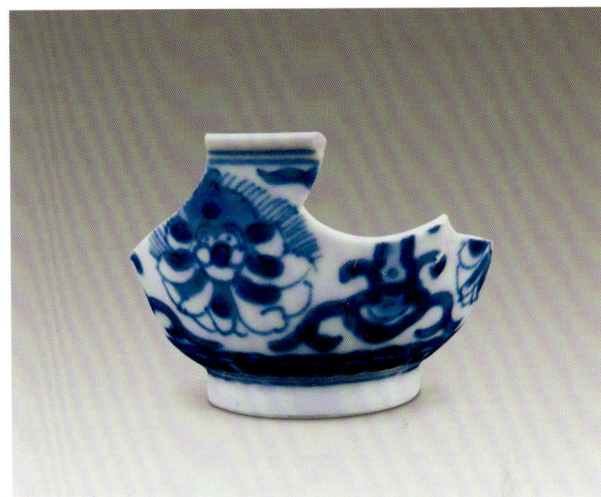

4. 青花福寿连绵纹碗残片（Xc-444）

2. 青花云龙纹碗底残片（Xc-355）

5. 青花福寿连绵纹碗残片（Xc-132）

杏花春馆遗址出土民窑不可分型青花碗

1. 青花福寿连绵纹碗残片（Xc-277）

2. 青花变形莲瓣纹碗底残片（Xc-362）

3. 青花碗底残片（Xc-369）

4. 青花福寿纹碗残片（Xc-154）

5. 青花海波纹（或福山寿海纹）碗残片（Xc-257）

6. 青花结带博古图碗残片（Xc-328）

杏花春馆遗址出土民窑不可分型青花碗

1. 青花缠枝挂寿纹碗残片（Xc-042）

3. 青花变形莲瓣纹碗底残片（Xc-273）

2. 青花竹叶纹碗残件（Xc-117）

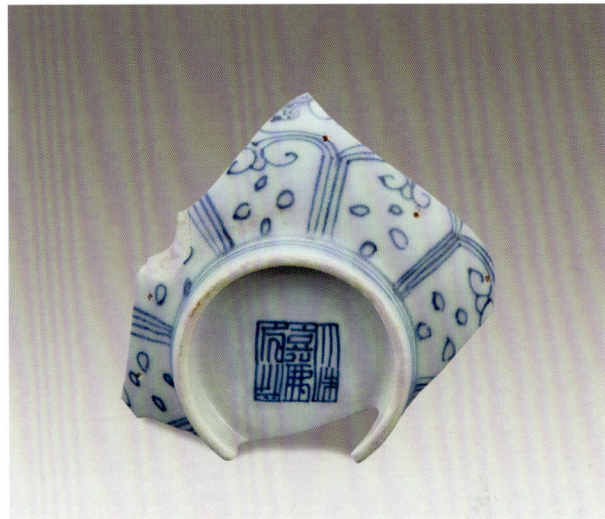

4. 青花变形莲瓣纹碗底残片（Xc-083）

杏花春馆遗址出土民窑不可分型青花碗

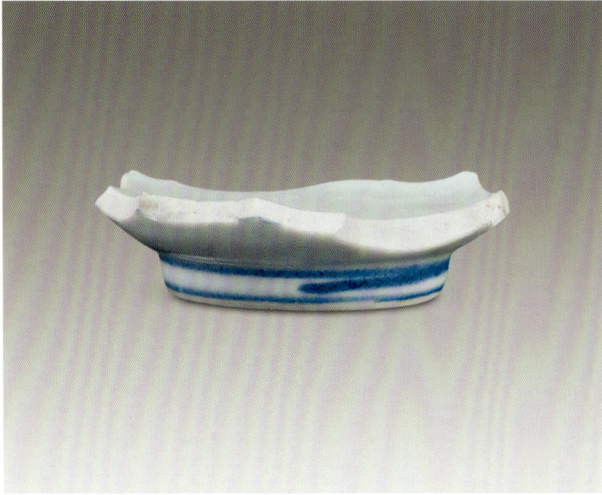

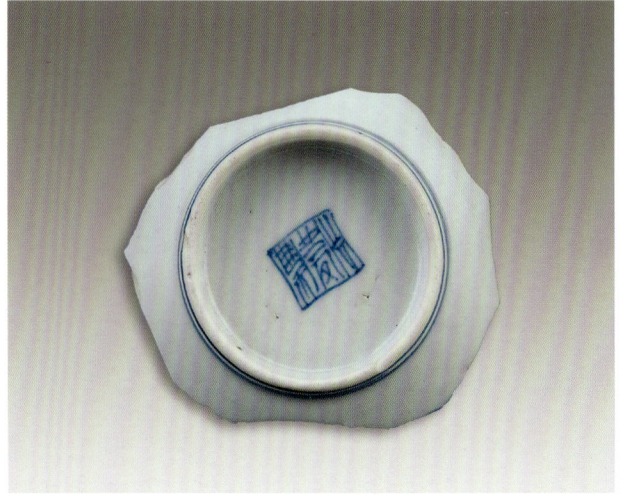

1.青花碗底残片（Xc-418）

2.青花缠枝变形莲瓣纹碗残片（Xc-041）

3.青花缠枝变形莲瓣纹碗残片（Xc-076）

杏花春馆遗址出土民窑不可分型青花碗

1. 青花缠枝变形莲瓣纹碗残片（Xc-241）

2. 青花缠枝变形莲瓣纹碗残片（Xc-191）

3. 青花缠枝莲纹碗残片（Xc-315）

4. 青花线描缠枝纹小碗残片（Xc-199）

5. 青花璎珞纹碗残件（Xc-034）

杏花春馆遗址出土民窑不可分型青花碗

1. 青花线描缠枝莲纹折沿卧足碗残件（Xc-318）

2. 青花孔雀纹碗残片（Xc-336）

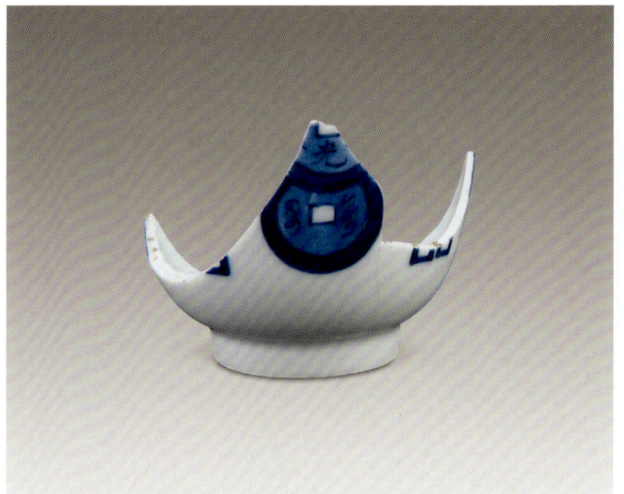

3. 青花四喜财多子多福款罗汉碗残片（Xc-448）

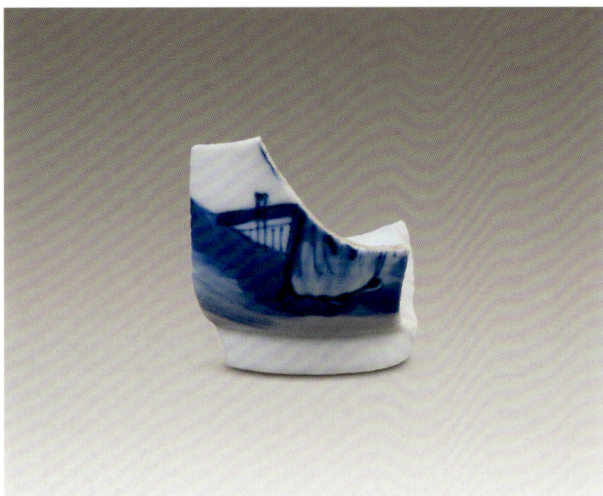

4. 青花人物纹多子多福款罗汉碗残片（Xc-423）

5. 青花海水波浪纹多子多福款罗汉碗残片
（Xc-439）

杏花春馆遗址出土民窑不可分型青花碗

1. 青花变形莲瓣冰梅纹罐残片（Xc-276）

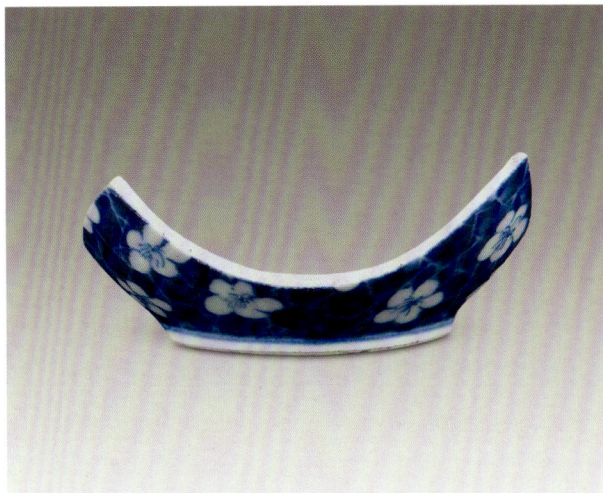

2. 青花冰梅纹罐残片（Xc-339）

3. 青花如意缠枝花卉纹罐残片（Xc-110）

4. 青花缠枝花卉纹罐腹部残片（Xc-294）

5. 青花缠枝莲纹罐腹部残片（Xc-192）

6. 青花缠枝莲纹罐腹部残片（Xc-210）

杏花春馆遗址出土民窑不可分型青花罐

1. 青花麒麟送子纹罐残片（Xc-308）

2. 青花山水纹罐腹部残片（Xc-309）

3. 青花缠枝莲纹小罐残片（Xc-293）

4. 青花缠枝莲纹小罐残片（Xc-157）

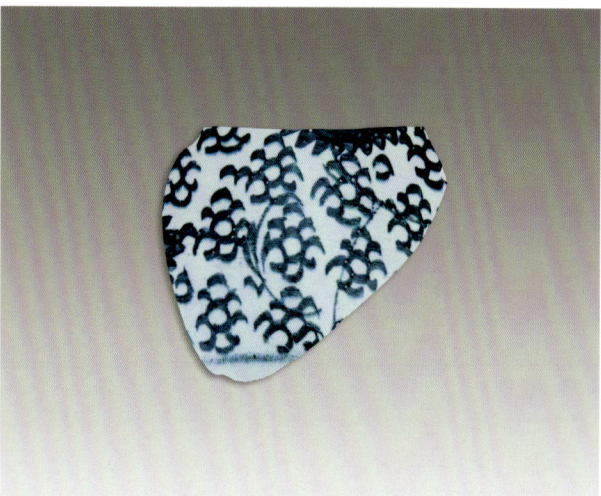

5. 青花缠枝莲纹罐腹部残片（Xc-285）

6. 青花如意团凤纹折沿花盆残片（Xc-251）

杏花春馆遗址出土民窑不可分型青花瓷

1.青花冰梅纹折沿鱼藻盆残片（Xc-262）

2.青花冰梅纹折沿鱼藻盆残片（Xc-282）

3.青花冰梅纹折沿兰花盆残片（Xc-265）

4.青花蟠桃纹折沿花卉盆残片（Xc-259）

5.青花缠枝莲纹方形折沿花盆残片（Xc-272）

杏花春馆遗址出土民窑不可分型青花瓷

1. 青花缠枝牡丹纹盆底残片（Xc-024）

3. 青花缠枝牡丹纹盆底残片（Xc-280）

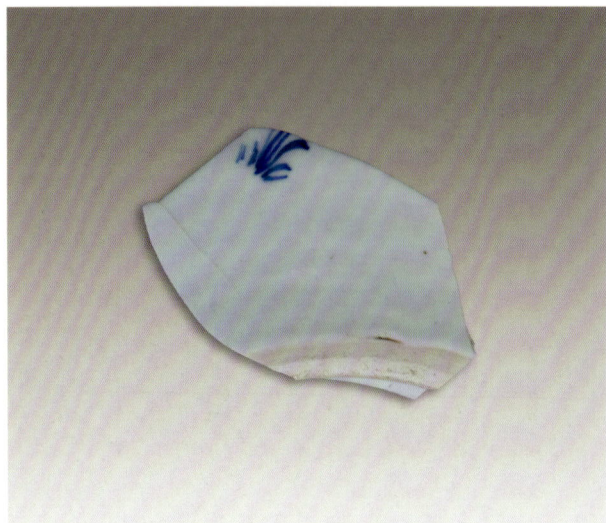

2. 青花缠枝牡丹纹盆底残片（Xc-221）

4. 青花龙纹瓶残片（Xc-148）

杏花春馆遗址出土民窑不可分型青花瓷

1.青花缠枝莲纹瓶残片（Xc-142）

2.青花缠枝莲纹瓶残片（Xc-256）

3.青花缠枝莲纹瓶残片（Xc-345）

4.青花莲纹瓶残片（Xc-278）

5.青花线描缠枝牡丹纹瓶底残片（Xc-028）

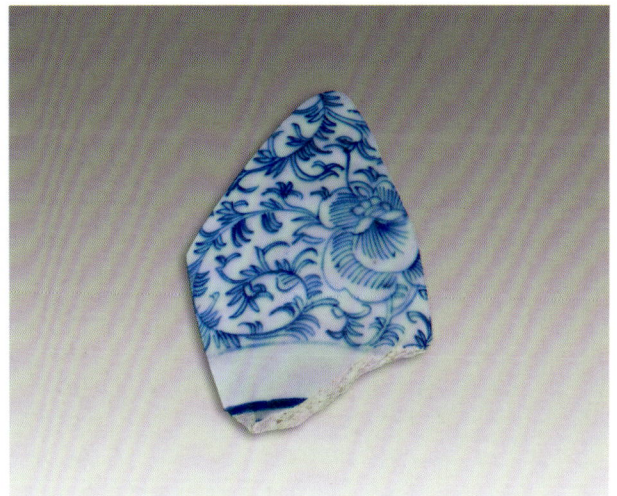

6.青花线描缠枝牡丹纹瓶肩部残片（Xc-237）

杏花春馆遗址出土民窑不可分型青花瓶

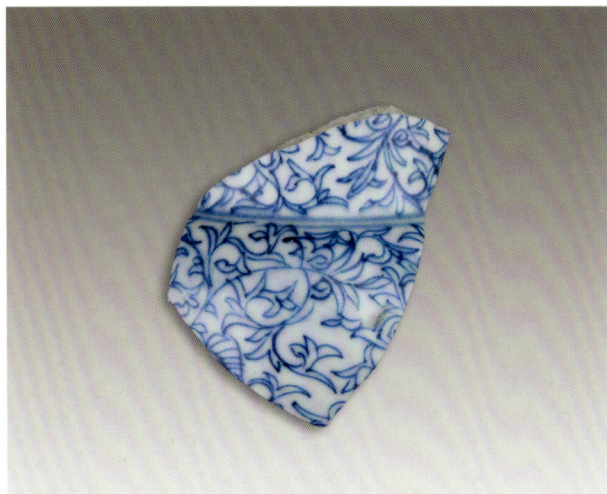

1. 青花线描缠枝牡丹纹瓶肩颈残片（Xc-324）

2. 青花线描缠枝瓶口径残片（Xc-329）

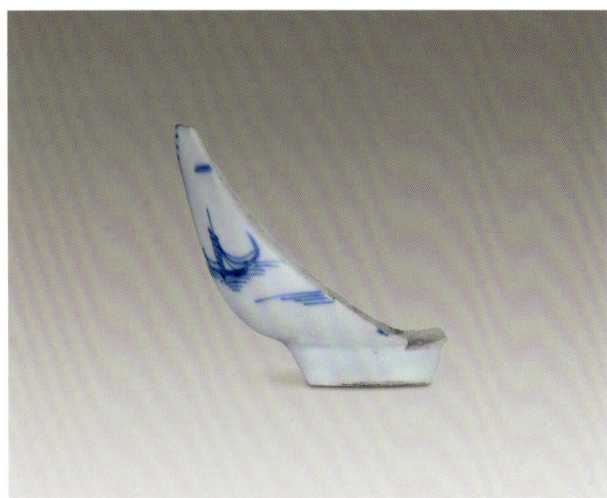

3. 青花山水纹杯残片（Xc-325）

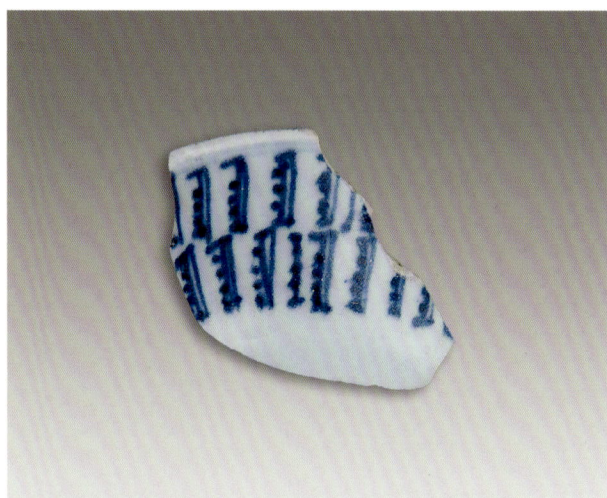

4. 青花变体梵文（"寿"字）杯残片（Xc-346）

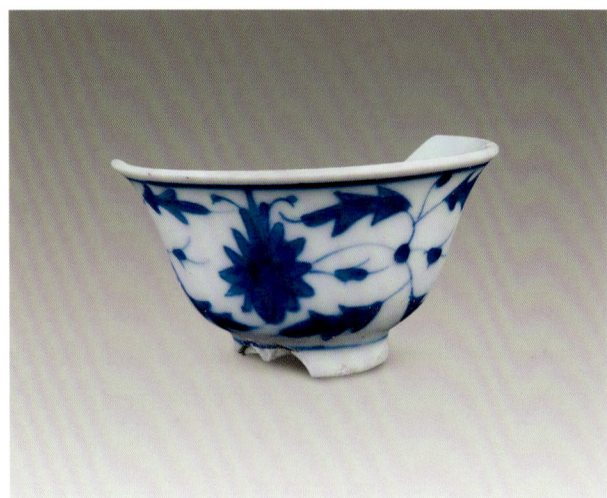

5. 青花缠枝莲纹压手杯残件（Xc-174）

6. 青花夔龙纹杯残件（Xc-296）

杏花春馆遗址出土民窑不可分型青花瓷

1.青花缠枝纹酒盅残片（Xc-416）

2.青花缠枝莲纹酒盅残片（Xc-420）

3.青花变体梵文（"寿"字）酒盅残件（Xc-258）

4.青花变体梵文（"寿"字）盘残件（Xc-297）

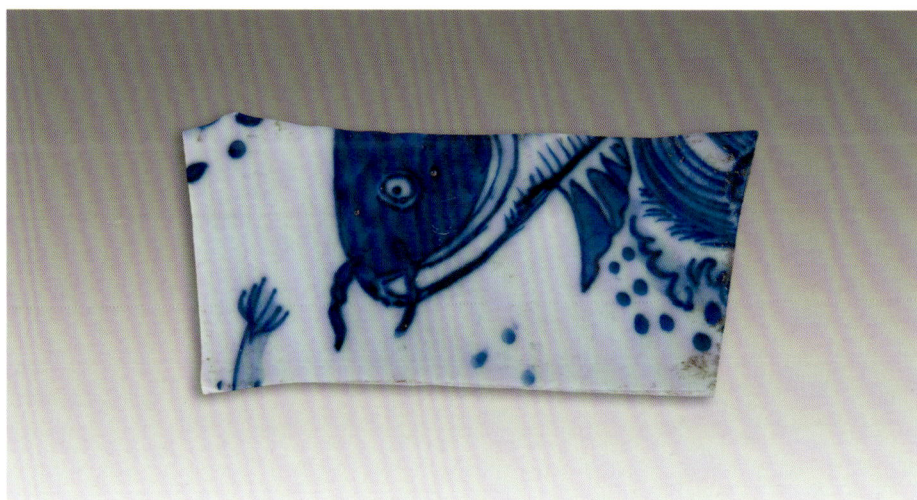

5.青花海藻鱼纹大盘盘底残片（Xc-270）

杏花春馆遗址出土民窑不可分型青花瓷

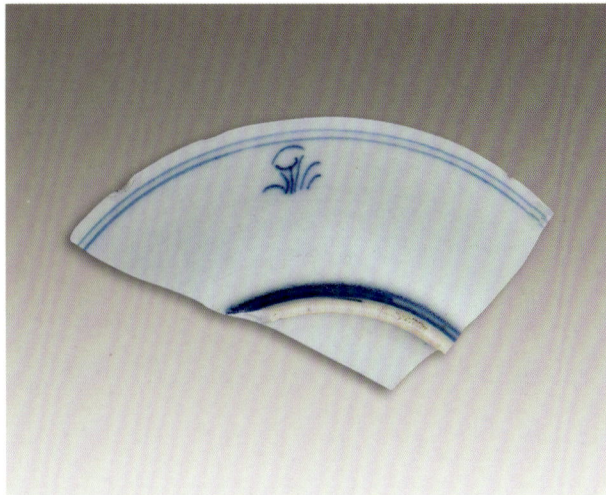

1. 青花缠枝莲纹盘残件（Xc-322）

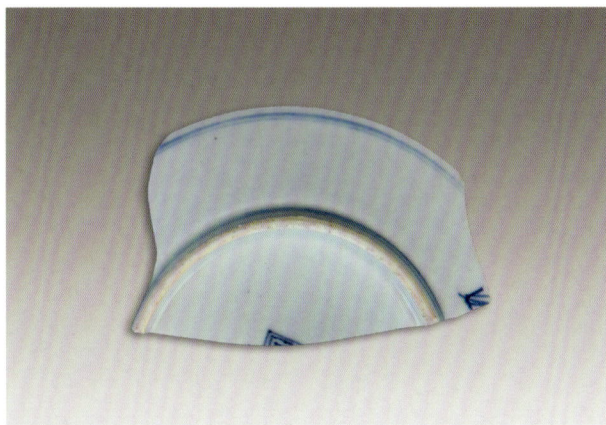

2. 青花线描折枝莲纹盘残件（Xc-019）

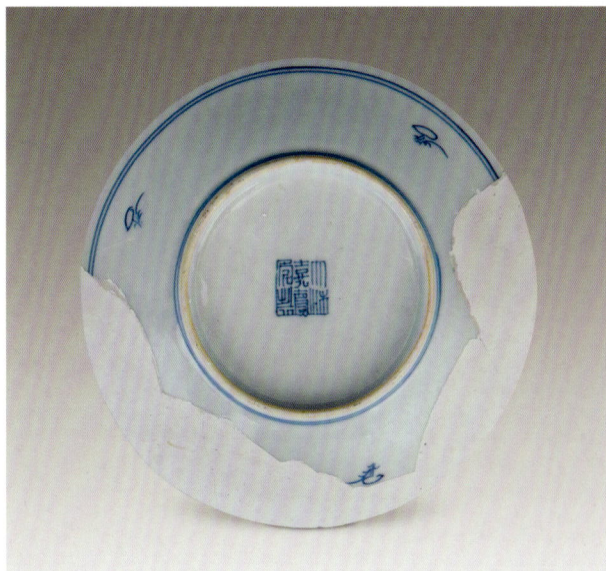

3. 青花线描缠枝莲纹盘残件（Xc-030）

杏花春馆遗址出土民窑不可分型青花盘

1. 青花缠枝莲纹盒盖残件（Xc-146）

2. 青花缠枝莲纹盒盖残件（Xc-147）

3. 青花花卉纹印泥盒盖残件（Xc-284）

4. 青花花卉纹印泥盒盖残件（Xc-332）

5. 青花鱼藻纹盏托残片（Xc-384）

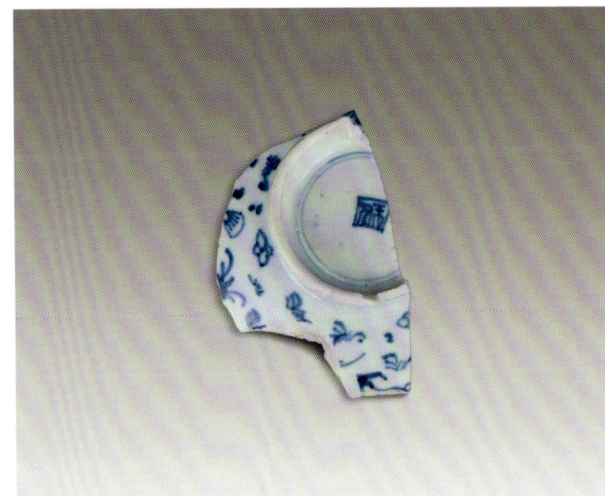

杏花春馆遗址出土民窑不可分型青花瓷

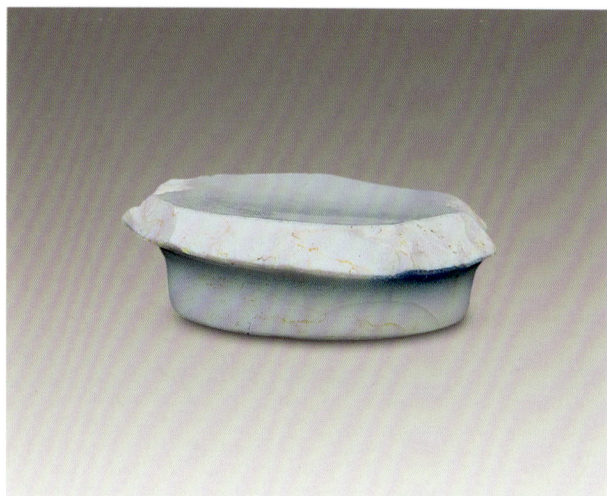

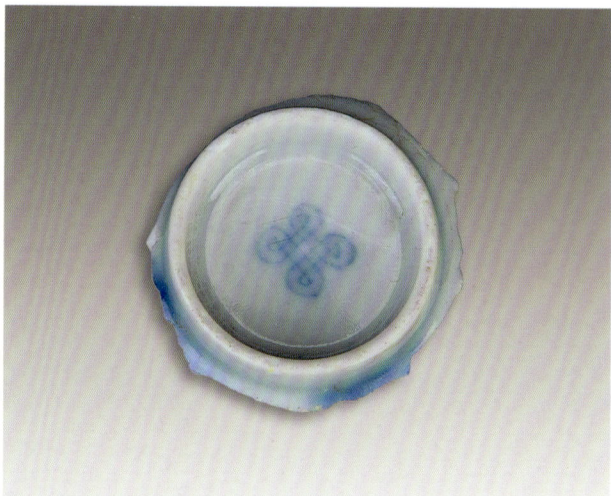

1. 青花 "万字结" 款盏托底残片（Xc-450）

2. 青花龙纹盏托底残片（Xc-393）

3. 青花三多纹茶碗盖残件（Xc-264）

杏花春馆遗址出土民窑不可分型青花瓷

1. 青花福在眼前茶碗盖残片（Xc-445）

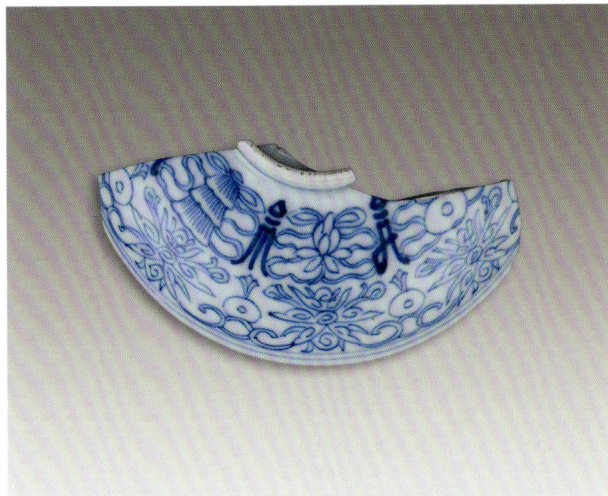

2. 青花缠枝莲托杂宝纹茶碗盖残件（Xc-038）

3. 青花缠枝莲纹罐子盖残件（Xc-269）

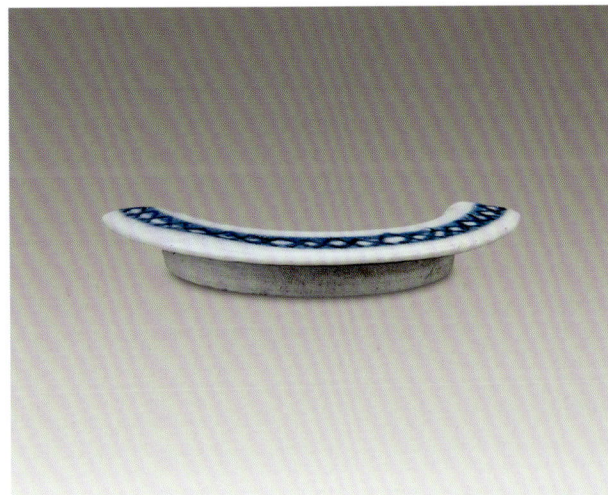

4. 青花花卉纹小茶壶盖残件（Xc-298）

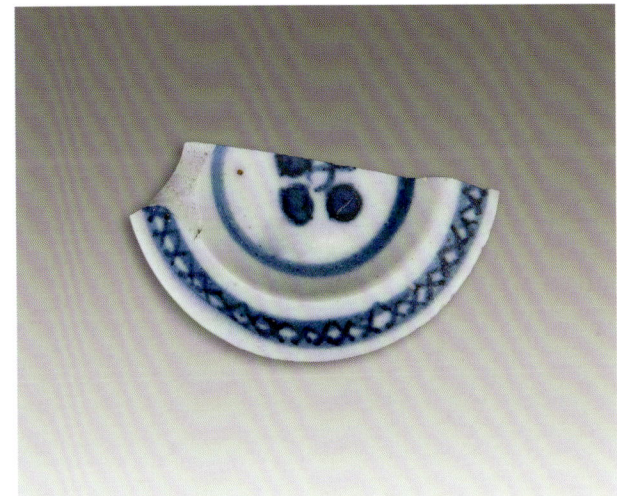

杏花春馆遗址出土民窑不可分型青花瓷

1.青花花卉纹小茶壶盖残件（Xc-342）

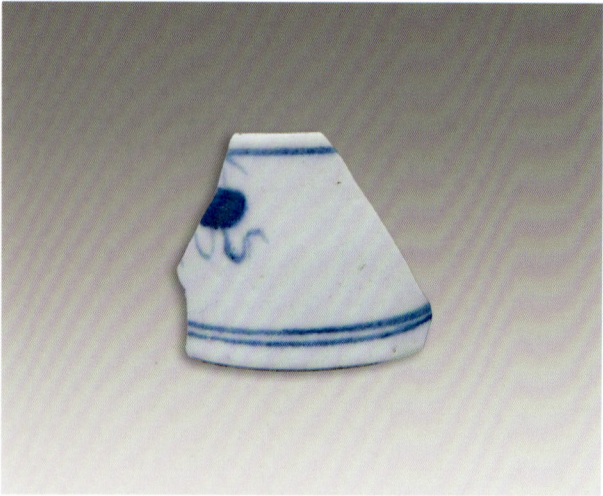

2.青花鸟食罐残件（Xc-343）

3.青花鸟食罐残件（Xc-143）

4.青花缠枝莲纹羹匙残片（Xc-337）

杏花春馆遗址出土民窑不可分型青花瓷

1. 青花灵芝八卦纹羹匙残片（Xc-275）

2. 豆青釉茶碗盖残件（Xc-485）

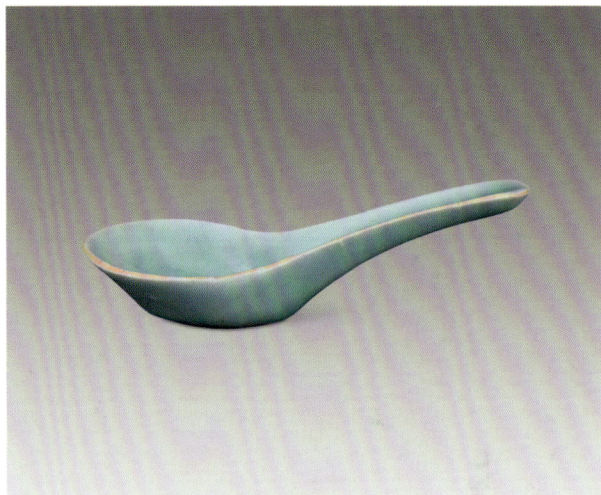

3. 豆青釉羹匙（Xc-375）

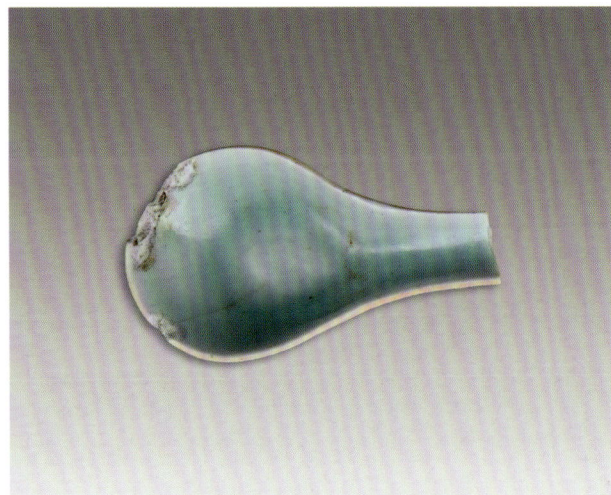

4. 豆青釉羹匙残片（Xc-376）

5. 豆青釉羹匙残片（Xc-377）

杏花春馆遗址出土民窑不可分型瓷器

1.豆青釉羹匙残片（Xc-378）　　　　2.豆青釉羹匙（Xc-379）

3.豆青釉羹匙残片（Xc-413）

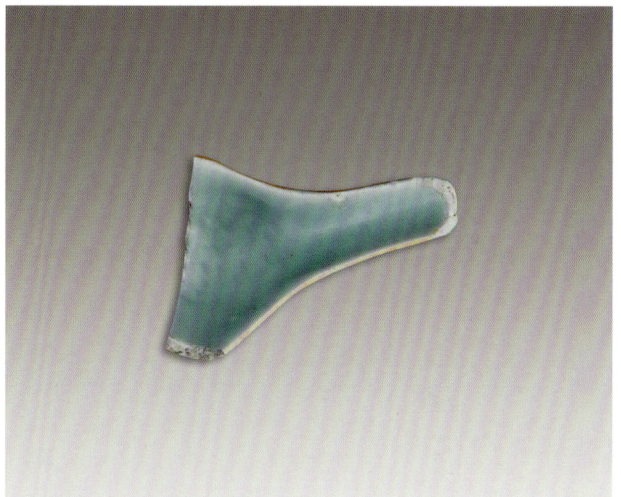

4.霁蓝釉碗残件（Xc-357）

杏花春馆遗址出土民窑不可分型杂彩瓷

1.霁蓝釉碗残片（Xc-320）

2.霁蓝釉水盂口沿残片（Xc-203）

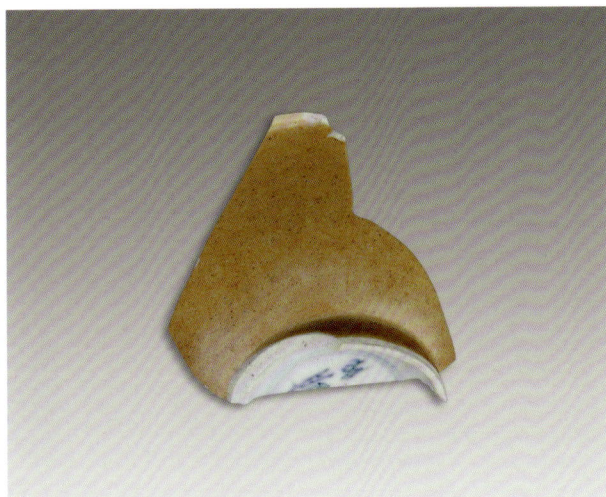

3.灰黄釉碗残件（Xc-113）

4.灰黄釉碗底残片（Xc-347）

杏花春馆遗址出土民窑不可分型杂彩瓷

1. 黄白釉铁花碗（Xc-206）

2. 黄白釉铁花盆残片（Xc-011）

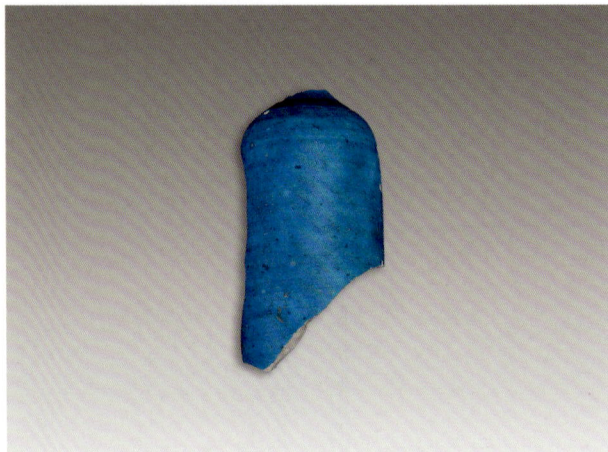

3. 孔雀兰釉钉帽饰件残片（Xc-475）

4. 外酱釉内青花缠枝纹盆残片（Xc-271）

杏花春馆遗址出土民窑不可分型杂彩瓷

1. 粉彩白地绿龙纹荷口碗残片（Xc-163）

2. 粉彩花卉纹碗残片（Xc-156）

3. 粉彩花卉纹碗残片（Xc-348）

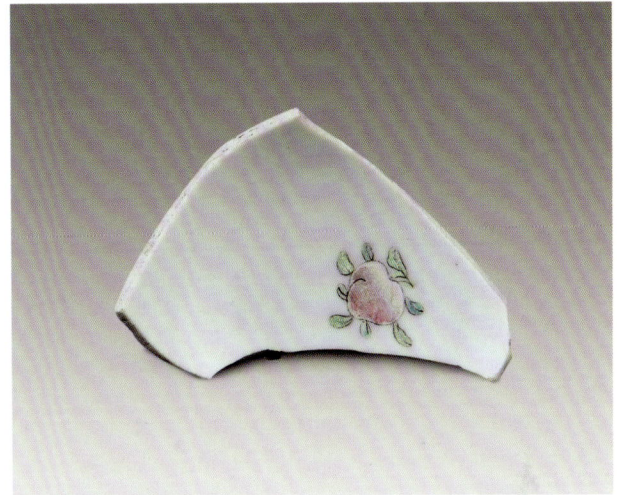

4. 粉彩花卉纹碗残片（Xc-350）

杏花春馆遗址出土民窑不可分型粉彩碗

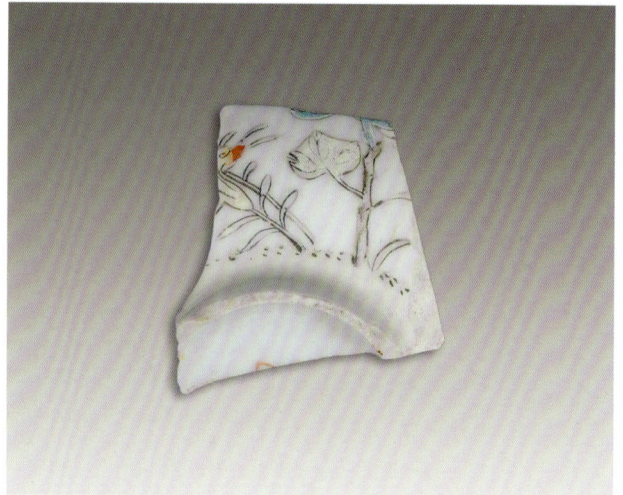

1. 粉彩花卉纹碗底残片（Xc-152）

2. 粉彩缠枝莲纹碗残片（Xc-129）

3. 粉彩花卉纹碗残片（Xc-149）

4. 粉彩花卉纹碗残片（Xc-168）

杏花春馆遗址出土民窑不可分型粉彩碗

1. 粉彩花卉纹碗残片（Xc-352）

2. 粉彩花卉纹碗底残片（Xc-118）

3. 粉彩瓜蝶连绵纹碗残件（Xc-158）

杏花春馆遗址出土民窑不可分型粉彩碗

1. 粉彩缠枝莲纹卧足碗残片（Xc-182）

2. 粉彩四季花卉纹荷口碗残片（Xc-243）

3. 粉彩花卉纹碗残片（Xc-288）

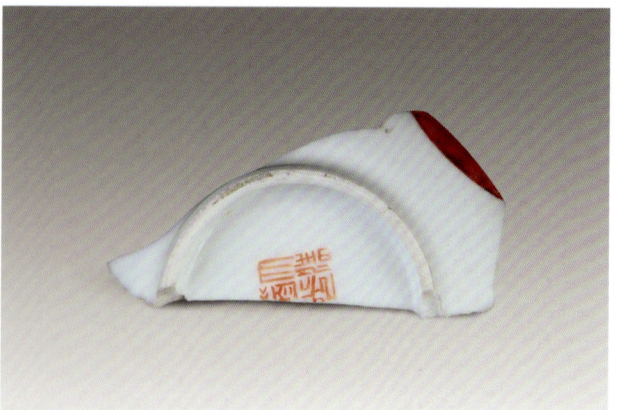

4. 粉彩碗底残片（Xc-099）

杏花春馆遗址出土民窑不可分型粉彩碗

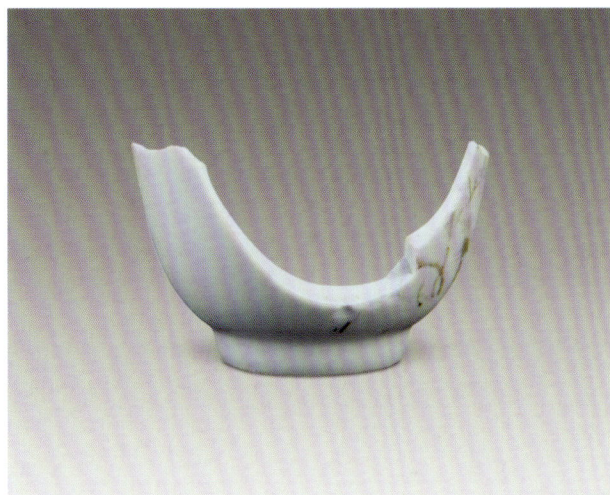

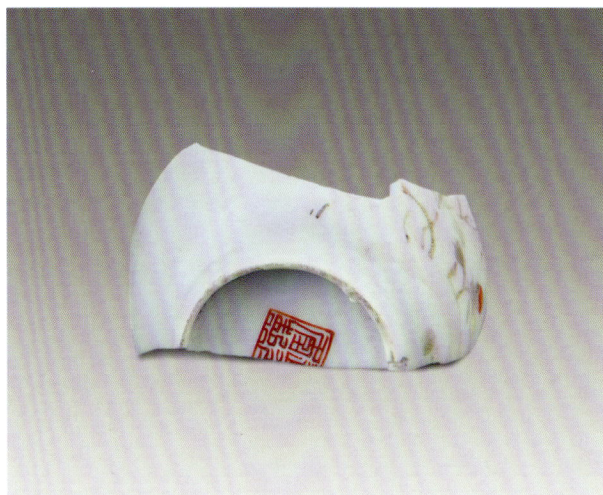

1. 粉彩花卉纹碗残片（Xc-200）

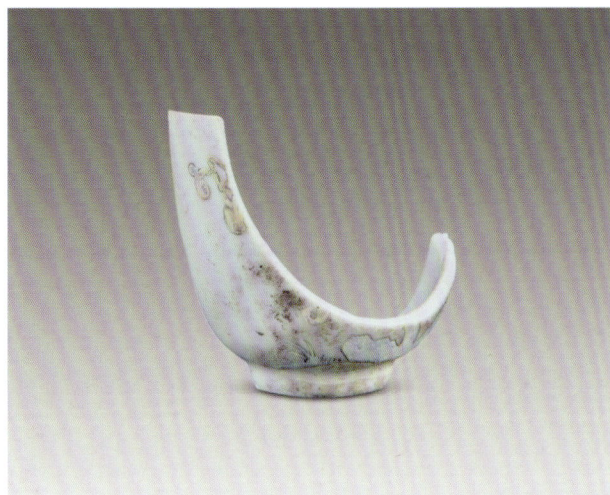

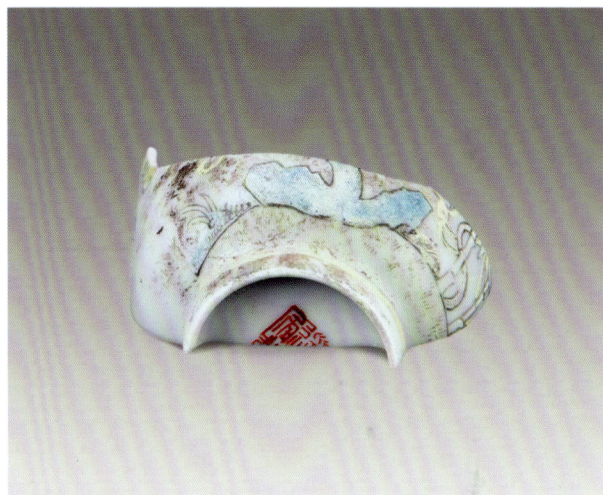

2. 粉彩花卉纹碗残件（Xc-096）

3. 粉彩瓜蝶连绵纹碗底残片（Xc-097）

杏花春馆遗址出土民窑不可分型粉彩碗

1. 粉彩花卉纹碗残片（Xc-354）

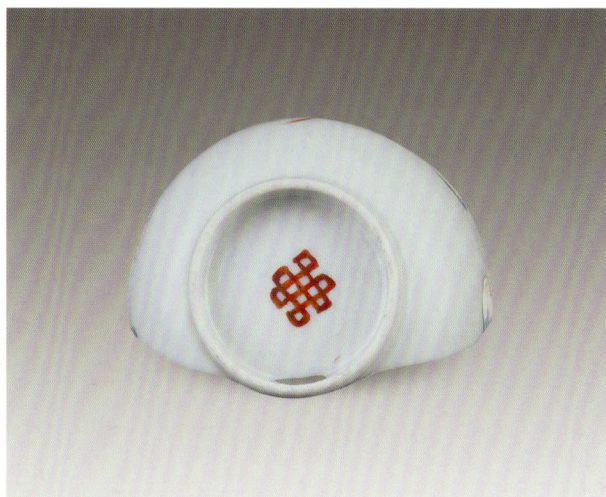

2. 粉彩花卉纹碗残片（Xc-435）

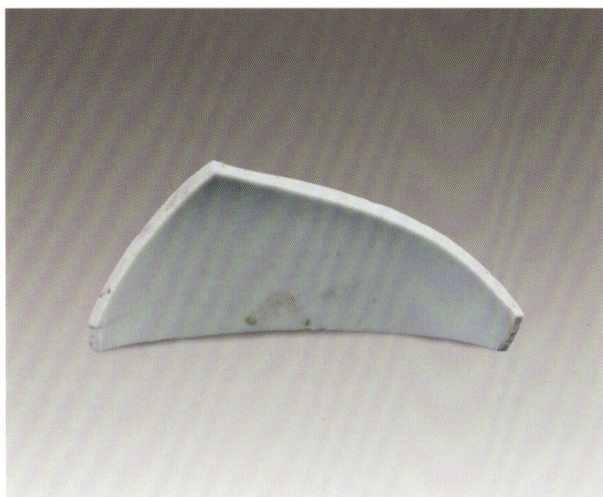

3. 粉彩花卉纹碗残片（Xc-438）

杏花春馆遗址出土民窑不可分型粉彩碗

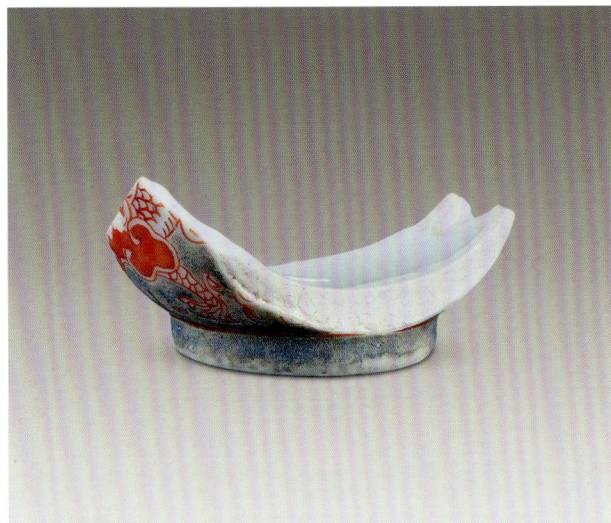

1. 粉彩红龙（四爪龙）碗底残片（Xc-455）

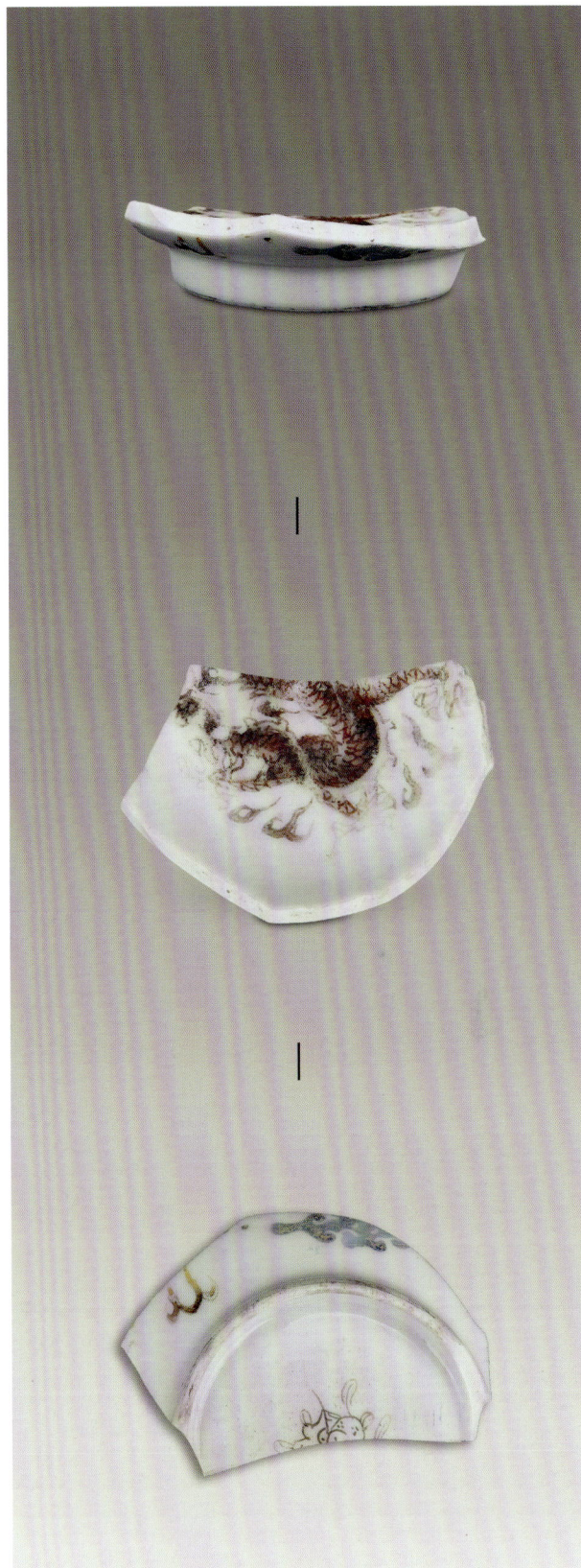

2. 粉彩植物纹样款碗底残片（Xc-138）

杏花春馆遗址出土民窑不可分型粉彩碗

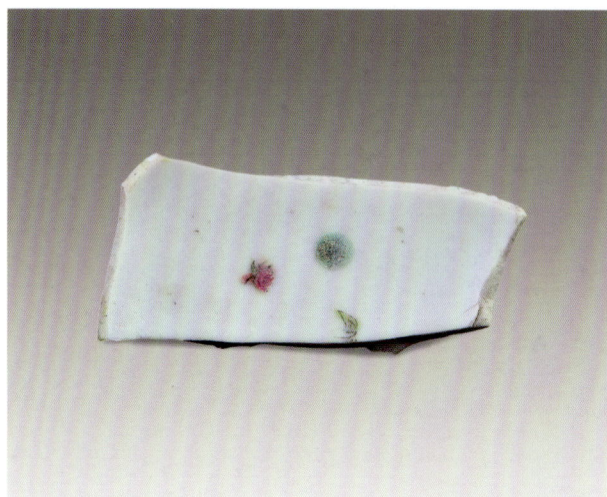

1. 粉彩花卉纹碗底残片（Xc-227）

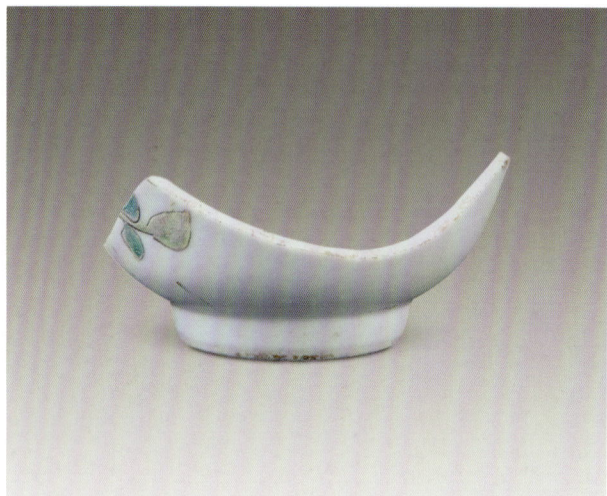

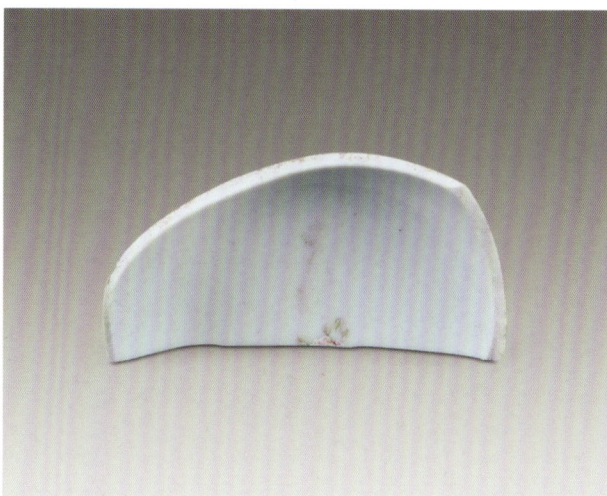

2. 粉彩花卉纹碗残片（Xc-441）

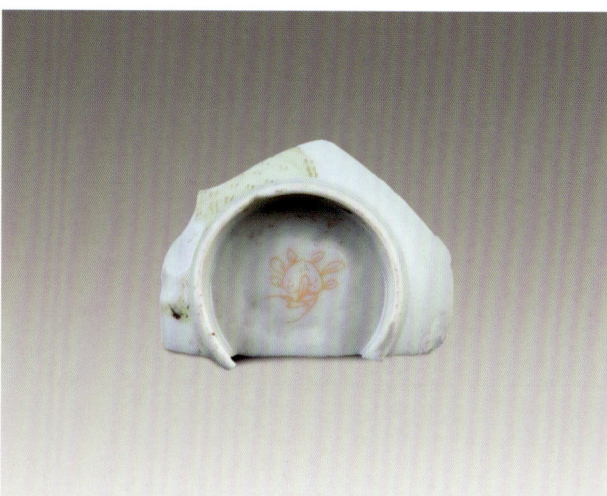

3. 粉彩花卉纹碗底残片（Xc-447）

杏花春馆遗址出土民窑不可分型粉彩碗

1. 粉彩花卉纹碗底残片（Xc-449）

2. 豆青釉粉彩寿桃纹碗残片（Xc-137）

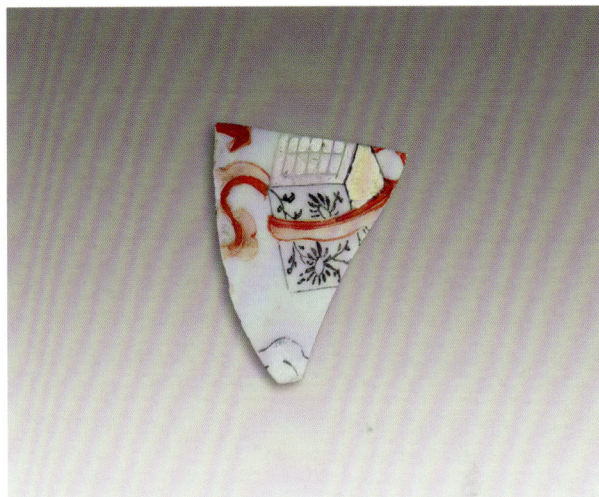

3. 粉彩博古图纹碗腹部残片（Xc-160）

4. 粉彩结带八宝纹碗残片（Xc-184）

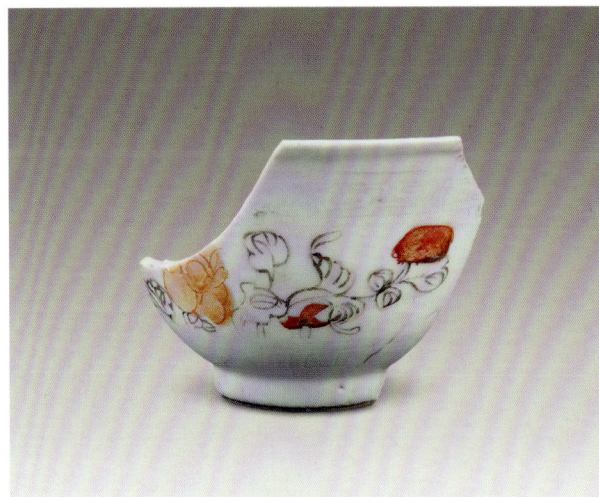

5. 粉彩花卉纹碗残件（Xc-233）

杏花春馆遗址出土民窑不可分型粉彩碗

1. 粉彩花卉纹盘底残片（Xc-351）

2. 粉彩花卉纹盘底残片（Xc-150）

3. 粉彩寿桃纹盘底残片（Xc-361）

4. 粉彩寿桃纹盘底残片（Xc-368）

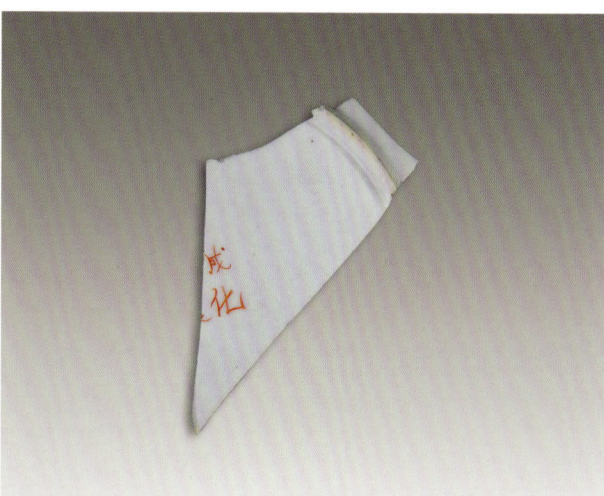

杏花春馆遗址出土民窑不可分型粉彩盘

1. 粉彩寿桃团花纹盘底残片（Xc-359）

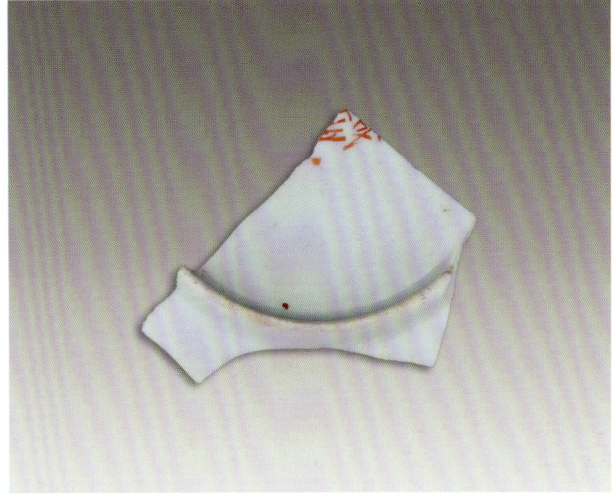

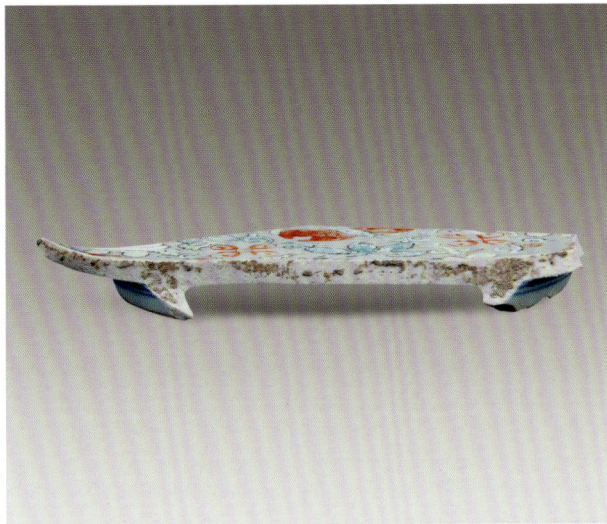

3. 粉彩瓜蝶连绵纹盘残片（Xc-114）

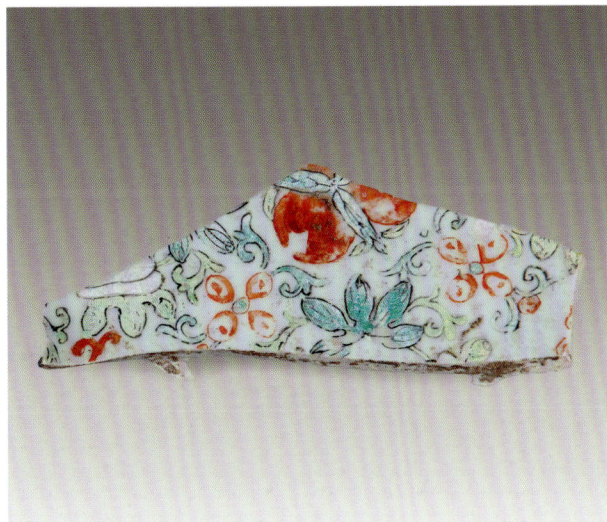

2. 粉彩石榴瓜蝶连绵纹盘底残片（Xc-353）

4. 粉彩福寿连绵纹盘口沿残片（Xc-173）

杏花春馆遗址出土民窑不可分型粉彩盘

1. 粉彩寿桃纹盘残件（Xc-180）

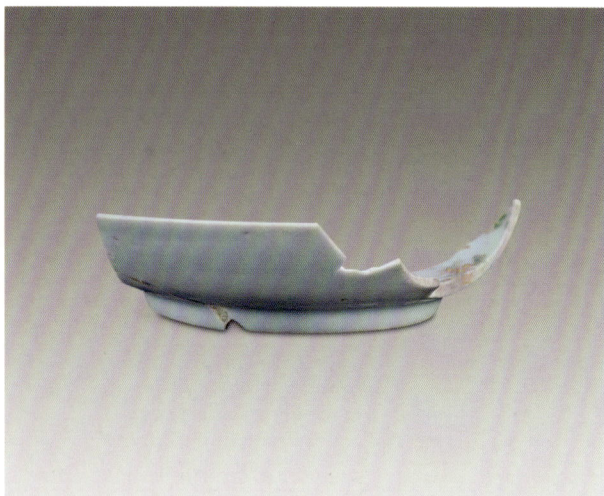

2. 粉彩吉祥如意花卉纹盘残件（Xc-205-253）

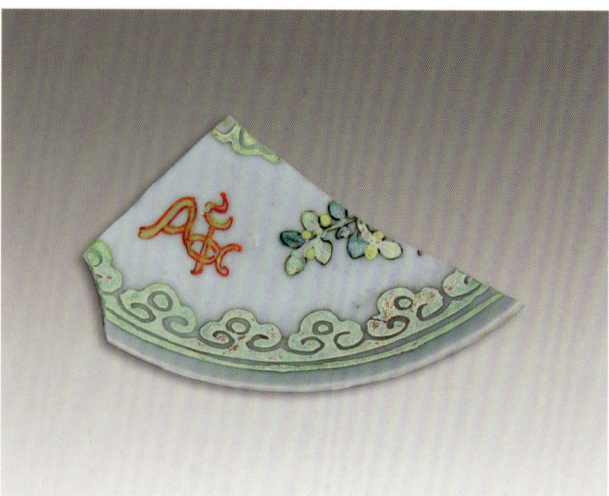

3. 粉彩吉祥如意花卉纹盘残件（Xc-181）

杏花春馆遗址出土民窑不可分型粉彩盘

1. 豆青釉粉彩寿桃纹盘残件（Xc-188）

2. 豆青釉粉彩寿桃纹盘残件（Xc-392）

3. 豆青釉粉彩寿桃纹盘残件（Xc-135）

杏花春馆遗址出土民窑不可分型粉彩盘

1.豆青釉粉彩寿桃纹盘残件（Xc-307）

2.粉彩兰花茶杯残片（Xc-162）

3.粉彩人物茶杯残片（Xc-164）

4.粉彩花卉纹茶杯残片（Xc-175）

5.粉彩竹石图茶杯残片（Xc-222）

杏花春馆遗址出土民窑不可分型粉彩瓷

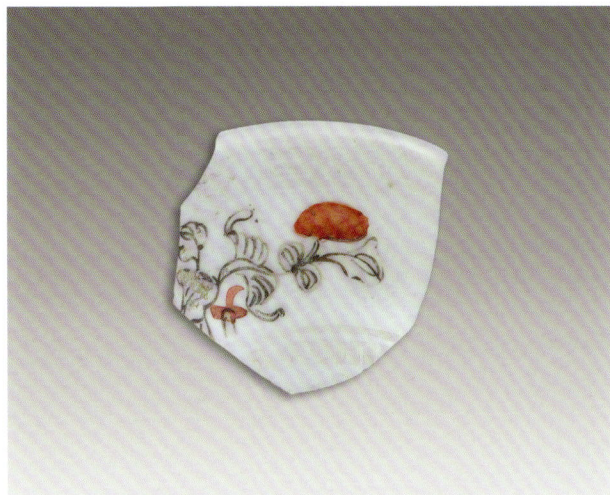

1. 粉彩花卉纹茶杯残片（Xc-186）

3. 粉彩花卉纹茶杯残片（Xc-363）

2. 粉彩福寿纹茶杯残片（Xc-365）

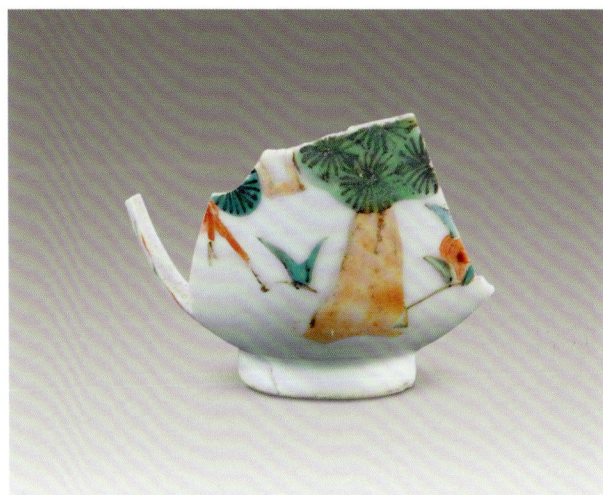

4. 粉彩鸡缸杯残片（Xc-234）

杏花春馆遗址出土民窑不可分型粉彩瓷

1. 粉彩花卉纹罐腹部残片（Xc-127）

2. 粉彩牡丹纹小罐残件（Xc-131）

4. 粉彩鱼藻纹瓶残片（Xc-169）

3. 粉彩竹叶纹折沿盆残片（Xc-155）

杏花春馆遗址出土民窑不可分型粉彩瓷

1. 粉彩缠枝花卉纹盒残件（Xc-159）

2. 五彩婴戏图罐腹残片（Xc-219）

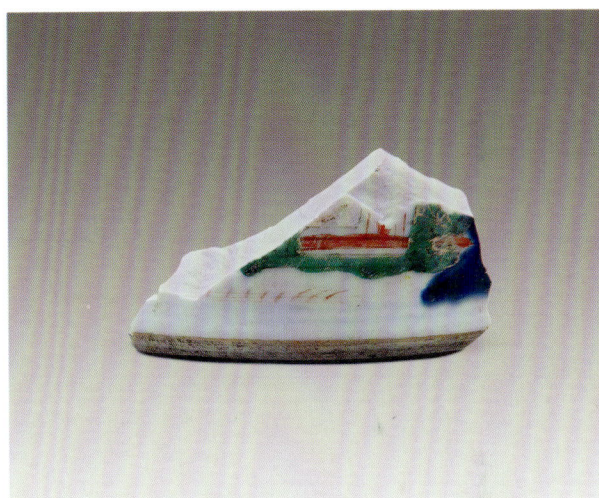

3. 青花五彩人物纹罐底残片（Xc-226）

杏花春馆遗址出土民窑不可分型瓷器

1. 西部地貌（南—北）

2. 西北角地貌（西北—东南）

上下天光遗址地貌

1. 东北部地貌（西北—东南）

2. 东北河沟及河岸地貌（西北—东南）

上下天光遗址地貌

1. 南部地貌（西南—东北）

2. 南部地貌（东南—西北）

上下天光遗址地貌

1.考古发掘探方分布全景（南—北）

2.考古发掘现场（西南—东北）

上下天光遗址考古发掘现场

1. 上下天光大殿基址（南—北）

2. 上下天光大殿基址（西北—东南）

上下天光遗址建筑基址

1. 平安院基址（西—东）

2. 平安院基址（东南—西北）

上下天光遗址建筑基址

1. 汉白玉缠枝莲纹石鼓礅残件（SHSK：1）

2. 汉白玉缠枝莲纹石鼓礅残件（SHSK：2）

上下天光遗址出土石鼓礅

1. 青石缠枝莲纹石鼓礅残件（SHSK：3）

2. 青石如意云纹石刻残件（SHSK：4）

上下天光遗址出土石鼓礅

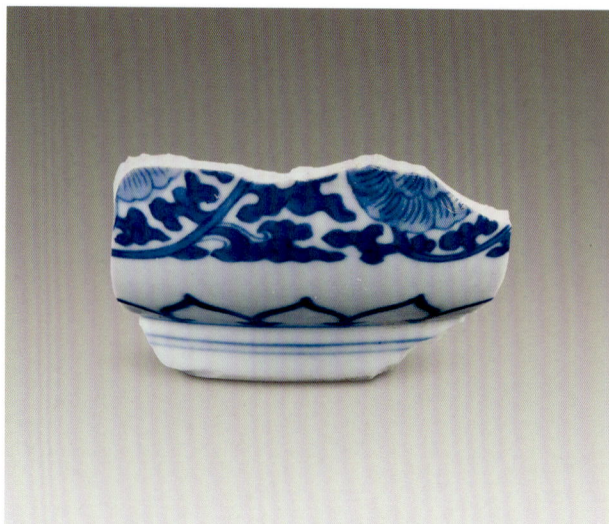

1. 青花海水波浪纹碗底残片（Sc-105）

3. 青花缠枝牡丹纹与莲瓣纹碗底残片（Sc-032）

2. 青花八宝（暗八仙）纹碗残片（Sc-013）

1. 白地青花缠枝牡丹纹碗

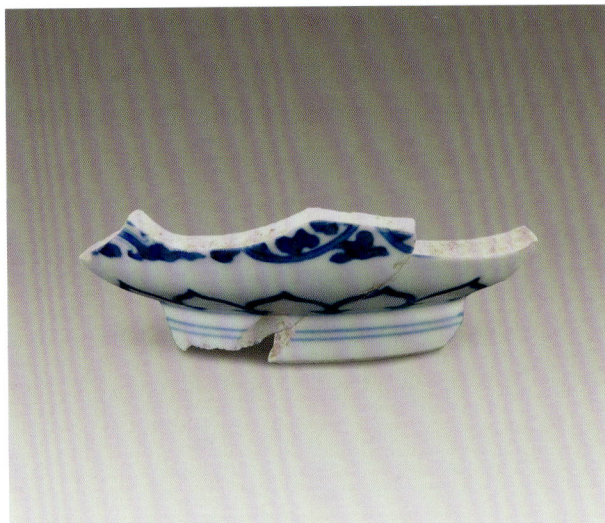

2. 黄釉诗文茶碗盖残片（Sc-021）

3. 青花缠枝牡丹纹与莲瓣纹碗底残片
（Sc-173-174）

上下天光遗址出土官窑器

1. 青花酱釉口骏马纹粗瓷碗残件
（Sc-006）

2. 青花瑞兽（貔貅）纹碗残片
（Sc-015）

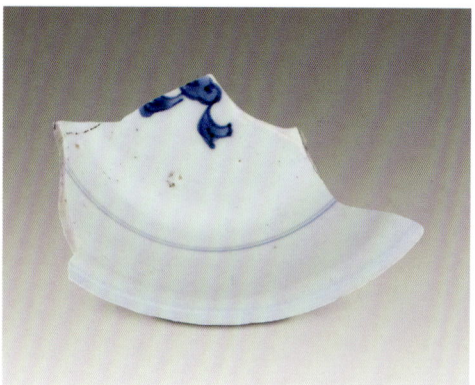

3. 青花海水江崖仙鹤纹碗残件（Sc-014）

上下天光遗址出土民窑未分型重点青花碗

1. 青花凤鸟纹小碗残件（Sc-009）

2. 青花缠枝莲纹碗残件（Sc-007）

3. 青花留白龙纹盘残件（Sc-016）

上下天光遗址出土民窑未分型重点青花瓷

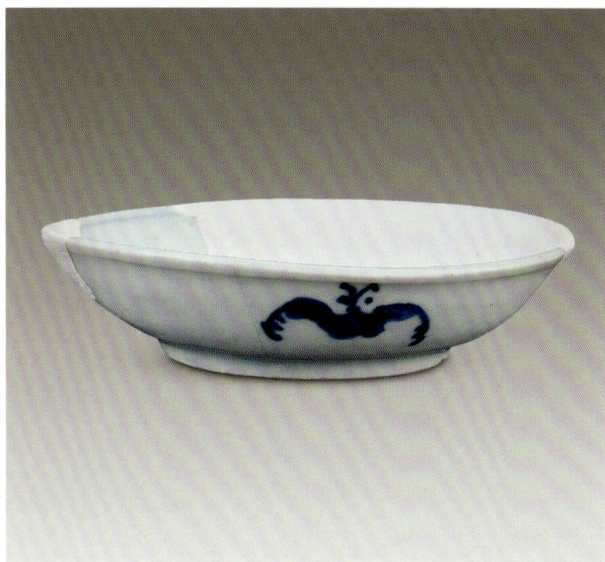

1. 青花五福捧寿纹小盘残件（Sc-008）

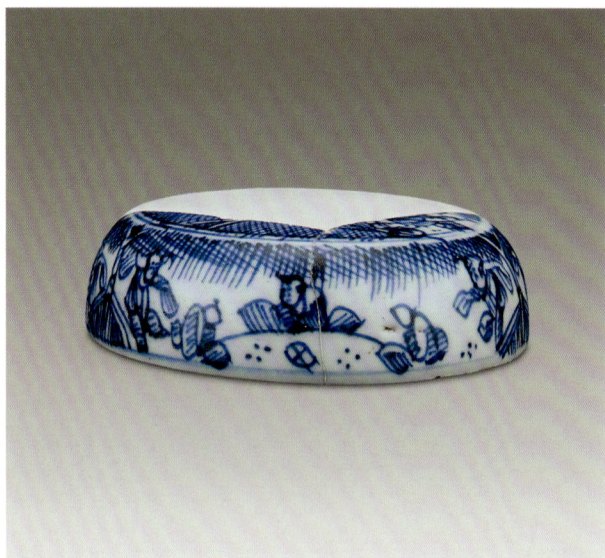

2. 青花婴戏图器盖残件（Sc-001）

3. 青花缠枝菊花纹印泥盒残件（Sc-010）

4. 青花酱釉口葡萄纹碗残片（Sc-017）

上下天光遗址出土民窑未分型重点青花瓷

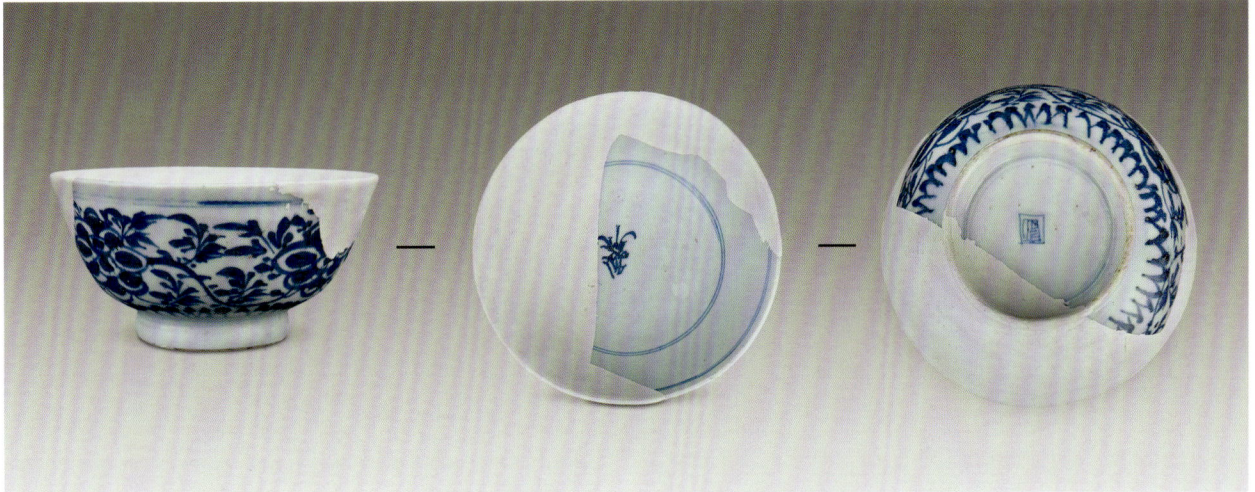

1. 青花缠枝莲纹粗瓷碗残件（Sc-005）

2. 青花缠枝莲纹碗残件（Sc-018）

3. 青花缠枝纹瓶残片（Sc-004）

4. 青花冰梅纹茶壶残件（Sc-002）

5. 青花缠枝牡丹纹罐残片（Sc-003）

上下天光遗址出土民窑未分型重点青花瓷

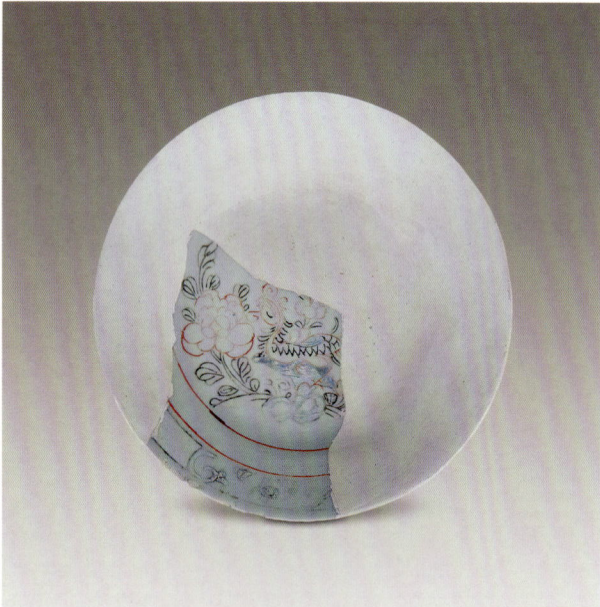

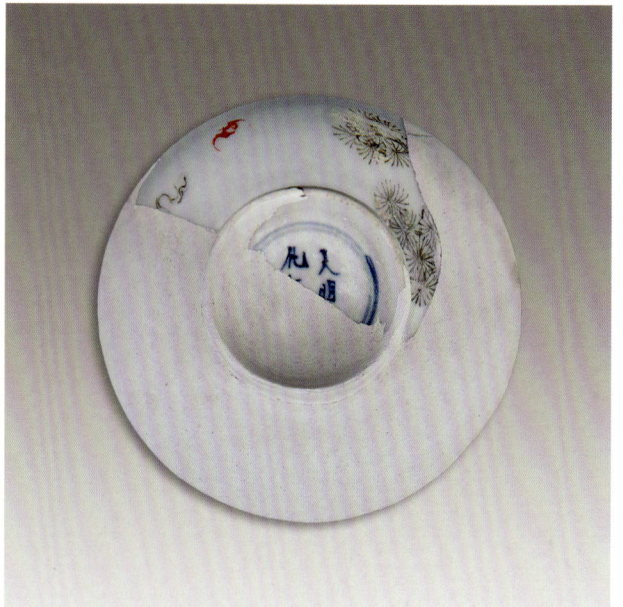

1. 粉彩凤穿牡丹纹盘残件（Sc-019）

2. 粉彩松柏蝙蝠纹茶碗盖残件（Sc-028）

3. 粉彩莲池纹碗残片（Sc-020）

上下天光遗址出土民窑未分型重点粉彩瓷

1. 粉彩莲花竹叶纹盆残片（Sc-012）

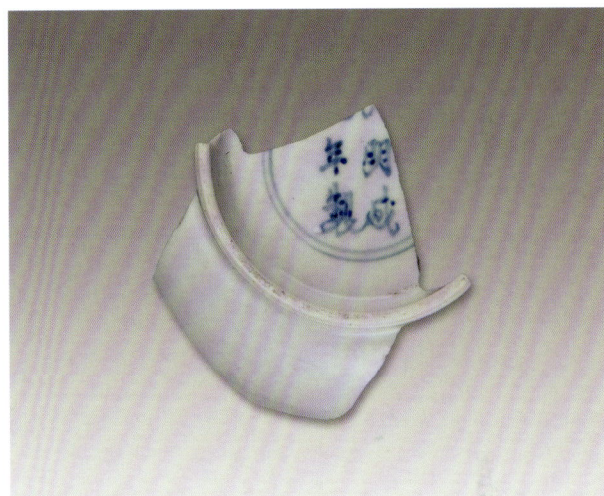

2. 白釉碗底残片（Sc-170）

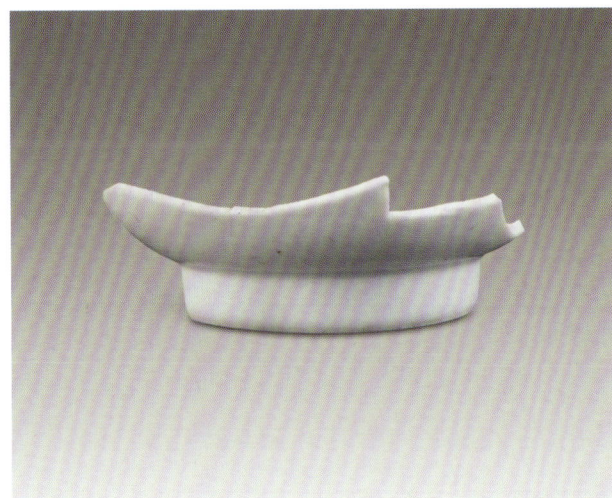

3. 白釉碗底残片（Sc-171）

上下天光遗址出土民窑未分型重点瓷器

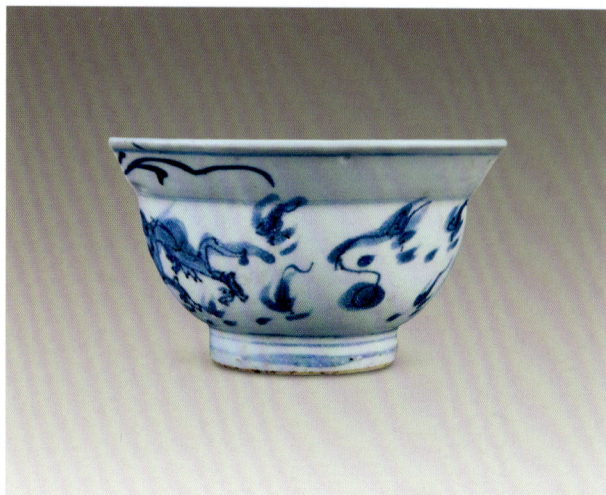

1. 青花宽折沿龙纹碗残件（砂底）（Sc-027）

2. 青花宽折沿火珠纹碗残片（Sc-025）

3. 青花宽折沿双龙戏珠纹碗残片（Sc-041）

4. 青花宽折沿凤纹碗残片（Sc-065）

5. 青花宽折沿龙纹碗残片（Sc-097）

上下天光遗址出土民窑可分型重点青花碗

1.青花宽折沿花卉纹碗残片（Sc-098）

2.青花宽折沿凤纹碗残片（Sc-132）

3.青花宽折沿凤纹碗残片（Sc-135）

4.青花火珠纹碗残片（Sc-127）

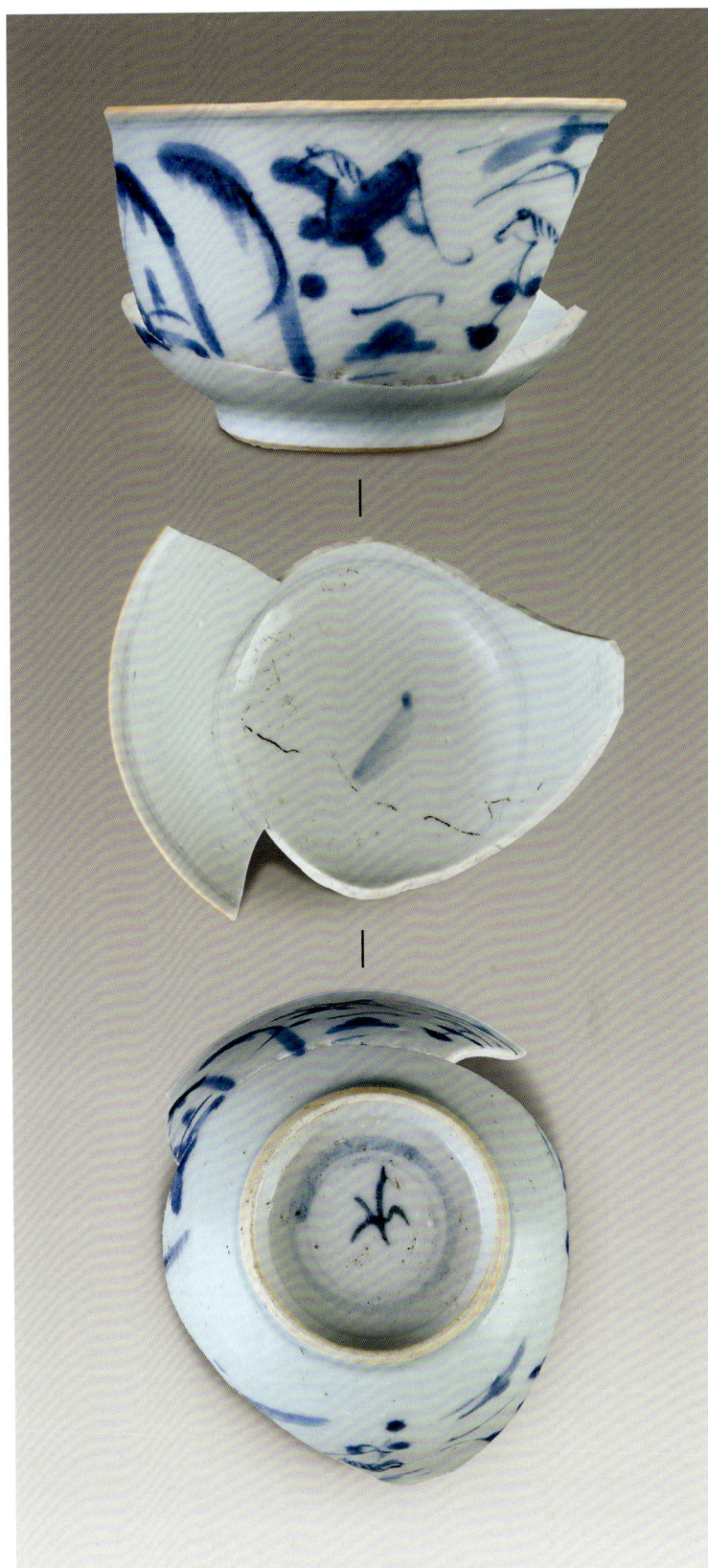

5.青花骏马纹碗残件（Sc-084）

上下天光遗址出土民窑可分型重点青花碗

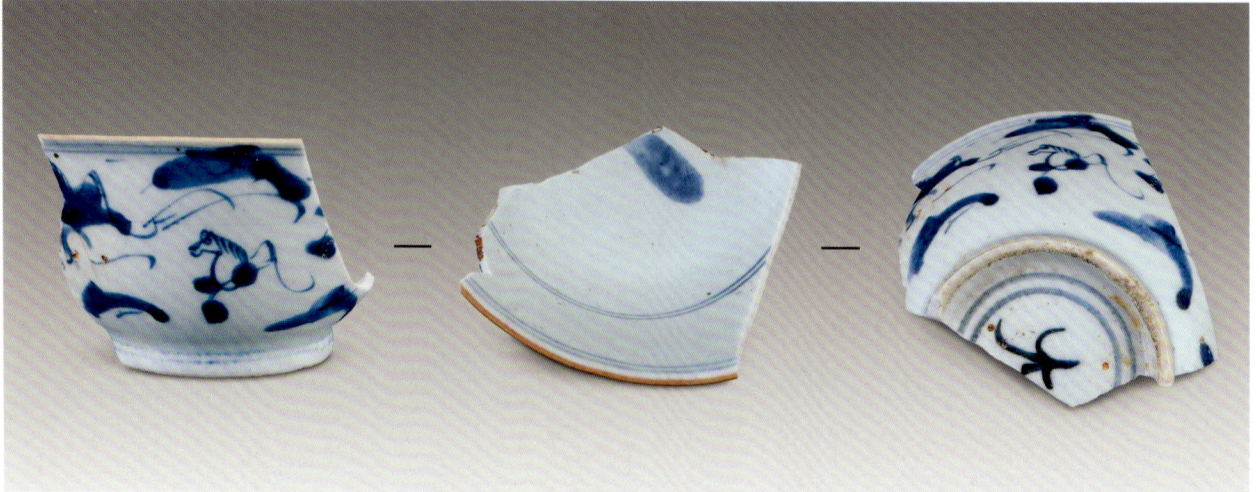

1. 青花骏马纹碗残件（砂底）（Sc-101）

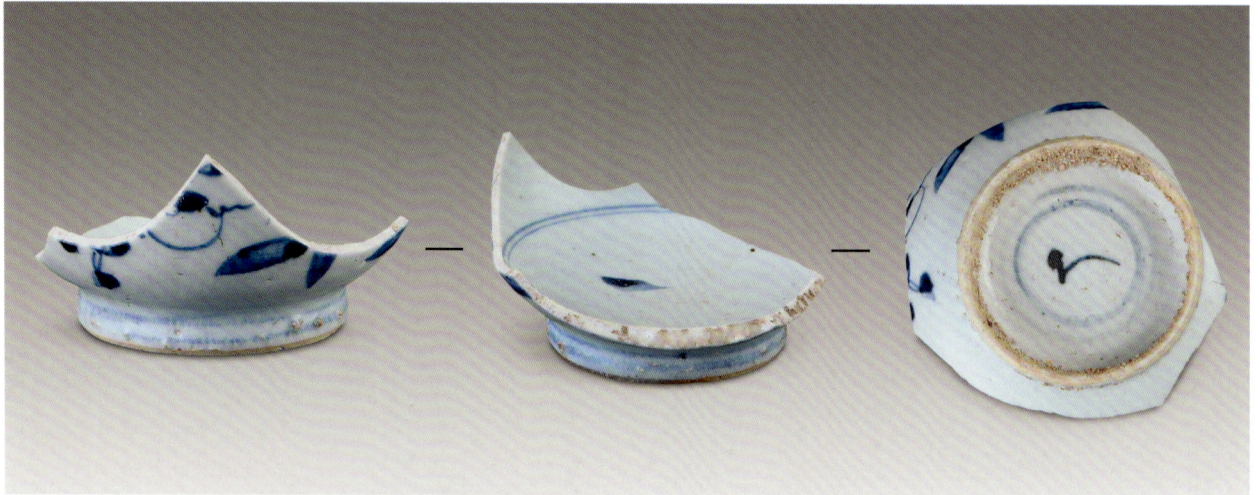

2. 青花骏马纹碗残片（砂底）（Sc-152）

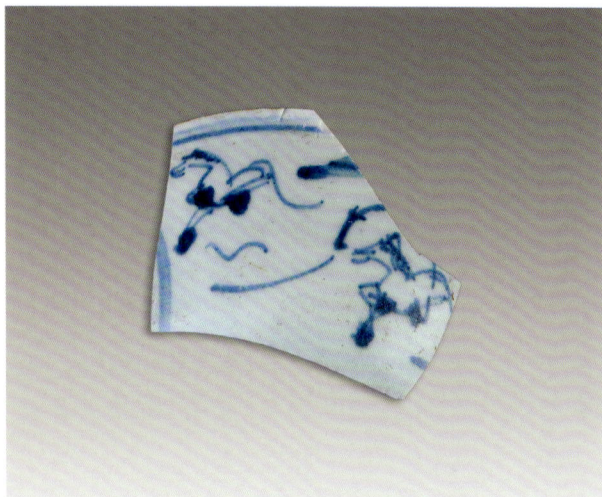

3. 青花骏马纹碗残片（Sc-157）　　　　4. 青花骏马纹碗残片（Sc-158）

上下天光遗址出土民窑可分型重点青花碗

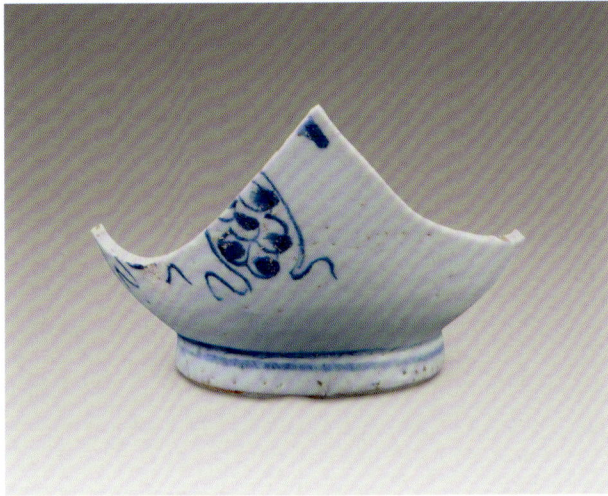

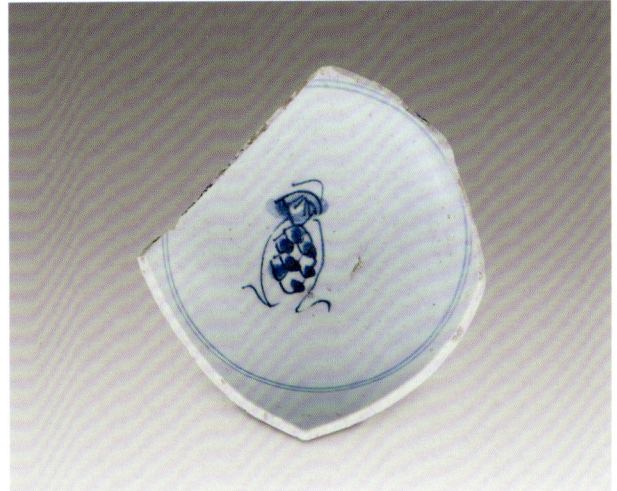

1. 青花葡萄纹碗底残片（Sc-148）

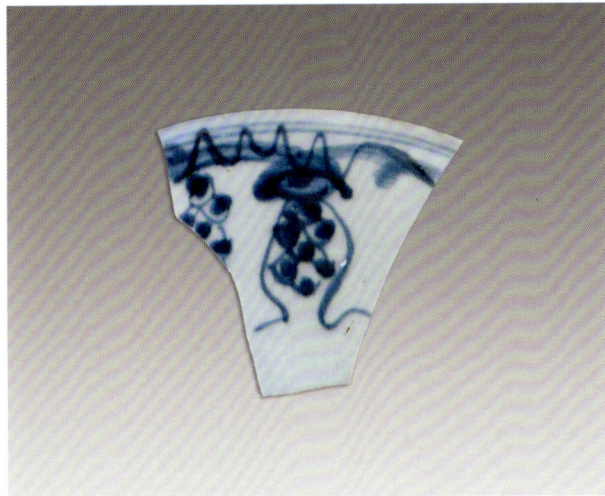

2. 青花葡萄纹碗残片（Sc-057）

3. 青花火珠纹碗底残片（砂底）（Sc-147）

上下天光遗址出土民窑可分型重点青花碗

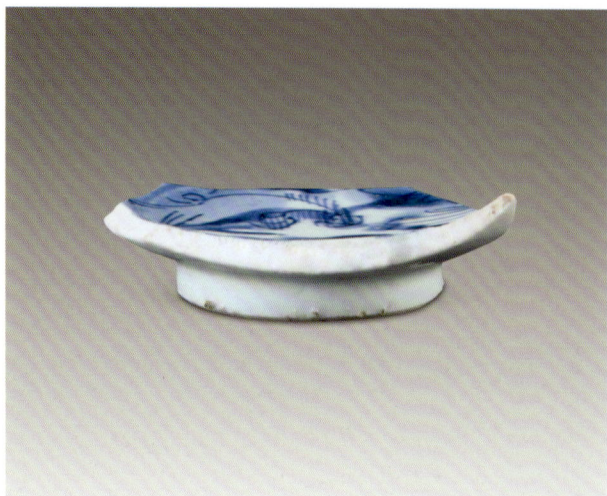

1.青花凤穿牡丹纹碗底残片（砂底）（Sc-151）

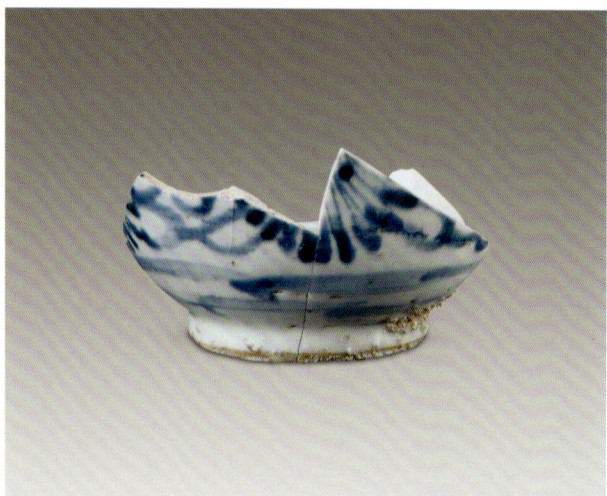

2.青花花卉纹碗底残片（砂底）（Sc-022）

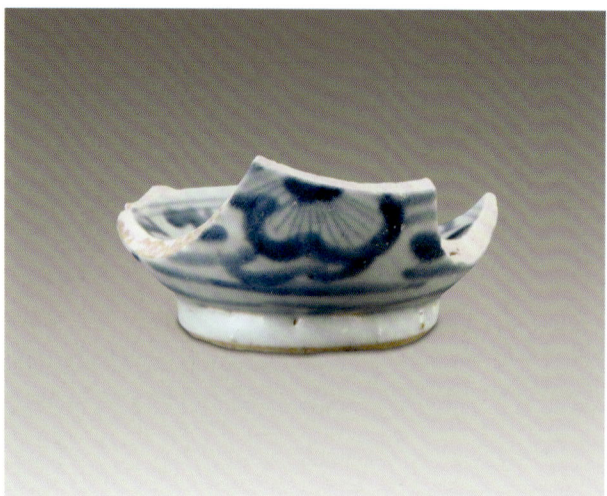

3.青花花卉纹碗底残片（砂底）（Sc-221）

上下天光遗址出土民窑可分型重点青花碗

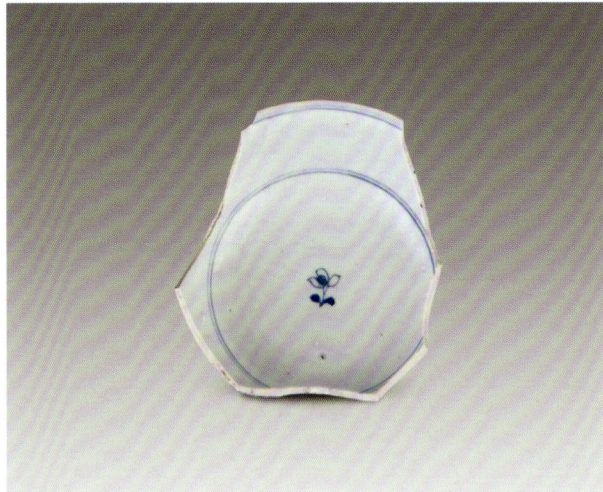

1. 青花夔龙纹碗残件（Sc-180）

2. 青花花卉纹碗残片（Sc-188）

3. 青花花卉纹碗残片（Sc-201）

上下天光遗址出土民窑可分型重点青花碗

1. 青花缠枝花卉纹碗残片（Sc-187）

2. 青花龙纹碗残片（Sc-073）

3. 青花火珠纹碗底残片（Sc-224）

4. 青花凤纹碗残件（Sc-026）

上下天光遗址出土民窑可分型重点青花碗

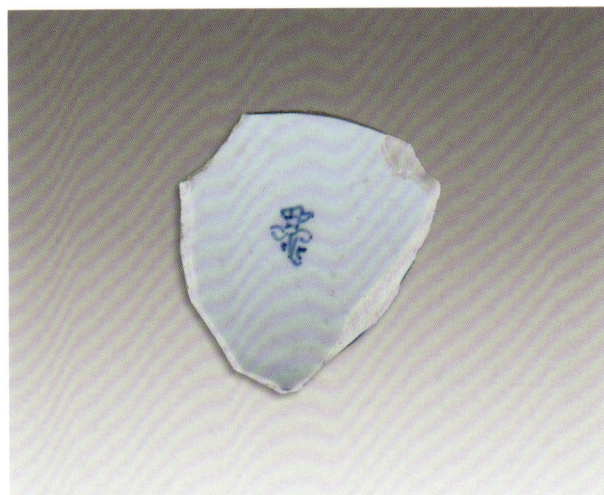

1. 青花碗底残片（Sc-209）

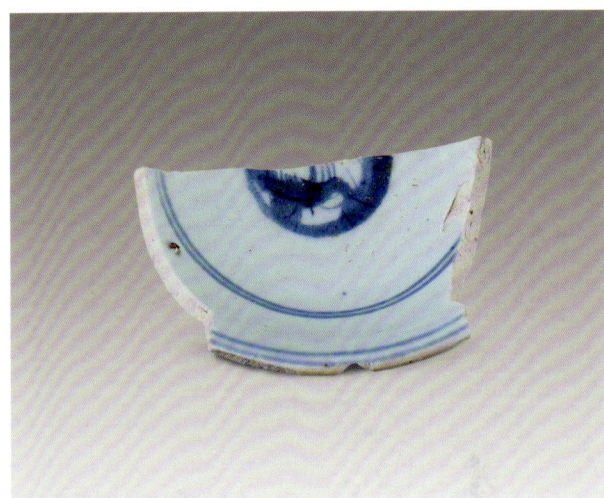

2. 青花莲（连）生贵子碗残件（Sc-061）

3. 青花杂宝纹碗残件（Sc-072）

4. 青花缠枝花卉纹及变形莲瓣纹碗底残片
（Sc-066）

上下天光遗址出土民窑可分型重点青花碗

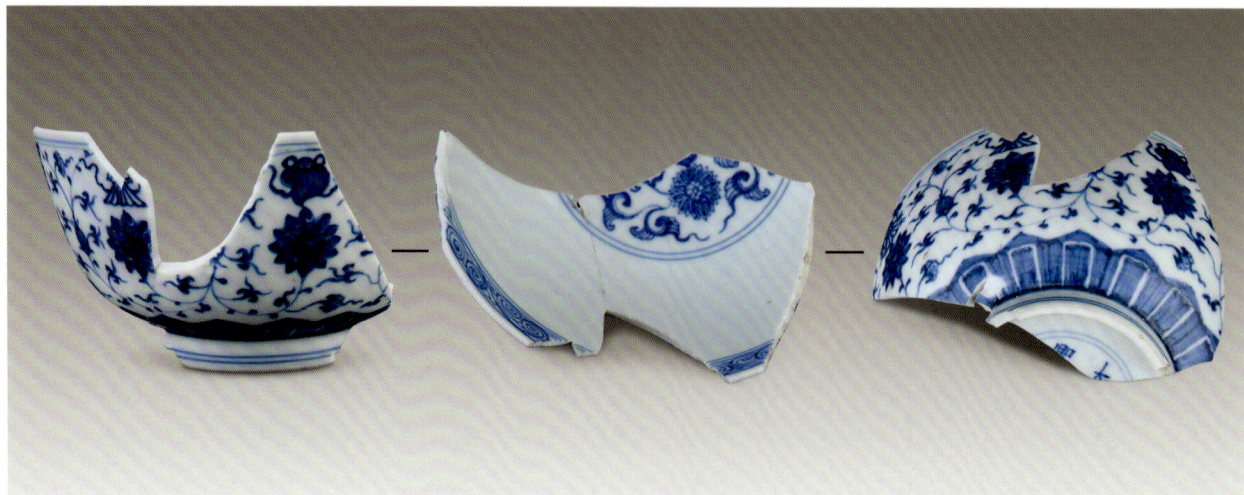

1. 青花缠枝莲托杂宝纹碗残件（Sc-031）

2. 青花凤纹碗残片（Sc-048）

3. 青花缠枝花卉纹及变形莲瓣纹碗底残件
（Sc-107）

4. 青花缠枝花卉纹碗残片（Sc-077）

上下天光遗址出土民窑可分型重点青花碗

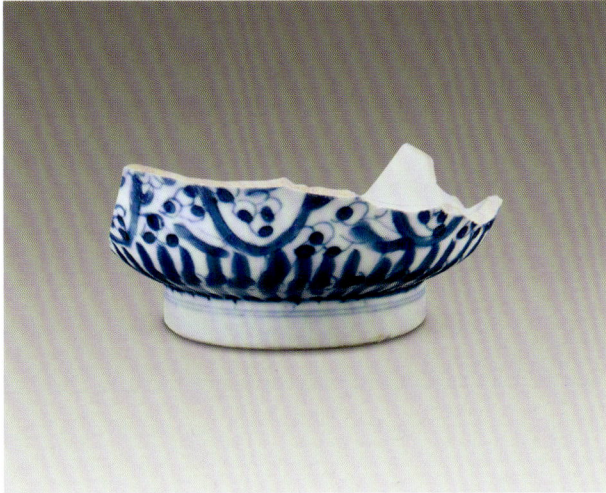

1. 青花花卉纹碗底残片（Sc-040）

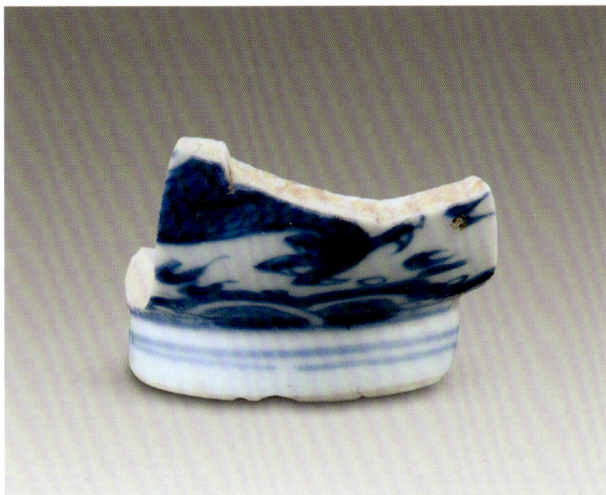

2. 青花海水江崖龙纹碗底残片（Sc-052）

3. 青花缠枝花卉纹碗残片（Sc-056）

上下天光遗址出土民窑可分型重点青花碗

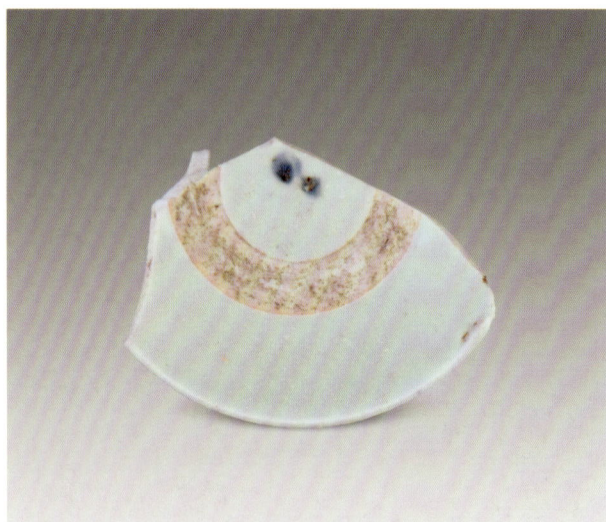

1. 青花卷草纹碗残件（Sc-068）

3. 青花莲瓣纹碗底残片（Sc-043）

2. 青花花卉纹碗残片（Sc-088）

上下天光遗址出土民窑可分型重点青花碗

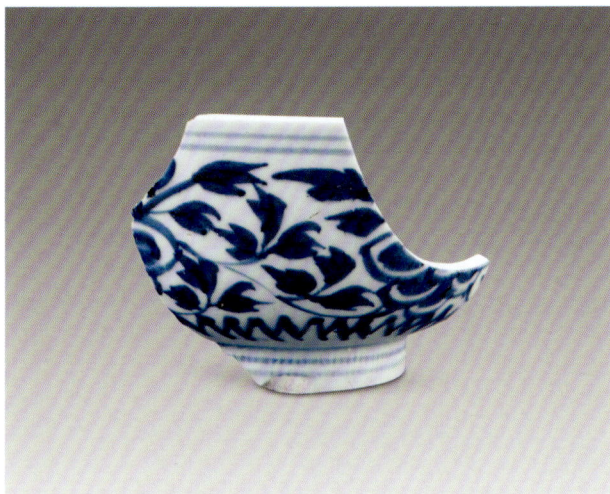

1.青花缠枝莲纹碗残件（Sc-143）

2.青花缠枝莲纹碗残片（Sc-229）

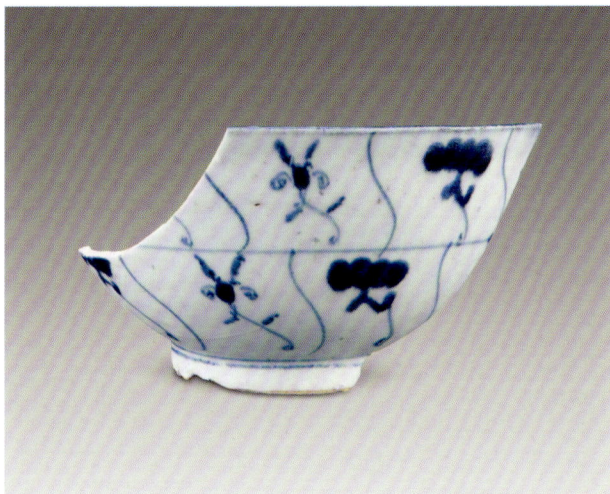

3.青花灵芝月华纹碗残件（Sc-030）

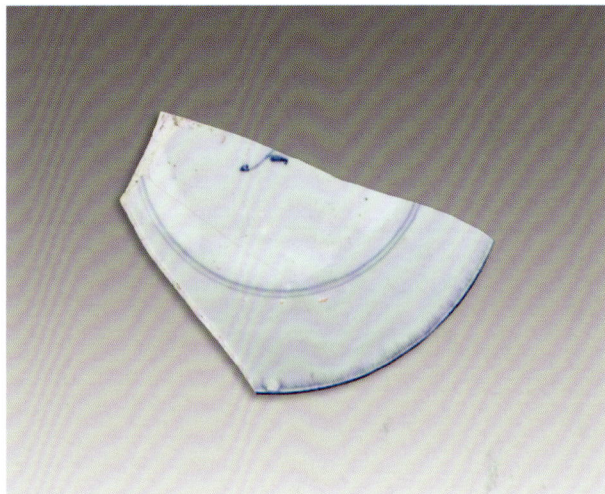

4.青花灵芝月华纹碗底残片（Sc-182）

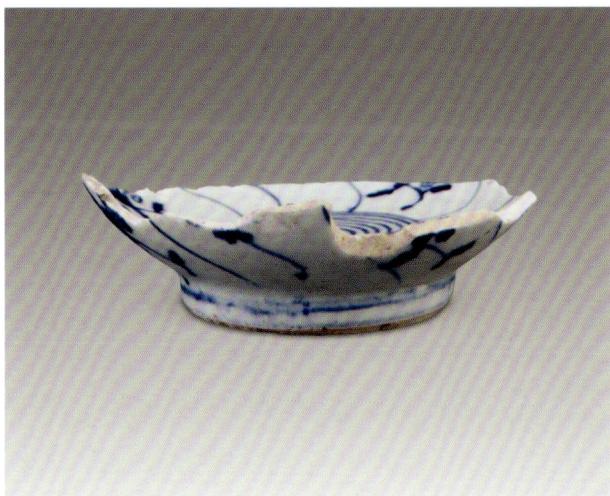

上下天光遗址出土民窑可分型重点青花碗

1.青花灵芝月华纹碗残片（Sc-217）

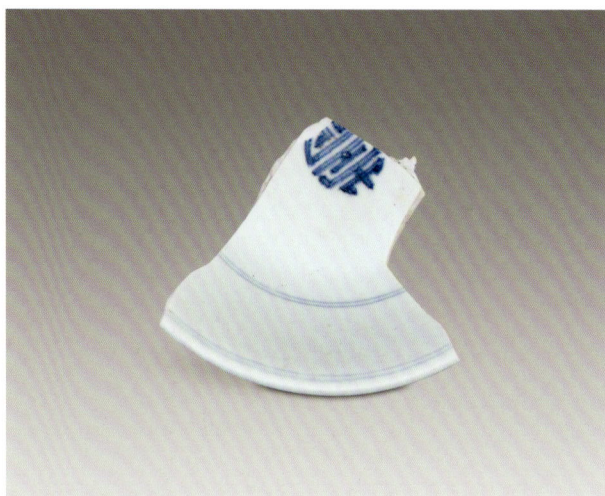

2.青花花间寿纹碗残件（Sc-059）

3.青花花间寿纹碗底残片（Sc-146）

上下天光遗址出土民窑可分型重点青花碗

1. 青花花间寿纹碗底残片（Sc-203）

2. 青花花间寿纹碗残片（Sc-106）

3. 青花花卉纹碗残片（Sc-122）

4. 青花莲纹碗残片（Sc-104）

上下天光遗址出土民窑可分型重点青花碗

1. 青花梵文百寿碗残件（Sc-186）

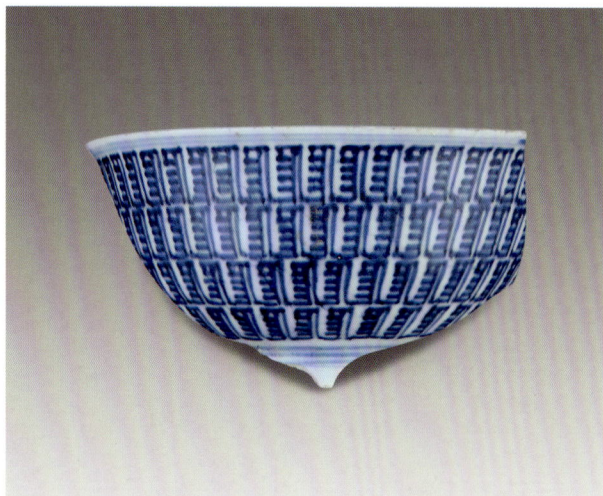

2. 青花梵文百寿碗残片（Sc-011）

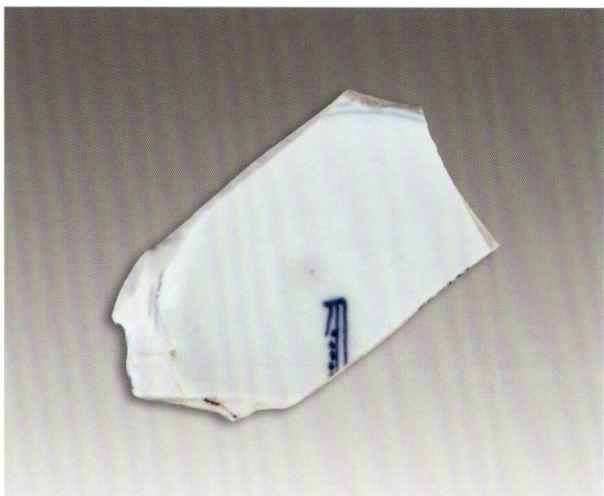

3. 青花梵文百寿碗残片（Sc-232）

上下天光遗址出土民窑可分型重点青花碗

1. 青花梵文百寿碗残片（Sc-080）

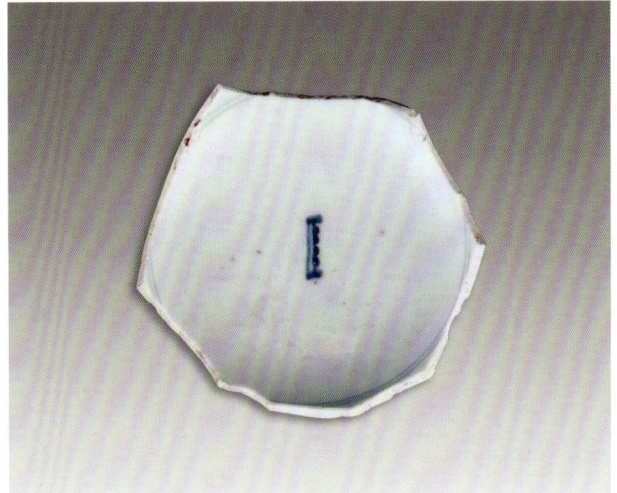

2. 青花梵文百寿碗残片（Sc-208）

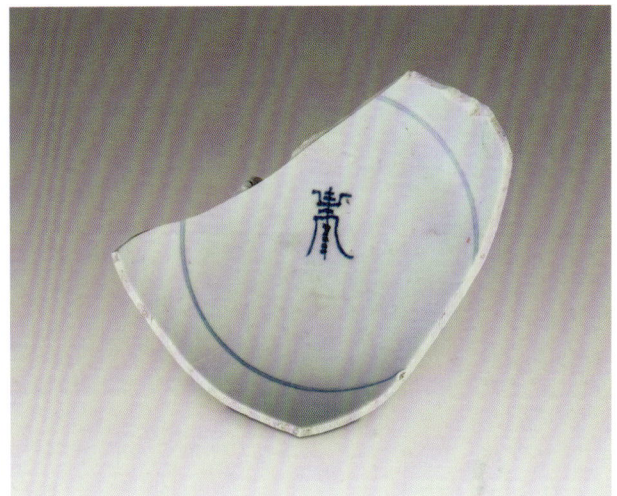

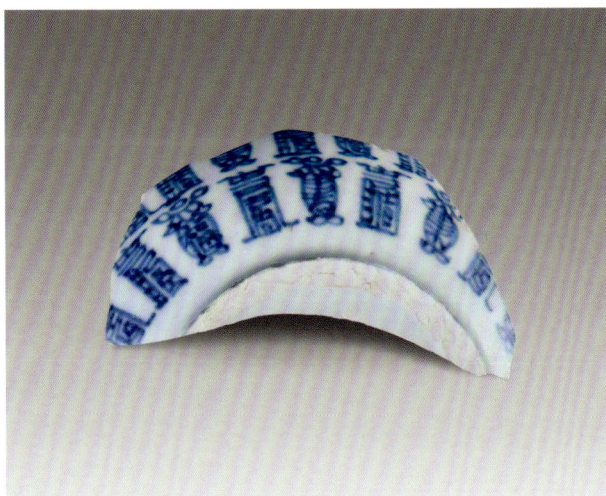

3. 青花百寿纹碗残片（Sc-095）

4. 青花缠枝莲纹碗残片（Sc-078）

上下天光遗址出土民窑可分型重点青花碗

1. 青花缠枝莲纹碗残片（Sc-179）

2. 青花缠枝花卉纹碗残片（Sc-140）

3. 青花花卉纹碗残片（Sc-184）

上下天光遗址出土民窑可分型重点青花碗

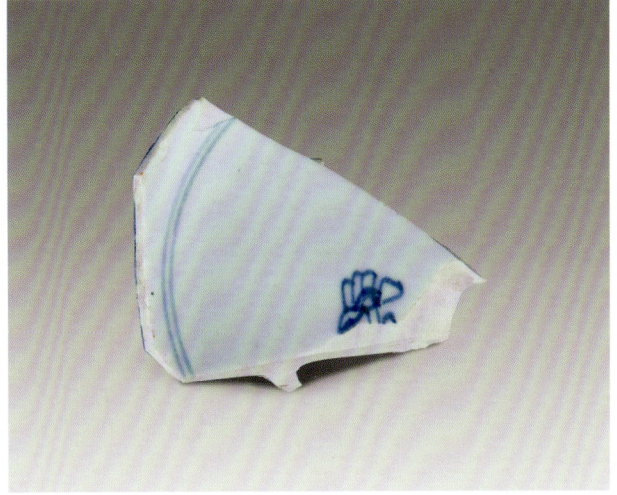

1. 青花花卉纹碗残片（Sc-214）

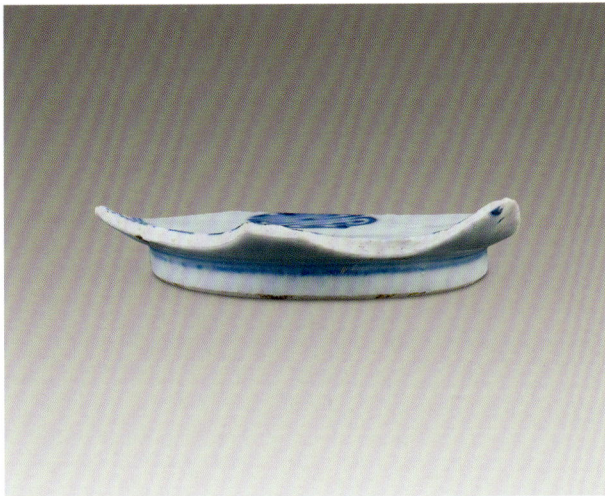

2. 青花团寿纹碗残片（Sc-230）

3. 青花鱼藻纹碗残片（Sc-111）

4. 青花缠枝钱纹碗残片（Sc-142）

上下天光遗址出土民窑可分型重点青花碗

1.青花花卉纹碗残片（Sc-136）

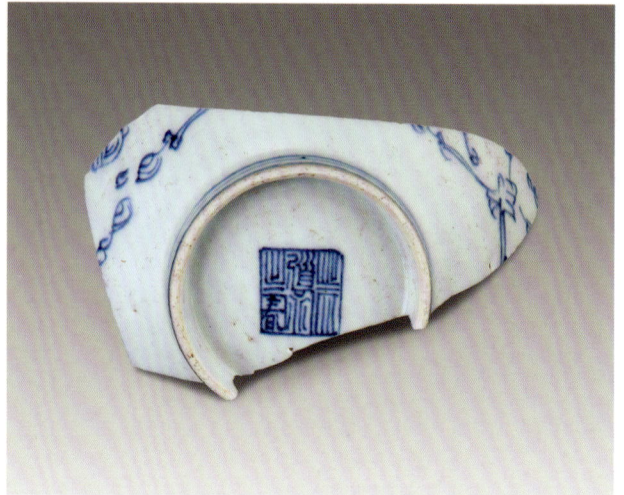

2.青花折枝花卉纹碗底残片（Sc-167）

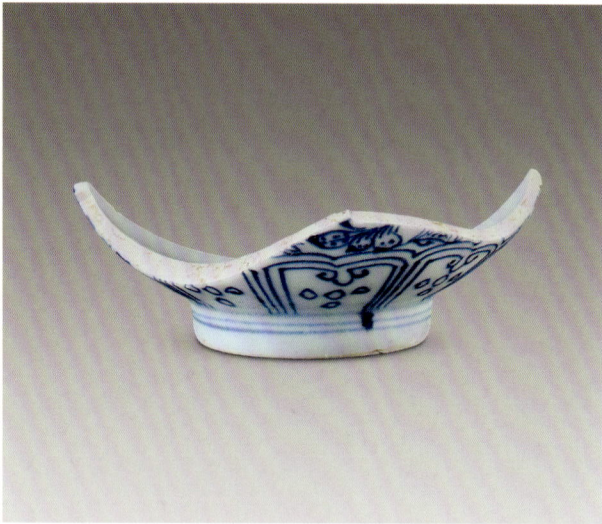

3.青花变形莲瓣纹碗底残片（Sc-081）

4.青花折枝花卉纹碗底残片（Sc-231）

上下天光遗址出土民窑可分型重点青花碗

1.青花缠枝莲及变形莲瓣纹碗底残片（Sc-219）

2.青花缠枝莲纹碗底残片（Sc-207）

3.青花鱼藻纹（？）碗底残片（Sc-183）

4.青花山水图盖碗残件（Sc-046）

上下天光遗址出土民窑可分型重点青花瓷

1. 青花夔龙纹盖碗残件（Sc-070）

2. 青花山水纹盖碗底残片（Sc-062）

3. 青花兰草纹盖碗底残片（Sc-150）

4. 青花万寿纹盖碗底残片（Sc-159）

上下天光遗址出土民窑可分型重点青花盖碗

1.青花缠枝双喜纹盖碗残件（Sc-037）

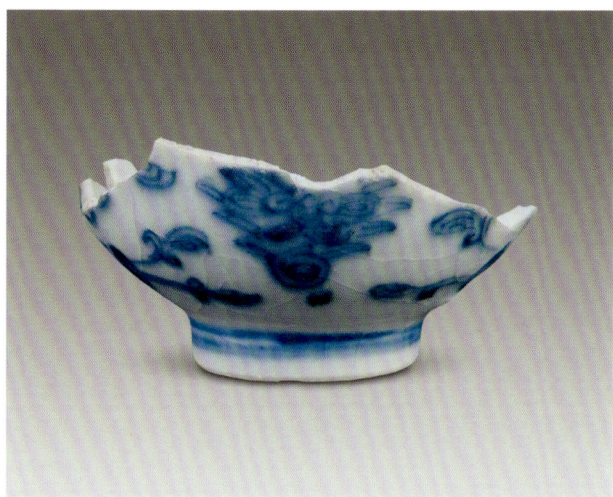

2.青花折枝莲花纹盖碗底残片（Sc-197）

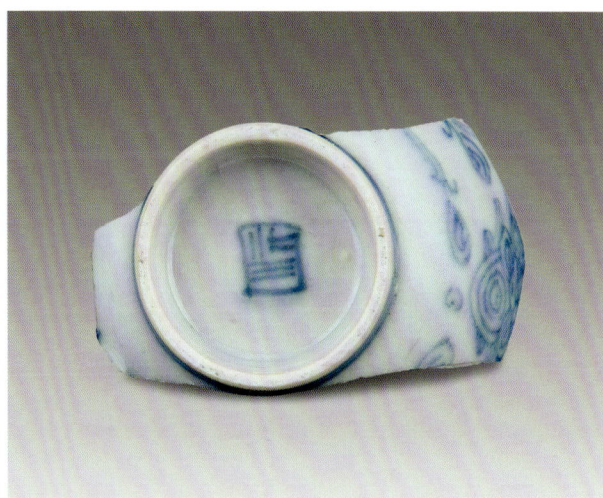

3.青花折枝莲花纹盖碗底残片（Sc-195）

上下天光遗址出土民窑可分型重点青花盖碗

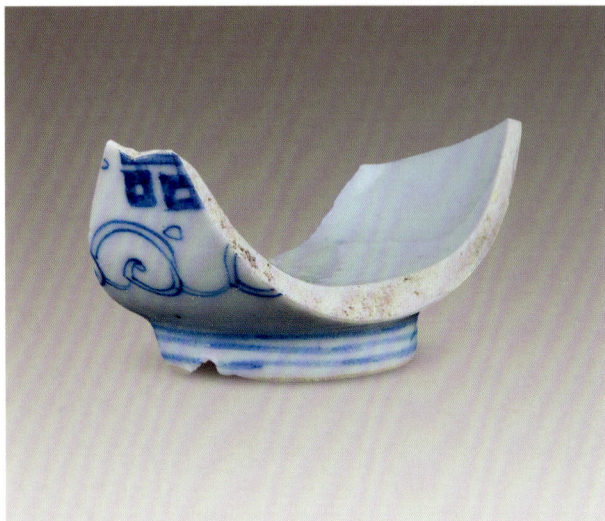

1. 青花缠枝双喜纹盖碗底残片（Sc-091）

3. 青花缠枝双喜纹盖碗底残片（Sc-213）

2. 青花缠枝双喜纹盖碗底残片（Sc-154）

上下天光遗址出土民窑可分型重点青花盖碗

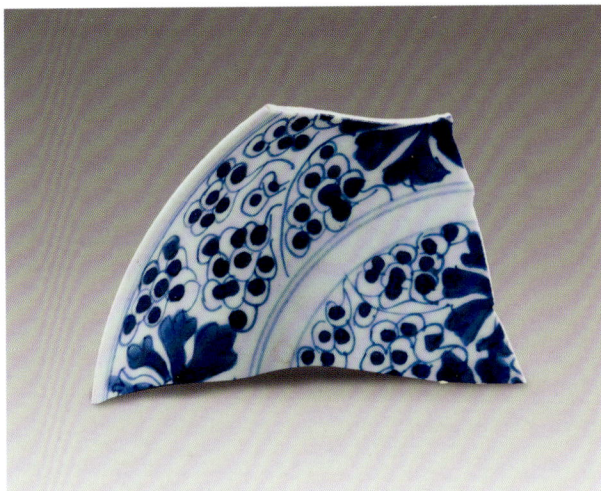

1. 青花缠枝花卉纹盘残件（Sc-085）

2. 青花皮球花纹盘残片（Sc-074）

3. 青花提篮花卉纹盘残件（Sc-060）

上下天光遗址出土民窑可分型重点青花盘

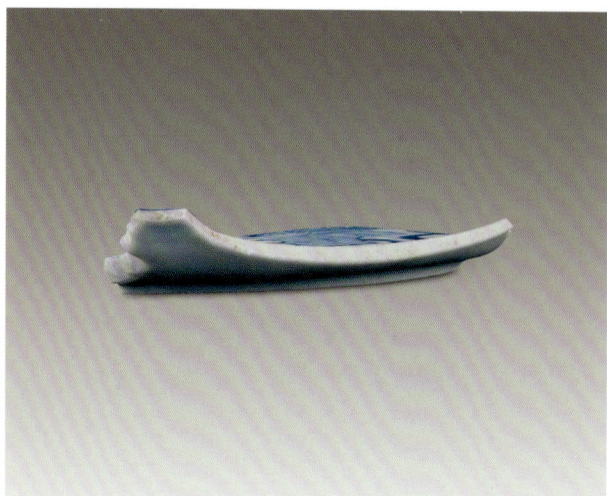

1. 青花杂宝纹盘残片（Sc-133）

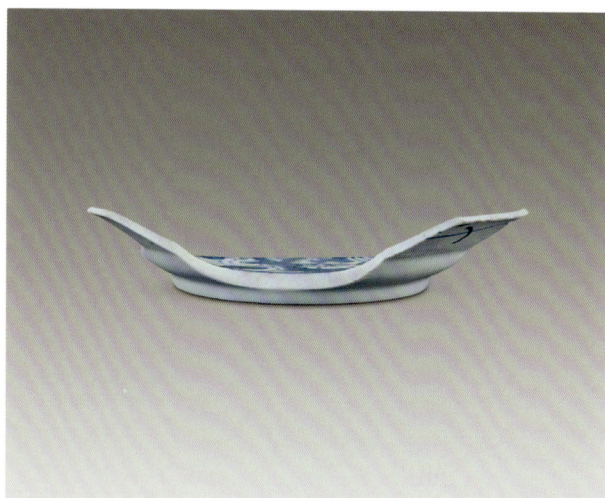

2. 青花夔龙纹盘残件（Sc-181）

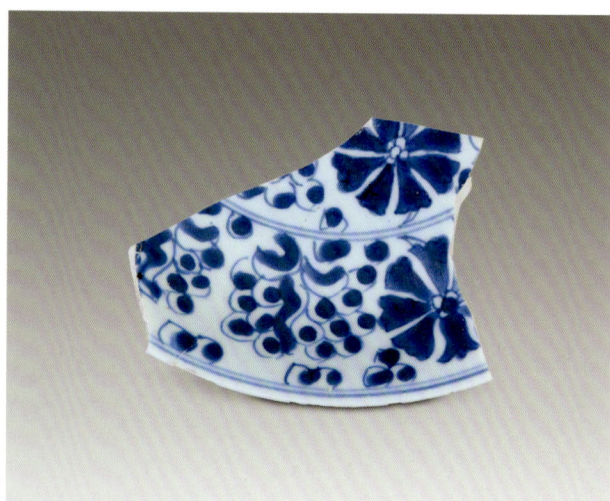

3. 青花花卉纹盘残件（Sc-064）

上下天光遗址出土民窑可分型重点青花盘

1. 青花莲托杂宝纹盘残件（Sc-177）

2. 青花百寿纹盘残件（Sc-086）

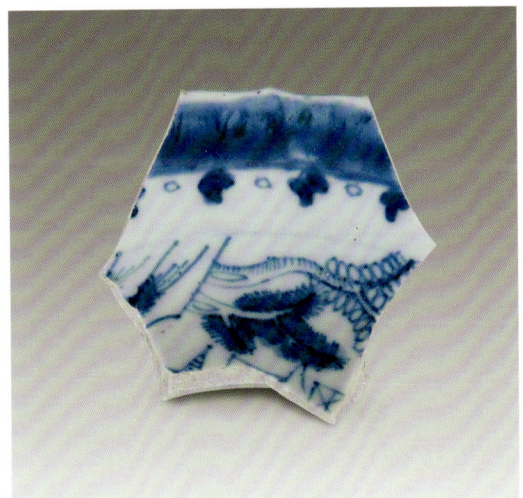

3. 青花花口山石树木纹盘残件（Sc-137）

上下天光遗址出土民窑可分型重点青花盘

1. 青花花间寿纹盘底残片（Sc-185）

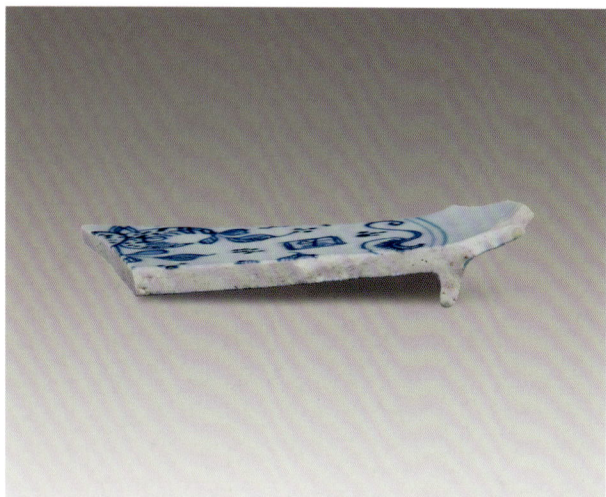

2. 青花石榴纹盘底残片（Sc-155）

3. 青花缠枝莲纹盘残片（Sc-083）

上下天光遗址出土民窑可分型重点青花盘

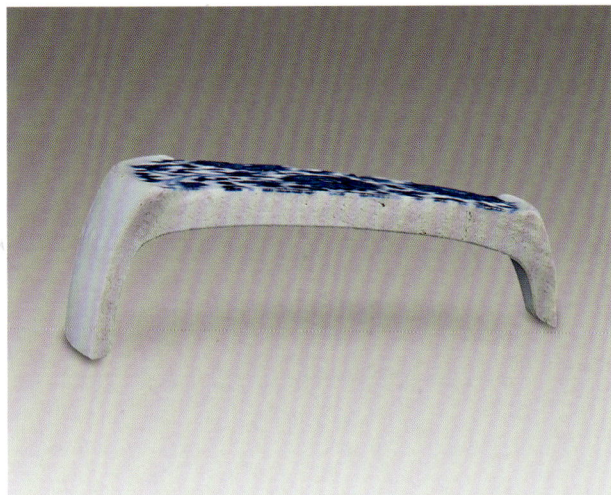

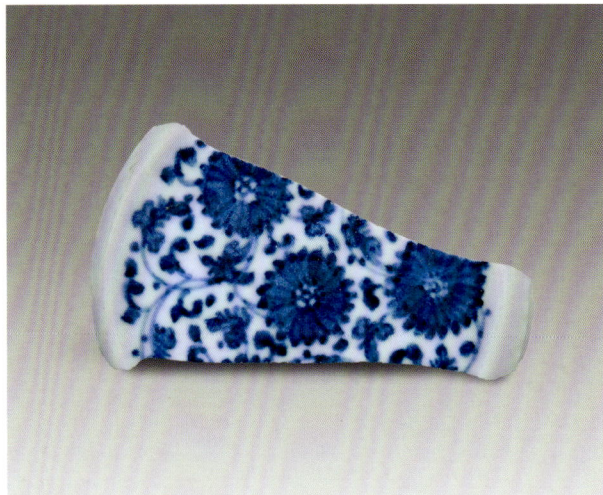

1.青花缠枝莲纹印泥盒盖残件（Sc-044）

2.青花麒麟送子印泥盒盖残件（Sc-126）

3.青花婴戏图印泥盒盖残件（Sc-141）

上下天光遗址出土民窑可分型重点青花印泥盒盖

1. 青花婴戏图印泥盒盖残件（Sc-102）

2. 青花婴戏图印泥盒盖残件（Sc-094）

3. 青花婴戏图印泥盒盖残件（Sc-118）

4. 青花婴戏图印泥盒盖残件（Sc-123）

上下天光遗址出土民窑可分型重点青花印泥盒盖

1. 青花婴戏图印泥盒盖残件（Sc-109）

2. 青花花卉纹印泥盒盖残件（Sc-063）

3. 青花缠枝花卉及如意云纹印泥盒盖残件
（Sc-116）

4. 青花团花及如意云纹印泥盒盖残件（Sc-069）

上下天光遗址出土民窑可分型重点青花印泥盒盖

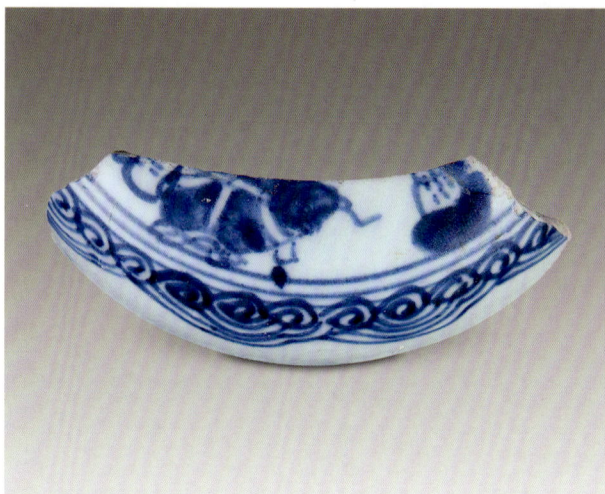

1.青花婴戏图及如意云纹印泥盒盖残件（Sc-090）

2.青花花卉纹"鼓凳形"印泥盒盖残件（Sc-036）

3.青花冰梅纹盒底残件（Sc-119）

4.青花莲瓣纹印泥盒底残件（Sc-075）

上下天光遗址出土民窑可分型重点青花瓷

1. 青花婴戏图印泥盒底残件（Sc-103）

2. 青花婴戏图印泥盒底残件（Sc-034）

3. 青花婴戏图印泥盒底残片（Sc-129）

4. 青花花卉纹印泥盒底残件（Sc-110）

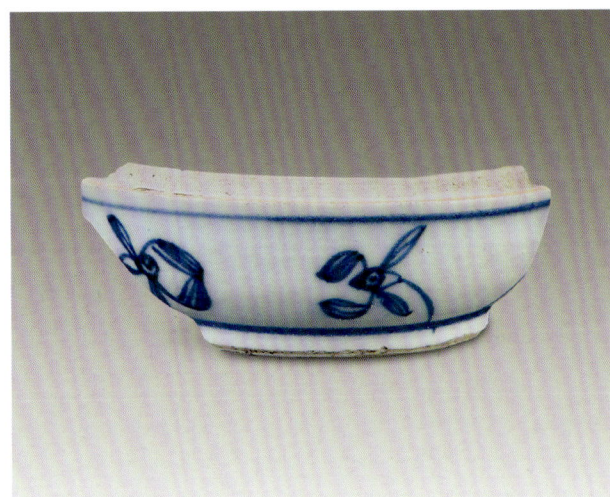

5. 青花花卉纹印泥盒底残件（Sc-100）

6. 青花花卉纹印泥盒底残件（Sc-049）

上下天光遗址出土民窑可分型重点青花印泥盒底

1. 青花灵芝纹印泥盒底残件（Sc-035）

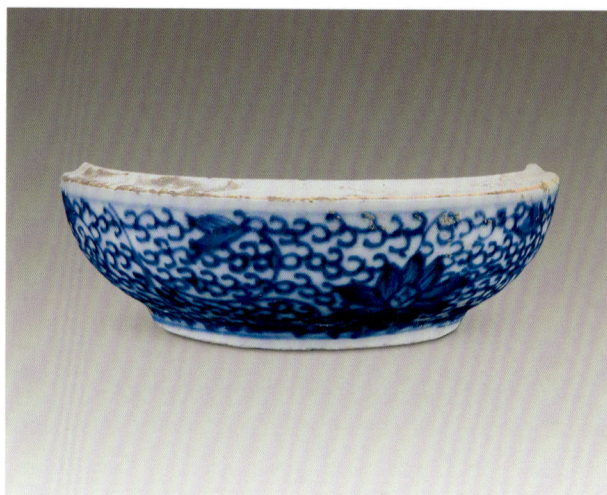

2. 青花缠枝莲纹印泥盒底残件（Sc-054）

3. 青花缠枝花卉纹茶碗盖残片（Sc-194）

4. 青花凤纹茶碗盖残片（Sc-096）

5. 青花缠枝花卉团寿纹茶碗盖残片（Sc-125）

6. 青花缠枝花卉纹茶碗盖残片（Sc-115）

上下天光遗址出土民窑可分型重点青花瓷

1.青花夔龙纹杯残件（Sc-076）

2.青花花卉纹杯残件（Sc-131）

3.青花海水江崖纹酒盅残件（Sc-067）

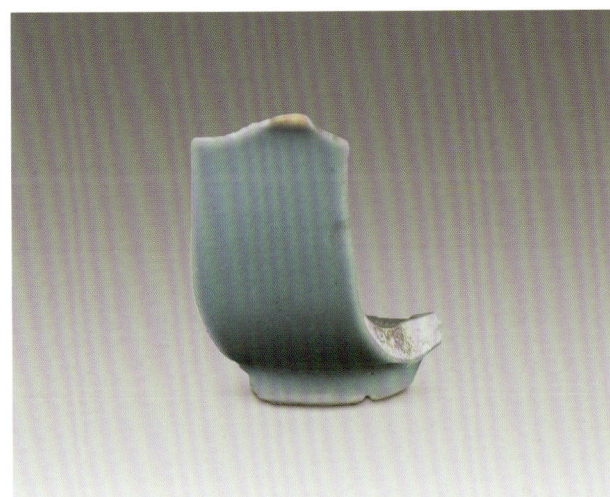

4.豆青釉碗残件（Sc-162）

5.豆青釉碗残件（Sc-215）

上下天光遗址出土民窑可分型重点瓷器

1.豆青釉碗残件（Sc-176）

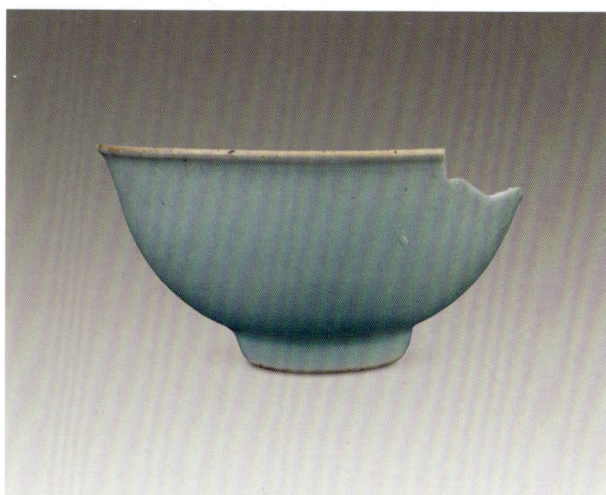

2.豆青釉碗残件（Sc-199）

3.豆青釉碗底残片（Sc-233）

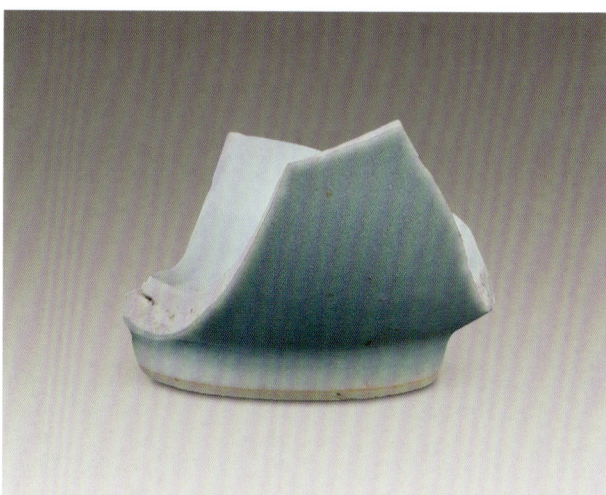

4.豆青釉碗残片（Sc-166）

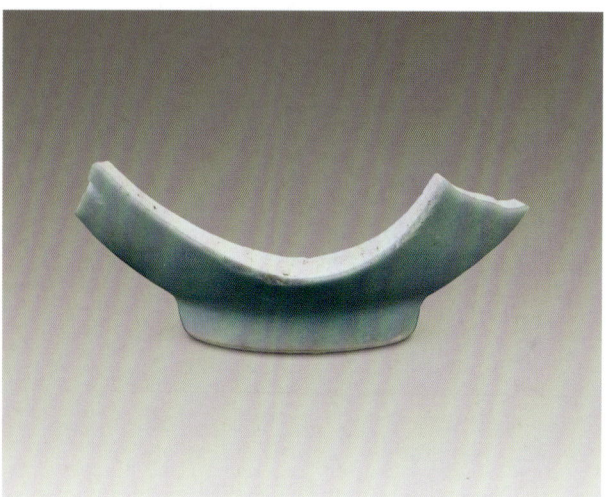

5.豆青釉碗底残片（Sc-218）

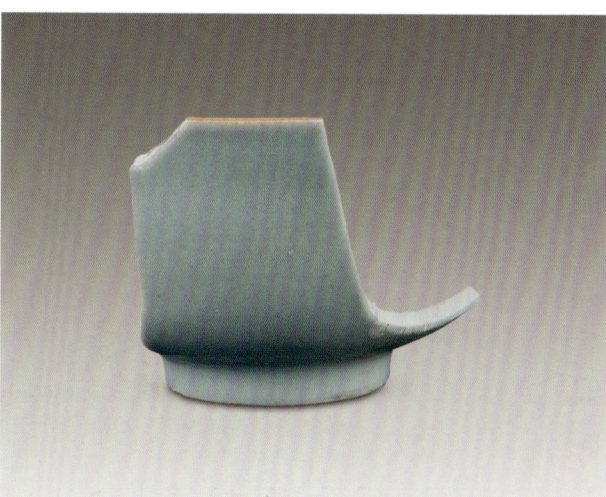

6.豆青釉碗残件（Sc-206）

上下天光遗址出土民窑可分型重点豆青釉碗

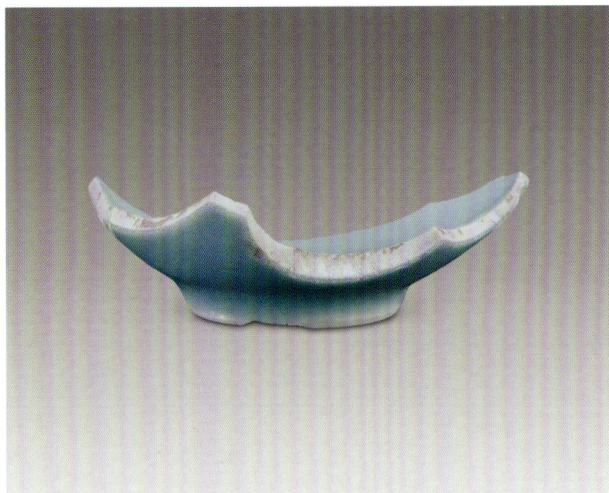

1. 豆青釉碗底残片（Sc-196）

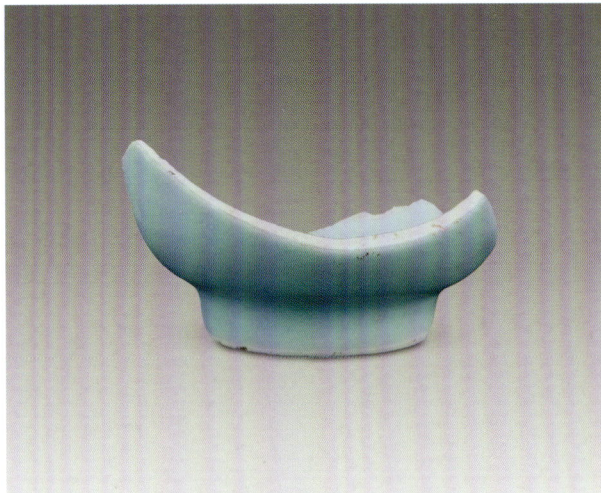

2. 豆青釉碗底残片（Sc-191）

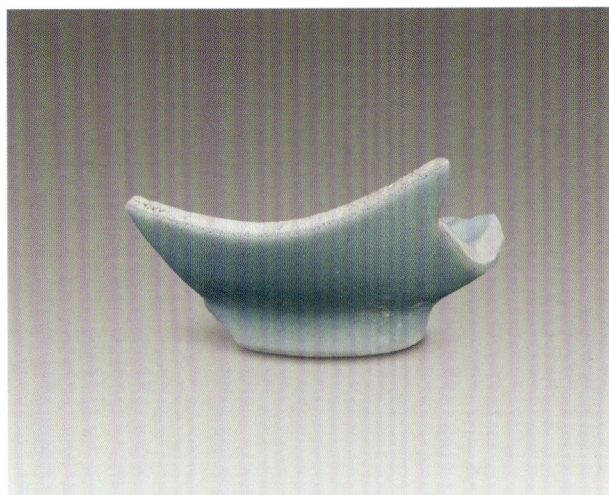

3. 豆青釉碗底残片（Sc-211）

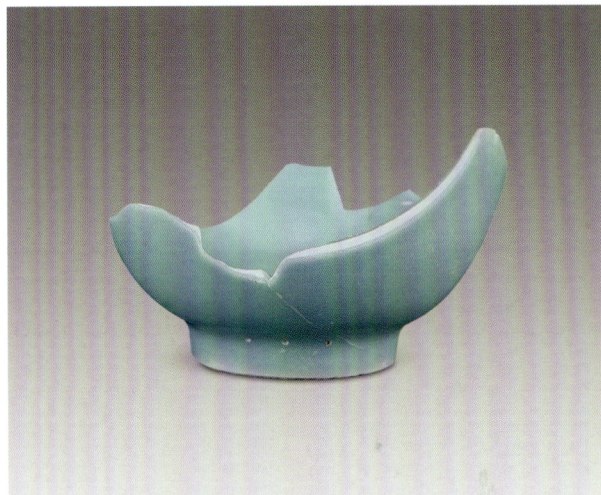

4. 豆青釉碗底残片（Sc-178）

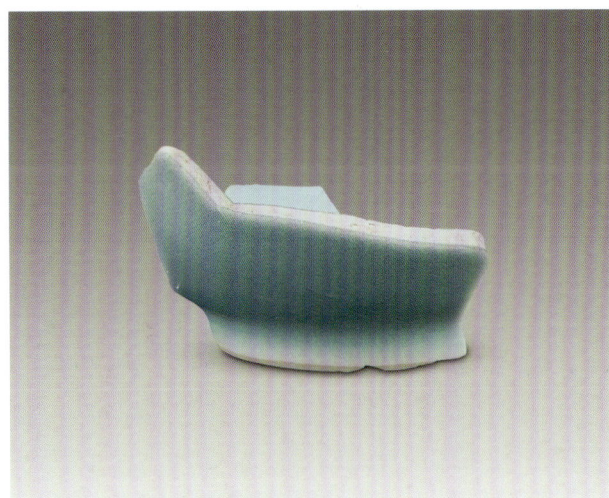

5. 豆青釉碗底残片（Sc-227）

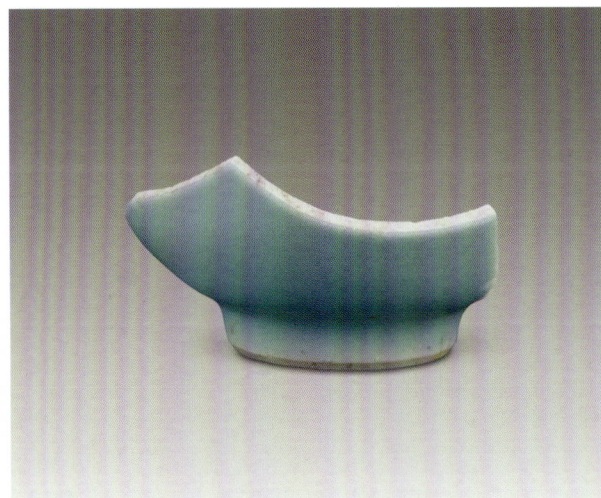

6. 豆青釉碗底残片（Sc-222）

上下天光遗址出土民窑可分型重点豆青釉碗

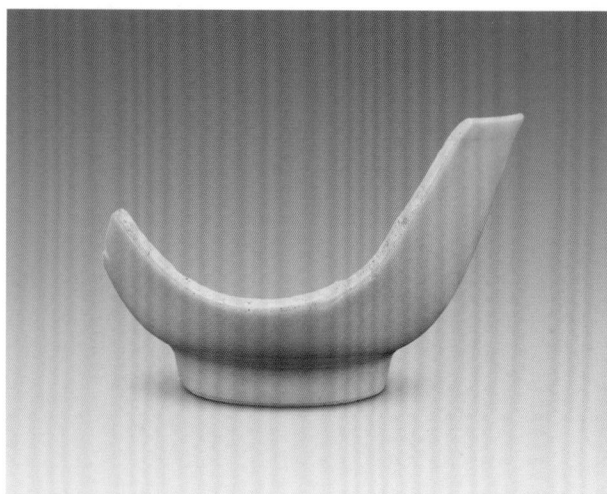

1. 豆青釉碗残件（Sc-223）

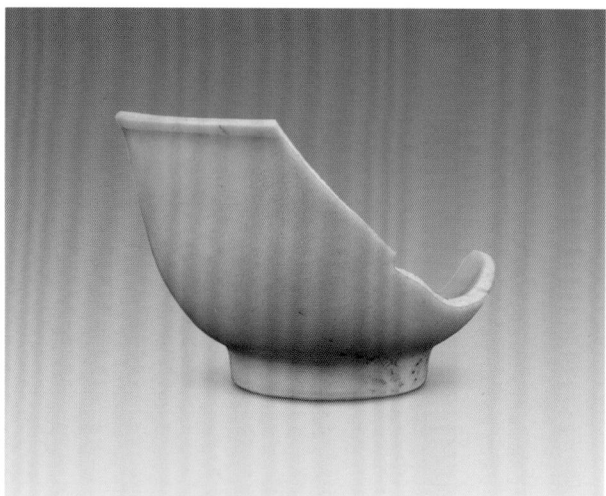

2. 豆青釉碗残件（Sc-228）

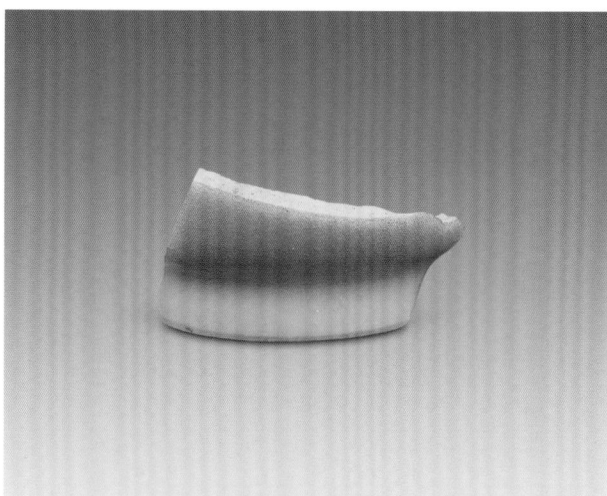

3. 豆青釉碗底残片（Sc-189）

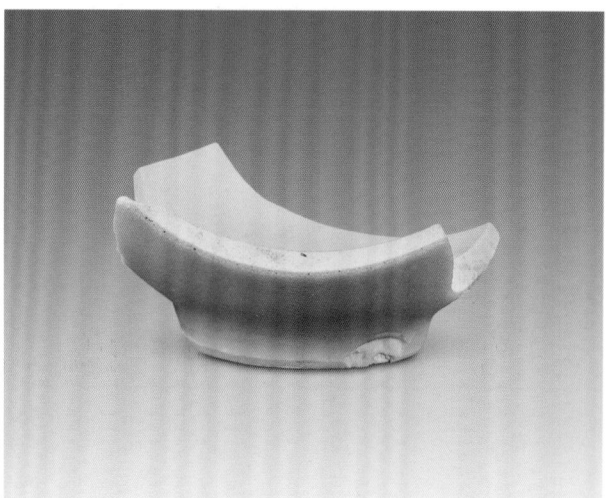

4. 豆青釉碗底残片（Sc-210）

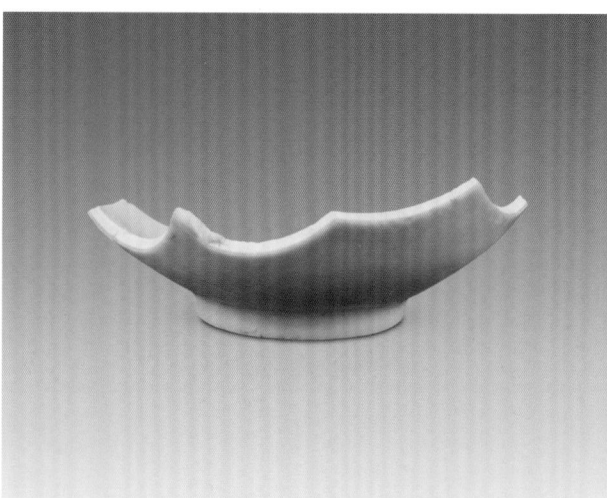

5. 豆青釉碗底残片（Sc-160）

上下天光遗址出土民窑可分型重点豆青釉碗

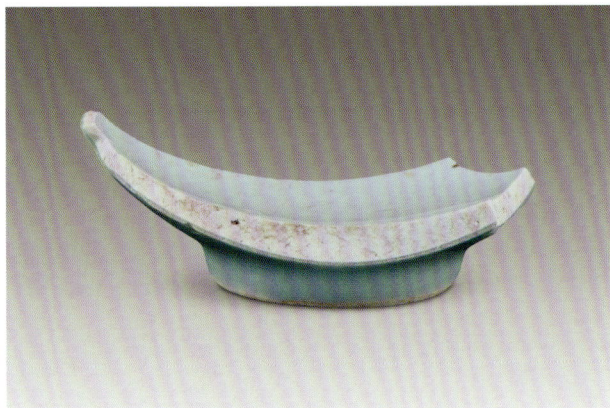

1. 豆青釉碗底残片（Sc-164）

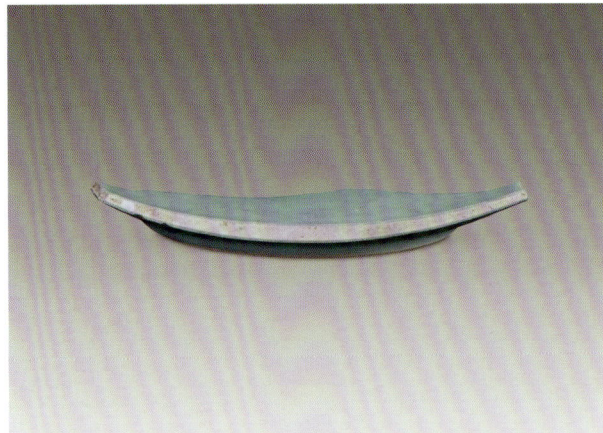

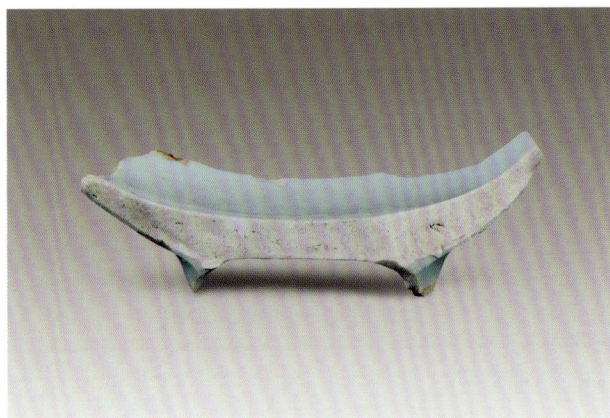

5. 豆青釉盘残件（Sc-169）

2. 豆青釉碗底残片（Sc-168）

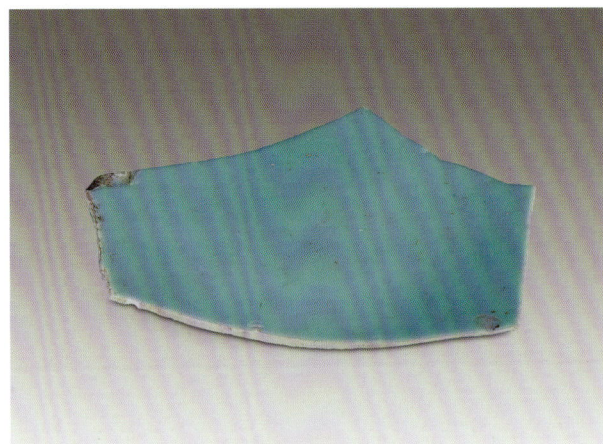

4. 豆青釉盘底残片（Sc-163）

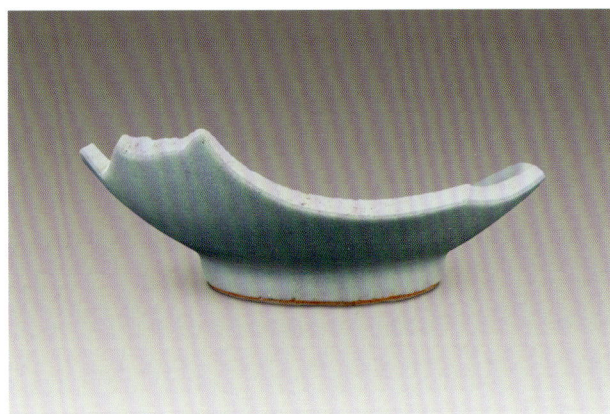

3. 豆青釉碗底残片（Sc-161）

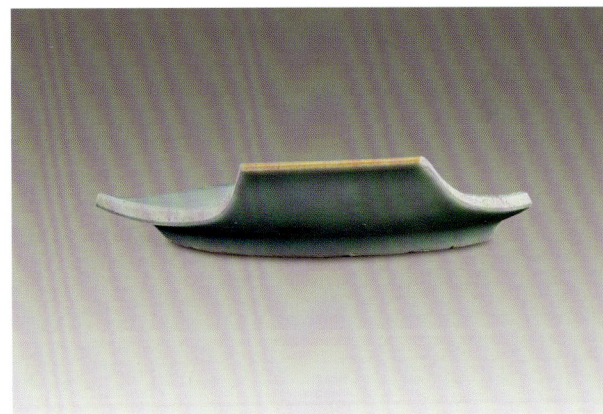

上下天光遗址出土民窑可分型重点豆青釉瓷

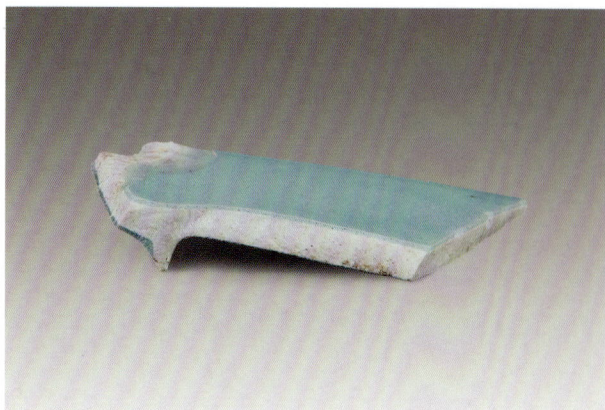

1. 豆青釉盘底残片（Sc-193）

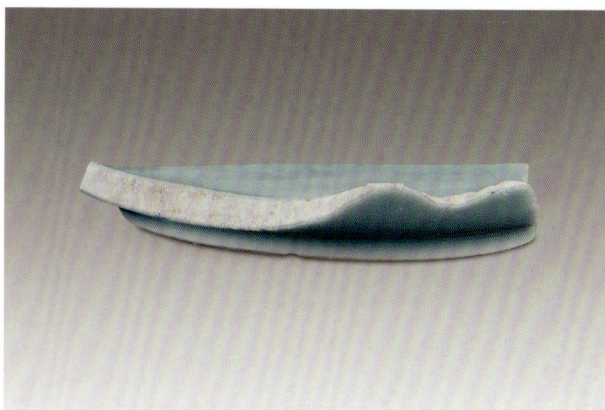

2. 豆青釉盘底残片（Sc-165）

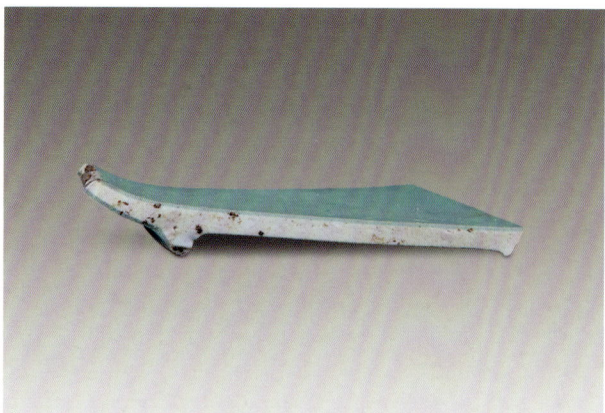

3. 豆青釉盘底残片（Sc-198）

4. 豆青釉盘残件（Sc-190）

5. 豆青釉酒盅残件（Sc-205）

6. 豆青釉酒盅残件（Sc-212）

上下天光遗址出土民窑可分型重点豆青釉瓷

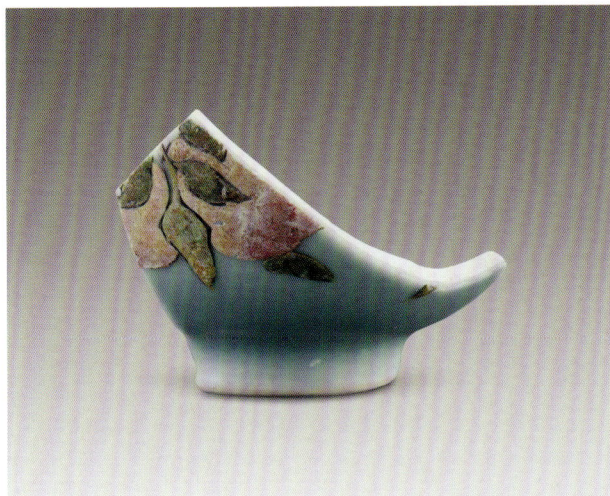

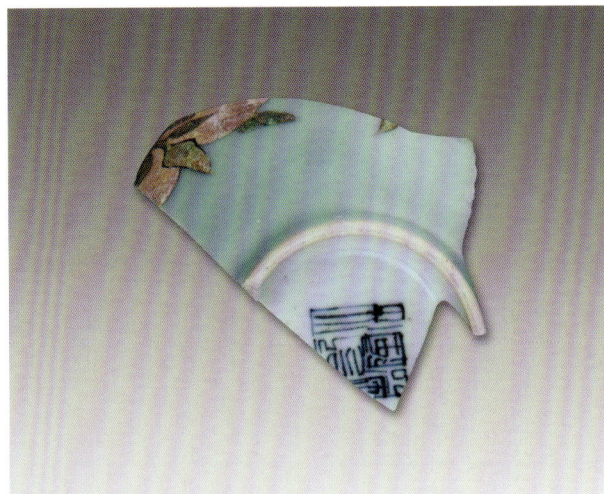

1. 豆青釉粉彩寿桃纹碗底残片（Sc-117）

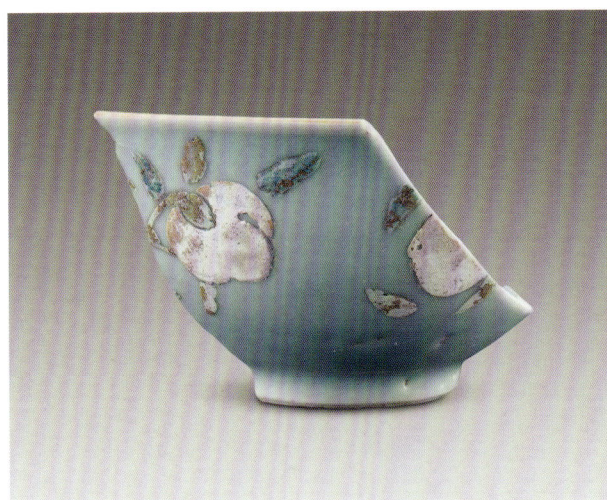

2. 豆青釉粉彩寿桃纹碗残件（Sc-042）

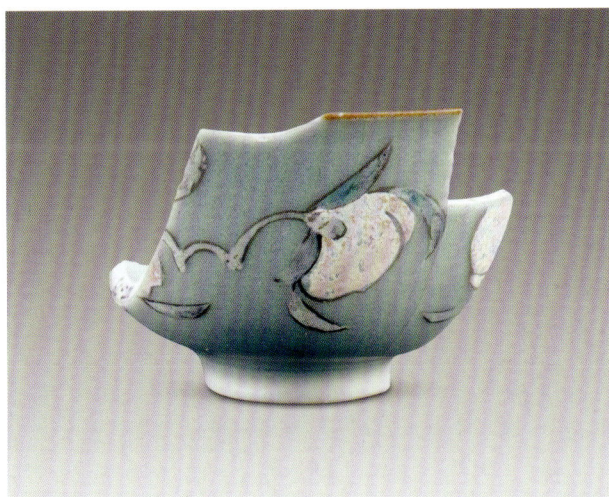

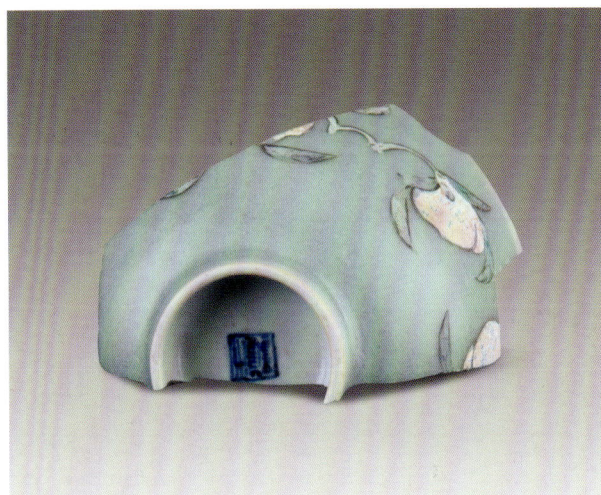

3. 豆青釉粉彩寿桃纹碗残件（Sc-200）

上下天光遗址出土民窑可分型重点粉彩碗

1. 青花花卉纹碗底残片（Sc-220）

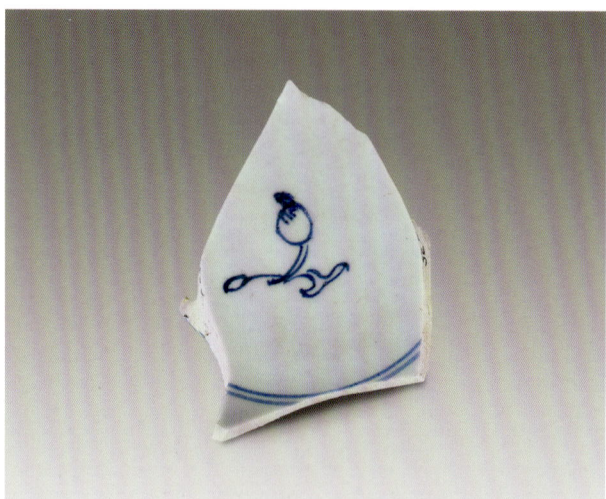

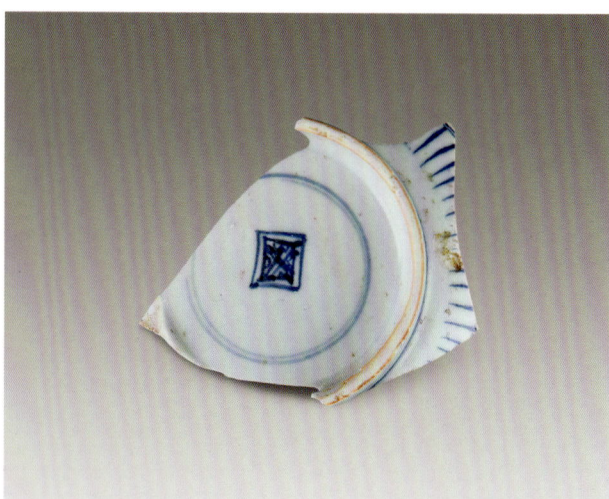

2. 青花花卉纹碗底残片（Sc-192）

3. 青花蓝地莲瓣绿龙纹碗底残片（Sc-120）

上下天光遗址出土民窑不可分型青花碗

1. 青花花卉纹罐残片（Sc-121）

2. 青花凤纹罐残片（Sc-023）

3. 青花缠枝莲纹罐残片（Sc-053）

4. 青花花卉纹罐残片（Sc-071）

5. 青花凤纹器盖残片（Sc-108）

6. 青花凤纹器盖残片（Sc-128）

上下天光遗址出土民窑不可分型青花瓷

1. 青花缠枝莲纹器盖残片（Sc-079）

2. 青花花卉回字纹盘口瓶残片（Sc-050）

3. 青花鱼藻纹杯残件（Sc-226）

4. 青花花卉鸟食罐残件（Sc-051）

5. 青花盘底残片（Sc-204）

上下天光遗址出土民窑不可分型青花瓷

1. 青花缠枝莲纹盘底残片（Sc-145）

2. 青花缠枝牡丹纹盆残片（Sc-138）

3. 青花缠枝莲纹瓶残片（Sc-092）

4. 青花福山寿海盏托残件（Sc-099）

5. 外豆青内青花团花纹碗底残片（Sc-156）

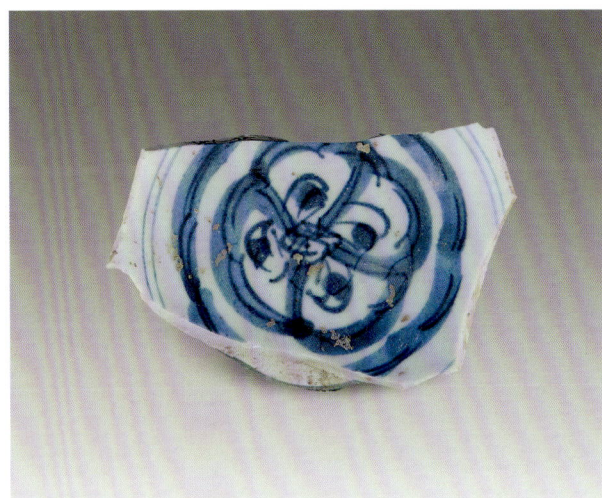

上下天光遗址出土民窑不可分型瓷器

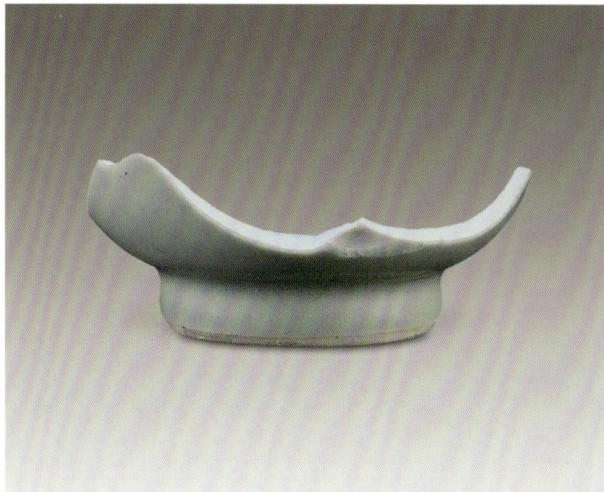

1. 外豆青内青花阴阳鱼纹碗底残片（Sc-139）

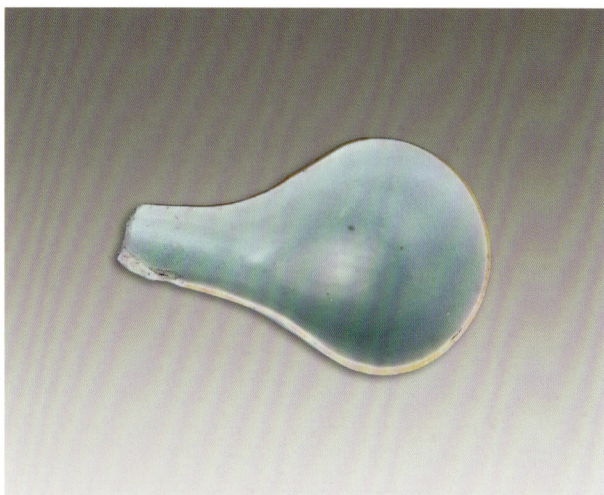

2. 豆青釉羹匙残片（Sc-153）

3. 霁红釉碗底残片（Sc-024）

4. 霁红釉盏托底部残片（Sc-039）

上下天光遗址出土民窑不可分型杂彩瓷

1. 仿哥釉盂（？）残片（Sc-124）

2. 淡黄白釉碗底残片（Sc-172）

3. 酱釉碗底残片（Sc-216）

4. 霁蓝釉碗残片（Sc-112）

上下天光遗址出土民窑不可分型杂彩瓷

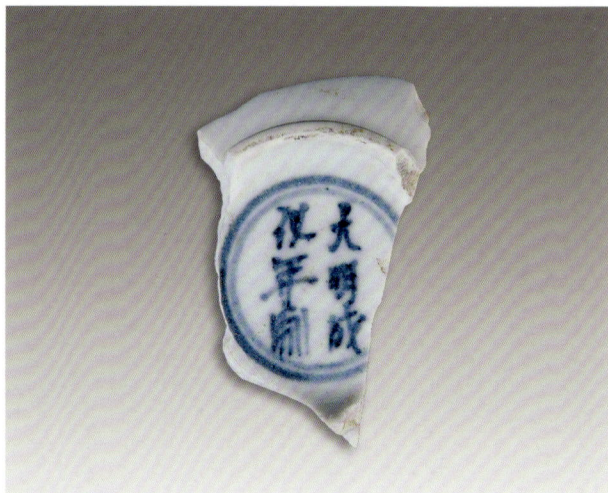

1. 白釉碗底残片（Sc-038）

2. 白釉碗底残片（Sc-175）

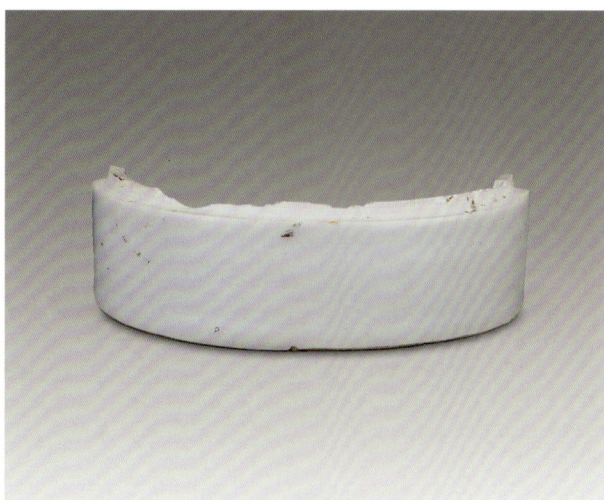

3. 白釉盒底残件（Sc-093）

上下天光遗址出土民窑不可分型杂彩瓷

1. 粉彩白地绿龙纹碗残片（Sc-089）

2. 粉彩花卉纹碗底残片（Sc-134）

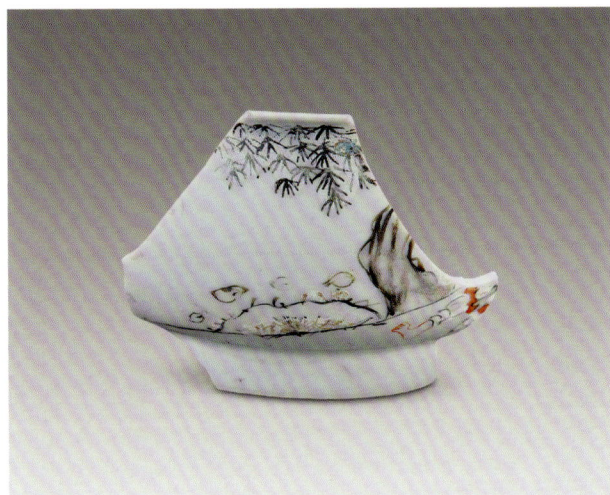

3. 粉彩花卉婴戏图碗残件（Sc-055）

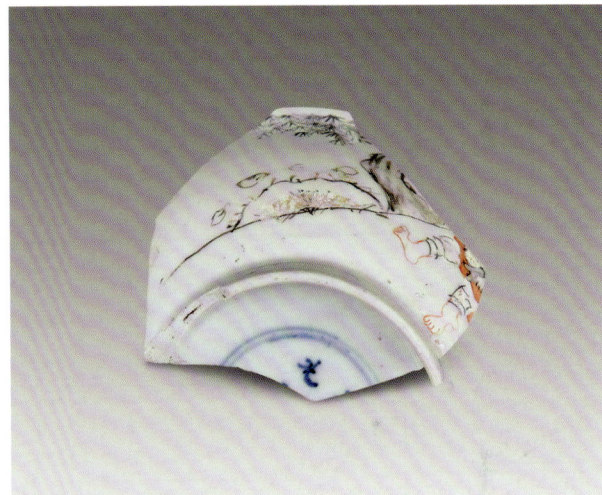

4. 矾红粉彩花卉团寿纹碗残片（Sc-202）

5. 粉彩梅花纹碗残片（Sc-144）

上下天光遗址出土民窑不可分型粉彩碗

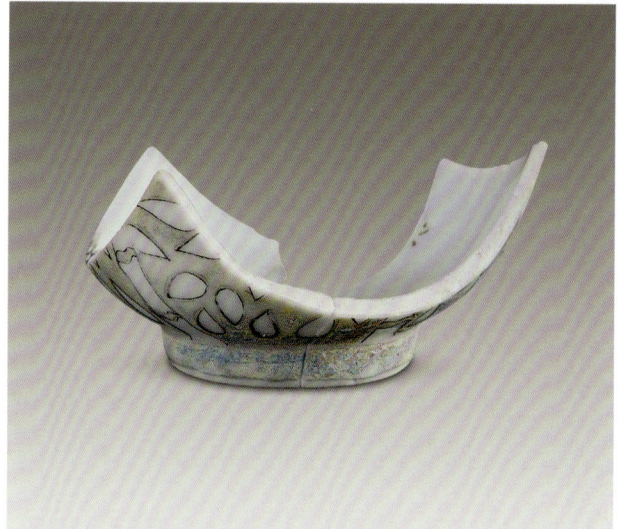

1. 粉彩福寿纹碗残件（Sc-082）　　　　2. 粉彩竹叶纹碗残片（Sc-113）

上下天光遗址出土民窑不可分型粉彩碗

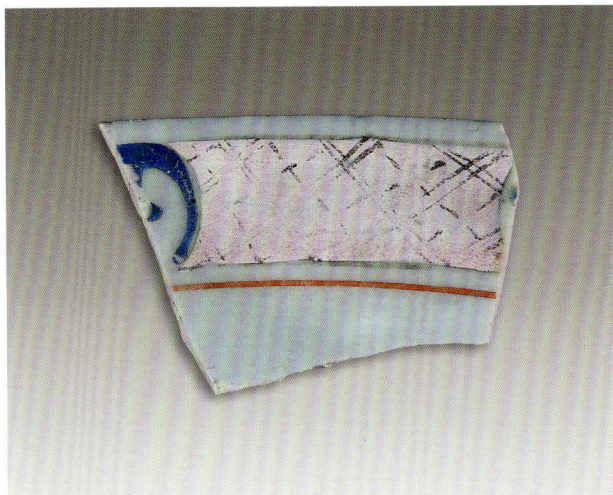

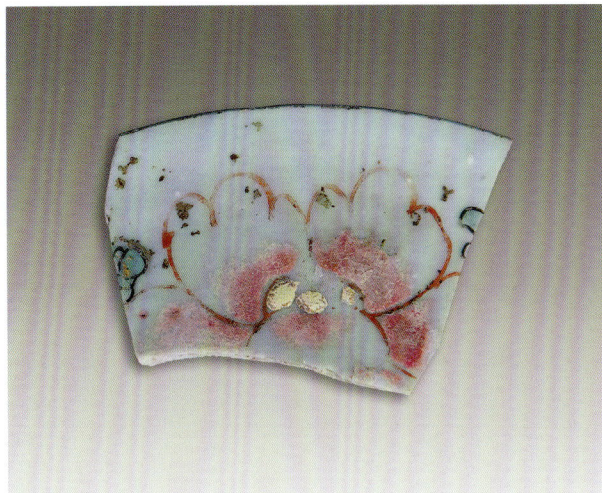

1. 粉彩牡丹纹碗残片（Sc-047）

2. 粉彩花间寿纹碗残片（Sc-058）

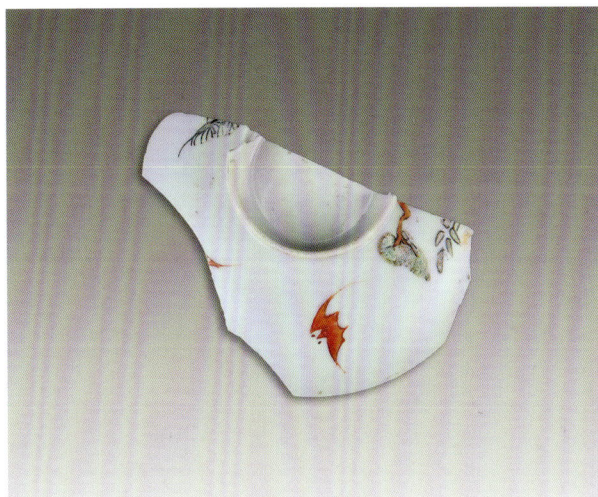

3. 粉彩福寿纹茶碗盖残件（Sc-130）

上下天光遗址出土民窑不可分型粉彩瓷

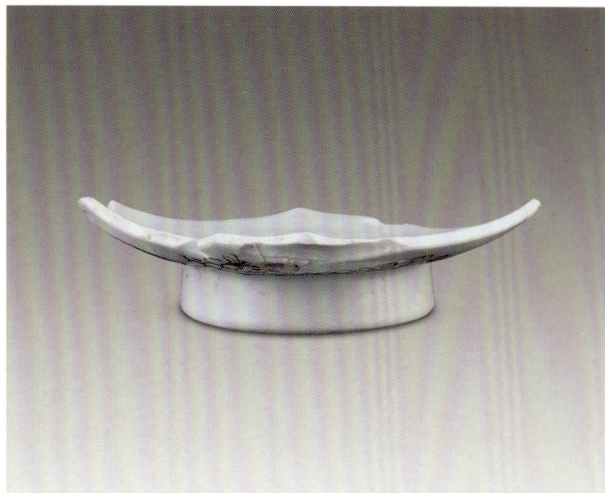

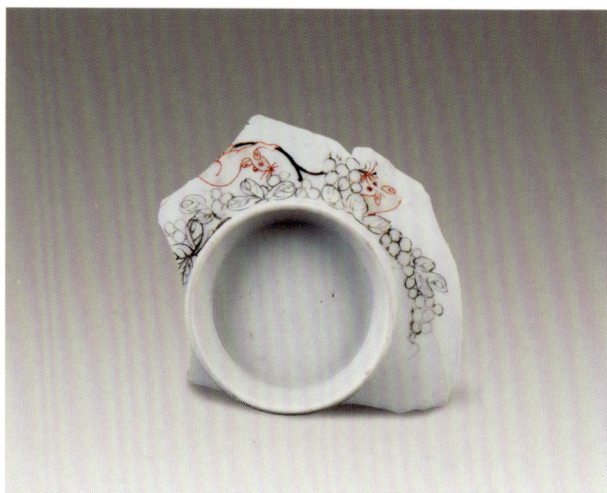

1. 粉彩松鼠葡萄纹盏托残片（Sc-114）

2. 粉彩描金花卉纹杯残片（Sc-033）

上下天光遗址出土民窑不可分型粉彩瓷